北京大學《儒藏》編纂與研究中心 編

《儒藏》精華編選刊

儀禮圖

〔南宋〕楊復 撰

馬延輝 校點

北京大學出版社
PEKING UNIVERSITY PRESS

圖書在版編目(CIP)數據

儀禮圖 / （南宋）楊復撰；北京大學《儒藏》編纂與研究中心編. —北京：北京大學出版社，2023.9

（《儒藏》精華編選刊）

ISBN 978-7-301-33892-6

Ⅰ. ①儀… Ⅱ. ①楊… ②北… Ⅲ. ①禮儀－中國－古代 Ⅳ. ①K892.9

中國國家版本館CIP數據核字（2023）第058968號

書　　名　儀禮圖
YILITU
著作責任者　〔南宋〕楊復　撰
馬延輝　校點
北京大學《儒藏》編纂與研究中心　編
策劃統籌　馬辛民
特約編輯　李笑瑩
責任編輯　方哲君
標準書號　ISBN 978-7-301-33892-6
出版發行　北京大學出版社
地　　址　北京市海淀區成府路205號　100871
網　　址　http://www.pup.cn　新浪微博：@北京大學出版社
電子郵箱　編輯部 dj@pup.cn　總編室 zpup@pup.cn
電　　話　郵購部 010-62752015　發行部 010-62750672
編輯部 010-62756449
印 刷 者　三河市北燕印裝有限公司
經 銷 者　新華書店
650毫米×980毫米　16開本　49印張　640千字
2023年9月第1版　2023年9月第1次印刷
定　　價　198.00元

目録

儀禮圖卷第九

儀禮圖卷第十

儀禮圖卷第十一

儀禮圖卷第十六……六一九

儀禮圖卷第十七……六五〇

校點説明

《儀禮圖》十七卷，附《儀禮旁通圖》一卷，南宋楊復撰。楊復，字志仁，❶號信齋，福建福安秦溪人。生卒年不詳，據葉純芳考證，其卒年在理宗嘉熙元年（一二三七）前後。❷爲朱子門人，後卒業於黄榦。治學謹嚴，朱子稱其「有過於密之病」（《朱子語類》）。終其生不仕。真德秀主政福州，創貴德堂於郡學以處之（弘治《八閩通志》）。著有《祭禮》十四卷，《儀禮圖》十七卷，《家禮雜説附注》二卷。楊復卒後十餘年，鄭逢辰將其所著《祭禮》獻於朝廷，追贈文林郎（趙希弁《讀書附志》）。

以圖治《禮經》，素爲禮家所倡。誠如楊復《儀禮圖》序言所云：「莫難明於《易》，可以象而求；莫難讀於《儀禮》，可以圖而見。圖亦象也。」禮圖之學淵源甚早，《隋書·經籍志》著

---

❶ 《四庫全書總目》卷二十謂「字茂才」。考楊復師友文集，皆云「志仁」，唯趙希弁《讀郡齋讀書附志》云「字茂才」，《總目》當本此。

❷ 葉純芳：《楊復再修〈儀禮經傳通解續卷祭禮〉導言》，臺北，中國文哲研究所，二〇一一年，第八頁。

録禮圖之書甚多。至宋代，如聶崇義、陳祥道等亦甚有可取者，然皆集中於器服名物之考辨。楊復以《儀禮》經注爲本，分章析節，以儀節圖研治《儀禮》文本，實屬首創。其序謂「蓋《儀禮》元未有圖」，當指儀節圖言。全書體大思精，足以嘉惠後學。楊復又著《儀禮旁通圖》考證名物制度總要。

有關楊復《儀禮圖》之學術價值，《四庫全書總目》曾批評其「但隨事立圖」，「似滿屋散錢，全無條貫」。於其宫室制度，則謂「遠近廣狹，全無分數」。筆者認爲，《總目》先論「讀《儀禮》者必明於古人宫室之制，然後所位所陳，揖讓進退，不失其方」，確爲精當之論。按楊復所繪《禮圖》，往往僅標與所涉儀節相關之方位，未畫之物並非不存在，而是與所涉儀節無關。如《鄉射禮》主賓獻酢，楊氏僅畫出前堂兩楹，至於主賓即席，則畫出後楹。由於《鄉射禮》的「州序」一般認爲無房無室，因此堂與室的隔牆也不復存在，牆内的楹柱當顯露出來。而歷代宫室圖、儀節圖於此皆遺漏，連力主「四經柱」之説的黄以周亦莫能外。因此，不能把楊氏的儀節圖孤立地拿出來作爲宫室制度之根據。另外，清儒於《禮經》宫室研究雖精密，然而在建築尺度上過求確解，因而往往牽强附會，以《爾雅·釋宫》、《考工記》等文獻硬加論證推算，而失於對《儀禮》本經儀節的探賾，從而有「紙上談兵」之弊。就《儀禮》本經而言，實無宫室尺度之明確記載，楊氏如此處理，乃本於經注而立論，實爲審慎之舉。

著《儀禮圖》之背景，據其序云，楊氏先從朱子讀《儀禮》，爲圖而見義，後趙彦肅作《特牲》、《少牢》二禮圖，朱子乃云：「更得《冠》、《昏》圖并堂室制度考之，乃爲佳爾。」《儀禮圖序》稱成書於紹定戊子（元年，一二二八），與《祭禮》成書的年代接近，而楊復本人又參與《儀禮經傳通解》的編纂，是《儀禮圖》之成書，實與朱子師門之禮學研究有莫大聯繫。除了二百餘幅儀節圖外，是書還以「朱先生曰」的形式，保留了大量朱子治禮之論述，又記載了諸如吕大臨、陳祥道、陸佃等宋代學者的言論，對於分析朱子師門之禮學研究特點，以及宋代的禮學研究狀況，具有重要的學術價值。例如，《聘禮》「凡執玉，無藉者襲」，鄭注：「藉謂繅也，繅所以緼藉玉。」此處事關下文「裼襲」儀節，而此記文「襲」究竟何解，是指瑞玉垂繅與否，還是指是否有束帛附加於玉器上，自南北朝時便聚訟不已。楊氏於此，先引賈疏中熊安生、皇侃的論述，然後綜述陳祥道、陸佃、朱子之研究，再下案語得出結論。雖未必確當，却能就《儀禮》經文，針對其中細節，向讀者展示歷代學者之研究脉絡，對於今天研究《儀禮》文本具有重要意義。

《儀禮圖》之體例，在於分別章節，把記文内容分散到各個儀節的經文中，並加入《禮記》中對應文獻以闡明經義，除儀節重複之處外，每一節均繪有儀節圖。對於鄭注，楊復基本盡録，但多有删節、概述之處，而非全文照抄。對於賈疏，楊復在注後以「疏云」引出，而賈疏原文用以標明闡釋條目所引用的經文、注文，楊氏也予删去。對比今本注疏，楊氏《儀禮圖》中保留的注疏文字也存在與今本不一致之處。這對於我們探究南宋時期《儀禮注疏》文本的流傳情況，以及朱子師門對鄭注、賈疏的理解及其研究範式，同樣有重要意義。

有關《儀禮圖》的版本，宋元之際學者陳普《儀禮圖序》謂：「大淵獻之歲，昭武謝子祥刊《儀禮》本經十七篇及信齋楊氏《圖》成。」（《石堂先生遺集》）此當即最早刊本。今上海圖書館所藏《儀禮圖》之元刻明遞修本，即是此本之修補本（簡稱元刻本）。此外，尚有北京大學圖書館藏明嘉靖十五年國子監生盧堯文刊本（簡稱盧本），哈佛大學漢和圖書館藏康熙年間刊刻《通志堂經解》本（簡稱通志堂本），北京大學圖書館藏日本寬政十一年（一七九九）刻本（簡稱寬政本）。比較這幾種版本，發現寬政本在版式、字體乃至錯訛之處與通志堂本基本一致，可以認定是通志堂本的翻刻。而通志堂本很多錯訛之處以及與《儀禮注疏》不一致的地方，基本與元刻本一致，而與盧本不同，可以認爲元刻本與通志堂本屬於一個系統，而盧本可以補通志堂本之不足，特别是禮圖所繪方位，往往盧本較爲確切。乾隆朝修《四庫全書》亦曾收入此書，文字錯訛較通志堂本爲少。元刻本年代久遠，字跡漫漶不清，盧本有幾處缺頁，考慮到通志堂本經過徐乾學等大儒手訂，版本精善，校勘謹嚴，今以康熙間通志堂本爲底本，以元刻本、盧本、影印文淵閣《四庫全書》本（簡稱四庫本）爲校本，同時參考《十三經注疏》的一些校勘成果。有關禮圖之校勘，如果是大段解説文字，則按照文字部分加圈碼的處理辦法，如果是標示器物、人物位置，以及宫室方位等無法用文字描述的問題，則在原圖據盧本改。又如原圖黑底、白底本自分明，但個别地方却不統一，今據體例訂正，不再出校。另外，卷末《儀禮旁通圖》除第一部分宫室圖外，其餘名物圖基本空白，當是楊氏原書所有而後世刊刻未能記載，對這一部分也只能闕疑。

校点者　馬延輝

晦菴朱文公乞修三禮奏劄

臣聞之：六經之道同歸，而禮樂之用爲急。遭秦滅學，禮樂先壞。漢晉以來，諸儒補輯，竟無全書。其頗存者，三禮而已。《周官》一書，固爲禮之綱領，至其儀法度數，則《儀禮》乃其本經，而《禮記·郊特牲》、《冠義》等篇，乃其義疏耳。前此猶有三禮、通禮、學究諸科，禮雖不行而士猶得以誦習而知其說。熙寧以來，王安石變亂舊制，廢罷《儀禮》而獨存《禮記》之科，棄經任傳，遺本宗末，其失已甚。而博士諸生又不過誦其虛文，以供應舉。至於其閒亦有因儀法度數之實而立文者，則咸幽冥而莫知其源，一有大議，率用耳學臆斷而已。若乃樂之爲教，則又絕其師授，律尺短長、聲音清濁，學士大夫莫有知其說者，而不知其爲闕也。故臣頃在山林，嘗與一二學者考訂其說，欲以《儀禮》爲經，而取《禮記》及諸經史雜書所載有及於禮者，皆以附於本經之下，具列註疏、諸儒之說，略有端緒，而私家無書檢閱，無人抄寫，久之未成。會蒙除用，學徒分散，遂不能就。而鍾律之制，則士友閒亦有得其遺意者，竊欲更加參考，別爲一書，以補六藝之闕，而亦未能具也。欲望聖明特詔有司許臣就祕書省闕借禮樂諸書，自行招致舊日學徒十餘人，踏逐空閒官屋數閒，與之居處，令其編類。雖有官人,亦不繫銜請俸,但乞逐月量支錢米,以給飲食、紙札、油燭之費。其抄寫人即乞下臨安府差撥貼書二十餘名，候結局日量支犒設。别無推恩，則於公家無甚費用，而可以興起廢墜，垂之永久，使士知實學，異時可爲聖朝制作之助，則斯文幸甚。取進止。

序

學者多苦《儀禮》難讀，雖韓昌黎亦云：「何爲其難也。」聖人之文化工也，化工所生，人物品彙，至易至簡，神化天成，極天下之智巧莫能爲焉。聖人寫胸中制作之妙，盡天理節文之詳，經緯彌綸，混成全體，竭天下之心思莫能至焉。是故其義密，其辭嚴，驟讀其書者如登泰華，臨滄溟，望其峻深，既前且卻，此所以苦其難也。雖然，莫難明於《易》，可以象而求；莫難讀於《儀禮》，可以圖而見。圖亦象也。復曩從先師朱文公讀《儀禮》，求其辭而不可得，則擬爲圖以象之，圖成而義顯。凡位之先後秩序，物之輕重權衡，禮之恭遜文明，仁之忠厚懇至，義之時措從宜，智之文理密察，精粗本末，昭然可見。夫周公制作之僅存者，文物彬彬，如此之盛。而其最大者，如朝宗、會遇、大饗、大旅、享帝之類，皆亡逸而無傳，重可歎也。嚴陵趙彦肅嘗作《特牲》、《少牢》二禮圖，質諸先師，先師喜曰：「更得《冠》、《昏》圖及堂室制度并考之，乃爲佳爾。」蓋《儀禮》元未有圖，故先師欲與學者考訂以成之也。復今所圖者，則高堂生十七篇之書也。釐爲家、鄉、邦國、王朝、喪、祭禮，則因先師《經傳通解》之義例也。附《儀禮旁通圖》於其後，則制度名物之總要也。區區用心，雖未敢謂無遺誤，庶幾其或有以得先師之心焉。紹定戊子正月望日秦溪楊復序。

序

大淵獻之歲，昭武謝子祥刊《儀禮》本經十七篇及信齋楊氏《圖》成，燁然孔壁淹中之出世也。使此書得數千本落六合閒，鳳鳥至有期矣。使河閒獻王後、劉歆前有能爲子祥所爲，則三十九篇可以至今不亡矣。嗚呼！此人之所以成位乎兩閒者，何獨昌於虞、夏、商、周而深愛於秦、漢以來十七篇，賴高堂生、鄭注、賈疏，千有餘年，綿綿如絲，而荆舒王氏加踐跡之，舉子不習，書肆不陳。晦翁、勉齋、信齋師弟子扶持，力倍於高堂、鄭、賈，心與周、孔、顔、孟同，其勞亦僅不滅而已。萬家乃不見有一本殘經，白鹿、章貢、桂林所刊晦翁、勉齋、信齋之書，千里求之，或云有半生望之不得見，令後復數十年又當若何？❶子祥之舉，救焚拯溺之功，景星慶雲之瑞也。是經雖微，士冠、昏、喪、祭、鄉、相見，大夫祭，幸皆無恙，天子、諸侯亦幸存一二。故晦翁《通解》、勉齋《喪禮》、信齋《祭禮》得以爲據依。如累九層之臺，以下爲基；如不見足而爲屨之不中者；如執柯以伐柯，柯在彼而則在手也。三十九

❶「令」，盧本作「今」。

篇，駸駸乎不亡矣。然則十七篇之存，固亦有天意，廢之者有餘罪，興之者誠莫大之功也。三百之數不可考，以圖概之，三十九篇疑可得，三千在三百中亦可舉。其《旁通圖》名物、制度尤明。盡合十七篇圖而熟之，既無昌黎難讀之患，而古人太平之具，一朝而在我矣。長至前五日寧德陳普謹序。❶

❶「長」，盧本作「夏」。

儀禮圖卷第一

士冠禮第一 冠，古亂反。

士冠禮○筮于廟門。筮者，以蓍問日吉凶於《易》也。冠必筮日於廟門者，重以成人之禮成子孫也。廟，謂禰廟。不於堂者，嫌蓍之靈由廟神。○《疏》曰：「言子兼言孫者，家事統於尊，若祖在，則爲冠主，故兼孫也。」**主人玄冠、朝服、緇帶、素韠，**韠，音畢，○蔽膝也。**即位于門東，西面。**主人，將冠者之父兄也。玄冠，委貌也。朝服者，十五升布衣而素裳也。衣不言色者，衣與冠同也。筮必朝服者，尊蓍龜之道。緇帶，黑繒帶。素韠，白韋韠，長三尺，上廣一尺，下廣二尺，其頸五寸，肩革帶博二寸。天子與其臣玄冕以視朔，皮弁以日視朝。諸侯與其臣皮弁以視朔，朝服以日視朝。凡染黑，五入爲緅，七入爲緇，玄則六入與？○繒，似陵反。○今案：朝服重於玄端，冠時主人玄端、爵韠，今此筮亦在廟，不服玄端而服朝服，是尊蓍龜之道也。**有司如主人服，即位于西方，東面，北上。**有司，群吏有事者，謂主人之吏所自辟除，府史以下。**筮與席、所卦者，具饌于西塾。**饌，雛晥切。○筮所以問吉凶，謂蓍也。所卦者，所以畫地記爻。《易》曰：「六畫而成卦。」饌，陳也。具，俱也。西塾，門外西堂也。**布席于門中，闑西，閾外，西面。**闑，魚列反。○闑，門橛。閾，閫也。筮人執筴，抽上韇，兼執之，進，受命於主人。筴，初革反。韇，音獨。○筮人，有司主三《易》者。韇，藏筴之器。○《疏》曰：「筴即蓍也。《曲禮》曰：『筴爲筮。』韇以皮爲之，言上韇者，其制有上下。下者，從下向上承之。上者，從上向下韜之也。」宰自右少退，贊命。自，由也。贊，佐也。命，告也，佐主人告所以筮也。《少儀》曰：「贊幣自左，詔辭自右。」○《疏》曰：「士無臣，以屬吏爲宰。地道尊右，故贊命皆在右，引《少儀》者，取贊命在右之義。」筮人許諾，右還，即席坐，西面。卦者在左。即，就也。東面受命，右還北行就席。卦者，有司主畫地識爻者。○今案：筮人東面受命于主人，右還即席，西面坐，筮。《少牢禮》亦東面受命于主人，西面立，筮。又，《士喪》：「卜葬日，宗人西面命龜，退，負東扉。卜人西面作龜。」以此知龜、筮皆西面。卒筮，書卦，執以示主人。卒，已也。書卦者，筮人以方寫所得之卦也。主人受眡，反之。反，還也。筮人還，東面，旅占。卒，進，告吉。旅，衆也，還與其屬共占之。若不吉，則筮遠日，如初儀。遠日，旬之外。徹筮席。徹，去也。宗人告事畢。

○《冠義》曰：「冠禮，筮日筮賓，所以敬冠事。冠者，禮之始也，嘉事之重者也，是故古者重冠。重冠，故行之於廟。行之於廟者，所以尊重事。尊重事而不敢擅重事，所以自卑而尊先祖也。」

右筮于廟門。

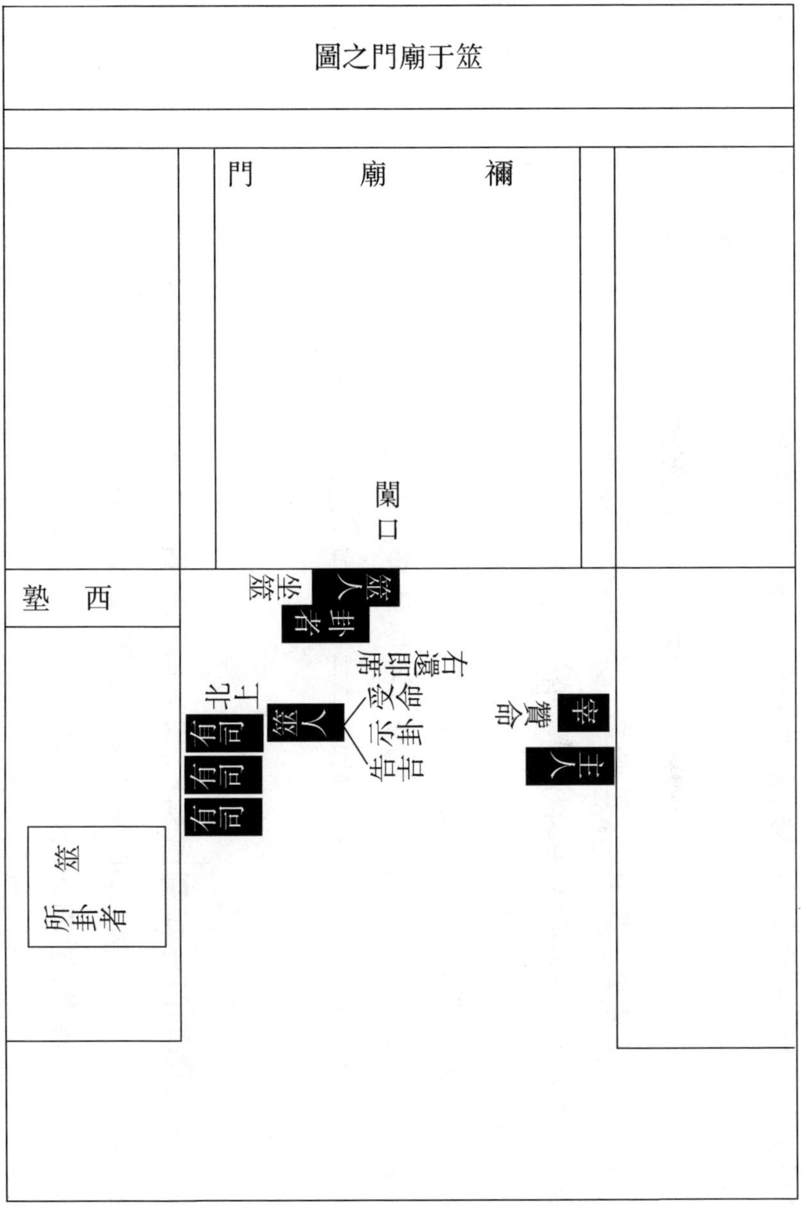
筮于廟門之圖
禰廟門
闑
西塾
筮人
卦者
坐筮
右還即席
命筮
告吉
筮人
北上
有司
有司
有司
宰
贊命
主人
筮所卦者

主人戒賓，賓禮辭，許。戒，警也，告也。賓，主人之僚友。禮辭，一辭而許也。再辭而許曰固辭，三辭曰終辭。○《疏》曰：「同官爲僚，同志爲友。廣戒僚友，使來觀禮也。」主人再拜，賓答拜。主人退，賓拜送。○戒賓曰：「某有子某，將加布於其首，願吾子之教之也。」《疏》曰：「布謂緇布冠也。」賓對曰：「某不敏，恐不能共事以病吾子，敢辭。」主人曰：「某猶願吾子之終教之也。」賓對曰：「吾子重有命，某敢不從。」

右戒賓。

前期三日，筮賓，如求日之儀。前期三日，空二日也。筮賓，筮其可使冠子者，賢者恒吉。乃宿賓。賓如主人服，出門左，西面再拜。主人東面答拜。宿，進也。宿者必先戒，戒不必宿。其不宿者，爲衆賓或悉來，或否。主人朝服。○今案：上文「主人戒賓」者，廣戒僚友，使來觀禮。及前期三日，筮賓，乃於廣戒僚友之中又筮其可使冠子者，筮得其人，於是宿以進之，其衆賓則但戒而不宿。故曰「宿者必先戒，戒不必宿」。乃宿賓。乃宿賓者，親相見致其辭。賓許，主人再拜，賓答拜。主人退，賓拜送。○宿曰：「某將加布於某之首，吾子將莅之，敢宿。」賓對曰：「某敢不夙興。」莅，臨也。○宿贊冠者一人，亦如之。贊冠者，佐賓爲冠事。宿之以筮賓之明日。

右筮賓、宿賓。

厥明夕，爲期于廟門之外。主人立于門東，兄弟在其南，少退，西面，北上。有司皆如宿服，

立于西方，東面，北上。厥，其也。宿服，朝服。○《疏》曰：「厥明夕，謂宿賓贊之明日向莫時也。爲期，爲加冠之期也。」**擯者請期，宰告曰：「質明行事。」**擯者，有司佐禮者。在主人曰擯，在客曰介。質，正也。宰告曰：「旦日正明行冠事。」**告兄弟及有司。**擯者告也。**告事畢。**宗人告也。**擯者告期于賓之家。**

右爲期。

夙興，設洗，直于東榮，南北以堂深，水在洗東。深，申鴆反。○夙，早也。興，起也。洗，承盥洗者棄水器也，士用鐵。榮，屋翼也。周制，自卿大夫以下，其室爲夏屋。水器尊卑皆用金罍，及大小異。○**陳服于房中西墉下，東領，北上。**墉，牆。○**爵弁服：纁裳，純衣，緇帶，韎韐。**纁，許云反。韎，音妹。韐，音閤。○此與君祭之服。《雜記》曰：「士弁而祭於公。」爵弁者，冕之次，其色赤而微黑，如爵頭然，或謂之緅，其布三十升。纁裳，淺絳裳。凡染絳，一入謂之縓，再入謂之赬，三入謂之纁，朱則四入與？純衣，絲衣也。餘衣皆用布，唯冕與爵弁服用絲耳。先裳後衣者，欲令下近緇，明衣與帶同色。韎韐，緼韍也。士緼韍而幽衡，合韋爲之，士染以茅蒐，因以名焉。今齊人名蒨爲韎韐。韍之制似韠。冠弁者不與衣陳而言於上，以冠名服耳。○縓，七絹反。赬，丑貞反。緼，音溫。韍，音弗。幽，於糾反。茅，如字，又音妹。蒨，七見反。○**皮弁服，素積，緇帶，素韠。**此與君視朔之服也。皮弁者，以白鹿皮爲冠，象上古也。積，猶辟也，以素爲裳，辟蹙其要中。皮弁之衣亦用布十五升，其色象焉。○**玄端，玄裳、黃裳、雜裳可**

也，緇帶，爵韠。此莫夕於朝之服。玄端即朝服之衣，易其裳耳。上士玄裳，中士黃裳，下士雜裳。雜裳者，前玄後黃。《易》曰：「夫玄黃者，天地之雜也，天玄而地黃。」士皆爵韋爲韠，其爵同。不以玄冠名服者，是爲緇布冠陳之。《玉藻》曰：「韠，君朱，大夫素，士爵韋。」○莫，音暮。○緇布冠缺項，青組纓屬于缺；緇纚，廣終幅，長六尺；皮弁笄；爵弁笄；緇組紘，纁邊。同篋。缺，依注音頍，去蘂反。屬，章玉反。纚，山綺反。○缺讀如「有頍者弁」之「頍」。緇布冠無笄者，著頍圍髮際，結項中，隅爲四綴，以固冠也。項中有緺，亦由固頍爲之耳。今未冠笄者，著卷幘，頍象之所生也。滕、薛名蔮爲頍。屬，猶著。纚，今之幘梁也。終，充也。纚一幅長六尺，足以韜髮而結之矣。笄，今之簪。有笄者屈組爲紘，垂爲飾；無笄者纓而結其絛。纁邊，組側赤也。同篋，謂此以上凡六物。隋方曰篋。○「著頍」、「著卷」之「著」，陟略反。「猶著」之「著」，直略反。緺，紀屈反。蔮，古内反。隋，他果反。○《疏》曰：「隋，狹而長也。」六物，謂頍項、青組纓爲一物，纚爲二物，二弁笄，❶紘各一，通爲六物也。○櫛實于簞。簞，笥也。❷○蒲筵二，在南。筵，席也。○《疏》曰：「二者，一東序，冠子，一户西，醴子。」○側尊一甒醴，在服北。有篚，實勺、觶、角柶。脯醢，南上。甒音武。觶，之豉反。柶音四。○側，猶特也，無偶曰側，置酒曰尊。側者，

❶ 「二」，原作「并」，今據元刻本、盧本改。
❷ 「笥」，原作「筒」，今據四庫本改。

無玄酒。服北者，纁裳北也。篚，竹器如笭者。勺，尊升，❶所以斞酒也。爵三升曰觶。柶，狀如匕，以角爲之者，欲滑也。南上者，篚次尊，籩豆次篚。○笭，力丁反。斞，音俱。**○爵弁、皮弁、緇布冠各一匴，執以待于西坫南，❷南面東上。賓升則東面。**匴，素管反。○爵弁者，制如冕，黑色，但無繅耳。《周禮》：「王之皮弁，會五采玉琪，象邸，玉笄。」「諸侯及孤卿、大夫之冕、皮弁，各以其等爲之。」則士之皮弁又無玉，象邸飾。緇布冠，今小吏冠其遺象也。匴，竹器名，今之冠箱也。執之者，有司也。坫在堂角。○繅，音早。琪，音其。邸，丁禮反。**○屨，夏用葛，玄端黑屨，青絇、繶、純，純博寸。**絇，其于反。繶，於力反。純，章允反。○屨者，順裳色。玄端黑屨，以玄裳爲正也。絇之言拘也，以爲行戒，狀如刀衣鼻，在屨頭。繶，縫中紃也。純，緣也。三者皆青。博，廣也。○縫，扶用反。紃，音旬。**素積白屨，以魁柎之。❸緇絇、繶、純，純博寸。**柎，音鈇。○魁，蜃蛤。柎，注也。○蜃，上忍反。**爵弁纁屨，黑絇、繶、純，純博寸。**爵弁屨以黑爲飾，爵弁尊，其屨飾以繢次。○《疏》曰：「《冬官》畫繢之事，比方爲繡次，青與白是

---

❶ 「升」，阮校云：「是注『升』本作『斗』，後魏以來字多別體，升、斗字幾不辨，故致誤。如此當并疏『尊升』改正。」

❷ 「坫」，原作「玷」，今據《儀禮注疏》改。

❸ 「柎」，原作「拊」，今據盧本及《儀禮注疏》改。

也；對方爲繢次，青與赤是也。複下曰舄，用繢次；禪下曰屨，用繡次。今纁屨不以白飾而以黑飾，❶是用繢次。」○朱先生曰：「三屨，經不言所陳處，注、疏亦無明文，疑亦在房中。故既加冠而適房改服，即得并易屨而出也。」**冬，皮屨可也。**《疏》曰：「春宜從夏，秋宜從冬。」**不屨繐屨。**繐屨，喪屨也。縷不灰治曰繐。

右陳服器。

主人玄端、爵韠，立于阼階下，直東序，西面。玄端，士入廟之服也。阼，猶酢也，東階，所以荅酢賓客也。堂東西牆謂之序。**○兄弟畢袗玄，立于洗東，西面，北上。**兄弟，主人親戚也。畢，猶盡也。袗，同也。玄者，玄衣、玄裳也，緇帶韠。位在洗東，退於主人，不爵韠者，降於主人也。**○擯者玄端，負東塾。**東塾，門内東堂，負之北面。○《疏》曰：擯者是中士若下士，當服黄裳、雜裳。○今案：三者皆玄端，而於兄弟、擯者皆不言「如主人服」者，兄弟衣裳同而韠異，擯者衣韠同而裳異。**○將冠者采衣，紒，在房中，南面。**紒音計。○采衣，未冠者所服。《玉藻》曰：「童子之節也，緇布衣，錦緣，錦紳，并紐，錦束髮，皆朱錦也。」紒，結髮。○緣，以絹反。

右即位。

---

❶「白」，原作「他」，今據盧本改。

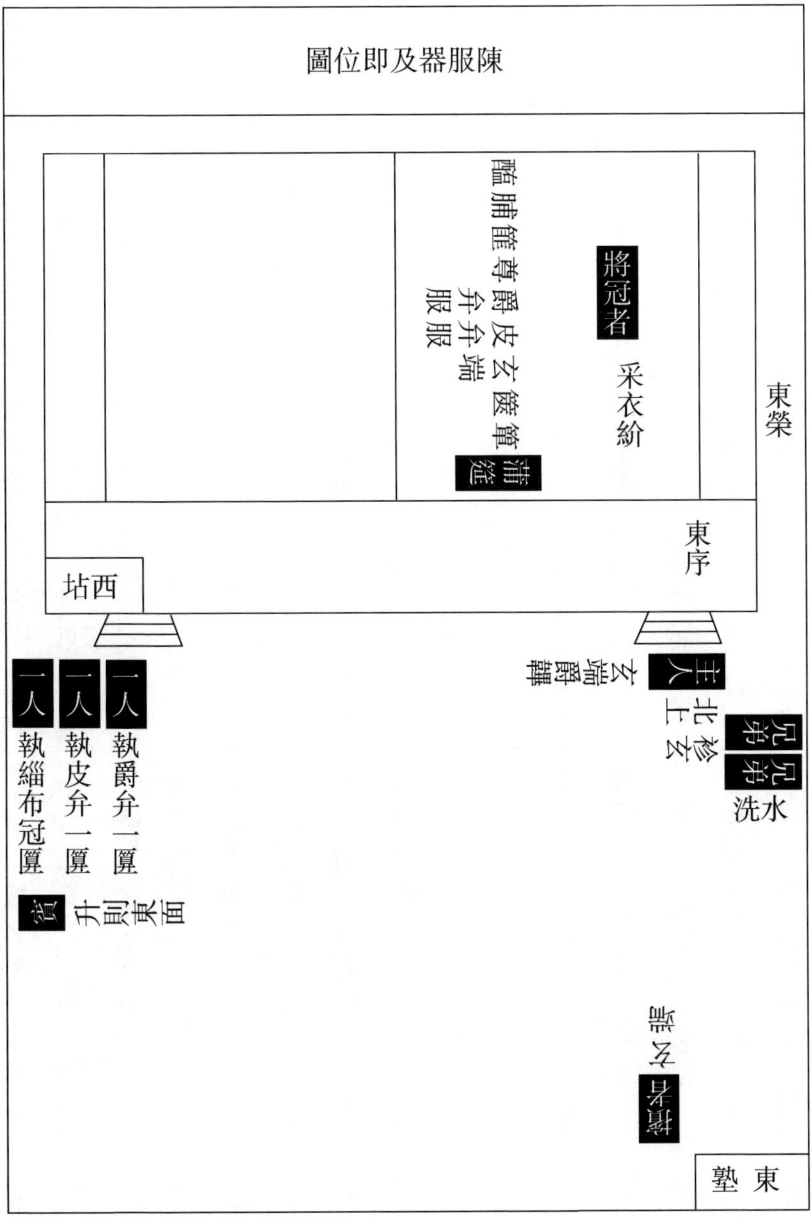
陳服器及即位圖
將冠者
采衣紒
醢脯筐尊爵皮玄簟箠
弁弁端
服服
蒲筵
東榮
東序
西坫
主人
玄端爵韠
北上
袗玄
兄弟
兄弟
洗水
一人執爵弁一匴
一人執皮弁一匴
一人執緇布冠匴
賓
升則東面
擯者
外門
東塾

賓如主人服，贊者玄端從之，立于外門之外。外門，大門外。**擯者告。**告者，出請入告。**主人迎，出門左，西面，再拜。賓答拜。**左，東也，出以東爲左，入以東爲右。**主人揖贊者，與賓揖，先入。**贊者賤，揖之而已。又與賓揖，先入，道之。贊者隨賓。**每曲揖。**周左宗廟。入外門將東曲，揖；直廟將北曲，又揖。○《疏》曰：「入大門而東，則主人在南，賓在北，俱東向，是一曲，故揖也。至廟南，主人在東，賓在西，俱北面，是曲爲二揖。故云『直廟將北曲又揖』也。」**至于廟門，揖入。三揖，至于階，三讓。**入門將右曲，揖；將北面，揖；當碑，揖。○《疏》曰：「主人將右，欲背客宜揖；將北曲，與客相見，又揖；當碑揖者，碑是庭中之大節，又宜揖。」**主人升，立于序端，西面。賓西序，東面。**主人、賓俱升，立相鄉。**贊者盥于洗西，升，立于房中，西面南上。**盥於洗西，由賓階升也。立于房中，近其事也。南上，尊於主人之贊者。

右迎賓。

主人之贊者筵于東序，少北，西面。主人之贊者，其屬中士若下士。筵，布席也。東序，主人位也。適子冠於阼。少北，辟主人。**將冠者出房，南面。**南面，立于房外之西，待賓命。**贊者奠纚、笄、櫛于筵南端。**贊者，賓之贊冠者也。奠，停也。**○賓揖將冠者。將冠者即筵坐。贊者坐，櫛，設纚。**即，就。設，施。**賓降，主人降。賓辭，主人對。**主人降，爲賓將盥，不敢安位也。辭對之辭未聞。**賓盥，卒，壹揖，壹讓，升。主人升，復初位。**揖、讓皆壹者，降於初。**賓筵前坐，正纚，興，降西階一**

等。執冠者升一等，東面授賓。正纚者，將加冠，宜親之。興，起也。降，下也。下一等，升一等，則中等相授。冠，緇布冠也。**賓右手執項，左手執前，進容，乃祝。坐如初，乃冠。興，復位。贊者卒。**進容者，行翔而前鶬焉，至則立祝。坐如初，坐筵前。興，起也。復位，西序東面。卒，謂設缺項、結纓也。○鶬，七良反。○《疏》曰：「執項者，冠後爲項，非頍項。其下皮弁、爵弁無頍項，皆云『執項』，故知非頍項。」**冠者興，賓揖之，適房，服玄端、爵韠，出房，南面。**復出房南面者，一加禮成，觀衆以容體。

○賓揖之，即筵坐。櫛，設笄。賓盥，❶**正纚，如初。降二等，受皮弁，右執項，左執前，進祝，加之如初。復位，贊者卒紘。**卒紘，謂繫屬之。**興，賓揖之，適房，服素積、素韠，容，出房，南面。**容者，再加彌成，其儀益繁。❷**賓降三等，受爵弁，加之。服纁裳、韎韐，其他如加皮弁之儀。**降三等，下至地。他，謂卒紘、容、出。**○徹皮弁、冠、櫛、筵，入于房。**徹者，贊冠者，主人之贊者爲之。

○記：《冠義》：始冠，緇布之冠也。太古冠布，齊則緇之。其緌也，孔子曰：「吾未之聞也。冠而敝之可也。」太古，唐虞以上。緌，纓飾。未之聞，太古質，無飾。重古始冠，冠其齊冠。白布冠，今之喪冠。○又案：《玉藻》：「緇布冠，繢緌，諸侯之冠也。」鄭氏曰：「冠禮，緇布冠自諸侯下達，則諸侯所以異

---

❶「賓」，原作「實」，今據元刻本、盧本及《儀禮注疏》改。

❷「儀」，原作「義」，今據元刻本、盧本及《儀禮注疏》改。

於大夫、士者，繢緌耳。」**適子冠於阼，以著代也。三加彌尊，諭其志也。**諭其志者，欲其德之進也。**○始加，祝曰：「令月吉日，始加元服。棄爾幼志，順爾成德。壽考惟祺，介爾景福。」**既冠爲成德。❶祺，祥也。○朱先生曰：「順，古與慎通用。」**○再加曰：「吉月令辰，乃申爾服。**申，重也。**敬爾威儀，淑慎爾德。眉壽萬年，永受胡福。」**胡，猶遐也，遠也。**○三加曰：「以歲之正，以月之令，咸加爾服。**正，猶善也。咸，皆也。皆加女之三服，謂緇布冠、皮弁、爵弁也。**兄弟具在，以成厥德。黄耇無疆，受天之慶。」**黄，黄髮也。耇，凍梨也。皆壽徵也。疆，境。

右冠三加。

筵于户西，南面。筵，主人之贊者。户西，室户西。**贊者洗于房中，側酌醴，加柶，覆之，面葉。**房中之洗在北堂，直室東隅。篚在洗東，北面盥。面，前也。葉，柶大端。○《疏》曰：「側酌者，言無人爲之薦脯醢，還是此贊者。故下直言薦脯醢，不言别有人。」❷又云：「面葉者，贊者面葉授賓，賓得面枋授冠者，冠者得之，面葉以扱醴而祭。」❸**賓揖，冠者就筵，筵西南面。賓受醴于户東，加柶，面枋，筵前北面。**枋音柄。○户東，室户東。**冠者筵西拜受觶，賓東面答拜。**筵西拜，南面拜也，賓還答拜於西序之位。

---

❶「冠」，原作「德」，今據元刻本、盧本及《儀禮注疏》改。

❷「人」，原無，今據元刻本、盧本補。

❸「葉」，原作「宗」，今據盧本改。

東面者，明成人與爲禮，異於答主人。○《疏》曰：「案《鄉飲酒》：『賓於西階上，北面答主人拜。』」薦脯醢。贊冠者也。冠者即筵坐，左執觶，右祭脯醢，以柶祭醴三，興。筵末坐，啐醴，捷柶，❶興。降筵，坐奠觶，拜，執觶興，賓答拜。啐，七內反。捷，初洽反。○捷柶，扱柶於醴中。○醴辭曰：「甘醴惟厚，嘉薦令芳。嘉，善也。善薦，謂脯醢。芳，香也。拜受祭之，以定爾祥。承天之休，壽考不忘。」不忘，長有令名。

右醴。

冠者奠觶于薦東，降筵，北面坐取脯，降自西階，適東壁，北面見于母。見，賢遍反。○適東壁者，出闈門也。時母在闈門之外，婦人入廟由闈門。母拜受，子拜送，母又拜。婦人於丈夫，雖其子猶俠拜。○《疏》曰：「不見父與賓者，蓋冠畢則已見也。不言者，從可知也。」○冠者母不在，則使人受脯于西階下。《疏》曰：「言不在者，或歸寧，或疾病也。」

右冠者見母。

賓降，直西序，東面。主人降，復初位。初位，初至階讓升之位。冠者立于西階東，南面。賓字之，冠者對。對，應也，其辭未聞。○字辭曰：「禮儀既備，令月吉日，昭告爾字。昭，明也。爰字

❶「捷」，《儀禮注疏》作「建」，下注「捷」字同。

孔嘉，髦士攸宜。爰，於也。孔，甚也。髦，俊也。攸，所也。宜之于假，永受保之，曰伯某甫。」仲、叔、季，唯其所當。于，猶爲也。假，大也，宜之是爲大矣。伯、仲、叔、季，長幼之稱。孔子爲尼甫，周大夫有嘉甫，宋大夫有孔甫，是其類。「甫」字或作「父」。○朱先生曰：「『假』與『嘏』同，福也，注非。」○《冠義》曰：「冠而字之，敬其名也。」

右字冠者。

賓出，主人送于廟門外。不出外門，將醴之。○請醴賓，賓禮辭，許。賓就次。醴，當作「禮」。次，門外更衣處也。

右賓出就次。

冠者見於兄弟，兄弟再拜，冠者答拜。見贊者，西面拜，亦如之。見贊者西面拜，則見兄弟東面拜。贊者後賓出。入見姑、姊，如見母。入，入寢門也。如見母者，亦北面，姑與姊亦俠拜也。不見妹，妹卑。○《冠義》曰：「見母，母拜之。見兄弟，兄弟拜之。成人而與爲禮也。」

右見兄弟姑姊。

乃易服，服玄冠、玄端、爵韠。奠摯，見于君。遂以摯見於鄉大夫、鄉先生。易服不朝服者，非朝事也。摯，雉也。鄉先生，鄉中老人爲鄉大夫致仕者。❶ ○《冠義》曰：「奠摯於君，遂以摯見於鄉大夫、鄉先生，以成人見也。」

右見君，見鄉大夫、鄉先生。

乃醴賓，以壹獻之禮。壹獻者，主人獻賓而已，即燕無亞獻者。獻、酢、酬賓，主人各兩爵而禮成。主人酬賓，束帛、儷皮。飲賓客而從之以財貨曰酬。束帛，十端也。儷皮，兩鹿皮也。贊者皆與，贊冠者爲介。○賓出，主人送于外門外。再拜，歸賓俎。

右醴賓。朱先生曰：「此以上爲正禮，此後皆禮之變。」

❶ 下「鄉」字，《儀禮注疏》作「卿」，當是。

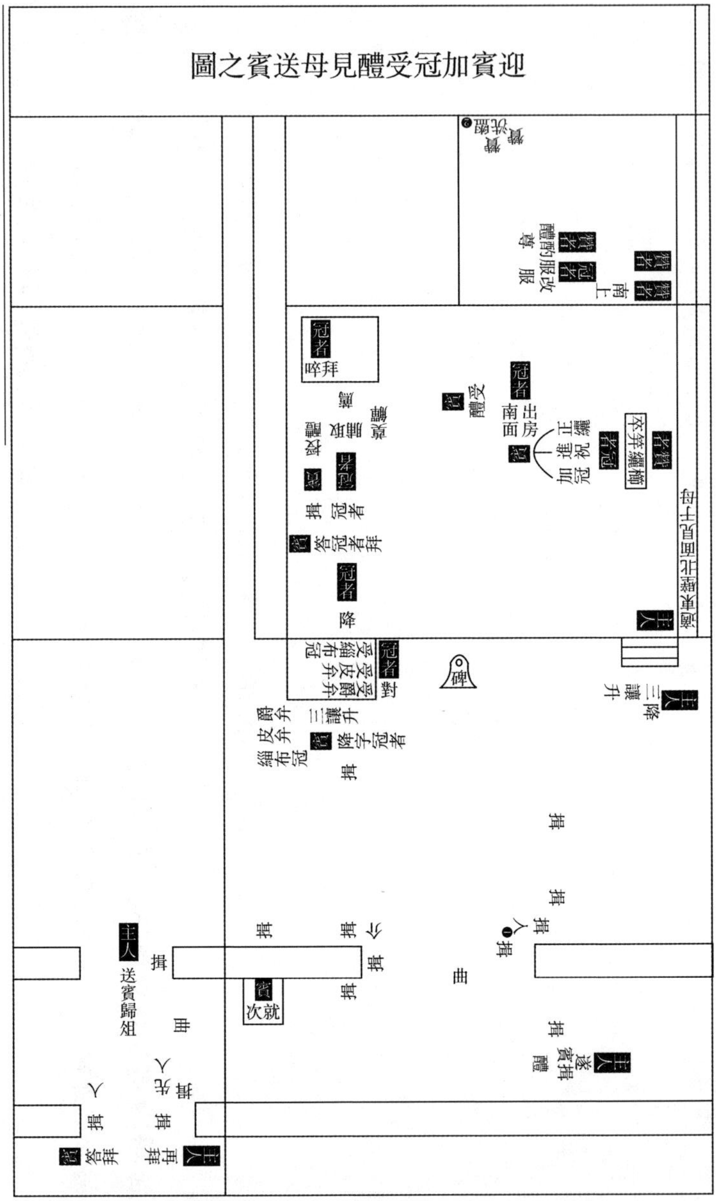

❶「入」，原無，今據元刻本、盧本補。

❷「贊洗盥」三字，原無，今據盧本補。

若不醴，則醮用酒。醮，子召反。○若不醴，謂國有舊俗可行，聖人用焉不改者也。酌而無酬酢曰醮。○《疏》曰：「醴亦無酬酢，但醴大古之物，自然質無酬酢。此醮用酒，酒本有酬酢，故無酬酢得名醮也。」又云：「周之適子，三加一醴。夏、商適子，三加三醮。是以祝辭醴一而醮三。」**尊于房、户之閒，兩甒，有禁，玄酒在西，加勺，南枋。**房户閒者，房西室户東也。禁，承尊之器也。名之爲禁者，因爲酒戒也。玄酒，新水也。雖今不用，猶設之，不忘古也。**洗，有篚在西，南順。**洗，庭洗，當東榮。篚亦以盛勺、觶，陳於洗西。南順，北爲上也。**○始加，醮用脯醢。賓降，取爵于篚，辭降如初。卒洗，升酌。**加冠於東序，醮之於户西。賓降者，爵在庭，酒在堂，將自酌也。**冠者拜受，賓答拜如初。**如初，如醴禮也。於賓答拜，贊者則亦薦之。**冠者升筵，坐，左執爵，右祭脯醢，祭酒，興，筵末坐，啐酒，降筵，拜。賓答拜。冠者奠爵于薦東，立于筵西。**冠者立俟賓命，賓揖之，則就東序之筵。**徹薦、爵，筵、尊不徹。**徹薦與爵者，辟後加也。不徹筵尊，三加可相因，由便也。**○加皮弁，如初儀。再醮，攝酒。其他皆如初。**攝，猶整也，整酒謂撓之。○撓，呼高反。**○加爵弁，如初儀。三醮，有乾肉折俎，嚌之，其他如初。北面取脯，見于母。**乾肉，牲體之脯也，折其體以爲俎。嚌，嘗之。**○若殺，則特豚載合升，離肺實于鼎，設扃鼏。**鼏，亡狄反。○煮於鑊曰亨，在鼎曰升，在俎曰載。載合升者，明亨與載皆合左右胖。離，割也。割肺者，使可祭也，可嚌也。**始醮，如初。**亦薦脯醢，徹薦、爵，筵尊不徹矣。**再醮，兩豆：葵菹、蠃醢。兩籩：栗、脯。**蠃醢，螔蝓醢。○蠃，力禾反。螔，音移。蝓，音榆。**三醮，**

攝酒如再醮。攝酒如再醮，則再醮亦攝之矣。加俎嚌之，皆如初，嚌肺。卒醮，取籩脯以降，如初。「加俎嚌」之「嚌」當爲「祭」字之誤也。祭俎如初，如祭脯醢。○朱先生曰：「嚌字當如字讀，上章『三醮，折俎嚌之』不改字，於此蓋誤改之。言如初則祭已在其中矣。上章無肺，此再言之，釋上嚌之爲嚌肺也。」○記：醮於客位，加有成也。醮，夏殷之禮，每加於阼，則醮之於客位。○醮辭曰：「旨酒既清，嘉薦亶時。亶，誠也。始加元服，兄弟具來。孝友時格，永乃保之。」凡醮者不祝。○《疏》曰：「言『凡』，謂庶子也。」○今案：凡醮者不祝，謂三加三醮，既有醮辭，則不用祝辭也。○再醮曰：「旨酒既湑，湑，清也。嘉薦伊脯。乃申爾服，禮儀有序。祭此嘉爵，承天之祜。」○三醮曰：「旨酒令芳，籩豆有楚。咸加爾服，肴升折俎。承天之慶，受福無疆。」字辭見上文。

右醮。

若不醴則醮用酒圖

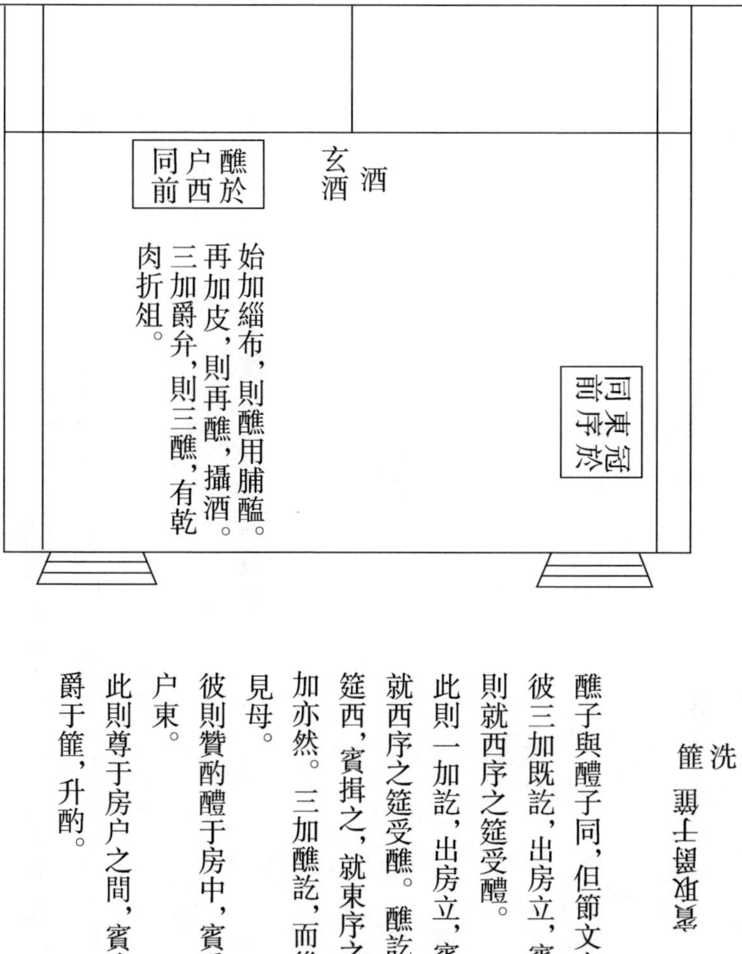

醮子與醴子同，但節文有少異。彼三加既訖，出房立，賓揖之，則就西序之筵受醴。此則一加訖，出房立，賓揖之，就西序之筵受醮。醮訖，立于筵西，賓揖之，就東序之筵。再加亦然。三加醮訖，而後取脯見母。彼則贊酌醴于房中，賓受醴于户東。此則尊于房户之間，賓降，取爵于篚，升酌。

若孤子，則父兄戒宿。父兄，諸父諸兄。冠之日，主人紒而迎賓，拜、揖、讓，立于序端，皆如冠主。禮於阼。冠主，冠者親父若宗兄也。○凡拜，北面于阼階上，賓亦北面于西階上答拜。○若殺，則舉鼎陳于門外，直東塾，北面。孤子得申，禮盛之。○《疏》曰：「凡陳鼎在外者，賓客之禮也。在内者，家私之禮。是在外者爲盛也。」

右孤子冠。

若庶子，則冠於房外，南面，遂醮焉。房外，謂尊東也。

右庶子冠。

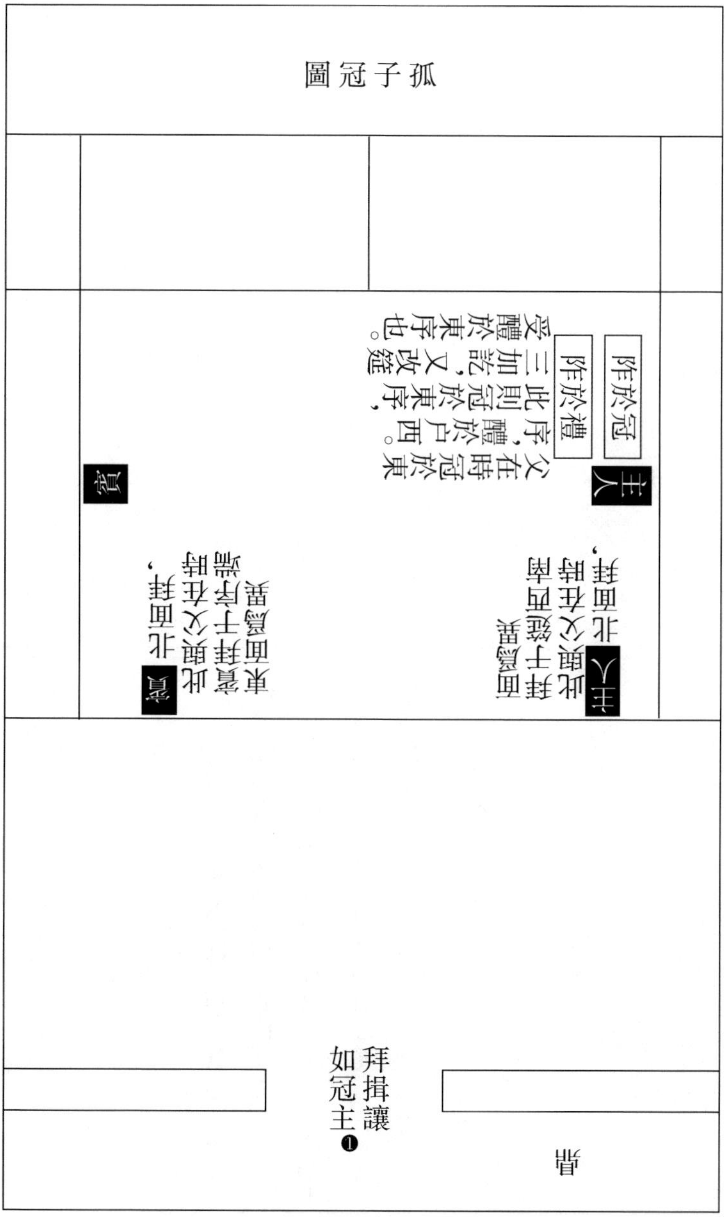

❶「如冠主」，原作「加冠三」，今據元刻本、盧本改。

庶子冠圖

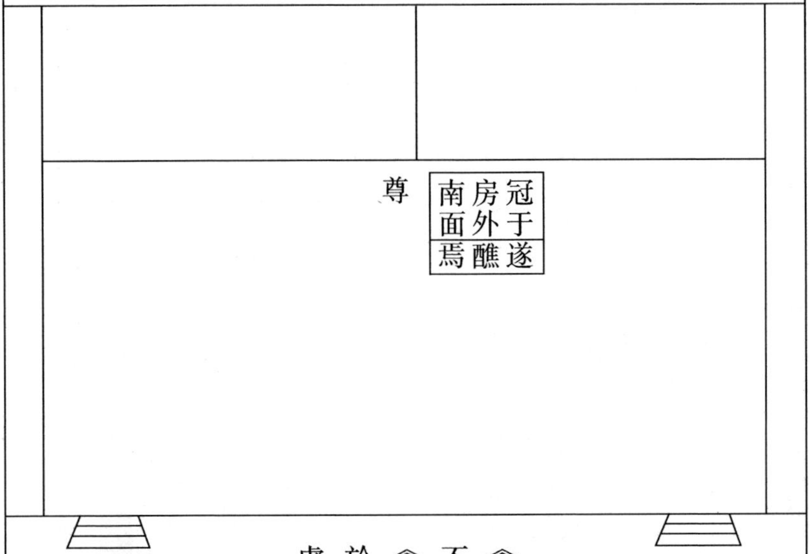

《記》云：「適子冠於阼，以著代也。庶子不於阼而冠於房外南面，非代故也。」《記》云：「醮於客位，加有成也。」是適子於客位成而尊之，此則成而不尊，故因冠之處遂醮焉。

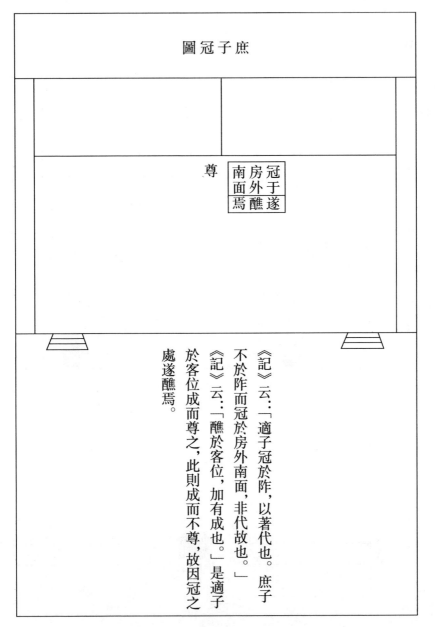

今案：《儀禮》所存者惟《士冠禮》。自士以上，有大夫、諸侯、天子冠禮，見於《家語・冠頌》、《大戴・公冠》與《禮記・特牲》、《玉藻》者，雖遺文斷缺不全，而大概亦可考。如趙文子冠則大夫禮也，魯襄公、邾隱公冠則諸侯禮也，周成王冠則天子禮也。大夫無冠禮，古者五十而後爵，何大夫冠禮之有？其冠也，則服士服、行士禮而已。始冠緇布冠，自諸侯下達，諸侯始加緇布冠，繢緌，緇布冠有緌，尊者飾也。其服玄端，再加皮弁，三加玄冕。《大戴・公冠》：「四加玄冕。」鄭注：「四當爲三。」○朱先生曰：「案：本文但玄端、皮弁，玄冕，則三加，鄭說爲是。唯天子三加，其衮冕與？」天子始冠加玄冠，朱組纓，《玉藻》云：「玄冠，朱組纓，天子之冠也。」鄭氏曰：「始冠之冠也，玄冠，委貌。」再加皮弁，三王共皮弁、素積。○《疏》曰：「此條論第二所加之冠，自天子達於士，以其質素，故三王同之，無所改易也。」三加衮冕。見上文。又君冠必以裸享之禮行之，以金石之樂節之，以鐘磬爲之節。以先君之祧處之。諸侯以始祖之廟爲祧。又諸侯醴賓以三獻之禮，其酬賓則束帛、乘馬。其詳見於《儀禮經傳通解》。

儀禮圖卷第二

士昏禮第二

昏禮○下達，納采用鴈。采，七在反。○達，通也，將欲與彼合昏姻，必先使媒氏下通其言，女氏許之，乃後使人納其采擇之禮。用鴈爲摯者，取其順陰陽往來。○陸佃曰：「若逆女之類，自天子達是也。大夫有昏禮而無冠禮，則冠禮不下達矣。」○朱先生曰：「今案：下達之説，注、疏迂滯不通，陸氏説爲近是。蓋大夫執鴈，士執雉，而士昏下達，納采用鴈；如大夫乘墨車、士乘棧車，而士昏親迎乘墨車也。注、疏知乘墨車爲攝盛，而不知『下達』二字本爲用鴈而發，言自士以下至於庶人皆得用鴈，亦攝盛之意也。」**主人筵于户西，西上，右几。**主人，女父也。筵，爲神布席也。户西者，尊處。將以先祖之遺體許人，故受其禮於禰廟也。席西上，右設几，神不統於人，席有首尾。**使者玄端至。**使者，夫家之屬，若群吏使往來者。**擯者出請事，入告。**擯者，有司佐禮者。請，猶問也。禮不必事，雖知猶問之，重慎也。**主人如賓服，迎于門外，再拜。賓不答拜。揖入。**門外，大門外。不答拜者，奉使不敢當其盛禮。**至于廟門，揖入。三揖至于階，三讓。主人以賓升，西面。賓升西階，當阿，東面致命。主人阼階上北面再拜。**

阿，棟也。入堂深，示親親。○《疏》曰：「凡士之廟，五架爲之，棟北一楣下有室户，中脊爲棟，棟南一架爲前楣，楣前接簷爲庪。棟在室外，故賓得深入當之也。」○庪，居毁切。**授于楹閒，南面。**授於楹閒，明爲合好，其節同也。南面，並授也。**賓降，出。主人降，授老鴈。**老，群吏之尊者。○**擯者出請。**不必賓之事有無。**賓執鴈，請問名，主人許。賓入授，如初禮。**問名者，將歸卜其凶吉。○**記：凡行事，必用昏、昕，受諸禰廟。**用昕，使者。用昏，壻也。○壻，悉計反。○《疏》曰：「『用昕，使者』，謂男氏使向女家納采、問名、納吉、納徵、請期五者皆用昕。即《詩》所謂『旭日始旦』也。昏，親迎時也。」○**昏辭曰：「吾子有惠，貺室某也。」**昏辭，擯者請事告之辭。吾子，謂女父也。貺，賜也。室，猶妻也。某，壻名。**某有先人之禮，使某也請納采。」**某，壻父名。某也，使名也。**對曰：「某之子惷愚，又弗能教，吾子命之，某不敢辭。」**對曰者，擯出納賓之辭。某，女父名也。吾子，謂使者。**致命曰：「敢納采。」**《疏》曰：「此使者升堂致命於主人之辭。然亦當有主人對辭如納徵，不言之者，文不具也。此下納吉、納徵、請期之等，皆有門外賓與擯者傳辭及升堂致命主人對辭，而或不言者，文不具耳。」○**問名曰：「某既受命，將加諸卜，敢請女爲誰氏？」**某，使者名也。誰氏者，謙也，不必其主人之女。**對曰：「吾子有命，且以備數而擇之，某不敢辭。」**卒曰某氏，不記之者，明爲主人之女。○《疏》曰：「若他女，主人終卒對客之辭當云『某氏』，主人之女舊知之，故不對也。」○今案：《昏義》「問名」疏曰：「問名者，問其女之所生母之姓名，故《昏禮》云『爲誰氏』，言女之母何姓氏也。」此説與《儀禮疏》義不同，當攷。**○問名，主人**

受鴈，還，西面對。賓受命，乃降。受鴈于兩楹間，南面，還于阼階上，對賓以女名。○**宗子無父，母命之。親皆没，己躬命之。**宗子者，適長子也。命之，命使者。母命之，在《春秋》「紀裂繻來逆女」是也。躬，猶親也。親命之，則「宋公使公孫壽來納幣」是也。言宗子無父，是有有父者。《禮》：七十老而傳，八十齊喪之事不及。若是者，子代其父爲宗子，其取也，父命之。**支子，則稱其宗。**支子，庶昆弟也。稱其宗子命使者。**弟則稱其兄。**❶弟，宗子母弟。

右納采、問名。

❶ 「則」，《儀禮注疏》無此字。

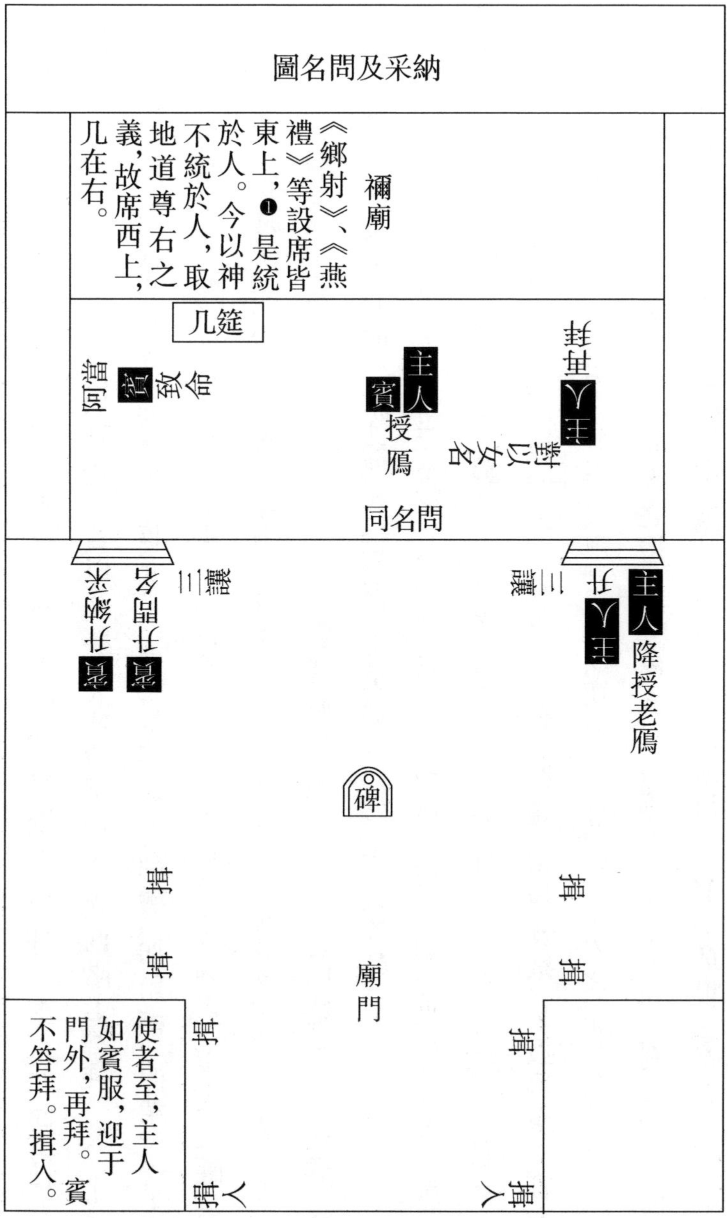

❶「燕」，原作「就」，今據元刻本、盧本改。

擯者出請。賓告事畢，入告，出請醴賓。此「醴」亦當爲「禮」。禮賓者，欲厚之。賓禮辭，許。禮辭，一辭。主人徹几，改筵，東上，側尊甒醴于房中。徹几改筵者，鄉爲神，今爲人。側尊，亦言無玄酒。側尊於房中，亦有篚、有籩豆，如冠禮之設。主人迎賓于廟門外，揖讓如初，升。主人北面再拜，賓西階上北面答拜。主人拂几授校，拜送。賓以几辟，北面設于坐左，之西階上答拜。校，下孝反。辟，音避。○拂，拭也。拭几者，尊賓新之也。校，几足。辟，逡遁。贊者酌醴，加角柶，面葉，出于房。贊，佐也，佐主人酌事也。贊者亦洗酌，加角柶覆之，如冠禮矣。出房，南面待主人迎受。主人受醴，面枋，筵前西北面。賓拜受醴，復位。主人阼階上拜送。主人西北面疑立，徙賓即筵也。賓復位於西階上，北面，明相尊敬，此筵不主爲飲食起。○疑，魚乙反。贊者薦脯醢。薦，進。賓即筵坐，左執觶，祭脯醢，以柶祭醴三，西階上北面坐，啐醴，建柶，興，坐奠觶，遂拜。主人答拜。凡祭於脯醢之豆閒，必所爲祭者，謙敬示有所先也。啐，嘗也。嘗之者，成主人意。○《疏》曰：「所先，謂先世造此食者。」賓即筵，奠于薦左，降筵，北面坐取脯，主人辭。自取脯者，尊主人之賜，將歸執以反命。辭者，辭其親徹。賓降，授人脯，出。主人送于門外，再拜。人，謂從者。○記：祭醴，始扱壹祭，又扱再祭。賓右取脯，左奉之，乃歸，執以反命。案：經但言「取脯」，記又明右手取脯，以左手奉之，尤見其恭也。○醴曰：「子爲事故，至於某之室，某有先人之禮，請醴從者。」言從者，謙不敢斥也。對曰：「某既得將事矣，敢辭。」將，行。「先人之禮，敢固以請。」主人辭。「某辭不得命，敢不從也。」賓辭也。不得命者，不得許己之命。○凡使者歸，反命曰：「某既得將事矣，敢以禮告。」告禮所執脯。主人曰：「聞命矣。」

右醴賓。

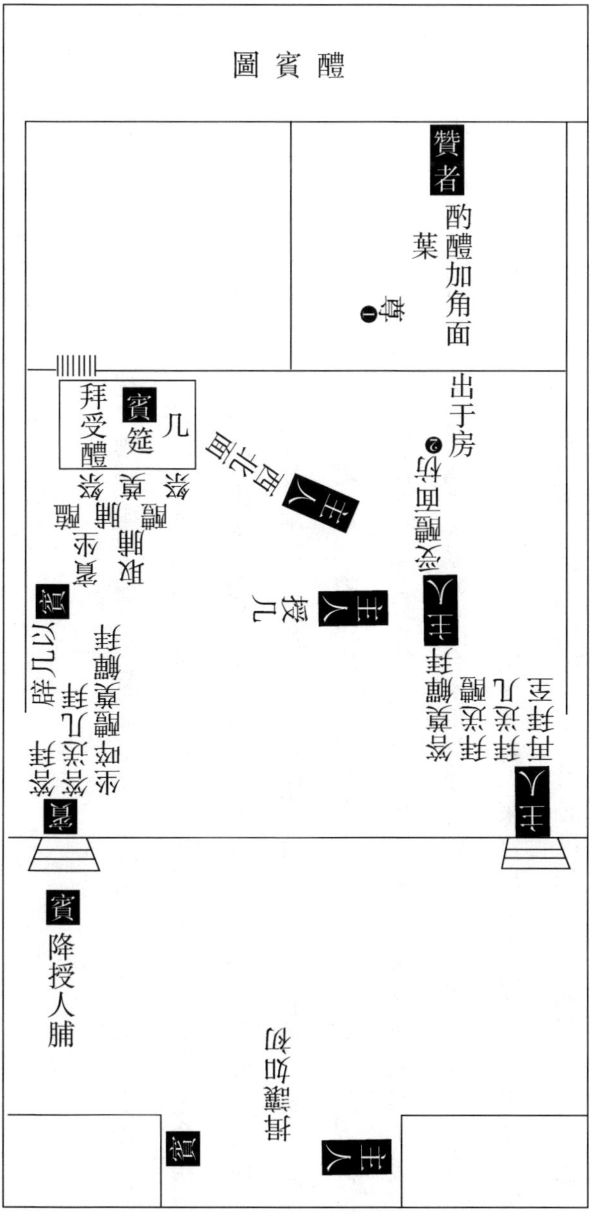

❶「尊」，原無，今據元刻本、盧本補。「角」，盧本作「柶」。

❷「面」，原作「西」，今據盧本改。

納吉用鴈，如納采禮。歸卜於廟得吉兆，復使使者往告，昏姻之事於是定。**○納吉曰：「吾子有貺命，某加諸卜，占曰『吉』，使某也敢告。」對曰：「某之子不教，唯恐弗堪。子有吉，我與在，某不敢辭。」**與，猶兼也。

右納吉。

納徵，玄纁束帛，儷皮，如納吉禮。儷，音麗。○徵，成也，使使者納幣以成昏禮。用玄纁者，象陰陽備也。束帛，十端也。《周禮》曰：「凡嫁子娶妻，入幣純帛無過五兩。」儷，兩也。執束帛以致命，兩皮爲庭實。皮，鹿皮。**○記：納徵執皮，攝之，内文，兼執足，左首。隨入，西上，參分庭一在南。**攝，猶辟也。兼執足者，左手執前兩足，右手執後兩足。左首，象生，《曲禮》曰：「執禽者左首。」隨入，爲門中阨狹。西上，中庭位併。○阨，於賣反。○《疏》曰：「隨入爲門中阨狹者，皮皆横執之，二人相隨，乃可以入，至中庭稍寬，故得俱北面西上。」**賓致命，釋外足，見文。主人受幣。士受皮者自東出于後，自左受，遂坐攝皮，逆退，適東壁。**賓致命，主人受幣，庭實所用爲節。○《疏》云：「出于後者，出於執皮者之後。至於左，北面受之。逆退者，二人相隨，自東而西，今以後者先向東行，故云逆退也。」**○辭無不腆，無辱。**腆，善也。賓不稱幣不善，主人不謝來辱。**摯不用死，皮、帛必可制。**摯，鴈也。皮，帛，儷皮束帛也。○《疏》曰：「可制者，可制爲衣物。此亦教婦以誠信之義也。」**○納徵曰：「吾子有嘉命，貺室某也，某有先人之禮，儷皮束帛，使某也請納徵。」致命曰：「某敢納徵。」對曰：「吾子順先典，貺某重**

禮，某不敢辭，敢不承命。」典，常也，法也。○《疏》曰：「『吾子有命』以下至『請納徵』，是門外向擯者辭也。『某敢納徵』者，是升堂致命辭也。『對曰』者，是堂上主人對辭也。」○**女子許嫁，笄而醴之，稱字。**許嫁，已受納徵禮也。笄女之禮猶冠男也，使主婦、女賓執其禮。**祖廟未毁，教于公宫三月。若祖廟已毁，則教于宗室。**祖廟，女高祖爲君者之廟也。以有緦麻之親，就尊者之宫，教以婦德、婦言、婦容、婦功。宗室，大宗之家。○《疏》曰：「此謂諸侯同族之女也，共承高祖，則四世之内皆教於公宫。注止言『緦麻』，舉疏以見親也。及與君絶服，則於大宗之家教之。」

右納徵。

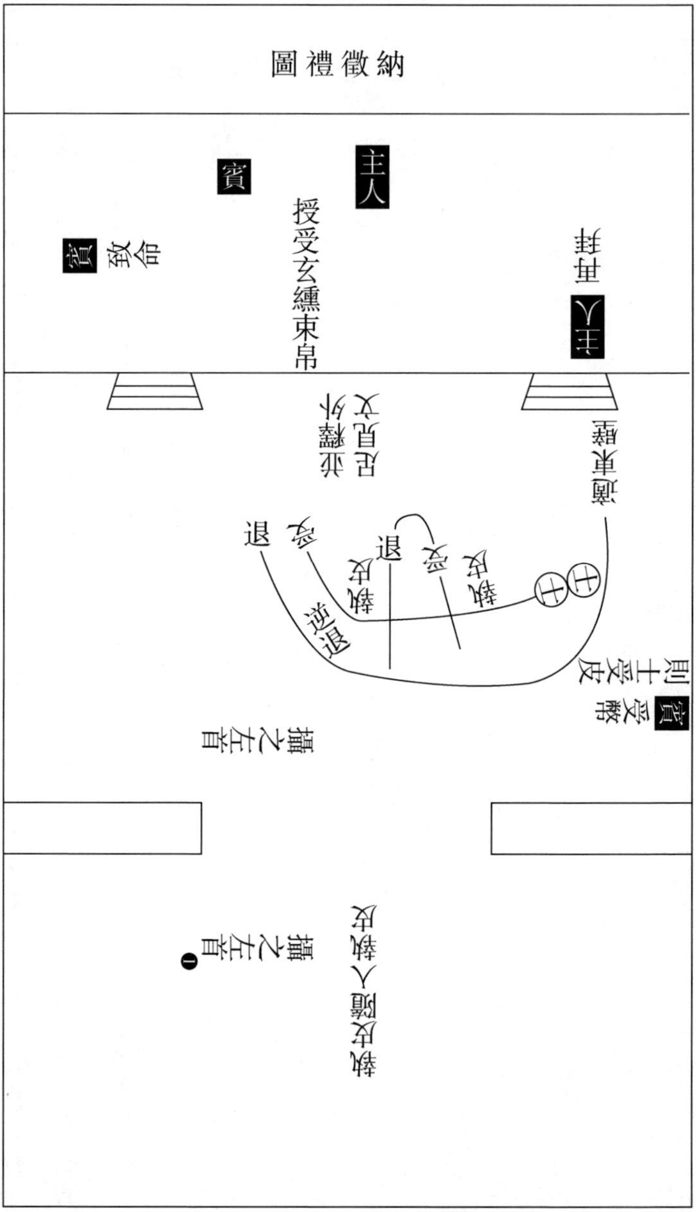

❶「左」，原作「右」，今據元刻本、盧本改。

請期用鴈。主人辭，賓許，告期，如納徵禮。「主人辭」者，陽倡陰和。期日，宜由夫家來也。夫家必先卜之，得吉日，乃使使者往辭，即告之。〇**請期曰：「吾子有賜命，某既申受命矣，惟是三族之不虞，使某也請吉日。」**三族，謂父昆弟、己昆弟、子昆弟。此三族者，己及子皆爲服期，期服則踰年，欲及今之吉也。《雜記》曰：「大功之末，可以冠子、嫁子。」〇《疏》曰：「大功之喪，服内不廢成禮。若期親内，則廢。故舉合廢者而言。」**對曰：「某既前受命矣，唯命是聽。」曰：「某命某聽命于吾子。」對曰：「某固唯命是聽。」使者曰：「某使某受命，吾子不許，某敢不告期，曰某日。」**某，吉日之甲乙。**對曰：「某敢不敬須。」**須，待。

右請期。

期初昏，陳三鼎于寢門外東方，北面，北上。其實特豚，合升，去蹄，舉肺、脊二，祭肺二，魚十有四，腊一肫，髀不升。皆飪，設扃鼏。去，起呂反。肫，音純。髀，步米反。飪，而甚反。扃，古螢反。鼏，亡狄反。〇期，取妻之日。鼎三者，升豚、魚、腊也。寢，壻之室也。北面，向内也。特，猶一也。合升，合左右胖升於鼎也。去蹄，蹄甲不用也。舉肺、脊者，食時所先舉也。肺者，氣之主也，周人尚焉。脊者，體之正也。食時則祭之，飯必舉之，貴之也。每皆二者，夫婦各一耳。凡魚之正，❶十五而鼎，減一爲十

❶「凡」，原作「比」，今據盧本及《儀禮注疏》改。

四者，欲其敵偶也。腊，兔腊也。肫，或作純，純，全也，凡腊用全。髀不升者，近竅，賤也。飪，孰也。扃，所以扛鼎。鼏，覆之。○胖，音判。飯，扶晚反。竅，苦弔反。○《疏》曰：「『脊，體之正』者，一身之上，體總有二十一節，前有肩、臂、臑，後有肫、胳，脊在中央，有正脊、脡脊、横脊，而取中央正脊故也。」**設洗于阼階東南。饌于房中，醯醬二豆，菹醢四豆，兼巾之。黍稷四敦，皆蓋。**饌，仕戀反。敦，音對。○醯醬者，以醯和醬，生人尚褻味。兼巾之者，六豆共巾也。巾爲禦塵，蓋爲尚温。《周禮》曰：「食齊視春時。」**大羹湆在爨。**大，如字，又音太。湆，音泣。爨，七亂反。○太羹湆，煮肉汁也。大古之羹無鹽、菜。爨，火上。《周禮》曰：「羹齊視夏時。」今文「湆」皆作「汁」。**尊于室中北墉下，有禁，玄酒在西，綌冪。加勺，皆南枋。**綌，去逆反。○墉，牆也。禁，所以庪甒者。玄酒，不忘古也。綌，麤葛。今文「枋」作「柄」。**尊于房户之東，無玄酒。篚在南，實四爵、合巹。**巹，音謹。○無玄酒者，略之也。夫婦酌於内尊，其餘酌於外尊。合巹，破匏也。四爵兩巹凡六，爲夫婦各三酳。一升曰爵。○匏，白交反。酳，以刃反。○**記：腊必用鮮，魚用鮒，必殽全。**鮒，音附。○殽全者，不餒敗，不剥傷。○《疏》曰：「鮮取夫婦日新之義，鮒取夫婦相依附也。」

右陳器饌。

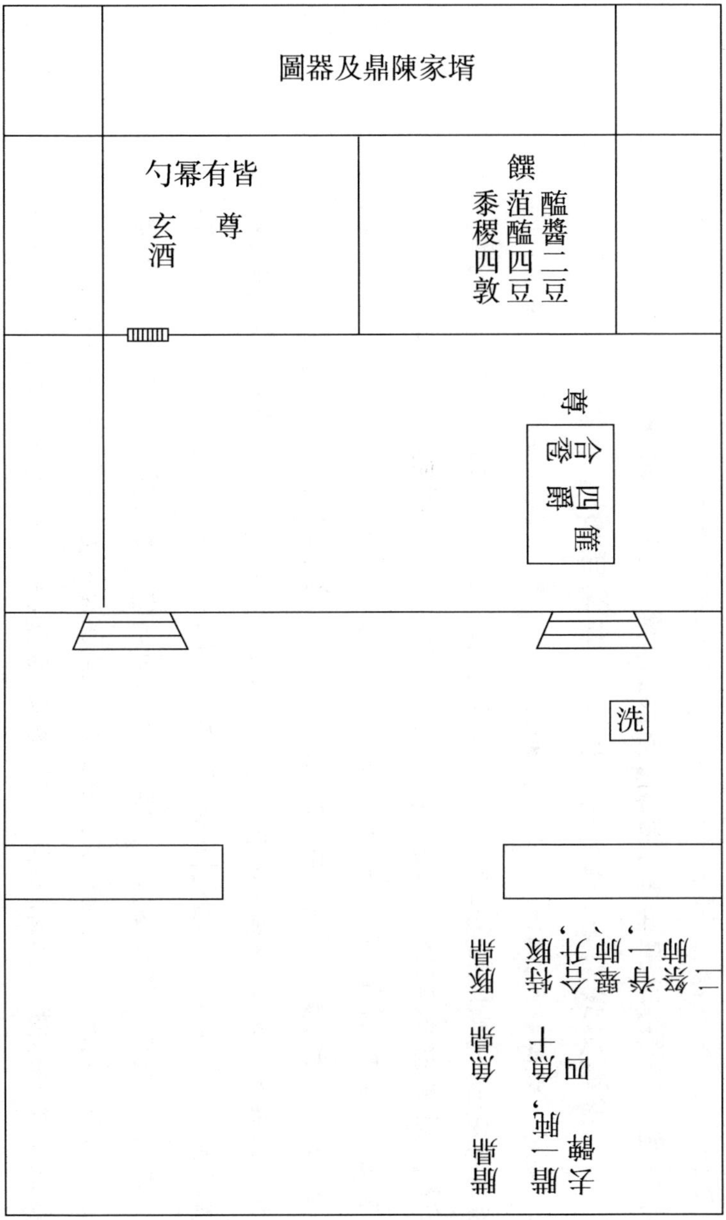
壻家陳鼎及器圖
饌
醯醬二豆
菹醢四豆
黍稷四敦
皆有冪勺
尊
玄酒
尊
合巹
四爵
篚
洗
豚鼎
特豚，合升，舉肺、脊一，祭肺二
魚鼎
魚十四
腊鼎
腊一肫，去髀

主人爵弁，纁裳，緇袘。從者畢玄端，乘墨車，從車二乘，執燭前馬。袘，以豉反，又音移。從，才用反。乘，繩證反。○主人，壻也，壻爲婦主。爵弁而纁裳，玄冕之次。大夫以上親迎，冕服。纁裳者，衣緇衣。不言衣與帶而言袘者，明其與袘俱用緇。袘，謂緣，以緇緣裳。從者，有司。乘貳車，從行者也。畢，猶皆也。墨車，漆車。士而乘墨車，攝盛也。執燭前馬，使徒役持炬火居前照道。○迎，魚正反。緣，以絹反。炤，音照。婦車亦如之，有裧。裧，昌占反。○亦如之者，車同等。裧，車裳幃，《周禮》謂之容。車有容，則固有蓋。至于門外。婦家大門之外。○主人筵于户西，西上，右几。主人，女父也。筵，爲神布席。女次，純衣纁袡，立于房中，南面。袡，如占反。○次，首飾也。純衣，絲衣。女從者畢袗玄，則此衣亦玄矣。袡，亦緣也。姆纚笄宵衣，在其右。姆，亡候反。纚，山買反。○姆，婦人年五十無子，出而不復嫁，能以婦道教人者。纚，縚髮。笄，今時簪也。宵，讀爲「素衣朱綃」之「綃」，《魯詩》以綃爲綺屬也。姆亦玄衣，以綃爲領。姆在女右，當詔以婦禮。○縚，他刀反。綃，音消。女從者畢袗玄，纚笄，被顈黼，在其後。被，皮義反。顈，若迥反。○女從者，謂姪娣也。袗，同也。同玄者，上下皆玄。顈，襌也。《詩》云「素衣朱襮」，《爾雅》云「黼領謂之襮」，《周禮》曰「白與黑謂之黼」。言被，明非常服。○襮，音博。○主人玄端迎于門外，西面再拜。賓東面答拜。賓，壻。主人揖，入。賓執鴈從。至于廟門，揖入，三揖至于階，三讓。主人升，西面。賓升，北面，奠鴈，再拜稽首，降出。婦從，降自西階。主人不降送。賓升，奠鴈，拜，主人不答，明主爲授女耳。主人不降送，禮不參。○《疏》曰：「『賓奠鴈，再拜稽首』者，此時當在房外，當楣北面。知在房户者，見隱二年『紀裂繻來逆女』，何休云：『夏后氏逆於庭，殷人逆於堂，周人逆於户。』後代漸文，迎於房者，親親之義也。」**壻御婦車，授綏，姆辭不受。**壻御者，親而下之。綏，所以引升車者。僕人之禮，必授人綏。**婦乘以几，姆加景，乃驅。御者代。**景之制蓋如明衣，加之以爲行道禦塵，令衣鮮明也。景，亦明也。驅，行也。行車輪三周，御者乃代壻。**壻乘其車先，俟于門外。**壻車在大門外。乘之先者，道之也。男率女，女從男，夫婦剛柔之義自此始也。俟，待也。門外，壻家大門外。○**父醮子。**子，壻。**命之辭曰：「往迎爾相，承我宗事。**相，息亮反。○相，助也。宗事，宗廟之事也。**勗帥以敬先妣之嗣，若則有常。」**勗，呼玉反。○勗，勉也。若，猶女也。勉帥婦道，以敬其爲先妣之嗣。女之行則當有常，深戒之。《詩》言「大姒嗣徽音」。○女，音汝。大，音泰。○《疏》曰：「先妣之嗣，謂婦入室代姑祭。」**子曰：「諾。唯恐弗堪，不敢忘命。」**○**賓至，擯者請，對曰：「吾子命某，以茲初昏，使某將請承命。」**賓，壻也。命某，某，壻父名。茲，此也。將，行也。使某行昏禮來迎。**對曰：「某固敬其以須。」**○**父醴女而俟迎者，母南面于房外。**女既次，純衣，父醴之于房中。南面，蓋母薦焉，重昏禮也。女奠爵于薦東，立于位而俟壻。壻至，父出，使擯者請事。母出房外，示親授壻，且當戒女也。○《疏》曰：「舅姑共饗婦，姑薦脯醢，故知父母醴女，亦母薦脯醢。案，士冠子與醮子及此篇醴賓、醴婦，皆奠爵于薦東，明此亦奠薦東也。」**女出于母左，父西面戒之，必有正焉，若衣若笄。母戒諸西階上，不降。**必有正焉者，以託戒之，使不忘。○《疏》曰：「母初立房西，女出房，母行至西階上，乃戒之也。託戒者，謂託衣、笄恒在身而不忘，持戒亦然也。」○**父送女，命之曰：「戒之敬之，夙夜毋違命。」**命，舅姑之教命。**母施衿結帨，曰：「勉之敬之，夙夜無違宮事。」**衿，其鴆反。帨，舒鋭反。○帨，佩巾。○《疏》曰：「宫事，謂姑命婦之事。」○**庶母及門内施鞶，申之以父母之命，命之曰：「敬恭聽，宗爾父母之言，夙夜無愆，視諸衿鞶。」**鞶，步干反。愆，去連反。○庶母，父之妾也。鞶，囊也。男鞶革，女鞶絲，所以盛帨巾之屬。申，重也。宗，尊也。示之以衿鞶，皆託戒使識之也。○盛，音成。識，中志反。○**壻授綏，姆辭曰：「未教，不足與爲禮也。」**姆，教人者。○**婦乘以几，從者二人坐持几，相對。**持几者，重慎之。○《疏》曰：「此几謂將上車而登。若王后則履石，大夫、諸侯無文。」○**《昏義》曰：「父親醮子而命之迎，男先於女也。子承命以迎，主人筵几于廟而拜迎于門外，壻執鴈入，揖讓升堂，再拜，奠鴈，蓋受之於父母也。降，出，御婦車而壻授綏，御輪三周，先俟于門外。」**酌而無酬酢曰醮。醮之禮如冠醮，與其異者，於寢耳。壻御婦車輪三周，御者代之，壻自乘其車，先道之歸也。○**壻親御，授綏，親之也。親之也者，親之也。出乎大門而先，男帥女，女從男，夫婦之義由此始也。**先，居車前也。

右親迎。

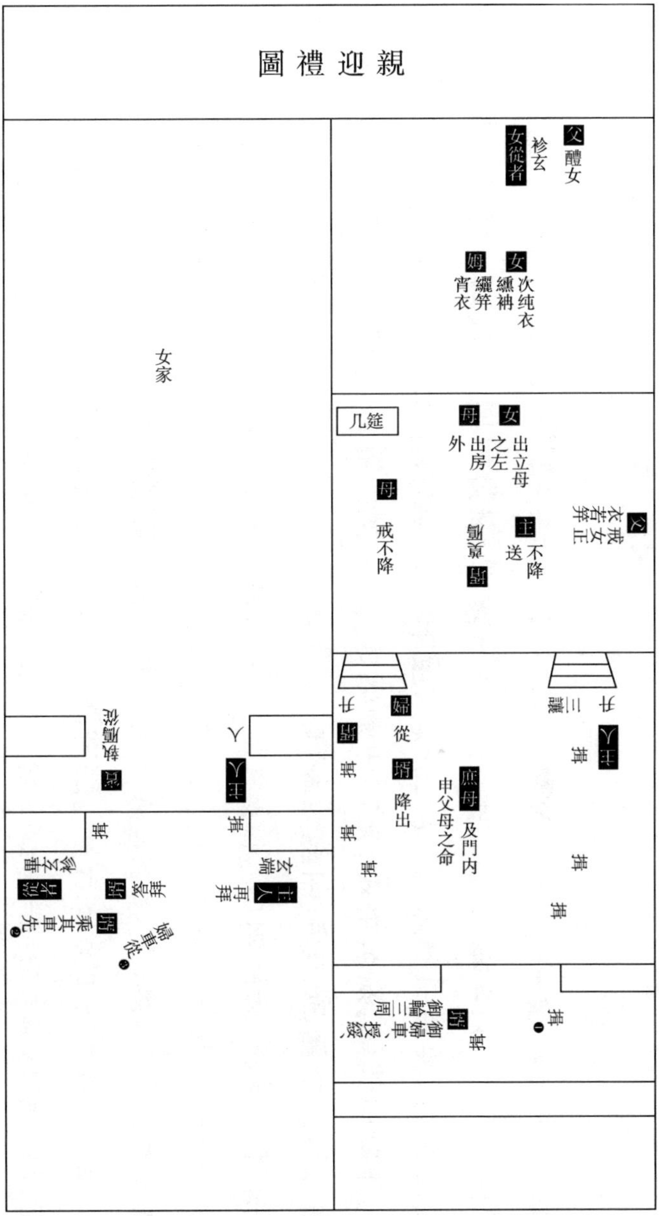

親迎禮圖

❶「揖」下，盧本有「入」字。

❷「先」，原作「出」，今據盧本及前文改。

❸「婦車從」三字，原無，今據盧本補。

婦至，主人揖婦以入。及寢門，揖入，升自西階。媵布席于奧。夫入于室，即席。婦尊西，南面，媵、御沃盥交。媵，以證反。御，音訝。○升自西階，道婦入也。媵，送也，謂女從者也。御，當爲訝，迎也，謂壻從者也。媵沃壻，盥於南洗；御沃婦，盥於北洗。夫婦始接，情有廉恥，媵、御交道其志。○《疏》曰：「壻既即席，婦在尊西，未設席。設饌訖，乃設。交盥者，有南北二洗。」**贊者徹尊冪，舉者盥，出，除鼏，舉鼎入，陳于阼階南，西面，北上。匕、俎從設。**執匕者、執俎者，從鼎而入設之。匕，所以別出牲體也。俎，所以載也。**北面載，執而俟。**執俎而立，俟豆先設。○《疏》曰：「執匕俎、舉鼎各別人者，❶吉禮尚威儀也。《特牲禮》右人於鼎北，南面，匕肉出之；左人於鼎西俎南，北面，承取肉載於俎，遂執俎而立。此與之同也。凡牲體於鼎以次別出之，載者依其次載之。」**匕者逆退，復位于門東，北面，西上。**執匕者事畢，逆退由便。至此乃著其位，略賤也。**贊者設醬于席前，菹醢在其北。俎入，設于豆東，魚次，腊特于俎北。**豆東，菹醢之東。**贊設黍于醬東，稷在其東，設湆于醬南。**饌要方也。**設對醬于東，**對醬，婦醬也，設之當特俎。**菹醢在其南，北上。設黍于腊北，其西稷，設湆于醬北。御布對席。贊啓會，郤于敦南，對敦于北。**郤，去逆反。會，古外反。○啓，發也。○《疏》曰：「上設壻湆於醬南，在醬黍之南，特俎出於饌北。此設婦湆於醬北，在特俎東饌。《內則》『不得要方上』

❶「各」，原作「名」，今據元刻本、盧本改。

注云：『要方者，據大判而言耳。』郤，仰也，謂仰於地也。」贊告具，揖婦，即對筵，皆坐，皆祭，祭薦、黍、稷、肺。贊者西面告饌具也。壻揖婦，使即席。薦，菹醢。贊爾黍，授肺脊，皆食以湆、醬，皆祭舉、食舉也。爾，移也，移置席上，便其食也。皆食，食黍也。以，用也。用者，謂用口啜湆，用指咂醬。古文「黍」作「稷」。○《疏》曰：「舉謂舉肺。」○啜，昌悦反。咂，子闔反。三飯，卒食。卒，已也。同牢示親，不主爲食起，三飯而成禮也。○《疏》曰：「《少牢》十一飯、《特牲》九飯而禮成，此獨三飯，故云『同牢示親，不主爲食起，三飯而成禮也』。」○主爲，于僞反。贊洗爵，酌酳主人，主人拜受，贊户内北面答拜。酳婦亦如之。皆祭。酳，潄也。酳之言演也，安也，潄所以潔口，且演安其所食。酳酌内尊。○《疏》曰：「『主人拜受』者，壻拜當東面。『酳婦亦如之』者，婦拜當南面。《特牲》『主人洗角，酌，酳尸』注云：『酳猶衍也，是獻尸也，尸既卒食，又欲頤衍養樂之。』《少牢》云『主人酌酒，乃酳尸』，注云：『酳猶羡也，既食之而又飲之，所以樂之。』三注不同，文有詳略，相兼乃具。」贊以肝從，皆振祭，嚌肝，皆實于菹豆。嚌，才計反。○肝，肝炙也。飲酒宜有肴以安之。○炙，之夜反。卒爵，皆拜。贊答拜，受爵。再酳如初，無從。三酳用巹，亦如之。亦無從也。贊洗爵，酌于户外尊，入户西，北面奠爵，拜，皆答拜。坐祭，卒爵，拜，皆答拜，興。贊酌者，自酢也。○《疏》曰：「言皆者，夫婦也。」○記：婦入寢門，贊者徹尊冪，酌玄酒，三屬于尊，棄餘水于堂下階間，加勺。屬音燭。○屬，注也。玄酒，涚水貴新，昏禮又貴新，故事至乃取之，三注于尊中。○《昏義》曰：「共牢而食，同尊卑也。故婦人無

爵，從夫之爵，坐以夫之齒。爵，謂夫命爲大夫，則妻爲命婦。**器用陶匏，尚禮然也。**此謂大古之禮器也。○大，音泰。○《疏》曰：「共牢之時，俎以外其器，但用陶匏而已。」三王作牢，用陶匏。」言太古無共牢之禮，三王之世作之，而用太古之器，重夫婦之始也。○又曰：「婦至，壻揖婦以入，共牢而食，合巹而酳，所以合體、同尊卑，以親之也。」《疏》曰：「巹，謂半瓢，以一匏分爲兩瓢，謂之巹。壻之與婦各執一片以酳，故云『合巹而酳』。」○今按：❶合體指合巹而言，同尊卑指共牢而言。

右夫婦即席。

---

❶「按」，原作「移」，今據盧本改。

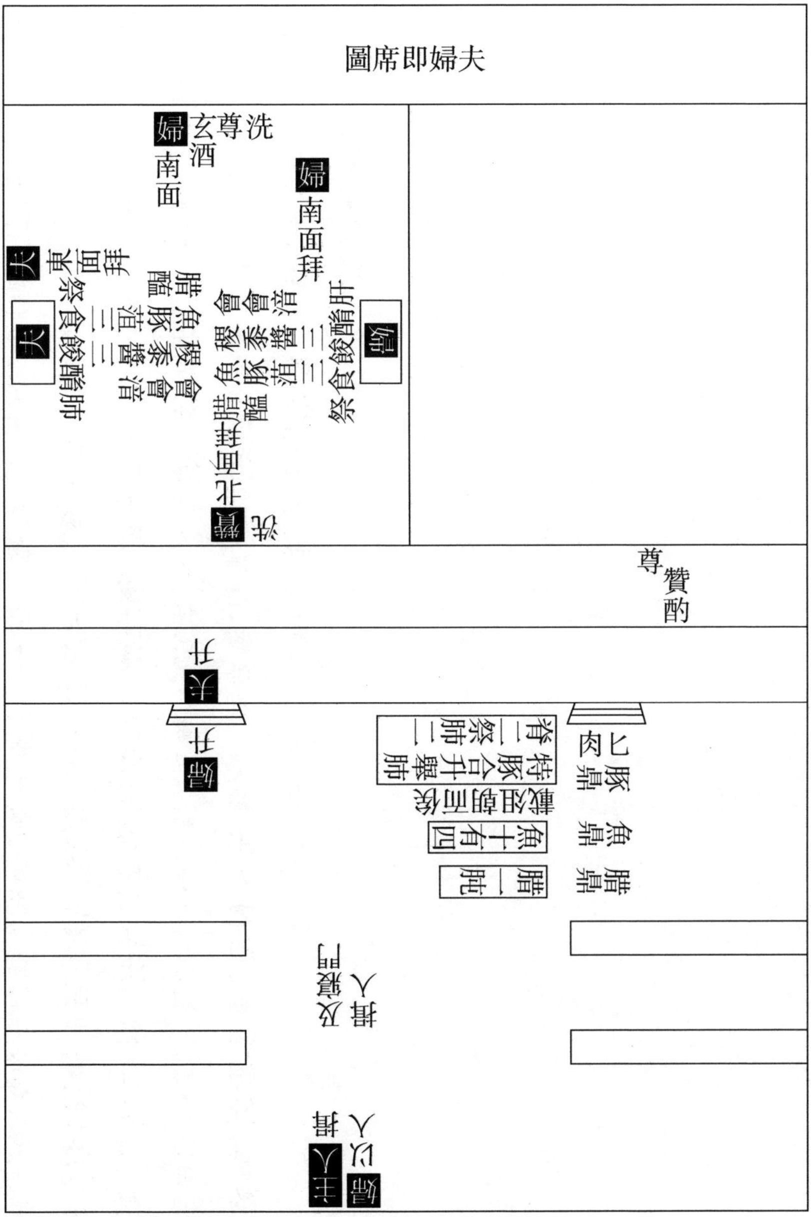
夫婦即席圖
洗
尊
玄酒
婦
南面
婦
南面拜
夫
夫
贊酌
尊
夫
婦

主人出，婦復位。復尊西南面之位。乃徹于房中，如設于室，尊否。徹室中之饌，設于房中，爲媵、御餕之。徹尊不設，有外尊也。○餕，音俊。主人説服于房，媵受。婦説服于室，御受。姆授巾。説，吐活反。○巾，所以自潔清。御衽于奥，媵衽良席在東，皆有枕，北止。衽，卧席也。婦人稱夫曰良。止，足也。主人入，親説婦之纓。入者，從房還入室也。婦人十五許嫁，笄而禮之，因著纓，明有繫也。蓋以五采爲之，其制未聞。燭出。昏禮畢，將卧息。媵餕主人之餘，御餕婦餘，贊酌外尊酳之。外尊，房户外之東尊。媵侍于户外，呼則聞。爲尊者有所徵求。

右徹饌成禮。

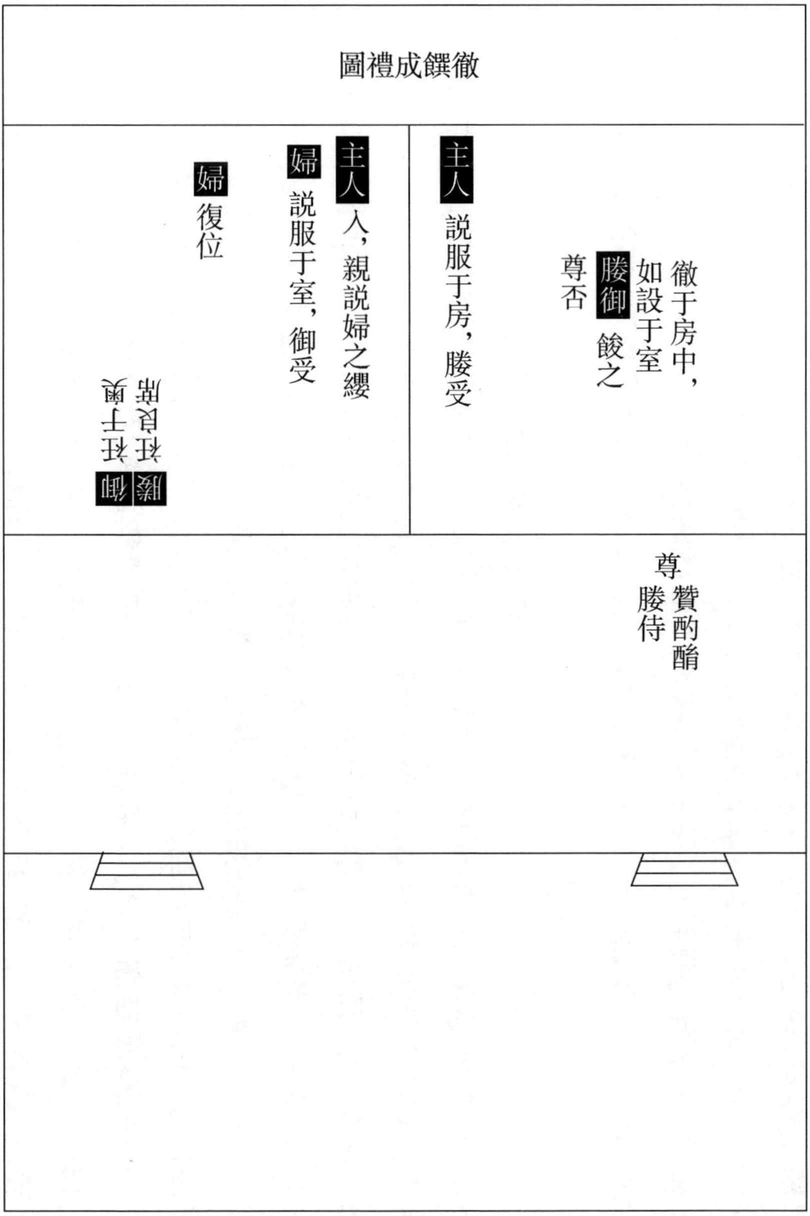
徹饌成禮圖
徹于房中，如設于室
媵御餕之
尊否
主人說服于房，媵受
主人入，親說婦之纓
婦說服于室，御受
婦復位
御衽于奥
媵衽良席
尊
贊酌酳
媵侍

今案：婦至，主人揖入，升自西階，道婦入也。夫先即席，婦尚立于尊西，南面。媵、御沃盥交，道其志。而後贊者徹尊冪，舉者出，舉鼎入，陳其阼階南。載牲于俎，俟設豆訖，而後俎入。又設對饌，後布婦對席。及贊者告饌具，夫揖婦即對筵，皆坐。夫正席於先，婦布席於後者，先後倡隨之義也。又其序先祭而後食，既三飯，卒食而後三酳。一酳、再酳用爵，三酳用巹。一酳以肝從，再酳、三酳無從。其一酳也，主人拜受爵，贊户内北面答拜，酳婦亦如之。三酳禮成，而後贊酌户外尊以自酢。奠爵拜，皆答拜，卒爵拜，皆答拜，興。於是主人出，婦復位。主人出者，將向房説服也。婦復位者，婦人不宜出。復入，故因舊位而立也。於是徹室中之饌，設于房，使御布婦席，媵布夫席。賈疏云：「前布同牢席，夫在西，婦在東，示陰陽交會有漸也。今乃夫在東，婦在西，易處者，取陽往就陰，故男女各於其方也。」

夙興，婦沐浴，纚笄、宵衣以俟見。夙，早也，昬明日之晨。興，起也。俟，待也，待見於舅姑寢門之外。古者命士以上，年十五父子異宫。質明，贊見婦于舅姑。席于阼，舅即席。席于房外，南面，姑即席。質，平也。房外，房户外之西。○《疏》曰：「鄭知房外在房户外之西者，以其舅在阼，阼當房户之東。若姑在房户之東，即當舅之北，南面向之，不便。是以知此房外者，房户外之西也。」婦執笲棗栗，自門

入，升自西階，進拜，奠于席。笲，音煩。〇笲，竹器而衣者。進拜者，進東面乃拜。奠之者，舅尊，不敢授也。**舅坐撫之，興，答拜。婦還又拜。**還又拜者，還於先拜處拜。婦人與丈夫爲禮，則俠拜。〇俠，古洽反。**降階，受笲腶脩，升，進，北面拜，奠于席。姑坐舉以興，拜，授人。**腶，丁亂反。〇人，有司。姑執笲以起，答婦拜，授有司徹之。舅則宰徹之。〇《疏》曰：「《公羊傳》云：『棗栗云乎？腶脩云乎？』『棗栗取其早自謹敬，腶脩取其斷斷自脩也。』」〇**記：笲，緇被纁裏，加于橋。舅答拜，宰徹笲。**裏，音里。〇被，表也。笲有衣者，婦見舅姑，以飾爲敬。橋所以庪笲，其制未聞。〇**《雜記》曰：「婦見舅姑，兄弟、姊妹皆立于堂下，西面北上。是見已，**見，賢遍反。〇婦來爲供養也，其見主於尊者。兄弟以下在位，是爲已見，不得特見。〇供，恭用反。養，羊尚反。〇《疏》曰：「堂下，舅姑之堂下。東邊西向，以北爲上，近堂爲尊也。舅姑在堂上，婦自南門而入，入則從於夫之兄弟、姑姊妹前度，因以是即爲相見，不復更別詣其室見之也。」**見諸父，各就其寢。」**旁尊也，亦爲見時不來。〇《疏》曰：「諸父，謂夫之伯、叔也。既是旁尊，則婦於明日乃各往其寢而見之，不與舅姑同日也。」

右婦見舅姑。

贊醴婦。醴當爲禮。贊禮婦者，以其婦道新成，親厚之。**席于户、牖閒。**室户西牖東，南面位。**側尊甒醴于房中。婦疑立于席西。**疑，音嶷。〇疑，正立自定之貌。**贊者酌醴，加柶，面枋，出房，席前北面。婦東面拜受。贊西階上北面拜送。婦又拜。薦脯醢。**婦東面拜，贊北面答之，變于丈夫始冠成人之禮。○《疏》曰：「《冠禮》禮子與此禮婦，俱在賓位。彼南面受醴者，以向賓拜。此東面者，以舅姑在東，亦面之拜也。」**婦升席，左執觶，右祭脯醢，以柶祭醴三。降席，東面坐，啐醴，建柶，興，拜。贊答拜。婦又拜，奠于薦東，北面坐取脯，降，出，授人于門外。**奠于薦東，升席奠之。取脯降，出授人，親徹，且榮得禮。人謂婦氏人。○**記：婦席薦饌于房。**醴婦、饗婦之席薦也。○《疏》曰：「醴婦時，唯席與薦，無俎。其饗婦并有俎。俎則不饌于房，從鼎升于俎，入設于席前。今據醴婦時而言也。」○**《昏義》曰：**❶**「夙興，婦沐浴以俟見。質明，贊見婦于舅姑，執笲棗栗、腶脩以見。贊醴婦。婦祭脯醢。祭醴，成婦禮也。」**成其爲婦之禮也。「贊醴婦」，當作「禮」，聲之誤也。○**記：庶婦，則使人醮之，婦不饋。**庶婦，庶子之婦也。使人醮之，不饗也。酒不酬酢曰醮，亦有脯醢。適婦酌之以醴，庶婦酌之以酒，其儀則同。不饋者，其養統於適也。○《疏》曰：「其儀則同者，適婦用醴於客位，東面拜受，贊者北面拜送。庶婦於房外之西，❷亦東面拜受，醮者亦北面拜送。」

右贊醴婦。

---

❶「義」，原作「禮」，今據元刻本、盧本改。

❷「席」，《儀禮注疏》作「庶」，當是。

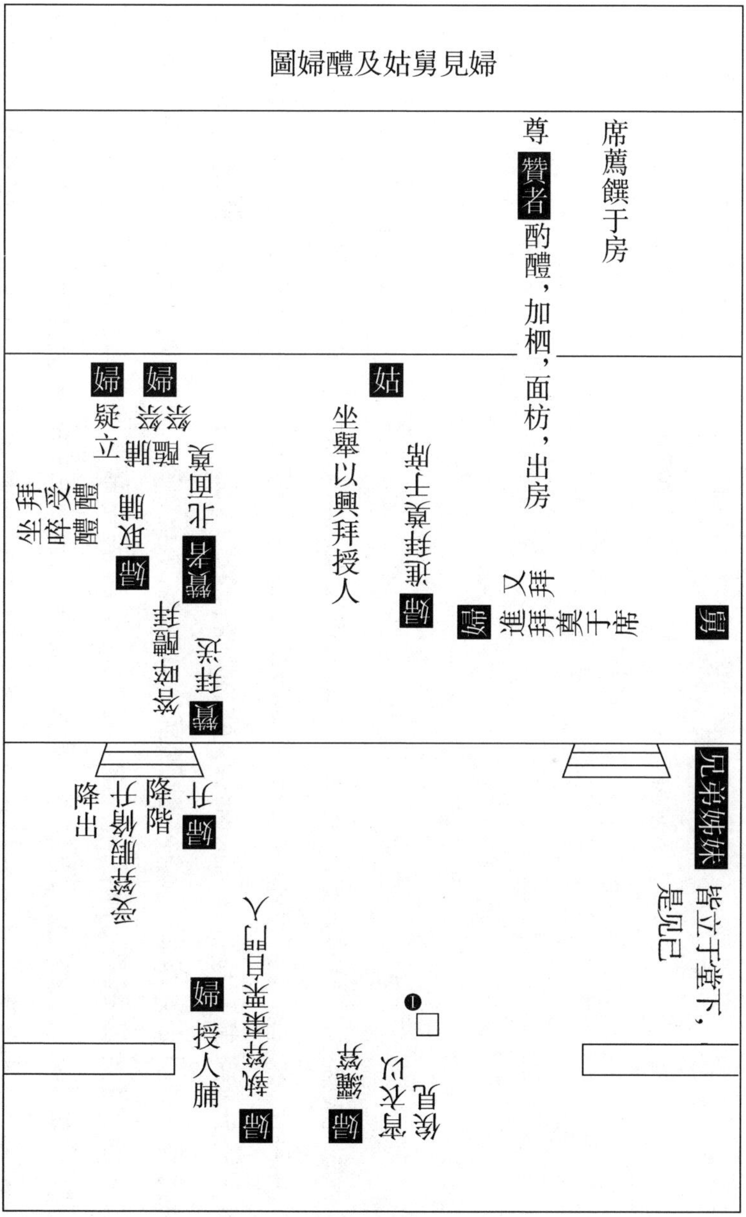
婦見舅姑及醴婦圖
席薦饌于房
尊
贊者酌醴，加柶，面枋，出房
姑
舅
坐舉以興拜授人
婦
疑立
見弟姊妹
皆立于堂下，
是見已
授人脯

❶「□」，元刻本、盧本在「纚笄」下。

舅姑入于室，婦盥，饋。饋者，婦道既成，成以孝養。特豚，合升，側載，無魚、腊，無稷，並南上。並南上者，舅姑共席于奧，其饌各以南爲上。其他如取女禮。取，七住反。○側載者，右胖載之舅俎，左胖載之姑俎，異尊卑。其他，謂醬湆菹醢。女，謂婦也，如取婦禮同牢時。婦贊成祭，卒食，一酳，無從。贊成祭者，授處之。今文無「成」也。席于北墉下。室中北牆下。婦徹，設席前如初，西上。婦餕，舅辭易醬。婦餕者，即席將餕也。辭易醬者，嫌淬汙。婦餕姑之饌。御贊祭豆、黍、肺，舉肺、脊，乃食，卒。姑酳之，婦拜受，姑拜送。坐祭，卒爵，姑受，奠之。奠于篚。婦徹于房中，媵御餕，姑酳之。雖無娣，媵先。於是與始飯之錯。古者嫁女，必娣姪從之，謂之媵。姪，兄之子。娣，女弟也。娣尊姪卑。若或無娣，猶先媵，容之也。❶始飯，謂舅姑。錯者，媵餕舅餘，御餕姑餘也。

右婦饋舅姑。

---

❶「容」，盧本作「客」。

婦饋舅姑圖

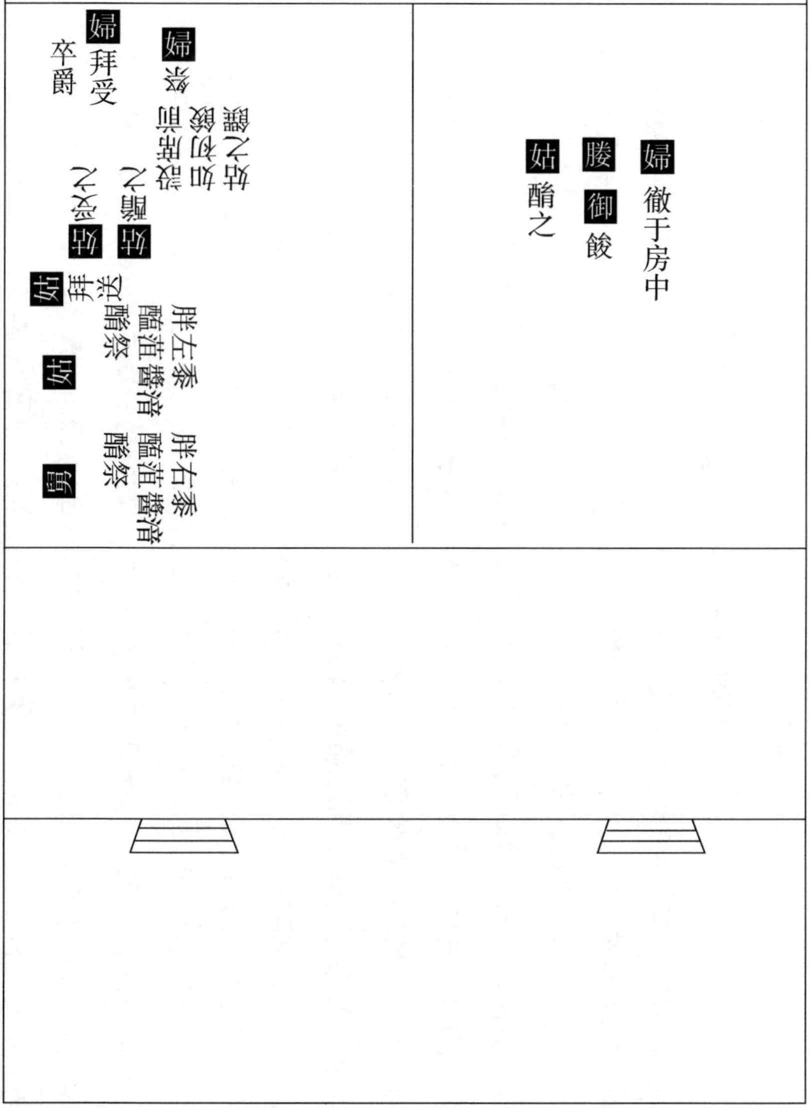
婦徹于房中
媵御餕
姑酳之
婦拜受
卒爵
婦餕舅辭易醬
婦餕姑之饌
姑酳之
姑拜送
姑
胖左黍
醢菹醬湆
酳祭
舅
胖右黍
醢菹醬湆
酳祭

舅姑共饗婦以一獻之禮。舅洗于南洗，姑洗于北洗，奠酬。以酒食勞人曰饗。南洗在庭，北洗在北堂。設兩洗者，獻酬酢以潔清爲敬。奠酬者，明正禮成，不復舉，凡酬酒皆奠於薦左，不舉。**舅姑先降自西階，婦降自阼階。**授之室，使爲主，明代己。**歸婦俎于婦氏人。**言俎，則饗禮有牲矣。婦氏人，丈夫送婦者，使有司歸以婦俎，當以反命於女之父母，明其得禮。○《疏》曰：「案：《雜記》云，大饗『卷三牲之俎，歸于賓館』，是賓所當得也。饗時設几而不倚，爵盈而不飲，肴乾而不食，故歸俎。此饗婦，婦亦不食，故歸之也。經雖不言牲，既言俎，俎所以盛肉，故知有牲。此婦氏人，即上婦所授脯者也。」○**記：饗婦，姑薦焉。**舅姑共饗婦，舅獻爵，姑薦脯醢。**婦洗在北堂，直室東隅，篚在東，北面盥。**洗在北堂，所謂「北洗」。北堂，房中半以北。洗南北直室東隅，東西直房户與隅間。**婦酢舅，更爵，自薦。**更爵，男女不相因也。**不敢辭洗。舅降則辟于房，不敢拜洗。**不敢與尊者爲禮。○**《昏義》曰：「厥明，舅姑共饗婦以一獻之禮，奠酬。舅姑先降自西階，婦降自阼階，以著代也。」**言既獻之，而授之以室事也。降者，各還其燕寢。《昏禮》不言「厥明」，此言之者，容大夫以上禮多，或異日。

今案：舅洗于南洗，洗爵以獻婦也。姑洗于北洗，洗爵以酬婦也。賈疏云：「舅獻姑酬，共成一獻，仍無妨姑薦脯醢。」此説是也。但「婦酢舅，更爵自薦」，又云「奠酬」，酬酢皆不言處所，以例推之，舅姑之位當如婦見舅席於阼，姑席于房外，而婦行更爵自薦及奠酬之禮與？

右舅姑共饗婦。

舅姑饗婦一獻圖

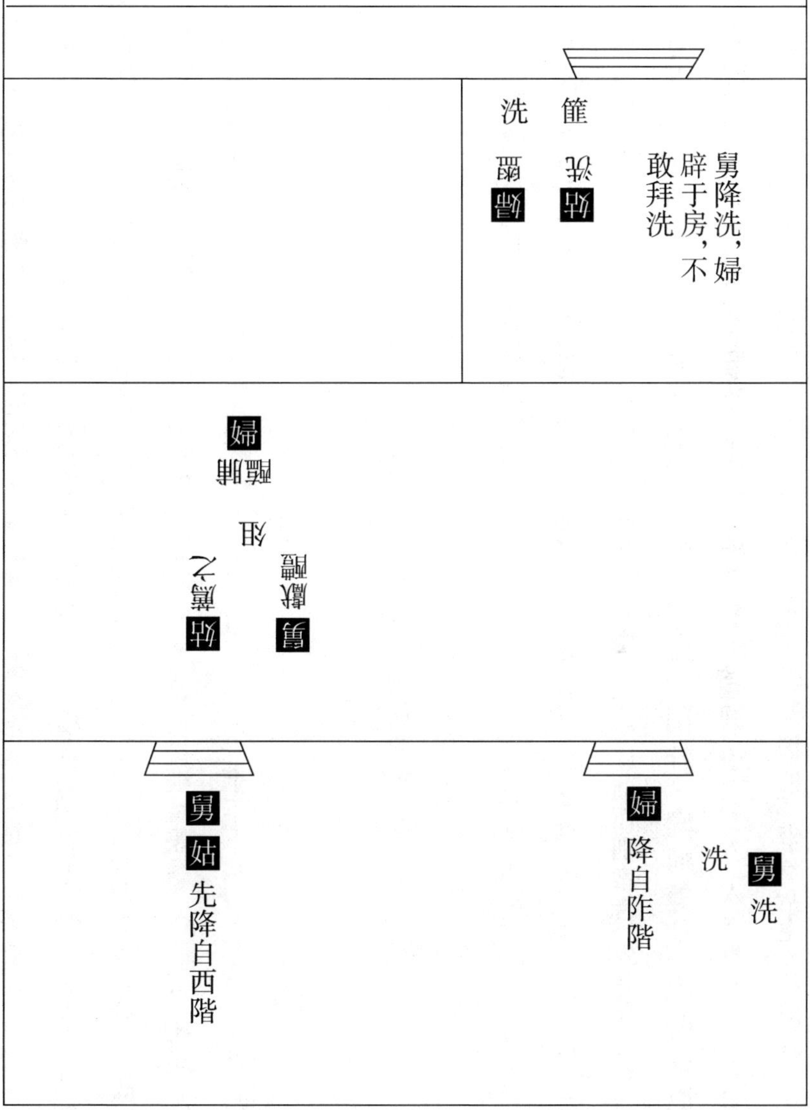

舅饗送者以一獻之禮，酬以束錦。送者，女家有司也。爵至酬賓，又從之以束錦，所以相厚。○古文「錦」皆作「帛」。○《疏》曰：「此一獻依常饗賓客法。」**姑饗婦人送者，酬以束錦。**婦人送者，隸子弟之妻妾。**若異邦，則贈大夫送者以束錦。**贈，送也，就賓館。○《疏》曰：「贈賄之等皆就館，故知此亦就館也。」**壻饗婦送者丈夫、婦人，如舅姑饗禮。**《疏》曰：「舅姑没，則壻兼饗。」○**記：凡婦人相饗無降。**姑饗婦人送者于房，無降者，以北洗篚在上。○《疏》曰：「婦人有事不下堂，舅姑饗婦及姑饗婦人送者皆然。」

右饗送者。

右祭行。

記：婦入三月，然後祭行。入夫之室三月之後，於祭乃行，謂助祭也。

若舅姑既没，則婦入三月乃奠菜。没，終也。奠菜者，以篚祭菜也，蓋用堇。○堇，音謹。**席于廟奥，東面，右几。席于北方，南面。**廟，考妣之廟。北方，墉下。○《疏》曰：「《周禮·司几筵》注云：『祭於廟，同几，精氣合。』又《祭統》云：『設同几。』同几即同席。今祭於廟而别席者，生時見舅姑，舅姑别席異面，此廟見亦别席異面，象生不與常祭同也。」**祝盥，婦盥于門外。婦執笲菜，祝帥婦以入。祝告，稱婦之姓，曰：「某氏來婦，敢奠嘉菜于皇舅某子。」**帥，道也。入，入室也。某氏者，齊女則曰姜氏，魯女則曰姬氏。來婦，言來爲婦。嘉，美也。皇，君也。**婦拜扱地，坐奠菜于几東席上。還，又**

拜如初。扱，初治反。〇扱地，手至地也。婦人扱地，猶男子稽首。婦降堂，取笲菜，入。祝曰：「某氏來婦，敢告于皇姑某氏。」奠菜于席，如初禮。降堂，階上也。室事交乎户，今降堂者，敬也。於姑言敢告，舅尊於姑。〇《疏》曰：「降堂，階上也。室事交乎户，堂事交乎階。今室事當交於户乃交於階者，敬也。」婦出，祝闔牖户。凡廟無事則閉之。老醴婦于房中，南面，如舅姑醴婦之禮。因於廟見禮之。

右舅姑没，三月乃奠菜。

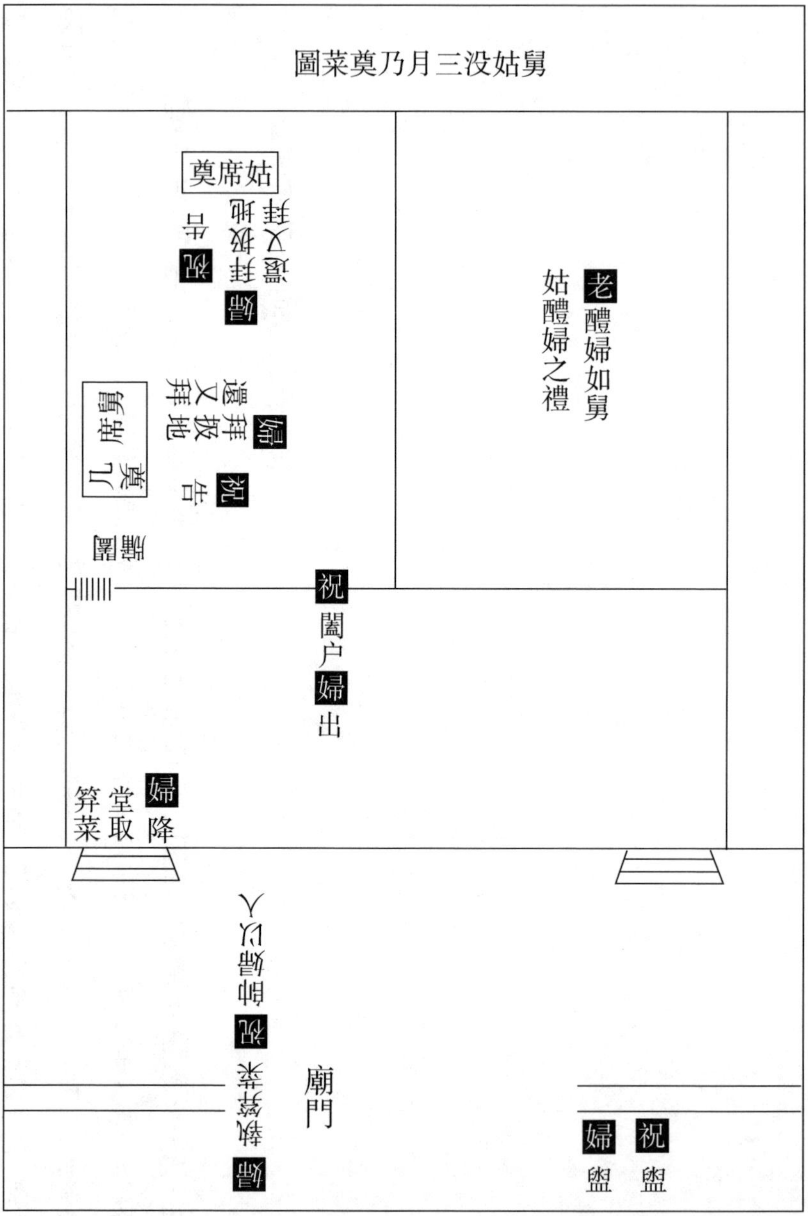
舅姑没三月乃奠菜圖
姑席奠
婦
還又拜
拜扱地
祝告
奠
几
席
婦
還又拜
拜扱地
祝
告
老
醴婦如舅
姑醴婦之禮
牖
祝
闔户
婦出
婦
降堂取
笲菜
廟門
婦
執笲菜
祝
帥婦以入
祝
盥
婦
盥

記：若不親迎，則婦入三月，然後壻見，曰：「某以得爲外昏姻，請覿。」女氏稱昏，壻氏稱姻。覿，見也。主人對曰：「某以得爲外昏姻之數，某之子未得濯溉於祭祀，是以未敢見。今吾子辱，請吾子之就宫，某將走見。」主人，女父也。以白造緇曰辱。對曰：「某以非他故，不足以辱命，請終賜見。」非他故，彌親之辭。命，謂「將走見」之言。今文無「終賜」。對曰：「某得以爲昏姻之故，不敢固辭，敢不從。」不言外，亦彌親之辭。主人出門左，西面。壻入門，東面，奠摯，再拜，出。出門，出内門。入門，入大門。此内門，不出大門者，異於賓客也。壻見於寢奠摯者，壻有子道，不敢授也。摯，雉也。擯者以摯出，請受。欲使以賓客禮相見。壻禮辭，許，受摯，入。主人再拜，受。壻再拜送，出。出，已見女父。見主婦。主婦闔扉，立于其内。主婦，主人之婦也。闔扉者，婦人無外事。扉，左扉。壻立于門外，東面。主婦一拜，壻答再拜，主婦又拜。壻出。必先一拜者，婦人於丈夫必俠拜。主人請醴，及揖，讓，入，醴以一獻之禮。主婦薦，奠酬，無幣。及，與也。無幣，異於賓客。壻出，主人送，再拜。

右不親迎三月壻見妻之父母。

不親迎三月婿見妻之父母圖

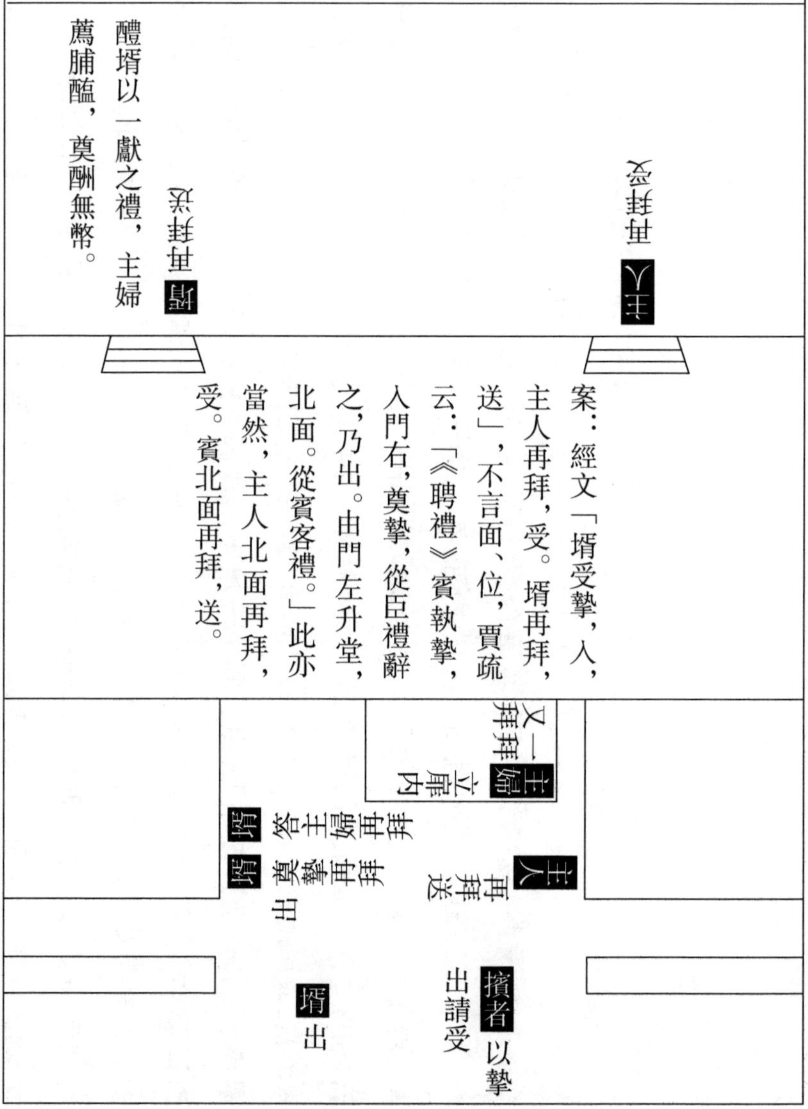
主人 再拜受
婿 再拜送
醴婿以一獻之禮，主婦薦脯醢，奠酬無幣。
案：經文「婿受摯，入，主人再拜，受。婿再拜，送」，不言面、位，賈疏云：「《聘禮》賓執摯，入門右，奠摯，從臣禮辭之，乃出。由門左升堂，北面。從賓客禮。」此亦當然，主人北面再拜，受。賓北面再拜，送。
主婦 立廟內 一拜又拜
婿 答主婦再拜
婿 奠摯再拜 出
主人 再拜送
擯者 以摯出請受
婿 出

今案：《儀禮》所存者惟《士昏禮》，大夫以上無文。案：《儀禮·士昏》：「親迎，主人爵弁，乘墨車。」注云：「爵弁，玄冕之次。士而乘墨車，攝盛也。」疏云：大夫以上，自祭用朝服，助祭用玄冕。士家自祭用玄端，助祭用爵弁。今士親迎用爵弁，是用助祭之服以爲攝盛。則卿大夫親迎，當用玄冕攝盛也。天子、諸侯尊，不須攝盛，宜用家祭之服以迎，則天子當服衮冕，而五等諸侯皆玄冕。是以《記》云：「玄冕齋戒，鬼神陰陽也。將以爲社稷主。」以社稷言之，據諸侯而説也。《周禮·巾車》王之車有玉輅、金輅、象輅、革輅、木輅，諸侯自金輅以下，孤乘夏篆，卿乘夏縵，大夫乘墨車，士乘棧車，庶人乘役車。今士乘大夫墨車爲攝盛，則庶人當乘棧車，大夫當乘夏縵，卿當乘夏篆。天子、諸侯亦不假攝盛，當乘金輅矣。又《白虎通·王度記》有天子、諸侯一娶九女之制，《曾子問》有變禮，記、傳有事證，詳見《儀禮經傳通解》。

儀禮圖卷第三

士相見禮第三

士相見之禮〇摯，冬用雉，夏用腒，左頭奉之。曰：「某也願見，無由達，某子以命命某見。」腒，其居反，乾雉也。〇摯，所執以至者。君子見於所尊敬，必執摯以將其厚意也。士摯用雉者，取其耿介，交有時、別有倫也。雉必用死者，爲其不可生服也。夏用腒，備腐臭也。左頭，頭，陽也。無由達，言久無因緣以自達也。某子，今所因緣之姓名。以命者，稱述主人之意。〇《疏》曰：「倫，類也。交接有時，至於別後，則雌雄不雜，謂春交秋別也。士之義亦然。」又云：「『雉必用死』者，《尚書》云『一死』，鄭云『士執雉也，義取耿介，爲君致死也』。」〇劉敞曰：「摯者，致也，所以致其志也。天子之摯鬯，諸侯玉，卿羔，大夫鴈，士雉。鬯也者，言德之遠聞也。玉也者，言一度不易也。羔也者，言柔而有禮也。鴈也者，言進退知時也。雉也者，言死其節也。故天子以遠德爲志，諸侯以一度爲志，卿以有禮爲志，大夫以進退爲志，士以死節爲志。」**主人對曰：「某子命某見，吾子有辱，請吾子之就家也，某將走見。」**有，又也。某子命某往見，今吾子又自辱來，序其意也。走，猶往也。**賓對曰：「某不足以辱命，請終賜見。」**命，謂「請吾子之就家」。**主人對曰：「某不敢爲儀，固請吾子之就家也，某將走見。」**不敢爲儀，言不敢外貌爲威儀，忠誠欲往也。固，如故也。**賓對曰：「某不敢爲儀，固以請。」**言如固請，終賜見。**主人對曰：「某也固辭，不得命，將走見。聞吾子稱摯，敢辭摯。」**不得命者，不得見許之命也。走，猶出也。稱，舉也。辭其摯，爲其大崇也。**賓對曰：「某不以摯，不敢見。」**見於所尊敬而無摯，嫌太簡。**主人對曰：「某不足以習禮，敢固辭。」**言不足習禮者，不敢當其崇禮來見已。**賓對曰：「某也不依於摯，不敢見，固以請。」**言「依於摯」，謙自卑也。**主人對曰：「某也固辭，不得命，敢不敬從。」出，迎于門外，再拜。賓答再拜。主人揖，入門，右。賓奉摯，入門，左。主人再拜，受。賓再拜，送摯，出。**右，就右也。左，就左也。受摯於庭，既拜受，送則出矣。不受摯於堂，下人君也。○《疏》曰：「凡門，出則以西爲右，以東爲左；入則以東爲右，西爲左。依賓西主東之位也。」**主人請見，賓反見，退。主人送于門外，再拜。**請見者，爲賓崇禮來，相接以矜莊，歡心未交也，賓反見則燕矣。下云「凡燕見於君」至「凡侍坐於君子」，博記反見之燕義。臣初見於君，再拜奠摯而出。○劉敞曰：「賓至門，主人三辭，見。賓稱摯，主人三辭摯，所以致尊嚴也。」

右請見。

士相見受摯圖

今案：受摯于庭，不受之于堂。注謂「下人君」，此義難曉。案：《聘禮》，賓至于近郊，君使卿，朝服，用束帛勞賓，受于舍門内。諸公之臣，則受于堂。又案：《聘禮》，賓私面於卿，受幣于楹間，及衆介面，則受幣于中庭。以此言之，則受於堂爲重，受於庭爲輕，其義可知也。

堂上

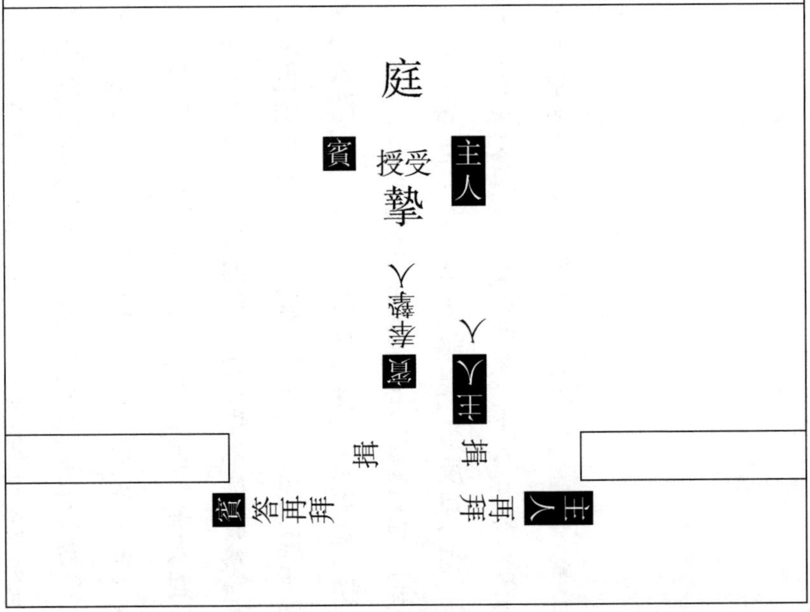

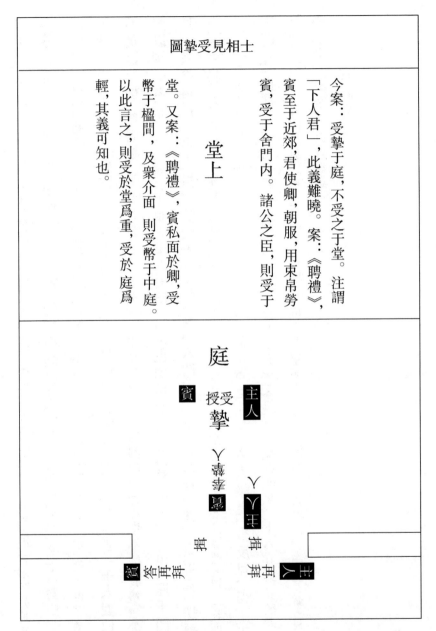

陳師道曰：「宗周之制，士見于大夫、卿、公，介以厚其别，詞以正其名，摯以効其情，儀以致其敬。四者備矣，謂之禮成。士之相見，如女之從人，有願見之心，而無自行之義。必有紹介爲之前焉，所以别嫌而慎微也，故曰『介以厚其别』。名以舉事，詞以導名。名者，先王所以定名分也。名正則詞不悖，分定則名不犯，故曰『詞以正其名』。言不足以盡意，名不可以過情，又爲之摯以成其終，故授受焉。介以通名，儐以將命，勤亦至矣，然因人而後達也。禮莫重於自盡，故祭主於重，昏主於迎，賓主於摯，故曰『摯以效其情』。誠發于心而諭于身，達于容色，故又有儀焉。詞以三請，摯以三獻，三揖而升，三拜而出。禮煩則泰，簡則野。三者，禮之中也，故曰『儀以致其敬』。是以貴不陵賤，下不援上，謹其分守，順于時命，志不屈而身不辱，以成其善。當是之世，豈特士之自賢，而亦有禮爲之節也。夫周之制禮，其所爲防至矣。及其晚世，禮存而俗變，猶自是而失身，况於禮之亡乎？自周之禮亡，士知免者寡矣。世無君子明禮以正之，既相循以爲常，而史官又載其事，故其弊習而不自知也。」○又曰：「先王之制，士不傳摯爲臣，則不見於王公。夫相見所以成禮，而其弊必至於自鬻。故先王謹其始以爲之防，而爲士者世守焉。」

主人復見之，以其摯，曰：「曏者吾子辱，使某見，請還摯於將命者。」還，音旋。○復見之者，禮尚往來也。以其摯，謂鄉時所執來者也。鄉，曩也。將，猶傳也。傳命者，謂擯相者。○《疏》曰：「五等諸侯身自出朝及遣臣出聘，圭璋重，不可遥復，朝聘訖即還之，璧琮財物，❶故不還。彼朝聘用玉，自爲一禮，有不還之義。其在國之臣，自執摯相見，雖禽摯皆還之。臣見於君則不還，義與朝聘異，不可相決也。出接賓曰『擯』，入詔禮曰『相』，一也。故《聘禮》與《冠義》皆云『每一門止一相』，是謂擯介爲相也。**主人對曰：「某也既得見矣，敢辭。」**讓其來答己也。○《疏》曰：「上言『主人』者，據前爲主人而言，此云『主人』者，謂前賓今在其家而説也。」**賓對曰：「某也非敢求見，請還摯于將命者。」**言不敢求見，嫌褻主人，不敢當也。○《疏》曰：「賓主頻見是褻，故不敢當相見之法，直云『還摯』而已。」**主人對曰：「某也既得見矣，敢固辭。」**固，如故也。**賓對曰：「某不敢以聞，固以請於將命者。」**言不敢以聞，又益不敢當。○《疏》曰：「上云『非敢求見』，此云『不敢以聞』，耳聞疏於目見，故云『又益不敢當』也。」**主人對曰：「某也固辭，不得命，敢不從。」賓奉摯入，主人再拜受。賓再拜送摯，出。主人送于門外，再拜。**

右復見。

士見於大夫，終辭其摯。於其入也，一拜其辱也。賓退，送再拜。終辭其摯，以將不親答也。凡不答而受其摯，唯君於臣耳。大夫於士不出迎，入一拜，正禮也。送再拜，尊賢。

---

❶「物」，《儀禮注疏》作「輕」，當是。

右士見大夫。

若嘗爲臣者，則禮辭其摯，曰：「某也辭，不得命，不敢固辭。」❶禮辭，一辭其摯而許也。將不答而聽其以摯入，有臣道也。賓入，奠摯，再拜，主人答壹拜。奠摯，尊卑異，不親授也。賓出。使擯者還其摯于門外，曰：「某也使某還摯。」還其摯者，辟正君也。賓對曰：「某也既得見矣，敢辭。」擯者對曰：「某也命某，某非敢爲儀也，敢以請。」還摯者請使受之。賓對曰：「某也夫子之賤私，不足以踐禮，敢固辭。」家臣稱私。踐，行也。言某臣也，不足以行賓客禮。擯者對曰：「某也使某，不敢爲儀也，固以請。」賓對曰：「某固辭，不得命，敢不從。」再拜受。受其摯而去之。○《疏》曰：「以其嘗爲臣爲輕，既不受其摯，又相見無饗燕之禮，故鄭云『去之』。」

右嘗爲臣者見。

下大夫相見以鴈，飾之以布，維之以索，如執雉。索，悉各反。○鴈取知時，飛翔有行列也。飾之以布，謂裁縫衣其身也。維，謂繫聯其足。上大夫相見以羔，飾之以布，四維之，結于面。左頭，如麛執之。麛，莫兮反。○上大夫，卿也。羔取其從帥，群而不黨也。面，前也，繫聯四足，交出背上，於胸前結之也。如麛執之者，秋獻麛有成禮，如之。或曰：麛，孤之摯也。其禮蓋謂左執前足，右執後足。○《疏》

---

❶「敢」，盧本作「得」。

曰：「『秋行犢麛』，則獻當在秋時也。國皆有三卿、五大夫，言上大夫據三卿，則此下是五大夫也。三卿宜六大夫而五者，何休云：『司馬事省，闕一大夫。』」**如士相見之禮。**大夫雖摯異，其儀猶如士。❶

右大夫相見。

始見于君，執摯至下，容彌蹙。下，謂君所也。蹙，猶促也。促，恭慤貌也。其爲恭，士、大夫一也。○**庶人見於君，不爲容，進退走。**容，謂趨翔。○**士、大夫則奠摯，再拜稽首，君答壹拜。**言君答士、大夫一拜，則於庶人不答之。庶人之摯鶩。○《疏》曰：「君於士不答拜，此得與大夫同答壹拜者，士賤，君不答拜。此以新升爲士，故答拜。《聘禮》問勞云：『答士拜者，亦以新使反，故拜之。』」

右士、大夫、庶人見君。

若他邦之人，則使擯者還其摯，曰：「寡君使某還摯。」賓對曰：「君不有其外臣，臣不敢辭。」再拜稽首，受。

右他邦人見君。

凡燕見于君，必辯君之南面。若不得，則正方，不疑君。辯，猶正也。君南面，則臣見正北面。君或時不然，當正東面若正西面，不得疑君所處邪鄉之。此謂特見圖事，非立賓主之燕也。疑，度之。**君在**

❶「士」，原作「云」，今據盧本及《儀禮注疏》改。

堂，升見無方階，辯君所在。升見，升堂見於君也。君近東則升東階，君近西則升西階。

右燕見君。

凡言，非對也，妥而後傳言。凡言，謂己爲君言事也。妥，安坐也。傳言，猶出言也。若君問，可對則對，不待安坐也。與君言，言使臣；與大人言，言事君；與老者言，言使弟子；與幼者言，言孝弟于父兄；與衆言，言忠信慈祥；與居官者言，言忠信。博陳燕見言語之儀也。❶言使臣者，使臣之禮也。大人，卿大夫也。言事君者，臣事君以忠也。祥，善也。居官，謂士以下。

右相見而言。

凡與大人言，始視面，中視抱，卒視面，毋改。衆皆若是。始視面，謂觀其顏色可傳言未也。中視抱，容其思之，且爲敬也。卒視面，察其納己言否也。毋改，謂傳言見荅應之閒，當正容體以待之，毋自變動，爲嫌懈惰不虚心也。衆，謂諸卿大夫同在此者。皆若是，其視之儀無異也。若父則遊目，毋上於面，毋下於帶。子於父主孝不主敬，所視廣也，因觀安否何如也。若不言，立則視足，坐則視膝。不言則伺其行起而已。

右相見而視。

---

❶「博」，原作「傳」，今據盧本及《儀禮注疏》改。

凡侍坐於君子，君子欠伸，問日之早晏，以食具告，改居，則請退可也。君子，謂卿、大夫及國中賢者也。志倦則欠，體倦則伸，問日晏，近於久也。具，猶辯也。改居，謂自變動也。**夜侍坐，問夜，膳葷，請退可也。**問夜，問其時數也。膳葷，謂食之葷辛物，葱薤之屬，食之以止卧。

右侍坐於君子。

若君賜之食，則君祭先飯，徧嘗膳，飲而俟。君祭先飯，❶食其祭食，❷臣先飯，示爲君嘗食也。食，謂君與之禮食。膳，謂進庶羞。既嘗庶羞則飲，俟君之徧嘗也。**君命之食，然後食。若有將食者，則俟君之食，然後食。**將食，猶進食，謂膳宰也。膳宰進食，則臣不嘗食。《周禮·膳夫》：「品嘗食，王乃食。」**若君賜之爵，則下席，再拜稽首，受爵，升席，祭，卒爵而俟君卒爵，然後授虚爵。**受爵者於尊所，至於授爵，坐授人耳。必俟君卒爵者，若欲其釂然也。

右君賜食賜爵。

退，坐取屨，隱辟而后屨。君爲之興，則曰：「君無爲興，臣不敢辭。」君若降送之，則不敢顧辭，遂出。謂君若食之、飲之而退也。隱辟，俛而逡遁。興，起也。辭君興而不敢辭其降，於己大崇，不敢

---

❶「君」，原作「若」，今據盧本及《儀禮注疏》改。

❷上「食」字，阮校云：「『食其』，敖氏作『謂君』，盧文弨云：『宋本作於其。』」

當也。**大夫則辭退下，比及門，三辭。**下亦降也。

右見君見大夫退。

若先生、異爵者請見之，則辭。辭不得命，則曰：「某無以見，辭不得命，將走見。」先見之。先生，致仕者也。異爵，謂卿大夫也。辭，辭其自降而來。走，猶出也。先見之者，出先拜也，《曲禮》曰：「主人敬賓，則先拜賓。」

右先生、異爵者見。

非以君命使，則不稱寡。大夫、士，則曰「寡君之老」。謂擯贊者辭也。不稱「寡君」，❶不言「寡君之某」，言姓名而已。大夫、卿士，其使則皆曰「寡君之某」。《檀弓》曰：「仕而未有禄者，君有饋焉曰獻，使焉曰寡君之老。」

右稱寡君、不稱寡君。

凡執幣者不趨，容彌蹙，以爲儀。不趨，主慎也，以進而益恭，爲威儀耳。**執玉者則唯舒武，舉前曳踵。**唯舒者，重玉器，尤慎也。武，迹也。舉前曳踵，備躓跲也。○朱先生曰：「陸佃讀『武』字絶句，謂『容彌蹙』，同『惟武則舒』，陸説近是。」

❶「君」，《儀禮注疏》作「者」。

右執幣執玉。

凡自稱於君，士、大夫則曰「下臣」，宅者在邦則曰「市井之臣」，在野則曰「草茅之臣」，庶人則曰「刺草之臣」，他國之人則曰「外臣」。宅者，謂致仕居宅，或在國中，或在野。《周禮·載師》有「宅田」。刺，猶剗除也。

右自稱於君。

儀禮圖卷第四

鄉飲酒禮第四

鄭《目録》云：「諸侯之鄉大夫三年大比，獻賢者、能者於其君，以禮賓之，與之飲。」○《疏》曰：「凡鄉飲酒之禮，其名有四：此賓賢能，一也；『六十者坐，五十者立侍』，是《黨正》蜡祭飲酒，二也；州長春秋習射於序，先行鄉飲酒，三也；又有鄉大夫、士飲國中，❶賢者用鄉飲酒，四也。其《王制》云『習鄉尚齒』，即是黨正飲酒法。」○吕大臨曰：「鄉人凡有會聚，皆當行此禮，恐不止四事。《論語》載『鄉人飲酒，杖者出，斯出矣』，亦指鄉人而言之。」○今案：疏所引四條，後一條出《鄉飲酒義》：「鄉人、士、君子尊於房户之閒，賓主共之也。」《注疏》云：「鄉人，鄉大夫也。士，州長、黨正也。君子，謂卿大夫、士也。鄉大夫、士飲國中，賢者亦用此禮也。」

鄉飲酒之禮○主人就先生而謀賓、介。 主人，謂諸侯之鄉大夫也。先生，鄉中致仕者。賓、介，處士賢者。《周禮·大司徒》：「以鄉三物教萬民，而賓興之。」「及三年大比，而興賢者、能者，鄉老及鄉大夫帥其

---

❶ 「國」，原作「酒」，今據元刻本、盧本及《儀禮注疏》改。下「今案」語同，不再出校。

吏，與其衆寡，以禮禮賓之。厥明，獻賢能之書於王。」是禮乃三年正月而一行也。今郡國十月行此飲酒禮，以《黨正》每歲「邦索鬼神而祭祀，則以禮屬民而飲酒于序，以正齒位」之説，然此篇無正齒位之事焉。凡鄉黨飲酒，必於民聚之時，欲其見化，知尚賢尊長也。《孟子》曰：「天下有達尊三：爵也，德也，齒也。」○《疏》曰：「《黨正》正齒位之禮，『六十者坐，五十者立侍。六十者三豆，七十者四豆，八十者五豆，九十者六豆』。年長者在上，是正齒位之法也。漢時十月飲酒禮，取《黨正》之文。此篇則無《黨正》正齒位法也。民聚之時，謂大比、大蜡之時。尚賢，據此篇鄉飲酒。尊長，據《黨正》鄉飲酒也。但《黨正》飲酒以鄉大夫臨觀行禮，或鄉大夫居此黨内，則亦名『鄉飲酒』也。引《孟子》者，以證鄉大夫飲酒是尚德也，黨正飲酒尚齒也，爵於此無所當，連引之耳。」或曰「賓若有遵者」一章，即尚爵之義也。○今案：此篇主於賓賢，雖無正齒位法，然自賓、介而下，衆賓有長立於堂下者，有東上、北上，樂正與立者皆薦以齒，旅酬少長以齒，是亦正齒位法。但無《黨正》三豆、四豆、五豆、六豆之等差耳。

右謀賓介。

主人戒賓，賓拜辱，主人答拜。乃請賓，賓禮辭，許。主人再拜，賓答拜。主人退，賓拜辱。戒，告也。拜辱，出拜其自屈辱至己門也。請，告以其所爲來之事。不固辭者，素所有志。○朱先生曰：「學成行修，進仕於朝，上以致君，下以澤民。此士之素所有志也。」**介亦如之。○記：鄉朝服而謀賓、介，皆使能，不宿戒。**鄉，鄉人，謂鄉大夫也。朝服，冠玄端，緇帶，素韠，白屨。再戒爲宿戒。禮將有事，先戒而復宿戒。○韠，音畢。

右戒賓介。

乃席賓、主人、介。賓席牖前，南面。主人席阼階上，西面。介席西階上，東面。**衆賓之席皆不屬焉。**席衆賓於賓席之西。不屬者，不相續也。皆獨坐，明其德各特。〇**尊兩壺于房户閒，斯禁，有玄酒在西。設篚于禁南，東肆。加二勺于兩壺。**斯禁，禁切地無足者。玄酒在西，上也。肆，陳也。〇《疏》曰：「言『東肆』，以頭首爲記，從西向東爲肆，則大頭在西也。」〇**設洗于阼階東南，南北以堂深，東西當東榮。水在洗東，篚在洗西，南肆。**深，申鴆反。〇榮，屋翼。〇《疏》曰：「堂深謂從堂廉北至房室之壁。堂下洗北去堂遠近深淺，取於堂上深淺。假令堂深二丈，洗亦去堂二丈，以此爲度。」〇**記：蒲筵，緇布純。**筵，席也。純，緣也。〇緣，以絹反。**尊綌冪，賓至徹之。**冪，迷直反。〇綌，葛也。冪，覆尊巾。**獻用爵，其他用觶。**爵尊，不褻用之。〇今案：上篚在禁南東肆，下篚在洗西南肆。上篚爵三、觶一，獻賓、獻遵、獻工皆異爵，三也。主人取觶，降洗以酬賓，一也。下篚之觶四，一人舉觶爲旅酬始，一也。司正舉觶，二也。二人舉觶爲無算爵始，四也。〇**磬，階閒縮霤，北面鼓之。**縮，所六反。霤，力又反。〇縮，從也，霤以東西爲從。鼓，猶擊也。大夫而特縣，方賓鄉人之賢者，從士禮也。射則磬在東。〇《疏》曰：磬階閒者，在堂下兩階之閒，東西節也。縮，從也。上當堂之南。霤，堂北節也。凡東西爲横，南北爲從，南霤則以東西爲從，謂之縮霤。〇今案：《春官·小胥》正樂縣之位：「王宮縣，諸侯軒縣，卿大夫判縣，士特縣。」宮縣四面，象宮室。軒縣三面，去南面，辟王也。判縣判左右二面，又去北面。特縣縣於東方，或於階閒而已。凡鐘磬編縣，二八十六枚而在一虡，謂之堵。鐘一堵，磬一堵，謂之肆。所謂卿大夫判縣者，天子之卿大夫判縣，左右二肆，鐘磬各二堵也。士特縣一肆，鐘磬各一堵也。諸侯之卿大夫半天子之卿大夫，判縣一肆，西鐘東磬各一堵也。諸侯之士半天子之士，縣磬一堵而已。射則避射位，故鄉射磬在東，鄉飲則在階閒縮霤也。鄉飲，諸侯之大夫禮，以其賓鄉人之賢者，從士禮也。**〇其牲狗也，**狗取擇人。**亨于堂東北。**祖陽氣之所始也。**薦脯五挺，横祭于其上，出自左房。**挺，大横反。〇挺，猶膱也。《鄉射禮》曰：「祭半膱，膱長尺有二寸。」左在東，陽也。〇膱音職。〇《疏》曰：「横祭者，於脯爲横，於人爲縮，其挺有五，通祭爲六。」**俎由東壁，自西階升。**亨狗既熟，載之俎，饌於東方。**賓俎：脊、脅、肩、肺。主人俎：脊、脅、臂、肺。介俎：脊、脅、肫、胳、肺。肺皆離。皆右體，進腠。**胳，古白反。〇凡牲前脛骨三：肩，臂、臑也。後脛骨二：膞、胳也。骨有貴賤，凡前貴後賤。離，猶捝也。腠，理也，進理謂前其本。胳，一作骼。〇《疏》曰：「賓用肩，主人用臂，介用胳，前貴於後也。」〇朱先生曰：「肫字，《釋文》無音。《疏》又云『有臑肫而介不用』，明本無此字也，合删。」**〇立者東面，北上。若有北面者，則東上。**賢者衆寡無常也，或統於堂，或統於門。〇《疏》曰：「立堂下者，東面，北上，統於堂也。立門西者，北面，東上，統於門也。」**主人之贊者，西面，北上。**贊，佐也，謂主人之屬佐助主人禮事，徹冪、沃盥、設薦俎者。西面，北上，統於堂也。**〇《鄉飲酒義》曰：「六十者坐，五十者立。」**「六十者坐」者，衆賓内年六十以上坐於堂上，賓席之西，南面。若坐不盡則於介席之北，東面，北上。其五十者則立於西階下，東面，北上，示有陪侍之義。

右設席、陳器、具饌。

今案：《鄉飲酒禮》註「席賓於牖前」與《周禮・司几筵》「筵國賓於牖前」似同而實異。賓位在西北，以天子、諸侯室有東西房言之，則室前之中爲中，此乃王位設扆之處。自中以西，便爲西北，又是牖前，如《司几筵》「筵國賓於牖前」是也。以大夫、士東房西室言之，房室之閒爲中，故户西牖東，西北之位，家、鄉、國皆以爲重。《士冠禮》子「筵于户西」，《士昏禮》婦「席于户牖閒」，《鄉飲》「席於牖前」，《鄉射》「賓席在於户牖之處」，名雖不同，皆是一義。《鄉飲》雖云「牖前」，亦是牖東也。蓋户西牖東，正西北之賓位也。《士冠禮》子、《士昏禮》婦亦在此位，敬禮之如賓客然，所謂「醴於客位」是也。若牖前則近於西北隅矣，果賓席在牖前，則三賓當如《鄉射・記》「東面，北上」。今經云「衆賓之席繼而西」，則賓席決不在牖前明矣。雖然，此特以鄭義大夫、士東房西室言之也。又案：陳祥道云：「《鄉飲酒》『薦脯五挺，出自左房』，《鄉射・記》『籩豆出自東房』，《大射》『宰胥薦脯醢，由左房』，夫《鄉飲》、《鄉射》大夫禮，《大射》諸侯禮，其言相類，蓋言左以有右，言東以有西，則大夫、士之房室與諸侯同可知。鄭氏謂大夫、士無西房，恐未然也。」又見《鄭注大夫士東房西室圖》。

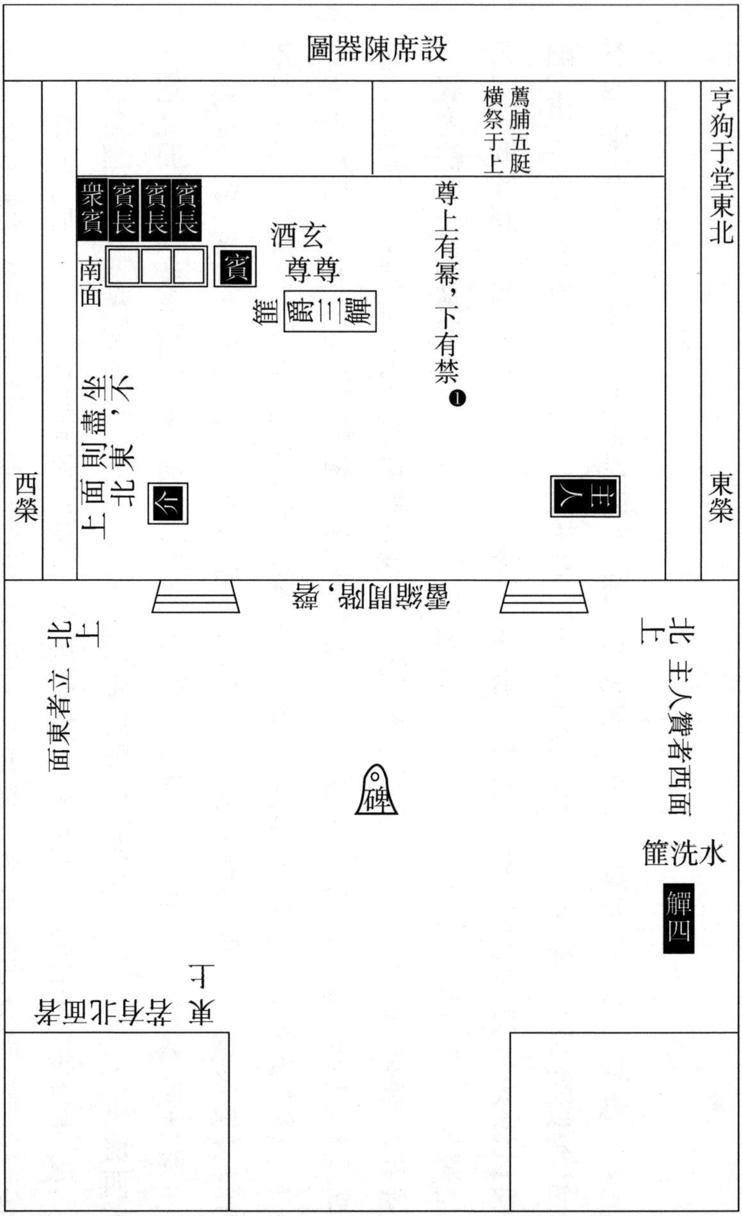

❶「下有禁」三字，原無，今據盧本補。

羹定，肉謂之羹。定，猶孰也。主人速賓，賓拜辱，主人答拜，還，速，召也。還，猶退也。賓拜辱。介亦如之。賓及衆賓皆從之。○主人一相迎于門外，再拜賓，賓答拜。拜介，介答拜。相，主人之吏，擯贊傳命者。揖衆賓。差益卑也。拜介、揖衆賓，皆西南面。主人揖，先入。揖，揖賓也。先入門而西面。賓厭介入門，左。介厭衆賓入。衆賓皆入門，左，北上。厭，一涉反。○皆入門西，東面。推手曰揖，引手曰厭。

右迎賓。

主人迎賓圖

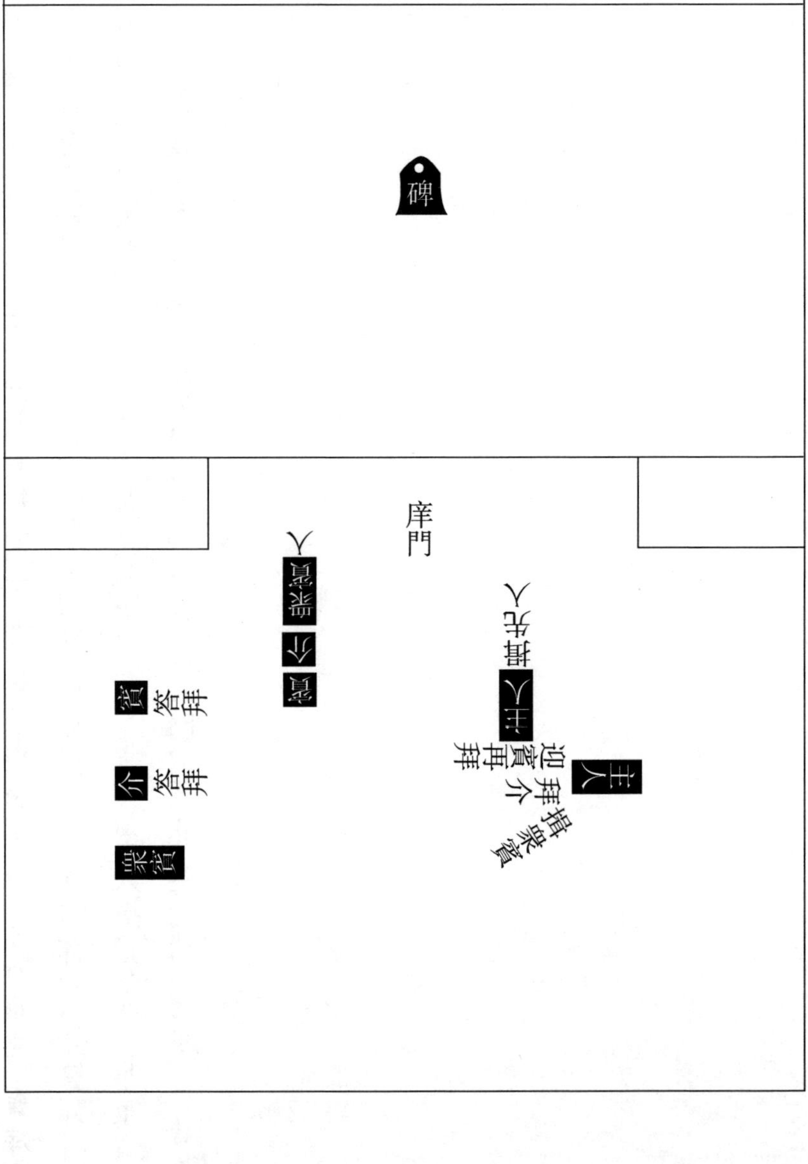

主人與賓三揖，至于階，三讓，主人升，賓升。主人阼階上當楣北面再拜，賓西階上當楣北面答拜。楣，亡悲反。○楣，前梁也。○《疏》曰：「楣，前梁，對後梁爲室户上。」主人坐取爵于篚，降洗。將獻賓。賓降。從主人。主人坐奠爵于階前，辭，賓對。主人坐取爵，興適洗，南面坐，奠爵于篚下，盥洗。已盥乃洗爵，致潔敬也。賓進，東北面辭洗。必進東行，示情。○《疏》曰：「示情者，賓進前就主人，示謙下主人之情也。」主人坐奠爵于篚，興對。賓復位，當西序，東面。始降位在此。主人坐取爵，沃洗者西北面。沃洗，主人之群吏。卒洗，主人壹揖，壹讓，升。賓拜洗。主人坐奠爵，遂拜。降盥。復盥，爲手坋汙。○坋，步困反。賓降。主人辭，賓對，復位，當西序。卒盥，揖讓，升。賓西階上疑立。疑，魚乙反。❶○疑，正立自定之貌。主人坐取爵，實之，賓之席前西北面獻賓。向其席也。賓西階上拜，主人少退。賓進，受爵以復位。復西階上位。主人阼階上拜送爵，賓少退。薦脯醢。薦，進也，進之者主人有司。賓升席自西方。升，由下也，升必中席。乃設折俎。牲體枝解節折在俎。主人阼階東疑立。賓坐，左執爵，祭脯醢，坐，坐於席。祭脯醢者，以右手。奠爵于薦西，興。右手取肺，卻左手執本，坐，弗繚，右絶末以祭，尚左手，嚌之。興，加于俎。繚，音了。嚌，才計反。○肺離之。本，端厚大者。繚，猶紾也。尚左手者，明垂紾

❶「乙」，原作「正」，今據盧本改。

之，乃絶其末。嚌，嘗也。○《疏》曰：「本謂根本，肺之大端。此《鄉飲酒》，大夫禮，故云『繚祭』。《鄉射》，士禮，云『絶祭』。但云『繚』必兼『絶』，言『絶』不得兼『繚』也。《周禮・大祝》辨九祭，『七曰絶祭，八曰繚祭』，注云：『繚祭以手從肺本循之至于末，乃絶以祭。絶祭不循其末，直絶以祭。二祭本同，禮多者繚之，禮略者絶則祭之。』云『嚌，嘗也』者，嚌至齒則嘗之也。」**坐挩手，遂祭酒，興，席末坐，啐酒，降席，坐奠爵，拜，告旨，執爵興。主人阼階上答拜。**挩，始鋭反。啐，七内反。○降席，席西也。**賓西階上北面坐，卒爵，興，坐奠爵，遂拜，執爵興。主人阼階上答拜。**卒，盡也，於此盡酒者，明此席非專爲飲食起。○《疏》曰：「此席非專爲飲食起，爲賓賢能起，故不在席盡爵，於此西階上卒之。」○**記：以爵拜者，不徒作。**作，起也，言拜既爵者不徒起，起必酢主人。**○凡舉爵，三作而不徒爵。**謂獻賓、獻大夫、獻工皆有薦。

右主人獻賓。

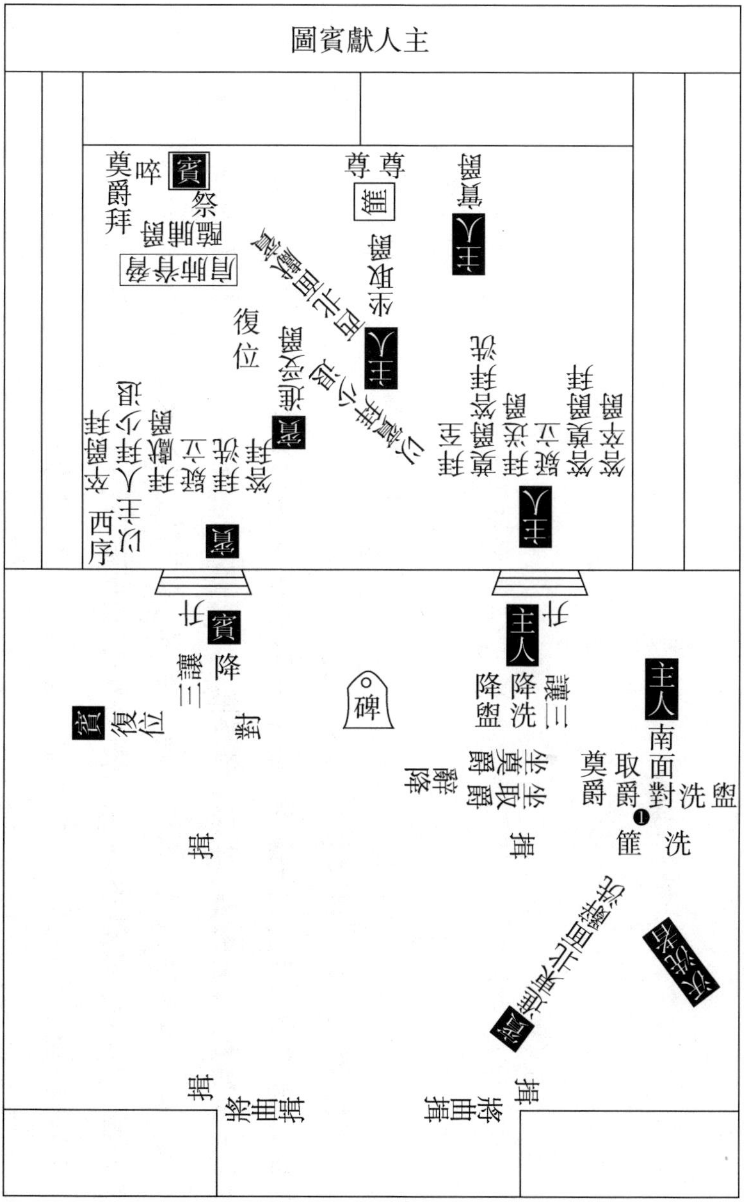

❶「取」，原作「舉」，今據元刻本、盧本改。

賓降洗。將酢主人。主人降。降立阼階東，西面。賓坐奠爵，興辭。西階前也。主人對。賓坐取爵，適洗南，北面。主人阼階東南面辭洗。賓坐奠爵于篚，興對。主人復阼階東，西面。賓東北面盥，坐取爵。卒洗，揖讓如初，升。主人拜洗，賓答拜，興，降盥，如主人禮。賓實爵，主人之席前東南面酢主人。主人阼階上拜，賓少退。主人進受爵，復位。賓西階上拜送爵。薦脯醢。主人升席自北方。設折俎，祭如賓禮。祭者，祭薦、俎及酒，亦嚌、啐。不告旨。酒，己物也。自席前適阼階上，北面坐卒爵，興。坐奠爵，遂拜，執爵興。賓西階上答拜。自席前者，啐酒席末，因從北方降，由便也。主人坐奠爵于序端，阼階上北面再拜崇酒。賓西階上答拜。東西牆謂之序。崇，充也，言酒惡相充實。○記：主人、介凡升席自北方，降自南方。席南上，升由下，降由上，由便。

右賓酢主人。

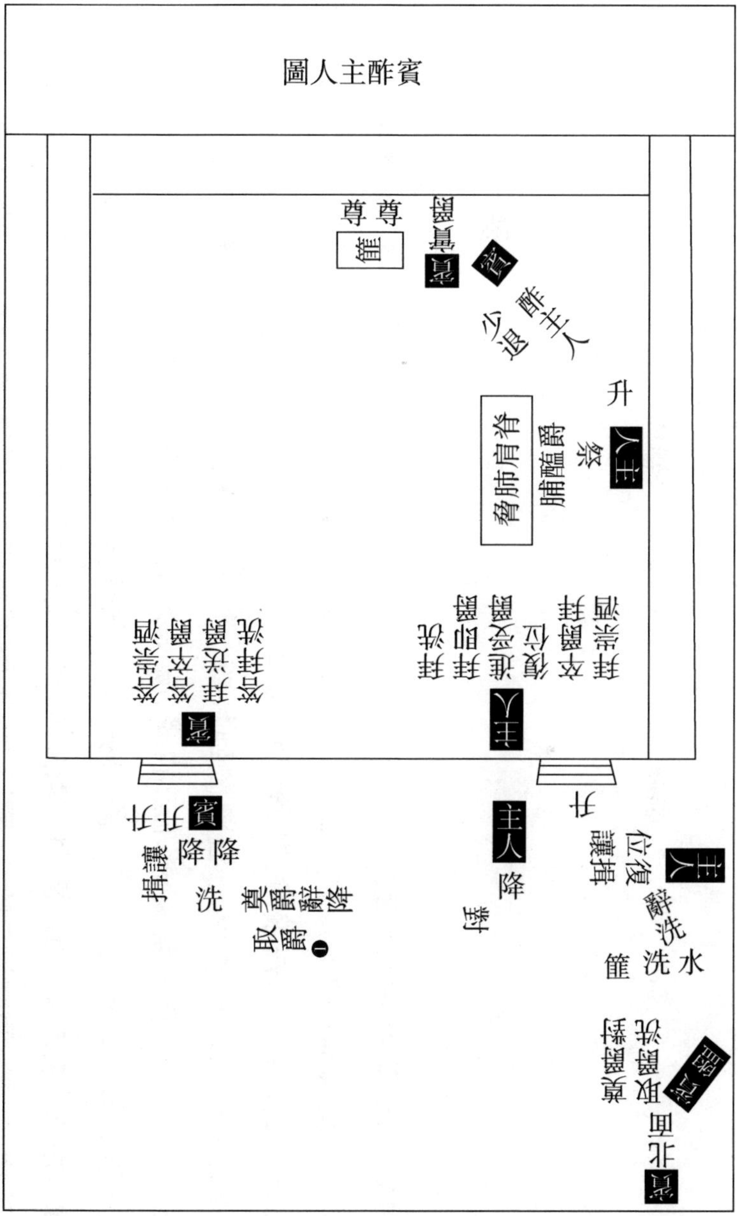

❶「取爵」二字，原無，今據元刻本、盧本補。

主人坐取觶于篚，降洗。賓降，主人辭降。賓不辭洗，立當西序，東面。不辭洗者，以其將自飲。卒洗，揖讓升。賓西階上疑立。主人實觶酬賓，阼階上北面坐奠觶，遂拜，執觶興。賓西階上答拜。酬，勸酒也。酬之言周，忠信爲周。坐祭，遂飲，卒觶，興。坐奠觶，遂拜，執觶興。賓西階上答拜。主人降洗，賓降，辭，如獻禮。升，不拜洗。不拜洗，殺於獻。賓西階上立。主人實觶賓之席前，北面。賓西階上拜，主人少退，卒拜，進，坐奠觶于薦西。賓已拜，主人奠其觶。賓辭，坐取觶，復位。主人阼階上拜送。賓北面坐奠觶于薦東，復位。酬酒不舉，君子不盡人之歡，不竭人之忠，以全交也。主人揖，降。賓降，立于階西，當序東面。主人將與介爲禮，賓謙不敢居堂上。○記：凡奠者於左，不飲者，不欲其妨。○《疏》曰：「謂主人酬賓之觶，賓奠之於左，是不欲其妨後奠爵者。」將舉於右。便也。○《疏》曰：「謂若一人舉觶爲旅酬始，二人舉觶爲無算爵始，皆奠於右，以右舉之便也。」

右主人酬賓。

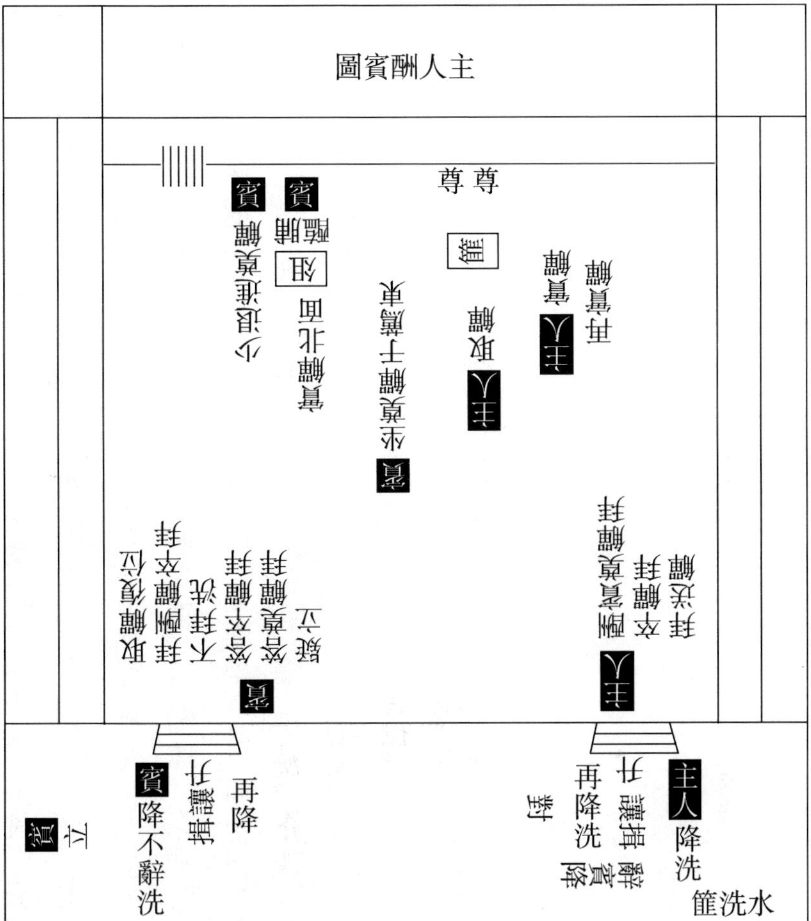

今案：凡禮賓之禮，主人先自飲，蓋酬導飲也。主人欲酬賓，先自飲於阼階上以導之，乃復實觶於賓之席前酬賓。賓奠薦東而不舉，注所謂「不盡人之歡，不竭人之忠，以全交也」者，此也。

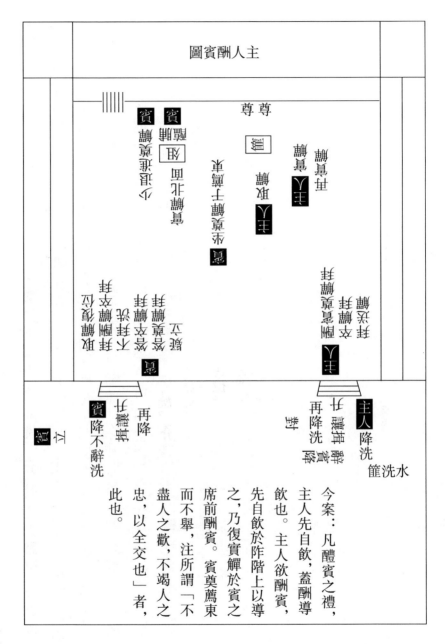

主人以介揖讓升拜如賓禮。主人坐取爵于東序端，降洗。介降，主人辭降，介辭洗，如賓禮。升，不拜洗。介，禮殺也。介西階上立。不言疑者，省文。主人實爵介之席前，西南面獻介。介西階上北面拜，主人少退。介進，北面受爵，復位。主人介右北面拜送爵，介少退，主人拜于介右，降尊以就卑也。主人立于西階東。薦脯醢。介升席自北方，設折俎，祭如賓禮。不嚌肺，不啐酒，不告旨。自南方降席，北面坐卒爵，興，坐奠爵，遂拜，執爵興。主人介右答拜。不啐、嚌，下賓。○記：主人、介凡升席自北方，降自南方。○以爵拜者，不徒作。

右主人獻介。

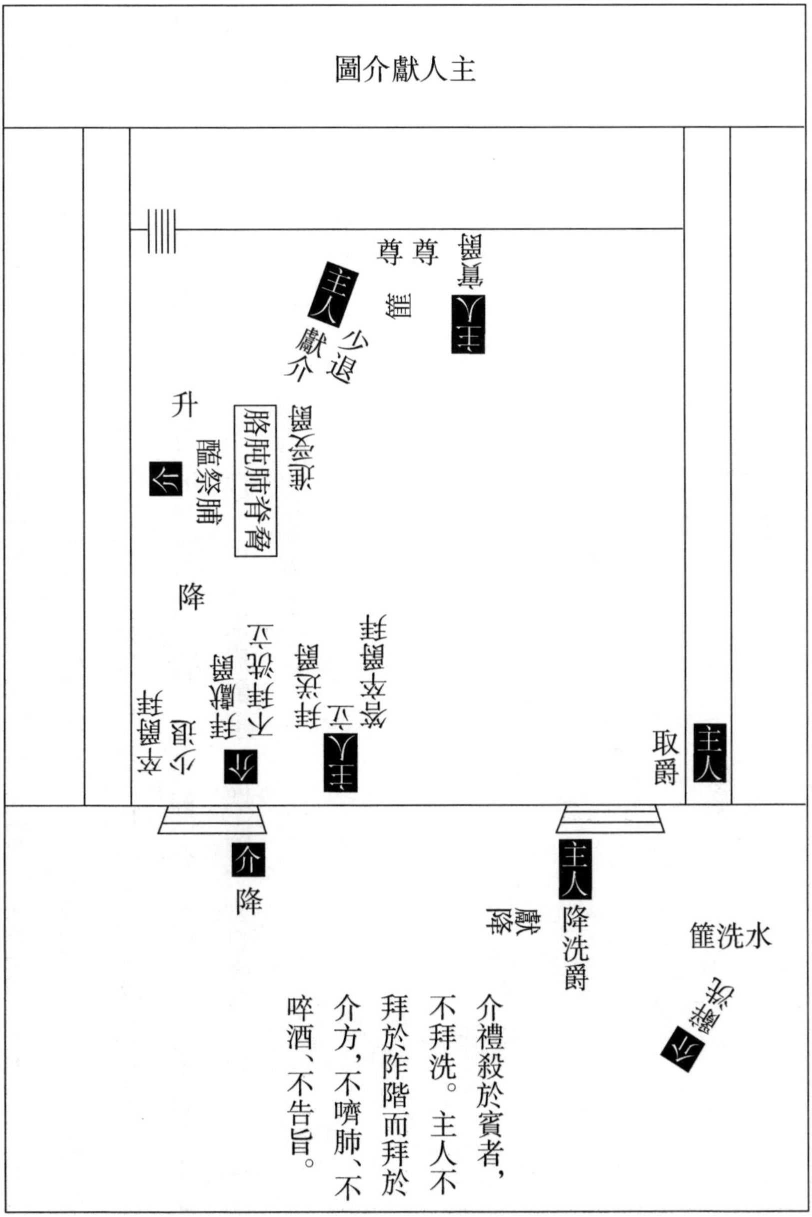

介禮殺於賓者，不拜洗。主人不拜於阼階而拜於介方，不嚌肺、不啐酒、不告旨。

介降洗，主人復阼階，降辭如初。如賓酢之時。卒洗，主人盥。盥者，當爲介酌。○《疏》曰：「此主人自飲而盥者，尊介也。」介揖讓升，授主人爵于兩楹之間。就尊南授之，介不自酌，下賓。酒者，賓主共之。○《疏》曰：「知兩楹間是『尊南』者，以上云『尊於房、户之間』，房、户間當兩楹之北也。」介西階上立。主人實爵，酢于西階上，介右坐奠爵，遂拜，執爵興，介答拜。主人坐祭，遂飲，卒爵。興，坐奠爵，遂拜，執爵興。介答拜。主人坐奠爵于西楹南，以當獻衆賓。介右再拜崇酒。介答拜。主人復阼階，揖降。介降，立于賓南。

右介酢主人。

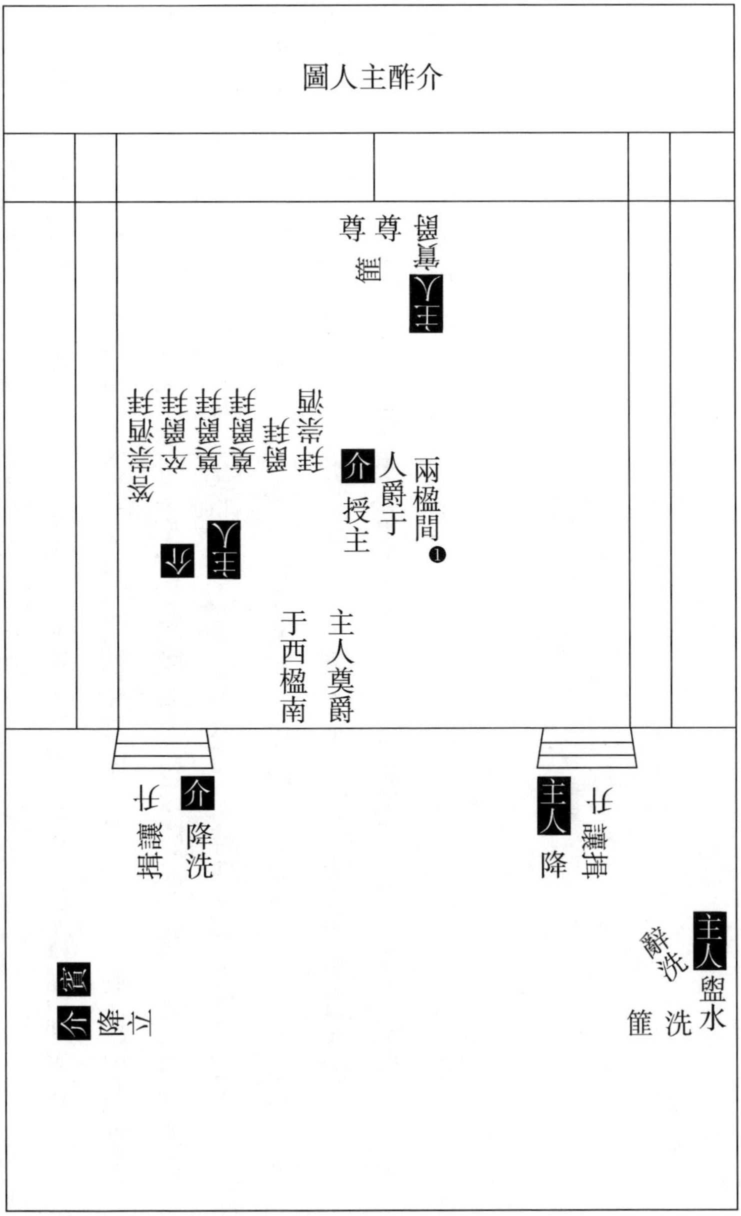

❶「兩楹間」，原作「西楹南」，今據元刻本、盧本改。

主人西南面三拜衆賓，衆賓皆答壹拜。不升拜，賤也。主人揖升，坐取爵于西楹下，降洗，升實爵，于西階上獻衆賓。衆賓之長升拜受者三人，主人拜送。於衆賓右。坐祭，立飲，不拜既爵，授主人爵，降復位。既，卒也。卒爵不拜，立飲立授，賤者禮簡。衆賓獻，則不拜受爵，坐祭，立飲。次三人以下也，不拜，禮彌簡。每一人獻，則薦諸其席。謂三人也。衆賓辯有脯醢。亦每獻薦於其位，位在下。今文「辯」皆作「徧」。主人以爵降，奠于篚。○記：坐卒爵者，拜既爵。立卒爵者，不拜既爵。降、殺各從其宜，不使相錯。○衆賓之長一人辭洗，如賓禮。○立者東面，北上。若有北面者，則東上。注見上文。樂正與立者皆薦以齒。謂其飲之次也。尊樂正同於賓黨。不言飲而言薦，以明飲也。既飲，皆薦於其位。樂正位西階東，北面。○主人之贊者西面北上，不與。與，音預。○贊，佐也，謂主人之屬佐助主人禮事，徹鼏、沃盥、設薦俎者。西面北上，統於堂也。與，及也。不及謂不獻酒。無算爵，然後與。燕乃及之。

右主人獻衆賓。

主人獻衆賓圖

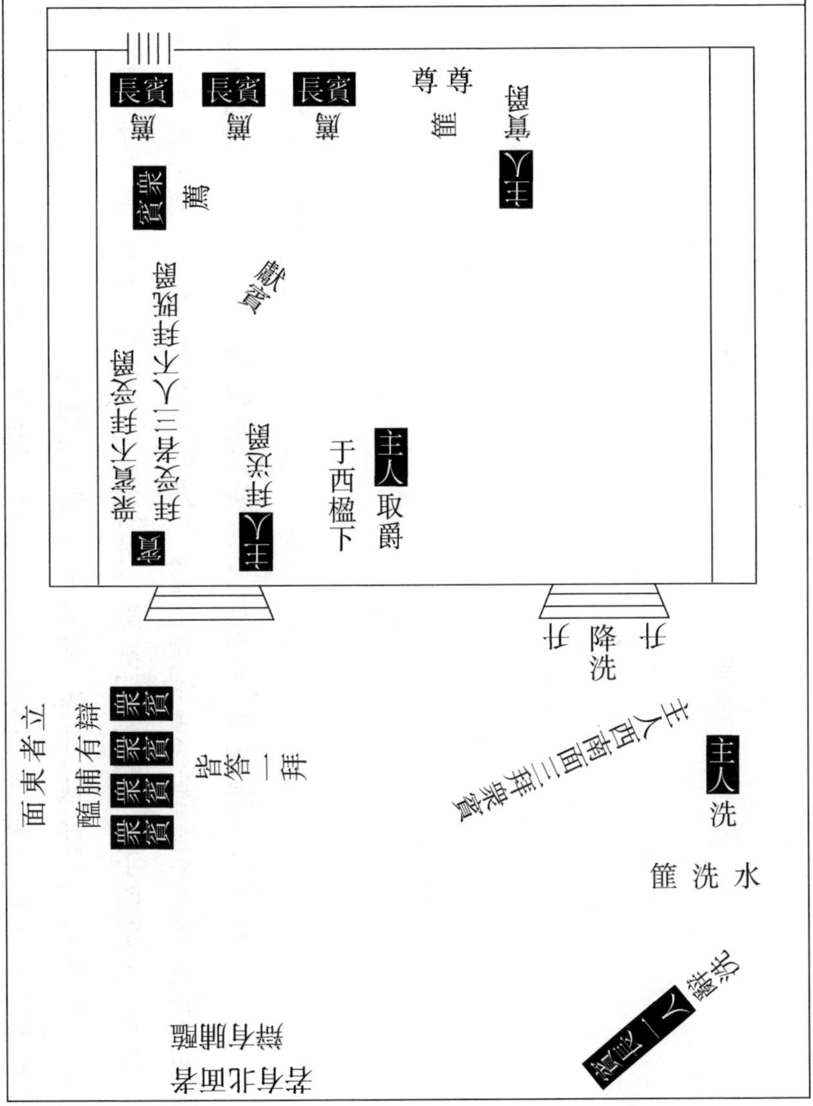
長賓
長賓
長賓
尊
尊
篚
主人
衆賓
主人
取爵
于西楹下
主人
升
降洗
升
主人
洗
水
洗
篚
衆賓
衆賓
衆賓
衆賓
皆答一拜
立者東面
有辯
脯醢

揖讓升，賓厭介升，介厭衆賓升。衆賓序升，即席。序，次也。即，就也。○一人洗，升，舉觶于賓。一人，主人之吏。發酒端曰舉。實觶，西階上坐奠觶，遂拜，執觶興。賓席末答拜。坐祭，遂飲，卒觶，興，坐奠觶，遂拜，執觶興。賓答拜。降洗，升實觶，立于西階上，賓拜。賓拜，拜將受觶。進坐奠觶于薦西。賓辭，坐受以興。舉觶不授，下主人也。言坐受者，明行事相接若親受，謙也。舉觶者西階上拜送，賓坐奠觶于其所。所，薦西也。舉觶者降。事已。

右一人舉觶爲旅酬始。

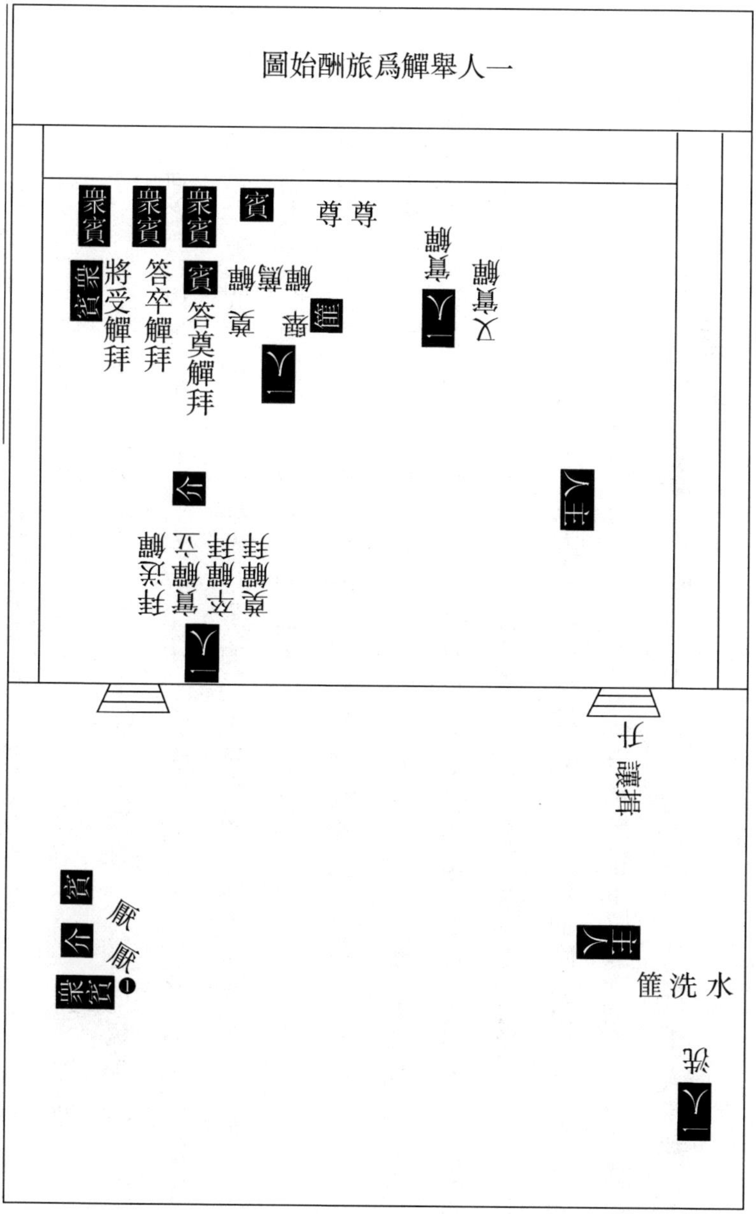

❶ 二「厭」字，原無，今據盧本補。

賓若有遵者諸公、大夫，則既一人舉觶，乃入。不干主人正禮也。遵者，諸公、大夫也。謂之賓者，同從外來耳。大國有孤，四命，謂之公。席于賓東，公三重，大夫再重。席此二者於賓東，尊之，不與鄉人齒也。天子之國，三命者不齒；於諸侯之國，爵爲大夫則不齒矣。不言遵者，遵者亦卿大夫。公如大夫入，主人降，賓、介降，衆賓皆降，復初位。主人迎，揖讓升。公升如賓禮，辭一席，使一人去之。主人迎之於門內也。辭一席，謙，自同於大夫。大夫則如介禮，有諸公，則辭加席，委于席端，主人不徹。無諸公，則大夫辭加席，主人對，不去加席。加席，上席也，大夫席再重。○記：若有諸公，則大夫於主人之北，西面。其西面者，北上，統於公。

案：《鄉射禮》《鄉飲》、《鄉射》獻遵禮當參考。大夫若有遵者，則入門左，主人降。迎大夫於門內也。不出門，别於賓。賓及衆賓皆降，復初位。不敢居堂，俟大夫入也。初位，門內東面。主人揖讓，以大夫升，拜至。大夫答拜。主人以爵降，大夫降，主人辭降，大夫辭洗，如賓禮。席于尊東。尊東，明與賓夾尊也。不言東上，統於尊也。升，不拜洗，主人實爵，席前獻于大夫。大夫西階上拜，進受爵，反位。主人大夫之右拜送。大夫辭加席，主人對，不去加席。去，起吕反。○辭之者，謙不以己尊加賢者也。不去者，大夫再重席，正也。賓一重席。乃薦脯醢。大夫升席，設折俎，祭如賓禮，不嚌肺，不啐酒，不告旨。西階上卒爵，拜，主人答拜。凡所不者，殺於賓也。大夫升席由東方。❶○記：若有諸公，則如賓禮，大夫如介禮。無諸公，則大夫如賓禮。尊卑之差。諸公，大國之孤。樂作，大夫不入。後樂，賢也。大夫降洗。將酢主人也。大夫若衆則辯獻，長乃酢。主人復阼階，降辭如初。卒洗，主人盥。盥者，雖將酌自飲，尊大夫不敢褻。揖讓升，大夫授主人爵于兩楹間，復位。主人實爵以酢于西階上，坐奠爵，拜，大夫答拜。坐祭，卒爵，拜，大夫答拜。主人坐，奠爵于西楹南，再拜崇酒，大夫答拜。主人復阼階，揖降。將升賓。○《疏》曰：「爲士於旅乃入，擬獻士，故奠爵於西楹南。」大夫降，立于賓南。○主人揖讓，以賓升，大夫及衆賓皆升，就席。

右主人獻遵，遵酢主人。

❶「由」，原作「日」，今據盧本及《儀禮注疏》改。

主人迎遵獻遵圖

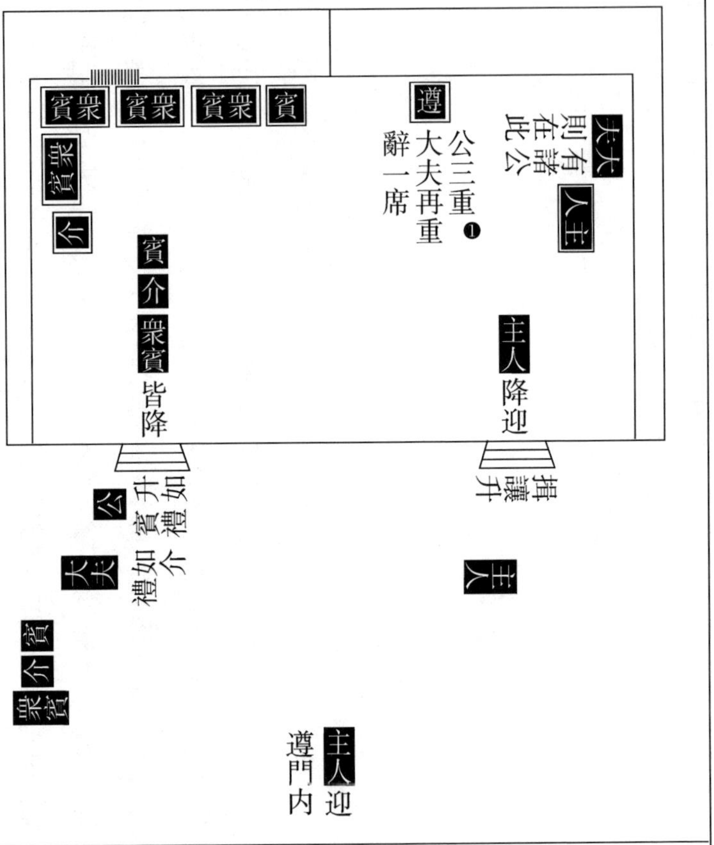

今案：「獻遵」一條，經史所載差略。謂「公升如賓禮」，則自拜至以後，其禮當與賓同，見前《獻賓圖》。謂「大夫如介禮」，則「不拜洗，不嚌肺，不告旨」，禮殺於賓，參之《獻介圖》及《鄉射禮》可見。但無諸公，則獻大夫當如獻賓之禮。

❶「三」，原作「二」，今據元刻本、盧本改。

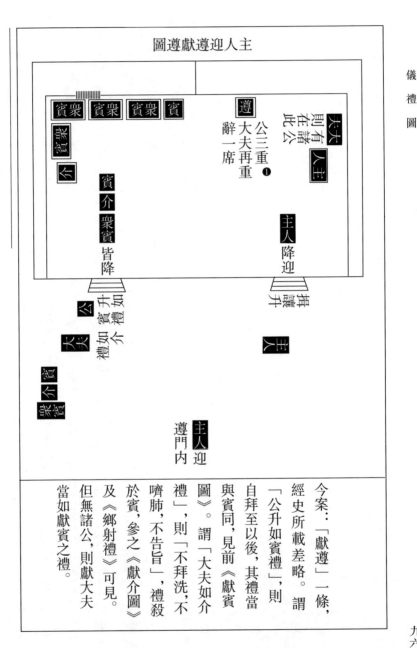

設席于堂廉，東上。爲工布席也。側邊曰廉。《燕禮》曰：「席工於西階上少東，樂正先升，北面。」此言樂正先升，立于西階東，則工席在階東。**工四人，二瑟，瑟先。相者二人，皆左何瑟，後首，挎越，内弦，右手相。**何，户可反。挎，口狐反。○四人，大夫制也。二瑟，二人鼓瑟，則二人歌也。瑟先者，將入序在前也。相，扶工也，衆賓之少者爲之，每工一人。《鄉射禮》曰：「弟子相工如初入。」天子相工，使視瞭者。凡工，瞽矇也，故有扶之者。「師冕見，及階，子曰：『階也。』及席，子曰：『席也。』」固相師之道。後首者，變于君也。挎，持也。相瑟者則爲之持瑟。其相歌者，徒相也。越，瑟下孔也。内弦，側擔之者。**樂正先升，立于西階東。**正，長也。**工入，升自西階，北面坐。相者東面坐，遂授瑟，乃降。**降立于西方，近其事。**工歌《鹿鳴》、《四牡》、《皇皇者華》。**三者皆《小雅》篇也。《鹿鳴》，君與臣下及四方之賓燕，講道修政之樂歌也，此采其「己有旨酒，以召嘉賓」，嘉賓既來，視我以善道，又樂嘉賓有孔昭之明德，可則傚也。《四牡》，君勞使臣之來樂歌也，此采其勤苦王事，念將父母，懷歸傷悲，忠孝之至以勞賓也。《皇皇者華》，君遣使臣之樂歌也，此采其更是勞苦，自以爲不及，欲諮謀于賢知，而以自光明也。○朱先生曰：「《鹿鳴》，謂今日燕飲之事，所以道達主人之誠意而美嘉賓之德也。《四牡》，言其去家而仕於朝，辭親而從王事，於此乎始也。《皇皇者華》，言其將爲君使而賦政於外也。《學記》曰：『《宵雅》肄三，官其始也。』正謂此也。蓋此三詩，先王所制以爲燕飲之樂，用之鄉人，用之邦國，各取其象而歌之也。」**卒歌，主人獻工。**《鄉射禮》曰：「取爵于上篚，獻工。」**工左瑟，一人拜，不興，受爵。主人阼階上拜送爵。**一人，工之長也。凡工賤，不爲之洗。**薦脯醢。使人相祭。**使人相者，相其祭酒、祭薦。**工飲，不拜既爵，授主人爵。**坐授之。**衆工則不拜，受爵，祭飲。辯有脯醢，不祭。**祭飲，獻酒重，無不祭也。**大師，則爲之洗。賓、介降，主人辭降。工不辭洗。**大夫若君賜之樂，謂之大師，則爲之洗，尊之也。賓、介降，從主人也。工，大師也。上既言獻工矣，乃言大師者，大師或瑟或歌也。其獻之，瑟則先，歌則後。**笙入堂下，磬南北面立。樂《南陔》、《白華》、《華黍》。**笙，吹笙者也，以笙吹此詩以爲樂也。《南陔》、《白華》、《華黍》，《小雅》篇也，今亡，其義未聞。昔周之興也，周公制禮作樂，采時世之詩，以爲樂歌，所以通情相風切也，其有此篇明矣。後世衰微，幽厲尤甚，禮樂之書，稍稍廢棄。孔子曰：「吾自衛反魯，然後樂正，《雅》、《頌》各得其所。」謂當時在者而復重雜亂者也，惡能存其亡者乎？且正考父校商之名頌十二篇于周大師，歸以祀其先王，至孔子二百年之間，五篇而已，此其信也。○劉敞云：「此三篇皆笙詩也。《小序》云：『有其義而亡其辭。』亡謂本無，非亡逸之亡也。《鄉飲酒禮》鼓瑟而歌《鹿鳴》、《四牡》、《皇皇者華》，然後笙入堂下，磬南北面立，樂《南陔》、《白華》、《華黍》。《燕禮》亦鼓瑟，歌《鹿鳴》、《四牡》、《皇皇者華》，然後笙入立于縣中，奏《南陔》、《白華》、《華黍》。《南陔》以下今無以考其名篇之義，然曰笙、曰樂、曰奏而不言歌，則有聲而無詞明矣。下《由庚》、《崇丘》、《由儀》倣此。」**主人獻之于西階上，一人拜，盡階不升堂，受爵，主人拜送爵。階前坐祭，立飲，不拜既爵，升，授主人爵。**一人，笙之長者也。笙三人，和一人，凡四人。《鄉射禮》曰：「笙一人拜于下。」**衆笙則不拜受爵，坐祭，立飲。辯有脯醢，不祭。**亦受爵于西階上，薦之皆於其位磬南。○乃間歌《魚麗》，笙《由庚》；歌《南有嘉魚》，笙《崇丘》；歌《南山有臺》，笙《由儀》。間，代也。謂一歌則一吹。六者皆《小雅》篇也。《魚麗》言太平年豐物多也，此采其物多酒旨，所以優賓也。《南有嘉魚》言太平君子有酒樂與賢者共之也，此采其能以禮下賢者，賢者纍蔓而歸之，與之燕樂也。《南山有臺》言太平之治，以賢者爲本，此采其愛友賢者，爲邦家之基、民之父母，既欲其身之壽考，又欲其名德之長也。《由庚》、《崇丘》、《由儀》今亡，其義未聞。○《疏》曰：「堂下吹笙，堂上升歌，間代而作，故謂之『乃間』也。」○乃合樂：《周南·關雎》、《葛覃》、《卷耳》，《召南·鵲巢》、《采蘩》、《采蘋》。合樂者，謂歌樂與衆聲俱作也。《周南》、《召南》，《國風》篇也，王后、國君夫人房中之樂歌也。《關雎》言后妃之德，《葛覃》言后妃之職，《卷耳》言后妃之志，《鵲巢》言國君夫人之德，《采蘩》言國君夫人不失職，《采蘋》言卿大夫之妻能循其法度。昔太王、王季居于岐山之陽，躬行《召南》之教，以興王業，及文王而行《周南》之教以受命。《大雅》云「刑于寡妻，至于兄弟，以御于家邦」，謂此也。其始一國耳，文王作邑于豐，以故地爲卿士之采地，乃分爲二國。周，周公所食；召，召公所食。于時文王三分天下有其二，德化被于南土，是以其詩有仁賢之風者屬之《召南》焉，有聖人之風者屬之《周南》焉。夫婦之道，生民之本，王政之端。此六篇者，其教之原也。故國君與其臣下及四方之賓燕，用之合樂也。鄉樂者，《風》也。《小雅》爲諸侯之樂，《大雅》、《頌》爲天子之樂。《鄉飲酒》升歌《小雅》，禮盛者可以進取也。《燕》合鄉樂，禮輕者可以逮下也。《春秋傳》曰：《肆夏》、《繁遏》、《渠》，天子所以享元侯也，《文王》、《大明》、《綿》，兩君相見之樂也。然則諸侯相與燕，升歌《大雅》，合《小雅》；天子與次國、小國之君燕亦如之，與大國之君燕，升歌

《頌》，合《大雅》。其笙間之篇未聞。○《疏》曰：「歌樂衆聲俱作者，謂堂上有歌、瑟，堂下有笙、磬，合奏此詩也。」○朱先生曰：「二《南》之分，注、疏説未安，唯程子曰：『以周公主内治，故以畿内之詩言文王、太姒之化者，屬之《周南》。以召公掌諸侯，故以畿外之詩言列國諸侯、大夫之室家者，屬之《召南》。』此爲得之。謂之南者，言其化自岐雍之間，被于江漢之域，自北而南也。《詩》曰『以雅以南』，即謂此也。」**工告于樂正曰：「正歌備。」樂正告于賓，乃降。** 樂正降者，以正歌備無事也。降立西階東，北面。**○記：磬，階閒縮霤，北面鼓之。○獻工與笙，取爵于上篚。既獻，奠于下篚。** 明其異器，敬也。如是則獻大夫亦然。 上篚三爵。○《疏》曰：「獻賓、獻衆賓訖，降，奠于篚，是其上篚一爵也。獻工與笙，既獻，奠于下篚，是上篚二爵也。又《鄉射禮》云，主人以爵降，洗，獻大夫，此篇亦有大夫，故知上篚有三爵也。」**其笙則獻諸西階上。** 謂主人拜送爵也。於工拜于阼階上者，以其坐于西階東也。

右樂賓。

樂賓圖

二人鼓瑟，二人歌。

歌

《鹿鳴》　《四牡》　《皇皇者華》三終。

升歌三終者，謂升堂歌《鹿鳴》、《四牡》、《皇皇者華》，每一篇而一終也。

以笙吹詩，有聲無詞。

笙

《南陔》　《白華》　《華黍》三終。

笙入三終者，謂吹笙之人入於堂下，奏《南陔》、《白華》、《華黍》，每一篇一終也。

堂下吹笙，堂上升歌。

閒

歌《魚麗》，笙《由庚》。歌《南有嘉魚》，笙《崇丘》。歌《南山有臺》，笙《由儀》。三終。

閒歌三終者，閒代而作，謂之「乃閒」。堂上先歌《魚麗》，則堂下笙《由庚》，此爲一終。又堂上歌《南有嘉魚》，則堂下笙《崇丘》，此爲二終。又堂上歌《南山有臺》，則堂下笙《由儀》，此爲三終。

歌樂與衆聲俱作。

合

《周南·關雎》、《葛覃》、《卷耳》，《召南·鵲巢》、《采蘩》、《采蘋》。

《鄉飲酒義》「合樂三終」者，謂堂上下歌、瑟及笙並作也。若工歌《關雎》，則笙吹《鵲巢》合之。若工歌《葛覃》，則笙吹《采蘩》合之。若工歌《卷耳》，則笙吹《采蘋》合之。賈疏「合樂三終」者，謂堂上歌、瑟，堂下笙、磬，合奏此六詩也。言三終者，二《南》各三終也。二説不同，當考。

燕禮 歌笙閒合，四節同。又有王事之勞者，賓及庭，奏《肆夏》，及升歌《鹿鳴》，下管《新宮》，笙入，三成。與上四節異。

鄉射 不歌，不閒，不合，❶惟有合樂一節。以主於射，略於樂也。

大射 與《鄉射》又不同，歌《鹿鳴》三終，又管《新宮》而止，亦主於射，略於樂也。

主人降席自南方。不由北方，由便。**側降。**賓、介不從。○《疏》曰：「側，特也。賓、介不從，故言側。」**作相爲司正。司正禮辭，許諾。主人拜，司正答拜。**作，使也。禮、樂之正既成，將留賓，爲有懈惰，立司正以監之。拜，拜其許。**主人升，復席。司正洗觶，升自西階，阼階上北面受命于主人。主人曰：「請安于賓。」司正告于賓，賓禮辭，許。**爲賓欲去，留之，告賓於西階。**司正告于主人，主人阼階上再拜，賓西階上答拜。司正立于楹閒以相拜，皆揖，復席。**再拜，拜賓許也。司正既

❶「合」，據下「樂賓」節當是「笙」字之誤。

以賓許告主人，遂立楹間以相拜。賓、主人既拜，揖，就席。**司正實觶，降自西階，階間北面坐奠觶，退共，少立。**階間北面，東西節也，其南北當中庭。共，拱手也。少立，自正慎其位也。己帥而正，孰敢不正？《燕禮》曰：「右還北面。」**坐取觶，不祭，遂飲，卒觶，興。坐奠觶，遂拜，執觶興，盥，洗。北面坐，奠觶于其所。退，立于觶南。**洗觶奠之，示潔敬。立于其南，以察衆。○《疏》曰：「據《鄉射》、《大射》皆不云『盥』，此有『盥』字者誤。」合删去。○**記：司正既舉觶，而薦諸其位。**司正，主人之屬也。無獻，因其舉觶而薦之。○《疏》曰：「記又云『主人之贊者，西面，北上，不與，無算爵，然後與』，是『無獻』也。」

右司正中庭奠觶。

司正中庭奠觶圖

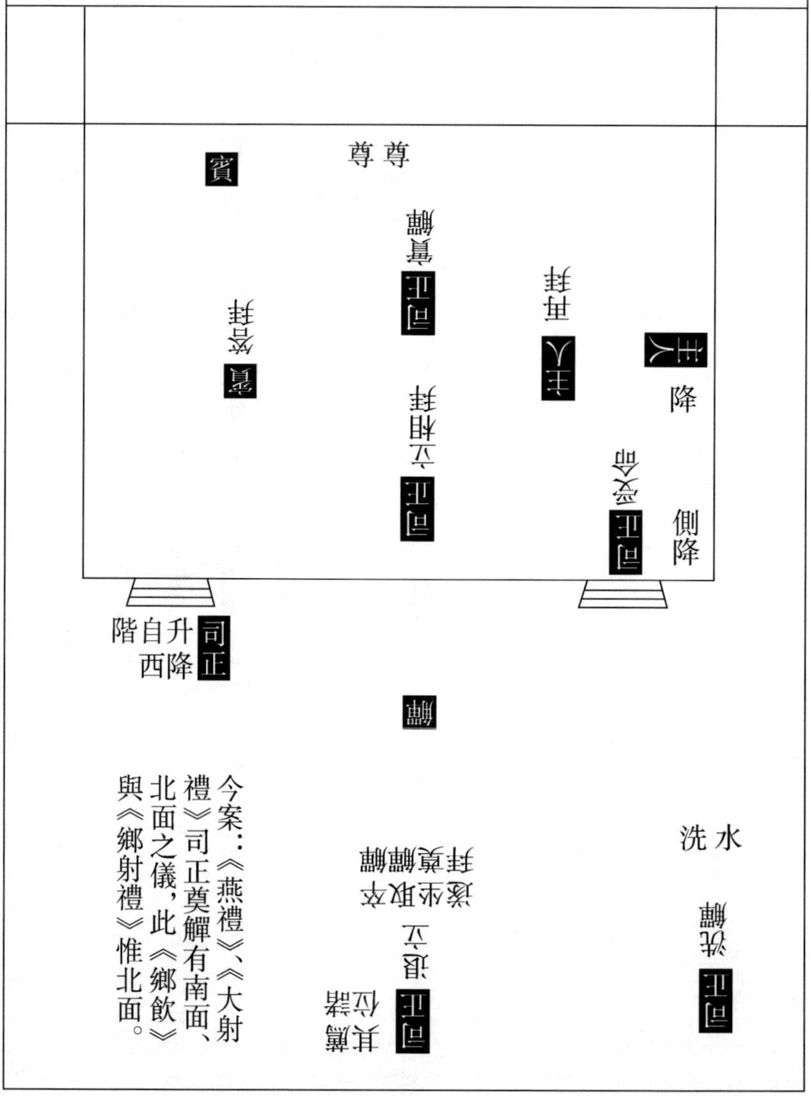

今案：《燕禮》、《大射禮》司正奠觶有南面、北面之儀，此《鄉飲》與《鄉射禮》惟北面。

賓北面坐，取俎西之觶，阼階上北面酬主人。主人降席，立于賓東。初起旅酬也。凡旅酬者，少長以齒，終於沃盥者，皆弟長而無遺矣。○《疏》曰：「前一人舉觶，奠于薦右，今取爲旅酬。」**賓坐奠觶，遂拜，執觶興。主人答拜。不祭立飲，不拜卒觶，不洗實觶，東南面授主人。**賓立飲卒觶，因更酌以鄉主人，將授。**主人阼階上拜，賓少退。主人受觶，賓拜送于主人之西。**旅酬同階，禮殺。**賓揖，復席。**酬主人訖。**主人西階上酬介，介降席自南方，立于主人之西，如賓酬主人之禮。主人揖，復席。**其酌實觶，西南面授介。自此以下旅酬，酌者亦如之。**司正升相旅，曰：「某子受酬。」受酬者降席。**旅，序也。於是介酬衆賓，衆賓又以次序相酬。某者，衆賓姓也。同姓則以伯、仲別之，又同則以其字別之。**司正退，立于序端，東面。**辟受酬者，又便其贊上贊下也。始升相西階西，北面。**受酬者自介右，**由介東也。尊介，使不失故位。**衆受酬者受自左，**後將受酬者皆由西，變於介也。**拜，興，飲，皆如賓酬主人之禮。**嫌賓以下異也。**辯，卒受者以觶降，坐奠于篚。**辯，辯衆賓之在下者。《鄉射禮》曰：「辯，遂酬在下者，皆升，受酬于西階上。」**司正降復位。**觶南之位。○**記：凡旅不洗，**敬禮殺也。**不洗者不祭。**不甚潔也。**既旅，士不入。**後正禮也。既旅，則將燕矣。○**《鄉射·記》：古者於旅也語。**禮成樂備，乃可以言語，先王禮樂之道也。疾今人慢於禮樂之盛，言語無節，故追道古也。

右旅酬。

旅酬圖

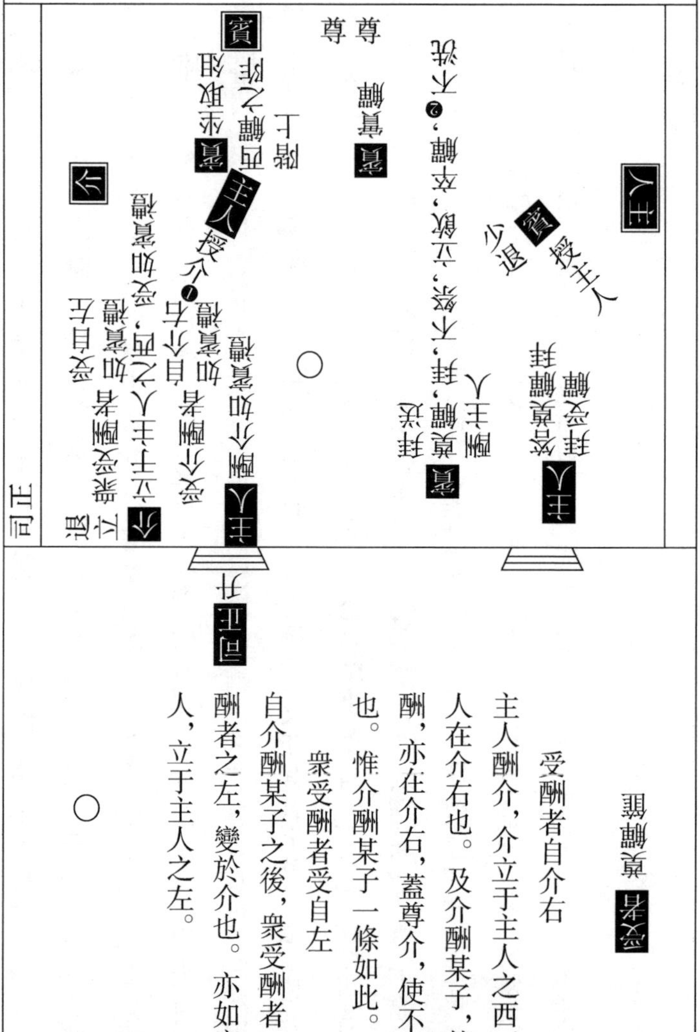

受酬者自介右

主人酬介，介立于主人之西，是主人在介右也。及介酬某子，某子受酬，亦在介右，蓋尊介，使不失故位也。惟介酬某子一條如此。

衆受酬者受自左

自介酬某子之後，衆受酬者皆立于酬者之左，變於介也。亦如賓酬主人，立于主人之左。

❶「授」，原作「受」，今據上文改。

❷「卒」，原作「立」，今據元刻本、盧本改。

使二人舉觶于賓、介，洗，升，實觶，于西階上皆坐奠觶，遂拜，執觶興。賓、介席末答拜，皆坐祭，遂飲，卒觶興。坐奠觶，遂拜，執觶興。賓、介席末答拜。二人，亦主人之吏。若有大夫，則舉觶于賓與大夫。《燕禮》曰：「媵爵者立于洗南，西面，北上，序進，盥洗。」○《疏》曰：「『若有大夫，則舉觶于賓與大夫』者，以其大夫尊於介故也。」逆降，洗，升實觶，皆立于西階上。賓、介皆拜。於席末拜。○《疏》曰：「賓在席西，南面，介在席南，東面。」皆進，薦西奠之。賓辭，坐取觶以興，介則薦南奠之。介坐受以興。退，皆拜送。降，賓、介奠于其所。賓言取，介言受，尊卑異文。

右二人舉觶爲無算爵始。

二人舉觶為無算爵始圖

圖中標示：
- 遵
- 尊 尊 甒
- 賓 甒尊羃 人
- 答莫觶拜
- 答卒觶拜
- 拜賓觶
- 主人
- 介 羃莫 進 人
- 拜觶莫 答卒觶 答賓觶拜
- 人 拜觶莫 拜觶卒 莫觶羃
- 人 拜觶莫 莫觶羃
- 洗
- 逆降

案：二人舉觶於賓介，❶注、疏皆云「若有大夫，則舉觶於賓與大夫」，以大夫尊於介故也。❷ 今只依經文舉觶於賓、介為圖。

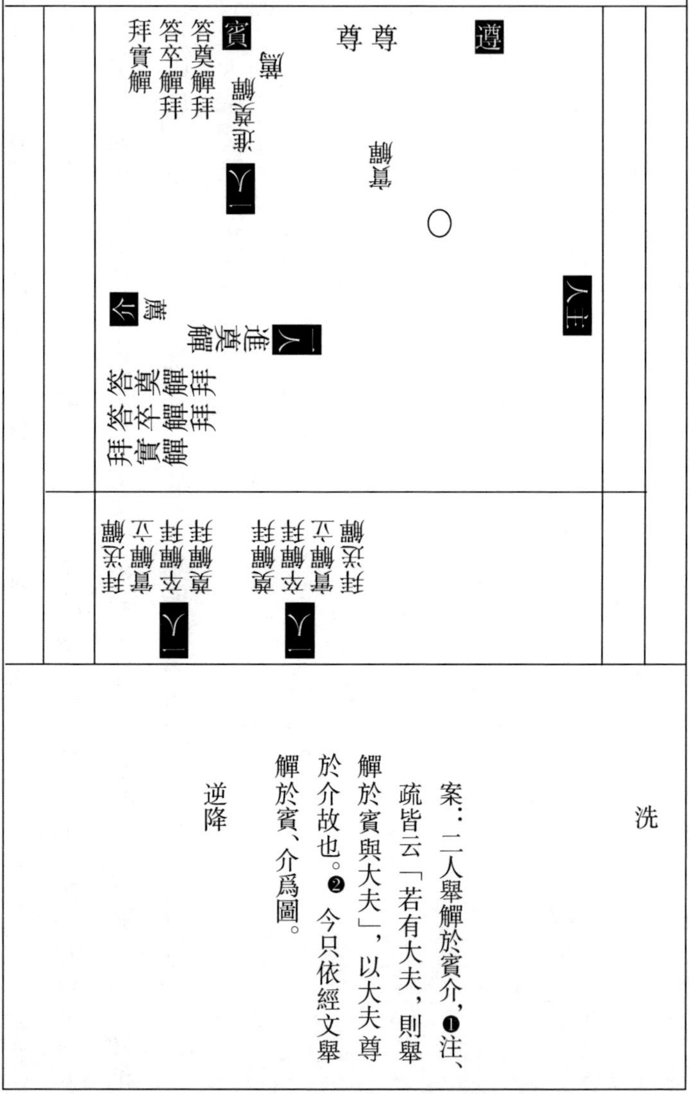

❶「介」，原無，今據元刻本、盧本補。

❷「尊」原作「善」，今據盧本改。

司正升自西階，受命于主人。主人曰：「請坐于賓。」賓辭以俎。至此盛禮俱成，酒清肴乾，賓主百拜，强有力者猶倦焉。張而不弛，弛而不張，非文武之道。請坐者，將以賓燕也。俎者，肴之貴者。辭之者，不敢以禮殺當貴者。**主人請徹俎，賓許。**亦司正傳請告之。**司正降，階前命弟子俟徹俎。**西階前也。弟子，賓之少者。俎者，主人之吏設之。使弟子俟徹者，明徹俎賓之義。**司正升，立于序端。**待事。**賓降席，北面。主人降席，阼階上北面。介降席，西階上北面。遵者降席，席東南面。**皆立，相須徹俎也。遵者，謂此鄉之人仕至大夫者也，今來助主人樂賓，主人所榮而遵法者也，因以爲名，或有無，來不來，用時事耳。**賓取俎，還授司正，司正以降，賓從之。主人取俎，還授弟子，弟子以降自西階，主人降自阼階。介取俎，還授弟子，弟子以降，介從之。若有諸公、大夫，則使人受俎如賓禮。衆賓皆降。**取俎者皆鄉其席，既授弟子，皆降復初入之位。○記：**徹俎，賓、介、遵者之俎，受者以降，遂出，授從者。**從，才用反。**主人之俎以東。**藏於東方。

右徹俎。

説屨，揖讓如初，升，坐。説屨者，爲安燕當坐也。必説於下者，屨賤不宜居堂。❶説屨，主人先左，賓先右。**乃羞。**羞，進也，所進者狗胾醢也。鄉設骨體，所以致敬也；今進羞，所以盡愛也。敬之愛之，所以厚

❶ 「宜」，《儀禮注疏》作「空」。

賢也。**無算爵**，算，數也。賓主燕飲，爵行無數，醉而止也。《鄉射禮》曰「使二人舉觶于賓與大夫」，❶又曰「執觶者洗，升，實觶，反奠於賓與大夫」，皆是。○今案：《鄉飲酒禮》「無算爵」，其文略，《注疏》引《鄉射》「無算爵」以釋之。案：《鄉射》：「無算爵，賓與大夫不興，取奠觶，飲，卒觶，不拜。執觶者受觶，遂實之。賓觶以之主人，大夫之觶衆賓長受而錯，皆不拜。」注：「錯者，實主人之觶，以之次賓；實賓長之觶，以之次大夫。」此《鄉飲酒禮》亦同，但《鄉射》有賓無介，《鄉飲酒》有賓有介，當實賓之觶以之主人，實大夫之觶以之介。及其交錯而行也，當實主人之觶以之衆賓長，實介之觶以之次大夫，又實衆賓長之觶以之第三位次大夫，次實大夫之觶以之第二位次賓長，如此交錯以辯。卒受者興，以旅在下者于西階上。及其辯也，執觶者洗，升，實觶，反奠于賓與大夫。所以復奠之者，燕以飲酒爲歡，醉乃止。此所以爲無算爵也。**無算樂**。燕樂亦無數，或間或合，盡歡而止也。《春秋》襄二十九年吴公子札來聘，請觀于周樂，此國君之無算也。○

記：主人之贊者，西面，北上，不與。無算爵，然後與。與，及也。不及謂不獻酒，燕乃及之。

右燕。

---

❶「二」，原作「一」，今據元刻本、盧本及《儀禮注疏》改。

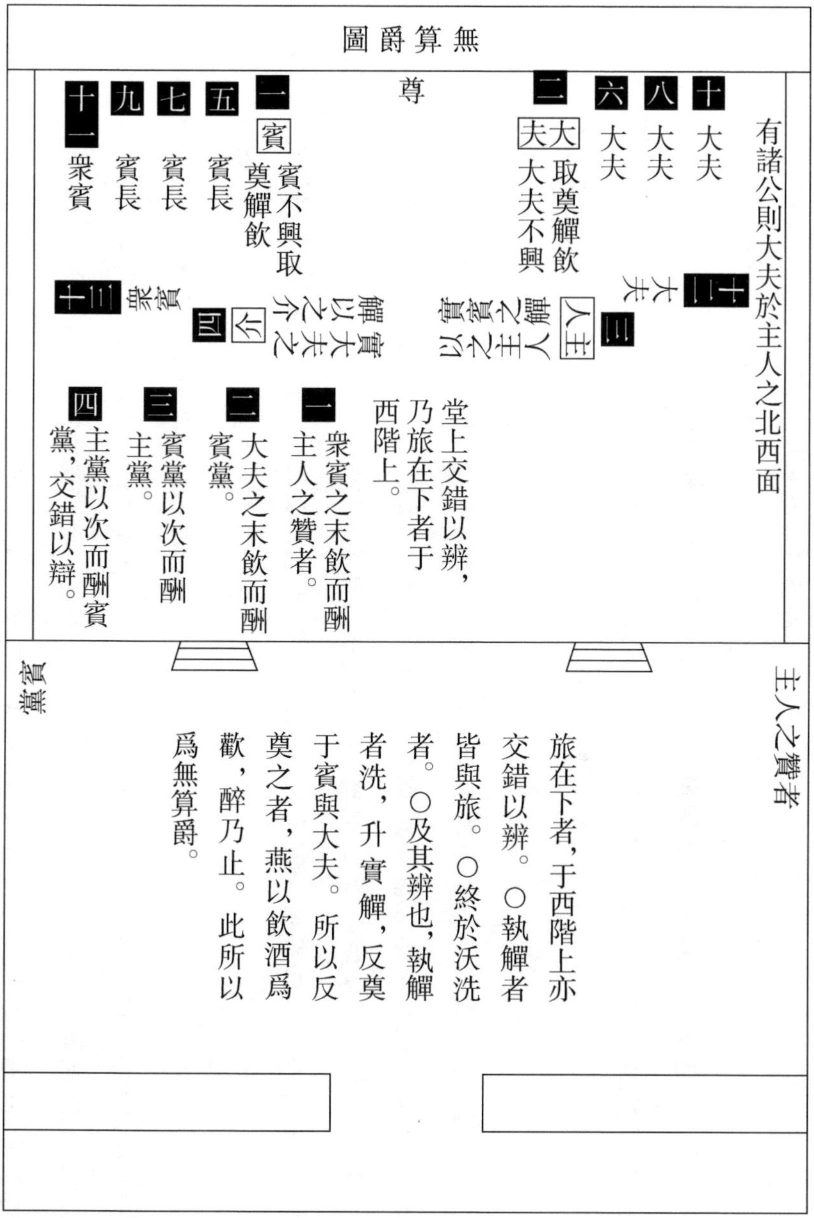
無算爵圖
有諸公則大夫於主人之北西面
十 大夫
八 大夫
六 大夫
二 大夫 取奠觶飲 大夫不與
十二 大夫
三 主人
實賓之觶
以之主人
尊
一 賓 賓不與取奠觶飲
五 賓長
七 賓長
九 賓長
十一 衆賓
四 介
賓大夫之
觶以之介
十三 衆賓
堂上交錯以辯，乃旅在下者于西階上。
一 衆賓之末飲而酬主人之贊者。
二 大夫之末飲而酬賓黨。
三 賓黨以次而酬主黨。
四 主黨以次而酬賓黨，交錯以辯。
主人之贊者
賓黨
旅在下者，于西階上亦交錯以辨。○執觶者皆與旅。○終於沃洗者。○及其辨也，執觶者洗，升實觶，反奠于賓與大夫。所以反奠之者，燕以飲酒爲歡，醉乃止。此所以爲無算爵。

賓出，奏《陔》。《陔》，《陔夏》也。陔之言戒也，終日燕飲，酒罷以《陔》爲節，明無失禮也。《周禮·鍾師》「以鍾鼓奏《九夏》」，是奏《陔夏》則有鍾鼓矣。鍾鼓者，天子、諸侯備用之，大夫、士鼓而已。蓋建於阼階之西，南鼓。《鄉射禮》曰：「賓興，樂正命奏《陔》。賓降及階，《陔》作。賓出，衆賓皆出。」**主人送于門外，再拜。**門東西面拜也。❶賓、介不答拜，禮有終也。

右賓出。

明日，賓服鄉服以拜賜，拜賜，謝恩惠。鄉服，昨日與鄉大夫飲酒之朝服也。不言朝服，未服以朝也。○《疏》曰：「此賓言『鄉服』，其《鄉射》賓言『朝服』，不同者，案《鄉射》以公士爲賓，謂在朝著朝服是其常，此賓鄉人子弟，未仕，雖著朝服，仍以鄉服言之故也。」○**主人如賓服以拜辱。**拜賓服自屈辱也。《鄉射禮》曰：「賓朝服以拜賜于門外，主人不見。如賓服，遂從之，拜辱於門外，乃退。」○《疏》曰：「彼此賓、主皆不相見，造門外拜謝而已。」

右賓拜賜，主人拜辱。

主人釋服，釋朝服，更服玄端也。**乃息司正。**息，勞也。勞賜昨日贊執事者，獨云「司正」，司正，庭長也。**無介，**勞禮略也，司正爲賓。**不殺，**市買若因所有可也，不殺則無俎。**薦脯醢，**羞同也。○《疏》曰：「與

❶「面」，原作「下」，今據盧本及《儀禮注疏》改。

正行飲酒同。」羞唯所有，在有何物。徹唯所欲，徹，召也。○《疏》曰：「昨日正行飲酒，不得喚親友，故今禮食之餘，可别召知友也。」以告于先生、君子可也。告，請也。先生不以筋力爲禮，於是可以來。君子，國中有盛德者。可者，召不召，唯所欲。賓、介不與。與，音預。○禮瀆則褻。鄉樂唯欲。鄉樂，《周南》、《召南》六篇之中唯所欲作，不從次也。不歌《鹿鳴》、《魚麗》者，辟國君也。

右息司正。

鄉飲酒義

孔子曰：「吾觀於鄉而知王道之易易也。」主人親速賓及介，而衆賓自從之，至于門外，主人拜賓及介，而衆賓自入，貴賤之義别矣。三揖至于階，三讓，以賓升，拜至，獻酬，辭讓之節繁，及介省矣。至于衆賓升、受、坐祭、立飲、不酢而降，隆殺之義辨矣。工入，升歌三終，主人獻之；笙入三終，主人獻之；閒歌三終，合樂三終，工告「樂備」，遂出；一人揚觶，乃立司正焉，知其能和樂而不流也。賓酬主人，主人酬介，介酬衆賓，少長以齒，終於沃洗者焉，知其能弟長而無遺矣。降，説屨升坐，修爵無數，飲酒之節，朝不廢朝，莫不廢夕。賓出，主人拜送，節文終遂焉，知其能安燕而不亂也。貴賤明，隆殺辨，和樂而不流，弟長而無遺，安燕而不亂，此五行者，足以正身安國矣。彼國安而天下安，故曰「吾觀於鄉而知王道之易易也」。〇鄉飲酒之義：主人拜迎賓于庠門之外，入，三揖而后至階，三讓而后升，所以致尊讓也。盥洗揚觶，所以致絜也。拜至，拜洗，拜受，拜送，拜既，所以致敬也。尊讓、絜敬也者，君子之所以相接也。君子尊讓則不争，絜敬則不慢，不慢不争，則遠於鬬辯矣。〇天地嚴凝之氣，始於西南，而盛於西北，此天地之尊嚴氣也，此天地之義氣也。天地温厚之氣，始於東北，而盛於東南，此天地之盛德氣也，此天地之仁氣也。主人者尊賓，故坐賓於西北，而坐介於西南以輔賓。賓者，接人以義者也，故坐於西北。主人者，接人以仁以德厚者也，故坐於東南。而坐僎於東北，以輔主人也。〇鄉人、士、君子，尊於房户之閒，賓主共之也。尊有玄酒，貴其質也。共，如字。〇鄉人，鄉大夫也。士，州長、黨正也。君子，謂卿、大夫、士也。飲國中賢者亦用此禮也。羞出自東房，主人共之也。洗當東榮，主人之所以自絜，而以事賓也。

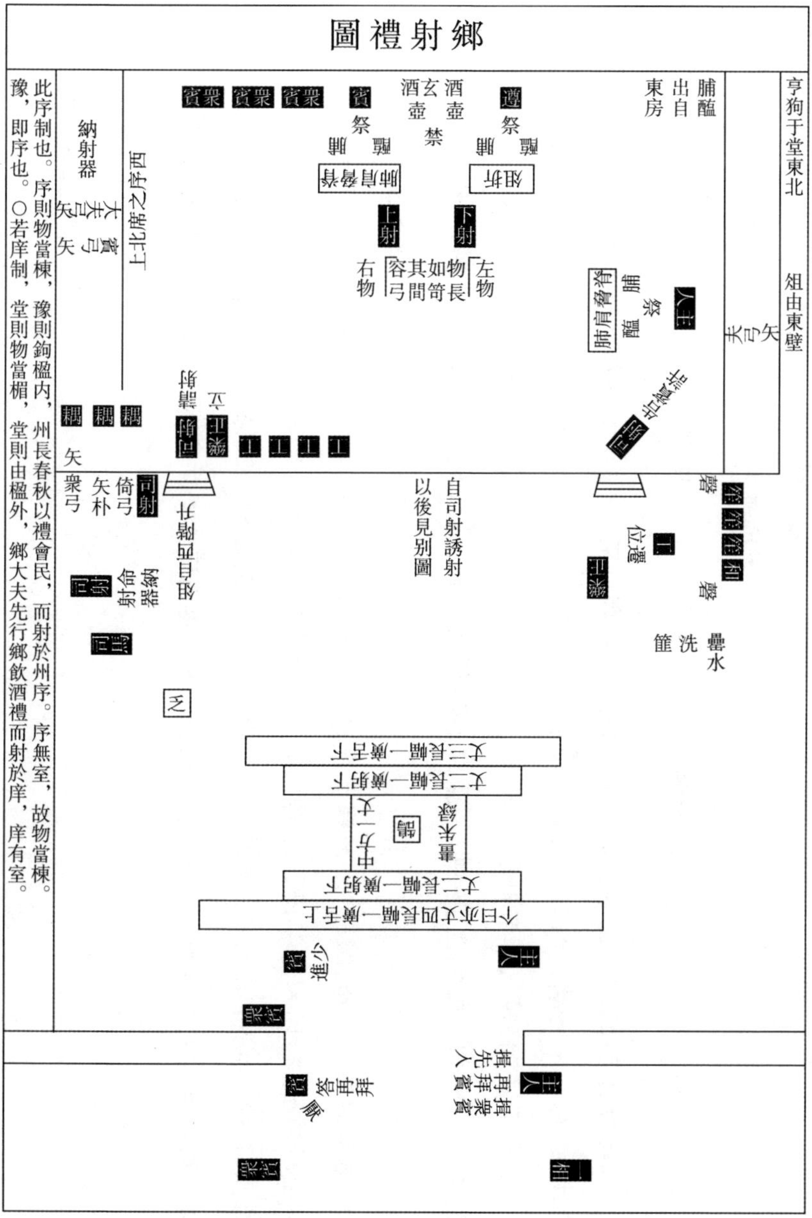
鄉射禮圖
亨狗于堂東北
俎由東壁
脯醢出自東房
遵
酒壺
玄酒
禁
賓
衆賓
衆賓
衆賓
上射
下射
左物
物長如笴
其間容弓
右物
主人
納射器
大夫弓矢
賓弓矢
司射
倚弓矢朴
衆弓矢
工
工
工
罍水
洗
篚
自司射誘射以後見別圖
主人
揖衆賓
再拜賓
揖先入
此序制也。序則物當棟，豫則鉤楹内，州長春秋以禮會民，而射於州序。序無室，故物當棟。
豫，即序也。○若庠制，堂則物當楣，堂則由楹外，鄉大夫先行鄉飲酒禮而射於庠，庠有室。

儀禮圖卷第五

鄉射禮第五

鄭《目録》云：「州長春秋以禮會民而射於州序之禮。謂之鄉者，州，鄉之屬。鄉大夫或在焉，不改其禮。」○《疏》曰：「《周禮》『五州爲鄉』，是州屬鄉也。❶云『不改其禮』者，雖鄉大夫在，其禮仍依州長射禮也。然此經鄉大夫射於庠，云『堂則由楹外』，又云『堂則物當楣』，又云『大夫用兕中』，其禮與士射於序別，而云『不改』者，大射卿大夫、士射，❷先行鄉飲酒禮，及未旅而射，爲不改耳，其實亦有少異也。」

鄉射之禮○主人戒賓。賓出迎，再拜，主人答再拜，乃請。主人，州長也。鄉大夫若在焉，則稱鄉大夫也。戒，猶警也，語也。出迎，出門也。請，告也，告賓以射事。不言拜辱，此爲習民以禮樂，不主爲賓己也。不謀賓者，時不獻賢能，事輕也。今郡國行此禮以季春。《周禮》鄉老及鄉大夫，三年正月獻賢能之書於王，退而以鄉射之禮五物詢衆庶。諸侯之鄉大夫既貢士於其君，亦用此禮射而詢衆庶乎？○《疏》

❶「州」，原作「用」，今據盧本及《儀禮注疏》改。
❷上「射」字，原作「判」，今據盧本及《儀禮注疏》改。

曰：「案鄉大夫是諸侯鄉大夫，則此州長亦諸侯之州長，❶以士爲之，是以經云『釋獲者執鹿中』，而記云『士鹿中』也。若天子州長，中大夫爲之矣。」**賓禮辭，許。主人再拜，賓答再拜。主人退，賓送，再拜。**退還射宫，省録射事。**無介。**雖先飲酒，主於射也。其序賓之禮略。○**記：大夫與，則公士爲賓。**與，音預。○不敢使鄉人加尊於大夫也。公士，在官之士。鄉賓主用處士。○《疏》曰：「據此，鄉射使處士無爵命者爲賓，故有大夫來，不以鄉人加尊於大夫，故易去之，使公士爲賓。鄉飲酒貢士法，有大夫來，不易去之，以其賓擬貢故也。處士，即君子也。」**使能，不宿戒。**能者敏於事，不待宿戒而習之。

右戒賓。

乃席賓，南面，東上。不言於户牖之間者，此射於序。○《疏》曰：「此射於序，鄉飲酒在庠。以其序無室，庠有室，無室則無户牖，設席亦當户牖之處耳。言『東上』，亦主人在東，故席在東，不得以《曲禮》『席南向北向，以東方爲上』解之。」❷**衆賓之席繼而西。**言繼者，甫欲習衆庶，未有所殊别。○《疏》曰：「《鄉飲酒》三賓之席不屬，彼興賢能，故有殊别。」**席主人於阼階上，西面。**阼階，東階。○**尊於賓席之東，兩壺，斯禁，左玄酒，皆加勺。篚在其南，東肆。**斯禁，禁切地無足者也。設尊者北面，西曰左，尚之也。肆，陳也。○《疏》曰：「『左玄酒』，據人設尊，北面，故西爲左。」○**設洗于阼階東南，南北以堂深，**

❶「侯」，原作「鄉」，今據盧本及《儀禮注疏》改。

❷「東」，《儀禮注疏》作「西」。

東西當東榮。水在洗東。篚在洗西，南肆。深，申鴆反。○榮，屋翼。**縣于洗東北，西面。**此縣謂磬也。縣於東方，辟射位也。但縣磬者，半天子之士，無鍾。○**記：其牲狗也，**狗取擇人。**亨于堂東北。**《鄉飲酒義》曰：「祖陽氣之所發也。」○**尊綌冪，賓至徹之。**以綌爲冪，取其堅絜。○**蒲筵，緇布純。**筵，❶席也。純，緣。○**西序之席北上。**衆賓統於賓。○《疏》曰：「衆賓之席繼賓已西東上。今謂衆賓有東面者則北上，非常，故記之也。若公卿大夫多，尊東不能受，則於尊西，賓近於西，則三賓東面北上，統於賓也。」○**獻用爵，其他用觶。**爵尊，不可褻也。○**薦脯用籩，五膱，祭半膱，横于上。醢以豆，出自東房。膱長尺二寸。**膱，音職。○脯用籩，籩宜乾物也。醢以豆，豆宜濡物也。膱，猶脡也。爲記者異耳。祭横于上，殊之也，於人爲縮。膱廣狹未聞也。○**俎由東壁，自西階升。**狗既亨，載於東方。**賓俎：脊、脅、肩、肺。主人俎：脊、脅、臂、肺。肺皆離。皆右體也，進腠。**腠，七豆反。○以骨名肉，貴骨也。賓俎用肩，主人用臂，尊賓也。離，猶捾也。腠，膚理也，進理，謂前其本。❷右體，周所貴也。皆有尊者，則俎其餘體也。○捾，若圭反。

右設席、陳器、具饌。見前圖。

---

❶「筵」，原作「緇」，今據盧本及《儀禮注疏》改。

❷「前」，盧本作「首」。

乃張侯，下綱不及地武，侯，謂所射布也。綱，持舌繩也。武，迹也，中人之迹尺二寸。侯象人，綱即其足也，是以取數焉。**不繫左下綱，中掩束之。**事未至也。○《大射》注云：「西方謂之左个。」**乏參侯道，居侯黨之一，西五步。**容，謂之乏，所以爲獲者御矢也。侯道五十步，此之去侯北十丈，西三丈。○**記：鄉侯，上个五尋，**上个，謂最上幅也。八尺曰尋。上幅用布四丈。**中十尺。**方者也，用布五丈，今官布幅廣二尺二寸，旁削一寸。《考工記》曰：「梓人爲侯，廣與崇方。」謂中也。**侯道五十弓，弓二寸以爲侯中。**言侯中所取數也。量侯道以貍步，而云弓者，侯之所取數宜於射器也。❶正二寸，骹中之博也。○骹，苦交反。○《疏》曰：「《周禮·弓人》云『骹解中有變焉』，謂弓弣把中側骨之處博二寸，故於此取數焉。」**倍中以爲躬，**躬，身也，謂中之上下幅也，用布各二丈。**倍躬以爲左右舌，**謂上个也，居兩傍謂之个，左右出謂之舌。**下舌半上舌。**半者，半其出於躬者也，❷用布三丈。所以半上舌者，侯，人之形類也，上个象臂，下个象足。中人張臂八尺，張足六尺，五八四十，五六三十，以此爲衰也。凡鄉侯用布十六丈，數起侯道五十弓以計，道七十弓之侯用布二十五丈二尺，道九十弓之侯用布三十六丈。○《疏》曰：「云『凡鄉侯用布十六丈，數起侯道五十弓以計』者，用布十六丈者，中五幅，幅一丈，用布五丈，上下躬各二丈，總四丈，上个四丈，下个三丈，是總十六丈也。云『道七十弓之侯用布二十五丈二尺，道九十弓之侯用布三十六

---

❶「射」，《儀禮注疏》作「躬」。

❷「躬」，《儀禮注疏》作「射」。

丈』，亦以此計之。」○**凡侯：天子熊侯，白質；諸侯麋侯，赤質；大夫布侯，畫以虎、豹；士布侯，畫以鹿、豕。**此所謂獸侯也，燕射則張之。鄉射及賓射當張采侯二正。而記此者，天子、諸侯之燕射各以鄉射之禮而張此侯，由是云焉。○《疏》曰：「射人掌賓射，大夫、士張采侯二正。《鄉射》無文，知亦采侯二正者，賓射與賓客爲射，此鄉射雖鄉人習禮，亦立賓主行射禮，故約與賓射同也。」○朱先生曰：「案：《周禮・梓人》有皮侯、采侯、獸侯。其曰『張皮侯而棲鵠』者，天子大射，三侯用虎、豹、熊皮飾侯之側而畫以五采之雲氣，號曰『皮侯』，而又各以其皮爲鵠，綴之中央，似鳥之棲，故謂之『棲鵠』。其曰『五采之侯』者，賓射之侯也。正之方外如鵠，亦三分其侯而居一，中二尺畫朱，其外次白，次蒼，次黄，次黑，充其尺寸，使大如鵠，而亦畫其側爲五采雲氣。三正之侯則去玄黄，二正之侯則去青白，直以朱綠也。《射義》注所謂『畫布曰正，棲皮曰鵠』是也。其曰『獸侯』，則燕射之侯，此記所謂『天子熊侯，白質；諸侯麋侯，赤質；大夫布侯，畫以虎、豹；士布侯，畫以鹿、豕』者是也。蓋用布而畫獸頭於正鵠之處，故名『獸侯』。天子、諸侯則以白土、赤土塗其布以爲質，士則用布而不塗其側，所畫雲氣采色之數則亦如采侯之差等也。」**凡畫者，丹質。**《疏》曰：「若賓射之侯，天子九十步侯朱、白、蒼、黄、玄五正者，還畫此五色雲氣於其側。七十步侯朱、白、蒼三正者，還畫此三色雲氣於其側。五十步侯朱、綠二正者，還畫此二色雲氣於其側也。欲畫之時，又必先用丹采其地，乃於其上畫雲氣也。」○今案：《鄉射・記》所記乃燕射獸侯之制，而注疏始述大射皮侯，賓射采侯之制。惟賓射采侯一條，於此篇《鄉射》之禮爲切。疏家所謂「鄉射亦立賓主行禮，約與賓射同」是也。大射皮侯，則後篇《大射禮》所用之侯也。燕射獸侯，如後篇《燕禮》云「若射，則大司正爲司射，如鄉射之禮」，當其射時，張此獸侯也。

右張侯。

羹定，肉謂之羹。定，猶熟也，謂狗熟可食。主人朝服，乃速賓。賓朝服出迎，再拜，主人答再拜。退，賓送，再拜。速，召也。射，賓輕也，戒時玄端。賓及衆賓遂從之。○及門，主人一相，出迎于門外，再拜，賓答再拜。相，主人家臣，擯贊傳命者。揖衆賓。差卑，禮宜異。主人以賓揖，先入。以，猶與也。先入，入門右，西面。賓厭衆賓。衆賓皆入門左，東面，北上。賓少進。引手曰厭。少進，差在前也。主人以賓三揖，皆行。及階，三讓，主人升一等，賓升。三讓而主人先升者，是主人先讓於賓。不俱升者，賓客之道進宜難也。主人阼階上當楣北面再拜，賓西階上當楣北面答再拜。楣，忘悲反。○主人拜賓至此堂。

右迎賓。今案：《鄉射》主人一相，迎于門外，以後大概與鄉飲酒禮同。所異者，鄉飲酒有賓有介，鄉射有賓無介。《鄉射義》曰：「鄉大夫之射也，必先行鄉飲酒之禮。」謂此也。○詳見《鄉飲酒禮圖》。

主人獻賓。

賓酢主人。

主人酬賓。

獻衆賓。 主人取爵于序端，與鄉飲酒西楹南異。

一人舉觶。 賓厭衆賓，北鄉飲酒，無厭介。

以上並見《鄉飲酒圖》。

大夫若有遵者，則入門左。 謂此鄉之人爲大夫者也。謂之遵者，方以禮樂化民，欲其遵法之也。其士也於旅乃入。❶ 鄉大夫、士非鄉人，禮亦然。今文「遵」爲「僎」。**主人降，**迎大夫於門内也。不出門，别於賓。**賓及衆賓皆降，復初位。**不敢居堂，俟大夫入也。初位，門内東面。**主人揖讓，以大夫升，拜至，大夫答拜。主人以爵降，大夫降。主人辭降，大夫辭洗，如賓禮。席于尊東。**尊東，明與賓夾尊也。不言東上，統於尊也。**升，不拜洗。主人實爵，席前獻于大夫。大夫西階上拜，進受爵，反位。主人大夫之右拜送。大夫辭加席，主人對，不去加席。**去，起吕反。○辭之者，謙，不以己尊加賢者也。不去者，大夫再重席，正也。賓一重席。**乃薦脯醢。大夫升席，設折俎，祭如賓禮，不嚌肺，不啐酒，不告旨。西階上卒爵，拜。主人答拜。**凡所不者，殺於賓也。大夫升席由東方。○**記：若有諸公，則如賓禮，大夫如介禮。無諸公，則大夫如賓禮。**尊卑之差。諸公，大國之孤也。**樂作，大夫不入。**後樂賢也。

---

❶「乃」，原作「力」，今據元刻本、盧本及《儀禮注疏》改。

右獻遵。

大夫降洗，將酢主人也。大夫若衆，則辯獻，長乃酬。主人復阼階，降辭如初。卒洗，主人盥。盥者，雖將酌自飲，尊大夫，不敢褻。揖讓升。大夫授主人爵于兩楹閒，復位。主人實爵，以酢于西階上，坐奠爵，拜，大夫答拜。坐祭，卒爵，拜，大夫答拜。主人坐奠爵于西楹南，再拜崇酒，大夫答拜。主人復阼階，揖，降。《疏》曰：❶「爲士於旅乃入，擬獻士，故奠爵於西楹南。」大夫降，立于賓南。雖尊，不奪人之正禮。主人揖讓，以賓升。大夫及衆賓皆升，就席。

右遵酢主人。如《鄉飲酒》獻賓、獻介禮。見《鄉飲酒圖》。

席工于西階上，少東。樂正先升，北面立于其西。言少東者，明樂正西側階，不欲大東，辟射位。工四人，二瑟，瑟先。相者皆左何瑟，面鼓，執越，内弦，右手相。入，升自西階，北面，東上。工坐，相者坐授瑟，乃降。相，扶工也。面，前也。鼓在前，變於君也。執越，内弦，右手相，由便也。越，瑟下孔，所以發越其聲也。前「越」言「執」者，内有紘結，手入之淺也。相者降，立西方。笙入，立于縣中，西面。堂下樂相從也。縣中，磬東立，西面。乃合樂：《周南·關雎》、《葛覃》、《卷耳》，《召南·鵲巢》、《采蘩》、《采蘋》。不歌、不笙、不閒，志在射，略於樂也。不略合樂者，《周南》、《召南》之風，

❶「疏」，原作「釋」，今據元刻本、盧本改。

鄉樂也，不可略其正也。〇《疏》曰：「《鄉飲酒禮》、《燕禮》作樂四節，今不歌、不笙、不間，唯有合樂，故云『志在射，略於樂也』。二《南》是大夫、士之鄉樂，己之正樂，故云『不可略其正也』。」工不興，瞽矇，禮略也。告于樂正曰：「正歌備。」樂正告于賓，乃降。樂正降者，堂上正樂畢也。降立西階東，北面。〇主人取爵于上篚，獻工。大師，則爲之洗。賓降，主人辭降。大夫不降，尊也。工不辭洗。卒洗，升，實爵。工不興，左瑟，一人拜受爵。主人阼階上拜送爵。薦脯醢，使人相祭。工飲，不拜既爵，授主人爵。衆人不拜受爵，❶祭，飲，辯有脯醢，不祭，不洗，遂獻笙于西階上。笙一人拜于下，盡階不升堂，受爵。主人拜送爵。階前坐祭，立飲，不拜既爵，升，授主人爵。衆笙不拜受爵，坐祭，立飲。辯有脯醢，不祭。主人以爵降，奠于篚，反升，就席。〇記：三笙一和而成聲。和，户卧反。〇三人吹笙，一人吹和，凡四人也。《爾雅》曰：「笙小者謂之和。」〇獻工與笙，取爵于上篚。既獻，奠于下篚。其笙則獻諸西階上。奠爵于下篚，不復用也。〇樂正與立者齒。謂其飲之次也。尊樂正，同於賓黨。

右樂賓。詳見《鄉飲酒禮樂賓圖》。

主人降席自南方，禮殺，由便。側降。賓不從降。作相爲司正，司正禮辭，許諾。主人再拜，司

---

❶「人」，《儀禮注疏》作「工」，當是。

正答拜。爵備樂畢，將留賓以事，爲有懈倦失禮，立司正以監之，察儀法也。《詩》云：「既立之監，或佐之史。」主人升就席。

右立司正。

司正洗觶，升自西階，由楹内適阼階上，北面受命于主人，西階上北面請安于賓。賓禮辭，許。司正告于主人，遂立于楹閒以相拜。主人阼階上再拜，賓西階上答再拜，皆揖就席。司正實觶，降自西階，中庭北面坐奠觶，興，退，少立。進，坐取觶，興。反坐，不祭，遂卒觶，興。坐奠觶，拜，執觶興。洗，北面坐奠于其所，興，少退，北面立于觶南。今案：司正中庭北面奠觶與《鄉飲酒禮》同。詳見《燕禮司正中庭奠觶圖》。○未旅。旅，序也。未以次序相酬，將射也，旅則禮終也。○《疏》曰：「未旅而射者，旅則醉而禮終，❶恐不得射也。」○記：司正既舉觶而薦諸其位。薦於觶南。

右司正舉觶。《鄉射》先行鄉飲酒之禮，既立司正而未旅酬。

三耦俟于堂西，南面，東上。司射選弟子之中德行、道藝之高以爲三耦。○今案：此時擬取三耦之人俟事於此，未比三耦。司射適堂西，袒、決、遂，取弓于階西，兼挾乘矢，升自西階，階上北面告

❶ 「則」，元刻本作「而」。

于賓曰：「弓矢既具，有司請射。」司射，主人之吏也。於堂西袒、決、遂者，主人無次，隱蔽而已。袒，左免衣也。決，猶闓也，以象骨爲之，著右大擘指，❶以鉤弦闓體也。遂，射韝也，以韋爲之，所以遂弦者也，其非射時則謂之拾，拾，斂也，所以蔽膚斂衣也。方持弦矢曰挾。乘矢，四矢也。《大射》曰：「挾乘矢於弓外，見鏃於弣，右巨指鉤弦。」○《疏》曰：「《大射》諸侯禮，有大射正爲長，射人次之，司射又次之，小射正次之，皆是士爲之。則此大夫、士禮，不得用士，故知是主人之吏。」**賓對曰：「某不能，爲二三子許諾。」**言某不能，謙也。二三子，謂衆賓已下。**司射適阼階上，東北面告于主人曰：「請射于賓，賓許。」**○**司射降自西階，階前西面，命弟子納射器。**弟子，賓黨之年少者也。納，内也。射器，弓、矢、決、拾、旌、中、籌、楅、豐也。賓黨東面，主人之吏西面。**乃納射器，皆在堂西。賓與大夫之弓倚于西序，矢在弓下，北括。衆弓倚于堂西，矢在其上。**上，堂西廉。矢亦北括。○《疏》曰：「序在堂上，故矢在弓下；堂西在堂下，故矢隨其弓，而直堂西廉稜之上也。」**主人之弓矢在東序東。**亦倚于東序也，矢在其下，北括。**司射不釋弓矢，遂以比三耦於堂西三耦之南，北面。命上射曰：「某御於子。」命下射曰：「子與某子射。」**比，❷選次其才相近者也。**○司正爲司馬。**兼官，由便也。立司正爲涖酒爾，

---

❶「擘」，原作「臂」，今據《儀禮注疏》改。

❷「比」，原作「此」，今據元刻本、盧本及《儀禮注疏》改。

今射，司正無事。**司馬命張侯。弟子説束，遂繫左下綱。**事至也。**司馬又命獲者倚旌于侯中。**爲當負侯也。獲者，亦弟子也，謂之獲者，以事名之。**獲者由西方，坐取旌，倚于侯中，乃退。樂正適西方，命弟子贊工遷樂于下。**當辟射也。贊，佐也。遷，徙也。**弟子相工如初入，降自西階，阼階下之東南，堂前三笴，西面北上坐。**笴，古可反。〇笴，矢幹也。〇《疏》曰：「《矢人》注『矢幹長三尺』，是去堂九尺也。」**樂正北面立于其南。**北面，鄉堂，不與工序也。〇**記：三耦者使弟子，司射前戒之。**弟子，賓黨之少者也。前戒，謂先射請戒之。〇**凡挾矢，於二指之閒横之。**二指謂左右手之第二指，此以食指、將指挾之。〇將，子匠反。〇《疏》曰：「以左擘指拓弓，右擘指鈎弦，故知挾矢以第二、第三指閒。第二指爲食指，《左傳》云『子公之食指動』是也。第三指爲將指，《左傳》云『吴王闔閭傷於將指』是也。」**司射之弓矢與朴倚于西階之西。**朴，普卜反。〇便其事也。〇**司射既袒、決，遂而升，司馬階前命張侯，遂命倚旌。**著並行也。古文曰：「遂命獲者倚旌。」〇《疏》曰：「如上經納射器及比三耦以前，司射獨行事及司正爲司馬與司射並行事。」〇**司射在司馬之北。司馬無事不執弓。**以不主射故也。〇**旌，各以其物。**旌，總名也。雜帛爲物，大夫、士之所建也。言「各」者，鄉射或於庠，或於謝。〇《疏》曰：「《周禮》：『通帛爲旜，雜帛爲物。』通者，通體並絳帛，周尚赤也；雜者，中絳緣邊白也。白，殷之正色也。諸侯鄉大夫是大夫，詢衆庶，故於庠。諸侯州長是士，故春秋習射於謝。物，大夫五仞，士三仞，故言『各』。」**無物則以白羽與朱羽糅。杠長三仞，以鴻脰韜上二尋。**〇糅，女又反。杠，音江。脰，音豆。韜，吐刀反。○無物者，謂小國之州長也，其鄉大夫一命，其州長士不命，不命者無物。此翿旌也，翿亦所以進退衆者。糅者，雜也。杠，橦也。七尺曰仞。鴻，鳥之長脰者也。八尺曰尋。今文「糅」爲「縮」，「韜」爲「翿」。○翿，徒刀反。橦，直江反。○《疏》曰：「脰，項也。」

右請射。

司射猶挾乘矢，以命三耦，各與其耦讓取弓矢，拾。拾，其業反。○猶，有故之辭。拾，更也。○《疏》曰：「更遞取弓矢，見威儀也。非『決拾』之『拾』。」**三耦皆袒、決、遂。有司左執弣，**有司，弟子納射器者也。**右執弦而授弓，遂授矢。三耦皆執弓，搢三而挾一个。**搢，插也，插於帶右。**○司射先立于所設中之西南，東面。**今案：此時未設中，但言司射立於將設中處之西南。**三耦皆進，由司射之西，立于其西南，東面北上而俟。○司射東面立于三耦之北，搢三而挾一个，揖，進。當階北面揖，及階揖，升堂揖。豫則鉤楹内，堂則由楹外。**鉤楹，繞楹而東也。序無室，可以深也。豫，讀如「成周宣謝災」之「謝」，《周禮》作「序」。凡屋無室曰榭。○今案：下記云「序則物當棟，堂則物當楣」，故射於序者，必繞楹深入，當棟而後及於物。射於庠之堂者，惟由楹外，即可以當楣而及於物也。**當左物，北面揖，**左物，下物也。**及物揖，左足履物，不方足，還視侯中，俯正足。**方，猶併也。志在於射，左足至，右足還。併足，則是立也。南面視侯之中，乃俯視，併正其足。○朱先生曰：「詳注意蓋謂左足履物而右足不併，便還足南面視侯之中也。若便併右足，則是立矣。以志在相射，故未暇立而視侯，既視侯而後俯併其足也。」**不去旌，**以其不獲。**誘射，**誘，猶教也。**將乘矢。**將，行也，行四矢。**執弓不挾，**不挾，矢盡。**右執弦。南面揖，揖如升射，降，出于其位南，適堂西，改取一个，挾之。遂適階西，取扑，搢之以反位。**扑，所以撻犯教者，《書》云：「扑作教刑。」**○記：射自楹閒，物長如笴，其閒容弓，距隨長武。**自楹閒者，謂射於庠也。楹閒，中央東西之節也。物謂射時所立處也，謂之物者，物猶事也，君子所有事也。長如笴者，謂從畫之長短也。笴，矢幹也，長三尺，與跬相應，射者進退之節也。閒容弓者，上下射相去六尺也。距隨者，物橫畫也，始前足至東頭爲距，後足來合而南面爲隨。武，跡也，尺二寸。○今案：經文「左足履物」，謂左足履物之橫畫。武，尺二寸，故橫畫亦尺二寸，即注所謂「前足至東頭爲距」也。經云「還視侯中」，謂後足來合還南面以視侯中，即注所謂「後足來合而南面爲隨」也。若如注說，則當以右手拓弓，左手鉤弦乃是。**○序則物當棟，堂則物當楣。**是制五架之屋也，正中曰棟，次曰楣，前曰庪。**○楚扑長如笴，刊本尺。**刊其可持處。**○射者有過，則撻之。**過謂矢揚中人，凡射時矢中人，當刑之。今鄉會衆賢以禮樂勸民，而射者中人，本意在侯，去傷害之心遠，是以輕之，以扑撻於中庭而已。

右司射誘射。

司射誘射圖

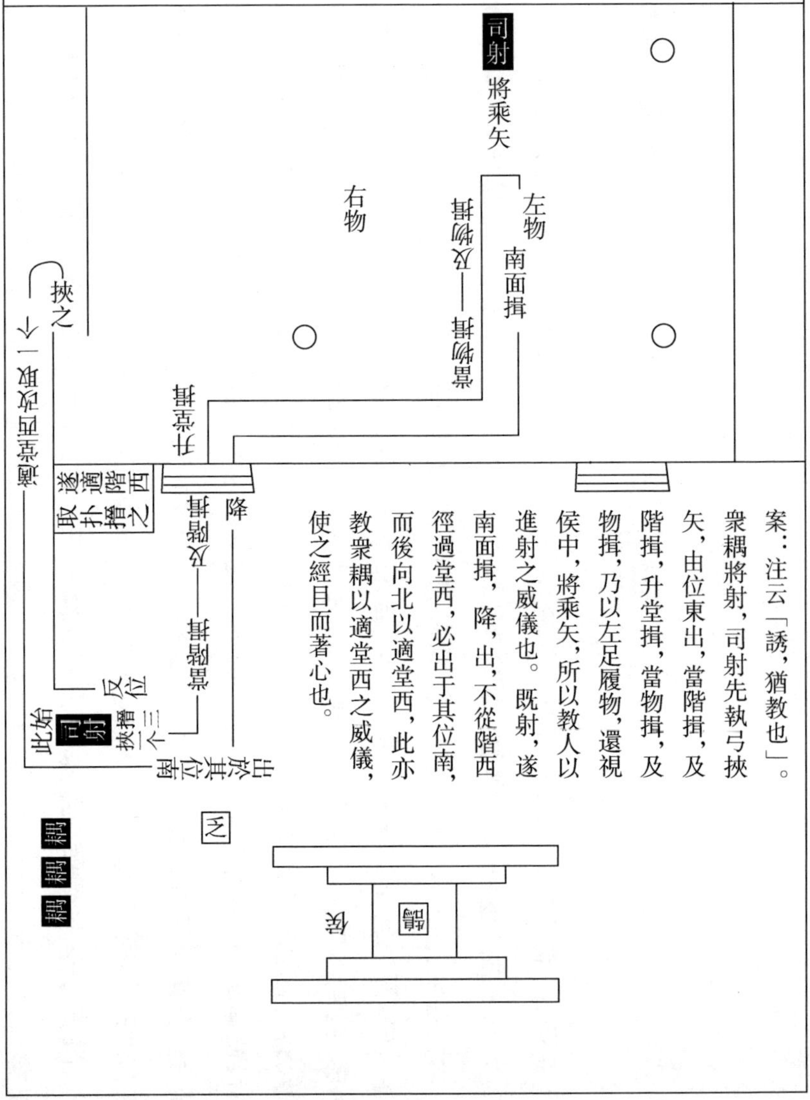

案：注云「誘，猶教也」。衆耦將射，司射先執弓挾矢，由位東出，當階揖，及階揖，升堂揖，當物揖，及物揖，乃以左足履物，還視侯中，將乘矢，所以教人以進射之威儀也。既射，遂南面揖，降，出，不從階西徑過堂西，必出于其位南，而後向北以適堂西，此亦教衆耦以適堂西之威儀，使之經目而著心也。

司馬命獲者執旌以負侯。欲令射者見侯與旌，深有志於中。○疏曰：「凡射主欲中侯，中則使獲者舉旌唱獲，以是豫使見之。」❶獲者適侯，執旌負侯而俟。俟，待也。○司射還，當上耦，西面作上耦射。還，左還也。作，使也。司射反位。上耦揖進，上射在左，並行。當階北面揖，及階揖。上射先升三等，下射從之中等。中，猶閒也。上射升堂，少左。下射升，上射揖，並行。並，併也，并東行。皆當其物，北面揖，及物揖。皆左足履物，還視侯中，合足而俟。○記：命負侯者，由其位。於賤者禮略。○《疏》曰：「司馬自在己位，遥命之，是於賤者略也。經無司馬命負侯之位，故記之也。」

右司馬命負侯，司射作射。

司馬適堂西，不決、遂，袒執弓，不決、遂，因不射不備。出于司射之南，升自西階。鉤楹，由上射之後，西南面立于物閒。右執簫，南揚弓，命去侯。鉤楹，以當由上射者之後也。簫，弓末也。《大射》曰：「左執弣。」揚，猶舉也。○今案：獲者執旌負侯，欲令射者見侯與旌，深有志於中。今將射，故司馬揚弓，命去侯，命獲者離去侯位而避之於乏也。獲者執旌許諾，聲不絶，以至于乏。坐，東面偃旌，興而俟。聲不絶，不以宮、商不絶而已，鄉射威儀省。偃，猶仆也。司馬出于下射之南，還其後，

❶「豫」，原作「發」，今據盧本及《儀禮注疏》改。

降自西階，反由司射之南適堂西，釋弓，襲，反位，立于司射之南。圍下射者，明爲二人命去侯。○《疏》云：「圍下射者，若出物閒西行，則似爲上射命去侯，是以并下射圍遶之，明爲二人命去侯也。」○司射進，與司馬交于階前，相左，由堂下西階之東，北面視上射，命曰：「無射獲，無獵獲。」射獲，謂矢中人也。獵，矢從傍。○今案：司射北面視上射所命之辭，謂上耦將射，恐矢發不正而中人也。上射揖。司射退，反位。○上射於右。於右物射。○凡適堂西，皆出入于司馬之南。

右司馬命去侯，司射命射。

上耦升司馬命去侯司射命射圖

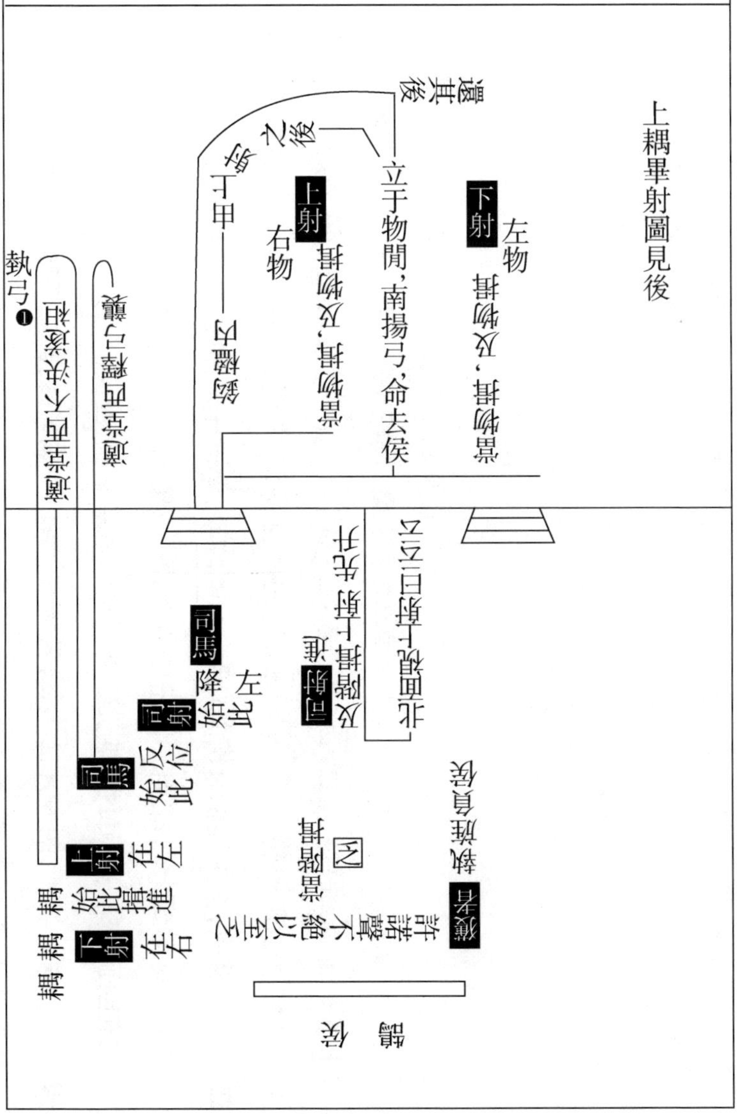

❶「執弓」二字，原無，今據盧本補。

乃射，上射既發，挾弓矢，而后下射射，拾發，以將乘矢。獲者坐而獲，射者中則大言獲，❶獲，得也。射講武田之類，是以中爲獲也。舉旌以宮，偃旌以商。宮爲君，商爲臣，聲和律呂相生。〇《疏》曰：「舉旌以宮，大言獲也。偃旌以商，小言獲也。」獲而未釋獲。但大言獲，未釋其算。〇今案：第一番射獲者，但大言其獲，未釋算。及第二番射，始設中而釋算。卒射，皆執弓，不挾，南面揖，揖如升射。不挾，❷亦右執弦，如司射。上射降三等，下射少右從之，中等，並行，上射於左。降，下。〇《疏》曰：「此上射、下射升與降皆上射爲先，又上射升、降皆在左。」與升射者相左，交于階前，相揖。由司馬之南適堂西，釋弓，説決、拾，襲而俟於堂西，南面，東上。〇三耦卒射，亦如之。〇記：始射，獲而未釋獲，復釋獲，復用樂行之。君子取人以漸。〇《疏》曰：「『始射，獲而不釋獲』，據三耦射時。云『復釋獲』者，據第二番射時。『復用樂』，據第三番射時。」

右上耦次耦升降相左。初射獲而未釋獲。

❶「大」，原作「失」，今據盧本及《儀禮注疏》改。
❷「挾」，原作「狹」，今據盧本及《儀禮注疏》改。

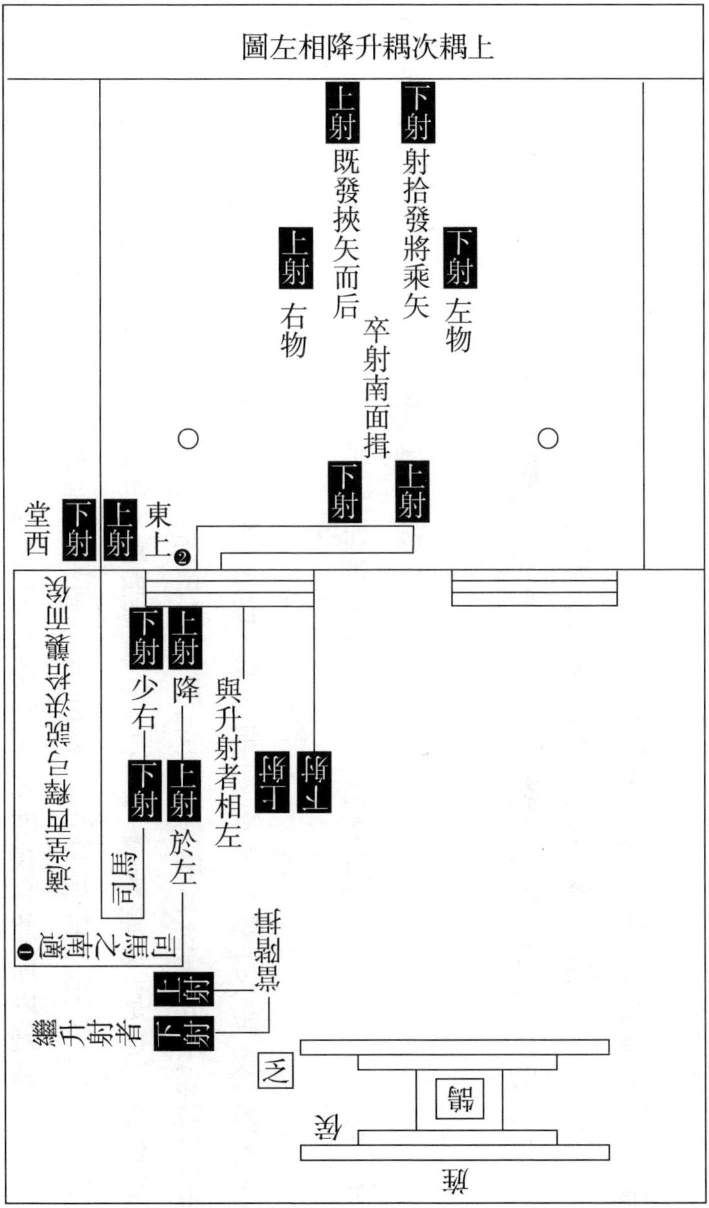

❶「司馬之南適」五字，原無，今據盧本補。

❷「東上」二字，原無，今據盧本補。

今案：司射專主射事，如請射、作射之類，皆司射主之。司馬兼總射政，如命負侯、命去侯之類，皆司馬命之。司馬者，衆目所觀仰而號令所從出也。故凡自堂降階適堂西者，不從階下徑過堂西，必向南而行，由司馬之南復自北面以適堂西，非特以示威儀，乃所以見聽命司馬之意。如此圖三耦適堂西之類是也。記曰：「適堂西，皆出入于司馬之南，唯賓與大夫降階，遂西取弓矢。」注云「尊者宜逸」是也。有射位，有堂西位，司射立於中之西南，司馬立于司射之南，三耦、衆耦又立于其南，此射位也。射位見前圖，堂西乃授弓矢、比三耦之位，故射畢則適堂西釋弓、説決、拾而立於堂西以俟。

司射去扑，倚于西階之西。升堂，北面告于賓曰：「三耦卒射。」去扑乃升，不敢佩刑器即尊者之側。賓揖。以揖然之。司射降，搢扑，反位。

右三耦初射。

司馬適堂西，袒執弓，由其位南進，與司射交于階前，相左，升自西階。鉤楹，自右物之後，立于物閒，西南面揖弓，揖，推之也。命取矢。獲者執旌許諾，聲不絶，案《大射》經文云：「如初去侯。」以旌負侯而俟。俟弟子取矢，以旌指教之。司馬出于左物之南，還其後，降自西階。遂適堂前，北面立于所設楅之南，命弟子設楅。楅，猶幅也，所以承笴、齊矢者。❶乃設楅于中庭，南當洗，東肆。東肆，統於賓。司馬由司射之南退，釋弓于堂西，襲，反位。弟子取矢，北面坐委于楅，北括，乃退。司馬襲，進，當楅南，北面坐，左右撫矢而乘之。撫，拊之也，就委矢左右手撫而四四數分之也。上既言「襲」矣，復言之者，嫌有事即袒也。凡事升堂乃袒。○《疏》曰：「北括者，順射時矢南行也。」若矢不備，則司馬又袒執弓如初，升命曰：「取矢不索。」索，猶盡也。弟子自西方，應曰：「諾。」乃復求矢，加于楅。○記：楅長如笴，博三寸，厚寸有半，龍首，其中蛇交，韋當。博，廣也。兩端爲龍首，中央爲蛇身相交也。直心背之衣曰當，以丹韋爲之。司馬左右撫矢而乘之，分委於當。楅髤橫而奉之，❷南面坐而奠之，南北當洗。髤，虚求切。○髤，赤黑漆也。

右設楅取矢。初射已發之矢。

司射倚扑于階西，升，請射于賓如初，賓許諾。賓、主人、大夫若皆與射，則遂告于賓。適阼階上，告于主人。主人與賓爲耦。言若者，或射或否，在時欲耳。○《疏》曰：「射禮三，而上第一番直司射與三耦誘射，不釋算；第二番三耦與衆耦俱射，釋算；第三番兼有作樂，爲射節。賓、主、大夫則或射或

❶「齊」，《儀禮注疏》無此字。
❷「奉」，《儀禮注疏》作「拳」。

否。」**遂告于大夫，大夫雖衆，皆與士爲耦。以耦告于大夫曰：「某御於子。」**大夫來觀禮，同爵自相爲耦，則嫌自尊別。大夫爲下射，而云「御於子」，尊大夫也。士謂衆賓之在下者及群士來觀禮者也。❶禮，一命已下齒于鄉里。**西階上北面作衆賓射。司射降，搢扑，由司馬之南適堂西，立，比衆耦。**衆耦，大夫耦及衆賓也。**衆賓將與射者皆降，由司馬之南適堂西，繼三耦而立，東上。大夫之耦爲上。若有東面者，則北上。賓、主人與大夫皆未降。**未降，其志在射。**司射乃比衆耦辯。**

右比衆耦，繼三耦而立。

遂命三耦拾取矢，司射反位。反位者，俟其袒、決、遂來。**三耦拾取矢，皆袒、決、遂，執弓，進立于司馬之西南。司射作上耦取矢。司射反位。上耦揖進，當楅北面揖，及楅揖。上射東面，下射西面。上射揖進，坐，横弓，卻手自弓下取一个，兼諸弣，順羽，且興。執弦而左還，退反位，東面揖。**横弓者，南踣弓也。卻手由弓下取矢者，以左手在弓表，右手從裏取之，便也。兼并矢於弣，當順羽，既又當執弦也。順羽者，手放而下備，不整理也。○《疏》曰：「表，弓背也。」且興者，謂以右手順羽之時則興，故云『且』也。左還者，以左手向外而西回也。東面揖，揖下射取矢也。」**下射進，坐，横弓，覆手自弓上取一个，興，其他如上射。**覆手由弓上取矢者，以左手在弓裏，右手從表取之，亦便。

❶ 上「士」字，原作「上」，今據盧本及《儀禮注疏》改。

○《疏》曰：「不言蹈弓，蓋卻左手向上執弓而南蹈可知。」○朱先生曰：「上文東向覆手，南蹈弓，則弦向身；此云西向卻手，南蹈弓，則弦向外。」**既拾取乘矢，揖，皆左還。南面揖，皆少進，當楅南；皆左還，北面搢三挾一个。揖，皆左還，上射於右。**上射轉居右，便其反位也。下射左還，少南行，乃西面。**與進者相左，相揖，反位。**相左者，由進者之北。**三耦拾取矢，亦如之。後者遂取誘射之矢，兼乘矢而取之，以授有司于西方，而後反位。**取誘射之矢，挾五个。弟子逆受於東面位之後。○《疏》曰：「『挾五个』者，以前拾取矢皆搢三挾一个乃反位，此則先取四矢，亦搢三挾一个，乃并取誘射四矢兼挾之，故五个也。有司，即弟子納射器者，因留主授受於堂西西方，今見下耦將司射矢來，向位仍西面，弟子即往逆受之，訖，下射乃反向東面之位。」○朱先生曰：「後者兼取誘射之矢，則是下耦之下射也，此疏文不備。又東面位，蓋在司馬之西南。」○**衆賓未拾取矢，皆袒、決、遂，執弓，搢三挾一个，**❶**由堂西進，繼三耦之南而立，東面北上，大夫之耦爲上。**《疏》曰：「第一番射時，未有拾取矢禮，以其第一番唯有三耦射，無賓射，楅上無矢可取故也。」○**記：取誘射之矢者，既拾取矢，而後兼誘射之乘矢而取之。**

右三耦拾取矢，進退相左。取初射加于楅之矢也。

---

❶「三」，原作「二」，今據盧本及《儀禮注疏》改。

三耦拾取矢進退相左圖

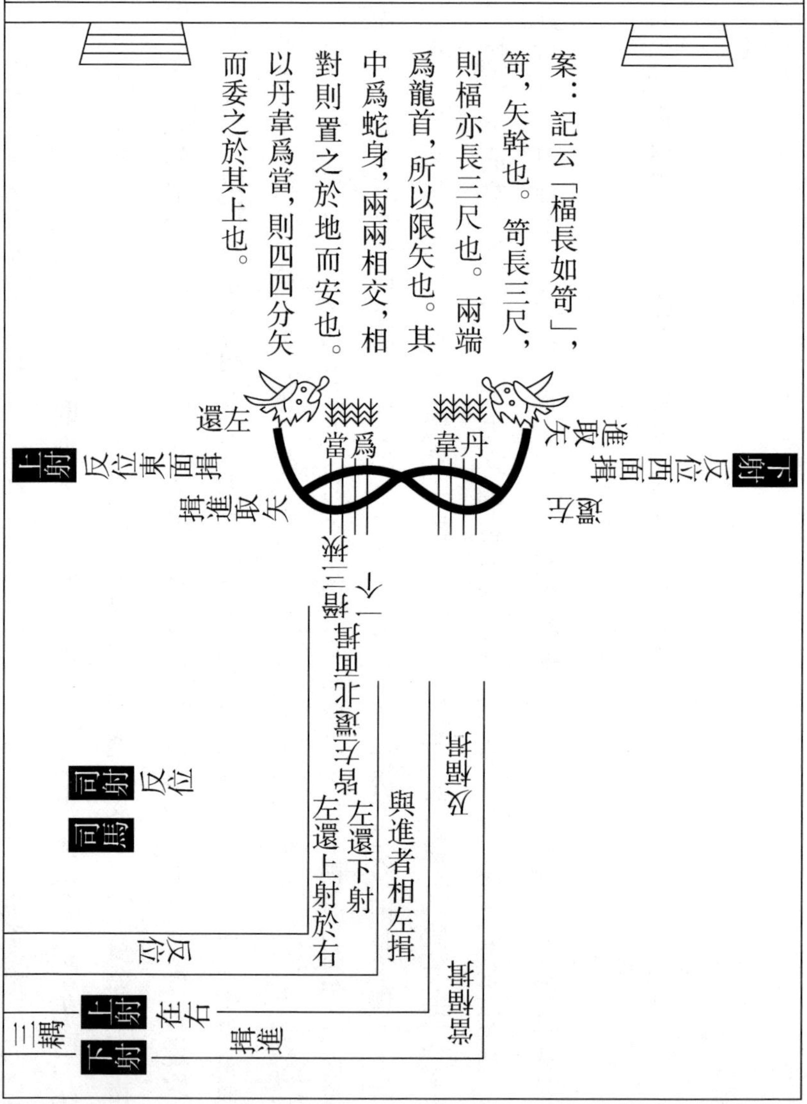

案：記云「楅長如笴」，笴，矢幹也。笴長三尺，則楅亦長三尺也。兩端爲龍首，所以限矢也。其中爲蛇身，兩兩相交，相對則置之於地而安也。以丹韋爲當，則四四分矢而委之於其上也。

司射作射如初。一耦揖升如初。司馬命去侯，獲者許諾。司馬降，釋弓，反位。司射猶挾一个，去扑，與司馬交于階前，升，請釋獲于賓。猶，有故之辭。司射既誘射，恒執弓挾矢以掌射事，備尚未知，當教之也。今三耦卒射，衆足以知之矣，猶挾之者，君子不必也。賓許。降，搢扑，西面立于所設中之東，北面命釋獲者設中，遂視之。視之，當教之。釋獲者執鹿中，一人執算以從之。鹿中，謂射於謝也，於庠當兕中。釋獲者坐設中，南當楅，西當西序，東面。興，受算，坐，實八算于中，横委其餘于中西，南末。興，共而俟。興，還北面受算，反東面實之。司射遂進，由堂下，北面命曰：「不貫不釋。」貫，猶中也。不中正，不釋算也。上射揖。司射退反位。釋獲者坐取中之八算，改實八算于中，興，執而俟。執所取算。乃射，若中，則釋獲者坐而釋獲，每一个釋一算，上射於右，下射於左。若有餘算，則反委之。委餘算，禮尚異也。委之，合於中西。又取中之八算，改實八算于中，興，執而俟。三耦卒射。〇記：士鹿中，翿旌以獲。謂小國之州長也，用翿爲旌，以獲無物也。鹿中，髹，前足跪，鑿背容八算。釋獲者奉之，先首。前足跪者，象教擾之獸受負也。〇箭籌八十，箭，篠也。籌，算也。算八十者，略以十耦爲正，貴全數。長尺有握，握素。握，本所持處。素，謂刊之也。刊本一膚。〇《疏》曰：「《公羊》何休云『側手爲膚』，握四寸，通長一尺四寸。」

右三耦再射，釋獲。

三耦再射釋獲圖

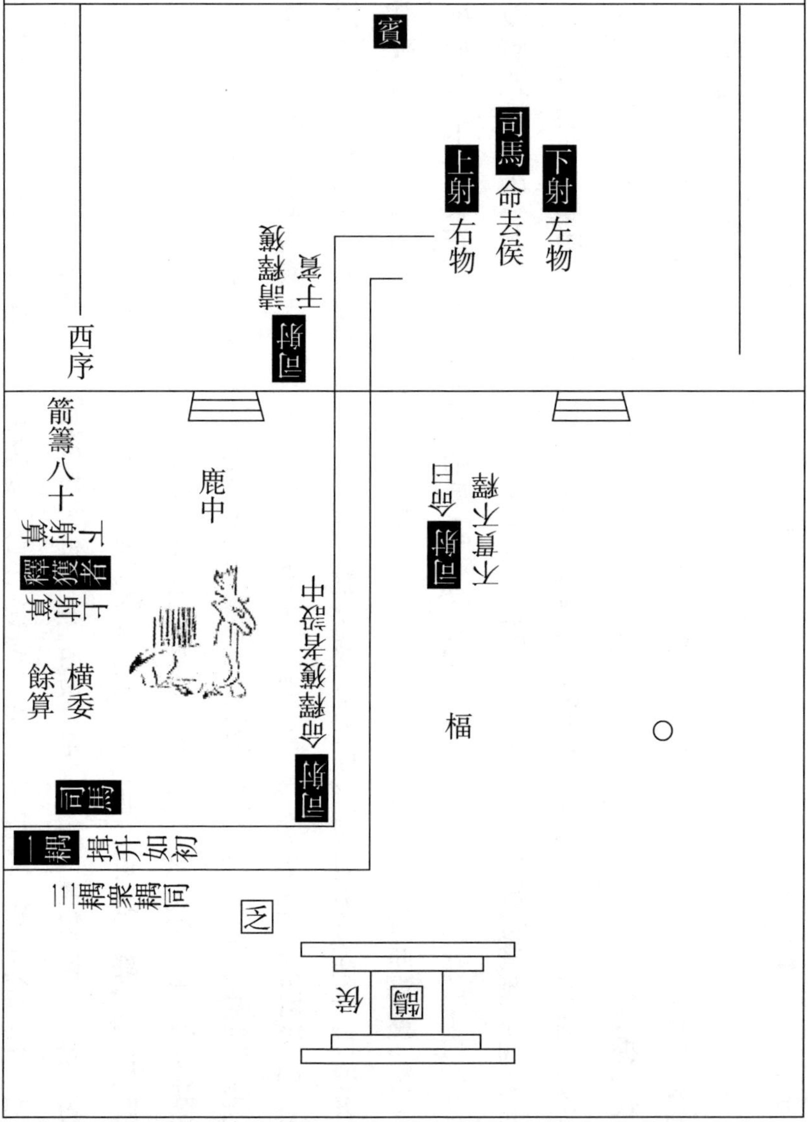
賓
司馬命去侯
下射左物
上射右物
司射請釋獲于賓
西序
箭籌八十
鹿中
下射算
釋獲者
上射算
橫委
餘算
司射命釋獲者設中
司射命曰不貫不釋
楅
司馬
一耦揖升如初
三耦眾耦同
乏
侯
獲

賓、主人、大夫揖，皆由其階降，揖。主人堂東袒、決、遂，執弓，搢三挾一个，賓於堂西亦如之。皆由其階，階下揖，升堂揖。主人爲下射，皆當其物北面揖，及物揖，乃射。卒，南面揖，皆由其階，階上揖，降階揖。賓序西，主人序東，皆釋弓，説決、拾，襲，反位。升，及階揖，升堂揖，皆就席。○朱先生曰：「後《記》有『君袒朱襦，大夫袒薰襦。君在，大夫射則肉袒』，然則士射皆肉袒與？」○記：衆賓不與射者不降。○大夫降，立于堂西以俟射。○賓、主人射，則司射擯升降，卒射即席，而反位卒事。擯賓、主人升降者，皆尊之也。不使司馬擯其升降，主於射。○凡適堂西，皆出入于司馬之南，唯賓與大夫降階，遂西取弓矢。尊者宜逸，由便也。

右賓、主人射。

降階、升階凡四節。

一　賓、主人、大夫揖，皆由其階降，揖，主人往堂東，賓堂西，袒、決、遂，執弓。大夫止於堂西。

二　主人、賓皆由其階，階下揖，升堂揖，皆當其物乃射。

三　皆由其階，階上揖，降階揖，往序東、西釋弓，説決、拾，襲，反位。

四　升，及階揖，升堂揖，皆就席。而后大夫與其耦升，射。

大夫袒、決、遂，執弓，搢三挾一个，由堂西出于司射之西，就其耦。大夫爲下射，揖，進。耦少退，揖如三耦。及階，耦先升。卒射，揖，如升射。耦先降，降階，耦少退。皆釋弓于堂西，襲。耦遂止于堂西，大夫升就席。耦於庭不並行，尊大夫也。○衆賓繼射，釋獲，皆如初。司射所作唯上耦。於是言唯上耦者，嫌賓、主人射亦作之。○記：大夫與士射，袒薰襦。襦，如朱反。○不肉袒，殊於耦。耦少退于物。下大夫也，既發則然。

右大夫及衆賓射。

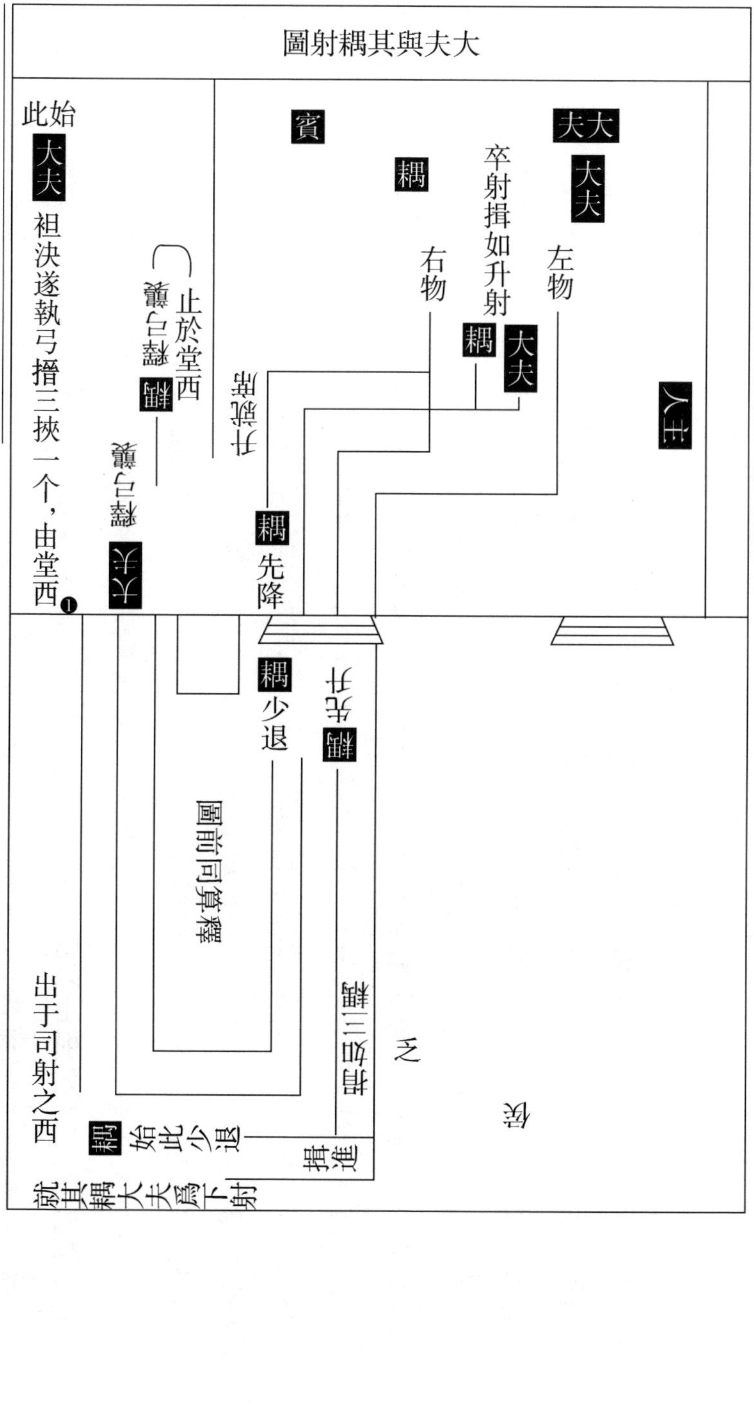

❶「由」，原無，今據元刻本、盧本補。

卒射，釋獲者遂以所執餘獲升自西階，盡階不升堂，告于賓曰：「左右卒射。」降，反位，坐委餘獲于中西。興，共而俟。司射不告卒射者，釋獲者於是有事，宜終之也。餘獲，餘算也，無餘算則空手耳。俟，俟數也。司馬袒、決，執弓，升，命取矢如初。獲者許諾，以旌負侯如初。司馬降，釋弓，反位。弟子委矢如初。大夫之矢，則兼束之以茅，上握焉。兼束大夫矢，優之，是以不拾也。束于握上，則兼取之，順羽，便也。握，謂中央也，不束主人矢者，不可以殊於賓也。言大夫之矢，則矢有題識也。○朱先生曰：「注、疏上握之説未明，疑束之之處當在中央，手握處之下。使握在上，則去鐵近而去羽遠，取之便易也。」司馬乘矢如初。司射遂適西階西，釋弓，去扑，襲，進由中東，立于中南，北面視算。釋弓、去扑，射事已。釋獲者東面于中西坐，先數右獲。固東面矣，復言之者，爲其少南就右獲。二算爲純。純，猶全也，耦陰陽。一純以取，實于左手，十純則縮而委之。縮，從也，於數者東西爲從。○從，子容反。每委異之。易校數。有餘純，則横於下。又異之也，自近爲下。一算爲奇，奇則又縮諸純下。奇，猶虧也，又從之。興，自前適左，東面，起由中東就左獲，少北於故，東面鄉之。○《疏》曰：「云『少北於故』，故則右算也。又移至左算之後，東面向之，是以云『少北於故』。」坐，兼斂算，實于左手，一純以委，十則異之。變於右。○《疏》曰：「右則一純，❶取之於地，實于左手。此則

❶「純」，《儀禮注疏》作「一」，當是。

總斂於左手，一一取之於左手，委於地，禮以變爲敬也。」其餘如右獲。謂所縮所橫。司射復位。釋獲者遂進取賢獲，執以升自西階，盡階不升堂，告于賓。賢獲，勝黨之算也，齊之而取其餘。若右勝，則曰「右賢於左」；若左勝，則曰「左賢於右」。以純數告，若有奇者，亦曰奇。賢猶勝也。言賢者，射之以中爲雋也。假如右勝，告曰：「右賢於左。若干純，若干奇。」若左右鈞，則左右皆執一算以告，曰：「左右鈞。」降復位，坐，兼斂算，實八算于中，委其餘于中西。興，共而俟。○記：司射釋弓、矢，視算與獻釋獲者釋弓、矢。唯此二事，休武主文，釋弓矢耳。然則擯升降不釋。

右取矢視算。

再射取矢視算圖

釋算之法，先數右獲，其算在地，以右手取之於地，二算爲純，實于左手，十純則縮而委之於地，有餘純則横於下，奇則又縮諸純下。及其數左獲也，總斂其算於左手，以右手取之，二算爲純，即委之於地，十純則異之，其餘如右獲。謂有餘純則横於下，奇則縮於純。下如右獲之法也。

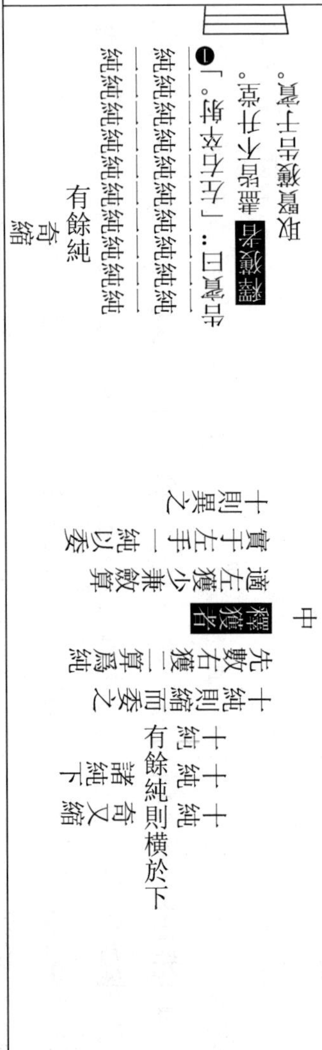

❶「左」，原作「皆」，今據元刻本、盧本改。

司射適堂西，命弟子設豐。將飲不勝者，設豐所以承其爵也。豐，形蓋似豆而卑。弟子奉豐升，設于西楹之西，乃降。勝者之弟子洗觶，升，酌，南面坐奠于豐上，降，袒，執弓，反位。司射遂袒，執弓，挾一个，搢扑，北面于三耦之南，命三耦及衆賓，勝者皆袒、決、遂，執張弓，右手執弦，如卒射。不勝者皆襲，説決、拾，卻左手，右加弛弓于其上，遂以執弣。司射先反位。三耦及衆射者皆與其耦進立于射位，北上。司射作升飲者，如作射。一耦進，揖，如升射。及階，勝者先升，升堂，少右。先升，尊賢也。少右，辟飲者，亦相飲之位。○朱先生曰：「右自北面而言，則東也。相飲之位，謂飲之者立于飲者之右。」不勝者進，北面坐取豐上之觶，興，少退，立卒觶。進，坐奠于豐下，興，揖。立卒觶，不祭不拜，受罰爵不備禮也。不勝者先降，與升飲者相左，交于階前，相揖，出于司馬之南，遂適堂西，釋弓，襲而俟。有執爵者，主人使贊者代弟子酌也。執爵者坐取觶，實之，反奠于豐上。升飲者如初。三耦卒飲。賓、主人、大夫不勝，則不執弓，執爵者取觶，降洗，升實之，以授于席前。受觶以適西階上，北面立飲，卒觶，授執爵者，反就席。大夫飲，則耦不升。若大夫之耦不勝，則亦執弛弓，特升飲。衆賓繼飲，射爵者辯，乃徹豐與觶。○記：主人亦飲于西階上。就射爵而飲也。已無俊才，❶不可以辭罰。○禮射不主皮。主皮之射者，勝者又射，不勝者降。禮射，謂

❶「俊才」，原作「佼于」，今據盧本及《儀禮注疏》改。

以禮樂射也，大射、賓射、燕射是矣。主皮者無侯，張獸之皮而射之，主於獲也。不勝者降，則不復升射也。

右飲不勝者。

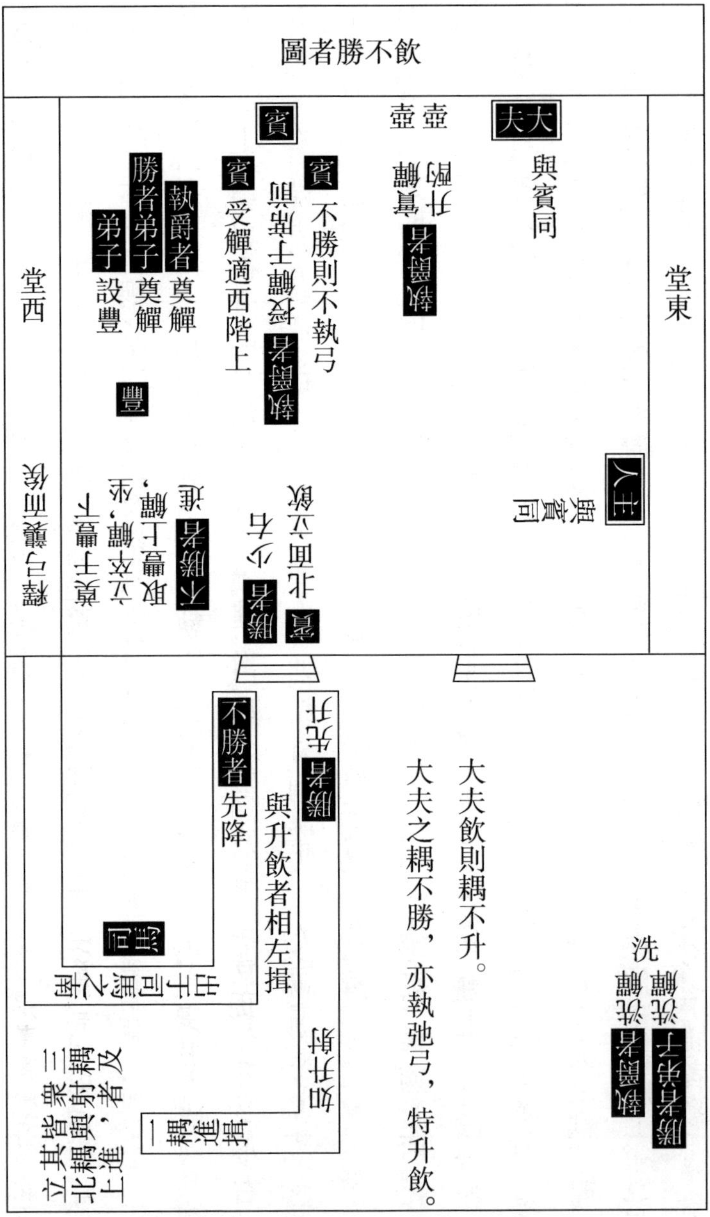

司馬洗爵，升，實之以降，獻獲者于侯。鄉人獲者賤，明其主以侯爲功得獻也。薦脯醢，設折俎，俎與薦皆三祭。皆三祭，爲其將祭侯也，祭侯三處也。獲者負侯，北面拜受爵，司馬西面拜送爵。負侯，負侯中也。拜、送爵不同面者，辟正主也。其設薦、俎，西面錯，以南爲上，爲受爵于侯，薦之于位。獲者執爵，使人執其薦與俎從之，適右个，設薦俎。个，音幹。○獲者以侯爲功，是以獻焉。人謂主人贊者，上設薦、俎者也。爲設籩在東，豆在西，俎當其北也。言使設，新之。獲者南面坐，左執爵，祭脯醢，執爵興，取肺，坐祭，遂祭酒。爲侯祭也，亦二手祭酒反注，如《大射》。○《疏》曰：「《大射禮》『二手祭酒』者，獲者南面於俎北，當爲侯祭於豆間，爵反注，爲一手不能正也。此薦俎之設，如於北面人焉。」興，適左个，中皆如之。先祭左个，後中者，以外即之至中，若神在中也。左个之西北三步，東面設薦俎。獲者薦右東面立飲，不拜既爵。不就乏者，明其享侯之餘也。立飲薦右，近司馬，於是司馬北面。司馬受爵，奠于篚，復位。獲者執其薦，使人執俎從之，辟設于乏南。辟，普益反。○還設薦俎就乏，明己所得禮也。言辟之者，不使當位，辟舉旌偃旌也。設于南，右之也。凡他薦、俎皆當其位之前。獲者負侯而俟。○司射適階西，釋弓、矢，去扑，説決、拾，襲，適洗，洗爵。升實之，以降，獻釋獲者于其位少南。薦脯醢，折俎，有祭。不當其位，辟中。釋獲者薦右東面拜受爵。司射北面拜送爵。釋獲者就其薦坐，左執爵，祭脯醢，興，取肺，坐祭，遂祭酒，興，司射之西北面立飲，不拜既爵。司射受爵，奠于篚。釋獲者少西辟薦，反位。辟薦少西之者，爲復射妨司射視算也，亦辟俎。○**記：東方謂之右个，**个，音幹。○侯以鄉堂爲面。**獲者之俎，折脊、脇、肺、臑。**臑，奴報反。○臑，若膞、胳、觳之折以大夫之餘體。○膞，音純。胳，音格。觳，苦角反。○《疏》曰：「前足肩、臂、臑，後足膞、胳、觳，賓、主人已用肩、臂，唯有臑及膞、胳、觳。若無大夫，則獲者得臑。若大夫一人，則獲者得膞，二則胳，三則觳，更多則折之，不得整體，或更得餘體也。」**釋獲者之俎，折脊、脅、肺，皆有祭。**祭，祭肺也。皆，皆獲者也。

右獻獲者及釋獲者。❶

❶「右獻獲者及釋獲者」八字，原無，今據盧本補。

獻獲者及釋獲者圖

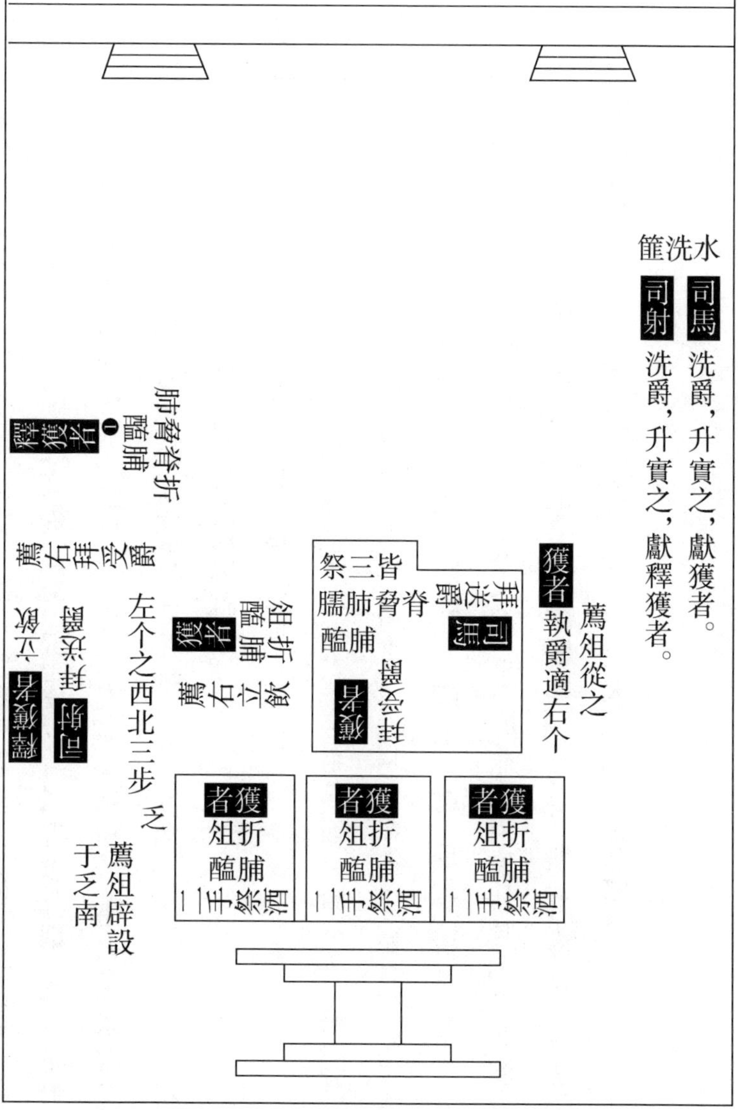

❶「釋」，原無，今據元刻本、盧本補。

司射適堂西，袒、決、遂，取弓于階西，挾一个，搢扑，以反位。❶爲將復射。司射去扑，倚于階西，升，請射于賓如初，賓許。○司射降，搢扑，由司馬之南適堂西，命三耦及衆賓皆袒、決、遂，執弓就位。司射先反位。○三耦及衆賓皆袒、決、遂，執弓，各以其耦進，反于射位。司射作拾取矢，三耦拾取矢如初，反位。○賓、主人、大夫降揖如初。主人堂東，賓堂西，皆袒、決、遂，執弓。皆進，階前揖，及楅揖，拾取矢如三耦。卒，北面，搢三挾一个，揖退。賓堂西，主人堂東，皆釋弓矢，襲，及階揖，升堂揖，就席。

右三耦、賓、主人拾取矢。取再射加于楅之矢也。

大夫袒、決、遂，執弓，就其耦。降，袒、決、遂於堂西，就其耦於射位，與之拾取矢。揖，皆進，如三耦。耦東面，大夫西面。大夫進，坐，説矢束，説矢束者，下耦以將拾取。○《疏》曰：「云『大夫西面』者，爲下射故也。」興，反位，而后耦揖，進，坐，兼取乘矢，順羽而興，反位，揖。兼取乘矢者，尊大夫不敢與之拾也。相下相尊，君子之所以相接也。大夫進，坐，亦兼取乘矢如其耦。北面，搢三挾一个。亦於三耦爲之位。揖，退。耦反位。大夫遂適序西，釋弓矢，襲，升即席。大夫不序於下，尊也。○衆賓繼拾取矢，皆如三耦，以反位。○記：大夫説矢束，坐説之。明不自尊别也。

---

❶「反」，原作「及」，今據盧本及《儀禮注疏》改。

右大夫、衆賓拾取矢。取再射加于楅之矢也。

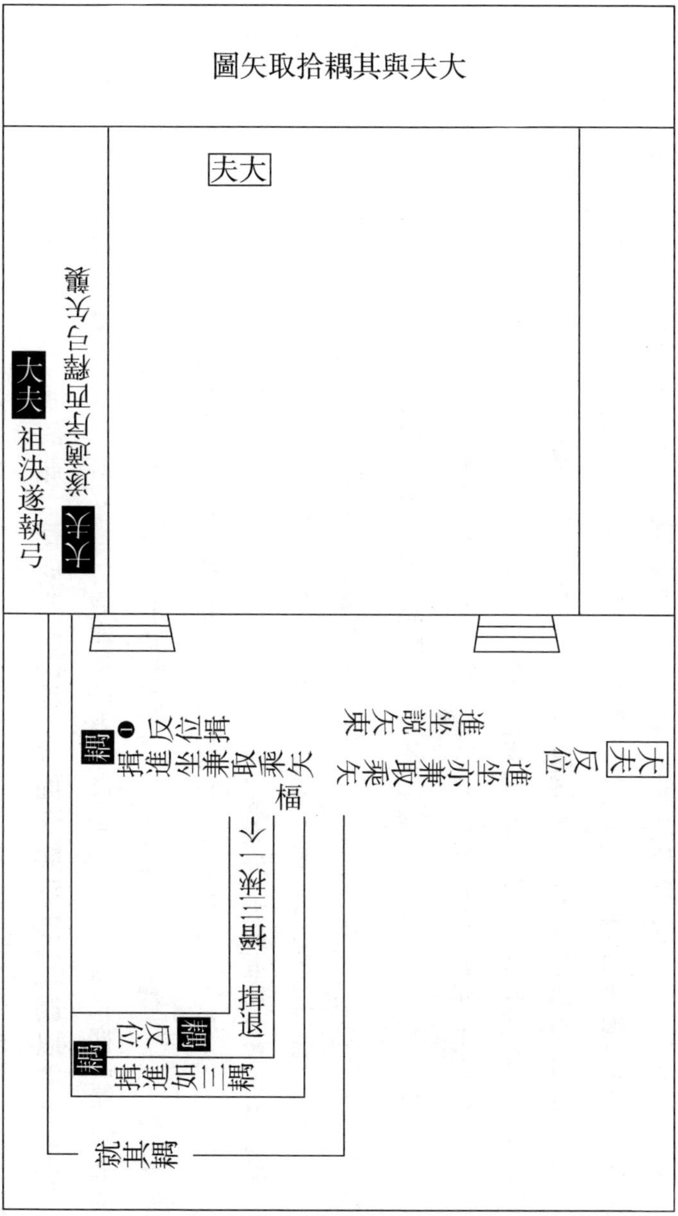

❶ 此圖下半部分文字，除兩陰文「耦」及「大夫」二字均無，今據盧本補。

司射猶挾一个以進，作上射如初。一耦揖升如初。進，前也。鄉言「還，當上耦，西面」，是言「進」，終始互相明也。司馬升，命去侯，獲者許諾。司馬降，釋弓，反位。司射與司馬交于階前，去扑，襲，升，請以樂樂于賓，賓許諾。司射降，搢扑，東面命樂正曰：「請以樂樂于賓，賓許。」東面，于西階之前也。不就樂正命之者，傳尊者之命於賤者，遥號令之可也。樂正亦許諾，猶北面不還，以賓在堂。司射遂適階閒，堂下北面命曰：「不鼓不釋。」不與鼓節相應，不釋算也。鄉射之鼓五節，歌五終，所以將八矢。一節之閒當拾發，四節四拾，其一節當以聽也。〇《疏》曰：「《射人》云：王以《騶虞》九節，諸侯以《貍首》七節，卿大夫以《采蘋》五節，士以《采蘩》五節，卿大夫、士同五節。尊卑樂節雖多少不同，四節以盡乘矢則同，其餘外皆以聽。王九節者，五節先以聽；諸侯七節者，三節先以聽；卿大夫、士五節者，一節先以聽：皆以四節拾發乘矢。但尊者先以聽則多，卑者先以聽則少，優尊者，先知審政也。」上射揖，司射退反位。樂正東面命大師曰：「奏《騶虞》，閒若一。」東面者，進還鄉大師也。《騶虞》，《國風·召南》之詩篇也。《射義》曰：「《騶虞》者，樂官備也。」其詩有「一發五豝、五豵，于嗟騶虞」之言，樂得賢者衆多，嘆思至仁之人以充其官，此天子之射節也。而用之者，方有樂賢之志，取其宜也。其他賓客、鄉大夫則歌《采蘋》。閒若一者，重節。〇《疏》曰：「閒若一，謂五節之閒長短疏數皆如一，則是重樂節也。」〇朱先生曰：「據《詩》，但取『一發五豝』之義耳。騶虞則爲仁獸之名，以庶類蕃殖，美國君之仁如之也。『樂官備』云者，諸儒有以騶爲文王之囿，虞爲主囿之官，故立此義，而鄭注因之與？其《詩箋》自相違異，今姑存之。」大師不興，許諾。樂正退反位。乃奏《騶虞》以射。三耦卒射，賓、主人、大夫、衆賓繼射，釋獲如初。卒射，降。皆應鼓與歌之節，乃釋算。降者，衆賓。○記：歌《騶虞》若《采蘋》，皆五終。射無算。謂衆賓繼射者，衆賓無數也。每一耦射，歌五終也。

右三射以樂爲節。

三射以樂爲節圖

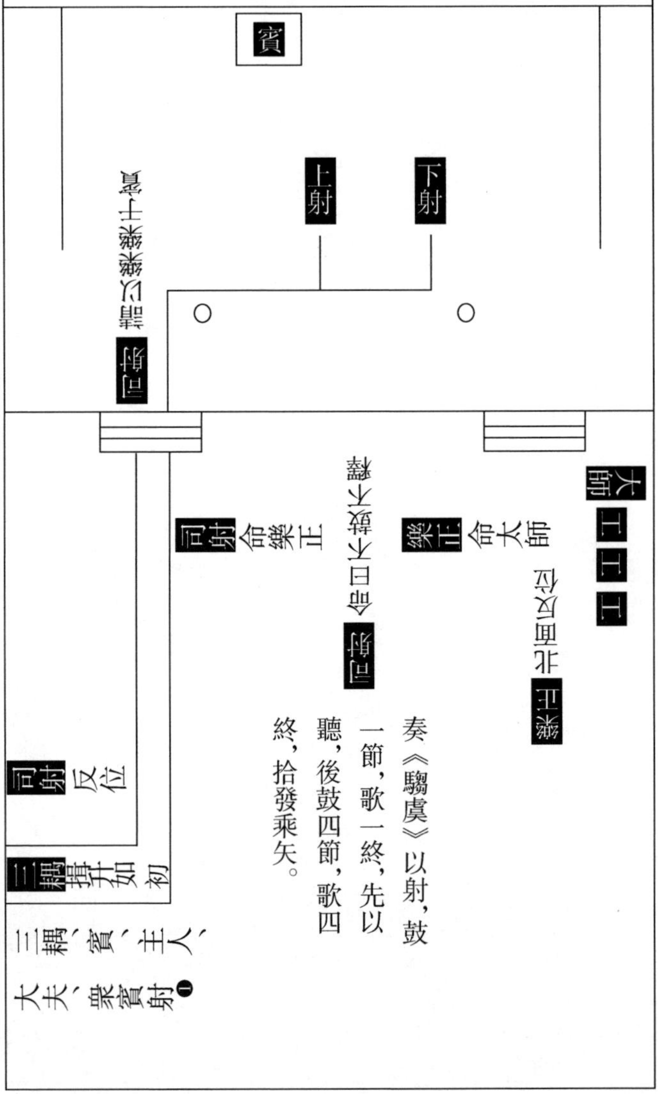

❶「射」，原作「同」，今據盧本及前文改。

釋獲者執餘獲升，告左右卒射，如初。卒，已也。司馬升，命取矢，獲者許諾。司馬降，釋弓，反位。弟子委矢，司馬乘之，皆如初。司射釋弓視算，如初。算，獲算也。釋獲者以賢獲與鈞告，如初。降復位。

右取矢視算如初。

司射命設豐，設豐、實觶如初。遂命勝者執張弓，不勝者執弛弓，升飲如初。

右飲不勝者如初。

司射猶袒、決、遂，左執弓，右執一个，兼諸弦，面鏃，面，猶尚也，并矢於弦，尚其鏃，將止，變於射也。適堂西，以命拾取矢如初。司射反位。三耦及賓、主人、大夫、衆賓皆袒、決、遂，❶拾取矢如初。矢不挾，兼諸弦弣以退，不反位，遂授有司于堂西。辯拾取矢。揖，皆升就席。謂賓、大夫及衆賓也。相俟堂西，進立于西階之前。主人以賓揖升，大夫及衆賓從升，立時少退于大夫，三耦及弟子自若留下。

右三耦及賓、主人、大夫、衆賓拾取矢。取三射加于楅之矢。

司射乃適堂西，釋弓，去扑，説決、拾，襲，反位。司馬命弟子説侯之左下綱而釋之，命獲者

❶「遂」，原無，今據盧本及《儀禮注疏》補。

以旌退，命弟子退楅。司射命釋獲者退中與算而俟。諸所退皆俟堂西，備復射也。旌言以者，旌恒執也。獲者、釋獲者亦退其薦俎。

右三射畢。

司馬反爲司正，退復觶南而立。當監旅酬。樂正命弟子贊工即位。弟子相工如其降也，升自西階，反坐。贊工，遷樂也。降時如初入。樂正反自西階東，北面。賓北面坐取俎西之觶，❶興，阼階上北面酬主人。主人降席，立于賓東。賓坐奠觶，拜，執觶興，主人答拜。賓不祭，卒觶，不拜，不洗，實之，進，東南面。所不者，酬而禮殺也。賓立飲。主人阼階上北面拜，賓少退。主人進受觶，賓主人之西，北面拜送。旅酬而同階，禮殺也。賓揖，就席。主人以觶適西階上酬大夫。大夫降席，立于主人之西，如賓酬主人之禮。其既實觶，進西，南面立，鄉所酬。主人揖，就席。若無大夫，則長受酬，亦如之。長，謂以長幼之次酬衆賓。司正升自西階，相旅，作受酬者曰：「某酬某子。」某者，字也。某子者，氏也。稱酬者之字，受酬者曰某子，旅酬下爲上，尊之也。《春秋傳》曰：「字不若子。」此言「某酬某子」者，射禮略於飲酒。飲酒言「某子受酬」，以飲酒爲主。受酬者降

---

❶「俎」下，原有「豆」字，今據盧本及《儀禮注疏》删。

席。司正退立于西序端，❶東面。退立，俟後酬者也。始升，相立階西，北面。衆受酬者拜，興，飲，皆如賓酬主人之禮。辯，遂酬在下者，皆升受酬于西階上。在下，謂賓黨也。《鄉飲酒·記》曰：「主人之贊者，西面北上，不與，無算爵，然後與。」此異於賓。卒受者以觶降，奠于篚。司正降復位。

○記：古者於旅也語。凡旅不洗，不洗者不祭。既旅，士不入。

右旅酬。旅酬以後與《鄉飲圖》同。

使二人舉觶于賓與大夫。二人，主人之贊者。舉觶者皆洗觶，升，實之，西階上北面，皆坐奠觶，拜，執觶興。賓與大夫皆席末答拜。舉觶者皆坐祭，遂飲，卒觶，興。坐奠觶，拜，執觶興。賓與大夫皆答拜。舉觶者逆降，洗，升，實觶，皆立于西階上，北面，東上。賓與大夫拜。舉觶者皆進，坐奠于薦右。賓與大夫辭，坐受觶以興。舉觶者退反位，皆拜送，乃降。賓與大夫坐，反奠于其所，興。若無大夫，則唯賓。長一人舉觶，如《燕禮》媵爵之爲。

右二人舉觶。

司正升自西階，阼階上受命于主人，適西階上，北面請坐于賓，賓辭以俎。反命于主人，主人曰：「請徹俎。」賓許。司正降自西階，階前命弟子俟徹俎。司正升，立于序端。賓降席，

❶「序」，原作「席」，今據盧本及《儀禮注疏》改。

北面。主人降席自南方，阼階上北面。大夫降席，席東南面。侯弟子升受俎。賓取俎，還授司正。司正以降自西階，賓從之降，遂立于階西，東面。司正以俎出，授從者。主人取俎，還授弟子。弟子受俎，降自西階以東。主人降自阼階，西面立。以東，授主人侍者。大夫取俎，還授弟子。弟子以降自西階，遂出授從者。大夫從之降，立于賓南。衆賓皆降，立于大夫之南，少退，北上。

右徹俎。

主人以賓揖，讓，説屨，乃升。大夫及衆賓皆説屨，升，坐。○乃羞。○無算爵。使二人舉觶。賓與大夫不興，取奠觶，飲，卒觶，不拜。二人，謂嚮者二人也，使之升，立于西階上，賓與大夫將旅，當執觶也。執觶者受觶，遂實之。賓觶以之主人，大夫之觶長受，長，衆賓長。而錯，皆不拜。錯者，實主人之觶以之次賓也，實賓長之觶以之次大夫。其或多者，迭飲於坐而已，皆不拜受。辯，卒受者興，以旅在下者于西階上。衆賓之末飲而酬主人之贊者，大夫之末飲而酬賓黨，亦錯焉。不使執觶者酌，以其將旅酬，不以己尊孤人也。其末若皆衆賓，則先酬主人之贊者；若皆大夫，則先酬賓黨而已。執觶者酌在上，辯，降復位。長受酬，酬者不拜，乃飲，卒觶，以實之。言「酬者不拜」者，嫌酬堂下異位，當拜也。受酬者不拜受。禮殺，雖受尊者之酬，猶不拜。辯旅，皆不拜。主人之贊者於此始旅，嫌有拜。執觶者皆與旅。嫌已飲，不復飲也，上使之勸人耳。非逮下之惠也，亦自次齒與於旅也。

卒受者以虛觶降，奠于篚。執觶者洗，升，實觶，反奠于賓與大夫。復奠之者，燕以飲酒爲歡，醉乃止，主人之意也。○無算樂。

右燕。

賓興，樂正命奏《陔》。賓降及階，《陔》作。賓出，衆賓皆出，主人送于門外，再拜。○記：大夫後出，主人送于門外，再拜。

右賓出。

明日，賓朝服以拜賜于門外。主人不見，如賓服，遂從之，拜辱于門外，乃退。不見，不褻禮也。

右賓拜賜，主人拜辱。

主人釋服，乃息司正。無介，不殺。使人速，迎于門外，不拜。入，升，不拜至，不拜洗。薦脯醢，無俎。賓酢主人，主人不崇酒，不拜衆賓。既獻衆賓，一人舉觶，遂無算爵。無司正。使擯者而已，不立之。賓不與。至尊不可褻也。徵唯所欲，以告於鄉先生、君子可也。羞唯所有，鄉樂唯欲。

右息司正。

吕大臨曰：「孔子曰：『射不主皮，爲力不同科，古之道也。』蓋有禮射，有主皮之射。不主皮，禮射也，所謂大射、鄉射是也。爲力者，主皮之射也。主皮者，主於獲而已，尚力而不習禮，故曰『爲力不同科』也。

禮射者，必先比耦，故一耦皆有上射、下射，皆執弓而搢挾矢。其進也，當階、及階、當物、及物皆揖，其退也亦如之。其行有左右，其升降有先後，其射皆拾發。其取矢于楅也，始進揖，當楅揖，及楅揖，取矢揖，卒取矢揖，既搢挾揖，退與將進者揖。及取矢也，有横弓，卻手兼弣，順羽拾取之節焉。卒射而飲，勝者袒、決、遂，執張弓，不勝者襲，説決、拾，加弛弓，升飲，相揖如初。則進退周還必中禮可見矣。夫先王制禮，豈苟爲繁文末節，使人難行哉？亦曰『以善養人』而已。蓋君子之於天下，必無所不中節，然後成德，必力行而後有功。其四支欲於安佚也，苟恭敬之心不勝，則怠墮敖慢之氣生。怠墮敖慢之氣生，則動容周旋不能中乎節，體雖佚而心亦爲之不安。安其所不安，則手足不知所措，故放辟邪侈，踰分犯上，將無所不至。天下之亂，自此始矣！聖人憂之，故常謹於繁文末節以養人於無所事之時，使其習之而不憚煩，則不遜之行亦無自而作。至於久而安之，則非法不行，無所往而非義矣。『君子敬以直内，義以方外，敬義立而德不孤，則不疑其所行矣。』故發而不中節者，常生乎不敬。所存乎内者敬，則所形乎外者莊矣。内外交修，則發乎事者中矣。故曰：『内志正，外體直，然後持弓矢審固。持弓矢審固，然後可以言中也。』射一藝也，容比於禮，節比於樂，而不失正鵠者，是必有樂於義理，久於恭敬，用志不分之心，然後可以得之。則其所以得之者，其德可知矣，故曰『可以觀德行』矣。」

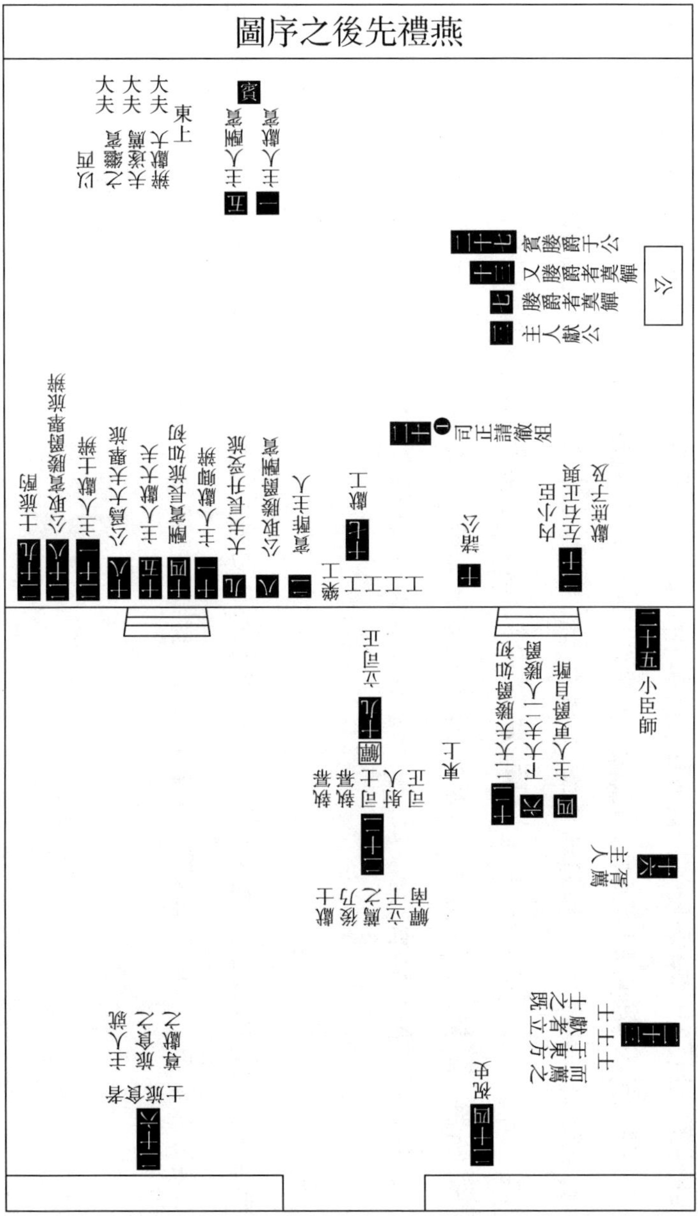

❶「二」，原作「三」，今據盧本改。

儀禮圖卷第六

燕禮第六

燕禮○小臣戒與者。與，音預。○小臣相君燕飲之法。戒與者，謂留群臣也。君以燕禮勞使臣，若臣有功，故與群臣樂之，小臣則警戒告語焉，飲酒以合會爲歡也。○朱先生曰：「留群臣謂群臣朝畢將退，君欲與之燕，故使小臣留之。」

右戒群臣。

膳宰具官饌于寢東。膳宰，天子曰膳夫，掌君飲食膳羞者也。具官饌，具其官之所饌，謂酒也，牲也，脯醢也。寢，路寢。**樂人縣。**縣，鐘磬也。國君無故不徹縣，言縣者，爲燕新之。**設洗、篚于阼階東南，當東霤，罍水在東，篚在洗西，南肆。設膳篚在其北，西面。**霤，力又反。○設此不言其官，賤也。當東霤者，人君爲殿屋也，亦南北以堂深。肆，陳也。膳篚者，君象觚所饌也，亦南陳。言西面，尊之，異其文。○《疏》曰：「不言南肆而言西面，是尊君之篚，故異其文也。」**司宮尊于東楹之西，兩方壺，左玄酒，南上。公尊瓦大兩，有豐，冪用綌若錫，在尊南，南上。尊士旅食于門西，兩圜壺。**大，音泰。錫，悉力反，細布也。○司宮，天子曰小宰，聽酒人之成要者也。尊，方壺，爲卿大夫、士也，臣道直方。於東楹之西，予君專此酒也。《玉藻》曰「唯君面尊」，玄酒在南，順君之面也。瓦大，有虞氏之尊也。《禮器》曰：「君尊瓦甒。」豐，形似豆，卑而大。冪用綌若錫，冬夏異也。在尊南，在方壺之南也。尊士旅食者用圜壺，變於卿大夫也。旅，衆也。士衆食，謂未得正禄，所謂「庶人在官」者也。○甒，亡甫反。**司宮筵賓于户西，東上，無加席也。**筵，席也。席用蒲筵，緇布純。無加席，燕私禮，臣屈也。諸侯之官無司几筵也。

○記：燕，朝服于寢。朝服者，諸侯與其群臣日視朝之服也，謂冠玄端、緇帶、素韠、白屨也。燕於路寢，相親暱也。○《疏》曰：「天子、諸侯吉事皆舄，云『白屨』者，引《士冠禮》成文，其實諸侯當白舄，其臣則白屨也。複下曰舄，禪下曰屨。饗在廟而燕在寢，是親暱。」**其牲狗也，**狗，取擇人也，明非其人不與爲禮也。

亨于門外東方。亨于門外，臣所掌也。

右具饌、設縣、陳器。

射人告具。告事具於君。射人主此禮，以其或射也。**小臣設公席于阼階上，西鄉，設加席。公升，即位于席，西鄉。**《周禮》諸侯胙席，莞筵紛純，加繅席畫純。○莞，音官。繅，音早。純，之潤反。**小臣納卿大夫。卿大夫皆入門右，北面，東上。士立于西方，東面，北上。祝史立于門東，北面，東上。小臣師一人在東堂下，南面。士旅食者立于門西，東上。**納者，以公命引而入也，自士以下從而入即位耳。師，長也。小臣之長一人，猶天子大僕，正君之服位者也。凡入門而右由闑東，左則由闑西。○公降立于阼階之東南，南鄉爾卿，卿西面，北上，爾大夫，大夫皆少進。爾，近也，移也。揖而移之，近之也。大夫猶北面，少前。射人請賓。命當由君出也。公曰：「命某爲賓。」某，大夫也。射人命賓，賓少進，禮辭。命賓者，東面，南顧。禮辭，辭不敏也。反命。射人以賓之辭名於君。又命之，賓再拜稽首，許諾，又，復。射人反命。告賓許。賓出，立于門外，東面。當更以賓禮入。公揖卿大夫，乃升就席。揖之，人之也。○《疏》曰：「言『人之』者，公將及升堂，故以人意相存偶，是以揖之乃升。」小臣自阼階下，北面請執冪者與羞膳者。執冪者，執瓦大之冪也，方、圜壺無冪。羞膳，羞於公，謂庶羞。乃命執冪者。執冪者升自西階，立于尊南，北面，東上。以公命於西階前命之也。東上，玄酒之冪爲上也。膳宰請羞于諸公卿者。小臣不請而使膳宰，於卑者彌略也。禮以異爲敬。射人納賓。射人爲擯者也。賓入及庭，公降一等揖之。及，至也。至庭，謂既入而左、北面時。公升就席。以其將與主人爲禮，不參之也。賓升自西階，主人亦升自西階。賓右，北面，至再拜，賓答再拜。主人，宰夫也。宰夫，大宰之屬，掌賓客之獻飲食者也，其位在洗北，西面。君於其臣，雖爲賓，不親獻，以其尊，莫敢伉禮也。至再拜者，拜賓來至也。天子膳夫爲獻主。○記：與卿燕，則大夫爲賓。與大夫燕，亦大夫爲賓。不以所與燕者爲賓者，燕爲序歡心，賓主敬也。公父文伯飲南宮敬叔酒，以路堵父爲客，此之謂也。君恒以大夫爲賓者，大夫卑，雖尊之，猶遠于君。○堵，音者。○《疏》曰：「此謂與己臣子燕法，若與異國之賓燕，皆用上介爲賓也。」羞膳者與執冪者皆士也。尊君也，膳宰卑於士。○《疏》曰：「士則膳宰之長也。」羞卿者，小膳宰也。膳宰之佐也。凡薦與羞者，小膳宰也。謂於卿大夫以下也。○《燕義》曰：「諸侯燕禮之義，君立阼階之東南，南鄉，爾卿、大夫皆少進，定位也。君席阼階之上，居主位也。君獨升立席上，西面特立，莫敢適音敵。之義也。設賓主，飲酒之禮也。使宰夫爲獻主，臣莫敢與君亢禮也。不以公卿爲賓，而以大夫爲賓，爲疑也，明嫌之義也。賓入中庭，君降一等而揖之，禮也。」○席，小卿次上卿，大夫次小卿，士庶子以次就位於下。

右即位。

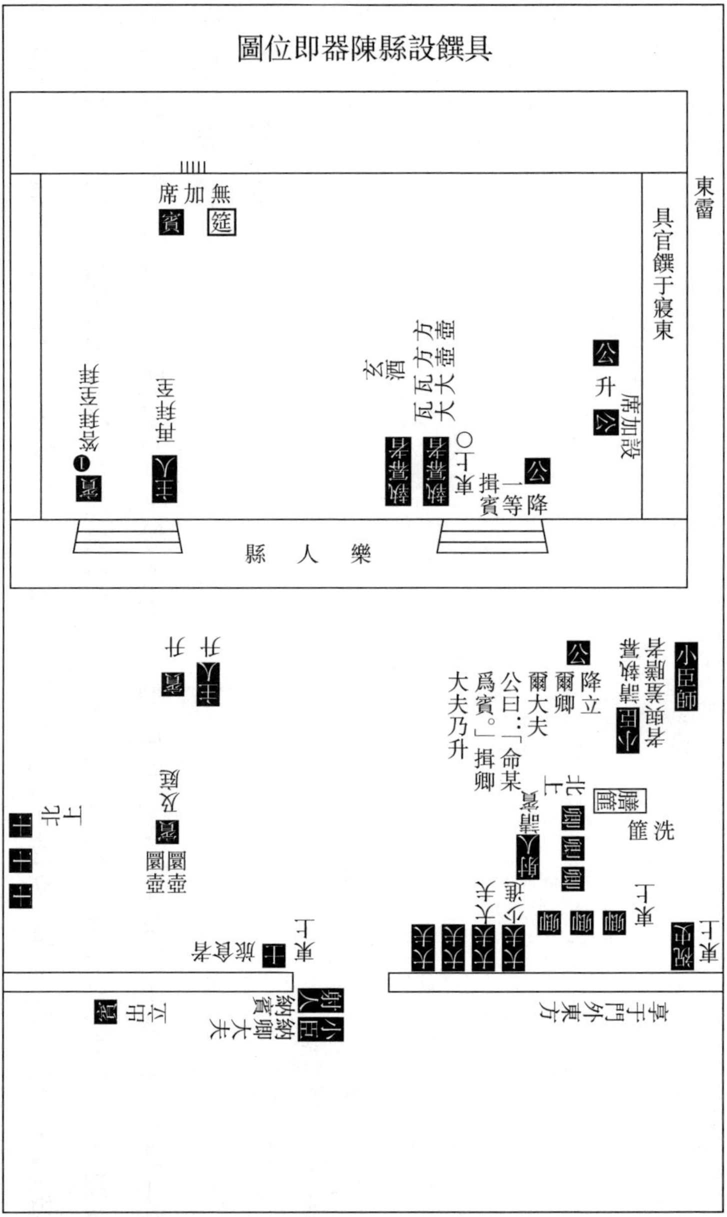

❶ 陰文「賓」，原無，今據盧本補。

主人降洗，洗南，西北面。賓將從降，鄉之。賓降階西，東面。主人辭降，賓對。對，答。主人北面盥，坐取觚，洗。賓少進，辭洗。主人坐奠觚于篚，興對。賓反位。賓少進者，又辭，宜違其位也。獻不以爵，辟正主也。❶主人卒洗，賓揖乃升。賓每先升，尊也。主人升，賓拜洗，主人賓右奠觚答拜，降盥。主人復盥，爲拜手坋塵也。賓降，主人辭，賓對。卒盥，賓揖升。主人升，坐取觚。取觚，將就瓦大酌膳。執冪者舉冪，主人酌膳，執冪者反冪。君物曰膳，膳之言善也。酌君尊者，尊賓也。主人筵前獻賓，賓西階上拜，筵前受爵，反位，主人賓右拜送爵。賓既拜，前受觚，退復位。膳宰薦脯醢。賓升筵，膳宰設折俎。折俎，牲體骨也。《鄉飲酒·記》曰：「賓俎：脊、脅、肩、肺。」賓坐，左執爵，右祭脯醢，奠爵于薦右，興，取肺，坐，絶祭，嚌之，興，加于俎，坐捝手，執爵，遂祭酒，興，席末坐，啐酒，降席，坐奠爵，拜，告旨，執爵興。主人答拜。降席，席西也。旨，美也。賓西階上北面坐卒爵，興，坐奠爵，遂拜。主人答拜。遂拜，拜既爵也。○記：惟公與賓有俎。主於燕，其餘可以無俎。

右主人獻賓。

❶「辟」，原作「將」，今據元刻本、盧本及《儀禮注疏》改。

主人獻賓圖

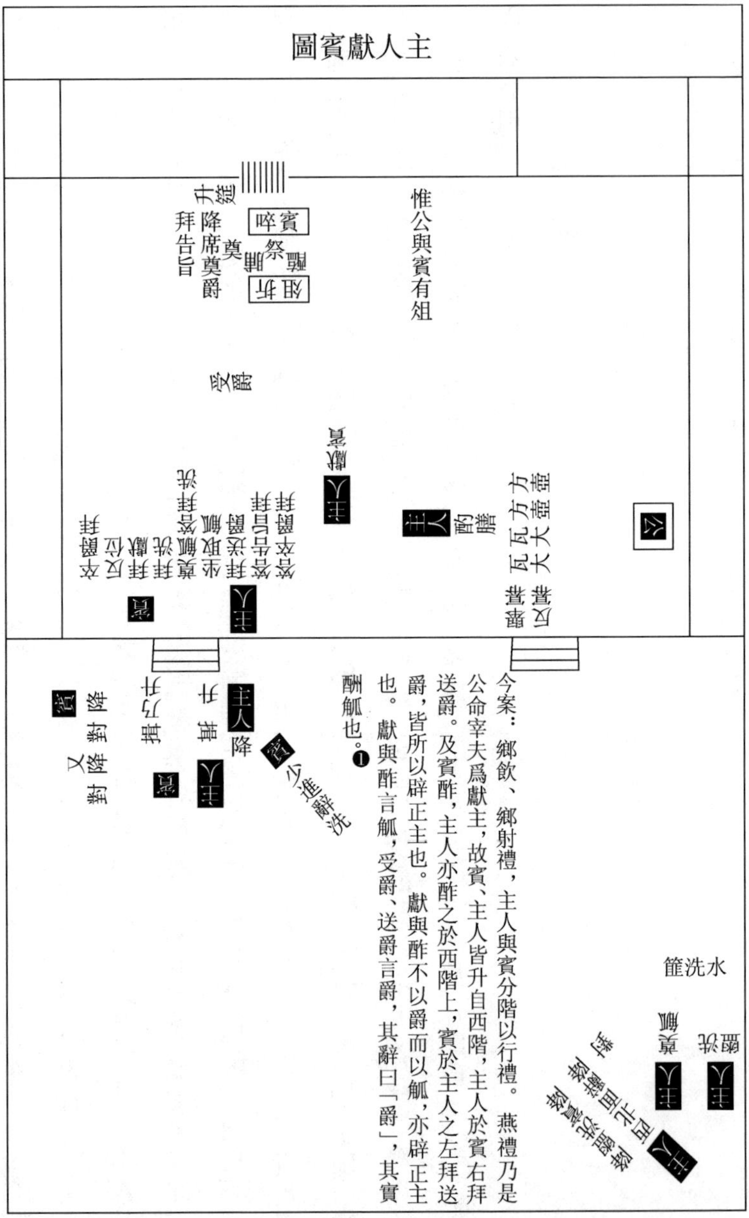

今案：鄉飲、鄉射禮，主人與賓分階以行禮。燕禮乃是公命宰夫爲獻主，故賓、主人皆升自西階，主人於賓右拜送爵。及賓酢，主人亦酢之於西階上，賓於主人之左拜送爵，皆所以辟正主也。獻與酢不以爵而以觚，亦辟正主也。獻與酢言觚，受爵、送爵言爵，其辭曰「爵」，其實酬觚也。❶

❶「其實酬觚」，原作「蓋醴酬賓」，今據盧本改。

賓以虚爵降，將酢主人。主人降。賓洗南坐奠觚，少進，辭降。主人東面對。上既言爵矣，復言觚者，嫌易之也。《大射禮》曰：「主人西階西，東面少進，對。」○《疏》曰：「一升曰爵，二升曰觚，散文即通，觚亦稱爵。」賓坐取觚，奠于篚下，盥洗。篚下，篚南。主人辭洗。謙也。賓坐奠觚于篚，興對。卒洗，及階揖，升。主人升，拜洗，如賓禮。賓降盥，主人降，賓辭降。卒盥，揖升，酌膳，執冪如初，以酢主人于西階上。主人北面拜受爵，賓主人之左拜送爵。賓既南面授爵，乃之左。主人坐祭，不啐酒，辟正主也。未薦者，臣也。不拜酒，不告旨。主人之義。遂卒爵，興，坐奠爵，拜，執爵興。賓答拜。主人不崇酒，以虚爵降，奠于篚。崇，充也。不以酒惡謝賓，甘美君物也。賓降，立于西階西。既受獻矣，不敢安盛。射人升賓。賓升，立于序内，東面。東西牆謂之序。《大射禮》曰：「擯者以命升賓。」

右賓酢主人。

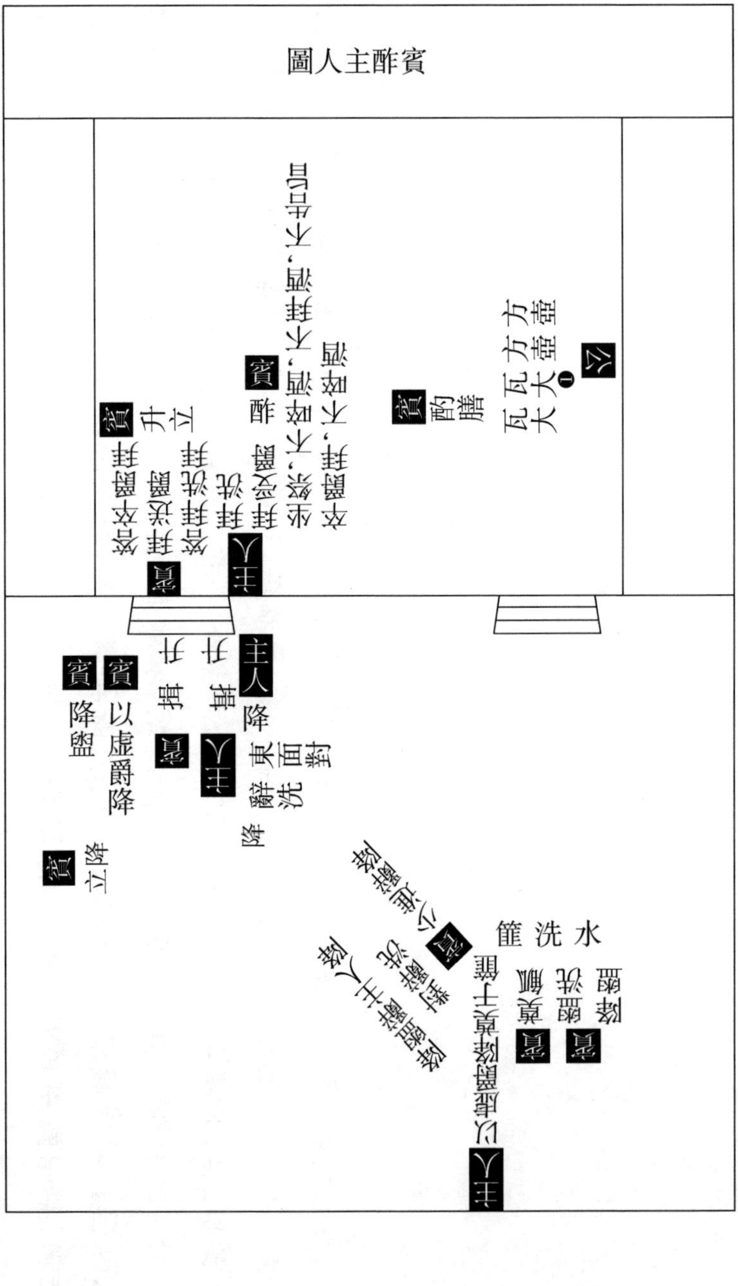

❶「瓦大」，原在「酌膳」下，今據元刻本、盧本移。

主人盥，洗象觚，升，實之，東北面獻于公。象觚，觚有象骨飾也。取象觚者東面。公拜受爵。主人降自西階，阼階下北面拜送爵。士薦脯醢，膳宰設折俎，升自西階。薦，進也。《大射禮》曰：「宰胥薦脯醢，由左房。」公祭如賓禮，膳宰贊授肺。不拜酒，立卒爵，坐奠爵，拜，執爵興。凡異者，君尊，變於賓也。主人答拜，升，受爵以降，奠于膳篚。○更爵，洗，升，酌膳酒以降，酢于阼階下，北面坐奠爵，再拜稽首。公答再拜。更爵者，不敢襲至尊也。○《疏》曰：「襲，因也，不敢因君之爵。」主人坐祭，遂卒爵，再拜稽首。公答再拜。主人奠爵于篚。○記：獻公曰：「臣敢奏爵以聽命。」授公釋此辭，不敢必受之。

右主人獻公及自酢。

主人獻公及自酢圖

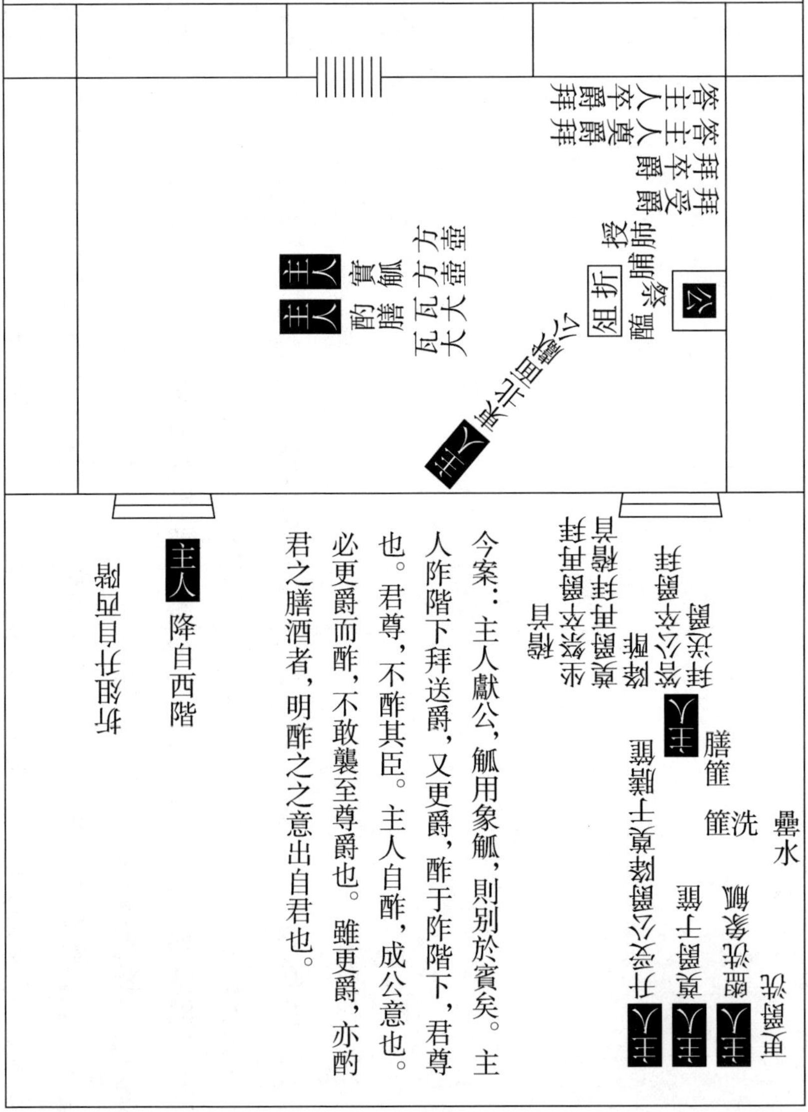

今案：主人獻公，觚用象觚，則別於賓矣。主人阼階下拜送爵，又更爵，酢于阼階下，君尊也。君尊，不酢其臣。主人自酢，成公意也。必更爵而酢，不敢襲至尊爵也。雖更爵，亦酌君之膳酒者，明酢之之意出自君也。

主人盥洗，升，媵觚于賓，酌散，西階上坐奠爵，拜賓。賓降筵，北面答拜。散，思旦反。○媵，送也，讀或爲揚，揚，舉也。酌散者，酌，方壺也，於膳爲散。主人坐祭，遂飲，賓辭。卒爵，拜，賓答拜。辭者，辭其代君行酒，不立飲也。此降於正主酬也。主人降洗，賓降。主人辭，降。賓辭，洗，卒洗，揖，升，不拜洗。不拜洗，酬而禮殺。主人酌膳，賓西階上拜，拜者，拜其酌己。受爵于筵前，反位。主人拜送爵，賓升席，坐祭酒，遂奠于薦東。遂者，因坐而奠，不北面也。奠之者，酬不舉也。主人降復位。賓降筵西，東南面立。賓不立於序内，位彌尊也。位彌尊者，其禮彌卑，記所謂「一張一弛」者，是之類與？○《疏》曰：「案：上初尊得獻降升之時，序内立，是不敢近賓席，是禮尊而賓卑。至此酬訖，立於席西，是賓位彌尊，禮漸殺，故云『彌卑』也。獻時爲盛，是『一張』也；酬時爲殺，是『一弛』也。」

右主人酬賓。

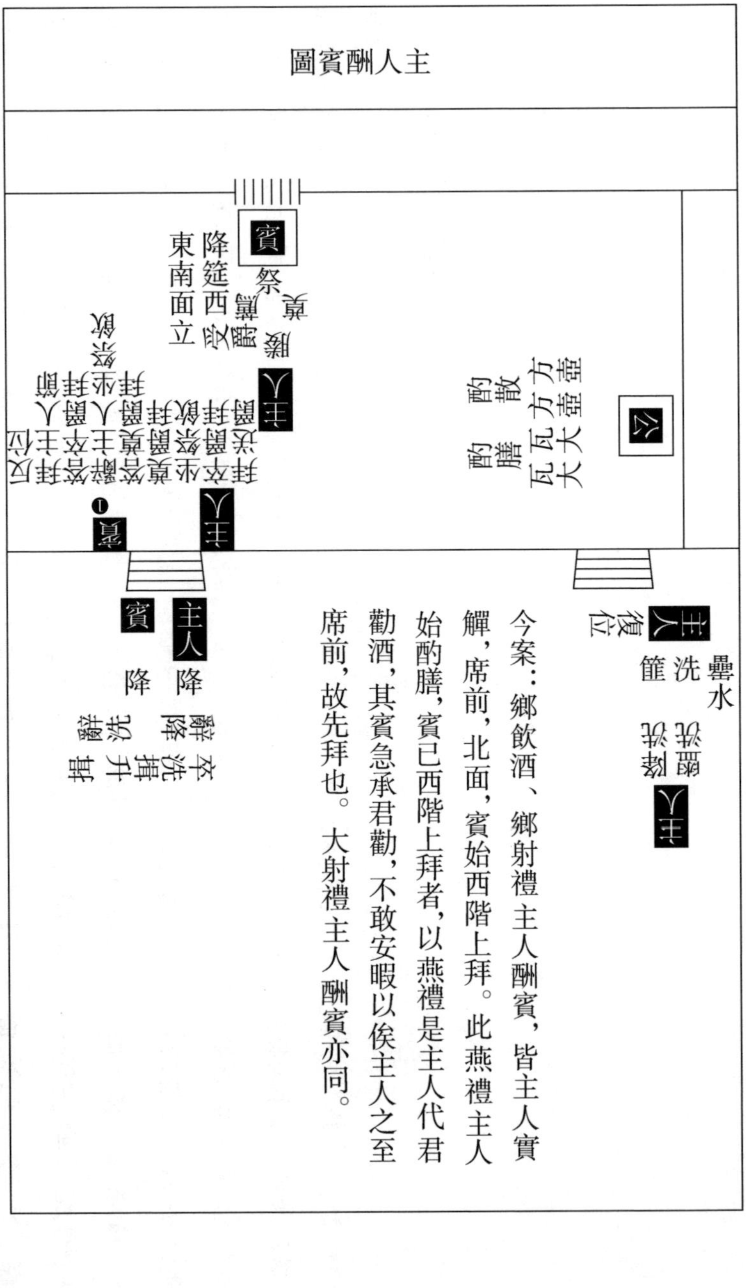

今案：鄉飲酒、鄉射禮主人酬賓，皆主人實觶，席前，北面，賓始西階上拜。此燕禮主人始酌膳，賓已西階上拜者，以燕禮是主人代君勸酒，其賓急承君勸，不敢安暇以俟主人之至席前，故先拜也。大射禮主人酬賓亦同。

❶ 陰文「賓」，原無，今據盧本補。

小臣自阼階下請媵爵者，公命長。命長，使選卿大夫之中長幼可使者。小臣作下大夫二人媵爵。作，使也。卿爲上大夫，不使之者，爲其尊。媵爵者阼階下皆北面，再拜稽首，公答再拜。再拜稽首，拜君命也。媵爵者立于洗南，西面，北上，序進，盥，洗角觶，升自西階，序進，酌散，交于楹北。降，阼階下皆奠觶，再拜稽首，執觶興。公答再拜。序，次第也，猶代也。楹北，西楹之北也，交而相代於西階上。既酌，右還而反。往來以右爲上。媵爵者皆坐祭，遂卒觶，興。坐奠觶，再拜稽首，執觶興。公答再拜。媵爵者執觶待于洗南。待君命也。小臣請致者。請使一人與？二人與？優君也。若君命皆致，則序進，奠觶于篚，阼階下皆再拜稽首。公答再拜。媵爵者洗象觶，升，實之。序進，坐奠于薦南，北上，降，阼階下皆再拜稽首，送觶。公答再拜。序進，往來由尊北，交于東楹之北，奠于薦南，不敢必君舉也。《大射禮》曰：「媵爵者皆退，反位。」

右下大夫二人媵爵。

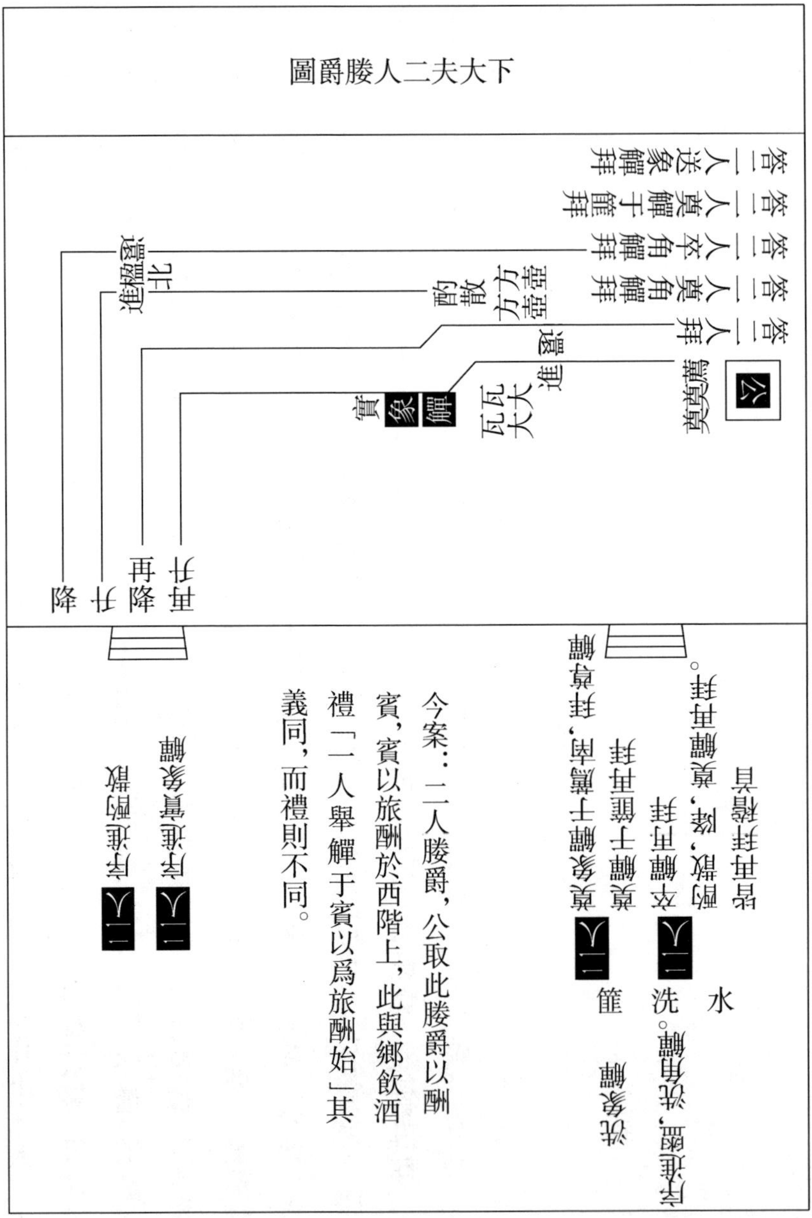

今案：二人媵爵，公取此媵爵以酬賓，賓以旅酬於西階上，此與鄉飲酒禮「二人舉觶于賓以爲旅酬始」其義同，而禮則不同。

公坐取大夫所媵觶，興，以酬賓。賓降，西階下再拜稽首。公命小臣辭，賓升，成拜。興以酬賓，就其階而酬之也。升成拜，復再拜稽首也。先時君辭之，於禮若未成然。公坐奠觶，答再拜，執觶興，立卒觶。賓下，拜，小臣辭。賓升，再拜稽首。不言「成拜」者，爲拜故下，實未拜也。下不輒拜，❶禮殺也。此賓拜于君之左，不言之者，不敢敵偶於君。公坐奠觶，答再拜，執觶興。賓進受虛爵，降奠于篚。○易觶洗。君尊不酌故也。凡爵，不相襲者也，於尊者言更，自敵以下言易，更作新，易有故之辭。進受虛爵，尊君也。不言公酬賓於西階上及公反位者，亦尊君，空其文也。公有命，則不易不洗。反升，酌膳觶，下拜。小臣辭。賓升，再拜稽首。下拜，下亦未拜。凡下未拜有二，或禮殺，或君親辭。君親辭則聞命即升，升乃拜，是亦不言成拜。公答再拜。拜於阼階上也。於是賓請旅侍臣。賓以旅酬於西階上。旅，序也，以次序勸卿大夫飲酒。射人作大夫長，升受旅。言作大夫，即卿存矣。長者尊先而卑後。○《疏》曰：「『長者尊先而卑後』者，君酬賓，賓則旅三卿，❷三卿徧，次第至五大夫，大夫徧，不及士。」賓大夫之右坐奠觶，拜，執觶興。大夫答拜。賓在右者，相飲之位。賓坐祭，立飲，卒觶，不拜。酬而禮殺。若膳觶也，則降更觶，洗，升，實散。大夫拜受，賓拜送。言更觶，

❶「不」，原作「下」，今據盧本及《儀禮注疏》改。
❷「則」，原作「酬」，今據元刻本、盧本及《儀禮注疏》改。

卿尊也。大夫辯受酬，如受賓酬之禮，不祭。卒受者以虛觶降，奠于篚。卒，猶後也。《大射禮》曰：「奠于篚，復位。」○記：凡公所辭，皆栗階。栗，蹙也，謂越等急趨君命也。○蹙，子六反。凡栗階，不過二等。其始升，猶聚足連步，越二等，❶左右足各一發而升堂。○《疏》曰：「天子之堂九尺，諸侯七尺，大夫五尺，士三尺。一尺爲一階。今云『凡栗階，不過二等』，言凡則天子九等已下至士三等，皆有栗階之法。天子已下皆留上等爲栗階，左右足各一發而升堂，❷其上等以下皆連步。故鄭云『其始升，猶聚足連步』也。」凡公所酬，既拜，請旅侍臣。既拜，謂自酌升拜時也。擯者阼階下告于公，還西階下告公許。旅，行也，請行酒于群臣。必請者，不專惠也。○《燕義》曰：「君舉旅於賓，及君所賜爵，皆降再拜稽首，升成拜，明臣禮也。君答拜之，禮無不答，明君上之禮也。」○「君舉旅行酬，而后獻卿。卿舉旅行酬，而后獻大夫。大夫舉旅行酬，而后獻士。士舉旅行酬，而后獻庶子。俎豆、牲體、薦羞皆有等差，所以明貴賤也。」

右公爲賓舉旅。

❶「二」，原作「一」，今據元刻本、盧本改。

❷「堂」，原作「當」，今據盧本及《儀禮注疏》改。

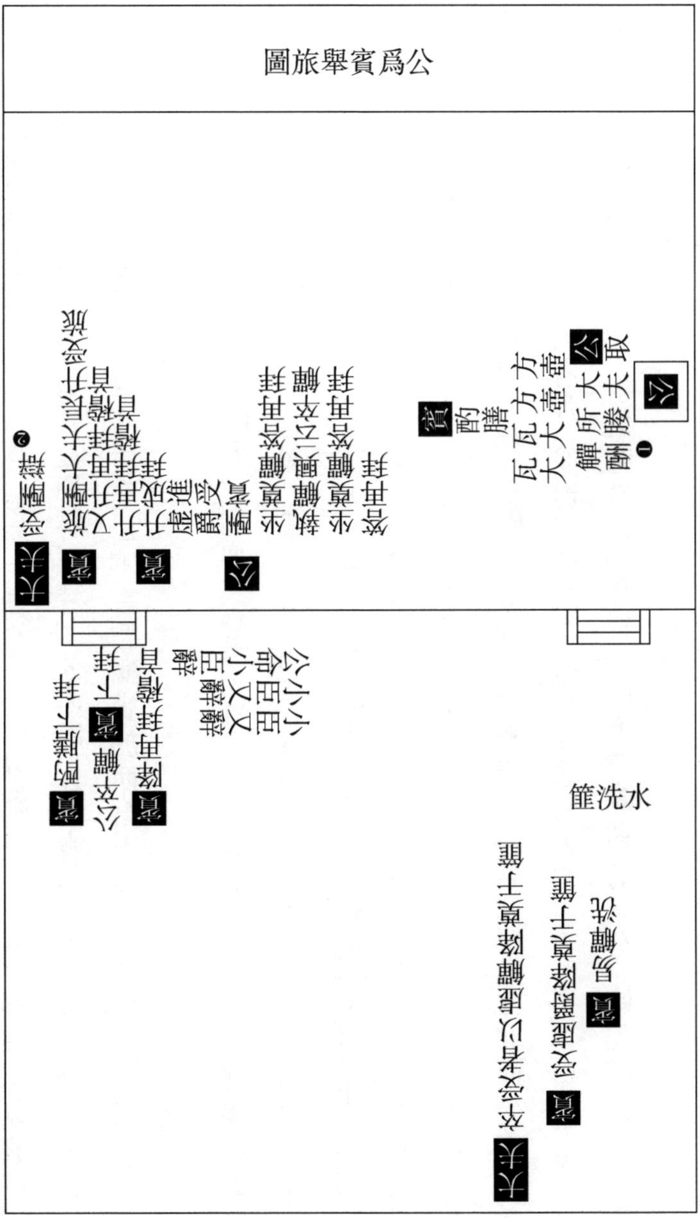

❶「取大夫所媵觶酬」，原作「酬大夫」，今據盧本改。

❷「辯」，原作「賓」，今據元刻本、盧本改。

今案：公取媵爵以酬賓，此别是一禮，與尋常酬賓不同，此所謂公爲賓舉旅也。《燕禮》君使宰夫爲獻主，以臣莫敢與君伉禮也。今君舉觶於西階之上以酬賓，可乎？蓋君臣之際其分甚嚴，其情甚親，使宰夫爲獻主，所以嚴君臣之分。今舉觶以酬賓，賓西階下拜，小臣辭，升成拜，公奠觶答再拜。公卒觶，賓下拜，公答再拜，略去勢分，極其謙卑，所以通君臣之情也。注云：「不言君酬賓於西階上及公反位，尊君，空其文也。」此又所以嚴君臣之分也。

主人洗，升，實散，獻卿于西階上。酬而後獻卿，别尊卑也。飲酒成於酬也。司宫兼卷重席，設于賓左，東上。言兼卷，則每卿異席也。重席，重蒲筵，緇布純也。卿坐東上，統於君也，席自房來。○《疏》曰：「《公食・記》曰：『宰夫筵，出自東房。』」卿升，拜受觚。主人拜送觚。卿辭重席，司宫徹之。徹，猶去也。重席雖非加，猶爲其重累去之，辟君也。○《疏》曰：「《公食大夫》：『蒲筵緇布純，加萑席，玄純』，有兩種席，故稱加。此一種席重設之，故曰重席非加。辭之者，以兩重似君，故辭以辟之。」乃薦脯醢。卿升席坐，左執爵，右祭脯醢，遂祭酒，不啐酒。降席，西階上北面坐卒爵。興，坐奠爵，拜，執爵興。主人答拜，受爵。卿降復位。不酢，辟君也。卿無俎者，燕主於羞。辯獻卿，主人以虚爵降，奠于篚。射人乃升卿，卿皆升就席。○若有諸公，則先卿獻之，如獻卿之

禮。諸公者，❶謂大國之孤也。孤一人，言諸者，容牧有三監。**席于阼階西，北面東上，無加席。**席孤北面，爲其大尊，屈之也。亦因阼階西位近君，近君則屈，親寵苟敬私昵之坐。

右主人獻孤卿。

❶「公」，原作「孤」，今據盧本及《儀禮注疏》改。

主人獻孤卿圖

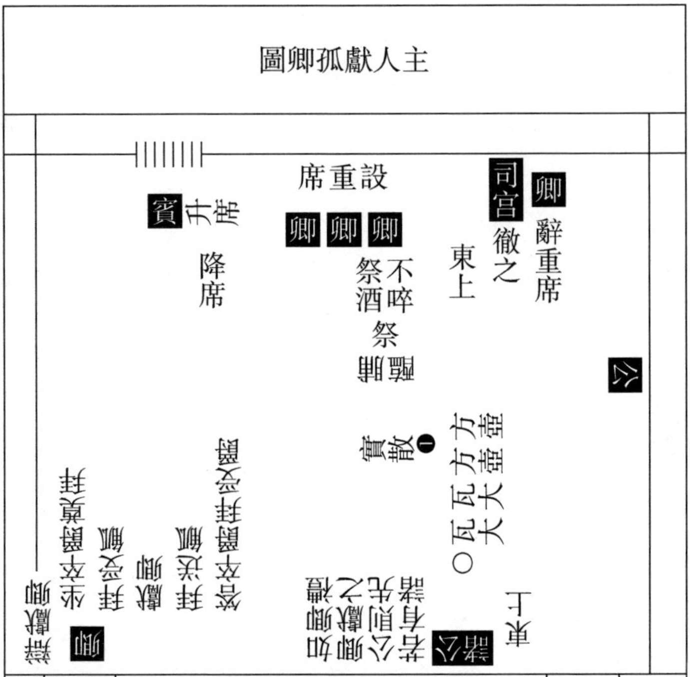

今案：卿者，君之股肱腹心，燕禮之所當先也。獻禮後卿，何也？《燕義》曰：「不以公卿爲賓，而以大夫爲賓爲疑也，明嫌之義也。」既命大夫爲賓，故先獻賓，獻賓而後獻公。又獻禮成於酬禮，成而後酬卿，此事之序，禮之宜，非後於卿也。

❶ 「實散」二字，原無，今據元刻本、盧本補。

小臣又請媵爵者，二大夫媵爵如初。又，復。**請致者，若命長致，則媵爵者奠觶于篚，一人待于洗南。長致，致者阼階下再拜稽首，公答再拜。**命長致者，公或時未能舉，自優暇也。**洗象觶，升，實之，坐奠于薦南，降，與立于洗南者二人皆再拜稽首送觶，公答再拜。**奠於薦南者，於公所用酬賓觶之處。二人俱拜，以其共勸君。

右再媵爵。

今案：經云「二大夫媵爵如初」，謂如前下大夫二人媵爵時之禮也。然有同亦有異，前二人媵爵，此亦二人媵爵，故序進酌散交于西楹之北，降阼階下奠觶，卒觶，再拜稽首，執觶待于洗南，是則同。前小臣請致者，君命皆致，故序進酌膳，奠于薦南，與後者交于東楹之北，降而之阼階下再拜稽首送觶。此則不然，君命長致，故一人待于洗南，惟長一人進酌膳奠于薦南，降而之阼階下與二人皆再拜稽首送觶，無序進交于東楹北之事，此其異也。

公又行一爵，若賓若長，唯公所酬，一爵，先媵者之下觶也。若賓若長，則賓禮殺矣。長，公卿之尊者也。賓則以酬長，長則以酬賓。**以旅于西階上如初。大夫卒受者以虛觶降，奠于篚。**

右公爲賓若孤卿舉旅。

今案：經云「如初」，謂如前公爲賓舉旅時禮也。前君命二人皆致，有兩觶奠于薦南；後命長致，有一觶奠于薦南，前後凡有三觶。燕禮自立司正以前，凡有三舉旅，用此三觶也。初酬賓時，公坐取所媵一觶以酬賓，是行一觶也。此「公又行一爵，若賓若長唯公所酬」，注云公又行一爵，先媵者之下觶也，下觶未舉，今舉之，是行二觶也。工歌之後，笙入之前，公又舉奠觶，唯公所賜以旅于西階上，如初，是行三觶也。注、疏之文不甚顯焕，故表而出之。○又主人獻士之後，賓媵觶于公，公取此觶爲大夫舉旅，此又在三觶之外也。

主人洗，升，獻大夫于西階上。大夫升，拜受觚。主人拜送觚。大夫坐祭，立卒爵，不拜既爵。主人受爵。大夫降復位。既，盡也。不拜之者，禮又殺。○《疏》曰：「前卿受獻不酢，辟君，已是禮殺，今大夫受獻，不但不酢主人，又不拜既爵，故云『禮又殺』也。」**胥薦主人于洗北，西面，脯醢，無胥。**胥，之承反。○胥，膳宰之吏也。主人，大夫之下，先大夫薦之，尊之也。不於上者，上無其位也。胥，俎實。○《疏》曰：「此燕禮大夫堂上，士在下，獨此宰夫言堂上無位者，以其主人位在阼階，君已在阼，故主人辟之，位在下，是以《大射》注云：『不薦於上，辟正主也。』」**辯獻大夫，遂薦之，繼賓以西，東上。**徧獻之乃薦，略賤也。亦獻而後布席也。**卒，射人乃升大夫，大夫皆升就席。**

右主人獻大夫。

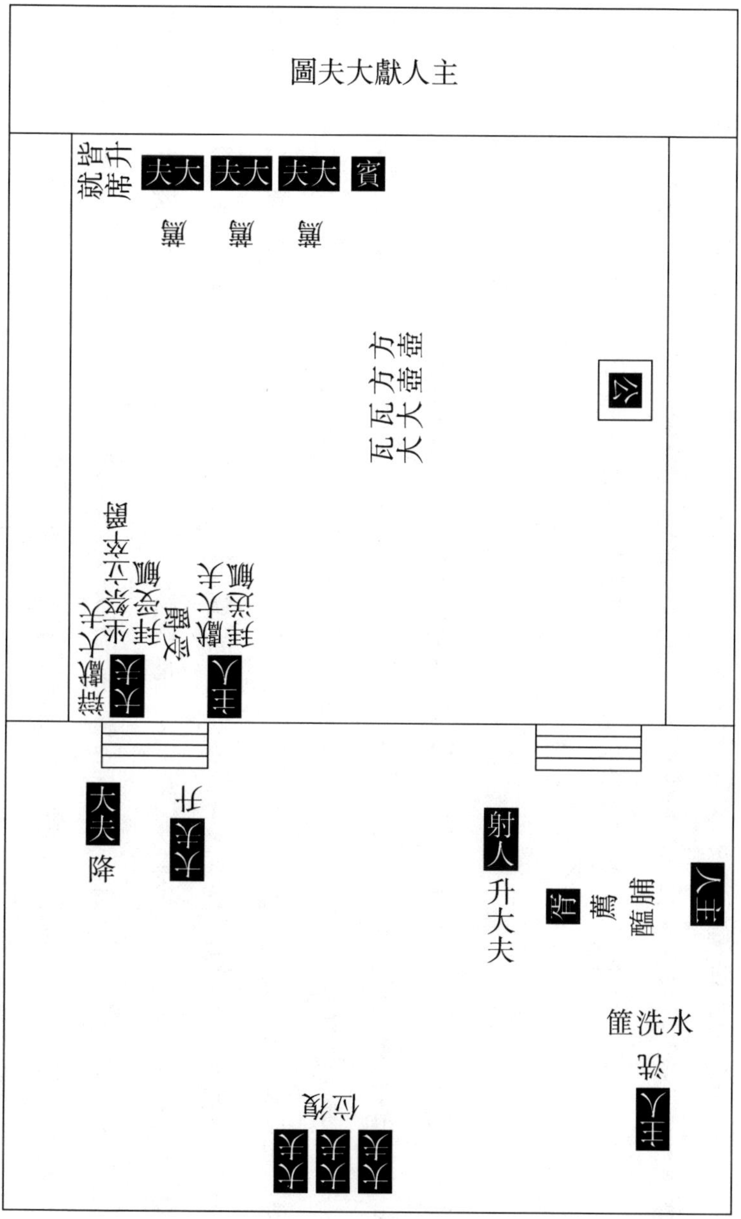
主人獻大夫圖
賓
大夫
大夫
大夫
升皆就席
薦
薦
薦
瓦大
瓦大
方壺
方壺
公
主人
大夫
大夫
降
大夫
升
射人
升大夫
胥
薦
脯醢
主人
水
洗
篚
主人
洗
大夫
大夫
大夫
復位

席工于西階上少東。樂正先升，北面立于其西。工，瞽矇，歌諷誦《詩》者也。凡執技藝者稱工。《少牢饋食禮》曰：「皇尸命工祝。」《樂記》師乙曰：「乙，賤工也。」樂正于天子，樂師也，凡樂掌其序事，樂成則告備。**小臣納工。工四人，二瑟。小臣左何瑟，面鼓，執越，内弦，右手相。入，升自西階，北面東上坐。小臣坐授瑟，乃降。**何，胡我反。相，息亮反。○工四人者，燕禮輕，從大夫制也。面鼓者，燕尚樂，可鼓者在前也。越，瑟下孔也。内弦，弦爲主也。相，扶工也。後二人徒相，天子大僕二人也。小臣四人，祭僕六人，御僕十二人，皆同官。**工歌《鹿鳴》、《四牡》、《皇皇者華》。卒歌，主人洗，升，獻工。工不興，左瑟，一人拜受爵，主人西階上拜送爵。**工歌乃獻之，賤者先就事也。左瑟，便其右。一人，工之長者也。工拜於席。○《疏》曰：「工北面，以西爲左，空其右，受獻。便者，酒從東楹之西來，故以右爲便。」**薦脯醢。**輒薦之，變於大夫也。**使人相祭。**使扶工者相其祭薦、祭酒。**卒爵不拜。**賤不備禮。**主人受爵。**將復獻衆工也。**衆工不拜，受爵，坐祭，遂卒爵。辯有脯醢，不祭。主人受爵，降奠于篚。**遂，猶因也。

右樂賓，升歌，獻工。

公又舉奠觶，唯公所賜，以旅于西階上如初。言賜者，君又彌尊，賓長彌卑。○《疏》曰：「燕尚飲酒，故工歌之後，笙奏之前，而爲大夫舉旅。大射主於射，至三射之後，乃爲大夫舉旅。案，上爲賓舉旅，直云『公興以酬賓』，爲卿舉旅而云『若賓若長』，是君禮漸尊，賓禮漸殺，然猶言酬也。至此言『唯君所賜』者，是君又彌尊，賓長彌卑也。」卒。旅畢也。

右公爲大夫舉旅。

笙入，立于縣中，奏《南陔》、《白華》、《華黍》。主人洗，升，獻笙于西階上。一人拜，盡階不升堂，受爵，降。主人拜送爵。階前坐祭，立卒爵，不拜既爵，升，授主人。一人，笙之長者也。《鄉射禮》曰：「笙一人拜于下。」衆笙不拜受爵，降，坐祭，立卒爵。辯有脯醢，不祭。○乃閒歌《魚麗》，笙《由庚》；歌《南有嘉魚》，笙《崇丘》；歌《南山有臺》，笙《由儀》。○遂歌鄉樂：《周南・關雎》、《葛覃》、《卷耳》，《召南・鵲巢》、《采蘩》、《采蘋》。大師告于樂正曰：「正歌備。」大師，上工也，掌合陰陽之聲，教六詩，以六律爲之音者也。子貢問師乙曰：「吾聞聲歌各有宜也，如賜者宜何歌也？」是明其掌而知之也。正歌者，升歌及笙各三終，閒歌三終，合樂三終，爲一備。備亦成也。樂正由楹内東楹之東告于公，乃降復位。言由楹内者，以其立于堂廉也。復位，位在東縣之北。記：若以樂納賓，則賓及庭，奏《肆夏》。賓拜酒，主人答拜而樂闋。公拜受爵而奏《肆夏》，公卒爵，主人升受爵以下而樂闋。闋，若穴反。○《肆夏》，樂章也，今亡，以鍾、鎛播之，鼓磬應之，所謂「金奏」也。《記》曰「入門而縣興」，「示易以敬也」。卿大夫有王事之勞，則奏此樂焉。○易，以豉反。○《疏》曰：「常燕己臣子無樂，王事之勞或有或無，故言『若』也。《九夏》皆《詩》篇名，《頌》之族類也。《鍾師》云『掌金奏』，金謂鍾及鎛。又云『凡樂事以鐘、鼓奏《九夏》』，鄭注云『先擊鐘，次擊鼓』，是奏《肆夏》時有鐘、鎛、鼓、磬。彼經、注雖不言磬，但縣内有此四者，故鄭兼言磬也。言『賓及庭奏《肆夏》』，則非尋常大夫爲賓，與宰夫爲主人相對者，謂若『賓爲苟敬』、『四方賓』之類，特奏《肆夏》。其事既重，若非有王事之勞，何以致此故也。」**升歌《鹿鳴》，下管《新宮》，笙入三成，**《新宮》，《小雅》逸篇。○《疏》曰：「《鹿鳴》不言『工歌』，《新宮》不言『笙奏』而言『升歌』、『下管』，欲明笙奏異於常燕。常燕即上所陳四節是也。特言『下管《新宮》，笙入三成』者，謂笙奏《新宮》三終，申説『下管』之義。」**遂合鄉樂。**鄉樂，《周南》、《召南》六篇。言遂者，不間也。**若舞則《勺》。**《勺》，《頌》篇，告成《大武》之樂歌也。其詩曰「於鑠王師，遵養時晦」，又曰「實維爾公允師」，既合鄉樂，《萬舞》而奏之，所以美王侯，勸有功也。○《疏》曰：「言『若』者，或爲之舞，或不爲之舞。舞則作周《萬舞》之舞，而奏《勺》。《詩傳》曰：『《萬》者，干舞也。』」

右樂賓笙、間、合。今案：《燕禮》歌、笙、閒、合四節，與《鄉飲酒禮》同。《鄉飲酒禮》則四節相繼而作，《燕禮》於工歌三終之後，公爲大夫舉旅，既舉旅之後，乃笙入三終，閒歌三終，合樂三終，而後樂備。蓋燕尚飲酒，故於工歌之後，笙入之前，有旅酬之禮。

射人自阼階下請立司正，❶**公許，射人遂爲司正。**君許其請，因命用爲司正。君三舉爵，樂備作矣，將留賓飲酒，更立司正以監之，察儀法也。射人俱相禮，其事同。**司正洗角觶，南面坐奠于中庭。升東楹之東受命，西階上北面命卿大夫：「君曰：以我安。」卿大夫皆對曰：「諾，敢不安？」**洗、

❶「請」，原作「謂」，今據盧本及《儀禮注疏》改。

奠角觶于中庭，明其事以自表威儀多也。君意殷勤，❶欲留賓飲酒，命卿大夫以我故安。或亦其實不主意於賓。○《疏》曰：「不主意於賓者，欲兼群臣共安也。」○**司正降自西階，南面坐取觶，升，酌散，降，南面坐奠觶，右還，北面少立，坐取觶，興，坐，不祭，卒觶，奠之，興，再拜稽首。**右還，將適觶南，先西面也。必從觶西，爲君之在東也。少立者，自嚴正，慎其位。**左還，南面坐取觶，洗，南面反奠于其所。**反奠虛觶，不空位也。

右司正中庭奠觶。

今案：燕禮、大射禮司正洗角觶，南面坐奠于中庭，又降自西階，南面，取觶，升，酌散，降，南面坐奠觶。又右還，北面，取觶，卒觶，奠之，再拜稽首。又左還，南面坐取觶。進退皆由觶西，蓋君在阼，不敢背君。若從觶東而左還，北面，則背君故也。鄉飲、鄉射皆臣禮，只有「北面奠觶」之文，威儀簡故也。

❶「君」，原作「主」，今據盧本及《儀禮注疏》改。

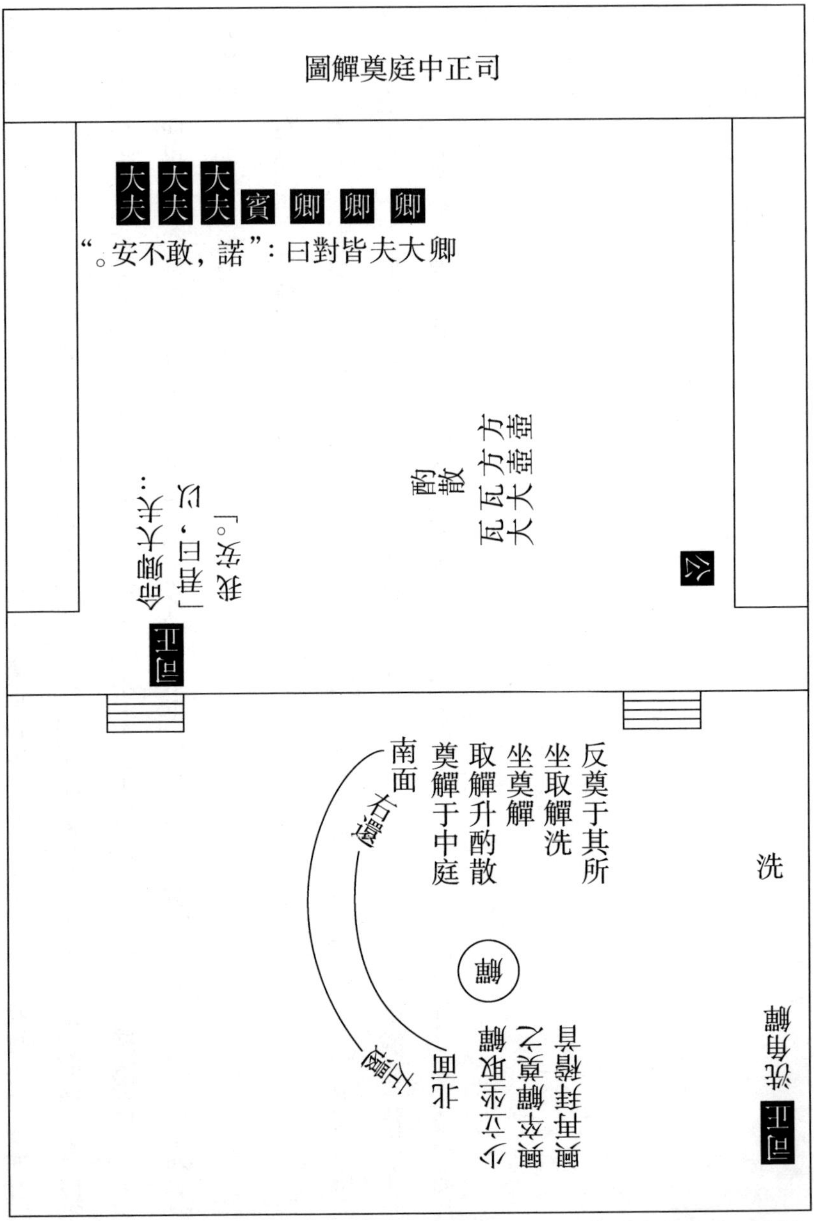
司正中庭奠觶圖
卿 卿 卿 賓 大夫 大夫 大夫
卿大夫皆對曰："諾，敢不安。"
公
方壺 方壺
瓦大 瓦大
散 酌
司正
命大夫卿："君曰，以我安。"
反奠于其所
坐取觶洗
坐奠觶
取觶升酌散
奠觶于中庭
南面
右還
觶
北面
左還
洗
司正
洗角觶
少立，坐取觶
興卒觶奠之
興再拜稽首

升自西階，東楹之東請徹俎，降，公許。告于賓。賓北面取俎以出。膳宰徹公俎，降自阼階以東。膳宰降自阼階，以賓親徹，若君親徹然。○《疏》曰：「臣之升降當西階，今不降西階而降自阼階，當君降處，故云『若君親徹』，降自阼然也。」**卿大夫皆降，東面，北上。**以將坐，降待賓反也。

右徹俎。

賓反入，及卿大夫皆説屨，升就席。公以賓及卿大夫皆坐，乃安。凡燕坐必説屨，屨賤不在堂也。禮者尚敬，敬多則不親，燕安坐，❶相親之心。○《疏》曰：「不云君降説屨者，據《少儀》尊者坐在室，則説屨於户内。今此燕在堂上，則君尊，説屨於堂上席側可知。」**羞庶羞。**謂䐣肝膋、狗胾醢也。骨體所以致敬也，庶羞所以盡愛也，敬之愛之，厚賢之道。○䐣，士戀反。膋，音遼。胾，壯吏反。○《疏》曰：「案：《大射》云『羞庶羞』，注云：『所進衆羞，謂䐣肝膋、狗胾醢也。或有炮鼈、膾鯉、雉、兔、鶉鴽。』《大射》先行燕禮，明與彼同。有此物者，以經云『庶羞』，則不唯二豆而已。此注不言『炮鼈』已下，注文不具也。肝膋見《内則》，用狗肝蒙之以其膋，而炙之。」**大夫祭薦。**燕乃祭薦，不敢於盛成禮也。○《疏》曰：「盛謂未立司正之前，立行禮時也。成禮謂祭先也。大夫彼時受獻，不祭脯醢，是不敢成禮於盛時也。」**司正升受命，皆命：「君曰：無不醉。」賓及卿大夫皆興，對曰：「諾，敢不醉。」皆反坐。**皆命者，命賓、命卿大

❶「燕」下，原有墨丁，今據元刻本、盧本及《儀禮注疏》删。

夫也。起對必降席。司正退立西序端。○記：有内羞。羞豆之實，酏食、糝食。羞籩之實，糗餌、粉餈。

右燕。

主人洗，升，獻士于西階上。士長升，拜受觶。主人拜送觶。獻士用觶，士賤也。○《疏》曰：「大夫已上獻用觚，旅酬乃用觶，獻士即用觶，士賤。」士坐祭，立飲，不拜既爵。其他不拜，坐祭，立飲。他，謂衆士也，亦升受爵，不拜。○乃薦司正與射人一人、司士一人、執冪二人，立于觶南，東上。天子射人、司士皆下大夫二人。諸侯則上士，其人數亦如之。司正爲上。○《疏》曰：「此等皆士而先薦者，以其皆有事，故先得薦。司士掌群士爵禄廢置之事，士中之尊，故亦先得薦。司正爲上者，雖同是士，以其爲庭長，故設在上，先薦之。」辯獻士。士既獻者立于東方，西面，北上。乃薦士。每已獻而即位于東方，蓋尊之。畢獻，薦于其位。○《疏》曰：「卿大夫在東方，今卿大夫得獻升堂上，東方位空，故士得獻即東方卿位，是尊之。以無正文，故『蓋』以疑之也。」祝史、小臣師亦就其位而薦之。次士獻之已，不變位，位自在東方。主人就旅食之尊而獻之，旅食不拜受爵，坐祭，立飲。北面酌，南鄉獻之於尊南。不洗者，以其賤，略之也。亦畢獻乃薦之。主人執虚爵，奠于篚，復位。

右主人獻士及祝史。

若射，則大射正爲司射，如鄉射之禮。大射正，射人之長者也。「如鄉射之禮」者，燕爲樂卿大夫，宜從其禮也。如者，如其「告弓矢既具」至「退中與算」也。納射器而張侯，其告請先于君，乃以命賓及卿大夫。其爲司正者，亦爲司馬，君與賓爲耦。《鄉射・記》曰自「君射」至「龍旜」，亦其異者也。薦旅食乃射者，是燕射主於飲酒。◯記：君與射，則爲下射，袒朱襦，樂作而后就物。袒，徒旱反。襦，如朱反。◯君尊。小臣以巾授矢，稍屬，屬，章欲反。◯君尊不搢矢。不以樂志。辟不敏也。◯辟，音避。既發，則小臣受弓，以授弓人。侯復發也，不使大射正，燕射輕。◯復，扶又反。上射退于物一笴，既發，則答君而俟。若飲君，燕則夾爵。謂君在不勝之黨，賓飲之如燕媵觚，則又夾爵。◯《疏》曰：「將飲君，先自飲，及君飲訖，又自飲，爲夾爵。」君在，大夫射則肉袒。不纏襦，厭於君。◯厭，一涉反。◯君國中射，則皮樹中，以翿旌獲，白羽與朱羽糅。國中，城中也，謂燕射也。皮樹，獸名。以翿旌獲，尚文德也。◯《疏》曰：「知城中是燕射者，以其下有賓射、大射，不在國也。『尚文德』者，以文舞用羽，武舞用干也。此用羽，知尚文德也。」於竟則虎中，龍旜。於竟，謂與鄰國君射也。畫龍於旜，尚文章也。通帛爲旜。◯《疏》曰：「『與鄰國君射』，則賓射也，以其君有送賓之事，因送則射。云『尚文章也』者，亦若翿旌也。」

右燕射。

賓降洗，升，媵觚于公，酌散，下拜。公降一等，小臣辭。賓升，再拜稽首，公答再拜。此當言「媵觶」，酬之禮皆用觶，言「觚」者，字之誤也。古者「觶」字或作「角」旁「氏」，由此誤爾。賓坐祭，卒爵，再拜稽首，公答再拜。賓降，洗象觶，升，酌膳，坐奠于薦南，降拜，小臣辭。賓升，成拜，公答再拜。賓反位。反位，反席也。

右賓媵觶于公。

公坐取賓所媵觶，興，唯公所賜。至此又言「興」者，明公崇禮不倦也。受者如初受酬之禮，降，更爵洗，升，酌膳，下拜，小臣辭，升成拜，公答拜。乃就席，坐行之。坐行之，若今坐相勸酒。有執爵者。士有盥升主酌授之者。○《疏》曰：「若然，三舉旅皆酬者，自酌授之也。」唯受于公者拜。公所賜者也，其餘則否。司正命執爵者爵辯，卒受者興以酬士。欲令惠均。○《疏》曰：「前三舉旅辯大夫則止，今此爲士舉旅，故及之。」大夫卒受者以爵興，西階上酬士。士升，大夫奠爵拜，士答拜。興酬士者，士立堂下，無坐位。大夫立卒爵，不拜，實之。士拜受，大夫拜送。士旅于西階上，辯。祝史、小臣旅食皆及焉。士旅酌，旅，序也。士以次序自酌相酬，無執爵者。卒。

右公爲士舉旅。

主人洗，升自西階，獻庶子于阼階上，如獻士之禮。辯，降洗，遂獻左右正與内小臣，皆於阼階上，如獻庶子之禮。庶子掌正六牲之體及舞位，使國子修德學道，世子之官也，而與膳宰、樂正聯事。樂正亦學國子以舞。左右正，謂樂正、僕人正也。小樂正立于西縣之北，僕人正、僕人師、僕人士立于其北，北上，大樂正立于東縣之北。若射，則僕人正、僕人士倍于工後。❶內小臣、奄人掌君陰事陰令，后夫人之官也，皆獻于阼階上，别於外内臣也。獻正下及內小臣，則磬人、鍾人、鑮人、鼓人、僕人之屬盡獻可知也。凡獻皆薦也。○《疏》曰：「内小臣别于外内臣，《周禮》有外、内命夫。内命夫，朝廷卿大夫，外命夫，諸侯臣在鄉遂及采地者。但外内臣皆獻於西階上，此内小臣獻於阼階。」

右主人獻庶子以下。

無算爵。算，數也。爵行無次無數，唯意所勸，醉而止。士也有執膳爵者，有執散爵者。執膳爵者酌以進公，公不拜受。執散爵者酌以之公，命所賜。所賜者興受爵，降席下，奠爵，再拜稽首，公答拜。席下，席西也。受賜爵者以爵就席坐，公卒爵，然後飲。不敢先虚爵，明此勸惠從尊者來也。執膳爵者受公爵，酌，反奠之。宴歡在於飲酒，成其意。受賜爵者興，授執散爵，執散爵者乃酌行之。予其所勸者。唯受爵於公者拜。卒受爵者興，以酬士於西階上。士升，大夫不拜，乃飲，實爵。乃，猶而也。士不拜，受爵。大夫就席。士旅酌亦如之。公有命徹幂，則卿大夫皆降，西階下北面，東上，再拜稽首。公命小臣辭。公答再拜，大夫皆辟。命徹幂者，公意殷勤，必盡酒也。小臣辭，不升成拜，明雖醉，正臣禮也。不言賓，賓彌臣也。君答拜於上，示不虚受也。

❶「倍」，盧本及《儀禮注疏》作「陪」。

○《疏》曰：「云『不言賓』，直言『卿大夫皆降』，不别言賓，是燕末賓同於臣。言『彌臣』者，上旅酬猶言賓，但言賜，不言酬，已是賓卑，今乃没賓不言賓，❶是『賓彌臣』也。」**遂升，反坐。士終旅於上，如初。**卿大夫降而爵止，於其反席卒之。○朱先生曰：「此事方旅酌，而大夫降則爵止不行。公辭而大夫復升，士乃終旅於上也。」**無算樂。**升歌、間、合無數也，取歡而已，其樂章亦然。**宵，則庶子執燭於阼階上，司宮執燭於西階上，甸人執大燭於庭，閽人爲大燭於門外。**宵，夜也。燭，燋也。❷甸人，掌共薪蒸者。庭大燭，爲位廣也。閽人，門人也。爲，作也，作大燭以俟賓客出。

右無算爵。

賓醉，北面坐取其薦脯以降，取脯，重得君賜。**奏《陔》。**《陔》，《陔夏》，樂章也。賓出奏《陔夏》，以爲行節也。凡《夏》以鐘、鼓奏之。**賓所執脯以賜鍾人於門内霤，遂出。**必賜鍾人，鍾人掌以鍾鼓奏《九夏》。今奏《陔》以節己，用賜脯以報之，明雖醉不忘禮。**卿大夫皆出。**隨賓出也。**公不送。**賓禮訖，是臣也。

右賓出。

公與客燕，謂四方之使者。**曰：「寡君有不腆之酒，以請吾子之與寡君須臾焉，使某也以請。」**

---

❶「没」，《儀禮注疏》作「設」。

❷「燋」，原作「樵」，今據元刻本、盧本及《儀禮注疏》改。

上介出請入告。**對曰：「寡君，君之私也。君無所辱賜于使臣，臣敢辭。」**上介出答主國使者辭也。**「寡君固曰不腆，使某固以請。」「寡君，君之私也。君無所辱賜于使臣，臣敢固辭。」**朱先生曰：「『寡君，君之私也』以下是客對辭。」**「寡君固曰不腆，使某固以請。」「某固辭不得命，敢不從。」**朱先生曰：「『某固辭』以下是客對辭。」**致命曰：「寡君使某，有不腆之酒，以請吾子之與寡君須臾焉。」**親相見，致君命辭也。**「君貺寡君多矣，又辱賜于使臣，臣敢拜賜命。」**朱先生曰：「『君貺寡君多矣』以下是客對辭。」○**記：若與四方之賓燕，則公迎之于大門内，揖讓，升。**四方之賓，謂來聘者也。自戒至於拜至，皆如《公食》，亦告饌具而後公即席。小臣請執冪，謂羞者乃迎賓也。❶**賓爲苟敬，席于阼階之西，北面。有脀，不嚌肺，不啐酒。其介爲賓。**苟，且也，假也。主國君饗時，親進醴于賓。今燕又宜獻焉，人臣不敢褻煩尊者，至此升堂而辭讓，欲以臣禮燕，爲恭敬也，於是席之如獻公之位。言「苟敬」者，賓實主國所宜敬也。脀，折俎也。不嚌、啐，似若尊者然也。介門西，北面西上。公降，迎上介以爲賓，揖讓升如初禮。主人獻賓、獻公，既獻苟敬，乃媵觚。群臣即位如燕也。○《疏》曰：「言『苟敬』者，賓實主國所宜敬，但爲辭讓，故以命介爲賓，不得敬之。今雖以介爲賓，不可全不敬，於是席之於阼階西，而且敬之，故云『苟敬』也。上燕己臣子之時，獻賓獻公既，即媵觶以酬賓。今『苟敬』之前，有薦、有俎，實與君

❶ 「謂」，《儀禮注疏》作「請」。

同，則知獻公後即獻苟敬，乃可酬賓也。」**無膳尊，無膳爵。**降尊以就卑也。**若與四方之賓燕，媵爵曰：「受賜矣，❶臣請贊執爵者。」**受賜，謂公卿者酬之。至燕，主人事賓之禮殺。賓降，洗，升，媵觶于公，答恩惠也。**相者對曰：「吾子無自辱焉。」**亦告公，以公命答之也。**有房中之樂。**弦歌《周南》、《召南》之詩，而不用鍾磬之節也。謂之「房中」者，后、夫人之所諷誦，以事其君子。

右公與客燕。

❶「受」上，《儀禮注疏》有「臣」字。

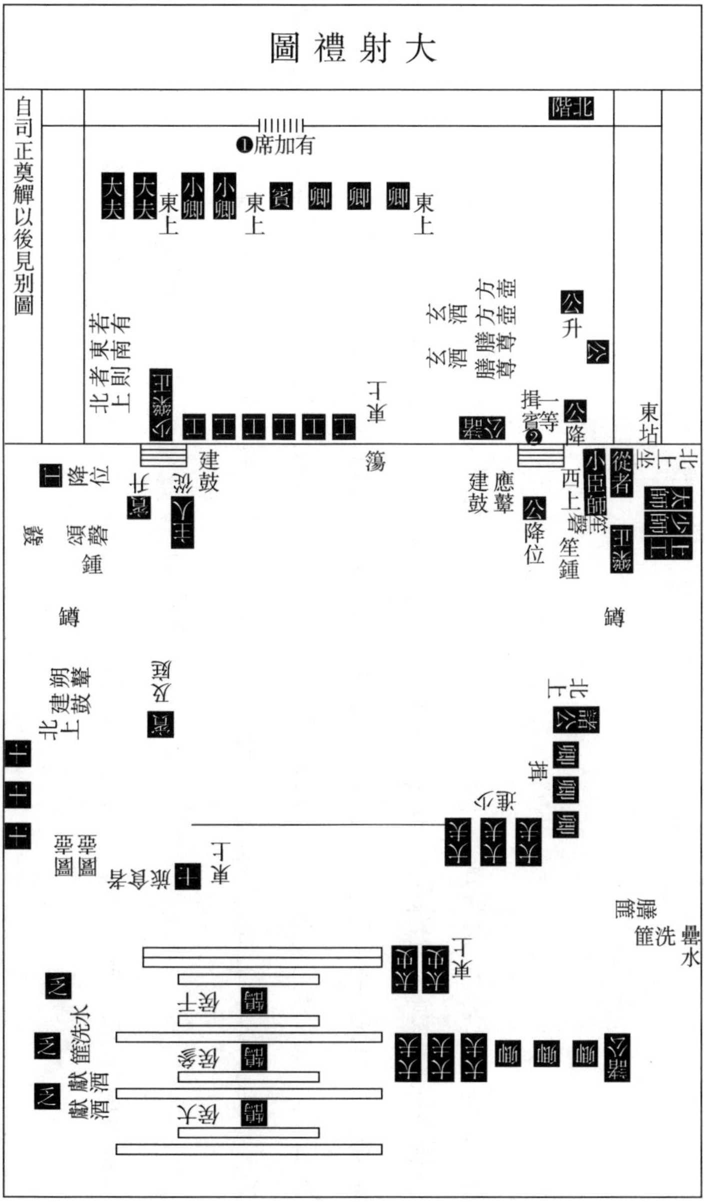

❶「有加席」三字，原無，今據元刻本、盧本補。

❷「揖賓」，原倒，今據元刻本、盧本乙正。

儀禮圖卷第七

大射儀第七

鄭《目録》云：「名曰《大射》者，諸侯將有祭祀之事，❶與其群臣射，以觀其禮。數中者得與於祭，不數中者不得與於祭。於五禮屬嘉禮。」

大射之儀○君有命戒射。將有祭祀之事，當射，宰告於君，君乃命之。言「君有命」，政教宜由尊者。**○宰戒百官有事於射者。**宰，於天子冢宰，治官卿也，作大事，則掌以君命戒於百官。**○射人戒諸公、卿大夫射。○司士戒士射與贊者。**射人掌以射法治射儀，司士掌國中之士治，凡其戒命，皆司馬之屬也。殊戒公、卿大夫與士，辨貴賤也。贊，佐也，謂士佐執事不射者。**○前射三日，宰夫戒宰及司馬、射人，宿視滌。**宰夫，冢宰之屬，掌百官之徵令者。司馬於天子政官之卿，凡大射則合其六耦。滌謂溉器，掃除射宮。

右戒百官。

---

❶ 「祀」，原作「祖」，今據盧本及《儀禮注疏》改。

司馬命量人量侯道與所設乏以貍步，大侯九十，參七十，干五十。設乏，各去其侯西十、北十。參，依注音糝，素感反。干，依注音豻，五旦反。○量人，司馬之屬，掌量道巷塗數者。侯謂所射布也，尊者射之以威不寧侯，卑者射之以求爲侯。量侯道，謂去堂遠近也。容謂之乏，所以爲獲者之禦矢。貍之伺物，每舉足者止視遠近，爲發必中也，是以量侯道取象焉。《鄉射·記》曰「侯道五十弓」，《考工記》曰「弓之下制六尺」，則此貍步六尺明矣。大侯，熊侯，謂之大者，與天子熊侯同。參讀爲糝，糝，雜也，雜侯者，豹鵠而麋飾，下天子大夫也。干讀爲豻，豻侯者，豻鵠豻飾也。大夫將祭於己射麋侯。士無臣，祭不射。○鵠，古毒反。○《疏》曰：「熊侯而謂之大者，言畿外諸侯亦得用三侯，其數上同于天子，而非畿内諸侯所可比，故於熊侯加大以别之。然不嫌於偪上者，天子三侯則虎侯、熊侯、豹侯，諸侯不得用虎侯，而以熊侯、糝侯、豻侯爲三侯。若畿内，則但有熊侯、豹侯，此其所以别也。云『豹鵠而麋飾，下天子大夫也』者，《司裘》云『卿大夫則共麋侯』，此則豹皮爲鵠，以麋飾其側，不用熊麋，是『下天子大夫也』。豻，❶鄭注《周禮》云『胡犬』。豻侯亦取捷黠意。大夫得置家臣，故將祭得大射擇士。士卑無臣，故祭不得射也。」○今案：注義則自天子至大夫皆有大射，皆爲擇士與祭，而行此射禮。惟士卑無臣，故祭不得射也。

○遂命量人、巾車張三侯。大侯之崇見鵠於參，參見鵠於干，干不及地武，不繫左下綱。設乏，西十、北十。凡乏用革。見，賢遍反。○巾車，於天子宗伯之屬，掌裝衣車者，亦使張侯。侯，巾類。崇，高也，高必見

❶「豻」，原作「豿」，今據盧本改。下同，不再出校。

鵠。鵠，所射之主。鵠之言較，較，直也，射者所以直己志。或曰：鵠，鳥名，射之難中，中之爲俊，是以取名。《淮南子》曰：「鳱鵠知來。」❶然則所云正者，正也，亦鳥名。齊魯之閒名題肩爲正，正、鵠皆鳥之捷黠者。《考工記》曰「梓人爲侯，廣與崇方，參分其廣而鵠居一焉」，則大侯之鵠方六尺，糝侯之鵠方四尺六寸大半寸，豻侯之鵠方三尺三寸少半寸。及，至也。武，迹也。中人之足長尺二寸，以豻侯計之，糝侯去地一丈五寸少半寸，大侯去地二丈二尺五寸少半寸。凡侯北面，西方謂之左。前射三日，張侯設乏，欲使有事者豫志焉。○《疏》曰：「《鄉射》云『乏參侯道，居侯黨之一，西五步』，注云：『此乏去侯北十丈，西三丈。』此經云『西十，北十』，則西與北皆六丈，不得爲三分居侯黨之一者，以其三侯入堂深故也。西亦六丈者，以三侯恐矢揚傷人，與一侯亦異也。三侯之下總云『西十，北十』，則其乏皆西十、北十矣。侯之廣狹取度於侯道，大侯道九十弓，弓取二寸，二九十八，侯中丈八尺，三分其侯而鵠居一，故知鵠六尺也。參侯、干侯亦以侯道弓數及弓取二寸推之，大侯中丈八尺，鵠方六尺，參侯中丈四尺，鵠方四尺六寸大半寸，干侯中一丈，鵠方三尺三寸少半寸。凡言大半寸者，三分寸之二；❷少半寸者，三分寸之一。

右張侯。見前圖。

樂人宿縣于阼階東，笙磬西面，其南笙鍾，其南鑮，皆南陳。縣，音玄。鑮，音博。○笙，猶生也。

❶「知」，原作「如」，今據盧本及《儀禮注疏》、《淮南子》改。

❷「三」，原作「二」，今據《儀禮注疏》改。

東爲陽中，萬物以生，是以東方鐘磬謂之笙，皆編而縣之。《周禮》曰：「凡縣鐘磬，半爲堵，全爲肆。」有鐘、有磬爲全。鑮如鐘而大，奏樂以鼓鑮爲節。○堵，丁古反。**建鼓在阼階西，南鼓，應鼙在其東，南鼓。**鼙，步迷反。○建，猶樹也，以木貫而載之，樹之跗也。南鼓，謂所伐面也。應鼙，應朔鼙也，先擊朔鼙，應鼙應之。❶鼙，小鼓也。在東，便其先擊小，後擊大也。鼓不在東，縣南，爲君也。○跗，方于反。**西階之西，頌磬東面，其南鍾，其南鑮，皆南陳。一建鼓在其南，東鼓，朔鼙在其北。**頌，音容。○言成功曰頌。西爲陰中，萬物之所成，是以西方鐘磬謂之頌。朔，始也。**一建鼓在西階之東，南面。簜在建鼓之間，**簜，大黨反。○簜，竹也，謂笙、簫之屬，倚於堂。○《疏》曰：「下云『乃管《新宮》』，注云『管謂吹簜』，則此簜管也。」**鼗倚于頌磬西紘。**鼗，大刀反。紘，音宏。○鼗，如鼓而小，有柄，賓至，搖之以奏樂也。紘，編磬繩也。設鼗於磬西，倚於紘也。

右設樂。

厥明，司宮尊于東楹之西，兩方壺，膳尊兩甒在南，有豐。冪用錫若絺，綴諸箭。蓋冪，加勺，又反之。皆玄尊，酒在北。膳尊，君尊也，後陳之，尊之也。豐，以承尊也。冪，覆尊巾也。錫，細布也。絺，細葛也。箭，篠也，爲冪蓋卷辟，綴於篠橫之也。又反之，爲覆勺也。皆玄尊，二者皆有玄酒之尊，

❶「應鼙」，《儀禮注疏》無此二字。

重本也。酒在北，尊統於君，南爲上也。唯君面尊，言專惠也。○篠，素了反。○《疏》曰：「『唯君面尊』，謂君燕臣子，專其恩惠，故尊鼻嚮君。」○**尊士旅食于西鑮之南，北面，兩圜壺。**旅，衆也。士衆食未得正禄，謂庶人在官者。圜壺，變於方也。賤，❶無玄酒。**又尊于大侯之乏東北，兩壺獻酒。**獻，素何反。○爲隸、僕人、巾車、糝侯豻侯之獲者。獻讀爲沙，沙酒濁，特泲之，必摩沙者也。兩壺皆沙酒。《郊特牲》曰：「汁獻涗于醆酒。」服不之尊，俟時而陳於南，統於侯，皆東面。○泲，子禮反。涗，始鋭反。○《疏》曰：「云『特泲之，必摩沙者也』者，此解名沙酒之意。引《郊特牲》者，此以五齊中取醆酒盎齊泲鬱鬯之事也。獻，沙也。泲鬱鬯之時，和盎齊，以手摩沙，出其香汁。涗，清也，泲之使清也。此爲隸僕以下卑賤之人而獻鬱鬯者，此所得獻皆因祭侯，謂侯之神，故用鬱鬯也。」○**設洗于阼階東南，罍水在東，篚在洗西，南陳。設膳篚在其北，西面。又設洗于獲者之尊西北，水在洗北，篚在南，東陳。**無爵，因服不也。有篚，爲奠虚爵也。服不之洗，亦俟時而陳於其南。○**小臣設公席于阼階上，西鄉。司宫設賓席于户西，南面，有加席。卿席賓東，東上。小卿賓西，東上。大夫繼而東上。若有東面者，則北上。席工于西階之東，東上。諸公阼階西，北面，東上。**○**官饌。**百官各饌其所當共之物。

---

❶「賤」，原作「醆」，今據盧本及《儀禮注疏》改。

右陳器、設位、具饌。

羹定，射人告具于公。公升，即位于席，西鄉。小臣師納諸公、卿大夫，諸公、卿大夫皆入門右，北面，東上。士西方，東面，北上。大史在干侯之東北，北面，東上。士旅食者在士南，北面東上。小臣師、從者在東堂下，南面，西上。大史在干侯東北，士旅食者在士南，爲有侯，入庭深也。○《疏》曰：「《燕禮》：『士旅食者，立于門西，東上。』此不繼門而在士南繼士者，爲有侯，故入庭深也。」○公降，立于阼階之東南，南鄉。小臣師詔揖諸公、卿大夫，諸公、卿大夫西面，北上，揖大夫，大夫皆少進。詔，告也。變爾言揖，亦以其入庭深也。上言「大夫」，誤衍耳。

右即位。

今案：《大射儀》自請賓以至辯獻大夫與《燕禮》同。《射義》曰：「古者諸侯之射也，必先行燕禮。燕禮，所以明君臣之義也。」《大射》，君與臣行射禮，正欲明君臣之義，此所以先行燕禮也。故凡與《燕禮》同者，更不重出，惟節文少異者，各注于本條之下。

大射正擯。大射正，射人之長。擯者請賓。案：《燕禮》以射人請賓，此《大射禮》以大射正擯，故「請賓」以後，下文皆言「擯者」，與《燕禮》言「射人」異，餘同。賓再拜稽首，受命。擯者反命。賓出立于門外，北面。案：此與《燕禮》「再拜，稽首，許諾，出立門外，東面」異，餘同。公降一等揖賓，賓辟。辟，逡遁，不敢當盛。○案：《燕禮》無「賓辟」之文，餘同。公升，即席。奏《肆夏》，賓升自西階。案：《燕禮》不奏《肆夏》，餘同。○**主人獻賓**，同。**宰胥薦脯醢**。宰胥，宰官之吏也。不使膳宰薦，不主於飲酒，變於燕。**賓升筵，庶子設折俎**。庶子，司馬之屬，掌正六牲之體者也。不使膳宰設俎，爲射變於燕。○案：此與《燕禮》膳宰薦膳醢、膳宰設折俎異，餘同。**告旨，執爵興。主人答拜。樂闋**。闋，止也。○案：《燕禮》無「樂闋」之文，餘同。○**賓酢主人**。同。○**主人獻公**。同。**公拜受爵，乃奏《肆夏》**。案：《燕禮》不奏《肆夏》，餘同。**宰胥薦脯醢，由左房。庶子設折俎**。案：此與《燕禮》膳宰薦脯醢、膳宰設折俎異，餘同。**庶子贊授肺**。案：此與《燕禮》膳宰贊授肺異，餘同。**樂闋。升，受爵，降，奠于篚**。案：《燕禮》無「樂闋」之文，餘同。**更爵，洗，升，酌散**。案：此與《燕禮》酌膳異，餘同。○**主人酬賓**。同。○**二人媵爵**。同。**送觶，公答拜。媵爵者皆退，反位**。反門右北面位。○**公爲賓舉旅**。同。**賓升，再拜稽首。公答拜。賓告于擯者，請旅諸臣。擯者告于公，公許。賓以旅大夫于西階上**。案：此經文所載詳於《燕禮》，餘同。○**主人獻孤卿**。同。**卿升席，庶子設折俎**。案：《燕禮》卿無折俎，餘同。**右祭脯醢，奠爵于薦右，興，取肺，坐，絶祭，不嚌肺，興，加于俎。坐挩手，取爵，遂祭酒**。案：此與《燕禮》異，餘同。○**再媵爵**，同。○**公爲賓若孤卿舉旅**，同。**唯公所賜**。案：此與《燕禮》「唯公所酬」異，餘同。○**主人獻大夫**，同。**繼賓以西，東上。若有東面者則北上**。案：《燕禮》無「若有東面者則北上」之文，餘同。

右先行燕禮。見《燕禮圖》。

乃席工于西階上少東。小臣納工。工六人，四瑟，工謂瞽矇，善歌諷誦《詩》者也。六人，大師、少師各一人，上工四人。四瑟者，謂大樂衆也。❶**僕人正徒相大師，僕人師相少師，僕人士相上工。**徒，空手也。僕人正，僕人之長，師其佐也，士其吏也。天子視瞭相工，諸侯兼官，是以僕人掌之。大師、少師，工之長也，凡國之瞽矇正焉。杜蒯曰：「曠也，大師也。」於是分別工及相者，射禮明貴賤。〇《疏》曰：「正爲長，師爲衆，故僕人正爲長，師爲佐，士在僕人之下，故知僕人之吏。」〇蒯，苦怪反。**相者背左何瑟，後首，内弦，挎越，右手相。**左何，胡可反。挎，口胡反。〇謂相上工者。後首，主於射，略於此樂。内弦，挎越，以右手相工，由便也。越，瑟下孔，所以發越其聲者也。**後者徒相，入，**謂相大師、少師者也。上列官之尊卑，此言先後之位，亦所以明貴賤。凡相者以工出入。**小樂正從之。**從大師也。後升者，變於燕也。小樂正，於天子樂師也。〇《疏》曰：「《燕禮》樂正先升，又不使小樂正者，彼主於樂，此則略於樂也。」**升自西階，北面東上。**工六人。**坐授瑟，乃降。**相降立于西縣之北。**小樂正立于西階東。**不統於工，明工雖衆，位猶在此。**乃歌《鹿鳴》三終。**歌《鹿鳴》三終，而不歌《四牡》、《皇皇者華》，主於講道，略於勞苦與諮事。**主人洗，升實爵，獻工。工不興，左瑟，**洗爵獻工，辟正主也。獻不用觚，工賤，異

❶「謂」，《儀禮注疏》作「禮」。

之。工不興，不能備禮。左瑟，便其右。**一人拜受爵。**謂大師也。❶言一人者，工賤，同之也。工拜於席。**主人西階上拜送爵，薦脯醢，使人相祭。**使人相者，相其祭薦、祭酒。**卒爵不拜。主人受虛爵。衆工不拜受爵，坐祭，遂卒爵，辯有脯醢，不祭。主人受爵，降，奠于篚，復位。大師及少師、上工皆降，立于鼓北，群工陪于後。**鼓北，西縣之北也。言鼓北者，與鼓齊面，餘長在後也。群工陪于後，三人爲列也。《考工記》曰：「鼓人爲皋陶，長六尺有六寸。」〇《疏》曰：「下文太師、少師始還向東，明此降者在西縣之北可知。云『鼓北』者，案前列樂縣之時，鼓在鑮南，今不言在鐘磬之北，遥繼鼓而言之者，欲取形大，又面向東，工亦面向東，故遥取鼓面也。言『餘長在後』者，欲見鼓長六尺六寸，工面與鼓面齊，鼓有餘長在人後。」**乃管《新宫》三終。**管，謂吹簜以播《新宫》之樂，其篇亡，其義未聞。笙從工而入，既管不獻，略下樂也。立于東縣之中。**卒管，大師及少師、上工皆東坫之東南，西面北上坐。**不言縣北，統於堂也。於是時大樂正還，北面，立于其南。〇今案：《燕禮》工歌《小雅·鹿鳴》、《四牡》、《皇皇者華》，笙奏《南陔》、《白華》、《華黍》；閒歌《魚麗》，笙《由庚》；歌《南有嘉魚》，笙《崇丘》；歌《南山有臺》，笙《由儀》；遂歌鄉樂《周南》、《召南》。此《大射》歌《鹿鳴》三終，又笙《新宫》而止，何其略也。彼《燕禮》主於樂，此則略於樂也。

右樂賓。詳見《鄉飲酒樂賓圖》。

---

❶「大」，原作「中」，今據盧本及《儀禮注疏》改。

擯者自阼階下請立司正。君將留群臣而射，宜更立司正以監之，察儀法也。**公許，擯者遂爲司正。**君許其請，因命用之。不易之者，俱相禮，其事同也。**司正適洗，洗角觶，南面坐奠于中庭。**奠觶者，著其位以顯其事，威儀多也。**升東楹之東，受命于公，西階上北面命賓、諸公、卿大夫：「公曰：『以我安。』」**以我安者，君意慇懃欲留之，以我故安也。**賓、諸公、卿大夫皆對曰：「諾，敢不安。」司正降自西階，南面坐取觶，升，酌散，降，南面坐奠觶。**奠於中庭故處。**興，右還，北面少立，坐取觶，興，坐，不祭，卒觶，奠之，興，再拜稽首。左還，南面坐取觶，洗。南面反奠于其所，北面立。**皆所以自昭明於衆也。將於觶南，北面，則右還；於觶北，南面，則左還：如是得從觶西往來也。必從觶西往來者，爲君在阼，不背之也。

右立司正。圖見《燕禮》。

司射適次，袒、決、遂，執弓，挾乘矢，於弓外見鏃於弣，右巨指鉤弦。司射，射人也。次，若今時更衣處，張幃席爲之，耦次在洗東南。袒，左免衣也。決，猶闓也，以象骨爲之，著右巨指，所以鉤弦而闓之。遂，射韝也，以朱韋爲之，著左臂，所以遂弦也。方持弦矢曰挾。乘矢，四矢。弣，弓把也。見鏃焉，順其射也。右巨指，右手大擘以鉤弦，弦在旁，挾由便也。○《疏》曰：「司射、射人、大射正、司正、擯者，其實一人也。」**自阼階前曰：「爲政請射。」**爲政，謂司馬也。司馬，政官，主射禮。**遂告曰：「大夫與大夫，士御於大夫。」**因告選三耦於君。御，猶侍也。大夫與大夫爲耦，不足則士侍於大夫，與爲耦也。**遂適西階**

前，東面右顧，《疏》曰：「司射西階前『東面』者，君在阼，宜向之。『右顧』者，以其有司是士，士在西階前東面，❶是以右顧向之。」**命有司納射器。射器皆入，君之弓矢適東堂，賓之弓矢與中、籌、豐皆止于西堂下。衆弓矢不挾，總衆弓矢、楅，皆適次而俟。**中，閭中，算器也。籌，算也。豐，可奠射爵者。❷衆弓矢，三耦及卿大夫以下弓矢也。司射矢亦止西堂下。「衆弓矢不挾」，則納公與賓弓矢者挾之。楅，承矢器。**工人士與梓人升自北階，兩楹之間，疏數容弓，若丹若墨，度尺而午，射正莅之。**數，音朔。○工人士、梓人，皆司空之屬，能正方圜者。一從一横曰午，謂畫物也。射正，司射之長。**卒畫，自北階下。司宮埽所畫物，❸自北階下。**埽物，重射事也。工人士、梓人、司宮位在北堂下。**大史俟于所設中之西，東面以聽政。**中未設也，大史俟焉，將有事也。《鄉射禮》曰：「設中南當楅，西當西序，東面。」**司射西面誓之曰：「公射大侯，大夫射參，士射干。射者非其侯，中之不獲。卑者與尊者爲耦，不異侯。」大史許諾。遂比三耦。**比，選次之也。不言面者，大夫在門右北面，士西方東面。○《疏》曰：「天子大射、賓射六耦三侯，畿内諸侯則二侯四耦，畿外諸侯大射、賓射皆三侯三耦。但諸侯畿外、畿内各有一申一屈，故畿外三侯，遠尊得申，與天子同，三耦則屈。畿内二侯，近尊則屈，四耦

❶「前」，《儀禮注疏》作「南」。
❷「射」，原作「罸」，今據元刻本、盧本及《儀禮注疏》改。
❸「宮」，原作「空」，今據《儀禮注疏》及下文改。

則申。若燕射則天子、諸侯例同，三耦一侯而已，以其燕私屈也。若卿大夫、士例同一侯三耦。」三耦俟于次北，西面，北上。司射命上射曰：「某御於子。」命下射曰：「子與某子射。」卒，遂命三耦取弓矢于次。取弓矢不拾者，次中隱蔽處。

右納射器，比三耦。

案：左物、右物，《鄉射》同。《鄉射·記》云「物長如笴，其間容弓距隨長武」是也。但《大射禮》工人士、梓人升自北階，卒畫，自北階下，司宮埽所畫物，自北階下，事尤謹於《鄉射》。○《鄉射禮》司射在中西南，司馬在司射之南，三耦在其西南，又無次。《大射禮》耦次在洗東南，此人君禮，與《鄉射》異。司射命衆耦之辭與《鄉射》亦同，但《鄉射》比三耦於堂西，其禮輕，《大射》定大夫、士三耦之位於庭，而後比之，此人君禮，與《鄉射》異。

司射入于次，搢三挾一个，出于次，西面揖，當階北面揖，及階揖，升堂揖，當物北面揖，及物揖，由下物少退，誘射。搢，扱也。挾一个，挾於弦也。个，猶枚也。由下物而少退，謙也。誘，猶教也，「夫子循循然善誘人」。○《疏》曰：「射人誘射與《鄉射》同，但《鄉射》往階西取弓矢，此則入次取弓矢爲異。然此云『入次，搢三挾一个』，則已前皆挾乘矢不改，《鄉射》亦然。」射三侯，將乘矢，始射干，又射參，大侯再發。將，行也。行四矢，象有事於四方。《詩》云：「四矢反兮，以御亂兮。」卒射，北面揖，揖於當物之處。不南面者，爲不背卿。○《疏》曰：「《鄉射》南面揖者，彼尊東或公或卿大夫，位同不別，故司射不特尊之。此《大射》辨尊卑，尊東唯有天子命卿，其餘小卿及大夫皆賓西，故特尊之，不背之也。」**及階揖，降，如升射之儀。遂適堂西，改取一个挾之。**改，更也。不射而挾矢，示有事也。**遂取扑，搢之，以立于所設中之西南，東面。**扑，普卜反。○扑，所以撻犯教者也。於是言立，著其位也。《鄉射·記》曰：「司射之弓矢與扑，倚于西階之西。」○《疏》曰：「《鄉射》三耦立于司射西南，東面，北上。《大射》三耦俟于次北，西面，北上。」

右司射誘射。

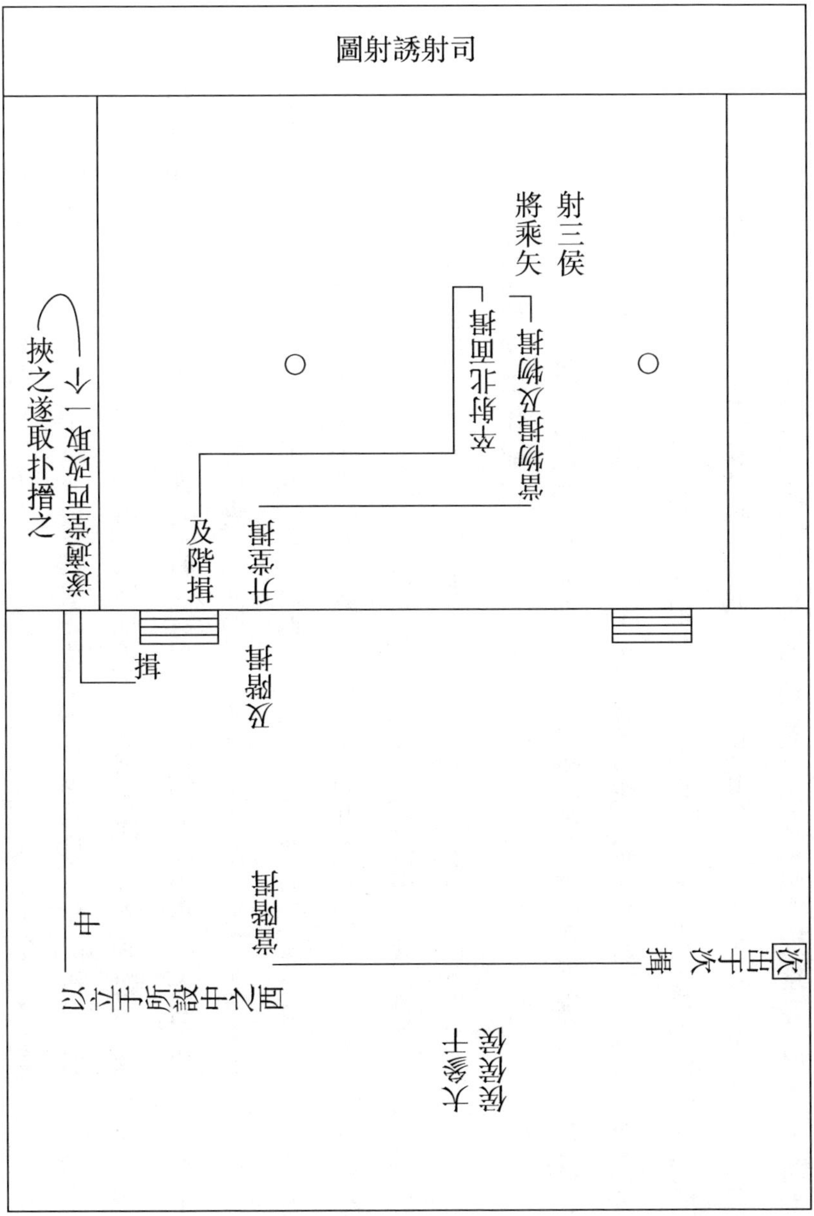
射三侯
將乘矢
當物揖及物揖
卒射北面揖
升堂揖
及階揖
遂適堂西改取一个挾之遂取扑搢之
揖
及階揖
當階揖
中
次
出于次
揖
以立于所設中之西
司射誘射圖

司馬師命負侯者執旌以負侯。司馬師，正之佐也。欲令射者見侯與旌，深志於侯中也。負侯，獲者也。天子「服不氏下士一人，徒四人」，掌「以旌居乏待獲」。析羽爲旌。○《疏》曰：「引天子服不氏爲獲者，明諸侯亦當然也。」**負侯者皆適侯，執旌負侯而俟。司射適次，作上耦射。**作，使也。**司射反位。上耦出次，西面揖，進。上射在左，並行。當階北面揖，及階揖。上射先升三等，下射從之中等。**上射在左，便射位也。中，猶閒也。○《疏》曰：「《鄉射》亦云『上射在左』，不云『便射位』者，彼東面位，上射在北，故在左，不取便射位之義。此次北西面位，亦上射在北居右，故上射須在左，以其發位並行，及升，北面就物位，皆言居左，履物南面，上射乃在右，故云『上射在左，便射位也』。」**上射升堂，少左。下射升，上射揖，並行。**並，併也，併東行。**皆當其物北面揖，及物揖，皆左足履物，還，視侯中，合足而俟。**視侯中，各視其侯之中。大夫耦則視參中，參中十四尺。士耦則視干中，干中十尺。

右司馬命負侯，司射作射。

司馬正適次，袒、決、遂，執弓，右挾之，出。升自西階，適下物，立于物閒，左執弣，右執簫，南揚弓，命去侯。去，起吕反。○司馬正，政官之屬。簫，弓末。揚弓者，執下末。揚，猶舉也。適下物，由上射後東過也。命去侯者，將射當獲也。《鄉射禮》曰：「西南面立于物閒。」**負侯皆許諾，以宫趨，直西；及乏南，又諾以商；至乏，聲止。**宫爲君，商爲臣，其聲和相生也。《鄉射禮》曰：「獲者執旌許諾。」○《疏》曰：「宫數八十一，商數七十二，彈宫則商應，故云『聲和』也。」**授獲者，退立于西方。獲者**

興，共而俟。大侯，服不氏負侯，徒一人居乏，相代而獲。參侯、干侯，徒負侯居乏，不相代。《鄉射禮》曰：「獲者執旌許諾，聲不絶，以至于乏，坐，東面，偃旌，興而俟。」司馬正出于下射之南，還其後，降自西階，遂適次，釋弓，説決、拾，襲，反位。還，户患反。説，士活反。○拾，遂也。《鄉射禮》曰：「司馬反位，立于司射之南。」司射進，與司馬正交于階前，相左。由堂下西階之東，北面視上射，命曰：「毋射獲，毋獵獲。」上射揖。司射退，反位。射獲之射，食亦反。○射獲，矢中乏也。從旁爲獵。

右司馬命去侯，司射命射。

上耦揖升司馬命去侯司射命射圖

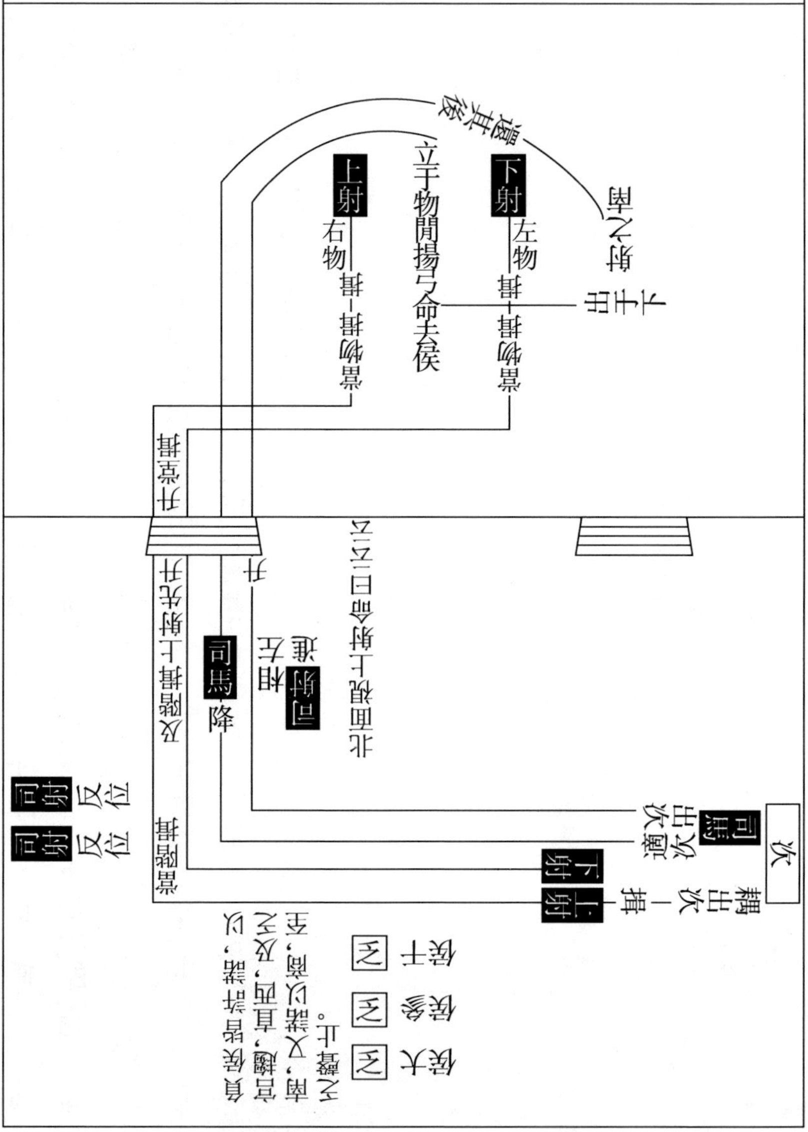

乃射。上射既發，挾矢，而后下射射，拾發以將乘矢。拾，更也。將，行也。獲者坐而獲，坐言獲也。舉旌以宫，偃旌以商，再言獲也。獲而未釋獲。但言獲，未釋算。卒射，右挾之，北面揖，揖如升射。右挾之，右手挾弦。上射降三等，下射少右從之，中等，並行，上射於左，與升射者相左，交于階前，相揖，適次，釋弓，説決、拾，襲，反位。上射於左，由下射階上少右，乃降待之。言襲者，凡射皆袒。〇三耦卒射亦如之。〇司射去扑，倚於階西，適阼階下，北面告于公曰：「三耦卒射。」反，搢扑，反位。

右三耦初射。獲而未釋獲。

上耦次耦升降相左圖

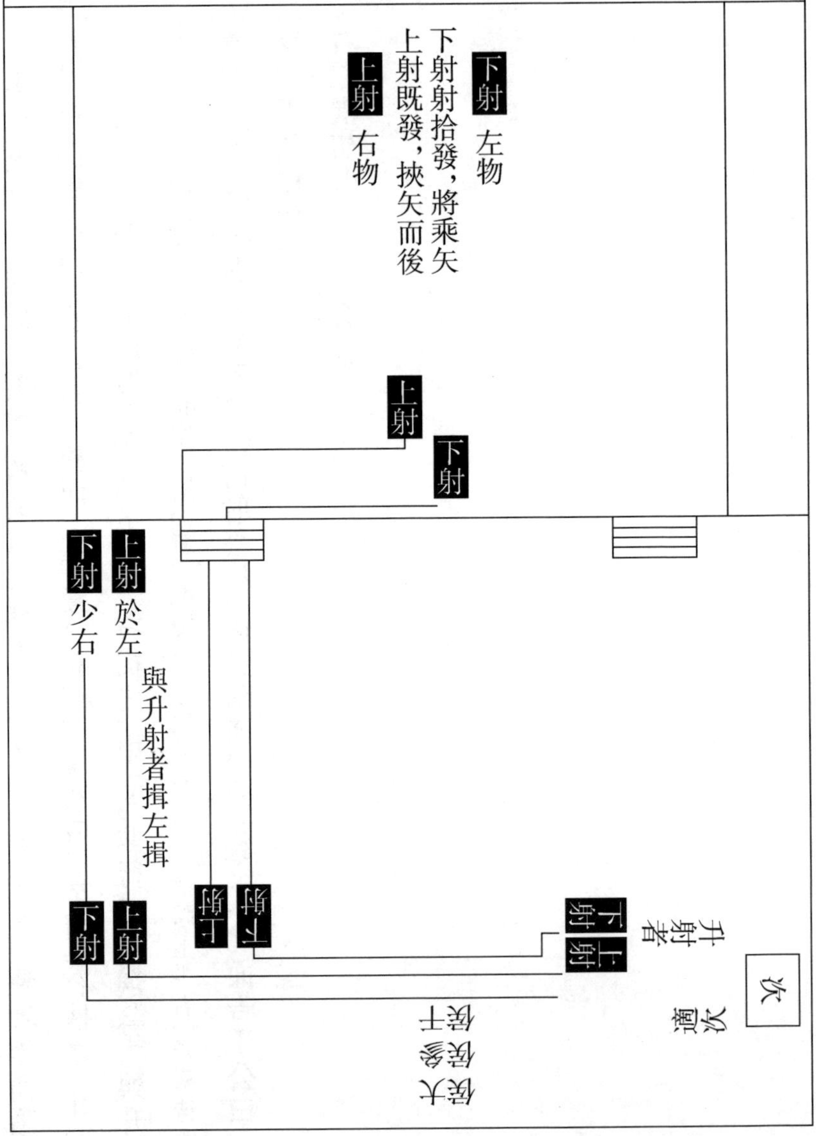
下射 左物
下射射拾發，將乘矢
上射既發，挾矢而後
上射 右物
上射
下射
上射 於左
下射 少右
與升射者揖左揖
下射
上射
升射者
上射
下射
次
大侯
參侯
干侯

司馬正袒、決、遂，執弓，右挾之，❶出，與司射交于階前，相左，出，出於次也，袒時亦適次。升自西階，自右物之後立于物閒，西南面揖弓，❷命取矢。揖，推之。負侯許諾，如初去侯，皆執旌以負其侯而俟。俟小臣取矢，以旌指教之。○司馬正降自西階，北面命設楅。此出于下射之南，還其後而降之。小臣師設楅。司馬正東面，以弓爲畢。畢，所以爲助執事者。《鄉射·記》曰：「乃設楅于中庭南，當洗，東肆。」既設楅，司馬正適次，釋弓，説決、拾，襲，反位。小臣坐委矢于楅，北括。司馬師坐乘之，乘，四四數之。❸卒。若矢不備，則司馬正又袒，執弓升，命取矢如初，曰：「取矢不索。」乃復求矢，加于楅，卒。司馬正進坐，左右撫之，興，反位。左右撫，分上下射。此坐皆北面。○司射適西階西，倚扑，升自西階，東面請射于公，倚扑者，將即君前，不敢佩刑器也。升堂者，欲諸公、卿大夫辯聞也。公許。遂適西階上，命賓御于公，諸公卿則以耦告于上，大夫則降，即位而后告。告諸公卿於堂上，尊之也。司射自西階上，北面告于大夫曰：「請降。」司射先降，搢扑，反位。大夫從之降，適次，立于三耦之南，西面，北上。適次，由次前而北，西

❶「挾」，原作「揖」，今據盧本及《儀禮注疏》改。

❷「揖」，原作「挾」，今據元刻本、盧本及《儀禮注疏》改。下注同，不再出校。

❸「四」，原不重，今據元刻本、盧本及《儀禮注疏》補。

面立。司射東面于大夫之西北，耦大夫與大夫。命上射曰：「某御於子。」命下射曰：「子與某子射。」卒，遂比衆耦。衆耦，士也。衆耦立于大夫之南，西面，北上。若有士與大夫爲耦，則以大夫之耦爲上。爲上，居群士之上。命大夫之耦曰：「子與某子射。」告於大夫曰：「某御於子。」士雖爲上射，其辭猶尊大夫。命衆耦如命三耦之辭。諸公卿皆未降。言未降者，見其志在射。○遂命三耦各與其耦拾取矢，皆袒、決、遂，執弓，右挾之。此命入次之事也。司射既命而反位，不言之者，上射出，當作取矢，事未訖。一耦出，西面揖，當楅北面揖，及楅揖。三耦同入次。其出也，一上射出，❶西面立，司射作之，乃揖行也。當楅，楅正南之東西。上射東面，下射西面。上射揖進，坐橫弓，卻手自弓下取一个，兼諸弣，興，順羽，且左還，毋周，反面揖。橫弓者，南踣弓也。卻手自弓下取矢者，以左手在弓表，右手從裏取之便也。兼，并也。并矢於弣，當順羽。既又當執弦順羽者，手放而下備，不整理也。左還，反其位。毋周，右還而反東面也。君在阼，還周則下射將背之。○踣，步北反。❷背，音佩。下射進，坐橫弓，覆手自弓上取一个，兼諸弣，興，順羽，且左還，毋周，反面揖。橫弓，亦南踣弓也。人東西鄉，以南北爲橫。覆手自弓上取矢，以左手在弓裏，右手從表取之便也。

---

❶「一」字，《儀禮注疏》重。

❷「北」，原作「比」，今據《釋文》改。

既拾取矢，梱之。梱，齊等之也。兼挾乘矢，皆内還，南面揖。内還者，上射左，下射右，不皆右還，亦以君在阼，嫌下射，故左還而背之也。上以陽爲内，下以陰爲内，因其宜可也。適楅南，皆左還，北面揖，搢三挾一个，楅南，鄉當楅之位也。揖，以耦左還，上射於左，以，猶與也。言以者，耦之事成於此，意相人耦也。上射轉居左，便其反位也。上射少北，乃東面。○《疏》曰："云『上射轉居左，便其反位也』者，位在次北西面，是以上射居左，至次北右還，西面便也。"退者與進者相左，相揖。退，釋弓矢于次，説決、拾，襲，反位。二耦拾取矢，亦如之。後者遂取誘射之矢，兼乘矢而取之，以授有司于次中，皆襲，反位。有司納射器，因留，主授受之。

右取矢，再請射。

三耦拾取矢進退相左圖

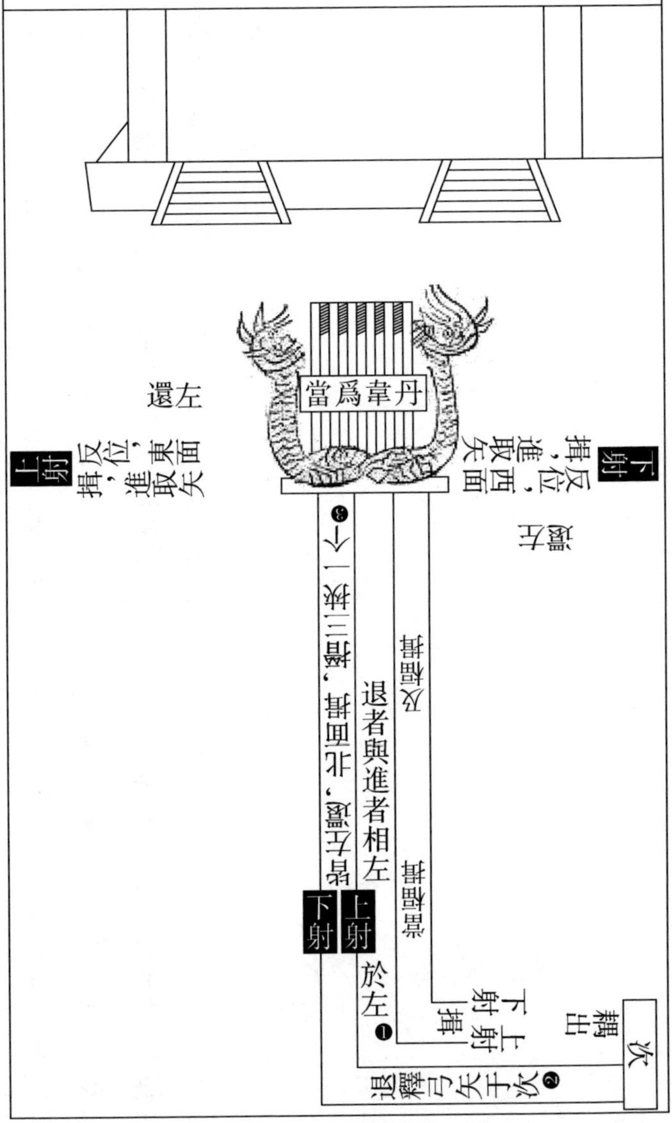

❶「於左」二字，原無，今據元刻本、盧本補。

❷「于次」二字，原無，今據元刻本、盧本補。

❸「搢三挾一个」五字，元刻本、盧本無。

司射作射如初。一耦揖升如初。司馬命去侯，負侯許諾如初。司馬降，釋弓，反位。司射猶挾一个，去扑，與司馬交于階前，適阼階下，北面請釋獲于公，公許。反，搢扑，遂命釋獲者設中，以弓爲畢，北面。北面，立于所設中之南，當視之也。《鄉射禮》曰：「設中，南當楅，西當西序。」大史釋獲。小臣師執中，先首，坐設之，東面，退。大史實八算于中，横委其餘于中西，興，共而俟。先，猶前也。命大史而小臣師設之，國君官多也。小臣師退，反東堂下位。《鄉射禮》曰：「横委其餘于中西，南末。」司射西面命曰：「中離維綱，揚觸梱復，公則釋獲，衆則不與。中，丁仲反。○離，猶過也，獵也。侯有上下綱，其邪制躬舌之角者爲維。或曰，維當爲絹，絹，綱耳。揚觸者，謂矢中他物，揚而觸侯也。梱復，謂矢至侯不著而還復。復，反也。公則釋獲，優君也。衆當中鵠而著。唯公所中，中三侯皆獲。」值中一侯，則釋獲。釋獲者命小史，小史命獲者。傳告服不，使知此司射所命。司射遂進由堂下，北面視上射，命曰：「不貫不釋。」上射揖。司射退，反位。貫，猶中也，射不中鵠不釋算。釋獲者坐取中之八算，改實八算，興，執而俟。執所取算。○乃射。若中，則釋獲者每一个釋一算，上射於右，下射於左。若有餘算，則反委之，委餘算，禮貴異。又取中之八算，改實八算于中，興，執而俟。三耦卒射。○《鄉射·記》：「君國中射則皮樹中，以翿旌獲，白羽與朱羽糅。國中，城中也，謂燕射也。皮樹，獸名。以翿旌獲，尚文德也。於郊則閭中，以旌

獲，於郊，謂大射也，大射於大學。《王制》曰：「小學在公宫之左，❶大學在郊。」閭，獸名，如驢，一角，或曰：如驢，岐蹄。《周書》曰：「北唐以閭。」析羽爲旌。**於竟則虎中，龍旜。**於竟，謂與鄰國君射也。畫龍於旜，尚文章也。通帛爲旜。**大夫兕中，各以其物獲。**」兕，獸名，似牛一角。**士鹿中，翿旌以獲。**謂小國之州長也。用翿爲旌，以獲無物也。

右三耦再射獲。

---

❶「宫」下，原有「南」字，今據元刻本、盧本及《儀禮注疏》删。

三耦再射釋算圖

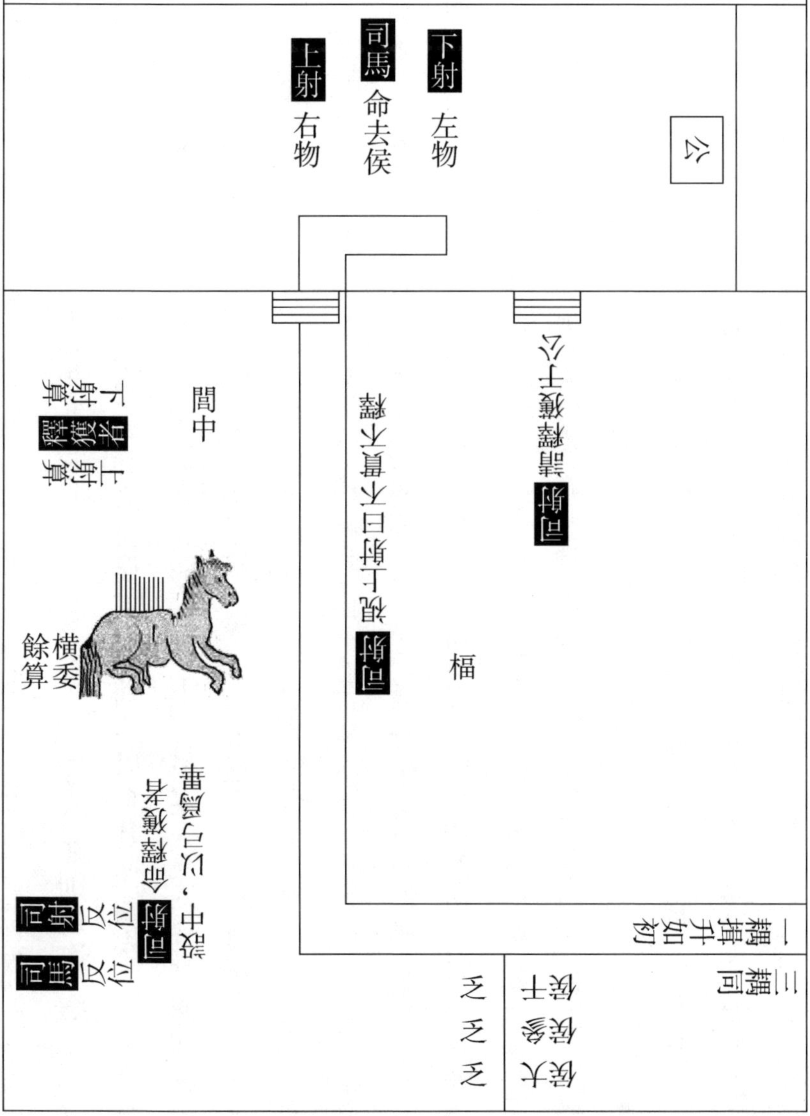
下射 左物
司馬 命去侯
上射 右物
公
司射 請釋獲于公
司射 視上射曰不貫不釋
楅
閭中
上射算
釋獲者
下射算
橫委餘算
司射 命釋獲者設中，以弓爲畢
司射 反位
司馬 反位
一耦揖升如初
三耦同
大侯
參侯
干侯

賓降，取弓矢于堂西。不敢與君並俟告，取之以升，俟君事畢。○《疏》曰：「君得告乃取弓矢，賓不敢與君並俟告也。然此但取之以俟，非即袒、決、遂也。故曰『俟君事畢』。」諸公卿則適次，繼三耦以南。言繼三耦，明在大夫北。○公將射，則司馬師命負侯，皆執其旌以負其侯而俟。君尊，若始焉。司馬師反位，隸僕人埽侯道。新之。司射去扑，適阼階下，告射于公，公許。適西階東，告于賓，告當射也。遂搢扑，反位。小射正一人取公之決、拾于東坫上，一小射正授弓、拂弓，皆以俟于東堂。授弓，當授大射正。拂弓，去塵。○《疏》曰：「大射正一人爲上，司射次之，司射或謂之小射正。但大射正與司射各一人，小射正不止一人。此既云『小射正一人』，又云『一小射正』，則小射正二人也。」○公將射，則賓降，適堂西，袒、決、遂，執弓，搢三挾一个，升自西階，先待于物北，北一笴，東面立。不敢與君併。笴，矢幹。東面立，鄉君也。司馬升，命去侯如初，還右，乃降，釋弓，反位。還右，還君之右也，猶出下射之南，還其後也。○公就物，小射正奉決、拾以笥，大射正執弓，皆以從於物。笥，萑葦器。大射正舍司正，親其職。小射正坐奠笥于物南，遂拂以巾，取決，興。贊設決，朱極三。極，猶放也，所以韜指，利放弦也，以朱韋爲之。三者，食指、將指、無名指。無極，放弦契於此指，多則痛，小指短，不用。小臣正贊袒，公袒朱襦。卒袒，小臣正退，俟于東堂。小射正又坐取拾，興，贊設拾，以笥退，奠于坫上，復位。既袒乃設拾，拾當以韝襦上。大射正執弓，以袂順左右隈，上再下壹，左執弣，右執簫，以授公。公親揉之。隈，烏回反。揉，而九反。○順，放之也。隈，弓淵也。揉，宛之，觀其安危也。○宛，紆阮反。小臣師以巾內拂矢，而授矢于公，稍屬。屬，之玉反。○內拂，恐塵及君也。稍屬，不搢矢。大射正立于公後，以矢行告于公。若不中，使君當知而改其度。下曰留，上曰揚，左右曰方。留，不至也。揚，過去也。方，出旁也。公既發，大射正受弓而俟，拾發以將乘矢。公下射也，而先發不留，尊也。○公卒射，小臣師以巾退，反位。大射正受弓。受弓，以授有司於東堂。小射正以笥受決、拾，退，奠于坫上，復位。大射正退，反司正之位。小臣正贊襲。公還而后賓降，釋弓于堂西，反位于階西，東面。階西，東面，賓降位。公即席，司正以命升賓。賓升復筵，而後卿大夫繼射。○諸公卿取弓矢于次中，袒、決、遂，執弓，搢三挾一个，出，西面揖，揖如三耦，升射。卒射，降如三耦。適次，釋弓，說決、拾，襲，反位。衆皆繼射，釋獲皆如初。諸公卿言取弓矢，衆言釋獲，互言也。○《鄉射·記》：「君射，則爲下射。上射退于物一笥，既發，則答君而俟。答，對也。君樂作而後就物，君袒朱襦以射，君尊。小臣以巾執矢以俟。」君尊，不搢矢，不挾矢，授之稍屬。○唯君有射于國中，其餘否。臣不習武事於君側也。君在，大夫射則肉袒。不袒，纁襦厭於君也。

右公及賓、諸公卿、大夫射。❶

❶「諸」，原無，今據元刻本、盧本補。

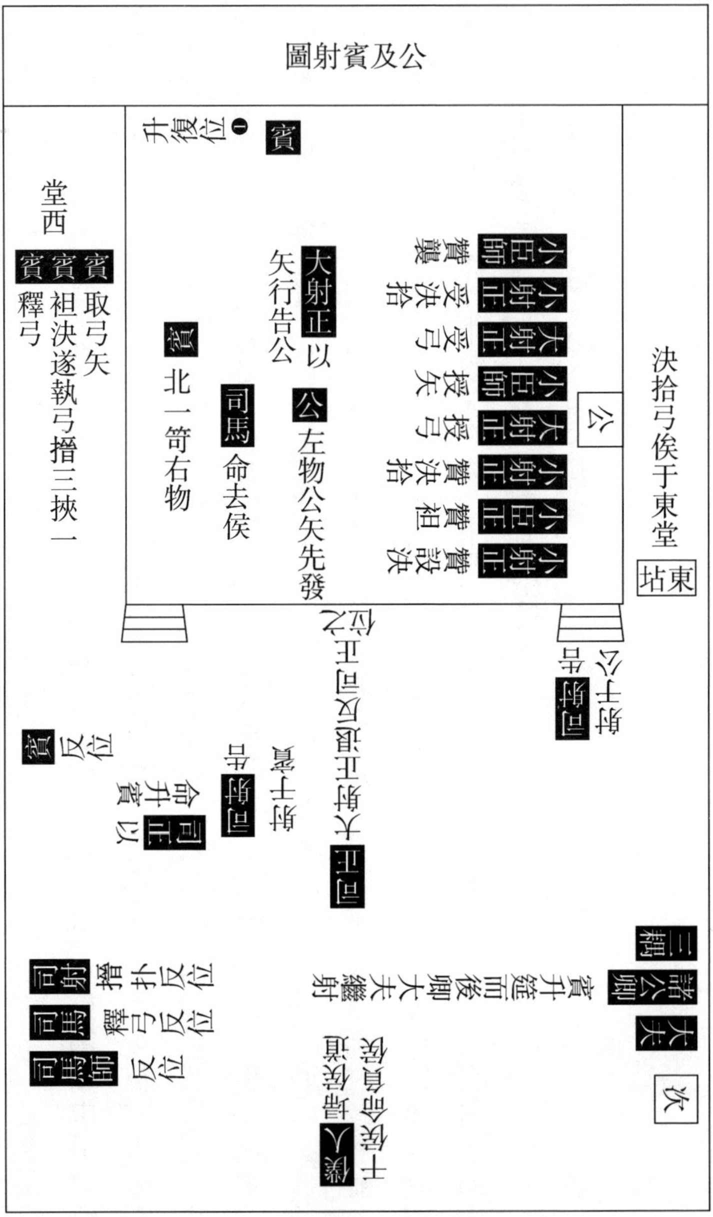

❶「復位」，原作「授」，今據盧本改。

卒射，釋獲者遂以所執餘獲適阼階下，北面告于公曰：「左右卒射。」今案：此後注多與《鄉射》同，更不重出，其不同者著之。反位，坐委餘獲于中西，興，共而俟。○司馬袒，執弓，升，命取矢如初。負侯許諾，以旌負侯如初。司馬降，釋弓如初。小臣委矢于楅如初。司馬，司馬正。於是司馬師亦坐乘矢。賓、諸公、卿大夫之矢皆異束之以茅。卒，正坐，左右撫之，進束，反位。異束大夫矢，尊殊之也。正，司馬正也。進，前也。又言束，整結之，示親也。○《疏》曰：「公卿皆異束，但大夫或與士耦，則士矢不束，大夫束之，故注特言『大夫尊，殊之也』。」賓之矢則以授矢人于西堂下。是言矢人，則納射器之有司，各以其器名官職。不言君矢，小臣以授矢人于東堂下可知。司馬釋弓，反位，而后卿大夫升就席。此言其升前，小臣委矢于楅。○《疏》曰：「據上文則升席當在司馬釋弓之後，小臣委矢之前，故注言其次第也。」○司射適階西，釋弓，去扑，襲，進由中東，立于中南，北面視算。釋獲者東面于中西坐。先數右獲，二算爲純，一純以取，實于左手。十純則縮而委之，每委異之，有餘純則横諸下。一算爲奇，奇則又縮諸純下。興，自前適左，東面坐，坐兼斂算，實于左手，一純以委，十則異之，其餘如右獲。司射復位。釋獲者遂進取賢獲執之，由阼階下北面告于公。若右勝，則曰：「右賢於左。」若左勝，則曰：「左賢於右。」以純數告。若有奇者，亦曰奇。若左右鈞，則左右各執一算以告，曰：「左右鈞。」還復位，坐兼斂算，實八算于中，委其餘于中西，興，共而俟。

右再射，取矢視算。圖與《鄉射》同。

司射命設豐。司宮士奉豐，由西階升，北面坐設于西楹西，降，復位。勝者之弟子洗觶，升，酌散，南面坐奠于豐上，降反位。奉，芳勇反。○弟子，其少者也。不授者，射爵猶罰爵，略之。○少，詩召反。○《疏》曰：「案獻、酬之爵皆手授也，罰爵不手授，此飲射爵，亦不手授，故云『猶罰爵，略之』也。」司射遂袒，執弓，挾一个，搢扑，東面于三耦之西，命三耦及衆射者。勝者皆袒、決、遂，執張弓。執張弓，言能用之也。不勝者皆襲，説決、拾，卻左手，右加弛弓于其上，遂以執弣。固襲，説決、拾矣，復言之者，起勝者也。不勝者執弛弓，言不能用之也。兩手執弣，無所挾也。司射先反位。居前，俟所命入次而來飲。三耦及衆射者皆升，飲射爵于西階上。不勝之黨無不飲。小射正作升飲射爵者如作射。一耦出，揖，如升射。及階，勝者先升，升堂，少右。不勝者進，北面坐取豐上之觶，興，少退，立卒觶，進，坐奠于豐下，興，揖。右手執觶，左手執弓。不勝者先降，後升先降，略之不由次也。降而少右，復並行。與升飲者相左，交于階前，相揖，適次，釋弓，襲，反位。僕人師繼酌射爵，取觶，實之，反奠于豐上，退俟于序端。僕人師酌者，君使之代弟子也。自此以下辯爲之酌。升飲者如初。三耦卒飲。○若賓、諸公、卿大夫不勝，則不降，不執弓，耦不升。此耦謂士也。諸公卿或闕，士爲之耦者，不升。其諸公、卿大夫相爲耦者，不降席，重恥尊也。僕人師洗，升，實觶以授。賓、諸公、卿大夫受觶于席，以降，適西階上北面立飲，卒觶，授執爵者，反就席。雖尊，亦西階上立飲，不可以己尊枉正罰也。授爵而不奠豐，尊大夫也。○若飲公，則侍射者降，洗角觶，升，酌散，降拜。侍射，賓也。飲君則不敢以爲罰，從致爵之禮也。公降一等。小臣正辭。賓升，再拜稽首，公答再拜。賓坐祭，卒爵，再拜稽首，公答再拜。賓降，洗象觶，升，酌膳以致，下拜。小臣正辭。升，再拜稽首，公答再拜。公卒觶，賓進受觶，降，洗散觶，升，實散，下拜。小臣正辭。升，再拜稽首，公答再拜。賓復酌自飲者，夾爵也，但如致爵，則無以異於燕也。夾爵，亦所以恥公也。所謂「若飲君，燕則夾爵」。賓坐，不祭，卒觶，降奠于篚，階西東面立。不祭，象射爵。擯者以命升賓，賓升就席。擯者，司正也。若諸公、卿大夫之耦不勝，則亦執弛弓，特升飲。此耦亦謂士也。特，猶獨也，以尊與卑爲耦，而又不勝，使之獨飲，若無倫匹，孤賤也。衆皆繼飲射爵，如三耦。射爵辯，乃徹豐與觶。○《鄉射·記》：若飲君，如燕則夾爵。謂君在不勝之黨也。賓飲君如燕賓媵觚于公之禮，❶則夾爵。夾爵者，君既卒爵，復自酌。

右飲不勝者。

❶「媵」，原作「勝」，今據《儀禮注疏》改。

飲不勝者圖

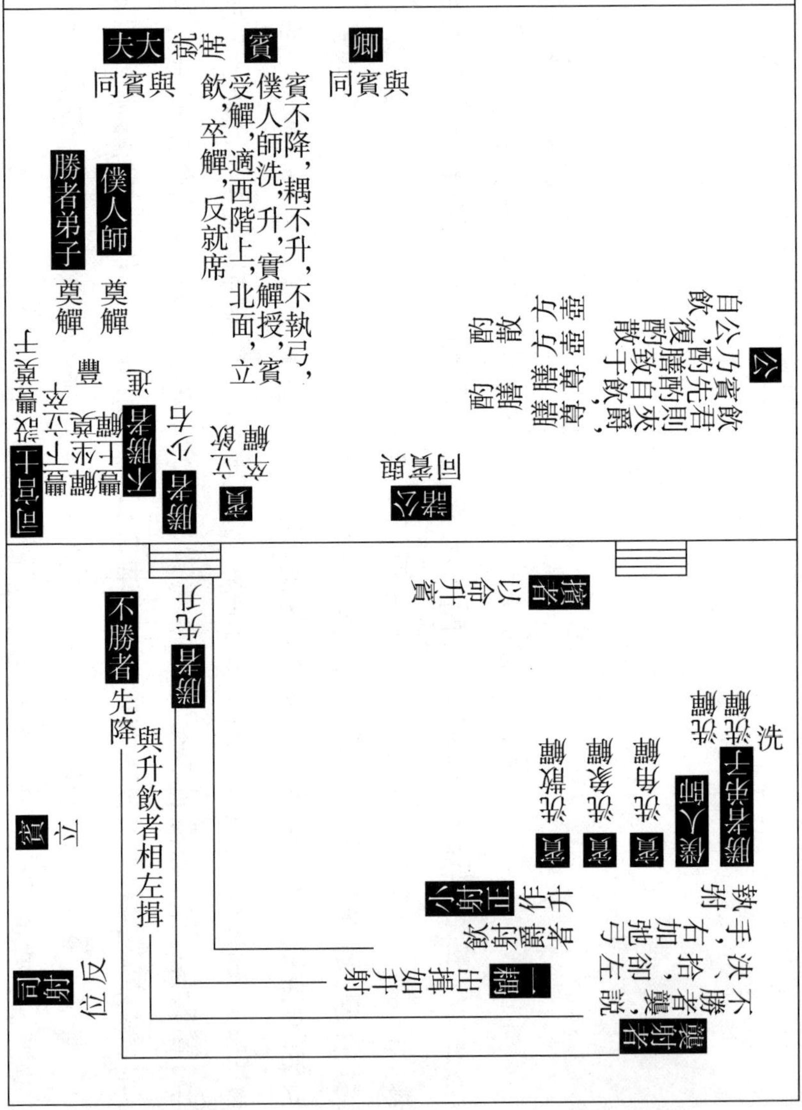
卿
與賓同
賓
大夫
與賓同
賓不降，耦不升，不執弓，僕人師洗，升，實觶授，賓受觶，適西階上，北面，立飲，卒觶，反就席
僕人師
奠觶
勝者弟子
奠觶
公
擯者
以命升賓
不勝者
先降
與升飲者相左揖
一耦
出揖如升射
位反

司宮尊侯于服不之東北，兩獻酒，東面南上，皆加勺。設洗于尊西北，篚在南，東肆，實一散于篚。獻，素多反。○爲大侯獲者設尊也。言「尊侯」者，獲者之功由侯也。不於初設之者，不敢必君射也，君不射則不獻大侯之獲者。散，爵名，容五升。**○司馬正洗散，遂實爵，獻服不。**言服不者，著其官，尊大侯也。服不，司馬之屬，掌教猛獸而教擾之者。洗酌皆西面。○擾，而小反。**服不侯西北三步北面拜受爵。**近其所爲獻。**司馬正西面拜送爵，反位。**不俟卒爵，略賤也。此終言之，獻服不之徒，乃反位。○《疏》曰：「服不祭侯而後卒爵，今司馬反位在未祭侯之前，是略賤也。雖不俟卒爵，然亦必兼獻其徒而後始反位。**宰夫有司薦，庶子設折俎。**宰夫有司，宰夫之吏也。《鄉射・記》曰：『獲者之俎，折脊、脅、肺。』」**卒錯，**錯，音厝。**獲者適右个，薦俎從之。**个，音幹。○不言服不，言獲者，國君大侯，服不負侯，其徒居乏待獲，變其文，容二人也。司馬正皆獻之。薦俎已錯，乃適右个，明此獻已，己歸功於侯也。適右个，由侯內。《鄉射・記》曰：「東方謂之右个。」**獲者左執爵，右祭薦俎，二手祭酒。**祭俎不奠爵，不備禮也。「二手祭酒」者，獲者南面於俎北，當爲侯祭於豆間，爵反注，爲一手不能正也。此薦俎之設，如於北面人焉。天子祝侯曰：「維若寧侯，無或若女不寧侯，不屬於王所，故抗而射女，彊飲盡食，貽女曾孫諸侯百福。」諸侯以下祝辭未聞。○就，之又反。**適左个，祭如右个，中亦如之。卒祭，左个之西北三步東面，**此鄉受獻之位也。不北面者，嫌爲侯卒爵。**設薦俎，立卒爵。**不言「不拜既爵」，司馬正已反位，不拜可知也。《鄉射禮》曰：「獲者薦右東面立飲。」**○司馬師受虛爵，洗，獻隸僕人與巾車、**

獲者，皆如大侯之禮。隸僕人埽侯道，巾車，張大侯及參侯、干侯之獲者。其受獻之禮，如服不也。隸僕人、巾車於服不之位受之，功成於大侯也。不言量人者，此自後以及先可知。卒，司馬師受虚爵，奠于篚。獲者之篚。獲者皆執其薦，庶子執俎從之，設于乏少南。少南，爲復射妨旌也。隸僕人、巾車、量人自服不而南。服不復負侯而俟。〇司射適階西，去扑，適堂西，釋弓，説決、拾，襲，適洗，洗觚，升，實之，降，獻釋獲者于其位少南。獻釋獲者與獲者異，文武不同也。去扑者，扑不升堂也。少南，辟中。❶薦脯醢、折俎，皆有祭。俎與服不同，惟祭一爲異。釋獲者薦右東面拜受爵。司射北面拜送爵。釋獲者就其薦坐，左執爵，右祭脯醢，興取肺，坐祭，遂祭酒，祭俎不奠爵，亦賤不備禮。興，司射之西，北面立卒爵，不拜既爵。司射受虚爵，奠于篚。釋獲者少西辟薦，反位。

右獻服不及釋獲者。

❶「中」，原作「也」，今據《儀禮注疏》改。

獻服不及釋獲者圖

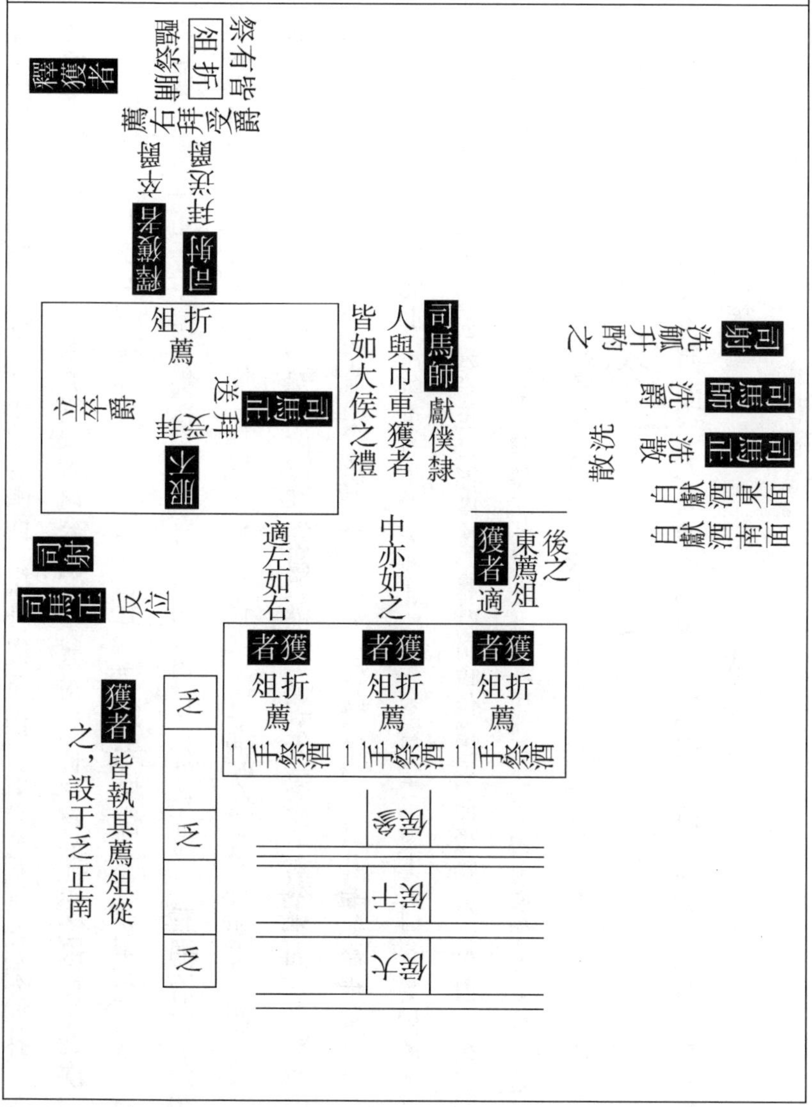
司射
洗觚升酌之
司馬師
洗爵
司馬正
洗散
司馬師
獻僕人與巾車獲者皆如大侯之禮
後之東薦俎
獲者
適
中亦如之
適左如右
獲者
折俎
薦
獲者
折俎
薦
獲者
折俎
薦
大侯
干侯
參侯
獲者
皆執其薦俎從之，設于乏正南
司射
司馬正
反位

司射適堂西，袒、決、遂，取弓，挾一个，適階西，搢扑以反位。爲將復射。司射倚扑于階西，適阼階下，北面請射于公，如初。不升堂，賓、諸公、卿大夫既射矣，聞之可知。反搢扑，適次，命三耦皆袒、決、遂，執弓，序出取矢。皆言拾，是言序，互言耳。司射先反位。言先，先三耦也。司射既命三耦以入次之事，即反位。三耦入次，袒、決、遂，執弓挾矢，乃出，反次外西面立。三耦拾取矢如初。小射正作取矢如初。小射正，司射之佐。作取矢，禮殺，代之。三耦既拾取矢，諸公、卿大夫皆降如初位，與耦入於次，皆袒、決、遂，執弓，皆進當楅，進坐，說矢束。上射東面，下射西面，拾取矢如三耦。凡繼射命耦而已，❶不作射，不作取矢，從初。○《疏》曰：「言『凡繼射命耦』者，前三耦卒射後，大夫降至『三耦之南，西面，北上，司射東面于大夫西北，耦大夫與大夫，命上射曰：「某御於子。」命下射曰：「子與某子射。」卒，遂比衆耦』云云。至公即席後，賓升階復位還筵，而後卿大夫繼射。後『衆皆繼射，釋獲，皆如初』，注云『諸公卿言取弓矢，衆言釋獲，互言也』。既《司射》注：『司射所作唯上耦。』是此文小射正但作『三耦拾取矢』，公以下亦無作『拾』文，故曰『不作取矢從初』，從三耦法也。」

右三耦、諸公、卿大夫拾取矢。

若士與大夫爲耦，士東面，大夫西面。大夫進坐，說矢束，退反位。說矢束，自同於三耦，謙也。

---

❶「繼」，原作「鄉」，今據下文及《儀禮注疏》改。

耦揖，進坐，兼取乘矢，興，順羽，且左還，毋周，反面揖。兼取乘矢，不敢與大夫拾。大夫進坐，亦兼取乘矢，如其耦，北面搢三挾一个，揖進。大夫與其耦皆適次，釋弓，説決、拾，襲，反位。諸公卿升就席。大夫反位，諸公卿乃升就席，大夫與己上下位。〇《疏》曰：「公卿乃上大夫，雖取矢在前，猶待下大夫反位，乃升就席。」〇衆射者繼拾取矢，皆如三耦。遂入于次，釋弓矢，説決、拾，襲，反位。

右大夫耦拾取矢。同《鄉射圖》。

司射猶挾一个以作射，如初。一耦揖升如初。司馬升，命去侯，負侯許諾。司馬降，釋弓反位。司射與司馬交于階前，倚扑于階西，適阼階下，北面請以樂于公，公許。請奏樂以爲節也。始射獲而未釋獲，復釋獲，復用樂行之。君子之於事也，始取苟能，中課有功，終用成法，教化之漸也。射用應樂爲難，孔子曰：「射者何以聽？循聲而發，發而不失正鵠者，其惟賢者乎！」司射反，搢扑，東面命樂正曰：「命用樂。」言君有命，用樂射也。樂正在工南，北面。樂正曰：「諾。」司射遂適堂下，北面視上射，命曰：「不鼓不釋。」不與鼓節相應，不釋算也。鼓亦樂之節，《學記》曰：「鼓無當於五聲，五聲不得不和。」凡射之鼓節，《投壺》其存者也。《周禮》射節，天子九，諸侯七，卿大夫以下五。上射揖。司射退反位。樂正命大師曰：「奏《貍首》，閒若一。」貍，里之反。〇樂正西向受命，左還，東面命大師以大射之樂章，使奏之也。《貍首》，逸《詩》，《曾孫》也。貍之言不來也，其詩有「射諸侯首不朝者」之言，因以名篇。後世失之，謂之「曾孫」。「曾孫」者，其章頭也。《射義》所載詩曰「曾孫侯氏」是也。以爲諸侯射節者，采其既有弧矢之威，又言「小大莫處，御於君所。以燕以射，則燕則譽」，有樂以時會君事之志也。「閒若一」者，調其聲之疏數重節。○朝，直遥反。○《疏》曰：「重節，謂必疏數如一者，重此樂節故也。」大師不興，許諾。樂正反位。奏《貍首》以射。三耦卒射。賓待于物如初。公樂作而后就物，稍屬，不以樂志，其他如初儀。不以樂志，君之射儀遲速從心，其發不必應樂，辟不敏也。志，意所擬度也。《春秋傳》曰：「吾志其目。」卒射如初。賓就席。諸公、卿大夫、衆射者皆繼射，釋獲如初。卒射，降反位。釋獲者執餘獲進告左右卒射如初。

右三射以樂爲節。《大射》阼階下請以樂節于公，公樂作而後就物，與《鄉射》賓禮異，《大射》奏《貍首》與《鄉射》奏《騶虞》異，餘互見《鄉射圖》。

司馬升，命取矢，負侯許諾。司馬降，釋弓反位。小臣委矢，司馬師乘之，皆如初。司射釋弓、視算如初。釋獲者以賢獲與鈞告如初，復位。乘，繩證反。

右取矢視算如初。

司射命設豐，實觶如初。遂命勝者執張弓，不勝者執弛弓，升、飲如初。卒，退豐與觶如初。

右飲不勝者如初。

司射猶袒、決、遂，左執弓，右執一个，兼諸弦，面鏃，適次，命拾取矢如初。側持弦矢曰執。面，猶尚也。兼矢於弦，尚鏃，將止，變於射也。司射反位。三耦及諸公、卿大夫、衆射者皆袒、決、遂，以拾取矢如初，矢不挾，兼諸弦，面鏃，退適次，皆授有司弓矢，襲，反位。不挾亦謂執之，如司射。卿大夫升就席。

右拾取矢如初。

司射適次，釋弓，説決、拾，去扑，襲，反位。司馬正命退楅、解綱。小臣師退楅，巾車、量人解左下綱。司馬師命獲者以旌與薦俎退。解，猶釋也。司射命釋獲者退中與算而俟。諸所退射器皆俟，備君復射。釋獲者亦退其薦俎。

右三射畢。

公又舉奠觶，唯公所賜，若賓若長，以旅于西階上，如初。大夫卒受者以虚觶降，奠于篚，反位。長，丁丈反。

右公爲大夫舉旅。

司馬正升自西階，東楹之東，北面告于公，請徹俎，公許。射事既畢，禮殺人倦，宜徹俎燕坐。遂適西階上，北面告于賓。賓北面取俎以出。諸公卿取俎如賓禮，遂出，授從者于門外。大夫降復位。門東，北面位。○《疏》曰：「大夫雖無俎，以賓及公卿皆送俎，不可獨立於堂，故降復位。云『門東，北面位』者，謂初小臣納卿大夫門東，北面揖位。」庶子正徹公俎，降自阼階以東。降自阼階，若親徹也。以東，去藏。

右徹俎。

賓、諸公卿皆入門，東面北上。諸公卿不入門而右，以將燕，亦因從賓。司正升賓。賓、諸公、卿大夫皆説屨，升就席。公以賓及卿大夫皆坐，乃安，歸命「以我安」，臣於君尚猶踧踖，至此乃敢安。○今案：此後又與《燕禮》同。羞庶羞。同。○主人獻士。同。乃薦司正與射人于觶南，北面，東上，司正爲上。案此一節與《燕禮》異，餘同。辯獻士，同。祝史、小臣師亦就其位而薦之。同。就獻旅食，同。旅食不拜受爵，坐祭，立飲。主人執虚爵，奠于篚，復位。案：主人執虚爵以下，與《燕禮》異。○賓媵觶于公，同。小臣正辭。案《燕禮》云「小臣辭」。○公取賓媵觶，唯公所賜，同。酌膳，下，再拜稽首，小臣正辭。案再拜稽首與《燕禮》異，餘同。酬士。同。

右燕。

若命曰復射，則不獻庶子。獻庶子則正禮畢，後無事。司射命射，唯欲。司射命賓及諸公、卿大夫射，欲者則射，不欲者則止，可否之事，從人心也。卿大夫皆降，再拜稽首，公答拜。拜君樂與臣下執事無已。不言賓，賓從群臣，禮在上。壹發中三侯，皆獲。其功一也，而和者益多，尚歡樂也。矢揚觸，或有參中者。

右復射。

主人洗，升自西階，獻庶子于阼階上如獻士之禮。辯獻，降洗，遂獻左右正與内小臣，皆於阼階上，如獻庶子之禮。○無算爵。與《燕禮》同。○無算樂。同。宵執燭。同。賓出，同。公入，《鶩》。鶩，五刀反。○《鶩夏》，亦樂章也，以鐘鼓奏之，其詩今亡。此公出而言入者，射宫在郊，以將還爲入。燕不《鶩》者，於路寢無出入也。

右大射畢。

大射義

古者諸侯之射也，必先行燕禮。卿大夫、士之射也，必先行鄉飲酒之禮。故燕禮者，所以明君臣之義也。鄉飲酒之禮者，所以明長幼之序也。故射者，進退周還必中禮。内志正，外體直，然後持弓矢審固。持弓矢審固，然後可以言中。此可以觀德行矣。其節，天子以《騶虞》爲節，諸侯以《貍首》爲節，卿大夫以《采蘋》爲節，士以《采蘩》爲節。《騶虞》者，樂官備也。《貍首》者，樂會時也。《采蘋》者，樂循法也。《采蘩》者，樂不失職也。是故天子以備官爲節，諸侯以時會天子爲節，卿大夫以循法爲節，士以不失職爲節。故明乎其節之志，以不失其事，則功成而德行立。德行立，則無暴亂之禍矣。功成而國安。故曰：射者，所以觀盛德也。貍，音逸，下云「曾孫侯氏」是也。樂官備者，謂《騶虞》曰「壹發五豝」，論仁賢者多也，「于嗟乎騶虞」，嘆仁人也。樂會時者，謂《貍首》曰「小大莫處，御於君所」。樂循法者，謂《采蘋》曰「于以采蘋，南澗之濱」，循澗以采蘋，❶喻循法度以成君事也。樂不失職者，謂《采蘩》曰「被之僮僮，夙夜在公」。○射者，男子之事也，因而飾之以禮樂也。故事之盡禮樂而可數爲，以立德行者，莫若射。故聖王務焉。選士者，先德行，乃後決之於射。男子生而有射事，學禮樂以飾之。○古者天子之制，諸侯歲獻貢士於天子，天子試之於射宮。其容體比於禮，其節比於樂，而中多者得與於祭。其容體不比於禮，其節不比於樂，而中少者不得與於祭。數與於祭而君有慶，數不與於祭而君有讓。數有慶而益地，數有讓而削地。是以諸侯君臣盡志於射以習禮樂。夫君臣習禮樂而以流亡者，未之有也。故《詩》曰：「曾孫侯氏，四正具舉。大夫君子，凡以庶士，小大莫處，御于君所。以燕以射，則燕則譽。」言君臣相與盡志於射以習禮樂，則安則譽也。是以天子制之，而諸侯務焉。此天子所以養諸侯而兵不用，諸侯自爲正之具也。此《曾孫》之詩，諸侯之射節也。四正，正爵四行也。四行者，獻賓、獻公、獻卿、獻大夫，乃後樂作而射也。莫處，無安居其官次者也。御，猶侍也。以燕以射，先行燕禮乃射也。則燕則譽，言國安則有名譽。譽或爲與。○天子將祭，必先習射於澤。澤者，所以擇士也。已射於澤，而后射於射宮。射中者得與於祭，不中者不

❶「循」，原作「蹈」，今據盧本及《禮記注疏》改。

得與於祭。不得與於祭者有讓，削以地；得與於祭者有慶，益以地：「進爵絀地」是也。澤，宮名也。士，謂諸侯朝者諸臣及所貢士也，皆先令習射於澤，已乃射於射宮，課中否也。諸侯有慶者先進爵，有讓者先削地。

儀禮圖卷第八

聘禮第八鄭云：「大問曰聘。諸侯相於久無事，使卿相問之禮也。小聘使大夫。」《周禮》：「諸侯邦交，歲相問，❶殷相聘，世相朝。」〇《疏》曰：「大問曰聘，小聘曰問。」

聘禮〇君與卿圖事，遂命使者。聘使卿。**使者再拜稽首，辭。**辭以不敏。**君不許，乃退。既圖事，戒上介，亦如之。**已謀事，乃命上介，難於使者，易於介。**宰命司馬戒衆介，衆介皆逆命，不辭。**宰，上卿，二君事。諸侯謂司徒爲宰。衆介者，士也。逆，猶受也。〇《疏》曰：「天子有六卿，天地四時之官。諸侯兼官，但有三卿，地官司徒兼冢宰，夏官司馬兼春官，冬官司空兼秋官。是以《左傳》杜洩云：『季孫爲司徒，叔孫爲司馬，孟孫爲司空。』」〇**記：久無事，則聘焉。**事，謂盟會之屬。

右命使介。

宰書幣，書聘所用幣多少也。**命宰夫官具。**宰夫，宰之屬也，命之使衆官具幣及所宜齎。〇**記：多**

---

❶「相」，原作「禮」，今據元刻本、盧本及《儀禮注疏》改。

貨，則傷于德。貨，天地所化生，謂玉也，君子於玉比德焉。朝聘之禮，以爲瑞節，重禮也。多之則是主於貨，傷敗其爲德。**幣美，則沒禮。**幣，人所造成，以自覆幣，謂束帛也。愛之斯欲衣食之，君子之情也。是以享用幣，所以副忠信。美之則是主於幣，而禮之本意不見也。**○既受行，出，遂見宰，問幾月之資。**資，行用也。君臣謀密，未知所之遠近。○朱先生曰：「言與宰計度資費之多寡也。注言未知所之，非是。」

右具幣齎。

及期，夕幣。夕幣，先行之日夕陳幣而視之，重聘也。**使者朝服，帥衆介夕。**視其事也。**管人布幕于寢門外。**管，猶館也。館人，謂掌次舍帷幕者也，布幕以承幣。寢門，外朝也。**官陳幣：皮北首，西上，加其奉於左皮上；馬則北面，奠幣于其前。**奉，所奉以致命，謂束帛及玄纁也。馬言「則」者，此享主用皮，或時用馬，馬入則在幕南。皮、馬皆乘。○乘，繩證反。**使者北面，衆介立于其左，東上。**既受行，同位也，位在幕南。**卿大夫在幕東，西面，北上。**大夫西面，辟使者。**宰入，告具于君。君朝服出門左，南鄉。**入告，入路門而告。**史讀書展幣。**展，猶校録也。史幕東，西面讀書，賈人坐撫其幣，每者曰「在」。必西面者，欲君與使者俱見之也。○賈，音嫁。**宰執書，告備具于君，授使者。使者受書，授上介。**史展幣畢，以書還授宰。宰既告備，以授使者。其受授皆北面。**公揖入。**揖，禮群臣。**官載其幣，舍于朝。**待旦行也。**上介視載者，**監其安處之，畢乃出。**所受書以行。**爲當復展。○**記：使者既受行日，朝同位。**謂前夕幣之間。同位者，使者北面，介立于左，少退。別其處，臣也。

右夕陳幣授使者。

今案：夕幣之禮，夕陳幣以授使者，官陳幣皮，加其奉於左皮上。注：「奉，所奉以致命，謂束帛、玄纁也。」然授幣而未授圭，何也？圭，聘禮之重者也。圭，所以聘也。束帛，所以享也。聘圭不可以預授，俟使者釋幣于禰，釋幣于行，乃遂載旜，帥衆介以授命于朝。於是君朝服南鄉，而授之以圭，所以謹之、重之也。

授使者幣圖

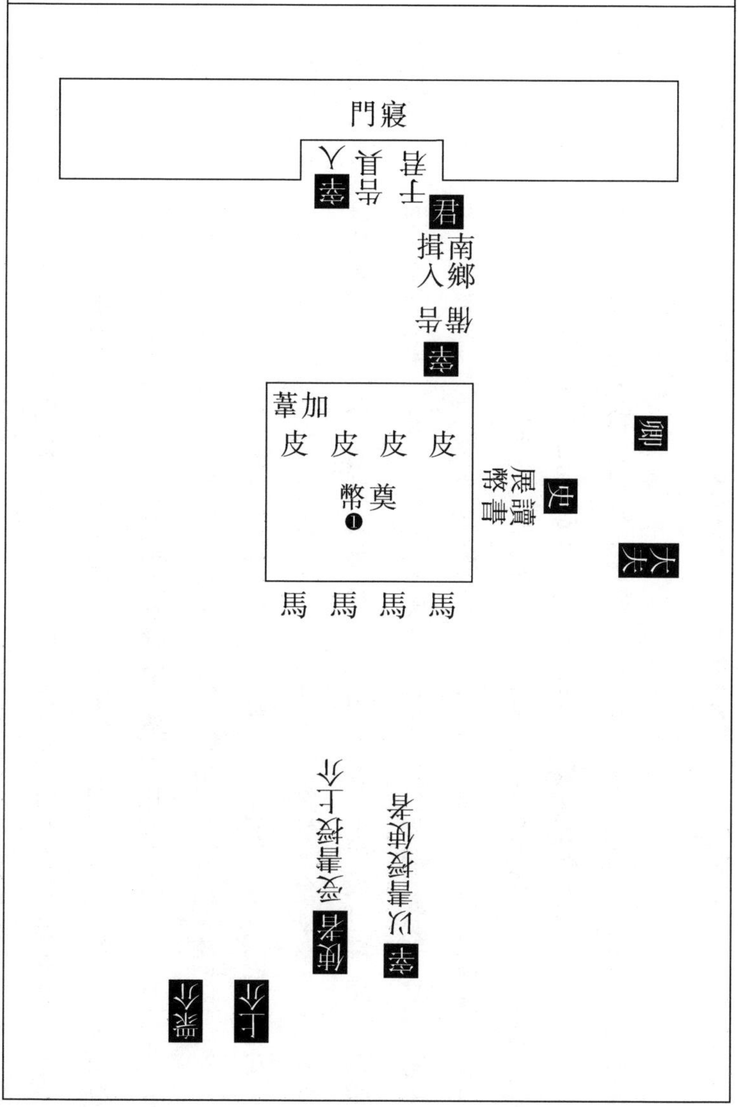

❶「幣」，原作「幕」，今據盧本改。

厥明，賓朝服釋幣于禰。禰，乃禮反。○告爲君使也。賓，使者，謂之賓，尊之也。天子、諸侯將出，告群廟，大夫告禰而已。凡釋幣，設洗，盥，如祭。○《疏》曰：「下記云『筮一尸，若昭若穆』，『容父在，父在則祭祖，父卒則祭禰』，然則初行時，若父在則釋幣於祖廟也。但奉幣須潔，當有洗以盥手，其設洗法，見《士冠禮》筵在洗西。」**有司筵几于室中。祝先入，主人從入。主人在右，再拜。祝告，又再拜。**更云主人者，廟中之稱也。祝告，告以主人將行。**釋幣，制玄纁束，奠于几下，出。**祝釋之也。凡物十曰束。玄纁之率，玄居三，纁居二。《朝貢禮》云：純四只，制丈八尺。○率，音律。○《疏》曰：「玄三纁二，率皆如此也。純謂幅之廣狹，制謂舒之長短。《周禮》，趙商問：『只長八寸，四八三十二，幅廣三尺二寸，大廣非其度。』鄭玄答云：❶『古積畫誤爲四，當爲三，三咫則二尺四寸矣。』《雜記》云『納幣一束，束五兩，兩五尋』，然則每卷二丈，若在制幣者，每卷丈八尺爲制，合卷爲匹也。」**主人立于户東。祝立于牖西，又入，取幣降，卷幣實于笲，埋于西階東。**笲，音煩。○又入者，祝也。盛以器，若藏然。**又釋幣于行。**告將行也。行者之先，其古人之名未聞，天子、諸侯有常祀在冬。大夫三祀：曰門、曰行、曰厲。《喪禮》有「毀宗躐行，出于大門」，則行神之位，在廟門外西方。○《疏》曰：「『常祀在冬』，《月令》祀行是也。大夫雖有行，無常祀，因行使始出，有告禮而已。然此謂平地道路之神，至於出城又有軷祭，祭山川之神，喻無險難也。祭山川之神有軷壇，此祭行神亦當有軷壤，《月令》『祭行』注『爲軷壇，厚二寸，廣五尺，輪四尺』是也。」

---

❶「玄」，《儀禮注疏》作「志」，阮校云：「毛本、《通解》、楊氏作『玄』。」

遂受命。言遂者，自是出，不復入。**上介釋幣亦如之。**如其於禰與行。

右釋幣于禰及行。

上介及衆介俟于使者之門外。使者載旜，帥以受命于朝。旜，之然反。○旜，旌旗屬也。載之者，所以表識其事也。《周禮》曰：「通帛爲旜。」又曰：「孤卿建旜。」至於朝門，使者北面，東上。○《疏》曰：「諸侯三門，皐、應、路，路門外有常朝位。下文『君使卿進使』者，乃入至朝，即此朝門者，皐門外也。通帛，謂通體盡用赤，無他物之飾。赤，周正色。❶『孤卿建』者，以不畫異物，奉王之政教而已。」**君朝服，南鄉。卿大夫西面，北上。君使卿進使者。使者入，及衆介隨入，北面，東上。君揖，使者進之，上介立于其左，接聞命。**進之者，有命宜相近也。接，猶續也。**賈人西面坐啓櫝，取圭，垂繅，不起而授宰。**櫝，大木反，函也。繅，音早。○賈人，在官知物價者。繅，所以藉圭也，其或拜則奠于其上。○《疏》曰：「繅有二種，一者以木爲中幹，以韋衣之，天子五采，公、侯、伯三采，子、男二采，采爲再行。奠玉于上，此則無垂繅、屈繅之事。下記云若組絢爲之者，❷所以繫玉於韋版，使不失墜，此乃有屈、垂之法，則此經所云者是也。」**宰執圭，屈繅，自公左授使者。**屈繅者，斂之，禮以相變爲敬也。自公左，贊幣之

❶「周」，盧本作「爲」。

❷「組絢」，疑當作「絢組」。

義。《曲禮》曰：❶「詔辭自右，贊幣自左。」**使者受圭，同面，垂繅以受命。**同面者，宰就使者北面並授之。○案：授使者圭，特以受命言之者，受命莫重於受圭，故圭所以致君命而通信誠也。**既述命，同面授上介。**述命者，循君之言，重誤失。**上介受圭，屈繅，出，授賈人。衆介不從。**賈人，將行者，在門外，北面。**受享束帛加璧，受夫人之聘璋，享玄纁束帛加琮，皆如初。**享，獻也。既聘又獻，所以厚恩惠也。帛，今之璧色繒也。夫人亦有聘享，以其與己同體，爲國小君也。其聘用璋，取其半圭也。君享用璧，夫人用琮，天地配合之象也。圭璋特達，瑞也。璧琮有加，往德也。《周禮》曰：瑑圭、璋、璧、琮以覜聘。○《疏》曰：「前已受聘君圭，此受享君束帛加璧，又受聘夫人璋，又受享夫人琮。前陳幣，不陳圭、璧、琮，是以至此始言。而復連言『束帛、玄纁』，以其是相配之物也。『璧色繒』，謂帛色放璧色，但未知此用何色。特達，謂不加束帛。璧琮有加，往致其德也。❷瑑，謂不爲六瑞制，但瑑之耳，又皆降其君一等。」○

記：所以朝天子，圭與繅皆九寸，剡上寸半，厚半寸，博三寸，繅三采六等，朱、白、蒼。圭，所執以爲瑞節也。剡上，象天圜地方也。雜采曰繅，以韋衣木板，❸飾以三色，再就，所以薦玉重慎也。九寸，上公之圭也。○《疏》曰：「《雜記》云『圭剡上左右各寸半』，尊卑同之，維長短依命數不同。凡言繅者，皆象

❶「曲禮」，《儀禮注疏》作「少儀」。
❷「往」，原作「隹」，今據《儀禮注疏》改。
❸「韋」，原作「掌」，今據盧本及《儀禮注疏》改。

水草之文，天子五采，公、侯、伯三采，子、男二采，木板大小如玉。」○朱先生曰：「案，《雜記》疏引此謂云『三采六等，朱、白、蒼，朱、白、蒼』，重云『朱、白、蒼』，是一采爲二等，相間而爲六等也。」今案：上記只有「朱、白、蒼」三字，而此所引乃重有之，不知何時傳寫之誤，失此三字。又云「諸侯三采則六等，覜聘二采則四等，天子五采則十等」，其説詳明，併著于此。**問諸侯，朱緑繅，八寸。**二采再就，降於天子也。**皆玄纁繫，長尺，絢組。**采成文曰絢。繫無事則以繫玉，因以爲飾，皆用五采組，上以玄，下以絳爲地。**○凡四器者，唯其所寶，以聘可也。**言國獨以此爲寶也。四器謂圭、璋、璧、琮。**○凡執玉，無藉者襲。**藉，謂繅也。繅所以縕藉玉。○《曲禮》「有藉則裼，無藉則襲」，鄭注：「裼、襲文質相變耳。有藻爲文，裼見美亦文；無藻爲質，襲充美亦質。圭、璋特而襲，璧、琮加束帛而裼，亦是也。」《疏》引皇氏云：「凡執玉，必有藻。但垂藻於兩端，令垂向於下，謂之有藉，其人則去外服；或不使下垂，屈而在手，謂之無藉，其人則掩上服。若圭、璋以享，則皮、馬既不上堂，圭、璋寶物不可露見，必以物覆襲之。璧、琮既有帛錦，唯用輕細之物蒙覆以裼之，此謂玉之裼、襲也。」熊氏云：「藻則常有，今言無者，據不垂之也。《聘禮》『賈人取圭垂繅，授上介』，注云：『賤不裼也。』明貴者垂藻當裼也。又云『上介不襲，屈繅授賓』，注云『以盛禮不在己』，明屈繅合襲也。又云『賓襲，執圭』，『公襲受玉』，皆屈藻時也。又云『公授宰玉，裼，降立』，是授玉後乃裼也。又云『賓裼，奉束帛加璧享』，是有藉則裼也。蓋行禮皆屈而襲，行享皆裼也。凡享時，其玉皆無藻藉。故崔靈恩云：『初享圭璋特，故有藻，其餘則束帛加璧。既有束帛，不須藻。』」○陳祥道云：「玉有以繅爲之藉，有以束帛爲之藉，有藉則裼，無藉則襲，特施於束帛而已。聘則賓襲執圭，公襲受玉，及享則賓裼，奉束帛加璧。蓋聘特用玉而其禮嚴，享藉以帛而其禮殺，此襲、裼所以不同。先儒以垂繅爲有藉，屈繅爲無藉，非也。」○陸佃曰：「無藉，若圭、璋特是也。經言繅，又别言藉，則藉非繅著矣。藉若帛錦之類，所謂『公降襲，受至于中堂』，此無藉之玉也，即束帛加璧裼矣。」○朱先生曰：「鄭説兩義，詞太簡略，指不分明，皇氏、熊氏始以屈、垂言之。至於圭、璋、璧、琮之義，則皇氏爲失而熊氏爲得。但《周禮·典瑞》云『璧、琮繅，皆二采一就』，而熊氏亦自謂以韋衣版之，藉則皆有。而又引崔靈恩云『璧、琮既有束帛，則不須藻』，似亦牴牾。疑璧、琮雖有藻而屈之，當爲無藉，特以加於束帛，故從有藉之例，而執之者裼耳。陳氏、陸氏則但取鄭注後説而用熊氏之義，似亦有理然。今未敢斷其是非，故悉著其説以俟知者。」

右受命于朝。

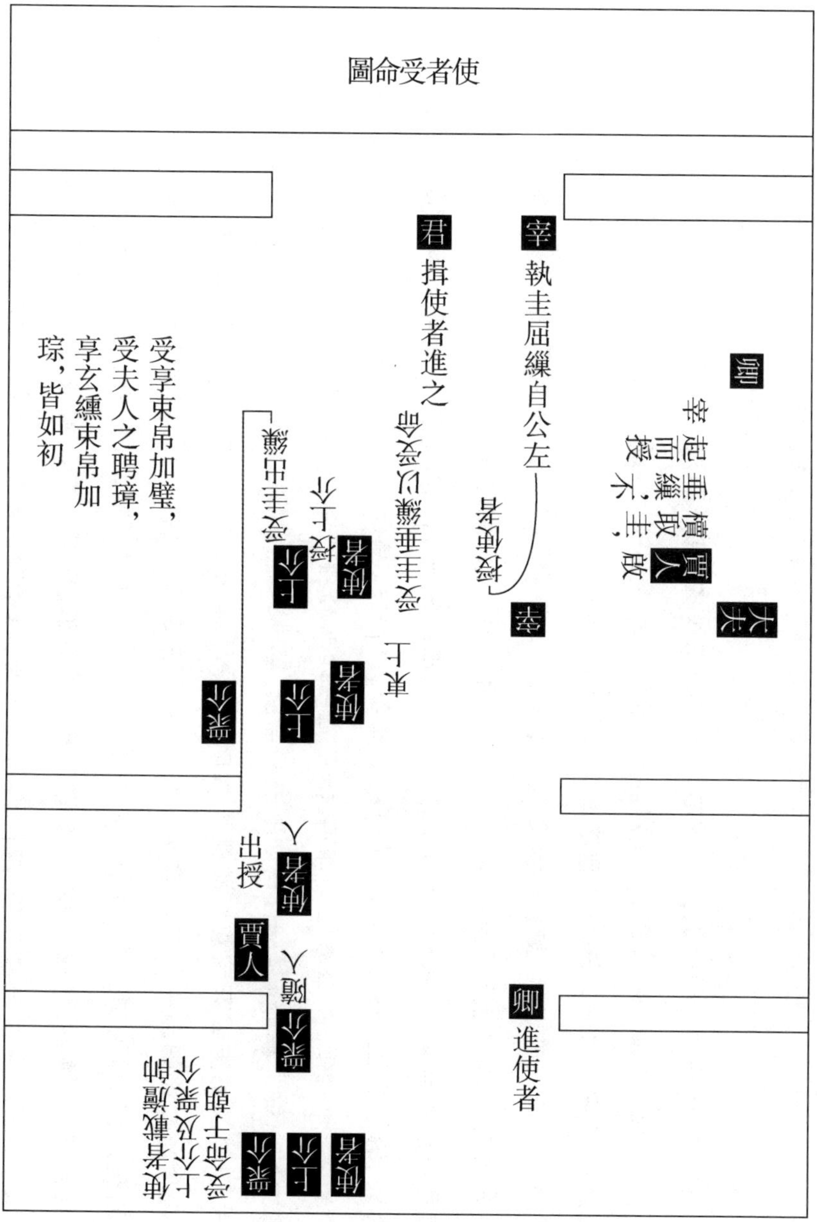
使者受命圖
君
揖使者進之
宰
執圭屈繅自公左
卿
賈人啟櫝取圭，垂繅，不起而授宰
大夫
宰
授使者
使者
受圭垂繅以受命
上介
授上介
受圭出繅
使者
上介
東上
衆介
受享束帛加璧，受夫人之聘璋，享玄纁束帛加琮，皆如初
使者
入
出授
賈人
衆介
隨入
卿
進使者
使者
上介
衆介
使者載旜帥上介及衆介受命于朝

今案：繅有二種，賈疏已詳。然言繅又言藉者，❶承玉、繫玉二種，皆承藉玉之義，故言藉也。但藉字又有一義，《曲禮》云「執玉，其有藉者則裼，無藉者則襲」，所謂「無藉」，謂圭、璋特達，不加束帛，當執圭璋之時，其人則襲也。所謂「有藉」者，謂璧、琮加於束帛之上，當執璧、琮之時，其人則裼也。《曲禮》所云，專指「圭、璋特而襲，璧、琮加束帛而裼」一條言之。先儒乃以執圭而垂繅爲有藉，執圭而屈繅爲無藉。此則不然，陳氏、陸氏之言，足以破先儒千百載之惑矣。然何以知先儒之説爲非而陳氏、陸氏之説爲是邪？竊詳經文裼、襲是一事，垂繅、屈繅又别是一事，不容混合爲一説。方其始受君命也，賈人啓櫝取圭，垂繅以授宰，宰執圭屈繅自公左授使者，使者垂繅受命訖，以授上介，上介受玉垂繅以授賈人。是時授受凡易四手，有屈、垂之文，而無裼、襲之禮也。及至主國行聘禮，賓在廟門之外，賈人啓櫝取玉，垂繅而授上介，上介不襲屈繅以授賓，經明言上介不襲，是有垂屈之文而無裼襲之禮也。逮夫主賓三揖三讓，登堂，賓襲執圭，公側襲受玉于中堂與東楹之間；及公側授宰玉而後裼降立，是主賓授受則襲，既授宰玉則裼，故鄭注云「凡當盛禮者以充美爲敬，非盛禮者以見美爲敬」，此言是也。當主賓授受之時，曾不見垂屈之文焉。聘禮既畢，君使卿皮弁還玉于館。既歸反命，公南鄉，卿進使者，使者執圭垂繅，北面。上介執璋屈繅立于其左，又有垂、屈之文而無裼、襲之禮。蓋圭，聘禮之重也，主賓授玉于中堂與東楹之間，禮之正也。方其授於賈人，授於上介，皆擬行之禮及贊禮者

❶ 下「言」字，原作「有」，今據元刻本、盧本改。

之事，故辨垂、屈以彰其文。主、賓授玉于中堂與東楹之間爲禮之正，故辨裼、襲以致其敬。及歸反命，又於君前以垂、屈爲文，而不以裼、襲爲禮，豈非玉爲聘禮設，反命亦非禮之正乎？兩義不同，各有其宜，自鄭氏之説始差，熊氏、皇氏從而傅會之，而經意始汩。然經文粲然如日星之在天，又豈得而終汩之邪？

遂行，舍於郊。於此脱舍衣服，乃即道也。《曲禮》曰：「凡爲君使者，已受命，君言不宿於家。」〇《疏》曰：「自朝服告禰至受命，衣服未改，至此脱朝服，服深衣而行。」**斂旜。**〇**記：出祖，釋軷。祭酒脯，乃飲酒于其側。**祖，始也。既受聘享之禮，行出國門止，陳車騎，釋酒脯之奠於軷，爲行始也。《詩傳》曰：「軷，道祭也。」道路以險阻爲難，是以委土爲山，或伏牲其上，使者爲軷，祭酒脯祈告也。卿大夫處者於是餞之，飲酒於其側。禮畢，乘車轢之而遂行，舍於近郊矣。其牲犬羊可也。〇《疏》曰：「凡道路之神有二：在國内釋幣於行者，謂平適道路之神。出國門釋奠於軷者，謂山行道路之神。云『或伏牲其上』者，《周禮·犬人》：『掌供犬牲，伏瘞亦如之。』《詩》云：『取羝以軷。』犬羊用其一，未必並用，人君有牲，大夫無牲，直用酒脯。」〇**問大夫之幣俟于郊，爲肆，又齎皮、馬。**齎，子兮反。〇肆，猶陳列也。齎，猶付也。使者既受命，宰夫載問大夫之禮，待于郊，陳之爲行列，至則以付之也。不敢朝付之者，辟君禮也。〇行，户郎反。

右遂行。

若過邦，至于竟，使次介假道，束帛將命于朝，曰：「請帥。」奠幣。至竟而假道，諸侯以國爲家，不敢直徑也。將，猶奉也。帥，猶道也。請道，道路所當由。**下大夫取以入告，出許，遂受幣。餼之以其禮，上賓大牢，積唯芻禾，介皆有餼。**凡賜人以牲，生曰餼。餼，猶稟也，給也。以其禮者，尊卑有常差也。**士帥没其竟。**没，盡。○**誓于其竟，賓南面，上介西面，衆介北面，東上，史讀書，司馬執筴，立于其後。**筴，音策。○此使次介假道，止而誓也。賓南面，專威信也。史於衆介之前，北面讀書，以勑告士衆，爲其犯禮暴掠也。

右過他國。

未入竟，壹肄。謂於所聘之國竟也。肄，習也。習聘之威儀，重失誤。**爲壝壇，畫階，帷其北，無宫。**壝土象壇也。帷其北，宜有所鄉依也。無宫，不壝土，畫外垣也。**朝服，無主，無執也。**不立主人，主人尊也。不執玉，不敢褻也，徒習其威儀而已。**介皆與，北面，西上。**入門左之位也。○《疏》曰：「但習入廟聘享，揖遜、升降、布幣、授玉之禮，是以直云『北面，西上』之位也。云『入門左之位』者，下文云『賓入門左』，『介皆入門左，北面，西上』是也。」**習享，士執庭實，**士，士介也。庭實必執之者，皮則有攝張之節。**習夫人之聘享亦如之。習公事，不習私事。**公事，致命者也。○《疏》曰：「私事者，謂私覿於君，私面於卿大夫。」

右習儀。

及竟，張旜，誓。張旜，明事在此國也，張旜謂使人維之。○《疏》曰：「案，《節服氏》『六人維王之太常』，鄭云『維之以縷』，太常十二旒，人維持二旒也。『諸侯則四人』，不依命數。大夫無文，或一人，或二人。」**乃謁關人。關人問從者幾人，**爲有司當共委積之具。○《疏》曰：「卿行旅從，大夫小聘亦當百人。少曰委，多曰積。」**以介對。**以所與受命者對，謙也。上公之使者七介，侯、伯五介，子、男三介。**君使士請事，遂以入竟。**遂以入，因道之。

右及竟。

入竟，斂旜，乃展。復校録幣，重其事。斂旜，變於始入。❶**布幕，賓朝服立于幕東，西面。**《疏》曰：「西面者，由是臣道異於前誓時也。」**介皆北面，東上。賈人北面，坐拭圭，遂執展之。**持之而立，告在。**上介北面視之，退復位。**言退復位，則視圭進違位。**退圭。**圭璋尊，不陳之。**陳皮，北首西上，又拭璧，展之，會諸其幣加于左皮上。**會，合也。**馬則幕南，北面，奠幣于其前。**前，當前幕南。**展夫人之聘享亦如之。賈人告于上介，上介告于賓。**展夫人聘、享，上介不視，貶於君也。賈人既拭璋、琮，南面告于上介，上介於是東面以告於賓。**有司展群幣以告。**群幣，私覿及大夫者。有司，載幣者，自展告。○**及郊，又展如初。**遠郊也，天子百里，上公五十，侯、伯三十，子、男十。近郊各半之。○**及館，展幣於賈人之館如初。**館，舍也。遠郊之内有候館，可以小休止、沐

---

❶「始」，原作「如」，今據盧本及《儀禮注疏》改。

浴。展幣不于賓館者，爲主國之人有勞問己者就焉便疾也。○《疏》曰：「《周禮·遺人》：『十里有廬，三十里有宿，五十里有市，市有候館。』畿内道路，皆有候館。」

右三展幣。

賓至于近郊，張旜。君使下大夫請行，反。君使卿朝服，用束帛勞。請行，問所之也，雖知之，謙不必也。士請事，大夫請行，卿勞，彌尊賓也。其服皆朝服。上介出請，入告。賓禮辭，迎于舍門之外，再拜。出請，出門西面，請所以來事也。入告，入北面告賓也。每所及至，皆有舍，其有來者，皆出請、入告，于此言之者，賓彌尊，事彌録。○《疏》曰：「此時賓當在賓館阼階西面，故上介北面告賓。」勞者不答拜。凡爲人使，不當其禮。賓揖，先入，受于舍門内。不受于堂，此主於侯、伯之臣也。公之臣受勞於堂。○《疏》曰：「案《司儀》：『諸公之臣，相爲國客。及大夫郊勞，三辭拜辱，三讓，登，聽命。』」勞者奉幣入，東面致命。東面，鄉賓。賓北面聽命，還，少退，再拜稽首，受幣。勞者出。北面聽命，若君南面然。少退，象降拜。授老幣。老，賓之臣。出迎勞者。欲儐之。勞者禮辭。賓揖，先入，勞者從之。乘皮設。設於門内也。物四曰乘。皮，麋鹿皮也。賓用束錦儐勞者，言儐者，賓在公館如家之義，亦以來者爲賓。勞者再拜稽首，受。稽首，尊國賓也。賓再拜稽首，送幣。受、送、拜皆北面，象階上。勞者揖皮，出，乃退。賓送再拜。揖皮，出，東面揖執皮者而出。○夫人使下大夫勞以二竹簋方，玄被纁裏，有蓋。簋，音甫，或作簠。外圓内方曰簋，内圓外方曰簠。○「竹簋方」者，器名也，以竹爲之，狀如筥而方。○《疏》曰：「筥皆用木而圓，受斗二升，此則用竹而方，故云『如筥而方』。」**其實棗蒸栗擇，兼執之以進。**兼，猶兩也。右手執棗，左手執栗。**賓受棗，大夫二手授栗，**受授不游手，慎之也。**賓之受如初禮，**如卿勞之儀。**儐之如初。下大夫勞者遂以賓入。**出以束錦授從者，因東面釋辭，請道之以入，然則賓送不拜。**○記：辭曰：「非禮也，敢。」對曰：「非禮也，敢。」**辭，辭不受也。對，答問也。二者皆卒曰「敢」，言不敢也。○《疏》曰：「辭，謂賓辭主人。答，謂賓答主人。介則在旁曰：『非禮也，敢。』」○朱先生曰：「今本下句末有『辭』字，注無復出『辭』字。張淳《識誤》曰：『以《注疏》攷之，當減經以還注。』今從之。」

右郊勞。

至于朝，主人曰：「不腆先君之祧，既拚以俟矣。」祧，他條反。拚，方問反，謂洒掃。○賓至外門，下大夫入告，出釋此辭。主人者，公也。不言公而言主人，主人接賓之辭，明至欲受之，不敢稽賓也。腆，猶善也。遷主所在曰祧。《周禮》天子七廟，文、武爲祧，諸侯五廟，則祧始祖也。是亦廟也，言祧者，祧尊而廟親。待賓客者，上尊者。○《疏》曰：「《守祧》『掌守先王、先公之廟祧』，鄭注云：『廟謂太祖之廟及三昭、三穆，遷主所藏曰祧。先公之遷主藏於后稷之廟，先王之遷主藏於文、武之廟。』『祧之言超也，超上去不毁也』，天子有二祧，以藏遷主。諸侯無二祧，遷主藏于太祖廟，故此名太祖廟爲祧也。下文迎賓及廟門受賓聘、享皆在廟，是於太祖廟受聘、享以尊之。若享食則於禰廟，燕又在寢，彌相親也。此鄭義。若孔融、王肅，則以高祖之父及祖爲二祧，非鄭義也。」**賓曰：「俟閒。」**賓之意，不欲奄卒主人也。且以道路悠遠，欲沐浴齋戒，俟閒，未敢聞命。

右至朝。

大夫帥至于館。卿致館，致，至也。賓至此館，主人以上卿禮致之，所以安之也。**賓迎，再拜。卿致命，賓再拜稽首。卿退，賓送，再拜。○記：卿館於大夫，大夫館於士，士館於工商。**館者必於廟，不館於敵者之廟，爲大尊也。○《疏》曰：「《曾子問》云『公館，與公所爲曰公館』，鄭注云：『公館，若今縣官宫也。』彼是正客館。若朝聘使少，則皆於正客館。若使多，則有在大夫廟。」○朱先生曰：「案：疏引《曾子問》之文如此，而下經『還玉，賓負右房而立』，是不必於廟也明矣。鄭注不通，當從疏説。」**管人爲客三日具沐，五日具浴。**管人，掌客館者也。客謂使者，下及士介也。

右致館。朱先生曰：「此致止謂致館耳。注、疏皆以爲兼致飱，非是。」

宰夫朝服設飱：飱，音孫。○食不備禮曰飱。○《疏》曰：「饔餼則生、腥、飪皆具，而又多餘物。飱則唯腥、飪而已。」**飪一牢在西，鼎九，羞鼎三；腥一牢在東，鼎七。**中庭之饌也。飪，孰也。孰在西，腥在東，象春秋也。鼎西九，東七，羞鼎則陪鼎也，以其實言之則曰羞，以其陳言之則曰陪。○《疏》曰：「『中庭之饌』，對下文是堂上及門之饌也。」鼎實之目，見下「歸饔餼」，注、疏皆約饔餼言之，後倣此。**堂上之饌八，西夾六。**八、六者，豆數也。凡饌以豆爲本。堂上八豆、八簋、六鉶兩簠、八壺，西夾六豆、六簋、四鉶兩簠、六壺。**門外米、禾皆二十車，**禾，稾實并刈者也。米陳門東，禾陳門西。**薪芻倍禾。**各四十車。

凡上所陳，皆如饔餼。○上介：飪一牢在西，鼎七，羞鼎三；堂上之饌六；門外米、禾皆十車，薪、芻倍禾。西，鼎七，無鮮魚、鮮腊。衆介皆少牢。亦飪在西，鼎五：羊、豕、腸胃、魚、腊。堂上之饌：四豆、四簠、兩鉶、四壺，無簋。○《疏》曰：「知『鼎五』者，以賓九，上介七，衆介當五，降殺以兩。」○

記：飧不致。不以束帛致命，草次饌飧具輕。賓不拜。以不致命。沐浴而食之。自潔清，尊主國君賜也。記此重者沐浴可知。陸佃曰：「飧不致者，設之而已。」

右設飧。

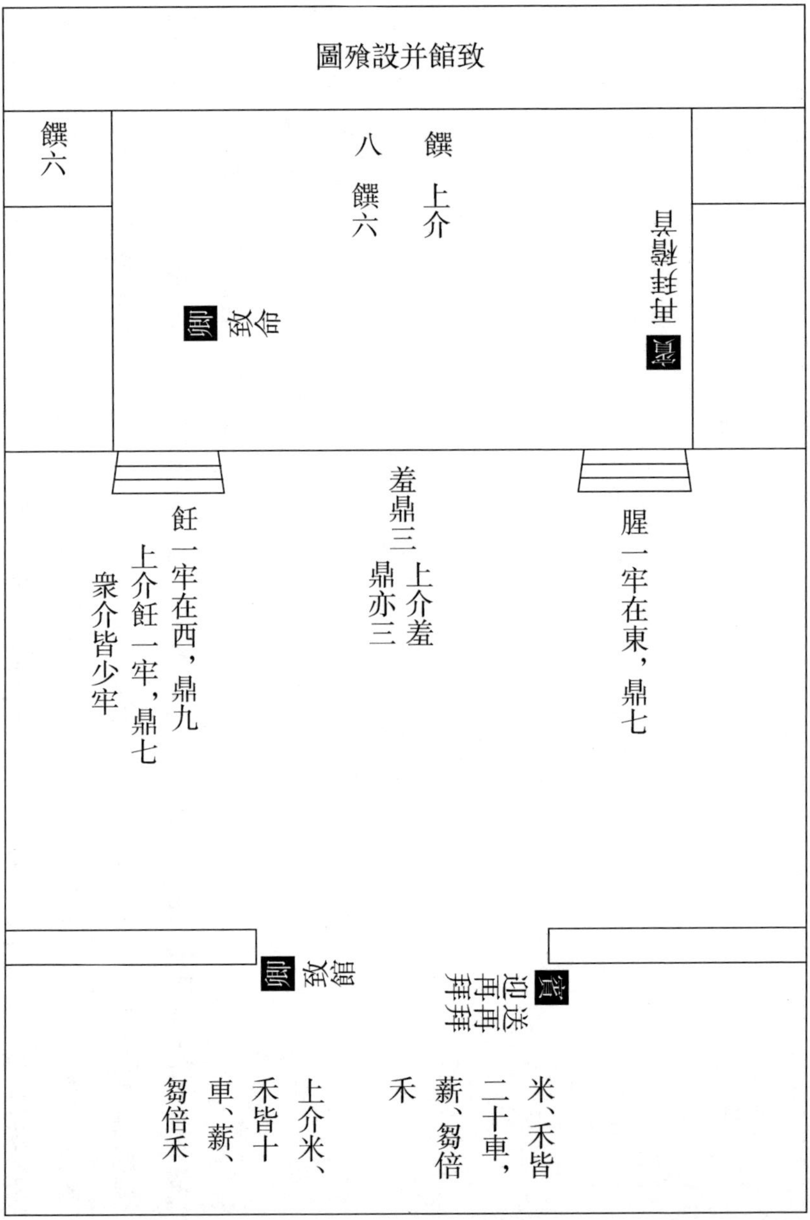
致館并設飧圖
饌六
饌八
上介饌六
卿 致命
賓 再拜稽首
羞鼎三
上介羞鼎亦三
腥一牢在東，鼎七
飪一牢在西，鼎九
上介飪一牢，鼎七
衆介皆少牢
卿 致館
賓 迎再拜
送再拜
米、禾皆二十車，薪、芻倍禾
上介米、禾皆十車，薪、芻倍禾

厥明，訝賓于館。訝，五嫁反。○此訝，下大夫也。以君命迎賓謂之訝。訝，迎也。亦皮弁。**賓皮弁聘，至于朝，賓入于次，**服皮弁者，朝聘，主相尊敬。諸侯視朔皮弁服。入于次，俟辨也。次在大門外之西，以帷爲之。**乃陳幣。**有司入于主國廟門外，以布幕陳幣，如展幣焉。圭、璋，賈人執櫝而俟。**卿爲上擯，大夫爲承擯，士爲紹擯。擯者出請事。**擯，謂主國之君所使出接賓者也。紹，繼也，其位相承繼而出也。主君，公也，則擯者五人；侯、伯也，則擯者四人；子、男也，則擯者三人。《聘義》曰：「介紹而傳命，君子於所尊，不敢質，敬之至也。」既知其所爲來之事，復請之者，賓來當與主君爲禮，爲其謙，❶不敢斥尊者，啓發以進之。於是時賓出，次直闑西，北面。上擯在闑東，閾外，西面。其相去也，公之使者七十步，侯、伯之使者五十步，子、男之使者三十步。此旅擯耳，不傳命。上介在擯西北，東面，承擯在上擯東南，西面，各自次序而下，末介、末擯，旁相去三丈六尺。上擯之請事，進，南面揖賓，俱前。賓至末介，上擯至末擯，亦相去三丈六尺。止，揖而請事。還，入告于公。天子、諸侯朝覲，乃命介紹傳命耳，其儀各鄉本受命，反面傳而下，及末則卿受之，❷反面傳而上，又受命傳而下亦如之。此三丈六尺者，門容二徹參个，旁加各一步也。○《疏》曰：「『上擯西面』者，向君也。旅擯，見《司儀》云。『各自次序而下』者，賓介自南面北爲序，主人之擯自北向南爲序也。『進南面，揖賓俱前』者，謂上擯入向公前，北面受命，復出南面，遙揖賓使

---

❶「謙」，原作「嫌」，今據盧本及《儀禮注疏》改。

❷「卿」，《儀禮注疏》作「鄉」，疑是。

前，而漸南行，賓至末介北，東面。『上擯至末擯南，西面止揖』者，俱立定，乃揖也。『各鄉本受命』者，非一時之事，先上擯入，受命出，傳與承擯，承擯傳與末擯，此是傳而下。末介向末擯邊受命，傳與次介，次介傳與上介，上介傳與賓，是傳而上。云『又受命，傳而下』者，此乃發賓傳向主君，一如前發，主君傳而向下如此。三迴，爲交擯三辭。『二徹三介』者，徹廣八尺，參个，三八二十四，門容二丈四，傍加客一步，空丈二爲三丈六尺。」**公皮弁，迎賓于大門内。大夫納賓。**大夫，上擯也。於是賓、主人皆裼。〇《疏》曰：「此未執玉，正是文飾之時，故皆裼。」**賓入門左，**内賓位也。衆介隨入，北面，西上，少退。擯者亦入門而右，北面，東上。上擯進，相君。〇《疏》曰：「此注亦多約下入廟行聘享文。」❶**公再拜，**南面拜迎。**賓辟，不答拜。**辟位逡遁，不敢當其禮。**〇記：卿，大夫訝。大夫，士訝。士，皆有訝。**卿，使者。大夫，上介也。士，衆介也。訝，主國迎待賓者。〇《疏》曰：「大聘使卿，主人使大夫訝。小聘使大夫，主人使士訝。謂初行聘及饗食燕皆迎之。」**〇宗人授次，次以帷，少退于君之次。**主國之門外，諸侯及卿大夫之所。使者次位皆有常處。〇《疏》曰：「上公九十步，侯、伯七十步，子、男五十步。使其臣聘使，大聘、小聘又各降二等，其次皆依其步數，就西方而置之。未行禮之時，止於其中，將行禮乃出。」〇朱先生曰：「案《周禮》幕人掌相會共帷幕，掌次掌張幕。此宗人，字恐誤。」

右擯出迎賓。

---

❶「文」，原作「交」，今據《儀禮注疏》改。

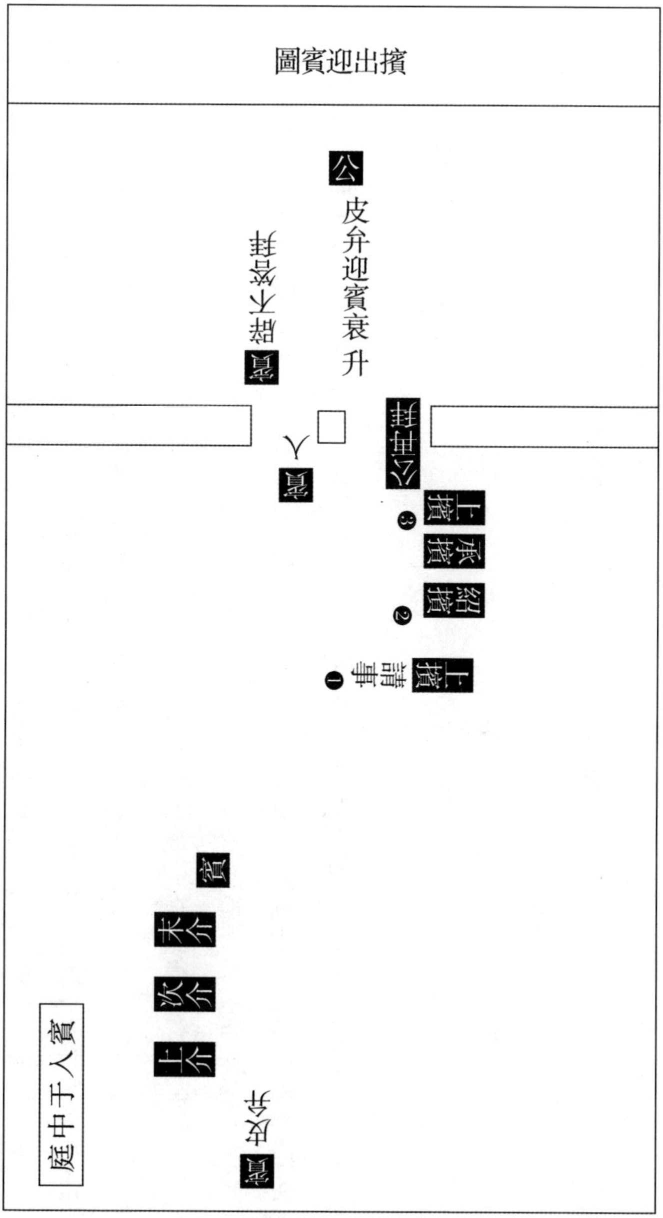

❶「請事」二字，原無，今據盧本補。

❷「紹擯」、「承擯」位置原倒，今據盧本訂正。

❸「上擯」二字，原無，今據盧本補。

公揖入，每門每曲揖。君與賓入門，賓必後君。介及擯者隨之，並而鴈行。既入，則或左或右，相去如初。《玉藻》曰：「君入門，介拂闑，大夫中棖與闑之間，❶士介拂棖，賓立不中門，不履閾。」此賓謂聘卿大夫也。門中，門之正也，不敢與君並由之，敬也。介與擯者鴈行，卑不踰尊者之迹，亦敬也。賓之介，猶主人之擯。○《疏》曰：「應門之左爲宗廟，諸侯五廟，太祖之廟居中，二昭居東，二穆居西。所引《玉藻》『君入門』至『拂棖』，彼鄭注云：『此謂兩君相見也。君若迎聘客，擯者亦然。』下句言『賓』，始是聘客。闑居中棖，謂門兩旁長木，所謂門楔也。故君與賓及上擯、上介拂闑，末介、末擯拂棖，而次介、次擯由棖、闑之閒。」**及廟門，公揖入，立于中庭，**公先入，省内事也。立于中庭以俟賓，不復出，如此得君行一，臣行二，於禮可矣。○《疏》曰：「『省内事』，如《曲禮》『主人請入爲席』之類。初命迎公迎賓大門内，卿大夫以下入廟門，俟之。賓于館之時，卿大夫士固在朝。及君在大門内時，不以無事亂有事，當於廟中在位矣。」**賓立接西塾。**接，猶迎也。❷己與主君交禮，將有出命，俟之於此。介在當南，❸北面，西上。上擯亦隨公入門東，東上，少進於士。

右揖賓入及廟門。

❶「閒」，原作「門」，今據盧本及《儀禮注疏》改。

❷「迎」，原作「近」，今據盧本及《儀禮注疏》改。

❸「當」，《儀禮注疏》作「幣」。

揖賓入及廟門圖

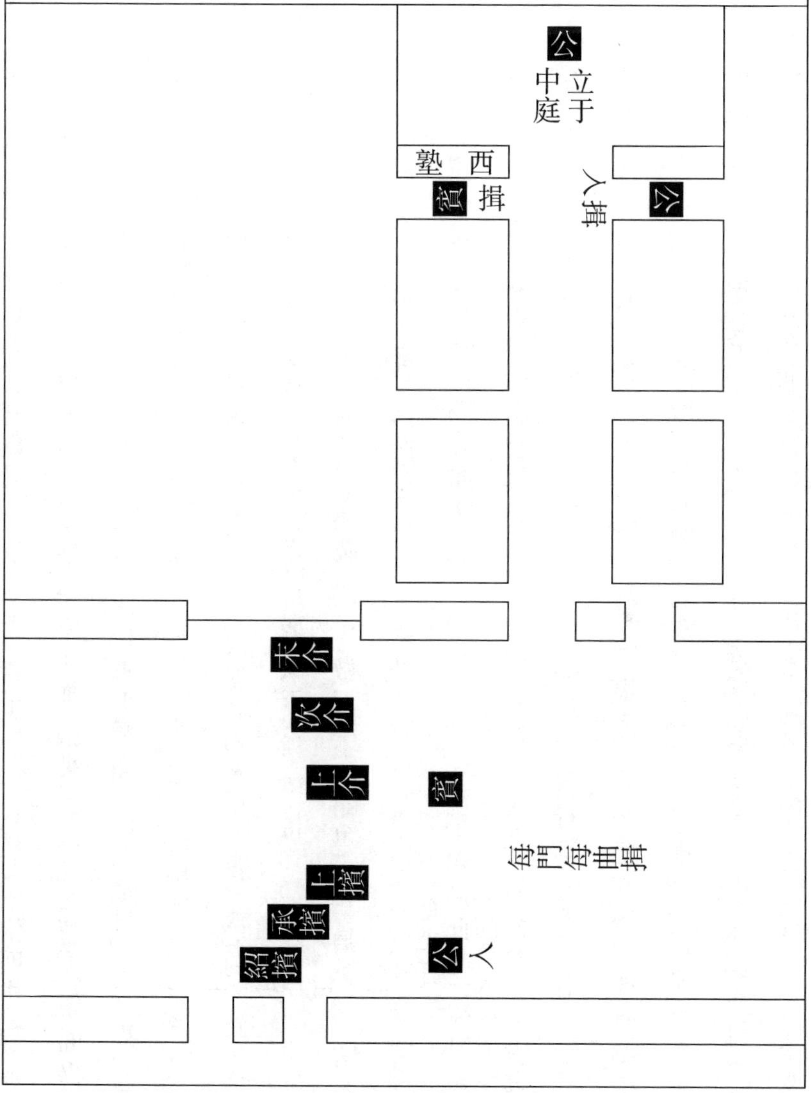

几筵既設，擯者出請命。有几筵者，以其廟受，宜依神也。賓至廟門，司宮乃于依前設之。神尊，不豫事也。至此言命，事彌至，言彌信也。《周禮》：「諸侯祭祀，席蒲筵，繢純，右彫几。」**賈人東面坐，啓櫝，取圭垂繅，不起而授上介。**賈人鄉入陳幣，東面俟，於此授圭不起，賤不與爲禮也。不言裼、襲者，賤不裼也。繅，有組繫也。**上介不襲，執圭，屈繅，授賓。**上介北面受圭，進西面授賓。不襲者，以盛禮不在於己也。屈繅，并持之也。《曲禮》曰：「執玉，其有藉者則裼，無藉者則襲。」**賓襲，執圭。**執圭盛禮，而又盡飾，爲其相蔽敬也。《玉藻》曰「服之襲也，充美也，是故尸襲，執玉，龜，襲」也。○《疏》曰：「臣於君所，合裼以盡飾。今既執圭，以瑞爲敬，若又盡飾而裼，則掩蔽執玉之敬，故不得裼也。充，猶覆也。」**擯者入告，出辭玉。**擯者，上擯也。入告公以賓執圭，將致其聘命。圭，贄之重者，辭之，亦所以致尊讓也。**納賓，賓入門左。**公事自闑西。**介皆入門左，北面西上。**隨賓入也。介無事，止於此。**三揖，**君與賓也，入門將曲揖，既曲，北面又揖，當碑揖。○《疏》曰：「公已入立中庭，而云『入門』者，謂賓入門及北面，公皆向賓揖之，再揖訖，公乃北行，當碑，乃得賓主相向揖。是以得君行一，臣行二。」**至于階，三讓。**讓升。**公升二等，**先賓升二等，亦欲君行一，臣行二。**賓升西楹西，東面。**與主君相鄉。**擯者退中庭。**退者，以公宜親受賓命，不用擯相也。**賓致命。公左還，北鄉。**當拜。**擯者進。**進阼階西，釋辭於賓，相公拜也。**公當楣再拜。賓三退，負序。**三退，三逡遁也。**公側襲，受玉于中堂與東楹之閒。**側，猶獨也。言獨，見其尊賓也。它日公有事，必有贊爲之者。凡襲于隱者，公序坫之閒可知也。中堂，南北之中也。入堂深，尊賓事也。東楹之閒，亦以君行一，臣行二。**擯者退，負東塾而立。賓降，介逆出，賓出。公側授宰玉，**使藏之，授於序端。**裼，降立。**裼者，免上衣，見裼衣。凡當盛禮者，以充美爲敬；非盛禮者，❶以見美爲敬。降立，俟享也，亦如中庭。❷〇**記：唯大聘有几筵。**謂受聘享時也。小聘輕，雖受于廟，不爲神位。〇**禮，不拜至。**《疏》曰：「前者請行禮，賓言『俟閒』，故今不是始至也。」〇**辭無常孫而説。**孫，音遜。説，音悦。〇孫，順也。大夫使受命不受辭，辭必順且説。**辭多則史，少則不達。**史，謂策祝。**辭苟足以達，義之至也。**〇**辭曰：「子以君命在寡君，寡君拜君命之辱。」**此贊君拜聘享辭也。在，存也。〇**上介執圭如重，授賓。**《疏》曰：「此在主君廟門外，上介屈繅授賓之容。」**賓入門皇，升堂讓，將授志趨。**皇，自莊盛也。讓，謂舉手平衡也。志，猶念也。念趨謂審行步也。孔子之執圭，鞠躬如也，如不勝。上如揖，下如授，勃如戰色，足縮縮如有循。**授如争承，下如送。君還而后退。**《疏》曰：「授玉之時，如與人争接取物，恐失墜也。聘享每訖，君實不送而賓之敬如君送然。退，謂出廟門，要行後事，非出大門也。」**下階發氣怡焉，再三舉足，又趨。**發氣，舍息也。再三舉足，自安定，乃復趨也。至此云「舉足則志趨，卷豚而行也」。孔子升堂，鞠躬如也，屏氣似不息者；出，降一等，逞顏色，

---

❶「盛」，原作「當」，今據盧本及《儀禮注疏》改。

❷「如」，《儀禮注疏》作「於」。

怡怡如也；没階，趨進，翼如也。○卷，去阮反。豚，大本反。○朱先生曰：「趨進，『進』字衍。卷，轉也。豚之言若有循，義見《曲禮》。」**及門正焉。**容色復故，此皆心變見於威儀。**○執圭，入門鞠躬焉，如恐失之。**記異説也。**皇且行，入門主敬，升堂主慎。**復記執玉異説。

右受玉。

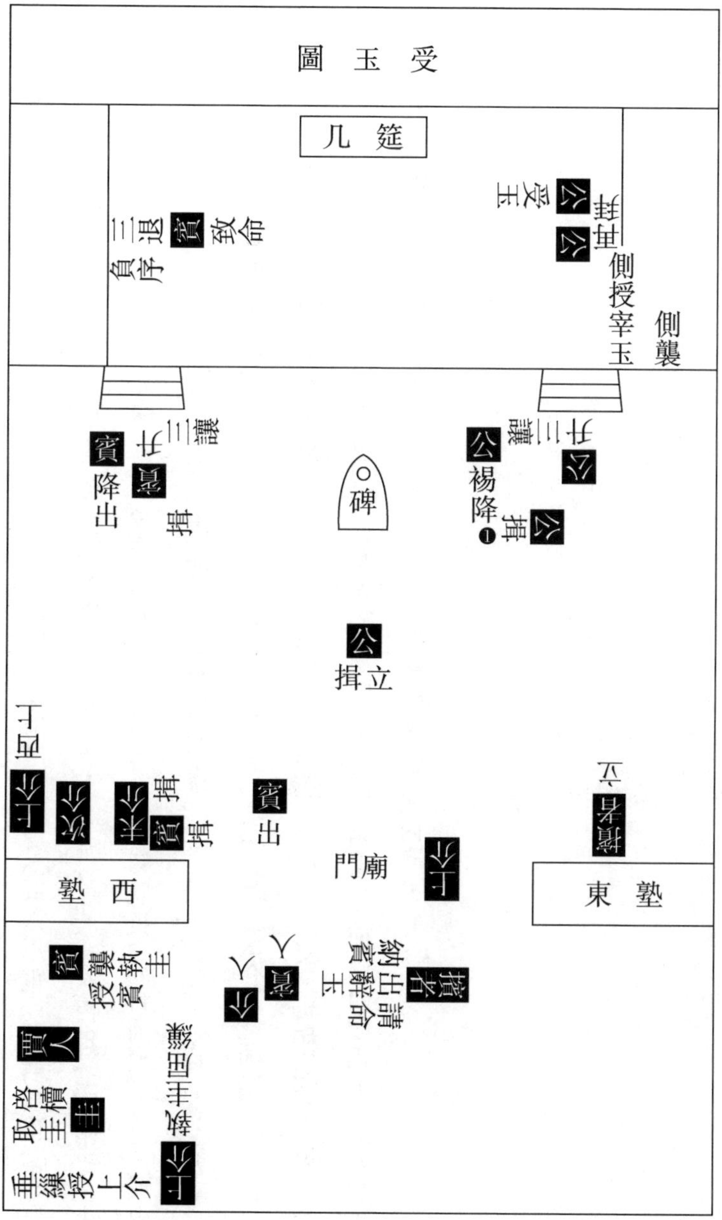

❶「裼」，原作「揖」，今據元刻本、盧本改。

擯者出請。不必賓事之有無。賓裼，奉束帛加璧享。擯者入告，出許。許，受之。庭實，皮則攝之，毛在内，内攝之，入設也。皮，虎豹之皮。攝之者，右手并執前足，左手并執後足。毛在内，不欲文之豫見也。内攝之者，兩手相鄉也。入設，亦參分庭一在南。言則者，或以馬也。凡君於臣，臣於君，麋鹿皮可也。賓入門左，揖讓如初，升致命，張皮。張者，釋外足見文也。公再拜，受幣。士受皮者自後右客。自，由也。從東方來，由客後西，居其左受皮也。執皮者既授，亦自前西而出。賓出，當之坐攝之。象受于賓。公側授宰幣，皮如入，右首而東。如入，左在前。皮右首者，變于生也。○記：及享，發氣焉盈容。發氣，舍氣也。孔子之於享禮，有容色。衆介北面蹌焉。蹌，七羊反。○容貌舒揚。○《疏》曰：「大夫齊齊，士蹌蹌。」○凡庭實，隨入左先，皮、馬相間可也。「間厠」之「間」。○隨入，不並行也。○《疏》曰：「云『左先』者，以皮馬以四爲禮，北面以西頭爲上，故左先入陳也。」賓之幣，唯馬出，其餘皆東。馬出當從廄也。餘物皆東，藏之内府。

右受享幣。

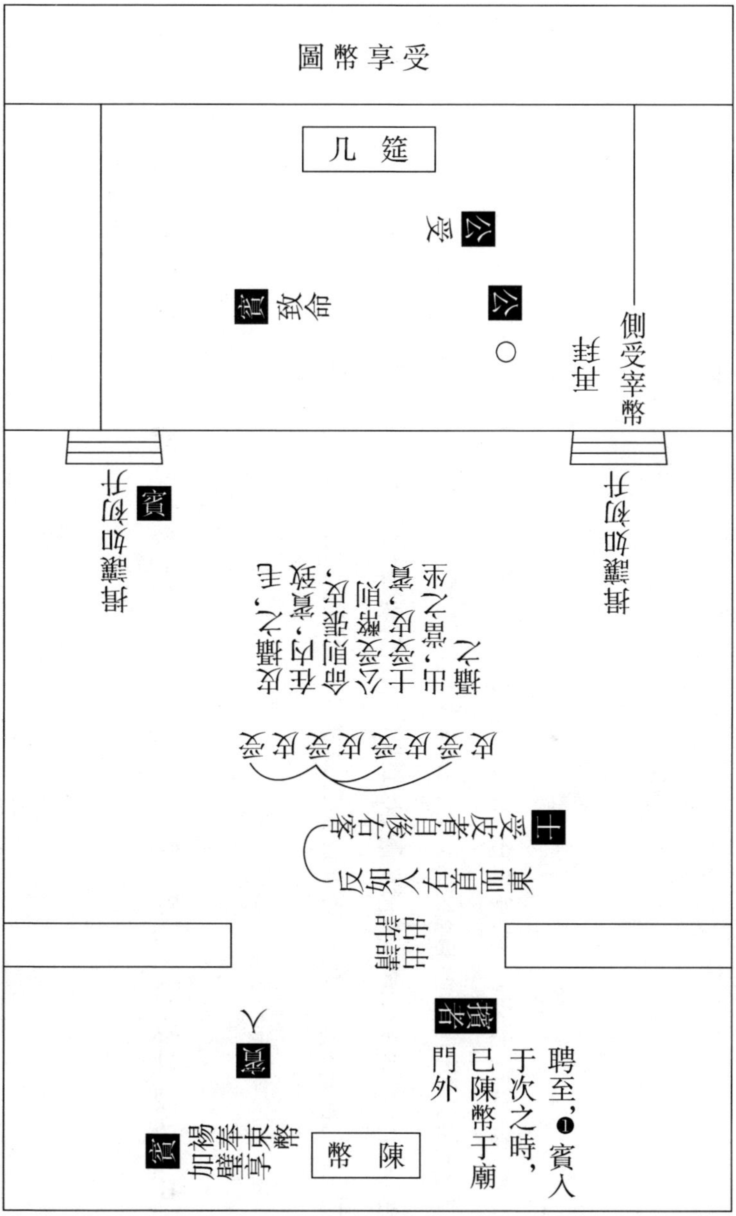
受享幣圖
几筵
公
受
公
賓
側受宰幣
再拜
揖讓如初升
賓
揖讓如初升
士受皮者自後右客
擯者
出請
出許
聘至，❶賓入于次之時，已陳幣于廟門外
賓
入
陳幣
賓
加璧享束帛

❶「聘至」，盧本作「厥明」。

記：若君不見，君有疾，若他故，不見使者。**使大夫受。**受聘享也。大夫，上卿也。**自下聽命，自西階升，受，負右房而立。賓降亦降。**此儀如還圭然，而賓、大夫易處耳。○《疏》曰：「彼賓自大夫左受之，此大夫於賓左受之，此爲易處耳。」**不禮。**辟正主也。

右君不見。

聘于夫人用璋，享用琮，如初禮。如公立于中庭以下。❶○**記：辭：「君以社稷故，在寡小君，拜。」**此贊拜夫人聘享辭也。

右聘享夫人。

若有言，則以束帛，如享禮。有言，有所告請，如《春秋》「臧孫辰告糴于齊」之類是也。○**記：若有故，則卒聘，束帛加書將命。百名以上書於策，不及百名書於方。**故，謂災患及時事相告請也。名，書文也，今謂之字。策，簡也。方，版也。○《疏》曰：「簡據一片，策是衆簡相連。」**主人使人與客讀諸門外。**受其意，既聘享，賓出而讀之。讀之不於内者，人稠處嚴，不得審悉。主人，國君也。人，内史也。書必璽之。

右有言有故。

---

❶「如」，原作「女」，今據盧本及《儀禮注疏》改。

擯者出請事，賓告事畢。公事畢。〇**賓奉束錦以請覿。**覿，見擯。**擯者入告，出辭。**客有大禮，未有以待之。〇《疏》曰：「謂未禮賓，故止客而先禮賓。」〇**請禮賓。賓禮辭，聽命。擯者入告。**告賓許也。**宰夫徹几，改筵。**將禮賓，徹神几，改神席，更布也，賓席東上。《周禮》曰：「筵國賓于牖前。」**公出，迎賓以入，揖讓如初。**公出迎者，己之禮更端也。〇《疏》曰：「前聘享俱是公禮，故聘訖而享，公不出迎。此禮賓是私禮，故更端而出迎也。」**公升，側受几于序端。宰夫内拂几三，奉兩端以進。**内拂几，不欲塵坋尊者。〇坋，滿悶反。〇《疏》曰：「案《覲禮》：『几俟于東箱。』」**公東南鄉，外拂几三，卒，振袂，中攝之，進，西鄉。**進，就賓也。〇《疏》曰：「宰夫奉几兩端，故公中攝之，擬賓用兩手，在公手外取之故也。」**擯者告。**告賓以公授几。**賓進，訝受几于筵前，東面俟。**未設也。**公壹拜送。**公尊也。**賓以几辟。**辟位逡遁。**北面設几，不降，階上答，再拜稽首。**不降，以主人禮未成也。几，賓左几。〇《疏》曰：「《鄉飲酒義》云：『啐酒，成禮也。』啐酒爲禮成，此設几主爲啐酒，今未啐醴，故云『禮未成也』。云『几，賓左几』者，對神右几。」〇**宰夫實觶以醴，加柶于觶，面枋。**酌以授君也。君不自酌，尊也。宰夫亦洗，升實觶，以醴自東箱來，不面擸，不訝受也。〇擸，以涉反。〇《疏》曰：「授几時從下面升東箱，❶取几，進以授君，今亦從下升東箱，酌醴，進以授君，故『亦』之。」**公側受醴。**將以飲賓。〇飲，於鴆

❶「面」，《儀禮注疏》作「而」。

反。○《疏》曰：「公西面向賓，宰夫自東箱來，在公傍側並授與公。」賓不降，一拜，進筵前受醴，復位。公拜送醴。賓一拜者，醴質，以少爲貴。○《疏》曰：「賓上下皆再拜稽首，獨此一拜，故鄭據太古云醴質，無玄酒，故一拜以少爲貴。」宰夫薦籩豆脯醢，賓升筵，擯者退，負東塾。事未畢，擯者不退中庭，以有宰夫也。○《疏》曰：「有宰夫相則已無事，若無宰夫則在中庭矣。」賓祭脯醢，以柶祭醴三。庭實設。庭實，乘馬。降筵，北面，以柶兼諸觶，尚擸，坐啐醴。尚，上通。啐，七內反。○降筵，就階上。○《疏》曰：「以右手之柶并於左，兩手捧觶。」○公用束帛。致幣也，言「用」，尊于下也。亦受之于序端。建柶，北面奠于薦東。擯者進相幣。贊以辭。賓降辭幣，不敢當公禮也。公降一等辭。辭賓降也。栗階升，聽命。栗階，趨君命尚疾，不連步。降拜，拜受。公辭，不降一等，殺也。升，再拜稽首，受幣，當東楹，北面。亦訝受而北面者，禮主於己，己，臣也。○《疏》曰：「前行聘享時，賓東面，主君西面訝授，受以奉君命，故不北面。此以主君禮己，己，臣也，故北面受，異聘享時。」退，東面俟。俟君拜也。不北面者，謙若不敢當階然。公壹拜，賓降也，公再拜。不俟公再拜者，不敢當公之盛也。公再拜者，事畢成禮也。賓執左馬以出。受尊者禮，宜親之也。效馬者，并左右靮授之。餘三馬主人牽者，從出也。上介受賓幣，從者訝受馬。從者，士介。○記：醴尊于東箱，瓦大一，有豐。大，音太。○瓦大，瓦尊。豐，承尊器，如豆而卑。薦脯五膱。祭半膱，橫之。膱，脯如版然者，或謂之脡，皆取直貌焉。○脡，大頂反。祭醴，再扱，始扱一祭，卒再祭。扱，初洽反。○

卒，謂後扱。〇**主人之庭實，則主人遂以出，賓之士訝受之。**此謂餘三馬也。左馬賓執以出矣。士，士介從者。

右禮賓。

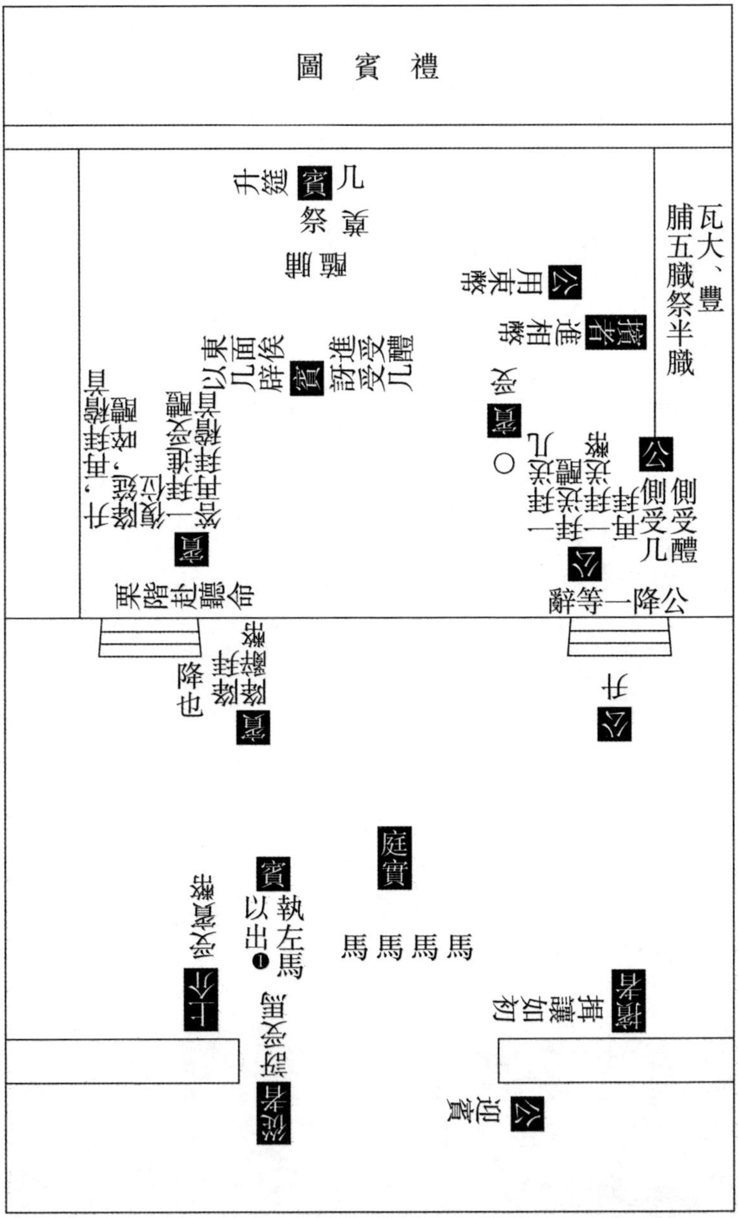

❶「以出」二字，原無，今據盧本補。

今案：《聘禮》既授玉、授享幣，則聘使之禮畢矣。於是撤几改筵，以禮賓焉。前設几筵者，爲廟受聘禮，宜依神也。今徹几改筵，所以禮賓也。神席當室前之中，故注、疏以扆前爲據；賓席在西北，故注以筵國賓于牖前爲據。賓席在牖前，其義何居乎？地道尚右，故牖前西北之位，家、鄉、國皆以爲重。《士冠禮》子「筵于户西」，《士昏禮》婦「席于户牖閒」，《鄉飲》「席於牖前」，《鄉射》「賓席在於户牖之處」，《周禮》「筵國賓於牖前」，其名不同，皆不越乎此位也。但天子、諸侯與大夫、士室房之制不同，故牖前亦少不同，義詳見於《鄉飲酒禮》。此禮賓之初，有三節：受几也，受醴也，受幣也。三者公親受于序端，而後授賓，恭之至也。設几主爲啐醴，故受几、受醴皆於筵前。禮莫重於幣，故受幣當東楹前。行聘享時，賓東面，主君西面，訝授受，以賓奉君命，不北面。此以主君禮賓，賓，臣也，故受幣北面。

賓覿，奉束錦，總乘馬，二人贊。入門右，北面奠幣，再拜稽首。不請，不辭，鄉時已請也。覿用束錦，辟享幣也。總者，總八轡牽之。贊者居馬間扣馬也。入門而右，私事自闑右。奠幣，再拜，以臣禮見也。贊者，賈人之屬。介，特覿也。○《疏》曰：「二人贊者，各居兩馬間，各用左、右手手扣一匹。」**擯者辭，**辭其臣。**賓出。**事畢。**擯者坐取幣，出，有司二人牽馬以從，出門，西面于東塾南。**將還之也。贊者有司受馬，乃出。凡取幣于庭，北面。○《疏》曰：「幣可奠之於地，馬待人受。」**擯者請受，**請以客禮受之。**賓禮辭，聽命。**賓受其幣，贊者受馬。**牽馬右之，入設。**庭實先設，客禮也。右之，欲人居馬左，任右手便也。於是牽馬者四人，事得申也。《曲禮》曰：「效馬效羊者，右牽之。」**賓奉幣入門左。介皆入門左，西上。**以客禮入，可從介。**公揖讓如初，升。公北面再拜。**公再拜者，以其初以臣禮見，新之也。

賓三退，反還，負序。反還者，不敢與授圭同。**振幣進授，當東楹，北面。**不言君受，略之也。**士受馬者自前還，牽者後，適其右，受。**還，户患反。○自，由也。適牽者之右而受之也。此亦並授者，不自前左，由便也，便其已授而去也。受馬自前，變於受皮。**牽馬者自前西，乃出。**自，由也。○《疏》曰：「謂皆自馬前由西而出也。次東三牽者則然，其最西頭者便即出門，不復由前也。」**賓降階東拜送，君辭。**拜送幣于階東，以君在堂，鄉之。**拜也，君降一等辭。**君乃辭之，而賓猶拜，敬也。**擯者曰：「寡君從子，雖將拜，起也。」**此禮固多有辭矣，未有著之者，是其志而焕乎？未敢明説。○《疏》曰：「謂此獨著其辭焕然，但疑事無質，故上注每云『其辭未聞』也。」**栗階升。公西鄉，賓階上再拜稽首。**成拜。**公少退。**爲敬。**賓降出。公側授宰幣。馬出。**廟中宜清。**公降立。○記：私覿，愉愉焉。**容貌和敬。○《疏》曰：「享時盈容舒於聘時之戰色，❶私覿又舒於盈容。」**出如舒鴈。**威儀自然而有行列。舒鴈，鵝也。○《疏》曰：「出如舒於愉愉也。」❷**既覿，賓若私獻，奉獻將命。**時有珍異之物或賓奉之，所以自序尊敬也，猶以君命致之。**擯者入告，出，禮辭。**辭其獻也。**賓東面坐，奠獻，再拜稽首。**送獻不入者，奉物禮輕。**擯者東面坐，取獻，舉以入告，出，禮請受。**東面坐取獻者，以宜並受也。其取之由

❶「盈」，原作「盛」，今據元刻本、盧本及《儀禮注疏》改。

❷「如」，原作「反」，今據盧本及《儀禮注疏》改。

賓南而自後，右客也。○《疏》曰：「擯者從門東適南方，西行於賓北，東面坐取幣，入告于君。及出，一請於賓而受之。擯者與賓敵，故云『宜並受也』。」**賓固辭，公答再拜。**拜受於賓也。「固」亦衍字。**擯者立于閾外以相拜，賓辟。**相，贊也。**擯者授宰夫于中庭。**東藏之既，乃介覿。**若兄弟之國，則問夫人。**兄弟，謂同姓。若婚姻，甥舅有親者。問，猶遺也，謂獻也，不言獻者，變於君也。非兄弟，獻不及夫人。

右賓私覿私獻。

儀禮圖

賓私覿圖

公側受宰幣
公少退
賓升致命

宰自左受幣

宰三退反位
賓拜稽首

君降一等辭

賓升拜稽首
賓降出
出

擯者納賓升

士　士　士　士
御者　御者　御者　御者
賓擧　賓擧　賓擧　賓擧
適其右皆啟　適其右皆啟　適其右皆啟　適其右皆啟

賓乘車載旜
賓拜稽首

馬馬馬馬
有司擧者請受
二人牽馬

賓　擯者聽命

有司二人牽馬
擯者請受

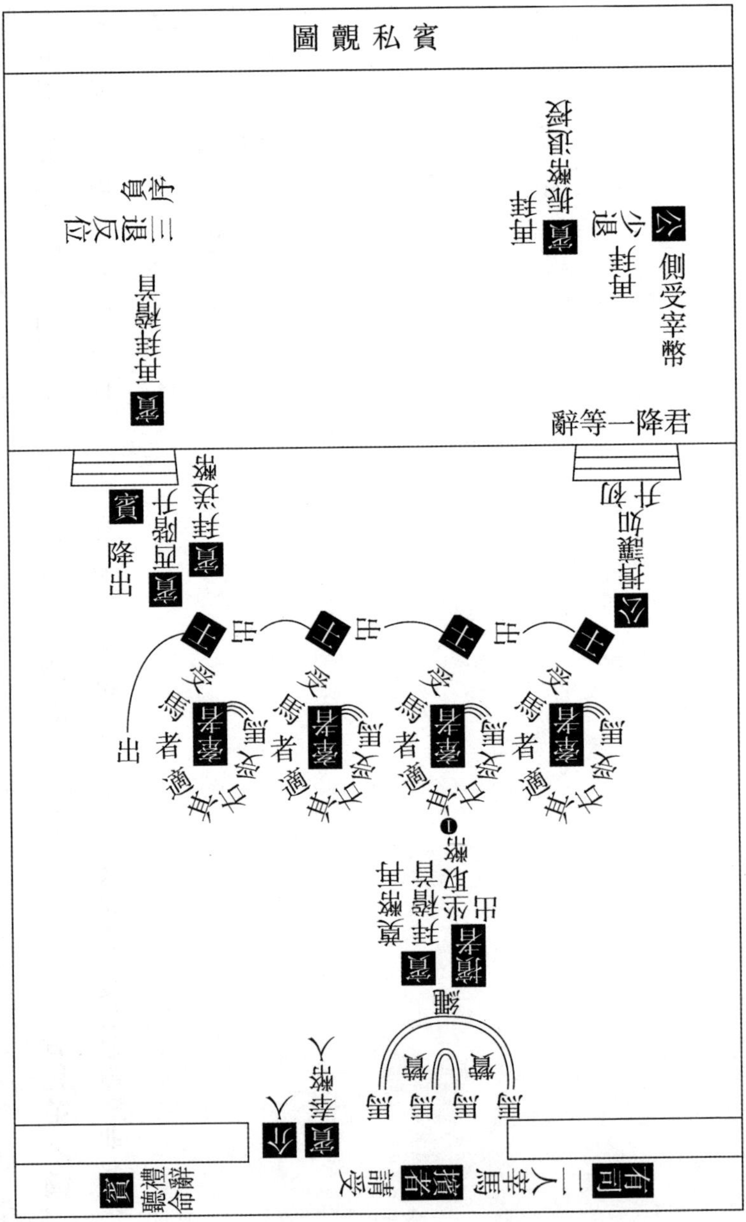

❶「坐」，原無，今據盧本補。

擯者出請，上介奉束錦，士介四人皆奉玉錦束，請覿。玉錦，錦之文纖縟者也。禮有以少文爲貴者。後言束，辭之便也。**擯者入告，出許。上介奉幣、儷皮，二人贊。**儷，猶兩也。上介用皮，變於賓也。皮，麋鹿皮。○《疏》曰：「賓用馬，今介用皮，故云『變』也。」**皆入門右，東上，奠幣，皆再拜稽首。**皆者，皆衆介也。贊者奠皮出。**擯者辭，**亦辭其臣。**介逆出。**亦事畢也。**擯者執上幣，士執衆幣，有司二人舉皮從其幣出，請受。**請受，請于上介也。擯者先即西面位請之。釋辭之時，執衆幣者隨立門中而俟。○《疏》曰：「『隨』如《昏禮》納徵『執皮隨入』之『隨』。」**委皮南面。**擯者既釋辭，執衆幣者進即位，有司乃得委之。南面，便其復入也。委皮當門。○《疏》曰：「皮入右首，右先，故南面横委於門中，當門北上，執皮者北面受之，而乃入，便也。」**執幣者西面，北上。擯者請受。**請于上介也。上言其次，此言其位，互約文也。**介禮辭，聽命，皆進，訝受其幣。**言皆者，嫌擯者一一授之。**上介奉幣，皮先，入門左，奠皮。**皮先者，介隨執皮者而入也。入門左，介至揖位而立。執皮者奠皮，以有不敢授之義。○《疏》曰：「賓覿時入門左，公揖讓升，賓至此待揖而後進，明此介亦至揖位而立。」❶**公再拜。**拜中庭也，不受于堂，介賤也。○《疏》曰：「上云『降立』，別無更進退之文，知在中庭。」**介振幣，自皮西進，北面受幣，退復位，再拜稽首，送幣。**進者北行，參分庭一而東行，當君，乃復北行也。○《疏》曰：「介初

❶「立」，盧本作「就」。

在揖位，君在中庭，奠皮近西，故介發揖位，自皮西北，出三分一乃東行。北向當君，乃北行，至君所，乃授幣。」**介出。宰自公左受幣。**不側受，介禮輕。○《疏》曰：「贊自轉授宰也。」**有司二人坐，舉皮以東。○擯者又納士介。**納者，出道入也。○道，音導。**士介入門右，奠幣，再拜稽首。**終不敢以客禮見。**擯者辭，介逆出。擯者執上幣以出，禮請受，賓固辭。**禮請受者，一請而聽之也。賓爲之辭，士介賤，不敢以言通於主君。「固」衍字，當如面大夫也。**公答再拜。擯者出，立于門中以相拜，**擯者以賓辭入告，還立國中，閾外，西面，公乃遥答拜也。相者贊告之。**士介皆辟。**逡遁也。**士三人東上，坐取幣，立。**俟擯者執上幣來也。**擯者進。**就公所也。**宰夫受幣于中庭，以東，**使宰夫受于士，士介幣輕，受之于公左。賓幣公側授宰，上介幣宰受于公左，士介幣宰夫受于士，敬之差。**執幣者序從之。**序從者，以宰夫當一一受之。

右介私覿。

擯者出請，賓告事畢。擯者入告，公出送賓。及大門内，公問君。鄉以公禮將事，無由問也。賓至始入門之位，北面將揖而出，衆介亦在其右，少退，西上，於此可以問君居處何如，序殷勤也。時承擯、紹擯亦於門東，北面，東上。上擯往來傳君命，南面。蘧伯玉使人於孔子，孔子問曰：「夫子何爲？」此公問君之類也。○朱先生曰：「所引《論語》非聘事，意略相類耳。」**賓對，公再拜。**拜其無恙。公拜，賓亦辟。**公問大夫，賓對。公勞賓，賓再拜稽首，公答拜。**勞以道路以勤。**公勞介，介皆再拜稽首，公答**

拜。賓出，公再拜送，賓不顧。公既拜，客趨辟君命，上擯送賓出，反告，賓不顧，於此君可以反路寢矣。《論語》説孔子之行，曰：「賓退，必復命曰：『賓不顧矣。』」〇又案：《司儀》：「諸公之臣相爲國客。」「出及中門之外，問君，客再拜，對。君拜，客辟而對。君問大夫，客對。君勞客，客再拜稽首，君答拜，趨辟。」注云：「中門之外，即大門之内也。問君曰：『君不恙乎？』對曰：『使臣之來，寡君命臣于庭。』大夫曰：『二三子不恙乎？』對曰：『寡君命使臣于庭，二三子皆在。』勞客曰：『道路悠悠，客甚勞。』勞介則曰：『二三子甚勞。』客再拜對者，爲敬慎也。」〇《疏》曰：「『問君』以下，未知鄭所出何文。」

右公送賓，問君、問大夫，勞賓、介。自「厥明訝賓」至此凡七圖，只是一日所行之禮。

公送賓問君問大夫勞賓介圖

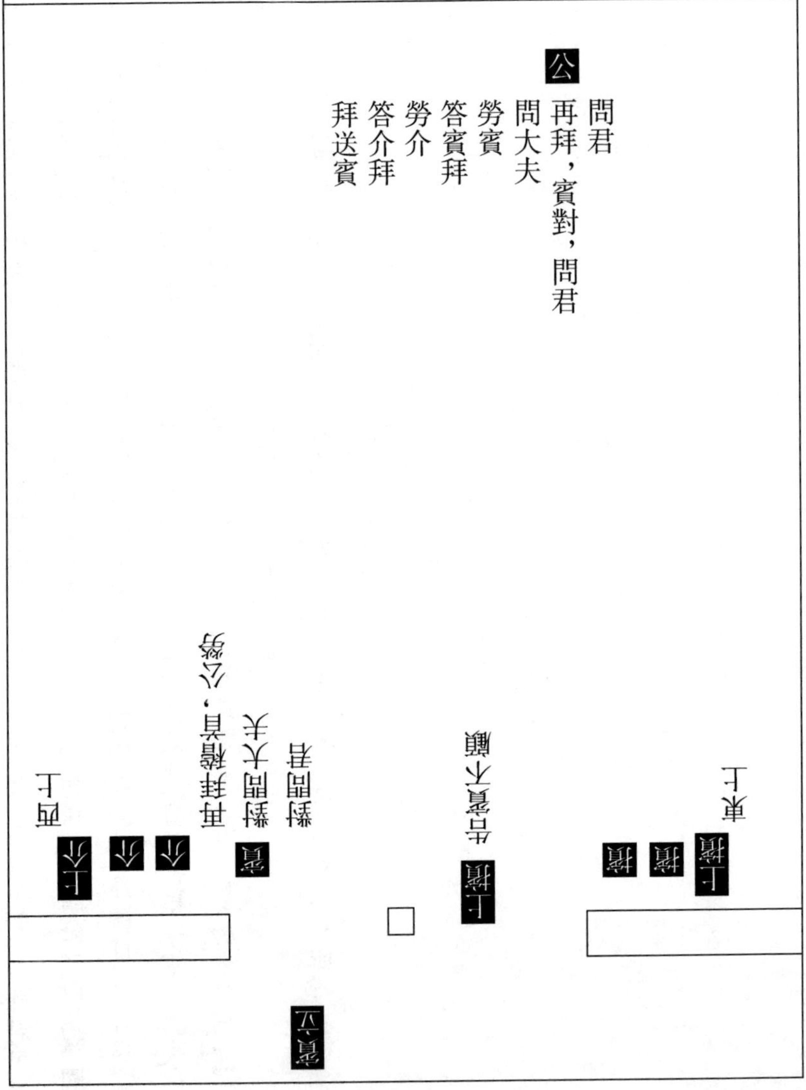

賓請有事於大夫。請，問，問卿也。上擯送賓出，賓東面而請之，擯者反命，因告之。○《疏》曰：「從朝以來，行聘享、行禮賓之事，事已煩矣。今日即請，未可即行，故云『反命，因告之』。告之，使知而已。」**公禮辭，許。賓即館。○記：賓即館，訝將公命。**使己迎待之命。○《疏》曰：「《掌訝》職云『賓入館，次于舍門外，待事于客』，注云：『次，如今官府門外更衣處，待事于客，通其所求索。』將公命，有事通傳于君。」**又見之以其摯。**又，復也，復以私禮見者，訝將舍於賓館之外，❶宜相親也。大夫訝者執鴈，士訝者執雉。

右賓即館。

卿大夫勞賓，賓不見。以己公事未行。上介以賓辭辭之。**大夫奠鴈，再拜，上介受。**不言卿，卿與大夫同執鴈，下見于國君。《周禮》：「凡諸侯之卿見朝君，皆執羔。」**勞上介，亦如之。○記：幣之所及皆勞，不釋服。**以與賓接於君所，賓又請有事于己，不可以不速也。所不及者，下大夫未嘗使者也。不勞者，以先是賓請有事於己同類，既聞彼爲禮所及，則己往有嫌也。所以知及、不及者，賓請有事，固曰某子某子。

右卿大夫勞。

君使卿韋弁，歸饔餼五牢。變皮弁服韋弁，敬也。其服蓋靺布以爲衣而素裳。牲殺曰饔，生曰餼。**上介請事，賓朝服，禮辭。**朝服，示不受也。受之當以尊服。**有司入陳。**入賓所館之廟，陳其積。○

---

❶「舍」，原作「命」，今據《儀禮注疏》改。

饔。謂飪與腥。**○飪一牢，鼎九，設于西階前；陪鼎當内廉，東面北上，上當碑，南陳；牛、羊、豕、魚、腊、腸胃同鼎，膚、鮮魚、鮮腊，設扃鼏；膷、臐、膮，蓋陪牛、羊、豕。**扃，古螢反。膷，音香，牛臛也。臐，許六反，羊臛也。膮，許堯反，豕臛也。○陪鼎三牲臛，膷、臐、膮陪之，庶羞加也。當内廉，辟堂塗也。腸胃次腊，以其出牛、羊也。膚，豕肉也，唯燖者有膚。此饌先陳其位，後言其次，重大禮，詳其事也。宮必有碑，所以識日景，引陰陽也。凡碑引物者，宗廟則麗牲焉，以取毛血。其材宮廟以石，窆用木。○臛，火各反，又火郭反。燖，音尋，一本作爓，音潛。窆，彼驗反。○朱先生曰：「『引陰陽』，『引』字疑當作『別』。」○《疏》曰：「案：《公食大夫》庶羞非正饌，故在正鼎後而言加也。君子不食圂腴，犬、豕曰圂。故牛、羊有腸胃而無膚，豕則有膚而無腸胃也。」○今案：腸胃同鼎，謂牛、羊腸胃同一鼎，不異其牛羊，腴賤也。**○腥二牢，鼎二七，無鮮魚、鮮腊，設于阼階前，西面南陳，如飪鼎，二列。**有腥者，所以優賓也。**堂上八豆，設于户西，西陳，皆二以並，東上。韭菹，其南醓醢，屈。**韭，音九。菹，莊居反。醓，他感反。○户，室户也。東上，變于親食賓也。醓醢，汁也。屈，猶錯也。○《疏》曰：「醓醢西昌本，昌本西麋臡，麋臡西菁菹，菁菹北鹿臡，鹿臡東葵菹，葵菹東蝸醢，蝸醢東韭菹。目見《天官・醢人》。❶案，《公食大夫》公親食賓，云『宰夫自東房薦豆六，設于醬東，西上』，此云『東上』，是變於親食賓也。」**八簋繼之，黍其南稷，錯。**黍在北。○《疏》曰：「繼豆以西陳之，次第亦與豆同，亦閒雜。」**六鉶繼之，牛以西**

❶「目見」，原作「周禮」，「人」，原作「六」，今據元刻本、盧本改。

羊、豕，豕南牛，以東羊、豕。鉶，羹器也。**兩簠繼之，粱在北。**簠不次簋者，粱稻加也。凡饌屈錯，要相變。**八壺設于西序，北上，二以並，南陳。**壺，酒尊也。酒，蓋稻酒、粱酒。不錯者，酒不以雜錯爲味。**西夾六豆，設于西墉下，北上。韭菹，其東醓醢，屈。六簋繼之，黍，其東稷，錯。四鉶繼之，牛以南羊，羊東豕，豕以北牛。兩簠繼之，粱在西，皆二以並，南陳。六壺，西上，二以並，東陳。**東陳，在北墉下，統於豆。○《疏》曰：「六豆者，先設韭菹，其東醓醢，又其東昌本，南麋臡，西菁菹，又西鹿臡。」**饌于東方，亦如之，**東方，東夾室。**西北上。**亦韭菹，其東醓醢。**壺東上，西陳。**亦在北墉下，統於豆。**醯醢百罋，夾碑，十以爲列。醯在東。**夾碑，在鼎之中央也。醯在東，醯穀，陽也；醢肉，陰也。○《疏》曰：「罋，瓦器，其容亦蓋一觳。《瓬人》云『簋實一觳』，又云『豆實三而成觳』，四升曰豆，則罋與簋同受斗二升也。」**○餼二牢，陳于門西，北面，東上，牛以西羊、豕，豕西牛、羊、豕。**餼，生也。牛、羊右手牽之。豕東之寢右，❶亦居其左。○《疏》曰：「寢右者，西足也，當升左胖也。」**米百筥，筥半斛，設于中庭，十以爲列，北上。黍、粱、稻皆二行，稷四行。**庭實固當庭中。言當中庭者，南北之中也。東西爲列，列當醯醢南，亦相變也。此言中庭，則設碑近如堂深也。○《疏》曰：「享時，庭實三分庭一在南，此更言『中庭』，明南北之中也。行列横陳，黍兩行在北，次粱，次稻，次稷。不用稻爲上者，稻粱是加，黍稷是正，故爲

❶「東」，原作「東」，今據元刻本、盧本及《儀禮注疏》改。

上下端。言『碑近如堂深』者，醯醢夾碑南陳，今百筥在南北之中，則碑近此可知。」**門外，米三十車。車秉有五籔，設于門東，爲三列，東陳。**籔，色縷反。〇大夫之禮，米、禾皆視死牢。秉、籔，數名也。秉有五籔，二十四斛也。籔若「不數」之「數」。〇《疏》曰：「飪腥共三牢，故米、禾視之。十六斗曰籔，十籔曰秉，是二十四斛。」**禾三十車，車三秅，設于門西，西陳。**秅，丁故反。〇秅，數名也。三秅，千二百秉。**薪芻倍禾。**倍禾，以其用多也。薪從米，芻從禾，四者之車皆陳，北輈。凡此所以厚重禮也。《聘義》曰：❶「古之用財不能均如此，然而用財如此其厚者，言盡之於禮也。盡之於禮，則內君臣不相陵而外不相侵，故天子制之而諸侯務焉爾。」〇《疏》曰：「薪可以炊爨，故從米；芻可以食馬，故從禾。」〇**賓皮弁迎大夫于外門外，再拜，大夫不答拜。**大夫，使者，卿也。**揖入，及廟門，賓揖入。**賓與使者揖而入，使者止，執幣。賓俟之于門內，謙也。古者天子適諸侯，必舍於太祖廟。諸侯行，舍于諸公廟。大夫行，舍于大夫廟。〇《疏》曰：「門內，宁下也。下『賓問，卿大夫揖入』，注云『入者，省內事也，既而俟于宁下』，是也。諸公，大國之孤也。無孤之國，諸侯舍于卿廟也。」**大夫奉束帛，**執其所以將命。**入，三揖，皆行，**皆，猶並也。使者尊，不後主人。〇《疏》曰：「主人即賓也。」**至于階，讓，大夫先升一等。**讓不言三，不成三也。〇《疏》曰：「賓三讓，大夫即升，無三辭，則不成三也。大夫奉君命歸饔餼，故先升一等。」**賓從，升堂，**

---

❶ 案：下引文見今《大戴禮·朝事》篇。

北面聽命。北面于階上也。大夫東面致命。賓降，階西再拜稽首，拜餼亦如之。大夫以束帛，同致饔餼也。賓殊拜之，敬也，重君之禮也。大夫辭，升成拜。尊賓。受幣堂中西，北面。趨主君命也。堂中西，中央之西。大夫降，出。賓降，授老幣，老，家臣也。○出迎大夫。賓出迎，欲儐之。大夫禮辭，許。入，揖讓如初。賓升一等，大夫從，升堂。賓先升，敵也，皆北面。庭實設，馬乘。乘，四馬也。賓降堂，受老束錦，大夫止。止，不降，使之餘尊。賓奉幣西面，大夫東面。賓致幣。不言致命，非君命也。大夫對，北面當楣再拜稽首，稽首，尊君客也，致對有辭也。受幣于楹間，南面，退，東面俟。賓北面授，尊君之使。○《疏》曰：「賓不南面並授，而云『賓北面授』者，凡敵體授受之義，授由其右，受由其左，今尊君之使，是以大夫南面，賓北面。」賓再拜稽首，送幣。大夫降，執左馬以出。出廟門，從者亦訝受之。賓送于外門外，再拜。○明日，賓拜于朝，拜饔與餼，皆再拜稽首。拜謝主君之恩惠於大門外。《周禮》曰：凡賓客之治，令訝聽之。此拜亦皮弁服。○記：聘日致饔。急歸大禮。○十斗曰斛，十六斗曰籔，十籔曰秉。秉，十六斛，今江淮之間量名有爲籔者。二百四十斗。謂一車之米，秉有五籔。四秉曰筥。此秉謂刈禾盈手之秉也。筥，穧名也。若今萊易之間，刈稻聚把有名爲筥者。《詩》曰：「彼有遺秉，此有不斂穧。」○《疏》曰：「穧即筥。」十筥曰稯，十稯曰秅，四百秉爲一秅。稯，音總。○一車之禾三秅，爲千二百秉，三百筥，三十稯也。○凡賓拜于朝，訝聽之。拜，拜賜也。

右歸賓饔餼。

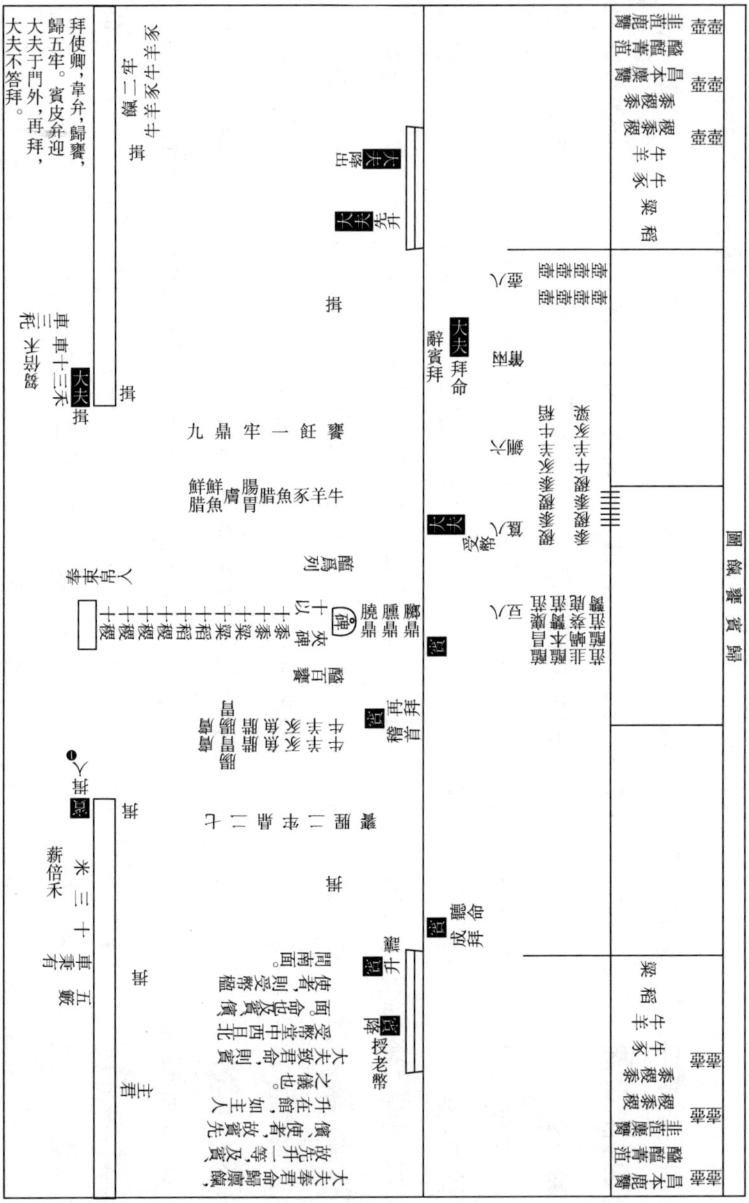

❶「入」，原作「尸」，今據盧本改。

記：賜饔，唯羹飪，筮一尸，若昭若穆。羹飪，謂飪一牢也。肉謂之羹，唯是祭其先，大禮之盛者也。筮尸，若昭若穆，容父在，父在則祭祖，父卒則祭禰。腥餼不祭，則士介不祭也。○《疏》曰：「古者天子、諸侯行，載廟木主，大夫雖無木主，亦以幣帛主其神，❶是以受主國饔餼，故筮尸祭，然後食之。」**僕爲祝，祝曰：「孝孫某，孝子某，薦嘉禮于皇祖某甫，皇考某子。」**祝祝，上之六反，下之又反。○僕爲祝者，大夫之臣攝官也。○《疏》曰：「大夫使僕攝祝，則本無祝官。」**如饋食之禮。**如少牢饋食之禮。不言少牢，今言太牢也。○《疏》曰：「《少牢禮》有尊、俎、籩、豆、鼎、敦之數，陳設之儀，陰厭、陽厭之禮，九飯三獻之法，上大夫又有正祭於室，儐尸於堂，此尊皆宜有之。至於致爵、加爵及獻兄弟、弟子等，固當略之矣。」**假器於大夫。**不敢以君之器爲祭器。**朌肉及廋、車。**朌，音班。廋，所求反。○朌，猶賦也。廋，廋人也。車，巾車也。二人掌視車馬之官也。賦及之，明歸也。○《疏》曰：「此謂祭訖，歸胙所及廋人、巾車，見《周禮》。」

右羹飪筮尸祭。

上介饔餼三牢。飪一牢在西，鼎七，羞鼎三。無鮮魚、鮮腊也。賓、介皆異館。**腥一牢在東，鼎七。堂上之饌六。**六者，賓西夾之數。**西夾亦如之，筥及罋如上賓。**凡所不貶者，尊介也。**餼一**

❶「主」，原作「玉」，今據元刻本、盧本改。

牢。門外米、❶禾視死牢，牢十車，薪芻倍禾。凡其實與陳如上賓。凡，凡飪以下。下大夫韋弁，用束帛致之。上介韋弁以受，如賓禮。介不皮弁，不敢純如賓也。儐之兩馬束錦。《疏》曰：「此下大夫使者受上介之儐禮，如卿使者受賓儐禮堂庭同。」

右歸上介饔餼。

士介四人皆餼大牢，米百筥，設于門外。米設當門，亦十爲列，北上。牢在其南，西上。宰夫朝服，牽牛以致之。執紖牽之，東面致命。無束帛。士介西面拜迎。士介朝服，北面再拜稽首受。受於牢東，拜自牢後，適宰夫右受，由前東面授從者。無擯。既受，拜送之矣。明日衆介亦各如其受之服，從賓拜於朝。○今案：「擯」當作「儐」，後「無擯」倣此。○記：士無饔，無饔者無擯。○無饔者無饗禮。士介無享禮。

右歸衆介餼。

記：歸大禮之日，既受饔餼，請觀。聘於是國，欲見宗廟之好、百官之富，若尤尊大之焉。訝帥之，自下門入。帥猶道也。自下門外入，斿觀非正也。

右聘使請觀。

❶「米」，原作「禾」，今據《儀禮注疏》改。

賓朝服問卿，不皮弁，別於主君。卿，每國三人。**卿受于祖廟，**重賓禮也。祖，王父也。○《疏》曰：「大夫三廟。有別子者，立太祖廟；非別子者，並立曾祖廟。王父即祖廟也。今不受於太祖及曾祖廟，而受於祖廟者，以其天子受於文王廟，諸侯受於太祖廟，大夫下君，故受於王父廟。」**下大夫擯。**無士擯者，既接於君所，急見之。**擯者出請事。大夫朝服迎于外門外，再拜，賓不答拜。揖，大夫先入，每門每曲揖。及廟門，大夫揖，入。**入者，省內事也。既而俟于宁也。○《疏》曰：「宁，門屋宁也。上文君俟于庭，此大夫俟于宁者，下君也。」**擯者請命。**亦從入而出請。不几筵，辟君也。**庭實設，四皮。**麋鹿皮也。**賓奉束帛入。三揖，皆行，至于階，讓。**皆，猶並也。**賓升一等，大夫從升堂，北面聽命。**賓先升，使者尊。**賓東面致命，**致其君命。**大夫降，階西再拜稽首，賓辭，升，成拜，受幣堂中西，北面。**於堂中央之西受幣，趨聘君之命。**賓降，出。大夫降，授老幣，無擯。**不擯賓，辟君也。○**擯者出請事，賓面，如覿幣。**面，亦見也，其謂之面，威儀質也。**賓奉幣，庭實從，**庭實，四馬。**入門右，大夫辭。**大夫於賓入，自階下辭，迎之。**賓遂左。**見，私事也，雖敵，賓猶謙入門右，爲若降等然。《曲禮》曰：「客若降等，則就主人之階。」主人固辭於客，然後客復就西階。**庭實設，揖讓如初。**大夫至庭中，旋並行。○《疏》曰：「迴旋與賓揖而並行，北出。言『如初』者，大夫不出門，唯有庭中一揖，至碑又揖，再揖而已。」**大夫升一等，賓從之。**大夫先升，道賓。**大夫西面，命賓**

稱面。❶ 稱，舉也，舉相見之辭以相接。 大夫對，北面當楣再拜，受幣于楹間，南面，退，西面立。受幣楹間，敵也。 賓亦振幣進，北面授。〇《疏》曰：「大夫南面，賓北面，尊大夫，故訝接。」賓當楣再拜送幣，降，出。 大夫降，授老幣。〇記：聘日致饔。 明日，問大夫。 不以殘日問人，崇敬也。 大夫不敢辭，君初爲之辭矣。《疏》曰：「賓聘享訖，出大門，請有事於大夫，君禮辭，許。是君初爲之辭，故卿不辭也。」〇辭：「君貺寡君，延及二三老。」拜。 此贊拜問大夫之辭。貺，賜也。大夫曰老。

右賓問卿、面卿。

❶「命」，《儀禮注疏》無此字。

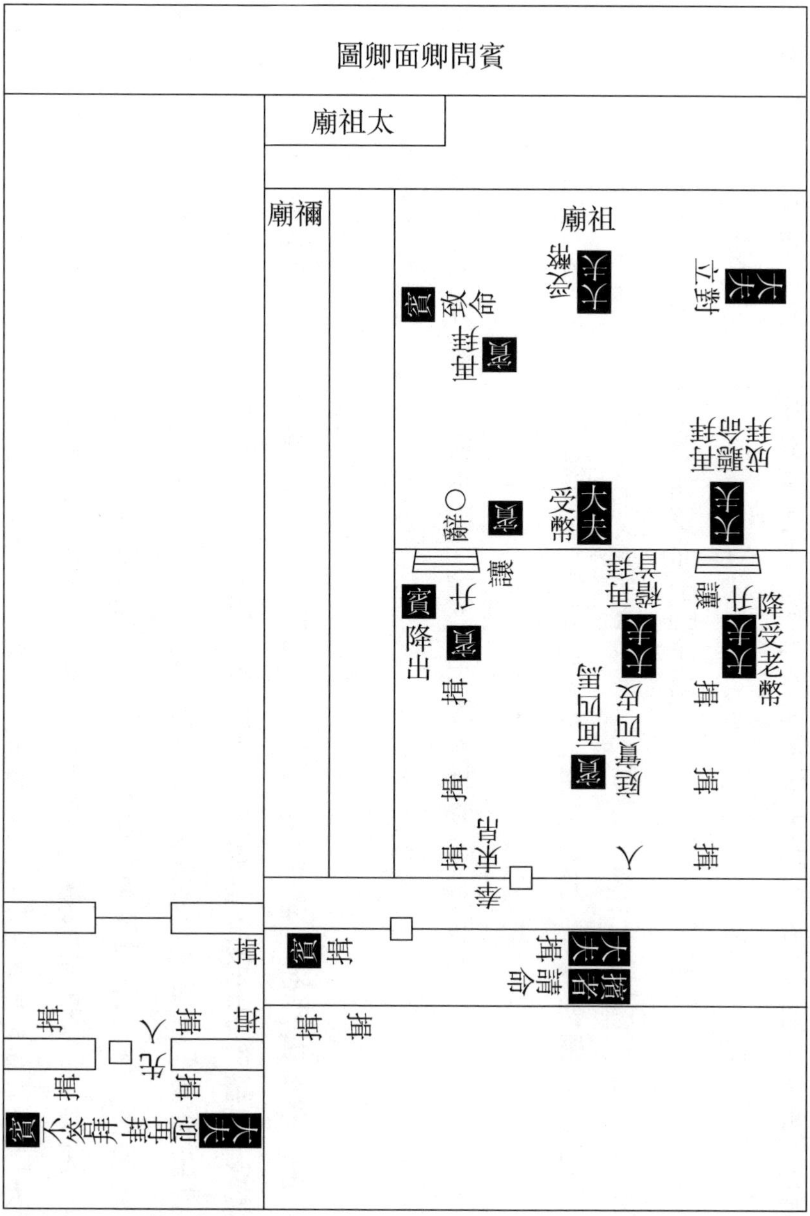
賓問卿面卿圖
太祖廟
禰廟
祖廟

擯者出請事。上介特面，幣如覿。介奉幣。特面者，異於主君，士介不從而入也。皮二人贊，亦儷皮也。入門右，奠幣，再拜。降等也。大夫辭，於辭上介則出。擯者反幣。出，還于上介也。庭實設，介奉幣入，大夫揖讓如初。大夫亦先升一等。介升，大夫再拜受。亦於楹間，南面而受。介降拜，大夫降辭。介升，再拜送幣。外既送幣，降出也。大夫亦授老幣。○擯者出請。衆介面，如覿幣。入門右，奠幣，皆再拜，大夫辭。介逆出。擯者執上幣出，禮請受，賓辭。賓亦爲士介辭。大夫答再拜。擯者執上幣立于門中以相拜，士介皆辟。老受擯者幣于中庭，士三人坐取群幣以從之。擯者出請事。

右介私面於卿。

賓出，大夫送于外門外，再拜，賓不顧。擯者退，大夫拜辱。拜送也。

右賓出。

下大夫嘗使至者，幣及之。嘗使至己國，則以幣問之也，君子不忘舊。上介朝服，三介，問下大夫，下大夫如卿受幣之禮。上介三介，下大夫使之禮也。○疏曰：「『儗人必於其倫』，問下大夫還使上介，是各於其爵易以相尊敬者也。」其面，如賓面于卿之禮。

右問嘗使者。

大夫若不見，君使大夫各以其爵爲之受，如主人受幣禮，不拜。各以其爵，主人卿也則使卿，大夫也則使大夫。不拜，代受之耳，不當主人禮也。

右主國大夫有故。

記：既將公事，賓請歸。事畢請歸，不敢自事，謙也。○**賓既將公事，復見訝以其摯。**既，已也。公事，聘、享、問大夫。復，報也。使者及上介執鴈，群介執雉，各以見其訝。○《疏》曰：「訝者，鄉以贄私見己，今還私以贄報見之。『各以見其訝』者，謂使者見大夫之訝者，上介見士之訝者，士介亦見士訝者。」

右賓見訝者。

夕，夫人使下大夫韋弁歸禮。夕，問卿之夕也。使下大夫，下君也。君使之，云夫人者，以致辭當稱「寡小君」。**堂上籩豆六，設于户東，西上，二以並，東陳。**東籩豆六者，下君禮也。臣設于户東，又辟饌位也。其中設脯，其南醢，屈六籩、六豆。○《疏》曰：「辟君饌位，自室户東爲首，二以並，東陳，先於北設脯，即於脯南設醢，又於醢東設脯，以次屈而陳之，皆如上也。」**壺設于東序，北上，二以並，南陳，醙、黍、清，皆兩壺。**醙，所九反。○醙，白酒也。凡酒，稻爲上，黍次之，粱次之，皆有清、白。以黍間清、白者互相備，明三酒六壺也。先言醙，白酒尊，先設之。**大夫以東帛致之。**致夫人命也。**賓如受饔之禮，儐之乘馬束錦。**○**上介四豆、四籩、四壺，受之如賓禮。**四壺，無稻酒也。**儐之兩馬、束錦。明日，賓拜禮於朝。**於是乃言賓拜，明介從拜也。○《疏》曰：「於上介受禮後，始言賓拜，明介從拜可知也。」○**記：聘日致饔，明日問大夫，夕，夫人歸禮。**與君異日，下之也。

右夫人歸禮於賓介。

大夫餼賓大牢，米八筐。其陳於門外，黍、粱各二筐，稷四筐，二以並，南陳，無稻。牲陳於後，東上。不饌於堂庭，辟君也。**賓迎再拜。老牽牛以致之，賓再拜稽首受。老退，賓再拜送。**老，室老。**上介亦如之。衆介皆少牢，米六筐，皆士牽羊以致之。**米六筐者，又無粱也。○《疏》曰：「士，邑宰。」

○記：凡餼，大夫黍、粱、稷筐五斛。謂大夫餼賓、上介也。器寡而大，略。○《疏》曰：「君歸饔餼于賓與大夫介，筥米小而多者，是尊者所致，以多器爲榮。今大夫致禮於賓、介器寡而大，是略之於卑也。」

右大夫餼賓介。

公於賓，壹食，再饗。食，音嗣，注及下同。○饗，謂亨大牢以飲賓也。○《疏》曰：「食禮無酒，饗禮有酒，故以飲賓言之。此經先言食，後言饗，則食在饗前。《公食》言『設洗如饗』，禮則饗在食前。」**燕與羞，俶獻無常數。**俶，昌淑反。○羞，謂禽羞鴈鶩之屬，成熟煎和也。俶，始也，始獻四時新物。**賓、介皆明日拜于朝。上介壹食壹饗。**饗食賓，介爲介，從饗獻矣，復特饗之，客之也。**若不親食，使大夫各以其爵，朝服致之以侑幣，如致饔，無儐。**君不親食，謂有疾及他故。必致之，不廢其禮。致之必使同班敵者，易以相親敬。致禮於卿，使卿，致禮於大夫，使大夫，非必命數也。無儐，以己本宜往。**致饗以酬幣，亦如之。**酬幣，享禮酬賓勸酒之幣也，所用未聞也，禮幣束帛乘馬，亦不是過。**○記：其介爲介。**饗賓有介者，賓尊，行敵禮也。○《疏》曰：「饗賓於廟之時，還以其上介爲介。上經『上介一食一饗』，則是從賓爲介之外，復別饗也。」○**凡致禮，皆用其饗之加籩豆。**其，其賓與上介也。加籩豆，謂其實也，亦實於罋筐。饗禮今亡。**各以其爵，朝服。**○**大夫來使，無罪饗之，過則餼之。**餼之，腥致其牢禮也。其致之辭不云「君之有故」耳。《聘義》曰：「使者聘而誤，主君不親饗食。」○**有大客後至，則先客不饗食，致之。**卑不與尊齊禮。○**燕，則上介爲賓，賓爲苟敬。**饗食君親爲主，尊賓也。燕，私樂之禮，崇恩殺敬也。賓不欲主君復舉禮事禮己，于是辭爲賓，君聽之，從諸公之席命爲苟敬。苟敬者，主人所以小敬也。○《疏》曰：「阼階西近主爲位，諸公坐位，故云『小敬』，對户牖南面爲大敬。」**宰夫獻。**爲主人代公獻。○**既致饔，旬而稍，宰夫始歸乘禽，日如其饔餼之數。**稍，所教反。○稍，禀食也。乘，謂乘行之禽，鴈鶩之屬，以雙爲數。**士中日則二雙。**中，猶間也。**凡獻，執一雙，委其餘于面。**執一雙，以將命也。面，前也。其受之也，上介受以入告之，士舉其餘從之。賓不辭，拜受于庭。上介執之，以相拜于門中，乃入，授人。上介受亦如之。士介拜受于門外。**禽羞俶獻比。**比，放也。其致之禮如乘禽也。禽羞，謂成孰有齊和者。俶，始也。

右食饗燕羞獻。

大夫於賓，壹饗壹食，上介若食若饗。○**若不親饗，則公作大夫致之以酬幣，致食以侑幣。**作，使也。大夫有故，君必使其同爵者爲之致之。列國之賓來，榮辱之事，君臣同之。○《疏》曰：「此直言饗食，不言燕，其實亦有也。」

右大夫饗食賓介。

君使卿皮弁還玉于館。玉，圭也。君子於玉比德焉，以之聘，重禮也，還之者，德不可取於人，相切厲之義也。皮弁者，始以此服受之，不敢不終也。**賓皮弁，襲，迎于外門外，不拜，帥大夫以入。**迎之不拜，示將去，不純爲主也。帥，道也。**大夫升自西階，鉤楹。**鉤楹，由楹内。將南面致命。致命不東面，以賓在下也。必言鉤楹者，賓在下，嫌楹外也。**賓自碑内聽命，升自西階，自左，南面受圭，退，負右房而立。**聽命於下，敬也。自左，南面，右大夫且並受也。必並受者，若鄉君前耳。退，爲大夫降逡遁。○《疏》曰：「賓受禮時，公用束帛，賓西階上聽命。歸饔餼時，賓阼階上聽命。此特於下聽命，故云『敬也』。大夫、士直有東房西室，天子、諸侯左右房。今或不在大夫廟而舍於正客館，故有右房也。」○朱先生曰：「或舍於大夫廟中，則當退於堂之西北，負室牖而立。」**大夫降中庭，賓降自碑内，❶東面授上介于阼階東。**大夫降出，言「中庭」者，爲賓降節也。授於阼階東者，欲親見賈人藏之也。賓還阼階下，西面立。

○上介出請，賓迎。大夫還璋，如初入。出請，請事於外，以入告也。

右還玉及還璋。

❶「賓」，原作「實」，今據盧本及《儀禮注疏》改。

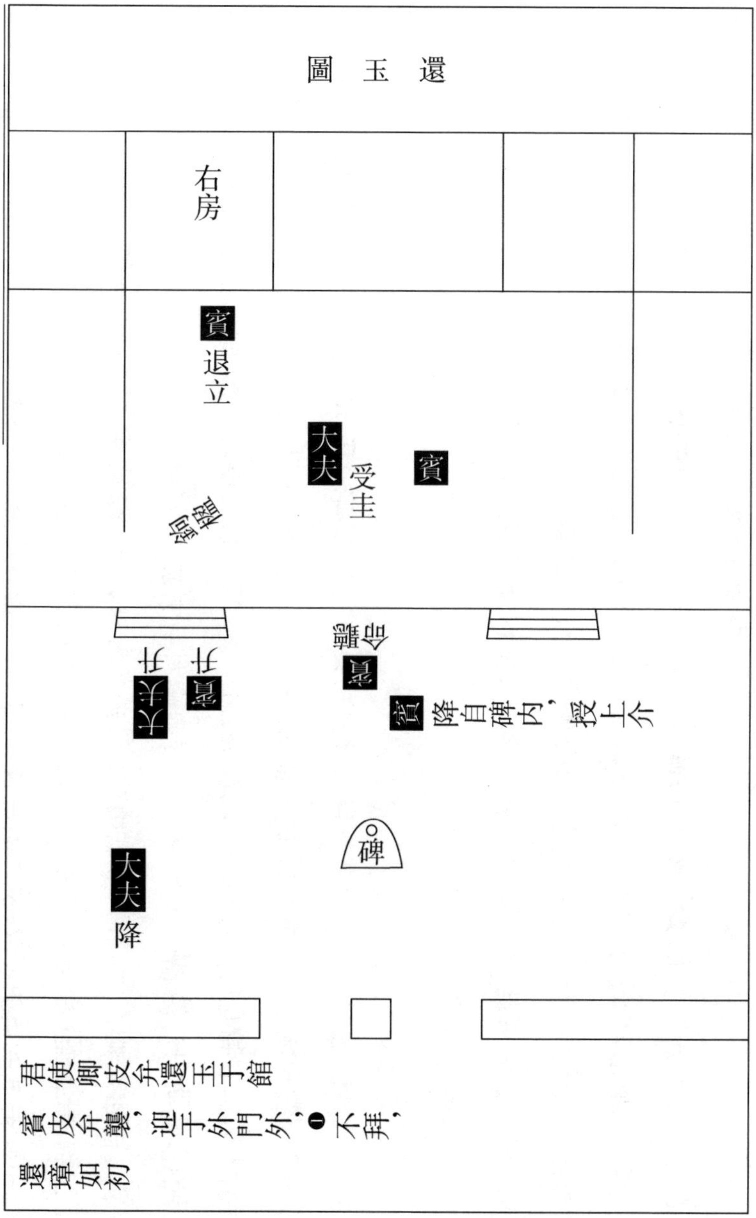

❶「迎」，原作「仰」，今據元刻本及前文改。

賓裼，迎。大夫賄用束紡。賄，予人財之言也。紡，紡絲爲之，今之縛也，所以遺聘君，相厚之至也。○縛，息絹反，《説文》居掾反，《聲類》今正「絹」字。○《疏》曰：「此未知何用之財，不應在禮玉之上。下有『禮玉束帛』，報聘君之享物，欲厚禮於彼，故特加此紡，是以鄭云『厚之至也』。《周禮·内司服》注：『素紗，今之白縛。』」**禮玉束帛乘皮皆如還玉禮。**禮，禮聘君也，所以報享也。亦言玉，璧可知也。○《疏》曰：「上文聘賓行享之時，束帛加璧，束帛加琮，今報享亦有璧琮致之。」**大夫出，賓送，不拜。○記：賄，在聘于賄。**于讀曰爲，言當視賓之聘禮而爲之財也。若苟豐之，是又傷財也。**○無行，則重賄，反幣。**無行，謂獨來，復無所之也。西乞術聘魯，厚賄之。反幣，謂「禮玉束帛乘皮」。**○客將歸，使大夫以其束帛反命于館。**爲書報也。**明日，君館之。**既報，館之，書問尚疾。○《疏》曰：「昨日爲書報之，今日始就館送客，故云『書問尚疾』。」

右報享。

公館賓，爲賓將去，親存送之，厚殷勤，且謝聘君之意也。公朝服。**賓辟。**不敢受主國君見己於此館也。此亦不見，言「辟」者，君在廟門敬也。○《疏》曰：「如卿大夫勞賓禮，故云亦。」**上介聽命。**聽命於廟門中西面，如相拜然也。擯者每贊君辭，則曰：「敢不承命，告于寡君之老。」**公退，賓從請命于朝。**賓從者，實爲拜主君之館己也。言請命者，以己不見，不敢斥尊者之意。**公辭，賓退。**辭其拜也。**○記：又拜送。**拜送賓也，其辭蓋云：「子將有行，寡君敢拜送。」

右公館賓。

聘享、夫人之聘享、問大夫、送賓，公皆再拜。拜此四事。公東面拜，擯者北面。

右公拜四事。

賓三拜乘禽於朝，訝聽之。發去乃拜乘禽，明己受賜，大小無不識。遂行，舍于郊。始發且宿近郊。○記：賓於館堂楹間釋四皮、束帛，賓不致，主人不拜。賓將遂去是館，留禮以禮主人，所以謝之。不致，不拜，不以將别崇新敬也。

右賓拜賜，遂行。

公使卿贈，如覿幣。贈，送也。受于舍門外，如受勞禮，無儐。如受勞禮，以贈勞同節。使下大夫贈上介，亦如之。使士贈衆介，如其覿幣。大夫親贈，如其面幣，無儐。贈上介亦如之。使人贈衆介，如其面幣。○士送至于竟。

右贈送。

使者歸，及郊，請反命。郊，近郊也。告郊人，使請反命於君也。朝服，載旜，行時税舍于此郊，今還至此，正其故行服，以俟君命，敬也。禳，乃入。禳，祭名也，爲行道累歷不祥，禳之以除災凶。乃入陳幣于朝，西上。上賓之公幣、私幣皆陳。上介公幣陳，他介皆否。皆否者，公幣、私幣皆不陳。此幣，使者及介所得於彼國君、卿大夫之贈賜也，其或陳，或不陳，詳尊而略卑也。○《疏》曰：「賓之公幣有八：郊勞幣，一也；禮賓幣，二也；致饔餼，三也；夫人歸禮幣，四也；侑食幣，五也；再饗幣，六也；夕幣，七也；贈賄幣，八也。皆用束錦，故曰公幣。賓之私幣，略十有九：主國三卿、五大夫皆一，食有侑幣，饗有酬幣，皆用束錦，則是十有六，又有三卿郊贈，則十有九。其上介公幣，則有五：致饔餼，一也；夫人致禮幣，二也；侑食幣，三也；饗酬幣，四也；郊贈幣，五也。降於賓者，以其上介無郊贈幣，入無禮賓幣，又闕一饗幣，故賓八上介五也。」○朱先生曰：「公幣中『夕』字當是『饗』字之誤。」束帛各加其庭實，皮左。不加於其皮上，榮其多也。公南鄉。卿進使者。使者執圭垂繅，北面。上介執璋屈繅，立于其左。此主於反命，士介亦隨入，並立，東上。反命曰：「以君命聘于某君，某君受幣于某宮，某君再拜，以享某君，某君再拜。」宰自公左受玉。受上介璋，致命亦如之。執賄幣以告，曰：「某君使某子賄。」授宰。禮玉亦如之。執禮幣，以盡言賜禮。禮幣，主國君初禮賓之幣也。「以盡言賜禮」，謂自此至於贈。公曰：「然，而不善乎。」善其能使於四方。授上介幣，再拜稽首，拜公言也。公答再拜。私幣不告。君勞之，勞之以道路勤苦。再拜稽首，君答再拜。若有獻，則曰：「某君之賜也。君其以賜乎？」上介徒以公賜告，徒，謂空手不執其幣。如上賓之禮。君勞之，再拜稽首，君答拜。勞士介亦如之。答賓再拜，答上介一拜，士介四人，共答一拜。君使宰賜使者幣，使者再拜稽首。以所陳幣賜之也。賜介，介皆再拜稽首。乃退。介皆送至于使者之門，乃退，揖。揖，別也。使者拜其辱。隨謝之也。

右歸反命。

釋幣于門，門，大門也。出于行，入于門，告所先見也。**乃至于禰，筵几于室，薦脯醢。**告反也。薦，進也。**觴酒陳，**主人酌，進奠，一獻也。言陳者，將復有次也。先薦後酌，祭禮也。行釋幣，反釋奠，略出謹入。○《疏》曰：「不言『奠』而言『陳』，以其下仍有室老及上獻，以備三獻，故言『陳』，陳，有次第之言也。」**席于阼，**爲酢主人也。酢主人者，祝取爵酌，不酢於室，異於祭。○《疏》曰：「《特牲》、《少牢》皆於室内户東西面受酢，此乃於外行來告反，故在阼不在室。祭時有尸，尸飲，卒爵，以尸爵酢主人。此吉祭，無尸，故别取爵酢主人，亦異也。」**薦脯醢，**成酢禮也。○《疏》曰：「《特牲》、《少牢》主人受酢時，皆席于户内，有薦俎。此雖無俎，亦薦脯醢于主人之前，以成酢禮也。」**三獻。**室老亞獻，士三獻也。每獻奠輒取爵酌，主人自酢也。○《疏》曰：「正祭有尸，三獻皆獻尸訖，尸酢主人、主婦、賓長。今此無尸，皆自酢。獨云『主人』者，主人爲首正，故舉前以包後。」**一人舉爵，**三獻禮成，更起酒也。主人奠之，未舉也。**獻從者，**家臣從行者也，主人獻之，勞之也，皆升飲酒於西階上。**行酬，乃出。**主人舉奠酬從者，下辯，室老亦與焉。○辯，音遍。**上介至，亦如之。**

右釋幣于門至于禰。

聘遭喪，入竟則遂也。遭喪，主國君薨也。入竟則遂，國君以國爲體，上既請事，已入竟矣，關人未告則反。**不郊勞，**子未君也。**不筵几，**致命不於廟，就尸柩於殯宫，又不神之。**不禮賓。**喪，降事也。**主人**

畢歸禮，賓所飲食，不可廢也。禮謂饔餼饗食。賓唯饔餼之受。受正不受加也。不賄，不禮玉，不贈。喪殺，禮爲之不備。○遭夫人、世子之喪，君不受，使大夫受于廟，其他如遭君喪。夫人、世子死，君爲喪主，使大夫受聘禮，不以凶接吉也。其他，謂禮所降。遭喪，將命于大夫，主人長衣、練冠以受。遭喪，謂主國君薨，夫人、世子死也。此三者皆大夫攝主人。長衣，素純布衣也。去衰易冠，不以純凶接純吉也。吉時在裹爲中衣，中衣、長衣繼皆掩尺，表之曰深衣，純袂寸半耳。君喪不言「使大夫受」，子未君，無使臣義也。

右遭主國喪。

聘，君若薨于後，入竟則遂。既接於主國君也。赴者未至，則哭于巷，衰于館，未至，謂赴告主國君者也。哭于巷者，哭于巷門，未可爲位也。衰于館，未可以凶服出見人。其聘享之事，自若吉也。受禮，受饔餼也。不受饗食。亦不受加。赴者至，則衰而出。禮，爲鄰國闕，於是可以凶服將事也。唯稍受之。稍，稟食也。○《疏》曰：「從者多，不可闕。以其稍稍給之，故謂米稟爲稍。」歸，執圭復命于殯，升自西階，不升堂。復命于殯者，臣子之於君父，存亡同。子即位不哭。將有告請之事，宜清浄也。不言世子者，君薨也。諸臣待之，亦皆于朝夕哭位。辯復命，如聘，自陳幣至如上介，以公賜告，無勞。子臣皆哭。使者既復命，子與群臣皆哭。與介入，北鄉哭。北鄉哭，新至，別於朝夕。出，袒，括髮。悲哀變於外臣也。入門右，即位，踊。從臣位自哭至踊，如《奔喪禮》。

右聘君薨。

若有私喪，則哭于館，衰而居，不饗食。私喪，謂其父母也。「哭于館，衰而居」，不敢以私喪自聞于主國，凶服于君之吉使。《春秋傳》曰：「大夫以君命出，聞喪，徐行而不反。」〇《疏》曰：「服衰居館，行聘享則吉服。」**歸，使衆介先，衰而從之。**己有齊、斬之服，不忍顯然趨於往來，其在道路，使介居前，歸又請反命，己猶徐行隨之，君納之乃朝服。既反命，出公門，釋服，哭而歸。其他如《奔喪》之禮。吉時道路深衣。

右私喪。

賓入竟而死，遂也。主人爲之具而殯。具，謂始死至殯所當用。**介攝其命。**爲致聘享之禮也。初時上介接聞命。**君弔，介爲主人。**雖有臣子親姻，猶不爲主人，以介與賓並命於君，尊也。**主人歸禮幣，必以用。**當中奠贈諸喪具之用，不必如賓禮。**介受賓禮，無辭也。**介受主國賓己之禮，無所辭也，以其當陳之以反命也。有賓喪，嫌其辭之。**不饗食。歸，介復命，柩止于門外。**門外，大門外也。必以柩造朝，達其忠心。**介卒復命，出，奉柩送之。君弔，卒殯。**卒殯，成節乃去。〇《疏》曰：「卒復命，謂復命訖。殯喪之大節，卒殯而後，君與介乃去。」〇**若大夫介卒，亦如之。**不言上介者，小聘上介，士也。**士介死，爲之棺，斂之，**不具它衣物也，自以時服也。**君不弔焉。**主國君使人弔，不親往。〇**若賓死，未將命，則既斂于棺，造于朝，介將命。**未將命，謂俟閒之後也。以柩造朝，以己至朝，志在達君命。〇**若介死，歸復命，唯上介造于朝。若介死，雖士介，賓既復命，往，卒殯乃歸。**往，謂送柩。

右賓介卒。

小聘曰問。不享，有獻，不及夫人。主人不筵几，不禮，面不升，不郊勞。記貶於聘，所以爲小也。獻，私獻也。面，猶覿也。○《疏》曰：「不享者，謂不以束帛加璧，獻國所有。不禮者，聘訖，不以齊酒禮賓。面不升者，謂私覿庭中受之，不升堂。」其禮如爲介，三介。如爲介，如爲大聘上介。○《疏》曰：「其禮如爲介，如上文卿聘之時爲介者所得之禮也。三介者，行禮唯有三介。」

右小聘。

聘義

聘禮，上公七介，侯、伯五介，子、男三介，所以明貴賤也。此皆使卿出聘之介數也。介紹而傳命，君子於其所尊弗敢質，敬之至也。三讓而后傳命，三讓而后入廟門，三揖而后至階，三讓而后升，所以致尊讓也。此揖讓，主謂賓也。君使士迎于竟，大夫郊勞，君親拜迎于大門之內而廟受，北面拜貺，拜君命之辱，所以致敬也。賓致命，公當楣再拜。敬讓者，君子之所以相接也。故諸侯相接以敬讓，則不相侵陵。卿爲上擯，大夫爲承擯，士爲紹擯，君親禮賓，賓私面覿、致饔餼、還圭璋、賄贈、饗食燕，所以明賓客君臣之義也。設大禮，則賓客之也。或不親而使臣，則爲君臣。故天子制諸侯，比年小聘，三年大聘，相厲以禮。使者聘而誤，主君弗親饗食也，所以愧厲之也。諸侯相厲以禮，則外不相侵，内不相陵。此天子之所以養諸侯，兵不用而諸侯自爲正之具也。比年小聘，所以歲相問也。三年大聘，所以殷相聘也。○《疏》曰："行聘之時，禮有錯誤，則君不相接賓，使之愧恥，自勉勸厲。"以圭璋聘，重禮也；已聘而還圭璋，此輕財而重禮之義也。諸侯相厲以輕財重禮，則民作讓矣。主國待客，出入三積，餼客于舍，五牢之具陳於内，米三十車，禾三十車，芻薪倍禾，皆陳於外，乘禽日五雙，群介皆有餼牢，壹食再饗，燕與時賜無數，所以厚重禮也。《疏》曰："三積謂上公之臣聘禮。是侯、伯之臣則不致積。"古之用財，不能均如此，然而用財如此其厚者，言盡之於禮也。盡之於禮，則内君臣不相陵，而外不相侵。故天子制之，而諸侯務焉爾。聘、射之禮，至大禮也。質明而始行事，日幾中而后禮成，非彊有力者弗能行也。故彊有力者，將以行禮也。酒清，人渴而不敢飲也。肉乾，人飢而不敢食也。日莫人倦，齊莊正齊而不敢解惰，以成禮節，以正君臣，以親父子，以和長幼。此衆人之所難，而君子行之，故謂之有行。有行之謂有義，有義之謂勇敢。故所貴於勇敢者，貴其能以立義也。所貴於立義者，貴其有行也。所貴於有行者，貴其行禮也。故所貴於勇敢者，貴其敢行禮義也。故勇敢彊有力者，天下無事則用之於禮義，天下有事則用之於戰勝。用之於戰勝則無敵，用之於禮義則順治。外無敵，内順治，此之謂盛德。

故聖王之貴勇敢彊有力如此也。勇敢彊有力而不用之於禮義、戰勝，而用之於争鬬，則謂之亂人。刑罰行於國，所誅者亂人也。如此，則民順治而國安也。乾，音干。莫，音暮。齊，側皆反。解，佳賣反。勝，或爲陳，直靳反。

儀禮圖卷第九

公食大夫禮第九

公食大夫禮第九食音嗣。○鄭《目録》曰：「主國君以禮食小聘大夫之禮。」○《疏》曰：「下文云六豆六簋，又設庶羞十六豆，此是下大夫小聘之禮。下乃别云『上大夫八豆、八簋』，『庶羞二十豆』，是食上大夫之法。若然，《聘禮》據侯、伯之大聘，此篇據小聘大夫者，周公設經，互見爲義。又此篇魚、腸胃、倫膚皆七，亦下大夫之禮。若上大夫，則若九、若十一。」公食於五禮屬嘉禮。

公食大夫之禮○使大夫戒，各以其爵。戒，猶告也。告之必使同班，敵者易以相親敬。**上介出請，入告。**問所以爲來事。**三辭。**爲既先受賜，不敢當。**賓出，拜辱。**拜使者屈辱來迎己。**大夫不答拜，將命。**不答拜，爲人使也。將，猶致也。**賓再拜稽首。**受命。**大夫還。**復於君。**賓不拜送，遂從之。**不拜送者，爲從之，不終事。**賓朝服即位于大門外，如聘。**於是朝服，則初時玄端。如聘，亦入于次俟。○《疏》曰：「在館拜戒，即玄端，今入次，乃著朝服。」○**記：不宿戒。**食禮輕也。前期三日爲戒。前期一日，申戒爲宿。**戒不速。**食賓之朝，夙興戒之。賓則從戒者而來，不復召。**賓之乘車在大門外西方，北面立。**凡賓即朝，將至下行，而後車還，立于西方，賓及位而止。卿大夫之位當車前。

○《疏》曰：「《大行人》『上公朝位賓主之間九十步，侯、伯七十步，子、男五十步』。又云：『凡諸侯之卿，其禮各下其君二等，以下及大夫、士皆如之。』」

右戒賓，賓從。

即位，具，主人也。擯者俟君於大門外，卿大夫、士序，及宰夫具其饌物，皆於廟門之外。**羹定，**肉謂之羹。定，猶熟也。著之者，下以爲節。**甸人陳鼎七，當門，南面，西上。設扃鼏，鼏若束若編。**七鼎，一大牢也。甸人，冢宰之屬，兼亨人者。❶「南面，西上」，以其爲賓統於外也。扃，鼎扛，所以舉之者也。凡鼎鼏蓋以茅爲之，長則束本，短則編其中央。○《疏》曰：「此亦一大牢而七鼎者，❷食禮輕，無鮮魚、鮮腊。」**設洗如饗。**必如饗者，先饗後食，如其近者也。《饗禮》亡，《燕禮》則設洗於阼階東南。**小臣具槃匜，在東堂下。**匜，以支反。○爲公盥也。公尊不就洗。小臣於小賓客饗食，掌正君服位。**宰夫設筵，加席、几，**設筵於户西，南面而左几。公不賓至授几者，親設涪醬，可以略此。**無尊。**主於食，不獻酬。**飲酒，漿飲，俟于東房。**飲酒，清酒也。漿飲，截漿也。其俟奠於豐上也。飲酒先言飲，明非獻酬之酒也。漿飲先言漿，別於六飲也。○《疏》曰：「截之言載，以其汁滓相載，故云截。飲酒先言飲，此擬酳口，異於獻酬酒。六飲爲渴而飲，此漿爲酳口，故異之。」**凡宰夫之具，饌于東房。**凡，非一也。飲酒之具，宰夫所掌

❶「亨」，原作「序」，今據元刻本、盧本及《儀禮注疏》改。

❷「七」，原作「上」，今據盧本及《儀禮注疏》改。

也。酒漿不在几中者，雖無尊，猶嫌在堂。○**記：不授几。**異於《聘禮》禮賓時公親授几也。**無阼席，公不坐。亨于門外東方。**必於門外者，大夫之事也。東方者主陽。**司宮具几與蒲筵常，**❶**緇布純。加萑席尋，玄帛純，皆卷自末。**司宮，大宰之屬，掌宮廟者也。丈六尺曰常，半常曰尋。純，緣也。必長筵者，以有左右饌也。○《疏》曰：「賓在戶牖之間，❷南面，正饌在左，庶羞在右，雖不在席上，皆陳於席前，當席左右，其間容人，故必長筵也。」○**宰夫筵，出自東房。**筵本在房，宰夫敷之也。天子、諸侯左右房。

右陳器饌。

公如賓服，迎賓于大門內。不出大門，降於國君。**大夫納賓。**大夫，謂上擯也。納賓以公命。**賓入門左，公再拜，賓辟，再拜稽首。**左，西方賓位也。辟，逡遁不敢當君拜也。**公揖入，賓從。**揖入，道之。**及廟門，公揖入。**廟，禰廟也。**賓入，三揖，**每曲揖及當碑揖，相人偶。**至于階，三讓。**讓先升。**公升二等，賓升。**遠下人君。○《疏》曰：「亦取君行一、臣行二之義也。」**大夫立于東夾南，西面，北上。**東夾南，東西節也。取節於夾，明東於堂。○《疏》曰：「此主國卿大夫立位。序西爲正堂，序東有夾室，立于夾室之南，是『東於堂』也。」**士立于門東，北面，西上。**統於門者，非其正位，辟賓在此。○《疏》

---

❶「常」，原作「當」，今據元刻本及《儀禮注疏》改。

❷「在」，原作「有」，今據元刻本、盧本及《儀禮注疏》改。

曰：「《燕禮》、《大射》士在西方，東面，北上，不統於門。今統於門者，以賓在門西，辟賓在此，非正位故也。」**小臣東堂下，南面，西上。宰東夾北，西面，南上。**宰，宰夫之屬也。**內官之士在宰東北，西面，南上。**夫人之官，內宰之屬。自卿大夫至此不先即位，從君而入者，明助君饗食賓，自無事。**介門西，北面，西上。**西上，自統於賓也。然則承擯以下，立于士西，少進，東上。○《疏》曰：「不言上擯者，上擯有事，其位不定，故不言。」

右迎賓即位。

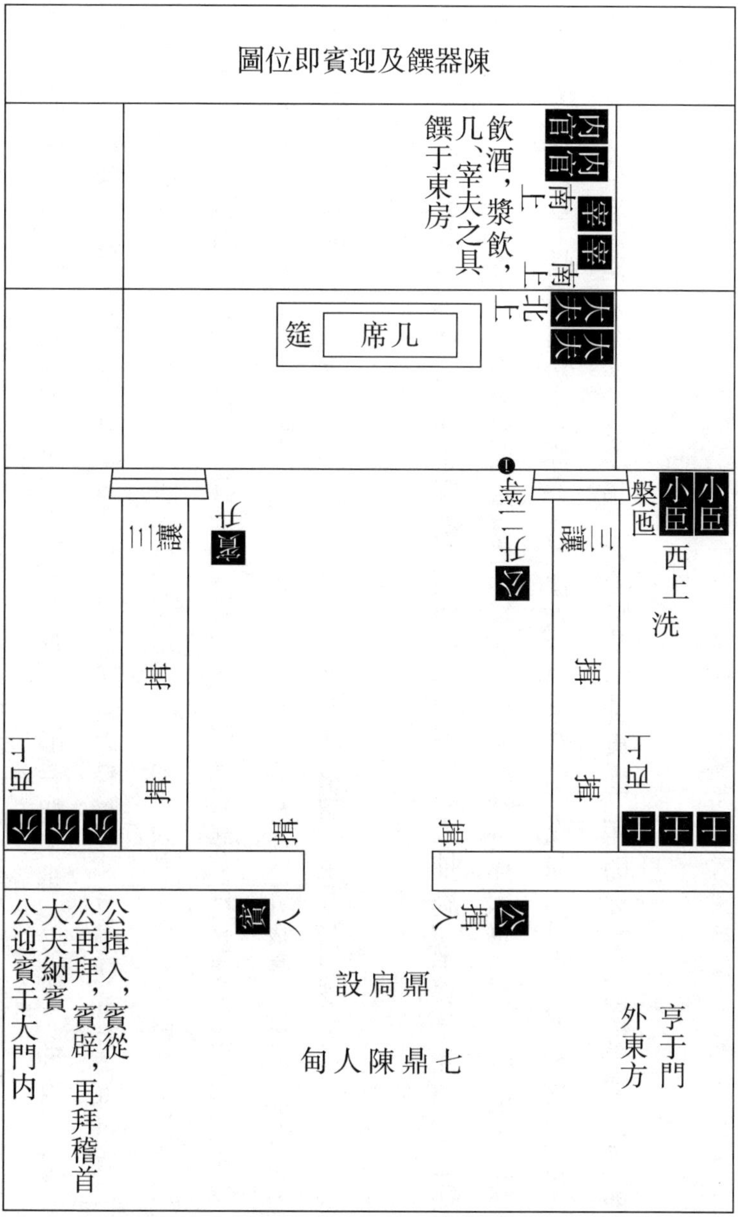

❶「二等」二字，原無，今據元刻本、盧本補。

公當楣北鄉，至再拜。賓降也，公再拜。楣謂之梁。至再拜者，興禮俟賓，嘉其來也。公再拜，賓降矣。○《疏》曰：「『至再拜』者，公方一拜，賓即降。公再拜者，賓降後又一拜，本當再拜，故皆以『再拜』言之。」**賓西階東，北面答拜，**西階東，少就主君，敬也。**擯者辭。**辭，拜於下。**拜也，公降一等，辭曰：「寡君從子，雖將拜，興也。」**賓降再拜。公降，擯者釋辭矣。賓猶降，終其再拜稽首。興，起也。**賓栗階升，不拜。**自以已拜也。栗，實栗也，不拾級連步。趨主國君之命，不拾級而下曰辵。○辵，敕略反。**命之成拜，階上北面再拜稽首。**賓降拜，主君辭之，賓雖終拜，於主君之意猶爲不成。○《疏》曰：「賓終拜於下，盡臣之禮，爲成拜。而主君之意猶以爲不成，故命之升成拜。賓遂主君之意，故升更拜也。」**○記：卿擯由下。**不升堂也。○《疏》曰：「此謂上擯，擯詔賓主升降周旋之事。」

右拜至。

士舉鼎，去鼏於外，次入，陳鼎于碑南，❶南面，西上。右人抽扃，坐奠于鼎西，南順，出自鼎西。左人待載。入由東，出由西，明爲賓也。○《疏》曰：「次入，謂序入也。」**雍人以俎入，陳于鼎南。旅人南面加匕于鼎，退。**旅人，雍人之屬，旅食者也。雍人言入，旅人言退，文互相備也。出入之由，亦如舉鼎者。匕、俎每器一人，諸侯官多也。**大夫長盥，洗東南，西面，北上，序進盥，退者與進者交**

---

❶「南」，《儀禮注疏》無此字。阮校云：「徐本、楊氏、毛本重此字。敖氏曰『碑』下缺一『南』字。」

于前。卒盥，序進，南面匕。長，以長幼也。序，猶更也。前，洗南。**載者西面。**載者，左人，亦序自鼎東西面於其前，大夫匕則載之。○《疏》曰：「待載時在鼎東，南面，今大夫鼎北面南匕之左人當載，故序自鼎東，西面。俎當鼎南，則載者在鼎南稍東。」**魚腊飪，**飪，熟也。食禮宜熟，饗有腥者。**載體，進奏。**體，謂牲與腊也。奏，謂皮膚之理也。進其理本在前。下大夫體七个。○《疏》曰：「『進其理本在前』者，此謂生人食法，故進本，本謂近上者。若祭祀則進末，故《少牢》云『進末』，鄭云『變於食生』是也。」**魚七，縮俎，寢右。**右，首也。寢右，進鬐也。乾魚進腴，多骨鯁。○《疏》曰：「縮，縱也。魚在俎爲縱，於人亦横。賓在户牖之間南面，俎則東西陳之，魚在俎，首在右，腹腴鄉南。鬐，脊也，進脊在北鄉賓。是取脊少骨鯁者，以優賓也。若祭祀則進腴，以鬼神尚氣，腴者氣之所聚，故《少牢》進腴是也。」**腸胃七，同俎。**以其同類也，不異其牛羊，腴賤也。此俎實凡二十八。○《疏》曰：「牛羊同是畜類，又其腹腴賤，故略之同俎也。牛羊各有腸胃，腸胃各七，四七二十八也。」**倫膚七。**倫，理也，謂精理滑脆者。○《疏》曰：「倫膚，謂豕之皮革爲之。」**腸胃、膚皆横諸俎，垂之。**順其在牲之性也。❶腸胃垂及俎拒。**大夫既匕，匕奠于鼎，逆退，復位。**事異宜由便也。士匕載者，又待設俎。

右鼎入載俎。

❶「牲」，原作「理」，今據盧本及《儀禮注疏》改。

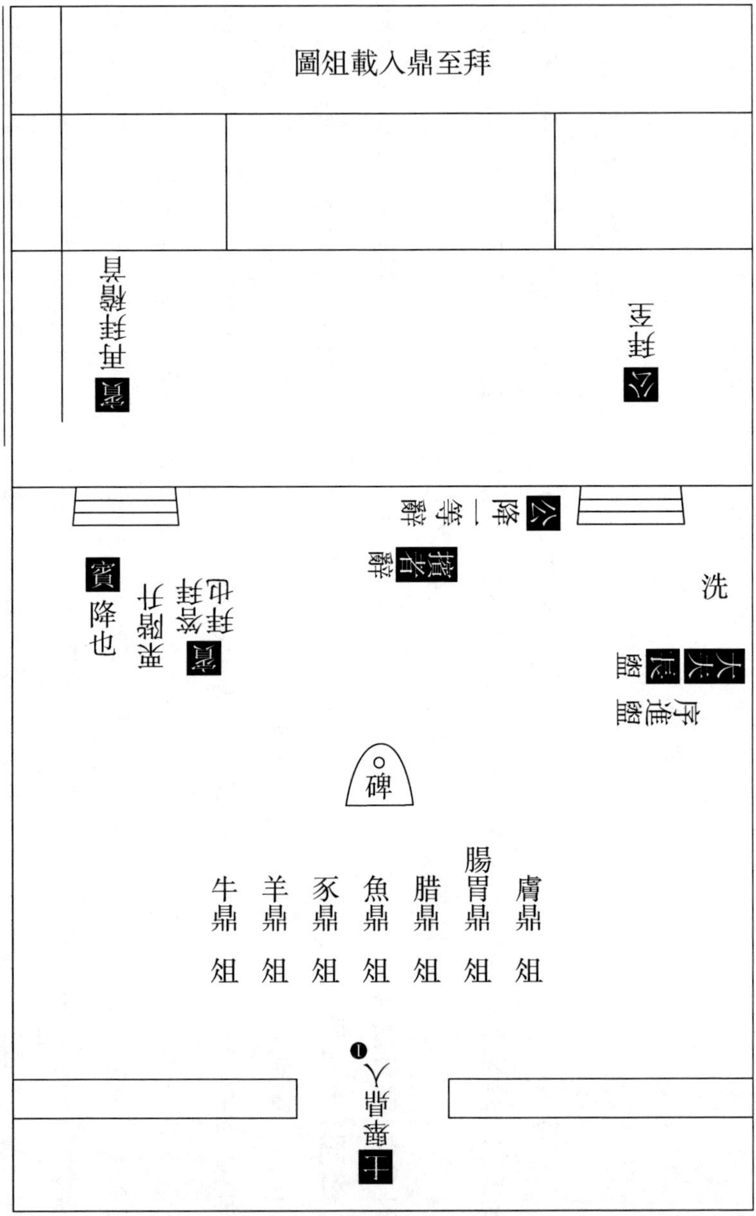

❶ 陰文「士」字，原無，今據盧本補。

公降盥。將設醬。賓降，公辭。辭其從己。卒盥，公壹揖壹讓，公升，賓升。揖讓皆壹，殺於初。宰夫自東房授醯醬，授，授公也。醯醬，以醯和醬。公設之。以其爲饌本。賓辭，北面坐遷而東遷所。東遷所，奠之東側其故處。○《疏》曰：「君設當席中，故東遷之，辟君設處。側，近也，近其故處。」公立于序内，西鄉。不立阼階上，示親饌。賓立于階西，疑立。不立階上，以主君離阼也。疑，正立也，自定之貌。宰夫自東房薦豆六，設于醬東，西上。韭菹以東醓醢、昌本，昌本南麋臡，以西菁菹、鹿臡。臡，奴兮反。○醓醢，醢有醓。昌本，昌蒲本菹也。醢有骨謂之臡。菁，蕪菁菹也。士設俎于豆南，西上，牛、羊、豕，魚在牛南，腊、腸胃亞之，亞，次也。不言綈錯，俎尊。膚以爲特。直豕與腸胃東也。特膚者，出下牲，賤。旅人取匕，甸人舉鼎，順出，奠于其所。以其空也。其所，謂當門。宰夫設黍稷六簋于俎西，二以並，東北上。黍當牛俎，其西稷，錯以終，南陳。並，併也。○記：贊者盥，從俎升。《疏》曰：「豆亦從下升，不言從者，贊者不佐祭豆，直佐祭俎也。」上贊，下大夫也。上，謂堂上。擯贊者事相近，以佐上下爲名。

右公設醯醬，遂薦豆，設俎簋。

大羹湆不和，實于鐙。宰右執鐙，左執蓋，由門入，升自阼階，盡階不升堂，授公。以蓋降，出，入，反位。鐙，音登。○大羹湆，煮肉汁也，大古之羹。不和，無鹽菜。瓦豆謂之鐙。宰，謂大宰，宰夫之長也。有蓋者，饌自外入，爲風塵。公設之于醬西。賓辭，坐遷之。亦東遷所。宰夫設鉶四于

豆西，東上。牛以西羊，羊南豕，豕以東牛。鉶，音刑。○鉶，菜和羹之器。○《疏》曰：「羹在鉶言之謂之鉶羹，據器言之謂之鉶鼎，正鼎之後設之謂之陪鼎，入庶羞言之謂之羞鼎，其實一也。」**飲酒實于觶，加于豐。**豐，所以承觶者也，如豆而卑。**宰夫右執觶，左執豐，進設于豆東。**食有酒者，優賓也。設于豆東，不舉也。《燕禮·記》曰：「凡奠者於左。」○《疏》曰：「案下文宰夫執漿飲，賓興受，唯用漿酳口，不用酒，今主人猶設之，是優賓也。此酒不用，故奠于豆東。」○今案：上文「飲酒、漿飲俟于東房」，《疏》云「酒、漿皆以酳口」，此又云「漿以酳口，不用酒，今主人猶設之所以優賓」，兩説牴牾不同。又按：下文「祭飲酒於上豆之間，魚、腊、醬、湇不祭」，夫魚、腊、醬、湇不祭而祭飲酒，則知酒以優賓，但賓不舉爾，豈酳口之物哉？當以優賓之義爲正。**宰夫東面坐，啓簋會，各卻于其西。**會，❶簋蓋也，亦一一合卻之，各當其簋之西。**○記：鉶芼，牛藿，羊苦，豕薇，皆有滑。**藿，豆葉也。苦，苦荼也。滑，堇、荁之屬。

右公設大羹，遂設鉶實觶。

贊者負東房，南面告具于公。負東房，負房户而立也。南面者，欲得鄉公與賓也。**公再拜，揖食。**再拜，拜賓饌具。**賓降拜。**答公拜。**公辭，賓升，再拜稽首。**不言成拜，降未拜。**賓升席，坐取韭菹，以辯擩于醢，上豆之間祭。**擩，猶染也。**贊者東面坐取黍，實于左手，辯，又取稷，辯，反于**

❶「會」，原作「食」，今據盧本及《儀禮注疏》改。

右手，興以授賓，賓祭之。取授以右手，便也。賓亦興受，坐祭之，於豆祭也。獨云贊興，優賓也。《少儀》曰：「受立，授立，不坐。」〇《疏》曰：「此所授者，皆謂遠賓者，近雖不授，亦祭之。」三牲之肺不離，贊者辯取之，壹以授賓。肺不離者，刌之也。不言刌，刌則祭肺也。此舉肺不離而刌之，便賓祭也。祭離肺者，絶肺祭也。壹，猶稍也。賓興受，坐祭，於是云「賓興受，坐祭」，重牲也。賓亦每肺興受，祭於豆祭。挩手，扱上鉶以柶，辯擩之，上鉶之間祭。扱，以柶扱其鉶菜也。挩，拭也，拭以巾。祭飲酒於上豆之間，魚、腊、醬、湆不祭。不祭者，非食物之盛者。

右賓祭正饌。

宰夫授公飯粱，公設之于湆西。賓北面辭，坐遷之。既告具矣，而又設此，殷勤之加也。遷而西之，以其東上也。公與賓皆復初位。位，序内階西。宰夫膳稻于粱西。膳，猶進也。進稻粱者以簠。士羞庶羞，皆有大，蓋，執豆如宰。羞，進也。庶，衆也。進衆珍味可進者。大，以肥美者特爲臠，所以祭也。魚或謂之膴，膴，大也。唯醢醬無大。如宰，如其進大羹湆，右執豆，左執蓋。先者反之，由門入，升自西階。庶羞多，羞人不足，則相授於階上，復出取也。先者一人升，設于稻南，簋西，間容人。簋西，黍、稷西也。必言稻南者，明庶羞加，不與正豆併也。間容人者，賓當從間往來也。旁四列，西北上。不統於正饌者，雖加，自是一禮，是所謂羹胾中别。〇《疏》曰：「《曲禮》曰『左殽右胾』，殽，此謂之羹，一也。爲正饌，謂切肉，即庶羞。正饌東，庶羞西，間容人，是中别。」膷以東臐、膮、牛炙。膷，音香。臐，許云反。膮，呼堯反。炙，章夜反。○膷、臐、膮，今時臛也。牛曰膷，羊曰臐，豕曰膮，皆香美之名也。○臛，火各反。炙南醢，以西牛胾、醢、牛鮨，鮨，臣之反。○先設醢，綪之以次也。《内則》謂鮨爲膾，然則膾用鮨。鮨南羊炙，以東羊胾、醢、豕炙。炙南醢，以西豕胾、芥醬、魚膾。芥醬，芥實醬也。《内則》曰：「膾，春用葱，秋用芥。」衆人騰羞者盡階不升堂，授，以蓋降，出。騰當作媵，媵，送也。授，授先者一人。○記：簠有蓋、幂。稻粱將食乃設，去會於房，蓋以幂。幂，巾也。凡炙無醬。《疏》曰：「言『凡』者，欲解《儀禮》一部之内，牛、羊、豕炙皆無醬。『已有鹹和』，若今之人食炙然。」

右公設飯粱爲加饌先。

贊者負東房，告備于公。復告庶羞具者，以其異饌。贊升賓。以公命命賓升席。賓坐席末，取粱即稻，祭于醬湆間。即，就也。祭稻粱不於豆祭，祭加宜於加。贊者北面坐，辯取庶羞之大，興，一以授賓。賓受，兼壹祭之。壹，壹受之而兼一祭之，庶羞輕也。自祭之於膷臐之間，以異饌也。賓降拜，拜庶羞。公辭。賓升，再拜稽首，公答再拜。

右賓祭加饌。

賓北面自間坐，左擁簠粱，右執湆以降。自間坐，由兩饌之間也。擁，抱也。必取粱者，公所設也。以之降者，堂尊處，欲食於階下然也。公辭。賓西面坐奠于階西，東面對，西面坐取之，栗階升，北面反奠于其所。降辭公，奠而後對，成其意也。降辭公，敬也。必辭公者，爲其尊而親臨己食。侍食，贊者之事。**公許。賓升，公揖，退于箱。**箱，東夾之前，俟事之處。**擯者退，負東塾而立。**無事。**賓坐，遂卷加席，公不辭。**贊者以告公，公聽之，重來，優賓。〇《疏》曰：「公既在序外，賓食在户西，若不告公，公何以知之，明知贊者告公也。公來則勞賓，不來則賓不勞，故不來者，所以優饒賓也。」**賓三飯，以湆醬。**每飯歠湆，以肴擩醬，食正饌也。三飯而止，君子食不求飽。不言其肴，優賓。〇《疏》曰：「《特牲》、《少牢》尸食時舉殽，皆言次第，此不言者，任賓取之，是優賓也。」**宰夫執觶漿飲與其豐以進。**此進漱也，非爲卒食，爲將有事，緣賓意欲自潔清。**賓挩手，興受。**受觶。**宰夫設其豐于稻西。**酒在東，醬在西，是所謂左酒右醬。**庭實設。**乘皮。**賓坐祭，遂飲，奠于豐上。**飲漱。

右賓食正饌。

公設醯醬大羹飯粱食賓圖

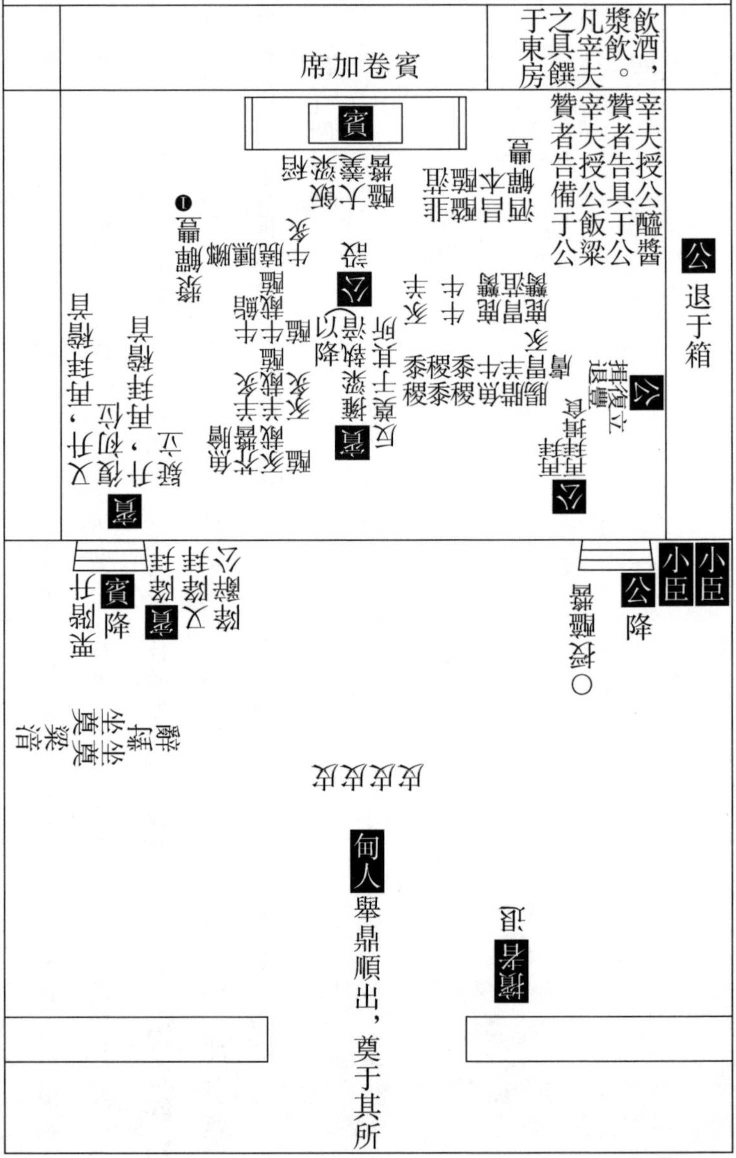

❶「漿觶豐」，原作「公拜登」，今據盧本改。

公受宰夫束帛以侑，西鄉立。束帛，十端帛也。侑，猶勸也。主國君以爲食賓殷勤之意未至，❶復發幣以勸之，欲用深安賓也。西鄉立，序内位也，受束帛于序端。**賓降筵，北面。**以君將有命也，北面於西階上。**擯者進相幣。**爲君釋幣，辭於賓。**賓降辭幣，升聽命，**降辭幣，主國君又命之升，聽命，釋許辭。**降拜。**當拜受幣。**公辭。賓升，再拜稽首，受幣，當東楹，北面。**主國君南面授之。當東楹者，欲得君行一、臣行二也。**退，西楹西，東面立。**俟主國君送幣也。退不負序，以將降。**公壹拜，賓降也，公再拜。**賓不敢俟成拜。**介逆出。**以賓事畢。**賓北面揖，執庭實以出。**揖執者，示親受。**公降立。**俟賓反。**上介受賓幣，從者訝受皮。**從者，府、史之屬。訝，迎也。

右侑幣。

賓入門左，没霤，北面再拜稽首。便退則食禮未卒，不退則嫌，更入行拜，若欲從此退。**公辭。**止其拜，使之卒食。**揖讓如初，升。賓再拜稽首，公答再拜。**賓拜，拜主國君之厚意。賓揖介入復位。**賓降辭公如初。**將復食。**賓升，公揖，退于箱。賓卒食會飯，三飲，**卒，已也。已食會飯，三漱漿也。會飯，謂黍稷也。此食黍稷，則初將食稻粱。❷〇《疏》曰：「知會飯是黍稷者，上文云『宰夫東面坐，啓簋會，各卻于其

❶「勤」，原作「勸」，今據元刻本及《儀禮注疏》改。

❷「將」，《儀禮注疏》作「時」，當是。

西』，此云『食會飯』，❶知是黍稷。」**不以醬湇。**不復用正饌也。初時食加飯用正饌，此食正飯用庶羞，互相成也。後言湇者，湇或時後用。○今案：注云「初時食加飯，謂食稻粱，用正饌」，謂以肴擩醬食，正饌也。此食正飯，謂食黍稷也，但用庶羞。則經無其文，若可疑者。據下文「上大夫庶羞，酒飲、漿飲，庶羞可已」，注云：「於食庶羞，宰夫又設酒漿，以之食庶羞可也」，以彼證此，恐此食會飯有三飲，亦食庶羞。此注所以有互相成之義也。

右卒食。

挩手，興，北面坐取粱與醬以降，西面坐奠于階西，示親徹也，不以出者，非所當得，又以己得侑幣。**東面再拜稽首。**卒食拜也，不北面者，異於辭。**公降，再拜。**答之也，不辭之，使升堂，明禮有終。

右賓降。

介逆出。賓出，公送于大門内，再拜。賓不顧。初來揖讓，而退不顧，退禮略也，示難進易退之義。**有司卷三牲之俎，歸于賓館。**卷，猶收也，無遺之辭也。歸俎者，實于篚。**魚腊不與。**不言腸胃、膚，不與可知。**明日，賓朝服拜賜于朝，**朝，謂大門外。**拜食與侑幣，皆再拜稽首。訝聽之。**受其言，入告出報也。此下大夫，有士訝。

右歸賓俎及賓拜賜。

---

❶「會」，原作「者」，今據《儀禮注疏》改。

公以束帛侑賓及賓卒食圖

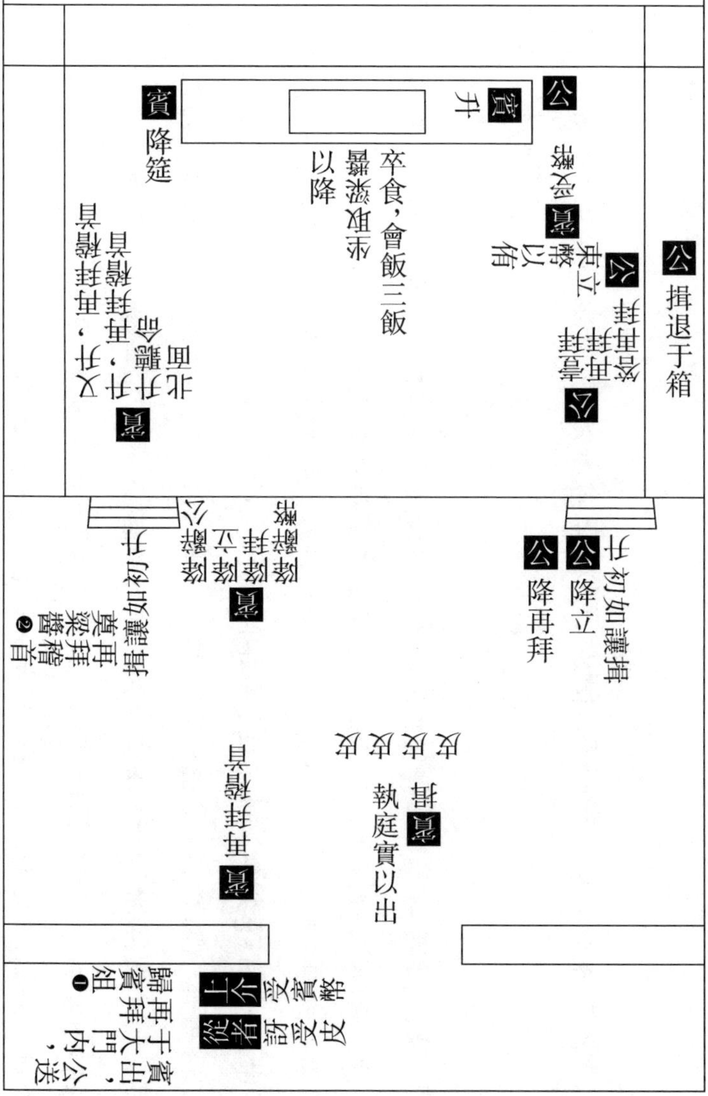

❶「俎」，原作「幣」，今據盧本改。

❷「粱醬」，原作「盥卒爵」，今據盧本改。

上大夫八豆、八簋、六鉶、九俎，魚、腊皆二俎，記公食上大夫異於下大夫之數。豆加葵菹、蝸醢，四四爲列，俎加鮮魚、鮮腊，三三爲列，無特。○《疏》曰：「雖無特，膚亦爲下。」魚、腸胃、倫膚，若九若十有一。下大夫則若七若九。此以命數爲差也。九謂再命者也，十一謂三命者也，七謂一命者也。❶九或上或下者，再命謂小國之卿，次國之大夫也，卿則曰上，大夫則曰下。大國之孤視子、男。庶羞，西東毋過四列。謂上、下大夫也。○《疏》曰：「言西東，則上大夫南北五行矣。」上大夫庶羞二十，加於下大夫以雉、兔、鶉鴽。鶉，音淳。鴽，音如。○鴽，無母。○《疏》曰：「《爾雅》作『鴾母』，《莊子》云『田鼠化爲鶉』，《月令》曰『田鼠化爲鴽』，然則一物也。」○記：上大夫蒲筵，加萑席，其純皆如下大夫純。謂三命大夫也。孤爲賓則莞筵紛純，加繅席，畫純也。○《疏》曰：「《周禮·司几筵》云『筵國賓于牖前，莞筵紛純，加繅席畫純』，與此記三命已下席不同，故知彼國賓謂孤也。公、侯、伯之卿三命，公之孤四命。」上大夫庶羞，酒飲、漿飲，庶羞可也。於食庶羞，宰夫又設酒漿，以之食庶羞可也。拜食與侑幣，皆再拜稽首。嫌上大夫不稽首。

右食上大夫禮。

若不親食，謂主國君有疾病若他故。使大夫各以其爵，朝服，以侑幣致之。執幣以將命。豆實實

❶「七」，原作「十」，今據元刻本、盧本改。

于甕，陳于楹外，二以並，北陳；簋實實于筐，陳于楹内兩楹間，二以並，南陳。陳甕、筐於楹間者，象授受於堂中也。南北相當，以食、饌同列耳。甕北陳者，變於食。甕數如豆，醯芥醬從焉，筐米四。**庶羞陳于碑内，**生魚也，魚、腊從焉，上大夫加鮮魚、鮮腊、雉、兔、鶉鴽。不陳于堂，辟正饌。**庭實陳于碑外。**執乘皮者也。不參分庭一在南者，以言歸，宜近内。○《疏》曰：「庭實正法，皆參分庭一在南而陳之，故《昏禮・記》云納徵執皮者參分庭一在南，今云『碑外』，繼碑而言，近北矣。彼參分庭一在南陳之，謂在主人之庭，參分庭陳之，擬與賓向外，故近南。此陳於客館，擬與賓入内，故鄭云『以言歸，宜近内』。」**牛羊豕陳于門内西方，東上。**爲使踐汙舘庭，使近外。**賓朝服以受，如受饔禮。**朝服，食禮輕也。**無儐。**以己本宜往。**明日，賓朝服以拜賜于朝，訝聽命。**賜，亦謂食侑幣。

右不親食。

大夫相食，親戒、速，記異於君者也。速，召也。先就告之，歸具。既具，復自召之。**迎賓于門外，拜至，皆如饗拜。**饗，大夫相饗之禮也。**降盥，受醬、湆、侑幣束錦也，皆自阼階降堂受，授者升一等。**皆者，謂受醬、受湆、受幣也。侑用束錦，大夫文也。降堂，謂止階上。**賓止也。**主人三降，賓不從。○《疏》曰：「主人降堂不至地，故賓止不降也。」**賓執粱與湆之西序端。**不敢食於尊處。**主人辭。賓反之，卷加席。主人辭。賓反之，辭幣，降一等，主人從。**從辭賓降。**受侑幣，再拜稽首。主人送幣亦然。**敵也。○《疏》曰：「《左氏傳》哀十七年：「孟武伯曰：『非天子，寡君無所稽首。』若然，臣於君乃稽首，平敵相於當頓首。今言『敵』而稽首者，以食禮相尊敬，雖敵亦稽首，與臣拜君同故也。」**辭於主人，降一等，主人從。**辭，謂辭其臨己食。**卒食，徹于西序端。**亦親徹。**東面再拜，降出。**拜，亦拜卒食。**其他皆如公食大夫之禮。**《疏》曰：「其他，謂豆數、俎體、陳設皆不異上陳。」○**若不親食，則公作大夫朝服以侑幣致之。**作，使也。大夫有故，君必使其同爵者爲之致禮。列國之賓來，榮辱之事君臣同。**賓受于堂，無儐。**與受君禮同。

右大夫相食禮。

大夫相食禮圖

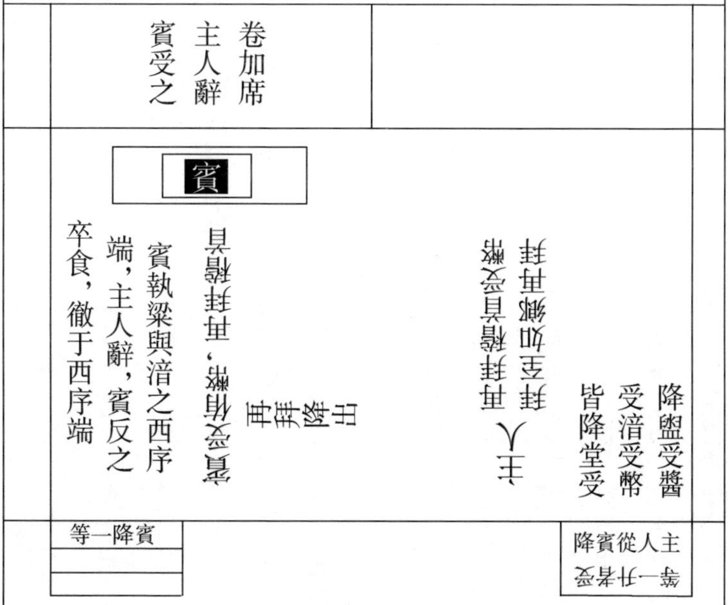

公食，使大夫戒
　此大夫相食親戒速
公食，迎賓于大門内
　此迎賓于門外
公食，公降階盥
　此降堂盥
公食，受醬受幣于宰夫
　此降堂而受
公食，受湆宰，盡階不升堂
　此降者升一等
公食，執粱與湆之西階下
　此之西序端
公食，賓降辭幣
　此賓降一等
公食，卷加席，公不辭
　此卷加席主人辭
公食，徹粱與湆，奠于西階
　此奠于西序端
其他皆如公食大夫之禮

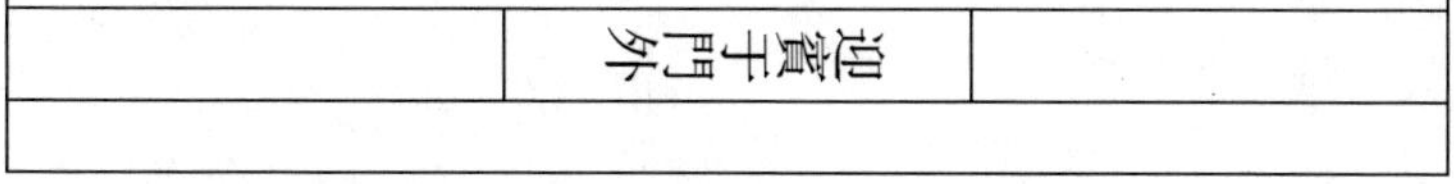

儀禮圖卷第十

覲禮第十

鄭《目録》云：「覲，見也，諸侯秋見天子之禮。春見曰朝，夏見曰宗，秋見曰覲，冬見曰遇。朝、宗禮備，覲、遇禮省。」○《疏》曰：「案，《曲禮下》云：『天子當扆而立，諸侯北面而見天子，曰覲。天子當宁而立，諸公東面，諸侯西面，曰朝。』鄭注：『諸侯春見曰朝，受摯於朝，受享於廟，生氣文也。秋見曰覲，一受之於廟，殺氣質也。朝者位於内朝而序進，覲者位於廟門外而序入，王南面立於扆、宁而受焉。夏宗依春，冬遇依秋。春秋時，齊侯唁魯昭公，以遇禮相見，取易略也。』《覲禮》今存，朝、宗、遇禮今亡。』」

覲禮○至于郊。 郊，謂近郊，去王城五十里。

右至郊。

王使人皮弁用璧勞。侯氏亦皮弁，迎于帷門之外，再拜。 勞，力到反。○《小行人》職曰「凡諸侯入王，則逆勞于畿」，則郊勞者，大行人也。皮弁者，天子之朝朝服也。璧無束帛者，天子之至尊也。不言「諸侯」，言「侯氏」者，明國殊舍異禮，不凡之也。郊舍狹寡，爲帷宫以受勞，《掌舍》職曰：「爲帷宫設旌門。」○《疏》曰：「案《大行人》上公三勞，侯、伯再勞，子、男一勞。蓋五等同有畿勞，侯、伯又加遠郊勞，上公又加近郊勞，此據上公而言。五十里有市，市有館，或來者多，館舍狹寡，故爲帷宫。」**使者不答拜，遂執玉，三揖至于階。使者不讓，先升。侯氏升，聽命，降，再拜稽首，遂升受玉。**不答拜者，爲人使，不當其禮也。不讓，先升，奉王命，尊也。升者，升壇。使者東面致命，侯氏東階上西面聽之。**使者左還而立。侯氏還璧，使者受。侯氏降，再拜稽首，使者乃出。**左還，還南面，示將去也。立者，見侯氏將有事於己，俟之也。還玉，重禮。**侯氏乃止使者，使者乃入，侯氏與之讓升。侯氏先升，授几，侯氏拜送几。使者設几，答拜。**侯氏先升，賓禮統焉。几者安賓，所以崇優厚也。上介出止使者，則已布席也。**侯氏用束帛、乘馬儐使者，使者再拜受。侯氏再拜送幣。**儐使者，所以致尊敬也。拜者各於其階。**使者降，以左驂出。侯氏送于門外，再拜，侯氏遂從之。**騑馬曰驂。左驂，設在西者。其餘三馬，侯氏之士遂以出，授使者之從者于外。從之者，遂隨使者以至朝。

右郊勞。

今案：凡布席設几，皆在西北位，此帷宫恐亦當然。帷宫無堂可升。升者，壇也。《左氏傳》：「子産相鄭伯以如楚舍，不爲壇。」注云：「至敵國郊，除地封土爲壇，以受郊勞。」是也。又宣十八年：「子家壇帷，復命於介。」謂之壇帷，是壇亦帷其旁，非特爲帷宫而已。設几則必有席，蓋几、席相將，無席何以設几？故鄭注云：「上介出止使者，則已布席。」《太宰》「贊玉几」，注云：「立而設几，優尊者。」此使者亦不坐而設几，故注云：「几者，安賓，所以崇優厚。」

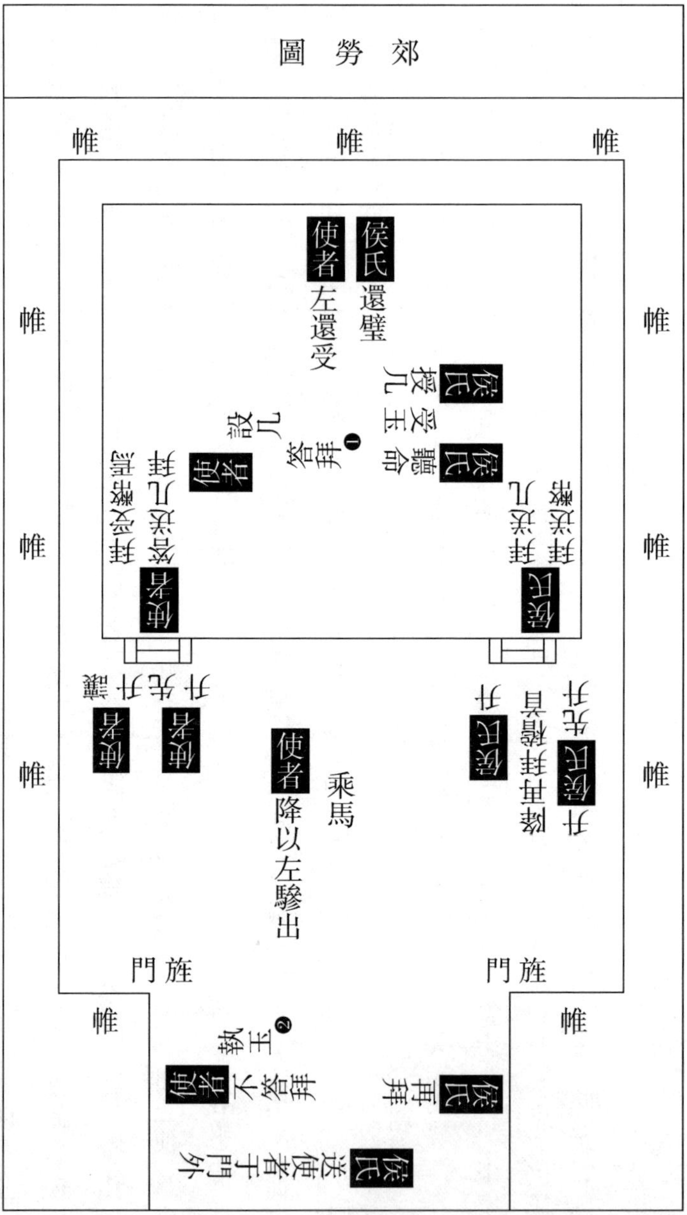

❶「答拜」二字，原無，今據盧本補。

❷「執玉」二字，原無，今據盧本補。

天子賜舍。以其新至，❶道路勞苦，未受其禮，且使即安也。賜舍，猶致館也，所使者司空與？小行人爲承擯。○《疏》曰：「司空主營城郭宫室，館亦宫室之事，故知所使者司空也。但《司空》亡，無正文，故云『與』以疑之。知『小行人爲承賓』者，案《小行人》『及郊勞、眡館、將幣，爲承而擯』，是其義也。」**曰：「伯父，女順命于王所，賜伯父舍。」**此使者致館辭。**侯氏再拜稽首。**受館。**儐之束帛、乘馬。**王使人以命致館，無禮猶儐之者，尊王使也。侯氏受館於外，既則儐使者於内。

右賜舍。

天子使大夫戒曰：「某日，伯父帥乃初事。」大夫者，卿爲訝者也。《掌訝》職曰：「凡訝者，賓客至而往，詔相其事。」戒，猶告也，告使順循其事也。初，猶故也。**侯氏再拜稽首。**受覲日也。

右戒日。

諸侯前朝，皆受舍于朝。同姓西面，北上。異姓東面，北上。言「諸侯」者，明來朝者衆矣，顧其入覲不得並耳。受舍于朝，受次於文王廟門之外。《聘禮》曰「宗人授次，次以帷，少退于君之次」，則是次也。言舍者，尊舍也。天子使掌次爲之，諸侯上介先朝受焉。此覲也，言朝者，覲遇之禮雖簡，其來之心猶若朝也。分别同姓、異姓，受之將有先後也。《春秋傳》曰：「寡人若朝於薛，不敢與諸任齒。」則周禮先同姓。

❶「新」，原作「所」，今據盧本及《儀禮注疏》改。

右受舍。

侯氏裨冕，釋幣于禰，將覲，質明時也。裨冕者，衣裨衣而冠冕也。裨之爲言埤也。天子六服，大裘爲上，其餘爲裨，以事尊卑服之，而諸侯亦服焉。上公衮無升龍，侯、伯鷩，子、男毳，孤絺，卿大夫玄，此差司服所掌也。禰，謂行主、遷主矣，而云「禰」，親之也。釋幣者，告將覲也。其釋幣如聘大夫將受命釋幣于禰之禮，既則祝藏其幣，歸乃埋之於祧西階之東。○埤，毗支反。❶ ○《疏》曰：「天子吉服有九，言六服者，據六冕而言，以大裘爲上，無埤義，衮冕以下皆爲裨。諸侯唯不得有大裘，上公則衮冕以下，故云『此差司服所掌』。」

右釋幣于禰。

乘墨車，載龍旂、弧、韣乃朝，以瑞玉，有繅。韣，音獨。繅，音早。○墨車，大夫制也。乘之者，入天子之國，車服不可盡同也。交龍爲旂，諸侯之所建。弧，所以張縿之弓也。弓衣曰韣。瑞玉謂公桓圭、侯信圭、伯躬圭、子穀璧、男蒲璧。繅，所以藉玉，以韋衣木，廣袤各如其玉之大小，以朱、白、蒼爲六色。○《疏》曰：「『墨車，大夫制也』，下記文『偏駕不入王門』，偏駕，金輅、象輅等是也。既不入王門，舍於客館，乘此墨車以朝也。《爾雅》説旌旗正幅爲縿，故以此弧弓張縿之兩幅，故云『張縿之弓也』。」○縿，所銜反。**天子設斧依於户牖之間，左右几。**依，如今綈素屏風也。有繡斧文，所以示威也。斧謂之黼。几，玉几也。左

---

❶「毗」，原作「此」，今據元刻本、盧本改。

右者，優至尊也。其席莞席紛純，加繅席畫純，加次席黼純。○莞，音官。純，諸允反。**天子袞冕，負斧依。**袞衣者，裨之上也。繢之繡之，爲九章。其龍，天子有升龍、有降龍。衣此衣而冠冕，南鄉而立，以俟諸侯見。○《疏》曰：「自袞冕至玄冕，五者皆裨衣，故云『裨之上』也。」**嗇夫承命，告于天子。**嗇夫，蓋司空之屬也，爲末擯，承命於侯氏下介，傳而上，上擯以告天子。天子見公，擯者五人；見侯、伯，擯者四人；見子、男，擯者三人。皆宗伯爲上擯。《春秋傳》曰：「嗇夫馳。」**天子曰：「非他，伯父實來，予一人嘉之。伯父其入，予一人將受之。」**言「非他」者，親之辭。嘉之者，美之辭也。上擯又傳此而下至嗇夫，侯氏之下介受之，傳而上，上介以告其君，君乃許入。○《疏》曰：「『伯父其入』，不云迎之，天子不下堂而見諸侯，故無迎法。」**侯氏入門右，坐奠圭，再拜稽首。**入門而右，執臣道，不敢由賓客位也。卑者見尊，奠摯而不授。」**擯者謁。**謁，猶告也。上擯告以天子前辭，欲親受之，如賓客也。其辭所易者曰：「伯父其升。」**侯氏坐取圭，升致命，王受之玉。侯氏降階，東北面再拜稽首，擯者延之曰：「升。」升成拜，乃出。**擯者請之，侯氏坐取圭，則遂左。降，拜稽首，送玉也。從後詔禮曰延。延，進也。○**記：偏駕，不入王門。**在旁與己同曰偏。同姓金輅，異姓象輅，四衛革輅，蕃國木輅，駕之與王同，謂之偏。「偏駕不入王門，乘墨車以朝」是也。偏駕之車，舍之於館與？○《疏》曰：「《周禮·巾車》：『掌王五路：玉路以祀，不賜諸侯；金路以賓，同姓以封；象路以朝，異姓以封；革路以即戎，以封四衛；木路以田，以封蕃國。』此五路者，天子所乘爲正。四路者，諸侯乘之爲偏。」**○几俟于東箱。**王即席乃設之也。乘箱東夾之前，相翔待事之處。○奠圭于繅上。謂釋於地也。

右行覲禮。

今案：《曲禮》云：「天子當扆而立，諸侯北面而見天子，曰覲。」此經同姓西面，異姓東面，彼諸侯覲皆北面，不辨同姓、異姓者，此謂廟門外爲位時，彼謂入見天子時。鄭注云：「覲者，位於廟門外而序入。」入謂北面見天子時。

諸侯覲天子圖

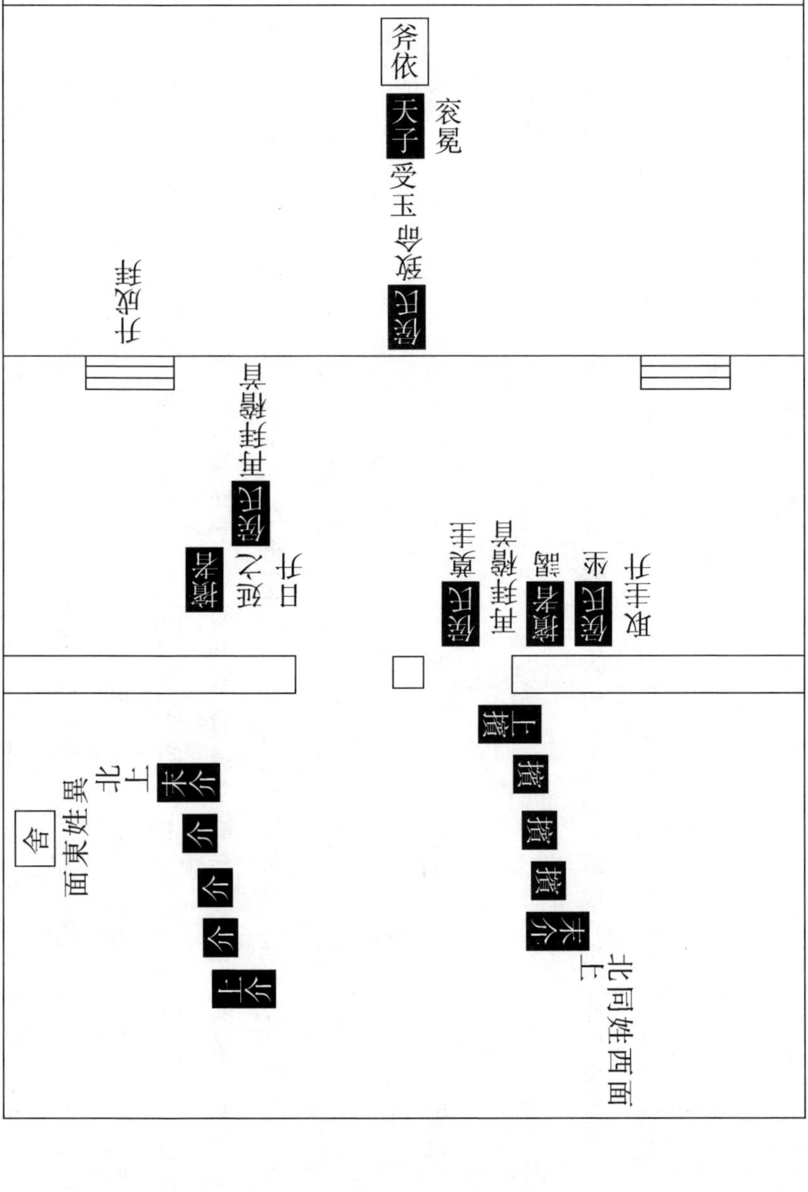
斧依
天子
袞冕
受玉
侯氏
致命
升成拜
侯氏
再拜稽首
擯者
延之
曰升
侯氏
坐取圭
升
擯者
謁
侯氏
奠圭
再拜稽首
上擯
擯
擯
擯
末介
北上
同姓西面
上介
介
介
介
末介
北上
異姓東面
舍

四享皆束帛加璧，庭實唯國所有。四當爲三。古書作三、四或皆積畫，此篇又多四字，字相似，由此誤也。《大行人》職曰諸侯廟中將幣，皆三享，其禮差，又無取於四也。初享或用馬，或用虎豹之皮。其次享三牲、魚腊、籩豆之實，龜也，金也，丹漆、絲纊、竹箭也，其餘無常貨。此地物非一國所能有，唯所有，分爲三享，皆以璧帛致之。**奉束帛，匹馬卓上，九馬隨之，中庭西上，奠幣，再拜稽首。**卓讀如「卓王孫」之「卓」，卓，猶的也。以素的一馬以爲上。書其國名，後當識其何産也。馬必十匹者，不敢斥王之乘，用成數，敬也。**擯者曰：「予一人將受之。」**亦言王欲親受之。**侯氏升致命。王撫玉。侯氏降自西階，東面授宰幣，西階前再拜稽首，以馬出授人，九馬隨之。**王之受玉，撫之而已，輕財也。以馬出，隨侯氏出，授王人於外也。王不使人受馬者，主于享，❶王之尊益君，侯氏之卑益臣。○《疏》曰：「享天子訖，亦當有幣問公卿大夫。《左傳》曰：『戎朝于周，發幣于公卿。』」**事畢。**三享訖。

右行享禮。

乃右肉袒于廟門之東，乃入門右，北面立，告聽事。右肉袒者，刑宜施於右也。凡以禮事者，左袒。入更從右者，臣益純也。告聽事者，❷告王以國所用爲罪之事也。《易》曰：「折其右肱，无咎。」○《疏》曰：

---

❶「主」，原作「至」，今據盧本及《儀禮注疏》改。

❷「聽」，原作「所」，今據元刻本及《儀禮注疏》改。

「『國所用爲罪之事』，加『得』字解之，當云『告王以國所用爲者，得非罪之事』。」擯者謁諸天子。天子辭於侯氏，曰：「伯父無事，歸寧乃邦。」謁，告。寧，安也。乃，猶女也。侯氏再拜稽首，出，自屏南適門西，遂入門左，北面立，王勞之。再拜稽首。擯者延之，曰：「升。」升成拜，降出。勞，力報反。○王辭之不即左者，當出隱於屏而襲之也。天子外屏。勞之，勞其道勞也。

右侯氏請事，王勞侯氏。

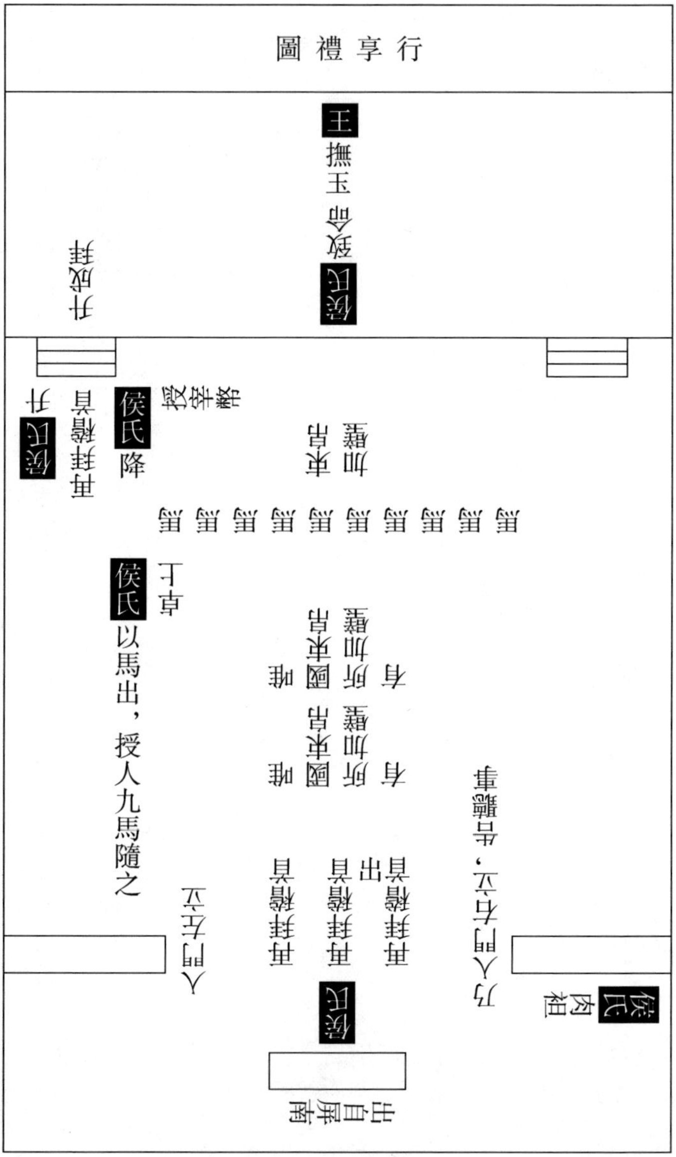
行享禮圖
王
撫玉
致命
侯氏
升成拜
升
侯氏
再拜稽首
侯氏
降
擯者請事
加束帛璧
馬 馬 馬 馬 馬 馬 馬 馬 馬 馬
侯氏
以馬出，授人九馬隨之
卓上
加束帛璧
唯國所有
加束帛璧
唯國所有
乃入門右立，北面聽事
再拜稽首
出
再拜稽首
再拜稽首
入門左立
侯氏
侯氏
肉袒
出自屏南

天子賜侯氏以車服，迎于外門外，再拜。賜車者，同姓以金輅，異姓以象輅。服則衮也，鷩也，毳也。**路先設，西上。路下四，亞之。重賜無數，在車南。**路，謂車也。凡君所乘車曰路。路下四，謂乘馬也。亞之，次車而東也。《詩》云：「君子來朝，何錫予之？雖無予之，路車乘馬。又何予之？玄衮及黼。」重，猶善也。所加賜善物多少，由恩也。《春秋傳》曰：「重錦三十兩。」○《疏》曰：「路，大也。君之居以大爲名，是以云路寢、路門之等。引《左氏》『重錦』，以證重賜也。」**諸公奉篋服，加命書于其上，升自西階，東面，大史是右。**言諸公者，王同時分命之，而使賜侯氏也。右讀如「周公右王」之「右」。是右者始隨入，於升東面，乃居其右。○《疏》曰：「諸侯來覲者，衆各停一館，故命諸公分往賜之。」**侯氏升，西面立。大史述命。**讀王命書也。**侯氏降兩階之間，北面再拜稽首，**受命。**升成拜。**大史辭之，降也。《春秋傳》曰「且有後命，以伯舅耋老，毋下拜」，此辭之類。**大史加書于服上，侯氏受。**受篋服。**使者出，侯氏送，再拜。儐使者，諸公賜服者束帛、四馬，儐太史亦如之。**既云拜送，乃言「儐使者」，以勞有成禮，略而遂言。○《疏》曰：「其實儐使者在拜送前。」**同姓大國則曰伯父，其異姓則曰伯舅。同姓小邦則曰叔父，其異姓小邦則曰叔舅。**據此禮云伯父，同姓大邦而言。

右賜車服。

賜侯氏車服圖

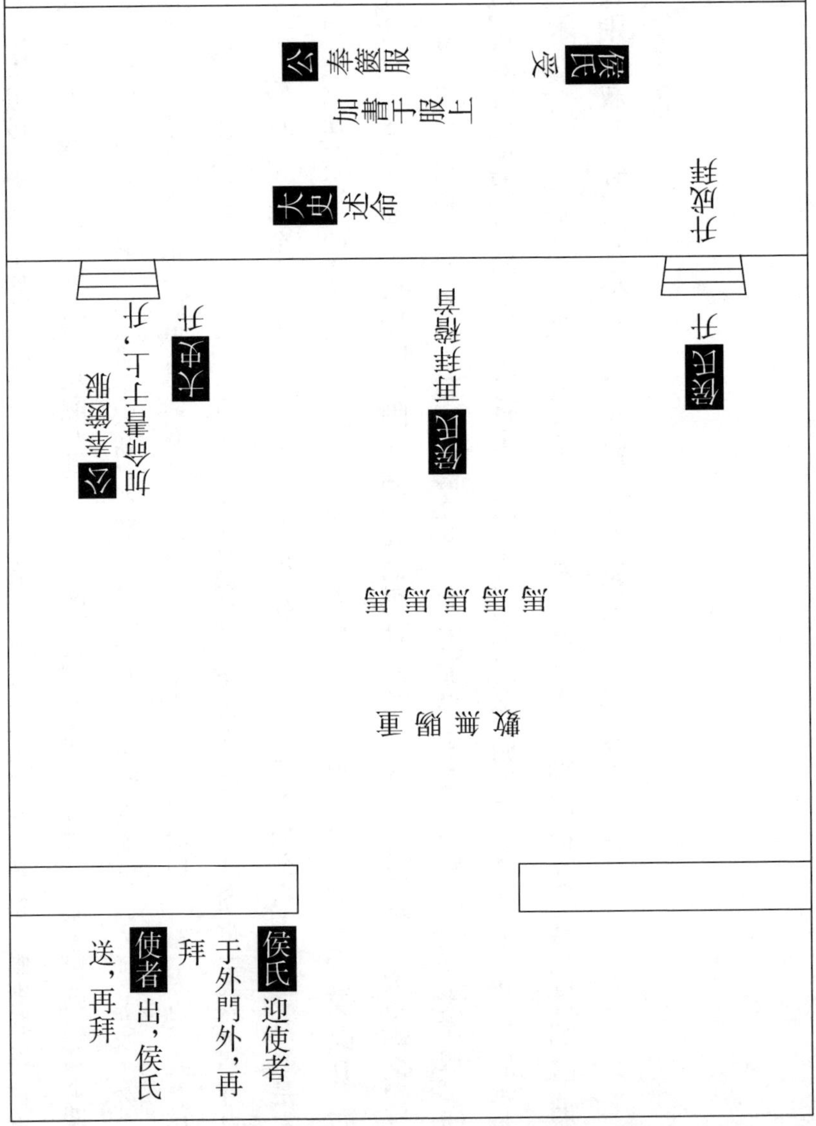
公奉篋服
侯氏受
加書于服上
大史述命
侯氏升成拜
大史升
公奉篋服，加命書于上，升
侯氏再拜稽首
侯氏升
馬馬馬馬
車賜無數
侯氏迎使者于外門外，再拜
使者出，侯氏送，再拜

饗、禮，乃歸。禮，謂食、燕也，王或不親以其禮幣致之，略言「享、禮」，❶互文也。《掌客職》曰：上公三享，三食，三燕。侯、伯再享，再食，再燕。子、男一享，一食，一燕。○《疏》曰：「案，《聘禮》及諸文皆單言享，無曰禮，鄭故引《掌客》五等，享、食、燕具有，知禮爲食、燕也。若不親，則皆以幣致之。」

右饗。

諸侯覲于天子，爲宮方三百步，四門。壇十有二尋，深四尺，加方明于其上。四時朝覲，受之於廟，此謂時會殷同也。宮謂壝土爲埒，以象牆壁也。爲宮者，於國外，春會同則於東方，夏會同則於南方，秋會同則於西方，冬會同則於北方。八尺曰尋，十有二尋則方九十六尺也。深，謂高也，從上曰深。《司儀》職曰「爲壇三成」，成，猶重也。三重者，自下差之爲三等，而上有堂焉，堂上方二丈四尺。上等、中等、下等，每面十二尺。方明者，上下四方神明之象也。上下四方之神者，所謂明神也。會同而盟，明神監之，則謂之天之司盟。有象者，猶宗廟之有主乎！王巡狩至于方嶽之下，諸侯會之，亦爲此宮以見之。《司儀》職曰：「將會諸侯，則命爲壇三成，宮旁一門，詔王儀，❷南鄉見諸侯也。」○《疏》曰：「合木爲上下四方，故名方；此則神明之象，故名明。《秋官·司盟》云『北面詔明神』，故曰所謂明神也。『天之司盟』，即《左氏》襄十一年傳『司慎司盟』是也。」**方明者，木也，方四尺，設六色：東方青，南方赤，西方白，北方黑，上玄，下**

❶「享」，《儀禮注疏》作「鄉食」。
❷「王」，原爛脱成「工」，今據元刻本、盧本及《儀禮注疏》改。

黃。設六玉：上圭，下璧，南方璋，西方琥，北方璜，東方圭。六色象其神，六玉以禮之。上宜以蒼璧，下宜以黃琮，而不以者，則上下之神非天地之至貴者也。設玉者，刻其木而著之。**上介皆奉其君之旂，置于宮，尚左。公、侯、伯、子、男皆就其旂而立。**置於宮者，建之豫爲其君見王之位也。諸公中階之前，北面，東上。諸侯東階之東，西面，北上。諸伯西階之西，東面，北上。諸子門東，北面，東上。諸男門西，北面，東上。尚左者，❶建旂，公東上，侯先伯，伯先子，子先男，而位皆上東方也。諸侯入壝門，或左或右，各就其旂而立。王降階，南鄉見之，三揖，土揖庶姓，時揖異姓，天揖同姓。見揖，位乃定。○《疏》曰：「『中階之前』以下，皆《朝事儀》、《明堂位》文，周公朝諸侯于明堂，不在宗廟，皆與此同也。云『或左或右』者，謂二伯帥之入，如《康王》應門左右也。」**四傳擯。**王既揖五者升壇，設擯，升諸侯以會同之禮。其奠瑞玉及享幣，公拜於上等，侯、伯於中等，子、男於下等。擯者每延之升堂致命。王受玉撫玉，降拜於下等，及請事勞，皆如覲禮，是以記之。覲云「四傳擯」者，每一位畢，擯者以告，乃更陳列而升，其次公也，侯也，伯也，各一位。子、男俠門，而俱東上，亦一位也。至庭乃設擯，則諸侯初入門，王官之伯帥之耳。○《疏》曰：「三等拜禮，皆《司儀》職文。受玉謂朝，撫玉謂享。子、男共一位，故設擯四。」**天子乘龍，載大旂，象日月、升龍、降龍，出拜日於東門之外，反祀方明。**此謂會同以春者也。馬八尺以上爲龍。大旂，大常也。王建大常，縿首畫日月，其下及旒交畫升龍、降龍。《朝事儀》曰：「天子冕而執鎮圭，尺有二

---

❶「者」，原作「皆」，今據盧本及《儀禮注疏》改。

寸，繅藉尺有二寸，搢大圭，乘大路，建太常，十有二旒，樊纓十有二就，貳車十有二乘，帥諸侯而朝日於東郊，所以教尊尊也，退而朝諸侯。」由此二者言之，已祀方明，乃以會同之禮見諸侯也。凡會同者，不協而盟。《司盟》職曰：「凡邦國有疑，會同則掌其盟約之載書及其禮儀，北面詔明神，既盟則藏之。」言「北面詔明神」，則明神有象也，象者其方明乎？及盟時又加於壇上，乃以載辭告焉，詛祝掌其祝號。○《疏》曰：「此四門之禮，乃將見諸侯，先禮日月山川也。禮既畢，乃祀方明於壇，祀方明禮畢，遂去方明於下。天子乃升壇與諸侯相見，朝禮既畢，乃更加方明於壇，與諸侯行盟誓之禮。若邦國無疑，王帥諸侯朝日而已，無祀方明之事。」**禮日於南門外，禮月與四瀆於北門外，禮山川丘陵於西門外。**此謂會同以夏冬秋者也。變拜言禮者，客祀也。禮月於北郊者，月，太陰之精，以爲地神也。盟神必云日月山川焉者，尚著明也。《詩》曰：「謂予不信，有如皦日。」《春秋傳》曰：「縱子忘之，山川神祇其忘諸乎？」此皆用明神爲信也。**祭天，燔柴。祭山丘陵，升。祭川，沈。祭地，瘞。**升、沈必就祭者也，就祭則是謂王巡狩及諸侯之盟祭也。其盟愒，❶其著明者，燔柴、升、沈、瘞，祭禮終矣、備矣。《郊特牲》曰：「郊之祭也，迎長日之至也，大報天而主日也。」《宗伯》職曰：「以實柴祀日月星辰。」❷則燔柴祭天，謂祭日也。柴爲祭日，則祭地瘞者，祭月也。日月而云天地，靈之也。《王制》曰：「王巡狩，至于岱宗，柴。」是王巡狩之盟，其神主日也。《春秋

❶「愒」，原作「揭」，今據元刻本、盧本及《儀禮注疏》改。下「愒，苦蓋反」之「愒」字同。

❷「實」，原作「燔」，今據元刻本、盧本及《儀禮注疏》改。

傳》曰：「晉文公爲踐土之盟。」而《傳》云「山川之神」，是諸侯之盟，其神主山川也。月者，太陰之精，上爲天使，臣道莫貴焉，是王官之伯，會諸侯而盟，其神主月與？○愒，苦蓋反。○《疏》曰：「上論天子在國行會同之事，此據巡狩於四岳，各隨方而祭之，以爲盟主也。」

右祀方明。

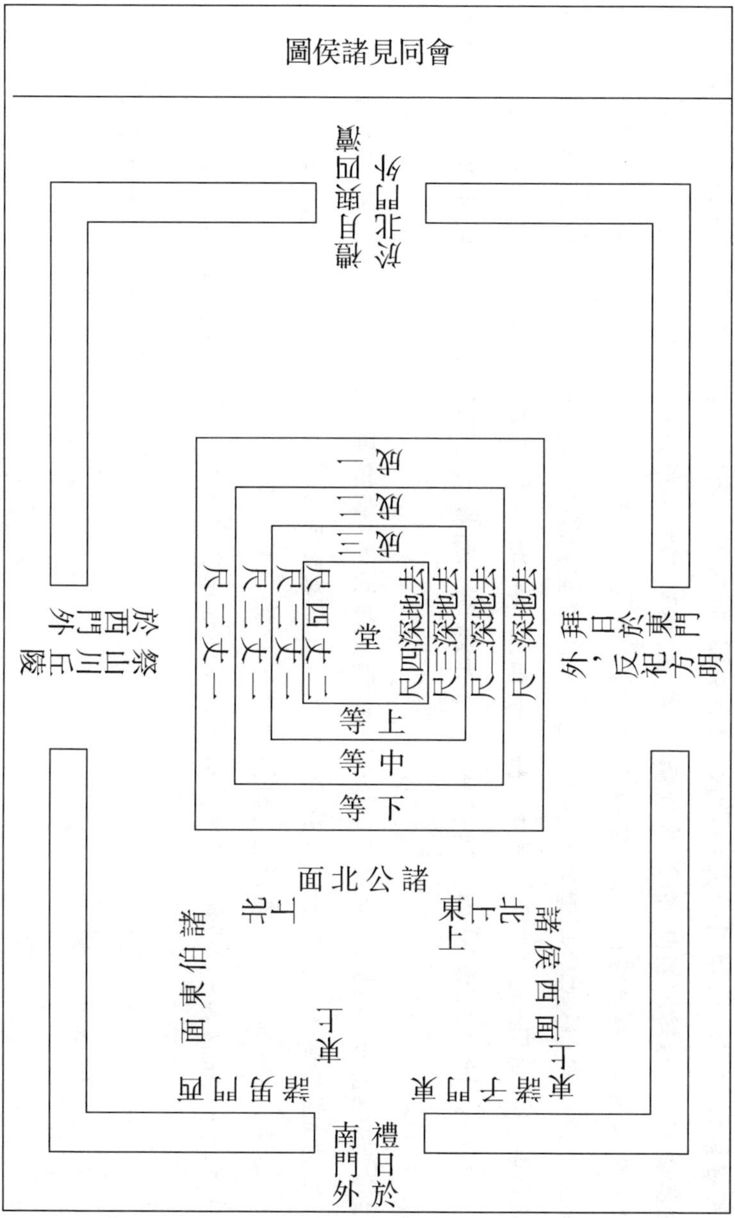
會同見諸侯圖
禮日於南門外
祭山川丘陵於西門外
堂
上等
中等
下等
一成
二成
三成
諸公北面

儀禮圖卷第十一

喪服第十一　子夏傳

《疏》曰：「傳者，不知是誰人所作，人皆云孔子弟子卜商字子夏所爲。案《公羊傳》是公羊高所爲，高是子夏弟子。今《公羊傳》有『者何』、『何以』、『曷爲』、『孰謂』之等，與此傳同。師徒相習，此傳子夏作，不虚也。其傳内更云『傳』者，是子夏引他舊傳以證己義。《儀禮》十七篇餘不爲傳，獨《喪服》作傳者，《喪服》篇總包天子已下五服差降精麤，變除之數既繁，出入正殤交互，恐讀者不能悉解其義，是以特爲傳解。」

喪服○斬衰裳，苴絰、杖、絞帶，冠繩纓，菅屨者。衰，七回反。苴，七餘反。絰，大結反。絞，户交反，一如字。菅，右顔反。屨，九具反。○「者」者，明爲下出也。凡服，上曰衰，下曰裳。麻在首在要皆曰絰，絰之言實也，明孝子有忠實之心。首絰象緇布冠之缺項，要絰象大帶，又有絞帶象革帶。齊衰以下用布。○《疏》曰：「不言裁割而言『斬』者，取痛甚之意。《雜記》縣子曰『三年之喪如斬，期之喪如剡』。云『苴絰、杖、絞帶』者，以一『苴』目此三事，謂苴麻爲首絰、要絰，又以苴竹爲杖，苴麻爲絞帶。云『冠繩纓』者，以六升布爲冠，又屈一條繩爲武，垂下爲纓。冠在首，退在帶下者，以衰用布三升，冠六升，冠既加飾，又齊衰冠纓用布，則知此繩纓不用苴麻，用枲麻，故退冠在下也。菅，草也。《詩》云『白華菅兮』，鄭云：白華已漚爲菅。已下諸章並見年月，唯此不言三年者，表其痛極，莫甚於斬也。『服』下出『者』字，明臣子爲君父等所出也。」○**傳曰：斬者何？不緝也。苴絰者，麻之有蕡者也。苴絰大搹，左本在下，去五分一以爲帶。齊衰之絰，斬衰之帶也，去五分一以爲帶。大功之絰，齊衰之帶也，去五分一以爲帶。小功之絰，大功之帶也，去五分一以爲帶。緦麻之絰，小功之帶也，去五分一以爲帶。苴杖，竹也。削杖，桐也。杖各齊其心，皆下本。杖者何？爵也。無爵而杖者何？擔主也。非主而杖者何？輔病也。童子何以不杖？不能病也。婦人何以不杖？亦不能病也。**緝，七入反。蕡，扶云反。搹，音革。去，起吕反。擔，市艷反。○盈手曰搹，搹，扼也，中人之扼圍九寸。以五分一爲殺者，象五服之數也。爵謂天子、諸侯、卿、大夫、士也，無爵謂庶人也。擔，猶假也，無爵者假之以杖，尊其爲主也。非主，謂衆子也。○《疏》曰：「枲是雄麻，蕡是子麻。以色言之，謂之苴；以實言之，謂之蕡。云『苴絰，大搹，左本在下』者，本謂麻根。此對爲母，右本在上。云『苴杖，竹也。削杖，桐也』，爲父所以杖竹者，父者，子之天，竹圓亦象天，竹又外内有節，象子爲父亦有外内之痛。又竹能貫四時而不改，子之哀痛亦經寒温而不改，故用竹也。爲母杖桐者，桐之言同，内心同之於父。外無節，象家無二尊，屈於父爲之齊衰。經時而有變，又削之使方，象地也。**絞帶者，繩帶也。冠繩纓，條屬，右縫。冠六升，外畢，鍛而勿灰，衰三升。菅屨者，菅菲也，外納。**屬，音燭，衆並如字。升，鄭音登，登，成之。

縫，扶弄反。鍛，丁亂反。○屬，猶著也，通屈一條繩爲武，垂下爲纓，著之冠也。布八十縷爲升，升字當爲登，登，成也。今之《禮》皆以「登」爲「升」，俗誤已行久矣。《雜記》曰：「喪冠條屬，以別吉凶。三年之練冠，亦條屬，右縫。小功以下左縫。」「外畢」者，冠前後屈而出縫於武也。○《疏》曰：「引《雜記》者，證條屬是喪冠，若吉冠則纓、武異材，喪冠則纓、武同材。將一條繩從額上約之，至項後交過，兩相各至耳，於武綴之，各垂於頤下結之。『右縫』者，其冠三辟積鄉右爲之，從陰也。『外畢』者，冠廣二寸，落項前後，兩頭皆在武下，鄉外出反屈之縫於武而爲之，兩頭縫畢鄉外，故云『外畢』。『外納』者，鄭注《士喪禮》云：『納，收餘也。』」**居倚廬，寢苫枕塊。哭，晝夜無時。歠粥，朝一溢米，夕一溢米。寢不脱絰帶。既虞，翦屏柱楣，寢有席，疏食，水飲，朝一哭，夕一哭而已。既練，舍外寢，始食菜果，飯素食，哭無時。**塊，苦對反，❶本又作「凷」，《説文》云：「塊，俗凷字。」溢，如字，王肅、劉逵皆云「滿手曰溢」，與鄭異。柱，下主反。楣，凶悲反。疏食，音嗣。○二十兩曰溢，爲米一升二十四分升之一。楣謂之梁柱楣，所謂梁闇。疏，猶麤也。舍外寢，於中門之外屋下壘墼爲之。不塗塈，所謂堊室也。素，猶故也，謂復平生時食也。斬衰不書受月者，天子、諸侯、卿、大夫、士虞、卒哭異數。○《疏》曰：「『居倚廬』，孝子所居，在門外東壁，倚木爲廬。《既夕·記》云『居倚廬』，鄭注云：『倚木爲廬，在中門外，東方北户。』《喪大記》云『婦人不居廬』，此經專據男子生文。在中門外者，哀親之在外。寢苫者，哀親之在草也。絰帶不脱，則衰裳不脱可知。既虞，

---

❶「苦」，原作「若」，今據《禮記注疏》改。

寢有席，脱可也。云『既虞，翦屏，柱楣』者，《士虞禮》既葬反，日中而虞。鄭注《士喪》『三虞』，『三虞之後，乃改舊廬，西鄉開户，翦去户旁兩廂屏之餘草』。『柱楣』者，前梁謂之楣，楣下兩頭竪柱施梁，乃夾户傍之屏也。既虞之後，卒去廬中無時之哭，唯有阼階下朝一哭，夕一哭。既練之後，無朝夕哭，唯有堊室中，或十日或五日，思憶則哭。知一溢之數若此者，依算法『百二十斤曰石』推之也。梁闇，即諒陰也。」

父，○傳曰：爲父何以斬衰也？父至尊也。《疏》曰：「父是一家之尊。」

○傳：父卒，然後爲祖父後者服斬。 詳見「不杖期爲君之祖父母」條。

諸侯爲天子。○傳曰：天子至尊也。《疏》曰：「天子至尊，同於父也。」**○記：方喪三年。**《疏》曰：「方，謂比方也，謂比方父喪禮以喪君。」**○君爲天子三年，夫人如外宗之爲君也。** 外宗，君外親之婦也，其夫與諸侯爲兄弟，服斬，妻從服期。諸侯爲天子服斬，夫人亦從服期。《喪大記》曰：「外宗房中南面。」○《疏》曰：「『夫人如外宗之爲君也』，言諸侯外宗之婦爲君期，則夫人爲天子亦期也。君謂列國諸侯之君。『外宗，君外親之婦也』者，其夫既是君之外姓，其婦即是外宗也。熊氏云『凡外宗有三』。案《周禮》，外宗之女有爵，通卿大夫之妻，一也；《雜記》云『外宗爲君，夫人猶内宗也』，注謂『君之姑、姊、妹之女，舅之女，從母皆是』，皆爲諸侯服斬，爲夫人服期，是二也；此文『外宗』是諸侯外宗之婦也，若姑之子婦，從母之子婦，其夫是君之外親，爲君服斬，其婦亦名外宗，爲君服期，是三也。内宗有二者，案《周禮》云『内女之有爵』，謂其同姓之女悉是，一也；《雜記》云『内宗者，是君之五屬之内女』，是二也。」

世子不爲天子服。 遠嫌也，不服與畿外民同。○《疏》曰：「諸侯世子自有繼世之道。」○《服問》。

君。○傳曰：君至尊也。天子、諸侯及卿大夫有地者皆曰君。○《疏》曰：「案《周禮・載師》云『家邑任稍地，小都任縣地，大都任疆地』，是天子、卿大夫有地者。若魯國季孫氏有費邑，叔孫氏有郈邑，孟孫氏有郕邑，晉國三家亦皆有韓、趙、魏之邑，是諸侯之卿大夫有地者皆曰君。士無臣，雖有地，不得君稱，故僕隸等爲其喪，弔服加麻，不加斬也。」❶方喪三年，見上文諸侯、天子。**○記：與諸侯爲兄弟者服斬。**謂卿大夫以下也。與尊者爲親，不敢以輕服服之，言「諸侯」者，明雖在異國，猶來爲之三年也。○《疏》曰：「經不云『君』而云『諸侯』，故知客在異國也。」○《小記》。**○大夫之適子爲君、夫人、大子，如士服。**大夫不世，子不嫌也。○《疏》曰：「此明大夫無繼世之道，其子無嫌得爲君與夫人及君之太子著服，如士服也。」○《服問》。**○外宗爲君夫人，猶内宗也。**皆謂嫁於國中者也。爲君服斬，夫人齊衰，不敢以其親服服至尊也。外宗，謂姑、姊、妹之女，舅之女及從母皆是也。内宗，五屬之女也。其無服而嫁於諸臣者，從爲夫之君。嫁於庶人，從爲國君。○《疏》曰：「此外宗與前章外宗爲君別也，故鄭注彼云『外宗是君之外親之婦』，此外宗唯據君之宗也。」○《雜記》。

父爲長子。○傳曰：何以三年也？正體於上，又乃將所傳重也。庶子不得爲長子三年，不繼祖也。此言爲父後者，然後爲長子三年，重其當先祖之正體，又以其將代己爲宗廟主也。庶子者，爲父後者之弟也。○《疏》曰：「雖承重不得三年有四種：一則正體不得傳重，謂適子有廢疾，不堪主宗廟也；二

❶「加」，《儀禮注疏》作「服」。

則傳重非正體，庶孫爲後是也；三則體而不正，立庶子爲後是也；四則正而不體，立適孫爲後是也。」

爲人後者。○傳曰：何以三年也？受重者，必以尊服服之。何如而可爲之後？同宗則可爲之後。何如而可以爲人後？支子可也。爲所後者之祖父母、妻，妻之父母、昆弟、昆弟之子，若子。若子者，爲所爲後之親，如親子。○《疏》曰：「同宗則可爲之後者，以其大宗子當收聚族人，非同宗則不可謂同。承別子之後，一宗之内，若別宗同姓，亦不可以其收族故也。云『支子可也』者，以其他家適子當家自爲小宗，小宗當收斂，五服之内亦不可闕，則適子不得後也，故取支子，支子則第二以下庶子也。死者祖父母，則爲後者曾祖父母，齊衰三月也。妻即爲後者之母也。妻之父母，妻之昆弟，妻之昆弟之子，於爲後者爲外祖父母及舅與内兄弟，皆如親子，爲之著服也。傳舉疏以見親，言外以包内，骨肉親者，如親子可知。」

妻爲夫。○傳曰：夫至尊也。《疏》曰：「『夫至尊』者，雖是體敵齊等，夫是妻之尊敬，以其在家天父，出則天夫。是其男尊女卑之義，故同之於君父也。」

妾爲君。○傳曰：君至尊也。妾謂夫爲君者，不得體之，加尊之也，雖士亦然。

女子子在室爲父，女子子者，子女也，別於男子也。**布總、箭笄、髽、衰三年。**總，子孔反。笄，音雞。髽，側瓜反。○此妻、妾、女子子喪服之異於男子者。總，束髮，謂之總。總者，既束其本，又總其末。箭笄，篠竹也。髽，露紒也，猶男子之括髮。斬衰括髮以麻，則髽亦用麻，以麻者自項而前，交於額上，卻繞紒，如著幓頭焉。《小記》曰：「男子冠而婦人笄，男子免而婦人髽。」凡服，上曰衰，下曰裳，此但言衰，不言裳，婦人不殊裳，衰如男子衰，下如深衣。深衣則衰無帶，下又無衽。○《疏》曰：「至此始言三年者，此三者並終三年始除之。云『衰下如深衣』者，如其十二幅，縫齊倍要也。連裳於衣，故不須帶下以掩裳上際。縫合前後，兩邊不開，故不須衽以掩裳交際也。」○**傳曰：總六升，長六寸。箭笄長尺，吉笄尺二寸。**長，直亮反。○總六升者，首飾象冠數。長六寸，謂出紒後所垂爲飾也。○《疏》曰：「云『箭笄長尺，吉笄尺二寸』者，此斬之笄用箭，下記云『女子子適人，爲父母，婦爲舅姑』用『惡笄』，鄭以爲榛木爲笄，則《檀弓》『南宮縚之妻之姑之喪』云『蓋榛以爲笄』是也。古時大夫、士之妻用象，天子、諸侯之后、夫人用玉爲笄，今於喪中唯有此箭笄及榛二者，若言寸數亦不過此二等，以其斬衰尺，吉笄尺二寸，《檀弓》南宮縚之妻爲姑『榛以爲笄』亦云一尺，則大功以下不得更容差降。鄭注云『笄，所以卷髮』，既直同卷髮，故五服略爲一節，皆用一尺而已。是以女子子爲父母，既用榛笄，卒哭之後，折吉笄之首，歸於夫家，以榛笄之外無差降，故用吉笄也。上云『男子冠，女笄』，此女子子總用布，當男子冠用布之處，故同六升，以同首飾故也。」

子嫁，反在父之室，爲父三年。謂遭喪後而出者，始服齊衰期，出而虞，則受以三年之喪受；既虞而出，則小祥亦如之；既除喪而出，則已。凡女行於大夫以上曰嫁，于士、庶人曰適人。○**記：爲父母喪未練而出則三年，既練而出則已，未練而反則期，既練而反則遂之。**《疏》曰：「女出嫁，爲父母期。若父母喪未小祥而被夫遺歸，值小祥則隨兄弟服三年之受，既已絕夫族，故其情更隆於父母也。若父母喪已小祥而女被遣，其期服已除，若反本服，須隨兄弟之節，兄弟小祥之後，無服變之節，故女遂止也。『未練而反則期』者，謂先有喪而爲夫所出，今未小祥而夫命己反則還，未嫁至小祥而除，❶而依期也。❷『既練而反則遂之』者，若還家已隨兄弟小祥服三年之受，而夫反命之，則猶遂三年乃除，隨兄弟故也。」○《小記》。

公、士、大夫之衆臣，爲其君布帶、繩屨。士，卿士也。公、卿、大夫厭於天子、諸侯，故降其衆臣布帶、繩屨。貴臣得伸，不奪其正。○《疏》曰：「云『士，卿士也』者，以其在公之下，大夫之上，當卿之位也。《典命》『大國立孤一人』，諸侯無公，以孤爲公，降其衆臣布帶、繩屨二事，其餘服，杖、冠、絰則如常也。其布帶則與齊衰同，其繩屨則與大功等也。『貴臣得伸』，依上文『絞帶、菅屨』也。」❸○**傳曰：公、卿、大夫、室老、士，貴臣，其餘皆衆臣也。君，謂有地者也。衆臣杖，不以即位。近臣，君服斯服矣。繩屨者，繩菲也。**室老，家相也。士，邑宰也。近臣，閽寺之屬。君，嗣君也。斯，此也。近臣從君，喪服無所降也。繩菲，今時不借也。○《疏》曰：「公、卿、大夫或有地，或無地，卿臣爲之皆有杖。❹但無地公、卿、大夫，其君卑，衆臣皆得以杖，與嗣君同即阼階下朝夕哭位。若有地公、卿、大夫，其君尊，衆臣雖杖，不得與嗣君同即哭位，下君故也。漢時謂屨爲不借也。」

---

❶「未嫁」，《禮記注疏》作「夫家」。
❷「而依期」，《禮記注疏》作「是依期服」。
❸「文」，原作「人」，今據《儀禮注疏》改。
❹「卿」，《儀禮注疏》作「衆」。

右斬衰三年。

斬衰正義服圖

正服：衰三升，冠六升。○既葬，以其冠爲受，衰六升，冠七升。 父 父爲長子。 爲人後者。 女子子在室爲父，布總、箭笄、髽，三年。 妻爲夫。 妾爲君。 子嫁反在父之室，爲父三年。	義：服衰三升半，冠同六升。○既葬，以其冠爲受，衰七升。 諸侯爲天子。 君。 公、士、大夫之衆臣爲其君，布帶、繩屨。

疏衰裳，齊，牡麻絰，冠布纓，削杖，布帶，疏屨，三年者。疏，猶麤也。○《疏》曰：「斬衰先言斬，齊衰後言齊者，一以見哀之淺深，一以見造衣之先後。」○**傳曰：齊者何？緝也。牡麻者，枲麻也。**

牡麻絰右本在上，冠者沽功也。疏屨者，藨蒯之菲也。沽，猶麤也。冠尊加其麤，麤功，大功也。○《疏》曰：「云『牡麻絰右本在上』者，上章爲父『左本在下』者，陽統於内，别此爲母，陰統於外，故『右本在上』。作冠用沽功者，衰裳升數恒少，冠之升數恒多，冠在首尊，既冠從首尊，故加飾而升數恒多也。斬冠六升不言功者，六升雖是齊之末，未得古稱，故不見人功。此三年齊冠七升，初入大功之境，故言沽功，始見人功沽麤之義，故云『麤功』，見人功麤大不精者也。『藨』是草名，『蒯』亦草類。」

父卒則爲母。尊得伸也。○《疏》曰：「云『則』者，欲見父卒三年之内而母卒，仍服期，父服除後，遭喪者乃得伸。」**○繼母如母。○傳曰：「繼母何以如母？繼母之配父，與因母同，故孝子不敢殊也。」**因，猶親也。○《疏》曰：「繼母配父，❶即是牉合之義，故孝子不敢殊異之也。」

慈母如母。○傳曰：慈母者何也？《傳》曰：妾之無子者，妾子之無母者，父命妾曰：「女以爲子。」命子曰：「女以爲母。」若是，則生養之終其身如母，死則喪之三年如母，貴父之命也。此謂大夫、士之妾也。不命則亦服庶母慈母之服可也。大夫之妾子，父在爲母大功，則士之妾子，爲母期矣，父卒則皆得伸也。

《小記》：「父卒，而后爲祖母後者三年。」祖父在，則其服如父在爲母也。○《疏》曰：「適孫承重之

❶「配」，原作「記」，據《儀禮注疏》改。

服，謂若適孫無父而爲祖後，祖父已卒，今又遭祖母喪，則事事得伸，如父卒爲母三年也。若祖父卒時父已先亡，亦爲祖父三年。若祖卒時父在，己雖爲祖期，今父没，祖母亡，亦爲祖母三年也。」

母爲長子。○傳曰：何以三年也？父之所不降，母亦不敢降也。○記：妾爲君之長子，惡笄有首，布總。

右齊衰三年。

齊衰三年降正服圖

降服	正服
降服：衰四升，冠七升。○既葬以其冠爲受，衰七升，冠八升。	正服：衰五升，冠八升。○既葬以其冠爲受，衰八升，冠九升。
父卒：父卒則爲母。案此降服乃降斬衰而爲齊衰也。賈疏曰：「家無二尊，屈於父，爲之齊衰。」	母爲長子。
繼母如母。	妾爲君之長子。
慈母如母。	

疏衰裳，齊，牡麻絰，冠布纓，削杖，布帶，疏屨，期者。《疏》曰：「此章與前章，惟『期』一字異，以期

與三年懸絶，疑服制不同，故須重列七服。下章不言，還依此所陳，惟言不杖及麻屨異者，此章雖止一期，而禫、杖具有。案下《雜記》云『十一月而練，十三月而祥，十五月而禫』。注云『此謂父在爲母』，母之與父恩愛本同，爲父所厭，屈而至期，是以雖屈，猶伸禫、杖也。妻雖義合，妻乃天夫，爲夫斬衰，爲妻報之以禫、杖。但以夫尊妻卑，故齊斬有異。」○傳曰：問者曰：「何冠也？」曰：「齊衰、大功，冠其受也。緦麻、小功，冠其衰也。帶緣各視其冠。」《疏》曰：「降服，衰四升，冠七升。既葬以其冠爲受，衰七升，冠八升。正服齊衰五升，冠八升。既葬以其冠爲受，衰八升，冠九升。義服齊衰六升，冠九升。既葬以其冠爲受，受服衰九升，冠十升。降服大功衰七升，冠十升。既葬以其冠爲受，受衰十升，冠十一升。正服大功衰八升，冠十升。既葬以其冠爲受，受衰十升，冠十一升。義服大功衰九升，冠十一升。既葬以其冠爲受，受衰十一升，冠十二升。以其初死冠升皆與既葬衰升數同，故云『冠其受也』。小功、緦麻冠皆與衰升數同，故云『冠其衰也』。『帶、緣各視其冠』者，帶謂布帶，象革帶者；緣謂喪服之内，中衣緣用布緣之，二者之布升數多少，視猶比也，各比擬其冠也。問齊衰之冠，因答大功與緦麻、小功，并帶緣也。」

父在爲母。○傳曰：何以期也？屈也。至尊在，不敢伸其私尊也。父必三年然後娶，達子之志也。《疏》曰：「子於母屈而期，心喪猶三年，故父雖爲妻期而除，然必三年乃娶者，通達子之心喪之志故也。」

妻。○傳曰：爲妻何以期也？妻至親也。○記：父在則爲妻不杖。

五服外。○記：公子爲其母，練冠，麻，麻衣縓緣。爲其妻，縓冠，葛絰，帶，麻衣縓緣。皆

既葬除之。公子，君之庶子也。其或爲母，謂妾子也。麻者，緦麻之絰帶也。此麻衣者，如小功布深衣，爲不制衰裳，變也，《詩》云：「麻衣如雪。」縓，淺絳也，一染謂之縓。練冠而麻衣縓緣，三年練之受飾也。《檀弓》曰：「練，練衣，黃裏縓緣。」諸侯之妾子厭於父，爲母不得伸，權爲制此服，不奪其恩也。爲妻縓冠，葛絰帶，妻輕。○《疏》曰：「練衣，練中衣，據重服三年變服後爲中衣之飾也。諸侯尊絶，朞已下無服，公子被厭，不合爲母服，不奪其母子之恩，故五服外權爲制此服。必服麻衣縓緣者，麻衣大祥受服，縓緣練之受飾，雖抑，猶容有三年之哀故也。」

○傳曰：何以不在五服之中也？君之所不服，子亦不敢服也。君之所爲服，子亦不敢不服也。君之所不服，謂妾與庶婦也。君之所爲服，謂夫人與適婦也。諸侯之妾，貴者視卿，賤者視大夫，皆三月而葬。

出妻之子爲母。○傳曰：出妻之子爲母期，則爲外祖父母無服。《傳》曰：「絶族無施服，親者屬。」在旁而及曰施。親者屬，母子無絶道。**出妻之子爲父後者，則爲出母無服。傳曰：與尊者爲一體，不敢服其私親也。**《疏》曰：「父已與母無親，子獨親之，故云私親。」

父卒，繼母嫁，從爲之服，報。○傳曰：「何以期也？貴終也。」嘗爲母子，貴終其恩。○案：《通典》宋崔凱云：「『父卒，繼母嫁，從爲之服，報。』鄭玄云『嘗爲母子，貴終其恩』也，王肅云『從乎繼母而寄育則爲服，不從則不服』，凱以爲出妻之子爲母，及父卒，繼母嫁，從爲之服報，皆謂庶子耳。爲父後者皆不服也。傳云『與尊者爲一體，不敢服其私親也』，庾蔚之謂王順經文，鄭附傳說，王即情所安，於傳亦無疑，既嫁則與宗廟絶，爲父後者安可以廢祖祀而服之乎？」

右齊衰杖期。

齊衰杖期降正服圖

降服	正服
降服：衰四升，冠七升。○既葬以其冠爲受，衰七升，冠八升。	正服：衰五升，冠八升。○既葬以其冠爲受，衰八升，冠九升。
父在爲母。	妻。
	出妻之子爲母。
	父卒，繼母嫁，從爲之服，報。

不杖，麻屨者。《疏》曰：「此章與上章雖杖與不杖不同，其正服衰五升而冠八升則不異也。」○愚案：以此例推之，其降服衰四升而冠七升，亦不異也。

祖父母。○傳曰：何以期也？至尊也。

《小記》：父卒，而后爲祖母後者三年。注見前「齊衰三年」條。

世父母、叔父母。○傳曰：世父、叔父何以期也？與尊者一體也。然則昆弟之子何以亦期

也？旁尊也，不足以加尊焉，故報之也。父子一體也，夫妻一體也，昆弟一體也。故父子，首足也，夫妻，牉合也，昆弟，四體也。故昆弟之義無分，然而有分者，則辟子之私也。子不私其父，則不成爲子。故有東宮，有西宮，有南宮，有北宮，異宮而同財，有餘則歸之宗，不足則資之宗。世母、叔母何以亦期也？以名服也。○《檀弓》：「縣子瑣曰：『吾聞之：古者不降，上下各以其親。滕伯文爲孟虎齊衰，其叔父也。爲孟皮齊衰，其叔父也。』」伯文，殷時滕君也，爵爲伯，名文。○《疏》曰：「滕伯文爲孟虎著齊衰之服，其虎是滕伯文之叔父也。爲孟皮著齊衰之服，其滕伯是皮之叔父也。言滕伯上爲叔父，下爲兄弟之子，皆著齊衰。」

大夫之適子爲妻。○傳曰：何以期也？父之所不降，子亦不敢降也。何以不杖也？父在則爲妻不杖。大夫不以尊降適婦者，重適也。降有四品：君、大夫以尊降，公子、大夫之子以厭降，公之昆弟以旁尊降，爲人後者、女子子嫁者以出降。○《小記》：「世子不降妻之父母，其爲妻也，與大夫之適子同。」

昆弟。昆，兄也。爲姊妹在室，亦如之。○爲衆子。衆子者，長子之弟及妾子。女子在室，亦如之。○昆弟之子。○傳曰：何以期也？報之也。《檀弓》曰：「喪服，兄弟之子猶子也，蓋引而進之。」

大夫之庶子爲適昆弟。○傳曰：何以期也？父之所不降，子亦不敢降也。大夫雖尊，不敢降其適，重之也。適子爲庶昆弟，庶昆弟相爲，亦如大夫爲之。○《疏》曰：「如大夫爲之，皆大功也。」

適孫。《疏》曰：「此謂適子死，其嫡孫承重者。」○傳曰：何以期也？不敢降其適也。有適子者無適孫，孫婦亦如之。周之道，適子死則立適孫，是適孫將上爲祖後者也。長子在，則皆爲庶孫耳，孫婦亦如之。適婦在，亦爲庶孫之婦。

爲人後者爲其父母，報。○傳曰：何以期也？不貳斬也。何以不貳斬也？特重於大宗者，降其小宗也。爲人後者，孰後？後大宗也。曷爲後大宗？大宗者，尊之統也。禽獸知母而不知父。野人曰：「父母何算焉。」都邑之士則知尊禰矣，大夫及學士則知尊祖矣。諸侯及其大祖，天子及其始祖之所自出。尊者尊統上，卑者尊統下。大宗者，尊之統也。大宗者，收族者也，不可以絶，故族人以支子後大宗也，適子不得後大宗。上猶遠也，下猶近也。○《疏》曰：「大宗子統領百世而不遷，又上祭大祖而不易，是尊統遠。小宗子唯統五服之内，是尊統近。云『大宗者，尊之統也』，又云『大宗者，收族』，是大宗統遠之事也。」

女子子適人者爲其父母、昆弟之爲父後者。○傳曰：爲父何以期也？婦人不貳斬也。婦人不貳斬者何也？婦人有三從之義，無專用之道，故未嫁從父，既嫁從夫，夫死從子。故父者，子之天也。夫者，妻之天也。婦人不貳斬者，猶曰不貳天也，婦人不能貳尊也。爲昆弟之爲父後者，何以亦期也？婦人雖在外，必有歸宗，曰小宗，故服期也。○記：女子子適人者爲其父母，婦爲舅姑，惡笄有首以髽。卒哭，子折笄首以笄，布總。《疏》曰：「婦人以飾事人，是以雖居喪内，不可頓去修容，故使惡笄而有首。至卒哭，女子子哀殺，歸于夫氏，故折吉笄之首而著布總也。」○傳曰：笄有首者，惡笄之有首也。惡笄者，櫛笄也。折笄首者，折吉笄之首也。吉笄者，象笄也。何以言子折笄首而不言婦？據在夫家宜言婦。終之也。終之者，終子道於父母之恩。

繼父同居者。○傳曰：何以期也？《傳》曰：夫死，妻稺子幼，子無大功之親，與之適人，而所適者亦無大功之親，所適者以其貨財爲之築宫廟，歲時使之祀焉，妻不敢與焉，若是則繼父之道也。同居則服齊衰期，異居則服齊衰三月。必嘗同居然後爲異居，未嘗同居則不爲異居。築宫廟於家門之外，神不歆非族，妻不敢與焉。恩雖至親，族已絶矣，夫不可二，此以恩服爾。未嘗同居則不服之。○《小記》：「繼父不同居也者，必嘗同居，皆無主後，同財而祭其祖禰爲同居，有主後者爲異居。」見同財則期。同居異財，故同居、今異居，及繼父有子亦爲異居，則三月。未嘗同居，則不服。○《疏》曰：「既云『皆無主後爲同居』，則此子有子亦爲異居也。」

爲夫之君。○傳曰：何以期也？從服也。《疏》曰：「『從服』者，以夫爲君斬，故妻從之服期也。」姑姊妹、女子子適人無主者，姑姊妹報。疏曰：「姑對姪，姊妹對兄弟，出適反爲姪與兄弟大功，姪與兄弟爲之降至大功，今還相爲期，故言報也。」○傳曰：無主者，謂其無祭主者也。何以期也？爲其無祭主故也。

爲君之父母、妻、長子、祖父母。○傳曰：何以期也？從服也。父母、長子，君服斬。妻則小君也。父卒，然後爲祖後者服斬。此爲君矣，而有父若祖之喪者，謂始封之君也。若是繼體，則其父若祖有廢疾不立。父卒者，父爲君之孫，宜嗣位而早卒，今君受國於曾祖。○《疏》曰：「云『父母、長子君服斬』者，欲見臣從君服期。君之母當齊衰，而言斬者，以母亦有三年之服，故并言之。云『妻則小君也』者，欲見臣爲小君期是常，非從服之例。云『父卒，然後爲祖後者服斬』者，傳解經臣爲君之祖父母服期，若君在則爲君祖父母從服期。云『此爲君矣，而有父若祖之喪者，謂始封之君也』，始封之君非繼體，容有祖父不爲君而死，君爲之斬，臣亦從服期也。若是繼體，則其父若祖合立，爲廢疾不立，已當立，是受國於曾祖。又云『父卒』者，此解傳之父卒耳，若今君受國於祖，祖薨則群臣爲之斬，何得從服期？故鄭以新君受國於曾祖。若然，曾祖爲君薨，群臣自當服斬。若君之祖薨，君爲之服斬，臣從服期也。趙商問：『已爲諸侯，父有廢疾，不任國政，不任喪事，而爲其祖服，制度之宜，年月之斷云何？』答曰：『父卒，爲祖後者三年斬。何疑？』趙商又問：『父卒，爲祖後者三年，已聞命矣。所問者，父在，爲祖如何？欲言三年，則父在。欲言期，復無主，斬、杖之宜，主喪之制，未知所定。』答曰：『天子、諸侯之喪，皆斬衰，無期。』彼志與此注相兼乃具也。」

妾爲女君。○傳曰：何以期也？妾之事女君，與婦之事舅姑等。女君，君適妻也。女君於妾無服，報之則重，降之則嫌。○《疏》曰：「婦之事舅姑亦期，故云『等』。但並后、匹適，傾覆之階，故抑之，雖或姪娣，使如子之妻，與婦事舅姑同也。諸經傳無女君服妾之文，故云『無服』。云『報之則重，降之則嫌』者，還報以期，無尊卑降殺，則太重。若降之大功、小功，則似舅姑爲適婦、庶婦之嫌，故使女君爲妾無服也。」○**記：妾爲女君，惡笄有首，布總。**《疏》曰：「妾爲女君之服，亦三年，但爲情輕，故與婦事舅姑齊衰同，惡笄有首，布總也。」

婦爲舅姑。○傳曰：何以期也？從服也。○記：婦爲舅姑，惡笄有首，以髽。見上文「女子子適人者爲其父母、昆弟之爲父後者」條。

夫之昆弟之子。男女皆是。**○傳曰：何以期也？報之也。**《疏》曰：「二母與子本是路人，爲配二父而有母名，爲之服期，故二母報子，還服期。」

公妾、大夫之妾爲其子。○傳曰：何以期也？妾不得體君，爲其子得遂也。《疏》曰：「諸侯絶旁期，爲衆子無服，大夫降一等，爲衆子大功，其妻體君，皆從夫而降之，至於二妾賤，皆不得體君，君不厭妾，故自爲其子得伸遂而服期也。」

女子子爲其祖父母。○傳曰：何以期也？不敢降其祖也。《疏》曰：「祖父母正期也。已嫁之女可降旁親，祖父母正期，故不敢降也。」

大夫之子爲世父母、叔父母、子、昆弟、昆弟之子、姑、姊妹、女子子無主者，爲大夫、命婦者，唯子不報。命者，加爵服之名。自士至上公凡九等，君命其夫，則后、夫人亦命其妻矣。此所爲者，凡六命夫、六命婦。○《疏》曰：「言皆服期不降也。六命夫，謂世父一也，叔父二也，子三也，昆四也，弟五也，昆弟之子六也。六命婦者，世母一也，叔母二也，姑三也，姊四也，妹五也，女子子六也。大夫尊降旁親一等，此皆合降大功，爲大夫與己尊同，故不降。」〇**傳曰：大夫者，其男子之爲大夫者也。命婦者，其婦人之爲大夫妻者也。無主者，命婦之無祭主者也。何以言「唯子不報」也？女子子適人者爲其父母期，故言「不報」也，言其餘皆報也。何以期也？父之所不降，子亦不敢降也。大夫曷爲不降命婦也？夫尊於朝，妻貴於室矣。**無主者，命婦之無祭主，謂姑、姊、妹、女子子也。唯子不報，男女同不報爾。傳以爲主謂女子子，似失之矣。〇《疏》曰：「無祭主謂姑、姊、妹、女子子者，以世母、叔母無主、有主皆爲之期，故唯據此四人嫁。適士則小功，嫁大夫則不降，既已出，降大功。」

大夫爲祖父母、適孫爲士者。〇傳曰：何以期也？大夫不敢降其祖與適也。不敢降其祖與適，則可降其旁親也。

公妾以及士妾爲其父母。《疏》曰：「云『公』，謂五等諸侯皆有八妾，士謂一妻一妾，孤、卿大夫妾不言之者，舉其極尊卑，中可知。」〇**傳曰：何以期也？妾不得體君，得爲其父母遂也。**然則女君有以尊降其父母者與？《春秋》之義，雖尊爲天王后，猶曰「吾季姜」，是言子尊不加於父母，此傳似誤矣。《禮》，妾從女君而服其黨服，是嫌不自服其父母，故以明之。〇《疏》曰：「所引《禮》見《雜記》，云『女君死，則妾爲女君之黨服』，鄭以傳爲誤，故自解之。然傳意蓋爲公子爲君厭，妾不得體君，君不厭故得遂也。」

右齊衰不杖期。

齊衰不杖期降正義服圖

降服：衰四升，冠七升。〇既葬，以其冠爲受，衰七升，冠八升。

爲人後者爲其父母報。

女子子適人者爲其父母。

公妾以及士妾爲其父母。

不降：正降則爲大功，惟不降故在正服。

大夫之適子爲妻。

大夫之庶子爲適昆弟。

適孫。

女子子適人者爲其昆弟之爲父後者。

姑、姊妹、女子子適人無主者，姑、姊妹報。

女子子爲祖父母。

大夫之子爲世父母、叔父母、子、昆弟、昆弟之子，姑、姊妹、女子子無主者，爲大夫、命婦者，唯子不報。

大夫爲祖父母、適孫爲士者。

正服	義服
正服：衰五升，冠八升。○既葬，以其冠爲受，衰八升，冠七升。	義服：衰六升，冠九升。○既葬，以其冠爲受，衰九升，冠十升。
祖父母。	繼父同居者。
世父母、叔父母。	爲夫之君。❶
昆弟。	爲君之父母、妻、長子、祖父母。
爲衆子。	妾爲女君。
昆弟之子。	婦爲舅姑。
公妾、大夫之妾爲其子。	夫之昆弟之子。

疏衰裳，齊，牡麻絰，無受者。無受者，服是服而除，不以輕服受之。不著月數者，天子、諸侯葬異月也。○《疏》曰：「天子七月葬，諸侯五月葬，爲之齊衰者皆三月，藏其服，至葬更服之，葬後乃除。」

寄公爲所寓。○傳曰：寄公者何也？失地之君也。何以爲所寓服齊衰三月也？言與民同也。

❶「君」，原作「居」，今據前經文改。

大夫、婦人爲宗子，宗子之母、妻。○傳曰：何以服齊衰三月也？尊祖也。尊祖故敬宗。敬宗者，尊祖之義也。宗子之母在，則不爲宗子之妻服也。《疏》曰：「宗子母在，未年七十，母自與祭，母死，宗人爲之服。宗子母七十已上，則宗子妻得與祭，宗人乃爲宗子妻服也。必爲宗子母、妻服者，以宗子燕食族人於堂，其母、妻亦燕食族人之婦於房，皆序以昭穆，故族人爲之服也。」○記：宗子孤爲殤，大功衰、小功衰皆三月。親則月算如邦人。言孤，有不孤者，不孤則族人不爲殤服服之也。不孤謂父有廢疾，若年七十而老，子代主宗事者也。孤爲殤，長殤、中殤大功衰，下殤小功衰，皆如殤服而三月，謂與宗子絶屬者也。親，謂在五屬之内。算，數也。月數如邦人者，與宗子有期之親者，成人服之齊衰期，長殤大功衰九月，中殤大功衰七月，下殤小功衰五月。有大功之親者，成人服之齊衰三月，卒哭受以大功衰九月，其長殤、中殤大功衰五月，下殤小功衰三月。有小功之親者，成人服之齊衰三月，卒哭受以小功衰五月，其殤與絶屬者同。有緦麻之親者，成人及殤皆與絶屬者同。○疏曰：「云『大功衰、小功衰』者，以其成人齊衰，故長殤、中殤皆在大功衰，下殤在小功衰也。自大功親已下，盡小功親已上，成人月數雖依本皆服齊衰者，以其絶屬者猶服齊衰三月，明親者無問大功、小功、緦麻，皆齊衰者也。既皆齊衰，故三月，既葬受服，乃始受以大功衰、小功衰也。至於小功親已下，殤與絶屬者同者，以其成人小功五月，殤即入三月，故與絶屬者爲宗子齊衰三月，緦麻親亦三月，是以成人及殤死，皆與絶屬者同也。」

爲舊君，君之母、妻。○傳曰：爲舊君者孰謂也？仕焉而已者也。何以服齊衰三月也？言與民同也。君之母、妻，則小君也。「仕焉而已」者，謂老若有廢疾而致仕者也。爲小君服者，恩深於民。○《疏》曰：「此經上下臣爲舊君有二，故發問。云『仕焉而已者』，傳意以下『爲舊君』是待放之臣，以此爲致仕之臣也。云『何以服齊衰三月』者，怪其舊服斬衰，今服三月也。『言與民同也』者，以本義合，且今義已斷，故抑之，使與民同也。下文『庶人爲國君』，無小君，是恩淺也。此爲小君，是恩深於民也。」

庶人爲國君。 不言民而言庶人，庶人或有在官者。天子畿内之民服天子亦如之。○《疏》曰：「云『庶人在官者』，謂府、史、胥、徒。經言『庶人』，兼在官者而言之。云『天子畿内之民亦如之』者，以其畿外上公五百里，侯四百里已下，其民皆服君三月，則畿内千里，專屬天子，亦如諸侯之境内也。」○《疏》曰：「無傳者，已於寄公，與上下舊君釋訖，故不言也。」

大夫在外，其妻、長子爲舊國君。 在外，待放已去者。○**傳曰：何以服齊衰三月也？妻，言與民同也，長子，言未去也。** 妻雖從夫而出，古者大夫不外娶，婦人歸宗，往來猶民也。《春秋傳》曰：「大夫越境逆女，非禮。」君臣有合離之義，長子去，可以無服。

繼父不同居者。 嘗同居，今不同。○《疏》曰：「無傳者，已於期章釋迄，❶是以不言也。」

曾祖父母。 《疏》曰：「此經直云『曾祖』，不言高祖，案『族祖父以高祖之孫而緦麻，則高祖有服明矣』，故此注兼高祖而説也。經不言者，見其同服可知。」○**傳曰：何以齊衰三月也？小功者，兄弟之服也，**

❶「迄」，原作「子」，今據盧本改。

不敢以兄弟之服服至尊也。正言小功者，服之數盡於五，則高祖宜緦麻，曾祖宜小功也。據祖期，則曾祖宜大功，高祖宜小功也。高祖、曾祖皆有小功之差，則曾孫、玄孫爲之服同也。重其衰麻，尊尊也。減其日月，恩殺也。○《疏》曰：「《三年問》云：『何以至期也？曰：至親以期斷。』又云：『然則何以三年也？曰：加隆焉爾也。』是本爲父母期而加隆至三年，若謂爲父母期則爲祖宜大功，曾祖宜小功，高祖宜緦麻。若爲父加隆三年，則爲祖宜期，曾祖宜大功，高祖宜小功。是高祖、曾祖皆有小功之差也。曾祖中既兼有高祖，是以兼云曾孫、玄孫服同也。」

大夫爲宗子。○傳曰：何以服齊衰三月也？大夫不敢降其宗也。

舊君。大夫待放未去者。○傳曰：大夫爲舊君，何以服齊衰三月也？大夫去，君埽其宗廟，故服齊衰三月也，言與民同也。何大夫之謂乎？言其以道去君而猶未絶也。以道去君，爲三諫不從，待放於郊。未絶者，言爵禄尚有列於朝，出入有詔於國，妻子自若民也。○《疏》曰：「不言士者，此主爲待放未絶，大夫有此法，士無待放之法，不言公卿及孤者，《詩》云『三事大夫』，則三公亦號大夫。」

曾祖父母爲士者，如衆人。○傳曰：何以齊衰三月也？大夫不敢降其祖也。

女子子嫁者、未嫁者爲曾祖父母。○傳曰：嫁者，其嫁於大夫者也。未嫁者，其成人而未嫁者也。何以服齊衰三月？不敢降其祖也。言嫁於大夫者，明雖尊猶不降也。此著不降，明有所降。

右齊衰三月。

齊衰三月義服圖

義服：衰六升，冠九升，無受。 曾祖父母。	衰冠無受同前。 寄公爲所寓。
曾祖父母爲士者如衆人。 女子子嫁者、未嫁者，爲曾祖父母。	衰冠無受同前。 大夫婦人爲宗子，宗子之母、妻。 大夫爲宗子。 記：宗子孤爲殤，大功衰、小功衰，皆三月。親則月算如邦人。
庶人爲國君。 爲舊君，君之母、妻。 大夫在外，其妻、長子爲舊國。 舊君。	衰冠無受同前。 繼父不同居者。

大功布衰裳，牡麻絰，無受者。 大功布者，其鍛治之功麤沽之。○《疏》曰：「斬疏皆不言布與功，至此

輕始言布體與人功。斬衰冠六升，不加灰，此七升言『鍛治』，可以加灰矣，但麤沽而已。言『大功』者，用功麤大；小功者，用功細小。」

子、女子子之長殤、中殤。《疏》曰：「子、女子子在章首者，父母於子哀痛情深，故在前。」○傳曰：何以大功也？未成人也。何以無受也？喪成人者其文縟，喪未成人者其文不縟，故殤之絰不樛垂，蓋未成人也。年十九至十六爲長殤，十五至十二爲中殤，十一至八歲爲下殤，不滿八歲以下爲無服之殤。無服之殤，以日易月。以日易月之殤，殤而無服。故子生三月則父名之，死則哭之，未名則不哭也。不樛垂者，不絞其帶之垂者，《雜記》曰：「大功以上散帶。」以日易月，謂生一月者，哭之一日也。殤而無服者，哭之而已。爲昆弟之子、女子子亦如之。凡言子者，可以兼男女。又云「女子子」者，殊之，以子關適庶也。○《疏》曰：「馬融、王肅以爲日易月者，以哭之日易服之月，如朞親則旬有三日哭，失之矣。」

叔父之長殤、中殤。○姑姊妹之長殤、中殤。○昆弟之長殤、中殤。○夫之昆弟之子、女子子之長殤、中殤。○適孫之長殤、中殤。○大夫之庶子爲適昆弟之長殤、中殤。○公爲適子之長殤、中殤。○大夫爲適子之長殤、中殤。公，君也，諸侯大夫不降適殤者，重適也，天子亦如之。○《疏》曰：「自叔父至大夫庶子爲適昆弟之長殤、中殤，皆是成人齊衰期，長殤、中殤降殤一等在功，故於此總見之，又皆尊卑爲前後次第作文也。云『公爲適子』、『大夫爲適子』，皆是正統，成人斬衰，今爲殤死，不得著代，故入大功。特言『適子』者，天子、諸侯於庶子則絶而無服，大夫於庶子降一等，故不言也。」○**其長殤皆九月，纓絰。其中殤七月，不纓絰。**絰有纓者，爲其重也。自大功以上絰有纓，以一條繩爲之，小功以下絰無纓也。○《疏》曰：「五服之正，無七月之服，唯此大功中殤有之，諸文唯有冠纓，不見絰纓，故鄭云大功以上有之也。」○**《小記》：「大夫冠而不爲殤，婦人笄而不爲殤。」**言成人也。

右殤大功九月七月。

殤大功降服圖

殤九條皆降服，衰七升，冠十升，無受。

大功布衰裳，牡麻絰，纓，布帶，三月，受以小功衰，即葛，九月者。受，猶承也。凡天子、諸侯、卿、大夫既虞，士卒哭而受服。正言三月者，天子、諸侯無大功，主於大夫、士也。此雖有君爲姑姊妹、女子嫁於國君者，非内喪也。○《疏》曰：「天子七月而葬，諸侯五月而葬，虞而受服。然經正言『三月』者，主於大夫、士三月葬者。云『非内喪也』者，彼國自以五月葬後服，此諸侯爲之，自以三月受服，同於大夫、士，故云『主於大夫、士也』。」○**傳曰：大功布九升，小功布十一升。**此受之下也，以發傳者，明受盡於此也。又受麻絰以葛絰，《間傳》曰：「大功之葛，與小功之麻同。」○《疏》曰：「此章有降、有正、有義，傳直言義大功之受，故鄭云『此受之下』也。據『受之下』發傳，言明受盡於此義服大功也。以其大小功至葬唯有變麻服葛，因故衰無受服之法，故傳據義大功而言也。云『又受麻絰以葛絰』者，言受，衰、麻俱受，而傳唯發『衰』，不言受麻以葛，故鄭解之也。引《間傳》者，證經大功既葬變麻爲葛，與小功初死同也。」○《司服》：**「卿大夫之服，自玄冕而下如孤之服，其凶服加以大功、小功。士之服，自皮弁而下如大夫之服，其凶服亦如之。」**《喪服》：「天子、諸侯齊、斬而已，卿大夫加以大功、小功，士亦如之，又加緦焉。」○《疏》曰：「天子、諸侯自旁期以下皆絶而不爲服。大夫加以大功、小功，謂本服大功、小功者其降一等，小功降仍有服緦者，其本服之緦則降而無服。士亦如大夫，有大功、小功，但士無降服，則亦有緦服。」**姑、姊妹、女子子適人者。○傳曰：何以大功也，出也。**出必降之者，蓋有受我而厚之者。○《疏》曰：「《檀弓》曰『姑姊妹之薄也，蓋有受我而厚之者也』，是於彼厚，夫自爲之禫杖期，故於此薄，爲之大功。」

從父昆弟。世父、叔父之子也。其姊妹在室亦如之。○《疏》曰：「世叔父與祖爲一體，又與己父爲一體，緣親以致服，故云『從』也。」

爲人後者爲其昆弟。○傳曰：何以大功也？爲人後者降其昆弟也。

庶孫。男女皆是。○《疏》曰：「庶孫從父而服祖期，故祖從子而服其孫大功，降一等。」

適婦。適婦，適子之妻。○《疏》曰：「其婦從夫而服其舅姑期，其舅姑從子而服其婦大功，降一等者也。」

○傳曰：何以大功也？不降其適也。《疏》曰：「加於庶婦一等。」**○《小記》：「適婦不爲舅後**

者，則姑爲之小功。」

女子子適人者爲衆昆弟。 父在則同，父没乃爲父後者服期也。

姪丈夫、婦人，報。 爲姪男女服同。 **○傳曰：姪者何也？ 謂吾姑者，吾謂之姪。**

夫之祖父母、世父母、叔父母。○傳曰：何以大功也？ 從服也。 夫之昆弟何以無服也？ 其夫屬乎父道者，妻皆母道也；其夫屬乎子道者，妻皆婦道也。 謂弟之妻「婦」者，是嫂亦可謂之「母」乎？ 故名者，人治之大者也，可無慎乎！ 道，猶行也，謂弟之妻爲婦者，卑遠之，故謂之婦。 嫂者尊嚴之稱，是爲序男女之別爾。 若己以母、婦之服服兄弟之妻，兄弟之妻以舅、子之服服己，則是亂昭穆之序也。 ○《疏》曰：「假作此號，使遠乎淫亂爾，不相爲服也。」

大夫爲世父母、叔父母、子、昆弟、昆弟之子爲士者。 子，謂庶子。 ○《疏》曰：「大夫爲此八者本期，今以爲士，故降至大功。」**○傳曰：何以大功者？ 尊不同也。 尊同則得服其親服。** 尊同，謂亦爲大夫者。 親服，期。

公之庶昆弟、大夫之庶子爲母、妻、昆弟。 公之庶昆弟，則父卒也。 大夫之庶子，則父在也。 其或爲母，謂妾子也。 ○《疏》曰：「云『公子』，是父在，今繼兄而言『昆弟』，故知父卒也。 若公子父在爲母、妻，在五服之外，今父卒，故服大功也。 云『大夫之庶子，則父在也』者，以其繼父而言，又大夫卒，子爲母、妻得伸其本服，今但大功，故知父在也。 云『其或爲母，謂妾子也』者，以適妻，君、大夫自不降，其子皆得伸，今在大功，明妾子自爲己母也。」○**傳曰：何以大功也？先君餘尊之所厭，不得過大功也。大夫之庶子，則從乎大夫而降也。父之所不降，子亦不敢降也。**言從乎大夫而降，則於父卒如國人也。○《疏》曰：「公之庶昆弟，以其父在爲母、妻厭，在五服外，公卒，猶爲餘尊之所厭，不得過大功。其大夫之子，據父在有厭，從於大夫，降一等。大夫若卒，則得伸，無餘尊之厭也。」

皆爲其從父昆弟之爲大夫者。皆者，言其互相爲服。○《疏》曰：「承上文『公之庶昆弟、大夫之庶子』之下，則是上二人也。以其二人爲父所厭降，今此『從父昆弟爲大夫』，故此二人不降而服大功，依本服也。鄭云『互相爲服』者，以彼此同是『從父昆弟』相爲著服，故云『皆』，是互見之義故也。」

爲夫之昆弟之婦人子適人者。婦人子者，女子子也。不言女子子，因出見恩疏。○《疏》曰：「此謂世叔母爲之服，在家期，出嫁大功。」

大夫之妾爲君之庶子。下傳曰「妾爲君之黨服，得與女君同」，指爲此也。妾爲君之長子亦三年，自爲其子期，異於女君也。士之妾爲君之衆子亦期。

女子子嫁者、未嫁者爲世父母、叔父母、姑、姊妹。舊讀合「大夫之妾爲君之庶子、女子子嫁者、未嫁者」，言大夫之妾爲此三人之服也。○《疏》曰：「此是女子子逆降旁親，知逆降者，此經云『嫁者』爲世父已下出降大功，自是常法，更言『未嫁者』，亦爲世父已下，非未嫁逆降如何。舊讀乃馬融輩如此，鄭以爲非，故下注破之也。」○**傳曰：嫁者，其嫁於大夫者也。未嫁者，成人而未嫁者也。何以大功也？妾爲君之黨服，得與女君同。下言爲世父母、叔父母、姑、姊妹者，謂妾自服其私親也。**此不辭，即實爲妾遂自服其私親，當言「其」以明之。齊衰三月章曰「女子子嫁者、未嫁者，爲曾祖父母」，經與此同，足以明之矣。傳所云「何以大功也？妾爲君之黨服，得與女君同」，文爛在下爾。女子子成人者，有出道降旁親，及將出者，明當及時也。〇《疏》曰：「『何以大功』至『女君同』當在上『爲君之庶子』下，誤在此。『下言』至『私親也』，非子夏自著，必是鄭君置之，欲分別舊讀者意而以注破之，故云『不辭』。」〇朱先生曰：「此段自鄭注時已疑傳文之誤，今考『女子子適人者爲父母』及『昆弟之爲父後者』已見於齊衰期章，『爲衆兄弟』又見於此大功章，惟『伯叔父母、姑、姊妹之服』無文而獨見於此，則當從鄭注之説無疑矣。」

大夫、大夫之妻、大夫之子、公之昆弟，爲姑、姊妹、女子子嫁於大夫者。《疏》曰：「大夫、大夫妻、大夫之子、公之昆弟四等人尊卑同，皆降旁親。姑姊已下一等大功，又以出降當小功，但嫁於大夫尊同，無尊降，有出降，故皆大功也。」

君爲姑姊妹、女子子嫁於國君者。〇傳曰：何以大功也？尊同也，尊同則得服其親服。諸侯之子稱公子，公子不得禰先君；公子之子稱公孫，公孫不得祖諸侯：此自卑別於尊者也。若公子之子孫有封爲國君者，則世世祖是人也，不祖公子，此自尊別於卑者也。是故始封之君不臣諸父、昆弟，封君之子不臣諸父而臣昆弟，封君之孫盡臣諸父、昆弟。故君之所爲服，子亦不敢不服也；君之所不服，子亦不敢服也。不得禰、不得祖者，不得立其廟而祭之也。卿大夫已下祭其祖、禰，則世世祖是人，不得祖公子者。後世爲君者，祖此受封之君，不得祀別子也。公子若在高祖以下，則如其親服。後世遷之，乃毁其廟爾。因國君以尊降其親，故終説此義云。

愚案：《子夏傳》云「自卑别於尊」，是以子孫之卑自别於祖之尊，此義爲是。「自尊别於卑」，乃以子孫之尊自别於祖之卑，此説於理有害。而鄭注遂以爲因國君以尊降其親而説此義，則又愈非禮意。蓋國君以尊降其親，謂降其旁親，其正統之服不降，祖服期，曾祖、高祖齊衰三月，是未嘗降其祖也。鄭注蓋惑於「自尊别卑」之説，乃以封君之不祖公子爲以尊降其親，而不知公子爲别子，繼别爲宗謂之大宗，百世不遷。大宗或無後，則爲之立後，世世不絶而常以公子爲祖矣。若公子之子孫有封爲國君者，則後世子孫只得祖封君而不得祖公子，以紊其别子之宗，非是以封君之尊别於公子之卑而不祖之也。子夏之説既已失之，鄭注沿襲謬誤，愈差愈遠，蓋失而又失者也。

右大功九月。

大功降正義服圖

降服，衰七升，冠十升。○既葬，以其冠爲受，衰十升，冠十一升。	正服，衰八升，冠十升。○既葬，以其冠爲受，衰十升，冠十一升。	義服，衰九升，冠十一升。○既葬，以其冠爲受，衰十一升，冠十二升。
姑、姊妹、女子子適人者。	從父昆弟。	夫之祖父母、世父母、叔父母。
女子子適人者爲衆昆弟。	庶孫。	爲夫之昆弟之婦人子適人者。

爲人後者爲其昆弟。
女子子嫁者、未嫁者爲世父母、叔父母、姑、姊妹。
大夫爲世父母、叔父母、子、昆弟、昆弟之子爲士者。
公之庶昆弟、大夫之庶子爲母、妻、昆弟。

適婦。
姪丈夫、婦人，報。
大夫之妾爲君之庶子。
正不降。
君爲姑、姊妹、女子子嫁於國君者。
大夫、大夫之妻、大夫之子、公之昆弟爲姑、姊妹、女子子嫁於大夫者。
公之庶昆弟、大夫之庶子皆爲其從父昆弟之爲大夫者。

繐衰裳，牡麻絰，既葬除之者。繐，音歲。〇《疏》曰：「繐衰縷雖如小功，升數又小，故在小功上也。此不言帶屨者，以其傳云『小功之繐也』，則帶屨亦同小功可知。」〇**傳曰：繐衰者何？以小功之繐也。**治其縷如小功，而成布四升半。細其縷者，以恩輕也；升數少者，以服至尊也。凡布細而疏者謂之繐，今南陽有鄧繐。

諸侯之大夫爲天子。《疏》曰：「此經直云大夫，則大夫中有孤、卿，以其小聘使下大夫，大聘或使孤，或使卿也，故《大行人》云『諸侯之孤以皮帛繼子、男』。」○**傳曰：何以繐衰也？諸侯之大夫以時接見乎天子。**以時會見於天子而服之，則其士庶民不服可知。

右繐衰既葬除之。繐衰一條，衰四升有半，冠八升。七月既葬，除之。

小功布衰裳，澡麻帶絰，五月者。澡，音早。○澡者，治去莩垢，不絶其本也。《小記》曰：「下殤小功，帶澡麻，不絶其本，屈而反以報之。」○《疏》曰：「小功以下經帶皆斷本，此有下殤，小功帶不絶本，故進帶於絰上，以見重。引《小記》者，欲見下殤小功中有本是齊衰之喪，故特言下殤。若大功下殤，則入緦麻。云『屈而反以報之』者，謂先以一股麻不絶本者爲一條，展之爲繩。報，合也，以一頭屈而反向上，合之乃絞垂。必屈而反以合者，見其重故也。」

叔父之下殤。○適孫之下殤。○昆弟之下殤。○大夫庶子爲適昆弟之下殤，○爲姑、姊妹、女子子之下殤。《疏》曰：「以上八人皆是成人期，長殤、中殤大功，已在上殤大功章，此下殤小功，故在此章。」

爲人後者爲其昆弟、從父昆弟之長殤。《疏》曰：「此本大功，長殤、中殤則小功，從父昆弟情本輕，故在出降昆弟後。」○**傳曰：問者曰：中殤何以不見也？大功之殤中從上，小功之殤中從下。**問者據從父昆弟之下殤在緦麻也。大功、小功，皆謂服其成人也。大功之殤中從上，則齊衰之殤亦中從上也。此主爲丈夫之爲殤者服也，凡不見者，以此求之也。○《疏》曰：「鄭云『問者據從父昆弟之下殤在緦麻也』者，以其緦麻章見『從父昆弟之下殤』，此章見『從父昆弟之長殤』，唯中殤不見也。此云『大功之殤中從上，小功之殤中從下』，緦麻章云『齊衰之殤中從上，大功之殤中從下』，兩文相反，故鄭注以彼謂婦人爲夫之族類，此謂丈夫爲殤者服也。」

爲夫之叔父之長殤。不見中殤者，中從下也。○《疏》曰：「夫之叔父義服，故次在此。成人大功，故長殤降一等在小功。云『不見中殤者，中從下也』者，下傳云『大功之殤中從下』，注謂此婦人爲夫之黨類，故知中從下在緦麻也。」

昆弟之子、女子子、夫之昆弟之子、女子子之下殤。《疏》曰：「此皆成人爲之齊衰期，長、中殤在大功，故下殤在此小功也。」

爲姪、庶孫丈夫、婦人之長殤。❶《疏》曰：「謂姑爲姪成人大功，長殤在此，不言中殤，中從上。『庶孫』者，祖爲之大功，長殤、中殤亦在此。皆不言男子、女子而言『丈夫、婦人』，是見恩疏之義也。」

大夫、公之昆弟、大夫之子爲其昆弟、庶子、姑、姊妹、女子子之長殤。《疏》曰：「謂此三人爲此六種人，成人以尊降至大功，故長殤小功，中亦從上。」

大夫之妾爲庶子之長殤。君之庶子。○《疏》曰：「妾爲君之庶子成人，在大功章。今長殤降一等，在此

---

❶「爲姪」，原倒，今據盧本乙正。

云「君之庶子」者，若適長則成人隨女君三年，長殤亦大功。」

右小功殤五月。

小功殤降服圖

降服，衰十升，冠升同，無受。 叔父之下殤。 適孫之下殤。 昆弟之下殤。 大夫庶子爲適昆弟之下殤。 爲姑、姊妹、女子子之下殤。 爲人後者爲其昆弟、從父昆弟之長殤。 昆弟之子、女子子、夫之昆弟之子、女子子之下殤。 爲姪、庶孫丈夫、婦人之長殤。 大夫、公之昆弟、大夫之子爲其昆弟、庶子、姑、姊妹、女子子之長殤。	降義服 爲夫之叔父之長殤。 大夫之妾爲庶子之長殤。

小功布衰裳，牡麻絰，即葛，五月者。即，就也，小功輕，三月變麻，因故衰以就葛絰帶而五月也。《間傳》曰：「小功之葛，與緦之麻同。」舊説小功以下，吉屨無絇也。◯《司服》：「**大夫凶服，加以大功、小功。**」

從祖祖父母、從祖父母，報。祖父之昆弟之親。◯《疏》曰：「從祖祖父母是曾祖之子，祖之兄弟；從祖父母者是從祖祖父之子，父之從父昆弟之親。」

從祖昆弟。父之從父昆弟之子。◯《疏》曰：「此是從祖父之子，故鄭云『父之從父昆弟之子』，己之再從兄弟。以上三者爲三小功也。」◯**記：兄弟皆在他邦，加一等。不及知父母，與兄弟居，加一等。**皆在他邦，謂行仕、出遊若辟仇。不及知父母，父母早卒。◯《疏》曰：「共在他國，一死一不死，相愍，不得辭親眷，父母早卒，兄弟共居而死，當愍其孤幼相育，故皆加一等。」◯**傳曰：何如則可爲之兄弟？傳曰：「小功以下爲兄弟。」**於此發兄弟傳者，嫌大功已上又加也。大功以上若皆在他國，則親自親矣；若不及知父母，則固同財矣。◯《疏》曰：「小功已下爲兄弟者加一等，大功以上不可復加也。云『親自親矣』、『固同財矣』者，皆明恩自隆重，不可復加之義。」

從父姊妹。父之昆弟之女。

孫適人者。女孫在室，亦大功也。

爲人後者爲其姊妹適人者。不言姑者，舉其親者，而恩輕者降可知。

爲外祖父母。○傳曰：何以小功也？以尊加也。《疏》曰：「外親之服不過緦，以祖是尊名，故加至小功。」○記：**庶子爲後者爲其外祖父母、從母舅無服。不爲後，如邦人。**疏曰：「以其與尊者爲一體，既不得服所出母，是以母黨皆不服之。」○《小記》：「爲母之君母。外祖適母。母卒，則不服。」○《服問傳》曰：「母出則爲繼母之黨服，母死則爲其母之黨服。爲其母之黨服，則不爲繼母之黨服。」雖外親，亦無二統。

從母，丈夫、婦人報。從母，母之姊妹。丈夫、婦人，姊妹之子，男女同。○疏曰：「『丈夫、婦人』者，異姓無出入降，是皆成人長大爲號，兩相爲服，故曰報。」○**傳曰：何以小功也？以名加也。外親之服皆緦也。**

夫之姑、姊妹，娣姒婦，報。《疏》曰：「夫之姑、姊妹，夫爲之期，妻降一等，出嫁小功，因恩疏略從降，故在室及嫁同小功。」○《傳》曰：**娣姒婦者，弟長也。何以小功也？以爲相與居室中，則生小功之親焉。**娣姒婦者，兄弟之妻相名也。長婦謂穉婦爲娣婦，娣婦謂長婦爲姒婦。

大夫、大夫之子、公之昆弟爲從父昆弟，庶孫，姑、姊妹、女子子適士者。從父昆弟及庶孫，謂亦爲士者。○**記：大夫、公之昆弟、大夫之子，於兄弟降一等。**兄弟，猶言族親也。凡不見者，以此求之也。○疏曰：「大夫以尊降，公之昆弟以旁尊降，大夫之子以厭降。」

大夫之妾爲庶子適人者。 君之庶子，女子子也。庶女子子在室大功，其嫁於大夫亦大功。○疏曰：「此云『適人者』，謂士。」

庶婦。 夫將不受重者。○《疏》曰：「《小記》注云『世子有廢疾不可立，而庶子立』，其舅姑皆爲其婦小功，則亦兼此婦也。」

君母之父母，從母。 君母，父之適妻也。從母，君母之姊妹。○**傳曰：何以小功也？君母在則不敢不從服，君母不在則不服。** 不敢不服者，恩實輕也。凡庶子於君母，如適子。

君子子爲庶母慈己者。 君子子者，大夫及公子之適妻子。○**傳曰：君子子者，貴人之子也。爲庶母何以小功也？以慈己加也。** 云君子子者，父在也，父没則不服之矣。《内則》有子師、慈母、保母，謂此也。不言師、保，慈母居中，服之可知也。

右小功五月。

小功降正義服圖

降服，衰十升，冠升同，即葛，五月，無受。	正服，衰十一升，冠升同，即葛，五月，無受。	義服，衰十二升，冠升同，即葛，五月，無受。

孫適人者。 爲人後者，爲其姊妹適人者。 大夫、大夫之子、公之昆弟爲從父昆弟、庶孫、姑、姊妹、女子子適士者。 大夫之妾爲庶子適人者。
從母，丈夫、婦人，報。 庶婦。 君母之父母、從母。 君子子爲庶母、慈母者。 從祖祖父母。 從祖父母。 從祖昆弟。 從父姊妹。 外祖父母。
夫之姑、姊妹、娣姒婦，報。

緦麻三月者。 緦麻，布衰裳而麻絰帶也。不言衰絰，略輕服，省文。○《疏》曰：「以緦如絲者爲衰裳，又以澡治莩垢之麻爲絰帶，故曰『緦麻』。」○**傳曰：緦者，十五升抽其半，有事其縷，無事其布，曰緦。** 謂之緦者，治其縷細如緦也。抽，去也。《雜記》曰：「緦冠繰纓。」○《疏》曰：「縷麤細與朝服十五升同，縷數則半之，冠與衰同。用緦布，但以灰繰治布爲纓。」○**記：童子唯當室緦。** 童子，未冠之稱也。當室者，爲父後承家事者。爲家主，與族人爲禮，於有親者雖恩不至，不可以無服也。○**傳曰：不當室，則無緦**

服也。

族曾祖父母、○族祖父母、○族父母、○族昆弟。族曾祖父者，曾祖昆弟之親也。族祖父者，亦高祖之孫，則高祖有服明矣。○《疏》曰：「云『族曾祖父母』者，己之曾祖親兄弟也。云『族祖父母』者，族曾祖父母之子，己之祖父從父昆弟也。云『族父母』者，族祖父母之子，己之父從祖昆弟也。云『族昆弟』者，族父母之子，己之三從兄弟，皆名爲族。族，屬也，骨肉相連屬。以其親盡，恐相疏，故以族言之。此即《大傳》云『四世而緦，服之窮也』，名爲四緦麻。《春秋傳》曰：『同族於禰廟。』杜預云：『謂高祖以下。』」

庶孫之婦。《疏》曰：「適子之婦大功，庶子之婦小功，適孫之婦小功，庶孫之婦緦，是其差也。」

庶孫之中殤。庶孫者，成人大功，其殤中從上，此當爲下殤，言「中殤」者，字之誤耳。

從祖姑、姊妹適人者，報。《疏》曰：「本服小功，是以降一等在緦。」

從祖父、從弟昆弟之長殤。不見中殤，中從下。○《疏》曰：「本服小功，以長殤降一等。」

外孫。女子子之子。○《疏》曰：「以女出外適而生，故云外孫。」

從父昆弟、姪之下殤。《疏》曰：「成人大功，長、中殤小功，故下殤在此章也。」

夫之叔父之中殤、下殤。《疏》曰：「成人大功，長殤小功，中、下殤在此。」

從母之長殤，報。《疏》曰：「『從母』者，母之姊妹，成人小功，故長殤在此。中、下之殤無服。」

庶子爲父後者爲其母。《疏》曰：「此爲無冢適，惟有妾子，父死，庶子承後，爲其母緦之。」○傳曰：何

以緦也？傳曰：與尊者爲一體，不敢服其私親也。然則何以服緦也？有死於宮中者，則爲之三月不舉祭，因是以服緦也。君卒，庶子爲母大功。大夫卒，庶子爲母三年。士雖在，庶子爲母皆如衆人。○《疏》曰：「『君卒庶子爲母大功』者，大功章云『公之庶昆弟爲其母』是也。以其先君在，公子爲母在五服外，先君卒，則是今君庶昆弟，爲其母大功。先君餘尊之所厭，不得過大功。云『大夫卒，庶子爲母三年』者，以其父在大功，大功章云『大夫之庶子爲母』是也。父卒，無餘尊所厭，故伸三年。『士雖在，庶子爲母皆如衆人』者，士卑無厭故也。鄭并言大夫士之庶子者，欲見不承後者如此服，若承後則皆緦，故并言之。」**士爲庶母。○傳曰：何以緦也？以名服也。大夫以上爲庶母無服。**

貴臣、貴妾。此謂公士、大夫之君也，殊其臣妾貴賤而爲之服。貴臣，室老、士也。貴妾，姪娣也。《疏》曰：「斬衰章注云：『室老，家相也。士，邑宰也。』」**○傳曰：何以緦也？以其貴也。**

乳母。謂養子者有它故，賤者代之慈己。**○傳曰：何以緦也？以名服也。**

從祖昆弟之子。族父母，爲之服。○《疏》曰：「再從兄弟之子，呼己爲族父母。」

曾孫。孫之子。○《疏》曰：「不言玄孫者，以其曾、高同，曾、玄孫亦同。」

父之姑。歸孫爲祖父之姊妹。○《疏》曰：「《爾雅》云：『女子謂昆弟之子爲姪，謂姪之子爲歸孫。』」

從母昆弟。○傳曰：何以緦也？以名服也。《疏》曰：「因從母有母名，而服其卒也。」

甥。姊妹之子。**○傳曰：甥者何也？謂吾舅者，吾謂之甥。何以緦也？報之也。**《疏》曰：

「甥既服舅以緦，舅亦爲甥以緦。」

壻。女子子之夫也。○傳曰：何以緦也？報之也。

妻之父母。○傳曰：何以緦？從服也。從於妻而服之。○《服問》：「有從重而輕，爲妻之父母。」

姑之子。外兄弟也。○《疏》曰：「姑是内人，以出外而生，故曰外兄弟。」○傳曰：何以緦？報之也。

舅。母之兄弟。○傳曰：何以緦？從服也。從於母而服之。

舅之子。内兄弟也。○傳曰：何以緦？從服也。

夫之姑、姊妹之長殤。○《疏》曰：「夫之姑、姊妹成人，婦爲之小功。長殤降一等，故緦。」

夫之諸祖父母，報。諸祖父者，夫之所爲小功，從祖祖父母、外祖父母。

君母之昆弟。○傳曰：何以緦？從服也。從於君母而服之，君母卒則不服。

從父昆弟之子之長殤。○昆弟之孫之長殤。《疏》曰：「此二人本小功，故長殤在緦麻，中、下殤無服。」

爲夫之從父昆弟之妻。○傳曰：何以緦也？以爲相與同室，則生緦之親焉。降於親娣姒，故緦也。○長殤、中殤降一等，下殤降二等。齊衰之殤中從上，大功之殤中從下。此主謂妻爲夫之親服也，凡不見者，以此求之。○《疏》曰：「大功有同室同財之義，故曰：『相與同室，生緦之親焉。』云『長殤、中殤降一等』以下，乃是婦人爲夫之族著殤服法，雖文承上男子爲殤之下，要爲下婦人而發也。」

右緦麻三月。

緦麻降正義服圖

降服，衰十五升抽其半，冠升同，無受。

庶孫之中殤。

從祖父、從祖昆弟之長殤。

從父昆弟之子之長殤。

昆弟之孫之長殤。

從父昆弟、姪之下殤。

從母之長殤，報。

從祖姑、姊妹適人者，報。

正服，衰冠，無受與降，報同。

族曾祖父母。

族祖父母。

族父母。

族昆弟。

庶孫之婦。

外孫。

甥。

壻。

庶子爲父後者爲其母。

妻之父母。

士爲庶母。
姑之子。
乳母。
舅。
從祖昆弟之子。
舅之子。
曾孫。
君母之昆弟。
父之姑。
從母昆弟。

降義，❶夫之叔父之中殤、下殤。
夫之姑、姊妹之長殤。

義服，衰冠，無受，與降服同。
夫之諸祖父母，報。
爲夫之從父昆弟之妻。
貴臣、貴妾。

❶ 「義」下，四庫本《儀禮述注》有「服」字。下「夫之叔父之中殤、下殤」另行排。當是。

記：朋友皆在他邦，袒免，歸則已。謂服無親者，當爲之主。每至袒時則袒，袒則去冠，代之以免。舊説云以爲免象冠，廣一寸。已，猶止也。歸有主則止也，主若幼少，則未止。《小記》曰：「大功者主人之喪，有三年者則必爲之再祭，朋友虞祔而已。」○《疏》曰：「朋友義合，故云『無親』。『袒時』，謂小斂訖，投冠括髮時。引《小記》者，證朋友爲主之義。子幼不能爲主，大功爲主者爲之再祭，謂練祥。朋友輕，爲之虞祔而已。」**○朋友麻。**朋友雖無親，有同道之恩，相爲服緦之絰帶，《檀弓》曰：「群居則絰，出則否。」其服弔服也。

右朋友。

記：改葬緦。謂墳墓以他故崩壞，改設之，如葬時也。服緦者，臣爲君也，子爲父也，妻爲夫也。必服緦者，親見尸柩，不可以無服。緦，三月而除之。

右改葬。

記：大夫弔於命婦錫衰。命婦弔於大夫亦錫衰。弔於命婦，命婦死也。弔於大夫，大夫死也。《小記》曰：「諸侯弔，必皮弁，錫衰。」《服問》曰：「公爲卿大夫錫衰以居，出亦如之，當事則弁絰。」大夫相爲亦然。爲其妻往則服之，出則否。**○傳曰：錫者何也？麻之有錫者也。錫者十五升，抽其半，無事其縷，有事其布，曰錫。**謂之錫者，治其布使之滑易也。不錫者，不治其縷，哀在內也。緦者不治其布，哀在外。君及卿大夫弔，士雖當事，皮弁錫衰而已。士之相弔，則如朋友服矣，疑衰，素裳。凡婦人相弔，吉笄無首，素總。

右錫衰。

五服衰冠升數圖

斬衰三年。			
正服，衰三升，	冠六升。	既葬以其冠爲受，衰六升，	冠七升。
義服，衰三升有半，	冠六升。	既葬以其冠爲受，衰六升，	冠七升。
齊衰三年，齊衰期，齊衰不杖。			
降服，衰四升，	冠七升。	既葬以其冠爲受，衰七升，	冠八升。
正服，衰五升，	冠八升。	既葬以其冠爲受，衰八升，	冠九升。
義服，衰六升，	冠九升。	既葬以其冠爲受，衰九升，	冠十升。
齊衰三月。			
義服，衰六升，	冠九升，	無受。	

大功九月。
殤降服，衰七升，　冠十升，　無受。
成降服，衰七升，　冠十升。　既葬以其冠爲受，衰十升，　冠十一升。
自斬衰至大功降服，凡八條，冠皆校衰三等。
正服，衰八升，　冠十升。　既葬以其冠爲受，衰十升，　冠十一升。
義服，衰九升，　冠十一升。　既葬以其冠爲受，衰十一升，　冠十二升。
已上二降冠皆校衰二等。
繐衰裳，四升有半，　冠八升。　既葬除之。

小功五月。
殤降服，衰十升，　冠升同。　無受。
降服，衰十升，　冠升同。　即葛五月，無受。
正服，衰十一升，　冠升同。　即葛五月，無受。
義服，衰十二升，　冠升同。　即葛五月，無受。

緦麻三月。
降正義同衰，十五升抽其半，　冠升同。　無受。

已上衰冠升數并受服出本經、記，賈氏疏。

喪服制度

衰裳。○記：凡衰外削幅，裳内削幅，幅三袧。袧，劉音鈎，又格憂反。○削，猶殺也。大古冠布衣布，先知爲上，外殺其幅，以便體也；後知爲下，内殺其幅，稍有飾也。後世聖人易之，以此爲喪服。袧者，謂辟兩側，空中央也。祭服、朝服，辟積無數。凡裳，前三幅，後四幅也。○《疏》曰：「云『衰外削幅』者，謂縫之邊幅向外。『裳内削幅』者，謂縫之邊幅向内。云『幅三袧』者，據裳而言。用布七幅，幅二尺二寸，兩畔各去一寸，爲削幅，則二七十四丈四尺；若不辟積其腰中，則束身不得就，故一幅布凡三處屈之。」若齊，裳内衰外。齊，緝也。緝裳者，内展之；緝衰者，外展之。○負廣出於適寸。負，在背上者也。適，辟領也。負出於辟領外旁一寸。○《疏》曰：「以一方布置於背上，上畔縫著領，下畔垂放之，以在背上，故得負名。出於辟領外旁一寸，總尺八寸也。」○適博四寸，出於衰。博，廣也。辟領廣四寸，則與闊中八寸也，兩之爲尺六寸也。出於衰者，旁出衰外。不著寸數者，可知也。○《疏》曰：「衰謂胸前衰也。云『辟領廣四寸』者，項之兩相向外，各廣四寸。云『則與闊中八寸』者，謂兩身當縫中央，總闊八寸，一邊有四寸，并辟領四寸爲八寸。云『兩之爲尺六寸』者，一相闊與辟領八寸，故兩之總一尺六寸。云『旁出衰外』者，以兩旁辟領向前，望衰之外也。衰廣四寸，辟領橫廣總尺六寸，除中央四寸當衰，衰外兩旁各出衰六寸。」○衰長六寸，博四寸。廣袤當心也。前有衰，後有負板，左右有辟領，孝子哀戚無所不在。○《疏》曰：「袤，長也。

綴於外衿之上，故得廣長當心。」○**衣帶下尺。**衣帶下尺者，要也。廣尺，足以掩裳上際也。○**衽二尺有五寸。**衽，所以掩裳際者。上正一尺，燕尾二尺五寸，凡用布三尺五寸。○《疏》曰：「云『上正一尺』者，取布三尺五寸，廣一幅，留上一尺爲正，正者，正方不破之言也。一尺之下，從一畔旁入六寸，乃邪向下一畔一尺五寸，去下畔，亦六寸，横斷之，留下一尺爲正，如是，則用布三尺五寸，得兩條衽，衽各二尺五寸，兩條共用三尺五寸也。兩旁皆綴於衣，垂之向下，掩裳兩相下際不合之處。」○**袂屬幅。**屬，猶連也，連幅，謂不削。○《疏》曰：「謂整幅二尺二寸。凡用布爲衣物，皆去邊幅一寸爲縫殺，今此屬連其幅，則不削去其邊幅，取整幅爲袂。必不削幅者，欲取與下文『衣二尺二寸』同，縱横皆二尺二寸，正方者也。」○**衣二尺有二寸。**此謂袂中也，言衣者，明與身參齊。二尺二寸，其袖足以容中人之肱也。衣自領至要二尺二寸，倍之四尺四寸，加辟領八寸，而又倍之，凡衣用布一丈四寸。○《疏》曰：「身即衣也，兩旁袖與中央身三事下畔皆等，故云參齊。」○**袪尺二寸。**袪，袖口也。尺二寸，足以容中人之併兩手也。吉時拱，尚左手。喪時拱，尚右手。○《疏》曰：「云『袪，袖口也』，則袂末接袪者也。圜之則二尺四寸也。」

今案：記云「衣二尺有二寸」，蓋指衣身自領至要之長而言之也。用布八尺八寸，中斷以分左右爲四尺四寸者二，又取四尺四寸者二，中摺以分前後爲二尺二寸者四，此即尋常度衣身之常法也。合二尺二寸者四，疊爲四重，從一角當領處四寸下，取方裁入四寸，乃記所謂「適博四寸」，注疏所謂「辟領四寸」是也。案：鄭注云「適，辟領也」，則兩物即一物也。今記曰「適」，注疏又曰「辟領」，何爲而異其名也？辟猶攝也，以衣當領裁入四寸處反攝向外加兩肩上，故曰「辟領」，即疏所謂「兩相向外各四寸」是也。

左右有辟領，以明孝子哀戚無所不在，故曰「適」，即疏所謂「指適，緣於父母不兼念餘事」是也。既辟領四寸，加兩肩上，以爲左右適，故後之左右各有四寸。虚處當脊而相並，謂之「闊中前之左右各有四寸」，虚處近胸而相對，亦謂之「闊中」，乃疏所謂「闊中八寸」是也。此則衣身所用布之數與裁之之法也。注又云「加辟領八寸而又倍之」者，謂別用布一尺六寸以塞前後之闊中也。布一條，縱長一尺六寸，横闊八寸，又縱摺而中分之，其下一半裁斷，左右兩端各四寸除去不用，只留中間八寸以加後之闊中元裁辟領各四寸處，而塞其缺，當脊相並處。此所謂「加辟領八寸」是也。其上一半全一尺六寸不裁，以布之中間從項上分左右對摺向前垂下，以加於前之闊中，與元裁斷處近胸相對處。相接以爲左右領也。夫下一半加於後之闊中者，用布八寸。而上一半從項而下以加前之闊中者，又倍之而爲一尺六寸焉。此所謂「而又倍之」者是也。此則衣領所用之布與裁之之法也。古者衣服吉凶異制，故衰服領與吉服領不同，而其制如此也。注又云「凡用布一丈四寸」者，衣身八尺八寸，衣領一尺六寸，合爲一丈四寸也。此是用布正數，又當少寬其布。以爲針縫之用。然此即衣身與衣領之數，若負衰帶下及兩衽，又在此數之外矣。但領必有袷，此布何從出乎？曰：衣領用布闊八寸而長一尺六寸，古者布幅闊二尺二寸，除衣領用布闊八寸之外，更餘闊一尺四寸而長一尺六寸，可以分作三條，施於袷而適足無餘欠也。云「袂二尺二寸」而袪乃「尺二寸」者，縫合其下一尺大，留上一尺二寸以爲袖口也。云「衣帶下尺」者，衣身二尺二寸，僅至腰而止，無以掩裳上際，故於衣帶之下用縱布一尺，上屬於衣，横繞於腰，則以腰

之闊狹爲準，所以掩裳上際而後綴兩衽於其旁也。❶

右衰裳制衰裳之制，五服皆同，以升數多少爲重輕。父母重，故升數少，上殺、下殺、旁殺輕，故升數多。詳見前《五服衰冠升數圖》。又案，注云：「前有衰，後有負版，左右有辟領，孝子哀戚之心無所不在，惟子爲父母用之，此外皆不用。」

❶「際」，原作「祭」，今據盧本改。

衰裳圖

裁辟領四寸圖

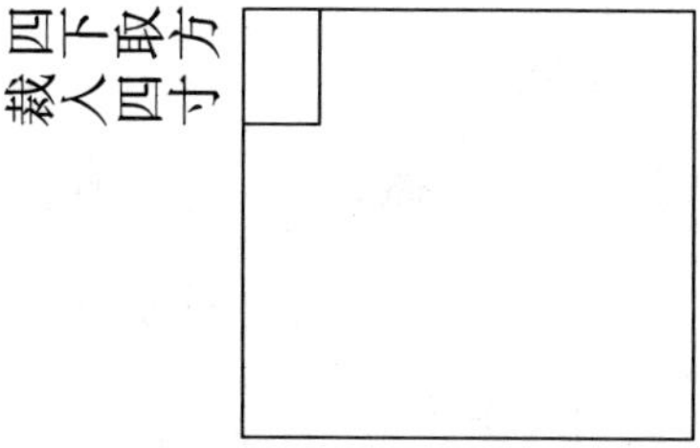

辟領四寸爲左右適圖

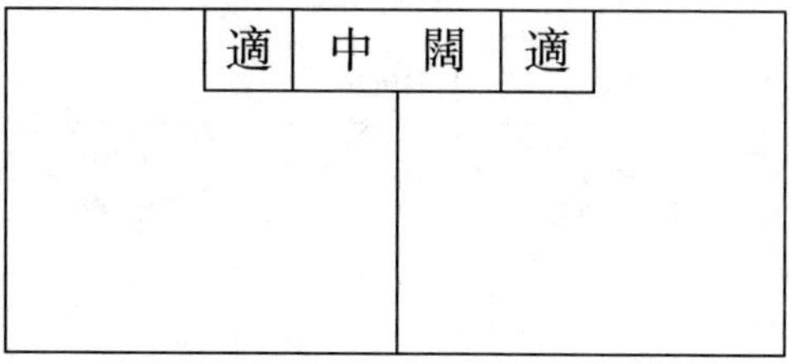

裁衽圖

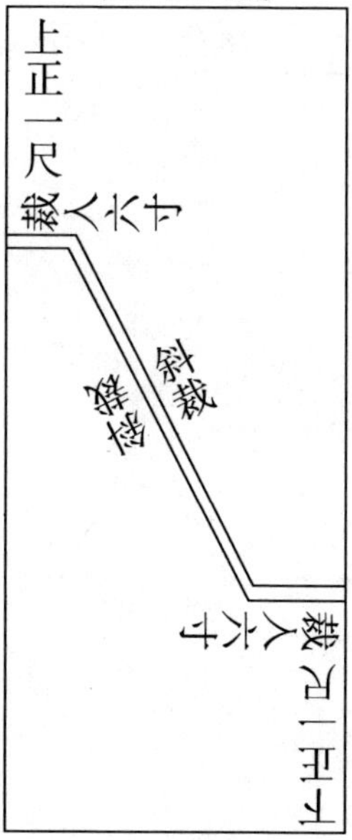

別用布橫長一尺六寸廣八寸塞闊中爲領圖

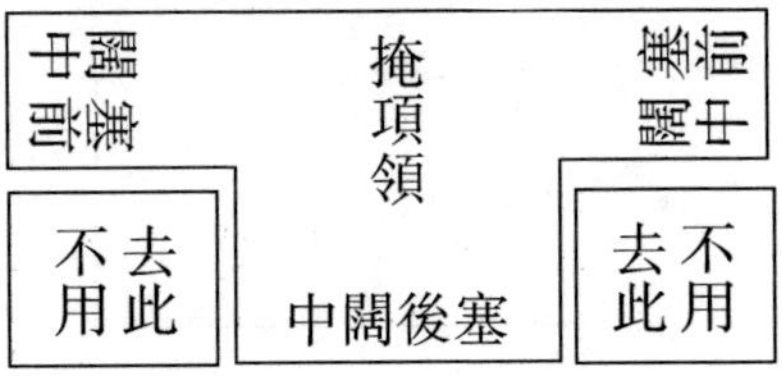

反摺向前圖

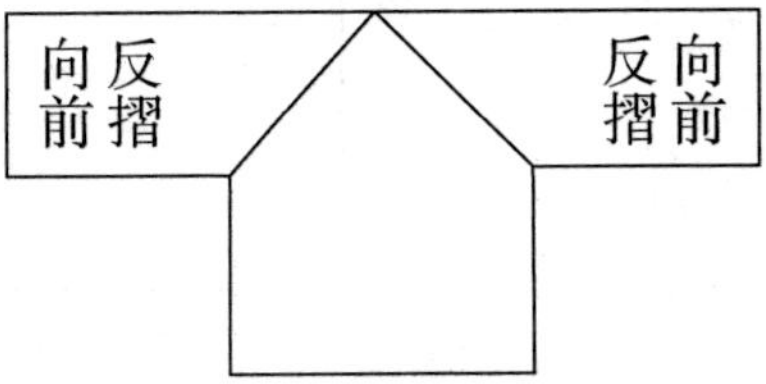

兩衽相疊圖

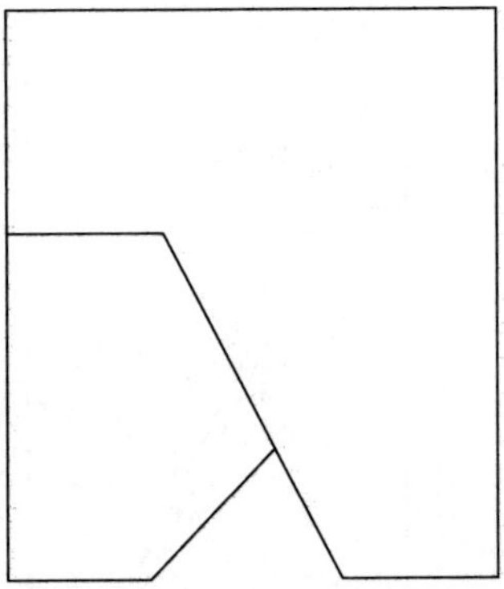

衰衣前圖

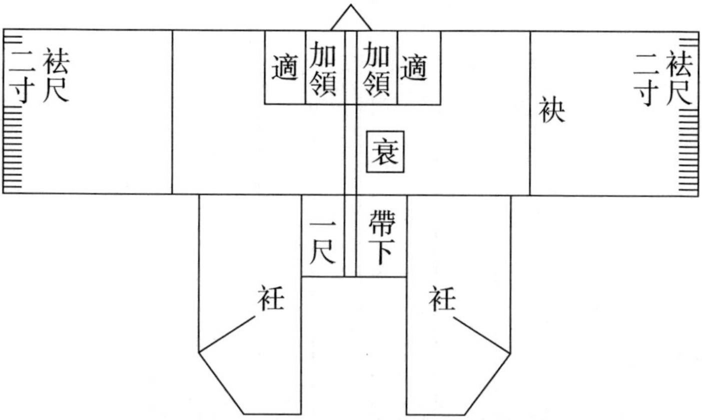

縫其下一尺，留上一尺二寸爲袖口。

衰衣後圖

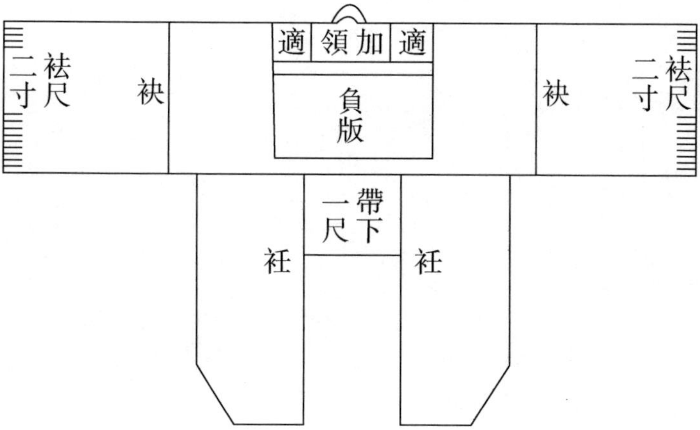

制裳

幅三前　幅四後

儀禮圖

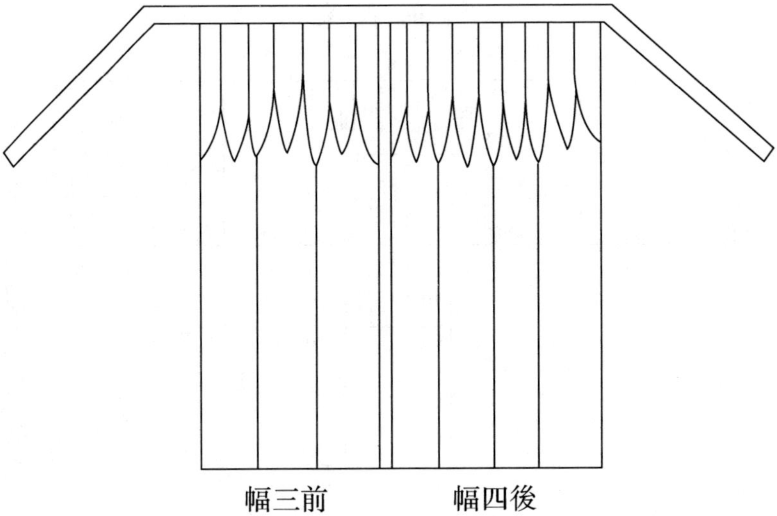

冠。○傳：斬衰，冠繩纓，條屬，右縫，冠六升，外畢鍛而勿灰。屬，猶著也，通屈一條繩爲武，垂下爲纓，著之冠也。《雜記》曰：「喪冠右縫，小功以下左縫。」「外畢」者，冠前後屈而出縫於武也。○《疏》曰：「『通屈一條繩爲武』，謂將一條繩從額上約之，至項後交過兩相各至耳，於武綴之，各垂於頤下結之。云『右縫，小功以下左』者，大功以上哀重，其冠三辟積，鄉右爲之，從陰；小功、緦麻哀輕，其冠亦三辟積，鄉左爲之，從陽。二者皆條屬，但從吉從凶不同也。云『外畢』者，冠廣二寸，落頂前後，兩頭皆在武下，鄉外出，反屈之縫於武，故云『外畢』。云『鍛而勿灰』者，以冠爲首飾，布倍衰裳而用六升，又加以水濯，勿用灰而已。」○**齊衰冠，布纓。**此布纓亦如上繩纓，以一條爲武，垂下爲纓也。○今案：斬衰冠繩纓，齊衰冠布纓，齊衰以下不見所用何纓。又案：《雜記》云「緦冠繰纓」，注云「繰當爲『澡麻帶絰』之『澡』，謂有事其布以爲纓」。以此條推之，則自緦而上亦皆冠布纓而未澡，而緦始澡其纓耳。

右冠制。繩纓，條屬。○三辟積。○右縫。○外畢。○鍛而勿灰。○凡五節。

冠圖

斬衰冠

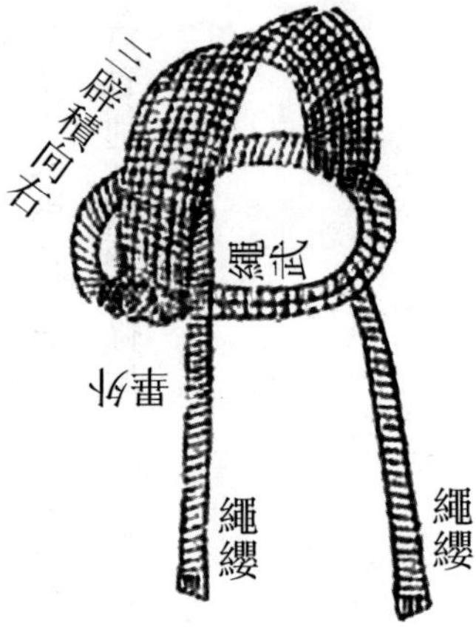

齊衰冠

大功冠

並同齊衰。

小功冠

三辟積向左，餘與齊衰同。

緦麻冠

澡纓辟積同小功，餘與齊衰同。

絰帶。○斬衰，苴絰、絞帶。○傳：苴絰者，麻之有蕡者也。苴絰大搹，左本在下。絞帶者，繩帶也。麻在首、在要皆曰絰，首絰象緇布冠之缺項，要絰象大帶，又有絞帶象革帶。○《疏》曰：「蕡是子麻。」○齊衰，牡麻絰，布帶。○傳：牡麻者，枲麻也。牡麻絰，右本在上。《疏》曰：「枲是雄麻。」○案：斬衰絞帶用麻，齊衰絞帶用布。○大功以上絰有纓，小功以下絰無纓也。今案：《士喪禮》「苴絰」，《疏》曰：「小斂訖，當服未成服之麻也。麻在首、在要皆曰絰。分而言之，首曰絰，要曰帶。」○斬衰、齊衰、大功皆散帶，垂三日成服，髮垂。小功以下初即絞之。○朱先生曰：「首絰右本在上者，齊衰絰之制以麻根處著頭右邊，而從額前向左圍向頭後，却就右邊元麻根處相接，即以麻尾藏在麻根之下，麻根搭在麻尾之上，綴殺之。有纓者以其加於冠外，故須着纓方不脱落也。」○問絰帶之制。先生曰：「首絰大一搤，只是拇指與第二指一圍。腰絰較小，絞帶又小於腰絰。腰絰象大帶，兩頭長，垂下。絞帶象革帶，一頭有彄子，以一頭串於中而束之。」

右絰帶制。

絰帶圖

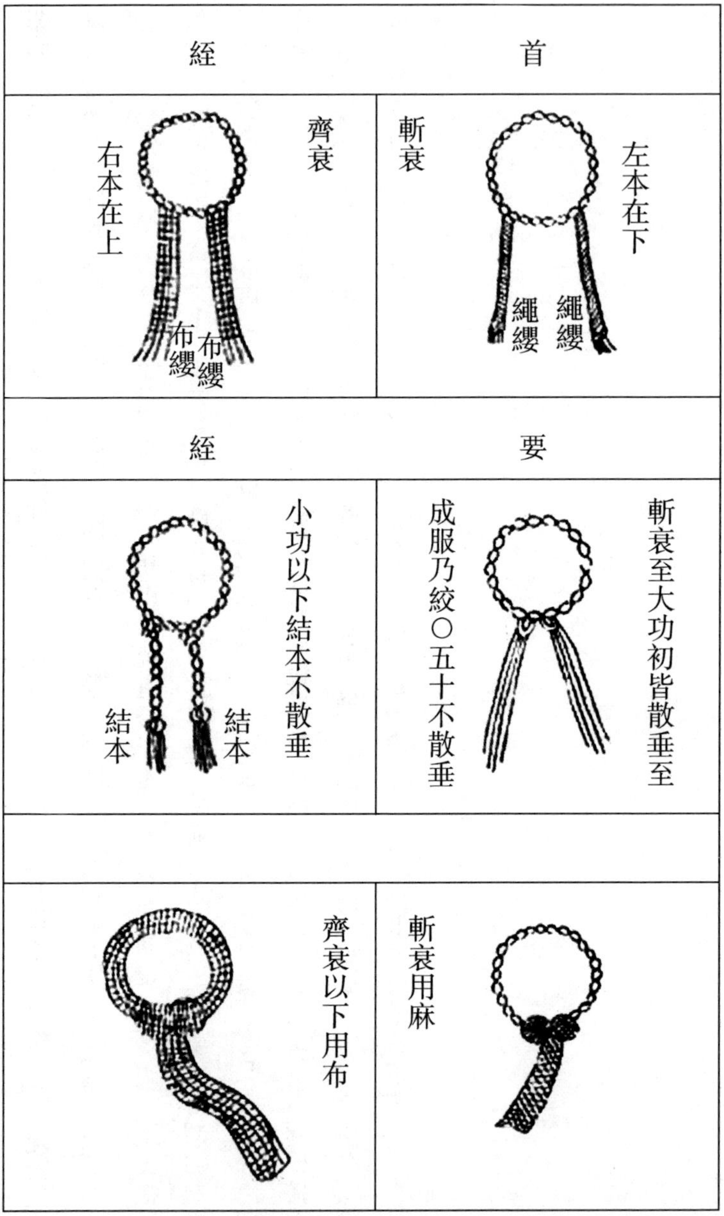
首絰
斬衰
左本在下
繩纓
繩纓
齊衰
右本在上
布纓
布纓
要絰
斬衰至大功初皆散垂至成服乃絞○五十不散垂
小功以下結本不散垂
結本
結本
斬衰用麻
齊衰以下用布

杖。○斬衰，苴杖。齊衰，削杖。○傳：苴杖，竹也。爲父。削杖，桐也。爲母。杖各齊其心，皆下本。疏曰：「云『杖各齊其心』者，杖之高下以心爲斷也。云『皆下本』者，本，根也。」○《小記》：「絰殺三分而去一，杖大如絰。」如要絰也。

右杖制。

屨。○斬衰菅屨。○傳：菅屨者，菅菲也，外納。鄭云「納，收餘也」，王謂「正向外編之」。○齊衰，疏屨。○傳：疏屨者，藨蒯之菲也。

右屨制。案：經云「齊衰不杖，麻屨」。○《小記》：「齊衰三月與大功同，繩屨。」○鄭注云：「舊説小功以下結屨，無絇。」○案：疏云：「絇者，屨鼻頭有飾，爲行戒。今喪中去飾，故無絇。」

婦人喪服制度

衰。○女子子在室爲父衰三年。凡服，上曰衰，下曰裳。此但言衰，不言裳，婦人不殊裳。衰如男子衰，下如深衣，深衣則衰無帶下，又無衽。○疏曰：「『婦人不殊裳』者，案：《周禮·內司服》：『王后六服，皆單言衣，不言裳，以連衣裳，不別見裳。』則此喪服亦連裳於衣，衰亦綴於衣，故直名『衰』也。云『衰如男子衰』者，亦如記所云『凡衰，外削幅』以下之制，如男子衰也。『下如深衣』者，如深衣六幅，破爲十二，闊頭嚮下，狹頭嚮上，縫齊倍要也。云『深衣則衰無帶下』者，案：記云『衣帶下尺』，注云『衣帶下尺者，要也，廣尺足以掩裳上際也』。今此裳既縫著衣，不見裹衣，故不須要以掩裳上際也。云『又無衽』者，記云『衽二尺有五寸』，注云『衽，所以掩裳際也』，彼據男子裳前三幅，後四幅，開兩邊，露裹衣，是以須衽屬衣兩旁垂之以掩交際之處，此既下如深衣，縫之以合前後，邊不開，故不須衽以掩之也。」

右衰制。

總。○女子子在室爲父，布總。○傳：總六升，長六寸。束髮謂之總，既束其本，又總其末。「總六升」者，首飾象冠數。長六寸，謂出紒後所垂爲飾者。○疏曰：「鄭以六寸據垂之者，此斬衰六寸，南宫縚妻爲姑總八寸，以下雖無文，大功當與齊同八寸，緦麻、小功同一尺。」

右布總制。

笄。○女子子在室爲父，箭笄。○傳：箭笄長尺。《疏》曰：「云『箭笄長尺』者，此斬之笄用箭。記云：『女子適人爲父母，婦爲舅姑，用惡笄，有首。』鄭以爲榛木爲笄，長尺是也。喪中唯有此箭笄及榛二者皆長一尺，大功以下不得更容差降。」

右笄制。

髽。○女子子在室爲父，髽。髽，露紒也，蓋以麻自項而前交於額上，却繞紒如著幓頭焉。○朱先生曰：「《儀禮注疏》以男子括髮與免及婦人髽皆如著幓頭然，幓頭如今之掠頭編子，自項而前交於額上，却繞紒也。免，謂去冠。」

右髽制。

首絰。 案：《士虞》云：「卒哭，婦人説首絰。」《少儀》云：「葛絰而麻帶。」又《喪服記》注云：「婦人亦苴絰。」則婦人首絰當與男子同。

右首絰。

絰帶。 ○《士喪禮》：「婦人之帶，牡麻，結本。」案：男子大功以上，小斂皆散垂，至成服乃絞。此婦人之帶，小斂即結本，不散垂。

右絰帶制。 又案：經傳婦人無絞帶明文，惟《喪服》斬衰章疏云：「婦人亦有絞帶，以備喪禮。」又案：卒哭，丈夫去麻帶，服葛帶，而首絰不變。婦人以葛爲首絰而麻帶不變。既練，男子除絰，婦人除帶。蓋男子重首，婦人重腰故也。

杖。 案：傳云：「婦人何以不杖？不能病也。」賈疏曰：「婦人不杖，謂童子婦人。若成人婦人正杖。《喪大記》云：『三日，子夫人杖。五日，大夫世婦杖。』諸經皆有婦人杖文。如姑在爲夫杖，母爲長子杖。《喪服小記》云：『女子子在室爲父母，其主喪者不杖，則子一人杖。』鄭云：『女子子在室，亦童子也。』無男昆弟，使同姓爲攝主不杖，則『子一人杖』，謂長女也。許嫁，及二十而笄，笄爲成人，成人正杖也。是其童子爲喪主則亦杖矣。」如傳所云，蓋婦人不皆杖，非不杖也。

右杖。

屨。 婦人屨經傳無明文，惟《周禮·屨人》：「命婦有散屨。」注云：「散屨，去飾。」又云：「祭祀而有散屨者，惟大祥時。」

右屨。

本宗五服圖

詳見《喪服》及補服本章。

				高祖母 齊衰三月	高祖父 齊衰三月				
			族曾祖母 緦	曾祖母 齊衰三月	曾祖父 齊衰三月	族曾祖父 曾祖之兄弟也 緦			
		族祖母 緦	從祖祖母 小功 報	祖母 齊衰不杖期	祖父 齊衰不杖期	從祖祖父 祖之兄弟也 小功 報	族祖父 族曾祖父之子 緦		
	族母 緦	從祖母 小功 報	世叔母 齊衰不杖期	母 父亡齊衰三年 父在杖期	父 斬衰	世叔父 齊衰不杖期	從祖父 從祖祖父之子也 小功 報	族父 族祖父之子也 緦	
族昆弟之妻	從祖昆弟之妻	從父昆弟之妻 緦	昆弟婦	妻 齊衰杖期	己	昆弟 齊衰不杖期	從父昆弟 世叔父之子也 大功	從祖昆弟 從祖父之子也 小功	族昆弟 族父之子也 緦
	從祖昆弟之子婦	從父昆弟之子婦	昆弟子婦 小功	婦 適大功 庶小功	子 爲子斬衰 爲庶不杖期	昆弟之子 齊衰不杖期	從父昆弟之子 小功 報	從子昆弟之子 緦	
		從父昆弟之孫婦	兄弟之孫婦 緦 報	孫婦 適小功 庶緦	孫 適不杖期 庶大功	兄弟之孫 小功 報	從父昆弟之孫 緦		
			兄弟曾孫婦	曾孫婦 無服	曾孫 緦	兄弟之曾孫 緦			
				玄孫婦	玄孫 緦				

姑姊妹女子子在室

服並與男子同，嫁反者、適人無主者亦同。

天子諸侯正統旁期服圖

天子諸侯絶旁期，尊同則不降。正統之期，不降於衆子，絶而無服。

			高祖父母　齊衰三月
			曾祖父母　齊衰三月　爲曾祖後者斬衰三年
			祖父母　齊衰期　父自廢疾及先卒孫爲祖後者斬衰三年
君爲姑嫁於國君者大功	世叔父　姑　無服		父　斬衰三年　母　齊衰三年
兄弟俱作諸侯服不杖期	兄弟　姊妹　無服	君爲姊妹嫁於國君者大功	己
君爲女子子嫁於國君者大功	衆子　無服	君爲昆弟女子子嫁於國君者大功	適子　斬衰　長中殤大功　適婦　大功
			適孫　齊衰期　婦　小功　有適子者無適孫
			曾孫　適期
			玄孫　適期　緦

案：不杖期章「爲君之父母、妻、長子、祖父母」，傳曰：「父母、長子，君服斬。父卒，然後爲祖後者服斬。」注云：「此爲君矣，而有父若祖之喪者，謂始封之君也。若是繼體，則其父若祖有廢疾不立，今君受國於曾祖。」《疏》曰：「鄭意以父祖廢疾，必以今君受國於曾祖。不取受國於祖者，若今君受國於祖，祖薨則群臣爲之斬，何得從服期？故鄭以新君受國於曾祖。趙商問：『己爲諸侯，父有廢疾不任國政，不任喪事，而爲其祖服，制度之宜，年月之斷云何？』答云：『父卒爲祖後者三年斬，何疑？』趙商又問：『父卒爲祖後者三年，已聞命矣。所問者，父在爲祖如何？欲言三年則父在，欲言期，復無主。斬杖之宜，主喪之制，未知所定。』答曰：『天子諸侯之喪，皆斬衰無期。』」

朱先生因言孫爲祖承重，頃在朝檢此條不見，後歸家檢《儀禮疏》，説得甚詳，正與今日之事一般。乃知書多看不辨，❶舊來有明經科，便有人去讀這般書，注疏都讀過。自王介甫新經出，廢明經、學究科，人更不讀書，卒有禮文之變，更無人曉得，爲害不細。

❶「看」，盧本作「有」。

己爲姑姊妹女子女孫適人者服圖

		父之姑緦（歸孫爲祖父之姊妹也）	祖行
	從祖姑緦報	姑大功	父行
從祖姊妹緦報	從父姊妹小功	姊妹大功	己
	從父兄弟之女	兄弟之女子大功	女子大功
		兄弟之女孫	女孫小功

姑、姊妹、女子子適人無主者，姑、姊妹報，不杖期。傳曰：何以期也？爲其無祭主故也。

疏曰：「無主後者，人之所哀憐，不忍降之。」

大夫降服或不降圖

從父昆弟

公之庶昆弟、大夫之子爲從父昆弟之爲大夫者，相爲服大功。

大夫、大夫之子、公之昆弟爲從父昆弟小功。

世叔父母

大夫爲世父母、叔父母爲士者大功。

大夫之子爲世叔父母、姑無主者爲大夫命婦者不杖期，報。

昆弟

大夫爲昆弟爲士者大功。

大夫之庶子爲適昆弟不杖期。

公之庶昆弟、大夫之庶子爲昆弟大功。

大夫之子爲昆弟、姊妹無主者爲大夫命婦者不杖期，報。

大夫、公之昆弟、大夫之子爲其昆弟、姊妹長殤小功。

昆弟之子

大夫之子爲昆弟之子無主者爲大夫命婦者不杖期，報。

	曾祖父母 曾祖父母爲士者如衆人。
	祖父母 大夫爲祖父母爲士者不杖期。
姑 大夫、大夫之妻、大夫之子、公之昆弟爲姑嫁於大夫者大功。大夫、大夫之子、公之昆弟爲姑適士者小功。大夫、公之昆弟、大夫之子爲姑長殤小功。	父母 公之庶昆弟、大夫之庶子爲其母大功。
姊妹 大夫、大夫之妻、大夫之子、公之昆弟爲姊妹嫁於大夫者大功。大夫之庶子爲適昆弟之長殤、中殤大功，下殤小功。大夫、大夫之子、公之昆弟爲姊妹適士者小功。	己妻 大夫之適子爲妻不杖期，世子爲妻不杖期，公之庶昆弟、大夫之庶子爲其妻大功。
女子子	大夫爲庶子之爲主者大功。大夫爲適子之長殤、中殤大功。大夫、公之昆弟、大夫之子爲其庶子之長殤小功。 子 大夫之子爲子、女子無主者爲大夫命婦者不杖期。 女子子 大夫、大夫之妻、大夫之子、公之昆弟爲女子子嫁於大夫者大功，適士者小功。大夫、公之昆弟、大夫之子爲女子子之長殤，小功。
	適孫爲士者不杖期。大夫、大夫之子、公之昆弟爲庶孫小功。 孫

大夫婦人爲大宗服圖

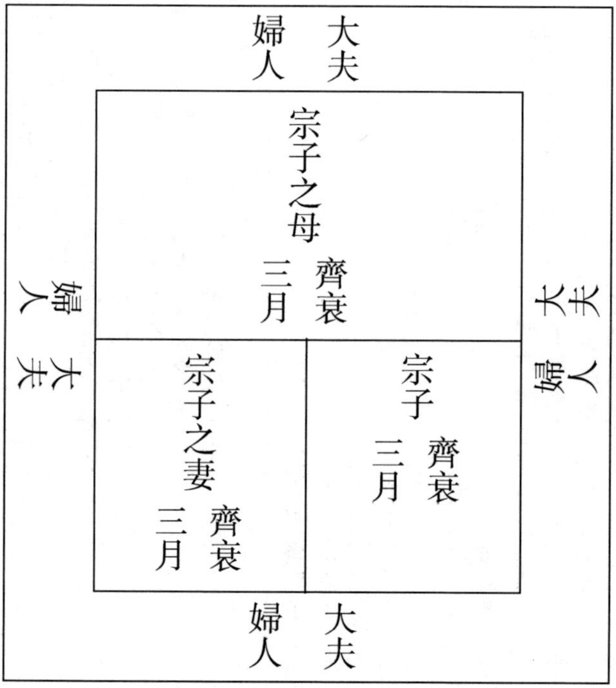

宗子之母在，則不爲宗子之妻服。疏云：「宗子母年七十已上，則宗子妻得與祭，宗人乃爲宗子妻服。」記：宗子孤爲殤，大功衰，小功衰皆三月。親則月算，如邦人，詳見齊衰三月章注疏。

問：喪祭之禮至周公然後備，夏、商而上想甚簡略。朱先生曰：「然。親親、長長、貴貴、尊賢，夏、商而上大概只是親親、長長之意，到得周來，則又添得許多貴貴底禮數，如『始封之君不臣諸父、昆弟』，『封君之子不臣諸父而臣昆弟』，『期之喪，天子、諸侯絶，大夫降，然諸侯、大夫尊同則亦不絶不降』，『姊妹嫁諸侯者則亦不絶不降』，此皆貴貴之義。上世想皆簡略，未有許多降、殺、貴貴底禮數，凡此皆天下之大經，前世所未備，到得周公搜剔出來，立爲定制，更不可易。」

己爲母黨服圖

	君母之父母小功 外祖父母 母之父母小功	
君母之姊妹小功 從母小功報 長殤緦報	母	君母之昆弟從服緦 舅緦
從母之子緦	己	舅之子緦

君母之父母、從母，君母在則不敢不從服，君母不在則不服。　爲君母後者，君母卒則不爲君母之黨服。　爲母之君母，母卒則不服。　庶子爲後者爲其外祖父母、從母舅無服，不爲後如邦人。　出妻之子爲外祖父母無服。　爲慈母之父母無服。　母出則爲繼母之黨服，母死則爲其母之黨服。　爲其母之黨服，則不爲繼母之黨服。

朱先生曰：「姊妹於兄弟未嫁期，既嫁則降爲大功，姊妹之身却不降也，故姨母重於舅也。」又問：「從母之夫、舅之妻皆無服，何也？」曰：「先王制禮，父族四，故由父而上爲族曾祖父緦麻，姑之子、姊妹之子、女子子之子皆由父而推之也。母族三，母之父、母之母、母之兄弟，恩止於舅，故從母之夫、❶舅之妻，皆不爲服，推不去故也。妻族二，妻之父、妻之母。乍看時似乎雜亂無紀，子細看則皆有義存焉。」

❶「母」，原作「一」，今據《朱子語類》卷八七改。

母黨爲己服圖

	外祖父母	
從母	母	舅
從母之子	己 外祖爲外孫緦。舅報甥緦。從母報姊妹之男女小功。舅之子報姑之子緦。從母昆弟緦。	舅之子

姑、姊妹之子、女子子及内外兄弟相報服，備見前圖。

女子子之子服緦，即外祖父母爲外孫是也。　姊妹之子服緦，即舅報甥是也。　姑之子服緦，即舅之子報姑之子是也。　舅之子，内兄弟也。姑之子，外兄弟也。

伊川先生曰：「報服，若姑之子爲舅之子服是也。異姓之服只是推得一重，若爲母而推則及舅而止，若爲姑而推可以及其子。故舅之子無服，却爲姑之子服。既與姑之子爲服，姑之子須當報之也。故姑之子、舅之子其服同。」

妻爲夫黨服圖

		夫之曾祖父緦	夫之曾祖母緦		
	夫之諸祖父報緦	夫之祖父大功	夫之祖母大功	夫之諸祖母報緦	
夫之從祖父緦	夫之叔父長殤小功中下殤 夫之世叔父大功 夫之姑小功報長殤緦	舅齊衰不杖期	姑齊衰不杖期	夫之世叔母小功報	夫之從祖母緦
夫之從父昆弟	夫之昆弟 夫之姊妹小功報長殤緦	夫斬衰	己	娣姒婦小功報	夫之從父昆弟之妻緦
夫之從父昆弟之子	子女子子長中殤大功下殤小功 夫之昆弟之子齊衰不杖期 女子適人者大功	子長子齊衰三年	婦	夫之昆弟之子婦緦	夫之從父兄弟之子婦
從父昆弟之孫	夫之昆弟之孫緦			夫之昆弟之孫婦緦	從父昆弟之孫婦

己爲妻黨服圖

案，《服問》云：「有從重而輕，爲妻之父母。有從有服而無服，公子爲其妻之父母。」

妻父緦	妻母緦
己	妻

妻黨爲己服圖

妻父爲壻緦	妻母爲壻緦
己	妻

臣爲君服圖

天子王后	諸侯爲天子斬衰。 諸侯之夫人爲天子期。 《服問》云：「夫人如外宗之爲君也。」 天子之女嫁於諸侯，爲父斬衰，爲母齊衰。 公、卿、大夫爲天子斬衰。 公、卿、大夫之妻爲天子期。
諸侯夫人	卿、大夫、士爲諸侯斬衰， 大夫之妻爲諸侯期。 《雜記》云：「外宗爲君夫人，猶内宗也。」 諸侯之女嫁於大夫，爲父斬衰，爲母齊衰。 與諸侯爲兄弟，雖在異國，服斬衰。 與諸侯五屬之親皆服斬衰。 大夫之適子爲君如士，服斬衰。 寄公爲所寓齊衰三月。
公卿大夫	貴臣爲公、卿、大夫斬衰。 傳曰：「室老、士，貴臣也，其孫皆衆臣也。」注云：「室老，家相也。士，邑宰也。」 衆臣爲公、卿、大夫布帶、繩履，❶斬衰。《疏》曰：「言厭於天子、諸侯，故降其衆臣而有帶、繩屨二事，其餘服杖、冠絰則如常也。」
士	士無臣，雖有地，不得君稱，故僕隸等爲其喪，弔服加麻。

❶「履」，原作「屨」，今據下文改。

卿大夫適子爲天子亦如士服，斬衰。
諸侯之大夫爲天子緦衰裳。
庶人爲國君齊衰三月。
注：「天子圻内之民，爲天子亦如之。」

大夫致仕者爲舊君齊衰三月。
大夫待放未去者爲舊君齊衰三月。
大夫在外待放已去者，其妻、長子爲舊國君齊衰三月。
庶人爲國君齊衰三月。庶人，兼府、史、胥、徒在官者言之。

仕而未有禄者，違而君薨，弗爲服也。違大夫之諸侯，違諸侯之大夫，不反服。世子不爲天子服。
天子圻外之民不服。
大夫不待見天子者，無服。
士不接見，亦無服。

臣從君服圖

君之祖父母齊衰不杖期。

君之父母齊衰不杖期。

大夫致仕者，爲舊君之母齊衰三月。

爲王后齊衰期。諸侯、公、卿、大夫同卿士。大夫爲小君期，内宗、外宗爲主人期。

小君齊衰不杖期。

大夫之適子爲君夫人如士服，期。天子卿大夫之適子爲王后亦然。大夫致仕者，爲舊君之妻齊衰三月。

世子齊衰不杖期。

大夫之適子爲太子如士服，期。天子卿大夫之適子爲太子亦然。

臣爲君之祖父母服。案，鄭氏注云：「此謂始封之君也。若是繼體，則其父若祖有廢疾不立，今君受國於曾祖。」《疏》云：「若今君受國於祖，祖薨則群臣爲之斬，何得從服期？故鄭以新君受國於曾祖，故君服斬，臣從服期。」

臣爲君之父服。案，前説亦謂始封之君也。若是繼體則其父有廢疾不立，今君受國於祖，故君服斬，臣從服期。

君爲臣服圖

天子	王爲三公、六卿錫衰。 不見三孤者，六卿。 爲諸侯緦衰。 爲大夫士疑衰。
諸侯	公爲大夫齊衰以居。 案，《文王世子》：「同姓之士緦衰，異姓之士齊衰，以其卿大夫已用錫衰，以三衰施於同姓、異姓之士。」
大夫	貴臣緦。 此謂公士大夫之君也。士，卿士也，殊其臣妾貴賤而爲之服。

朱先生曰：「《儀禮》不是古人預作一書如此，初間只以義起，漸漸相襲，行得好，只管切至，於情文極細密、極周緻處，聖人見此意思好，故録成書。只看古人君臣之際，如君臨臣喪，坐撫當心，要絰而踊。今日之事，至於死生之際，恝然不相關，不啻如路人，所謂君臣之義安在？祖宗時於舊執政亦嘗親臨，自渡江以來，一向廢此，只秦檜之死，高宗臨之，❶後來不復舉。」云云。

❶「高」上，盧本有「我」字。

妾服圖

妾爲君之黨服，得與女君同。女君服見《妻爲夫黨圖》。

君

妾爲君斬衰。

爲君之長子三年，與女君同。

公妾、大夫之妾爲其子期。

自爲其子期，妾不得體君，爲其子得遂也。

士之妾爲君之衆子亦期。

君之子

爲君之庶子適士者小功。出降與女君同。

大夫之妾爲君之庶子大功。降庶子與女君同。

大夫之妾爲君之庶子長殤。殤庶子，女君同。

大夫之妾爲庶子適人者小功。

女君

妾爲女君不杖期。

妾從女君而出，則不爲女君之子服。

女君死則妾爲女君之黨服，攝女君不爲先女君之黨服。

凡妾爲私兄弟，如邦人。

公士大夫士爲妾服圖

公士大夫爲貴妾緦。	女君於妾無服。 天子、諸侯於妾無服。
士妾有子而爲之緦。	

儀禮圖卷第十二

士喪禮第十二鄭《目録》云：「士喪其父母，自始死至於既殯之禮。」○疏曰：「直云父母，不言妻與長子，案下記云：『赴曰君之臣某死，赴母、妻、長子則曰君之臣某之某死。』是禮同於君之臣。不云父者，經主於父死。」

士喪禮○死於適室，幠用斂衾。適，丁狄反。幠，火吴反。○適室，正寢之室也。疾者齊，故于正寢焉。疾時處北牖下，死而遷之當牖下，有牀衽。❶幠，覆也。斂衾，大斂所并用之衾。衾，被也，小斂之衾當陳。《喪大記》曰：「始死，遷尸于牀，幠用斂衾，去死衣。」○《疏》曰：「覆尸，以去死衣，俟沐浴也。」○**記：士處適寢，寢東首于北墉下。**將有疾，乃寢於適室。○《疏》曰：「東首者，鄉生氣之所。」**有疾，疾者齊，**正情性也。適寢者，不齊不居其室。**養者皆齊，**憂也。**徹琴瑟。**去樂。**疾病，外内皆埽。**爲有賓客來問也。病甚曰疾。**徹褻衣，加新衣。**故衣垢污，爲來人穢惡之。**御者四人，皆坐持體。**爲不

❶「衽」，原作「任」，今據《儀禮注疏》改。

能自轉側。御者，今時侍從之人。○《疏》曰：「《喪大記》曰：『體一人。』」**男女改服。**爲賓客來問病亦朝服，主人深衣。**屬纊以俟絶氣。**爲其氣微難節也。纊，新絮。○《疏》曰：「案，《喪大記》注云：『纊，今之新綿，易摇動，置口鼻之上以爲候。』二注相兼乃具。《禹貢》豫州貢纖纊。」**男子不絶於婦人之手，婦人不絶於男子之手。**備褻。**乃行禱于五祀。**盡孝子之情。五祀，博言之。士二祀：曰門，曰行。**乃卒，**卒，終也。**主人啼，兄弟哭。**哀有甚有否。於是始去冠而笄纚，服深衣。《檀弓》曰：「始死，羔裘、玄冠者易之。」○《疏》曰：「啼即泣也。《檀弓》皋柴『泣血三年』，注『泣無聲，如血出』，則啼是哀之甚，發聲則氣竭而息之，聲不委曲，若性而不反，❶對齊衰以下直哭無啼。」**設牀第，當牖。衽，下莞上簟。設枕。**第，壯矣反。○病卒之間廢牀，至是設之，事相變。衽，卧席。**遷尸。**徙於牖下也。於是幠用斂衾。

○**《喪大記》：「疾病外内皆埽，寢東首於北牖下，廢牀。」**廢，去也。人始生在地，去牀，庶其生氣反。○今案：《喪大記》有「疾病，廢牀」之文，《儀禮》則無，然本紀云「乃卒，主人啼，兄弟哭。設牀第，當牖」，夫既設床第於「乃卒」之後，則知疾病時廢牀與《喪大記》合。

右死于適室。

❶「性」，《儀禮注疏》作「往」。

疾者齊處適室圖

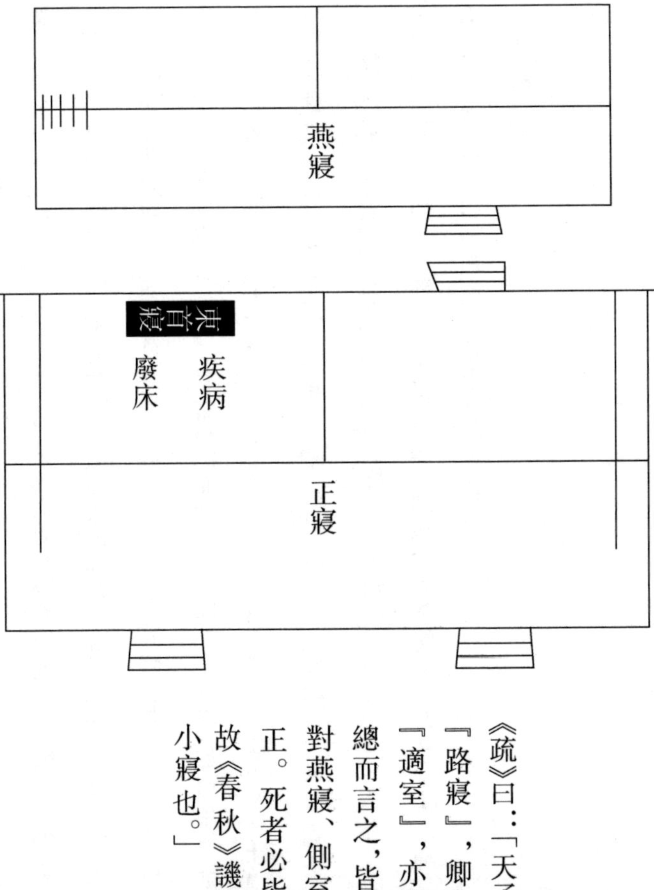

《疏》曰：「天子、諸侯曰『路寢』，卿大夫士曰『適室』，亦謂之適寢。總而言之，皆謂之正寢。對燕寢、側室，則此爲正。死者必皆於正處，故《春秋》譏僖公薨于小寢也。」

復者一人，以爵弁服，簪裳于衣，左何之，扱領于帶。何，户我反。扱，初洽反。○復者，有司招魂復魄也，天子則夏采、祭僕之屬，諸侯則小臣爲之。爵弁服，純衣、纁裳也，禮以冠名服。簪，連也。○《疏》曰：「出入之氣謂之魂，耳目聰明謂之魄。死者魂神去離於魄，今欲招取魂來，復歸於魄，故云『招魂復魄』也。云『禮以冠名服』者，欲見復時惟用緇衣、纁裳，不用爵弁，而經言『爵弁服』，是禮以冠名服也。」**升自前東榮，中屋北面招以衣，曰：「皋，某復！」三，降衣于前。**北面招，求諸幽之義也。皋，長聲也。某，死者之名也。復，反也。降衣，下之也。《喪大記》曰：「凡復，男子稱名，婦人稱字。」○《疏》曰：「復聲必三者，禮成於三。」**受用篋，升自阼階，以衣尸。**受者，受之於庭也。復者，其一人招，則受衣亦一人也。人君則司服受之，衣尸者，覆之，若得魂反之。**復者降自後西榮。**不由前降，不以虚反也。降因徹西北厞，若云此室凶，不可居然也，自是行死事。○《疏》曰：「《喪大記》將沐，『甸人取所徹廟之西北厞，薪而爨之』，故知復者降時徹之。厞，隱也，西北隅爲厞。」○**記：復者朝服，左執領，右執要，招而左。**衣朝服，服未可以變。○《疏》曰：「云『招而左』者，以左手執領，還以左手以領招之。招魂所以求生，左陽，陽主生，故用左。」

右復。

楔齒用角柶，楔，息結反。○爲將含，恐其口閉急也。❶○《疏》曰：「此角柶其形與扱醴角柶別，故屈之如軛，中央入口，兩末向上，取事便也。」綴足用燕几。綴，猶拘也。爲將屨，恐其辟戾也。○記：楔貌如軛，上兩末。事便也。○《疏》曰：「以屈入口，出易。」綴足用燕几，校在南，御者坐持之。校，脛也。尸南首，几脛在南以拘足，則不得辟戾矣。○《疏》曰：「几兩頭皆有兩足，今豎用之，一頭以夾兩足，几脚鄉南，恐几傾倒，故使人持之。」

右楔齒綴足。

奠脯醢、醴酒，升自阼階，奠于尸東。鬼神無象，設奠以馮依之。○記：即牀而奠，當腢。用吉器，若醴，若酒，無巾柶。腢，五口反。○腢，肩頭也。用吉器，器未變也。或卒無醴，用新酒。○《疏》曰：「就尸牀設之。尸南首，則在牀東，當尸肩頭。」

右始死奠。

帷堂。事小訖也。○《疏》曰：「云『事小訖也』者，以其未襲斂。必帷之者，鬼神尚幽闇故也。」

右帷堂。

乃赴于君。主人西階東，南面命赴者，拜送。赴，告也。臣，君之股肱耳目，死當有恩。有賓，則拜

---

❶ 「急」，原作「結」，今據盧本及《儀禮注疏》改。

之。賓，僚友群士也。其位猶朝夕哭矣。○記：赴曰：「君之臣某死。」赴母、妻、長子，則曰：「君之臣某之某死。」赴，走告也。

右命赴拜賓。

入，坐于牀東。衆主人在其後，西面。婦人俠牀，東面。衆主人，庶昆弟也。婦人，謂妻、妾、子姓也，亦適妻在前。親者在室。謂大功以上父兄、姑姊妹、子姓之在此者。衆婦人户外北面，衆兄弟堂下北面。衆婦人、衆兄弟，小功以下。○記：室中，唯主人、主婦坐。兄弟有命夫、命婦在焉，亦坐。別尊卑也。

右哭位。

今案：始死哭位，辨室中、户外、堂下之位。《喪大記》人君禮，子坐于東方，卿大夫、父兄子姓在其後；夫人坐于西方，内命婦、姑、姊妹子姓立于其後；外命婦率外宗哭于堂上，北面；有司、庶士哭于堂下，北面。亦必辨室中、堂上、堂下之位。蓋非特男女，内外親疏上下之位不可以不正，此亦治喪馭繁處變之大法也。

始卒禮圖

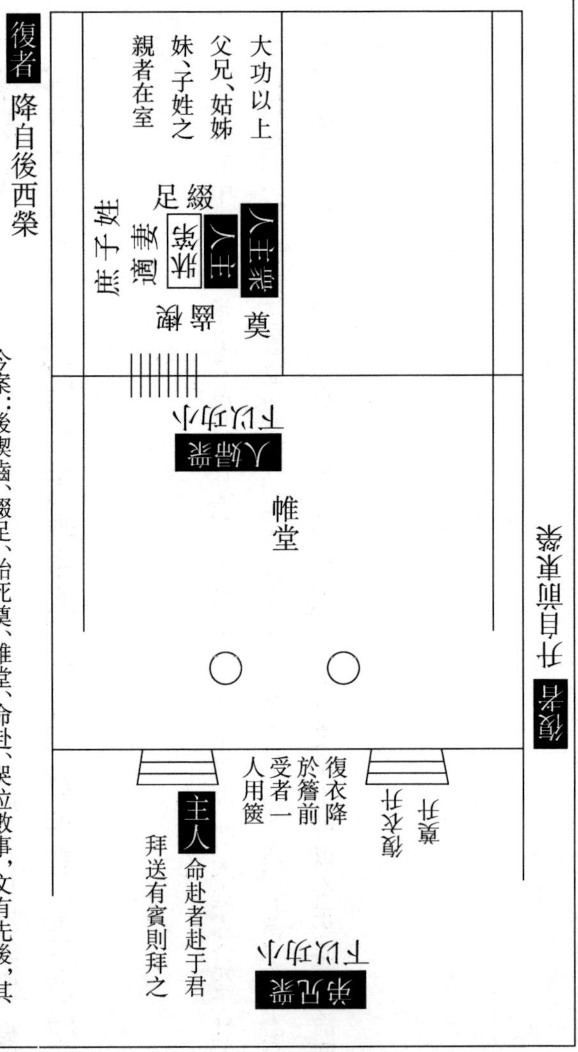

今案：後楔齒、綴足、始死奠、帷堂、命赴、哭位數事，文有先後，其實數事並作。《檀弓》曰：「復、楔齒、綴足、飯、設飾、帷堂並作。」注云：❶「作，起爲也，自復以下諸事並起，故云『並作』。」故今總見於一圖。

❶「注」，據《禮記注疏》當是「疏」之誤。

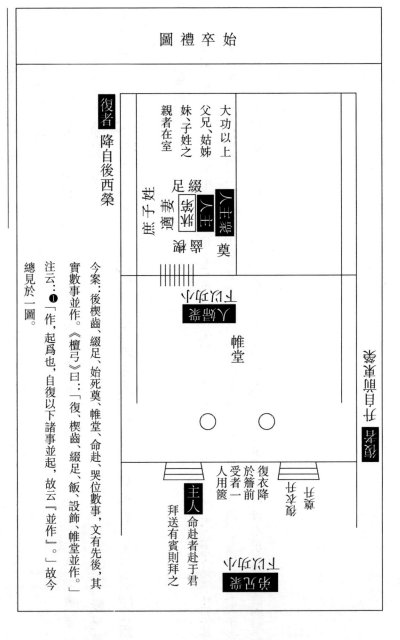

君使人弔。徹帷。主人迎于寢門外，見賓不哭，先入門右，北面。使人，士也。禮，使人必以其爵。使者至，使人入將命，乃出迎之。寢門，内門也。徹帷，㡓之，事畢則下之。○㡓，劉羗據反，閉也。○《疏》曰：「『徹帷，㡓之』者，謂褰帷而上，非謂全徹去。」○今案：《喪大記》云：「凡主人之出也，徒跣、扱衽、拊心，降自西階。」**弔者入，升自西階，東面。主人進中庭，弔者致命。**主人不升，賤也。致命曰：「君聞子之喪，使某，如何不淑。」**主人哭，拜稽顙，成踊。**稽顙，頭觸地。成踊，三者三。**賓出，主人拜送于外門外。○記：尸在室，有君命，衆主人不出。**不一主。❶

右君使人弔。

君使人襚，徹帷。主人如初。襚者左執領，右執要，入，升致命。襚之言遺也，衣被曰襚。致命曰：「君使某襚。」**主人拜如初。襚者入，衣尸，出，主人拜送如初。唯君命出，升降自西階，遂拜賓，有大夫則特拜之。即位于西階下，東面，不踊。大夫雖不辭，入也。**唯君命出，以明大夫以下時來弔襚不出也。始喪之日，哀戚甚，在室，❷故不出拜賓也。大夫則特拜，別於士旅拜也。即位西階下，未忍在主人位也。不踊，但哭拜而已。不辭而主人升入，明本不爲賓出，不成禮也。○《疏》曰：「遂拜賓者，因事曰遂，因有君命故拜賓與大夫，無君命則不出户。小斂後，賓致辭云『如何不淑』，乃復位，踊。今

❶「一」，《儀禮注疏》作「二」，當是。元刻本、盧本無「一」字。

❷「室」，原作「至」，今據《儀禮注疏》改。

不爲賓出，故不爲之踊及雖不辭而入。」

右君使人襚。

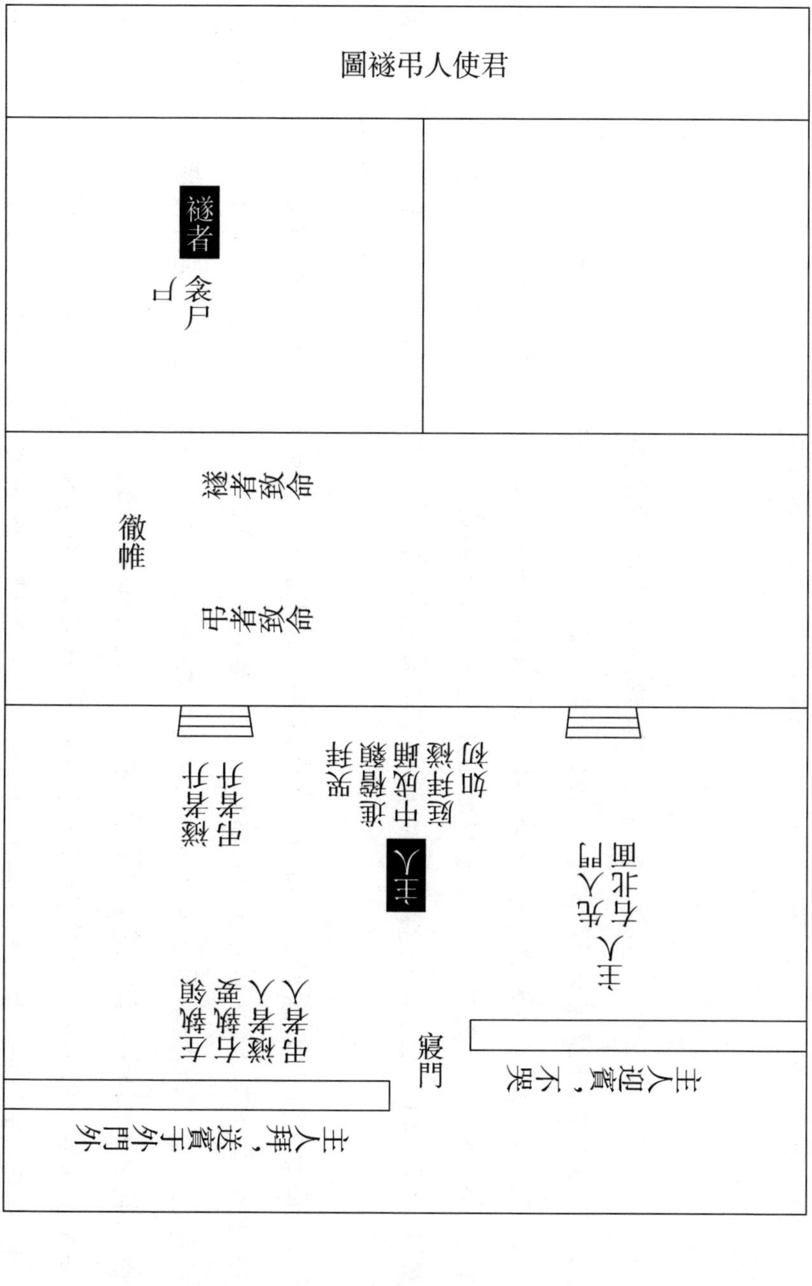
君使人弔襚圖
襚者
衣尸
徹帷
主人入
主人先入門右北面
襚者左執領右執要入
寢門
主人迎賓，不哭
主人拜，送賓于外門外

親者襚，不將命，以即陳。大功以上，有同財之義也。不將命，不使人將之致於主人也。即陳，陳在房中。○**庶兄弟襚，使人以將命于室。主人拜于位，委衣于尸東牀上。**庶兄弟，即衆兄弟也，變衆言庶，容同姓耳。將命曰：「某使某襚。」拜于位，室中位也。○**朋友襚，親以進，主人拜。委衣如初，退。哭，不踊。**親以進，親之恩也。退，下堂反賓位也。主人徒哭不踊，别於君襚也。○**徹衣者執衣如襚，以適房。**凡於襚者出，有司徹衣。○《疏》曰：「『如襚』者，亦左執領、右執要也。『適房』者，陳之。」○**記：襚者委衣于牀，不坐。**牀高，由便。**其襚于室，户西，北面致命。**始死時也。

右襚。小斂襚。

爲銘，各以其物。亡則以緇，長半幅，經末長終幅，廣三寸。書銘于末，曰：「某氏某之柩。」銘，明旌也。雜帛爲物，大夫之所建也。以死者爲不可别，故以其旗識之，愛之斯録之矣。亡，無也，無旌，不命之士也。半幅一尺，終幅二尺。有棺爲柩。**竹杠長三尺，置于宇，西階上。**杠音江。○杠，銘橦也。❶宇，梠也。○橦，大江反。梠音吕。○《疏》曰：「此始造銘訖，且置於宇下西階上，待爲重訖，以此銘置於重。又下文『卒塗』，始『置於建』，若然，此時未用，權置於此也。梠，謂檐下。」

右爲銘。

---

❶「橦」，原作「撞」，今據盧本及《儀禮注疏》改，下注音同。

甸人掘坎于階間，少西，爲坅于西牆下，東鄉。坅音役。○甸人，有司主田野者。坅，塊竈。西牆，中庭之西。○《疏》曰：「以塊爲竈，用之以煮沐浴之潘水。」○記：掘坎南順，廣尺，輪二尺，深三尺，南其壤。南順，統於堂。輪，從也。坅用塊。塊，幅也。

右掘坎爲坅。

新盆、槃、瓶、廢敦、重鬲皆濯，造于西階下。敦音對。鬲音歷。○新此瓦器五種者，重死事。盆以盛水，槃承渜濯，瓶以汲水也。廢敦，敦無足者，所以盛米也。重鬲，鬲將縣於重者也。濯，滌溉也。造，至也，猶饌也。以造言之，喪事遽。○渜，奴亂反。濯，直孝反。○陳襲事于房中，西領，南上，不綪。襲事，謂衣服也。綪讀爲䋫，䋫，屈也。襲事少，上陳而下不屈。江、沔之間，謂縈收繩索爲䋫。○縈，於營反。○明衣裳，用布。所以親身，爲圭絜也。○鬠笄用桑，長四寸，纋中。鬠音膾。纋音憂。○桑之爲言喪也，用爲笄，取其名也。長四寸，不冠故也。纋笄之中央以安髮。○《疏》曰：「以髻爲鬠，義取以髮會聚之意。笄長四寸，僅取入髻而已。纋中者，兩頭闊、中央狹也。」○布巾環幅，不鑿。環幅，廣袤等也。不鑿者，士之子親含，反其巾而已。大夫以上，賓爲之含，當口鑿之，嫌有惡。○掩，練帛廣終幅，長五尺，析其末。掩，裹首也。析其末，爲將結於頤下，又還結於項中。○瑱用白纊。瑱，他見反。○瑱，充耳。纊，新綿。幎目用緇，方尺二寸，䞓裏，著，組繫。幎音縈。䞓，丑貞反。○幎目，覆面者也。幎，讀若《詩》云「葛藟縈之」之「縈」。䞓，赤也。著，充之以絮也。組繫，爲可結也。○《疏》曰：「四角有繫，於後結之。」○**握手用玄，纁裏，長尺二寸，廣五寸，牢中旁寸，著，組繫。**牢讀爲樓，樓謂削約握之中央，以安手也。○《疏》曰：「名此衣爲握，以其在手，故言握手，不謂以手握之。云『廣五寸，牢中旁寸』者，則中央廣三寸，廣三寸，中央又容四指而已，四指指一寸，則四寸，四寸之外，更有八寸，皆廣五寸也。云『削約』者，謂削之使約少也。」○**決用正王棘若檡棘，組繫，纊極二。**決，猶闓也。挾弓以横執弦，《詩》云：「決拾既佽。」正，善也。王棘與檡棘善理堅忍者，皆可以爲決。極，猶放弦也，以沓指放弦，❶令不挈指也。生者以朱韋爲之而三，死用纊又二，明不用也。○**冒，緇質，長與手齊。䞓殺，掩足。**殺，所界反。○冒，韜尸者，制如直囊，上曰質，下曰殺。質，正也。其用之，先以殺韜足而上，後以質韜首而下，齊手。上玄下纁，象天地也。《喪大記》曰：「君錦冒黼殺，綴旁七。大夫玄冒黻殺，綴旁五。士緇冒䞓殺，綴旁三。凡冒，質長與手齊，殺三尺。」○《疏》曰：「旁綴質與殺相接之處，使相連。」○**爵弁服，純衣。**謂生時爵弁所衣之服也。純衣者，纁裳。古者以冠名服，死者不冠。**皮弁服，**皮弁所衣之服也，其服白布衣、素裳也。**褖衣，**褖，他亂反。○黑衣裳。赤緣之謂之褖，褖之言緣也，所以表袍者也。《喪大記》曰：「衣必有裳，袍必有表，不禪，謂之一稱。」○禪音丹。○《疏》曰：「知此褖衣是『黑衣裳』者，以其《士冠禮》陳三服，玄端、皮弁、爵弁，有玄端，無褖衣。此《士喪》襲亦陳三服，與彼同。此無玄端，有褖衣，故知此褖衣則玄端者也。玄端有三等裳，此喪禮質，略同玄裳而已。但此玄端連衣裳，與婦人褖衣同，故變名褖衣也。」**緇帶，**黑

❶「放」，原作「於」，今據盧本及《儀禮注疏》改。

繒之帶。○《疏》曰：「襲時三服俱著，故共一帶。」**韎韐。**韎音妹。韐，古答反。○一命緼韍。○緼音温。韍音弗。○《疏》曰：「韎者，據色而言，以韎草染之，取其赤。韐者，合韋爲之，故名韎韐也。云『一命緼韍』者，《玉藻》文，但祭服謂之韍，它服謂之韠。士一命，名爲韎韐，亦名緼韍，不得直名韍也。但《士冠禮》玄端爵韠，皮弁素韠，爵弁服韎韐，今亦三服共設韎韐者，以其重服，亦如帶矣。」○**竹笏。**笏，所以書思對命者。《玉藻》曰：「笏，天子以球玉，諸侯以象，大夫以魚須、文竹，士以竹本，象可也。」又曰：「笏度二尺有六寸，其中博三寸，其殺六分而去一。」又曰：「天子搢珽，方正於天下也。諸侯荼，前詘後直，讓於天子也。大夫前詘後詘，無所不讓。」○《疏》曰：「珽之言挺然無所屈也。或謂之大圭，長三尺。『荼讀爲舒遲之舒，舒懦者所畏在前也。詘謂圜殺其首，不爲椎頭。諸侯唯天子詘焉，是以謂笏爲荼。』『大夫奉君命出入者也，上有天子，下有己君，又殺其下而圜。』前後皆詘，故云『無所不讓』。彼雖不言士，士與大夫同。」○**夏葛屨，冬白屨，皆繶緇約純，組綦繫于踵。**繶，於力反。純，諸允反。綦，音其。踵，諸勇反。○冬皮屨，變言白者，明夏時用葛亦白也，比皮弁之屨。❶《士冠禮》曰：「素積白屨，以魁柎之。緇約繶純，純博寸。」綦，屨係也，所以拘止屨也。綦讀如馬絆綦之綦。○《疏》曰：「《士冠禮》云『爵弁纁屨』、『素積白屨』、『玄端黑屨』，三服各自用屨，屨從裳色，其色自明。今死者重用其服，屨惟一，故須見色。三服相參，帶用玄端，屨用皮弁，韎韐用爵弁，各用其一。」**庶襚繼陳，不用。**庶，衆也。不用，不用襲也。多陳之爲榮，少納之爲貴。○**貝**

❶ 「比」，盧本作「此」。

三，實于笲。笲音煩。○貝，水物，古者以爲貨，江水出焉。笲，竹器名。**稻米一豆，實於筐。**豆四升。**沐巾一，浴巾二，皆用綌，於笲。**巾，所以拭污垢。浴巾二者，上體、下體異也。綌，麤葛。**櫛，於簞。**簞，葦笥。❶**浴衣，於篋。**浴衣，已浴所衣之衣，以布爲之，其制如今通裁。**皆饌于西序下，南上。**皆者，皆具以下。東西牆謂之序，中以南謂之堂。○**記：明衣裳用幕布，袂屬幅，長下膝。**幕布，帷、幕之布，升數未聞也。屬幅，不削幅也。長下膝，又有裳，於蔽下體深也。○《疏》曰：「布幅二尺二寸，凡用布皆削去邊幅旁一寸，爲二寸計之，此『不削幅』，謂繚使相著，還以袂二尺二寸。」**有前後裳，不辟，長及轂。**辟，必亦反。轂，苦角反。○不辟，質也。轂，足跗也。凡他服，短無見膚，長無被土。○《疏》曰：「凡男子裳不連衣者，皆前三幅，後四幅，辟積其要閒，示文。今此亦前三後四，不辟積者，以其一服不動，不假上狹下寬也。」**縓綼緆。**縓，七絹反。綼，毗支反。緆，他計反。○一染謂之縓，今紅也。飾裳在幅曰綼，在下曰緆。**緇純。**七入爲緇，緇，黑色也。飾衣曰純，謂領與袂。衣以緇，裳以縓，象天地也。

右陳沐浴襲飯含之具。

管人汲，不説繘，屈之。繘，均必反。○管人，有司主館舍者。不説繘，將以就祝濯米。屈，縈也。**祝淅米于堂，南面，用盆。**淅，西歷反。○祝，夏祝也。淅，沃也。**管人盡階不升堂，受潘，煮于垼，用**

❶「笥」，原作「司」，今據盧本及《儀禮注疏》改。

重鬲。❶ 盡階，三等之上。《喪大記》曰：「管人受沐，乃煮之。甸人取所徹廟之西北厞，薪用爨之。」**祝盛米于敦，奠于貝北。** 復於筐處。**士有冰，用夷槃可也。** 謂夏月而君賜冰也。夷槃，承尸之槃。《喪大記》曰：「君設大槃，造冰焉。大夫設夷槃，造冰焉。士併瓦槃，❷無冰，設牀襢笫，有枕。」○襢，之善反。**外御受沐入。** 外御，小臣侍從者。沐，管人所煮潘也。**主人皆出户外，北面。** 象平生沐浴倮裎，子孫不在旁，主人出而襢笫。**乃沐，櫛，挋用巾。** 挋，之慎、居吝二反。○挋，脪也，❸清也。**浴用巾，挋用浴衣。** 用巾，用拭之也。《喪大記》曰：「御者二人浴，浴水用盆，❹沃水用枓。」○枓，音主。**渜濯棄于坎。** 沐浴餘潘水。巾櫛、浴衣亦并棄之。**蚤揃如他日。** 蚤讀爲爪。斷爪、揃鬚也，人君則小臣爲之。他日，平生時。**鬠用組，乃笄，設明衣裳。** 用組，組束髮也。**○記：夏祝淅米，差盛之。** 差，擇之。**御者四人，抗衾而浴，襢笫。** 抗衾，爲其倮裎蔽之也。襢，袒也。袒簀去席，盝水便。**其母之喪，則内御者浴，鬠無笄。** 内御，女御也。無笄，猶丈夫之不冠也。**○設明衣，婦人則設中帶。** 中帶，若今之襌襂。○襂音衫。

右沐浴，設明衣裳。

---

❶「鬲」，原作「南」，今據盧本及《儀禮注疏》改。

❷「瓦」，元刻本、盧本作「厓」。

❸「脪」，《儀禮注疏》作「晞」。

❹「水」，原作「冰」，今據盧本及《儀禮注疏》改。

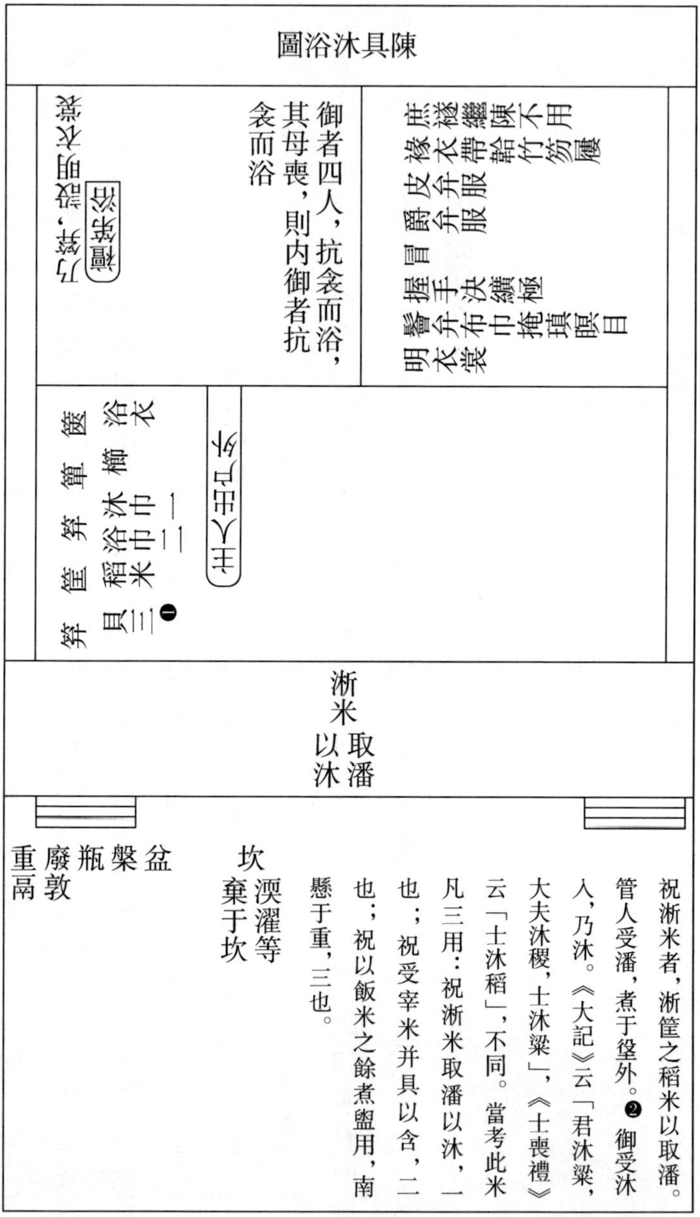
陳具沐浴圖
庶襚繼陳不用
褖衣 帶 韐 竹笏 屨
皮弁服
爵弁服
冒
握手 決 纊極
鬠笄 布巾 掩 瑱 瞑目
明衣裳
御者四人，抗衾而浴，其母喪，則內御者抗衾而浴
篋 浴衣
簞 櫛
笲 沐巾一 浴巾二
筐 稻米
笲 具三❶
淅米取潘以沐
盆
槃
瓶
廢敦
重鬲
坎
渜濯等棄于坎
祝淅米者，淅筐之稻米以取潘。管人受潘，煮于坌外。❷御受沐入，乃沐。《大記》云「君沐粱，大夫沐稷，士沐粱」，《士喪禮》云「士沐稻」，不同。當考此米凡三用：祝淅米取潘以沐，一也；祝受宰米并具以含，二也；祝以飯米之餘煮盥用，南懸于重，三也。

❶「具」，原作「具」，今據經文改。

❷「坌」，原作「役」，今據《儀禮注疏》改。

主人入，即位。已設明衣，可以入也。**商祝襲祭服，褖衣次。**商祝，祝習商禮者。商人教之以敬，於接神宜。襲，布衣牀上。祭服，爵弁服、皮弁服，皆從君助祭之服。大蜡有皮弁，素服而祭，送終之禮也。襲衣於牀，牀次含牀之東，衽如初也。《喪大記》曰：「含一牀，襲一牀，遷尸於堂又一牀。」○《疏》曰：「案：《表記》云『殷人尊神，率民以事神』，故云『於接神宜』。云『襲布衣牀上』者，此雖布衣，牀上未襲，待飯含訖乃襲。爵弁，從君助祭之服。皮弁，從君聽朔之服。引《郊特牲》大蜡之禮，證皮弁之服有二種：一者，皮弁白布衣，素積爲裳，是天子朝服，亦是諸侯及臣聽朔之服；二者，皮弁時衣裳皆素，葛帶，榛杖，大蜡時送終之禮凶服也。非此襲時所用者也。」○**主人出，南面，左袒，扱諸面之右，盥于盆上，洗貝，執以入。宰洗柶，建于米，執以從。**俱入户西鄉也。○《疏》曰：「面，前也，謂袒左袖，扱於右掖之下帶之内，取便也。洗貝柶訖，還貝于笲，建柶於敦，執以入。鄭知『俱入户，西鄉』者，以下經始云『主人與宰牀西，東面』，故知此時西鄉也。」**商祝執巾從入，當牖北面，徹枕，設巾，徹楔，受貝，奠于尸西。**當牖北面，直尸南也。設巾覆面，爲飯之遺落米也。如商祝之事位，則尸南首明矣。○《疏》曰：「未葬以前不異於生，皆南首。《檀弓》云『葬于北方，北首』者，於鬼神尚幽闇，鬼道事之故也。唯有喪朝廟時北首，順死者之孝心，故北首也。」**主人由足西，牀上坐，東面。**不敢從首前也。祝受貝、米奠之，口實不由足也。○《疏》曰：「前文祝入，『當牖，北面』，是由尸首，以其口實不可由足。」**祝又受米，奠于貝北。宰從，立于牀西，在右。**米在貝北，便扱者也。宰立牀西，在主人之右，當佐飯事。**主人左扱米，實于右，三，實一貝，左、中亦如之。又實米，唯盈。**于右，尸口之右。唯盈，取滿而已。○《疏》曰：「九扱恐不滿，是以更云實米。」○**記：卒洗貝，反于笲，實貝，柱右齻、左齻。**齻，丁干反。○象齒堅。○《疏》曰：「謂牙兩畔最長者，象生時齒堅也。」**夏祝徹餘飯。**

右飯含。

主人襲，反位。位在尸東。○《疏》曰：「鄉袒今襲，是復著衣。」○**商祝掩瑱，設幎目，乃屨，綦結于跗，連絇。**跗，方于反。絇，其于反。○掩者，先結頤下，既瑱，幎目，乃還結項也。跗，足上也。絇，屨飾，如刀衣鼻，在屨頭上，以餘組連之，止足坼也。○《疏》曰：「掩有四脚，後二脚先結頤下，無所妨，故先結之。若即以前二脚向後結于項，則掩於耳及面兩邊，瑱與幎目無所施，故先結頤下，待設瑱塞耳，并施幎目，乃結項後也。云『以餘組連之』者，以綦屨繫既結，有餘組穿連兩屨之絇，使兩足不相離，故云『止足坼』也。」○**乃襲，三稱。**稱，尺證反。杜預云：「衣禪複具曰稱。」○遷尸於襲上而衣之。凡衣，死者左衽，不紐。襲不言設牀，又不言遷尸於襲上，以其俱當牖，無大異。○《疏》曰：「《喪大記》注：『衽鄉左，反生時也。』」**明衣不在算。**算，數也。不在數，明衣、禪衣不成稱也。○**設韐、帶，搢笏。**韐、帶，韎韐、緇帶，不言韎、緇者，省文，亦欲見韐自有帶，韐帶用革。搢，扱也，插于帶之右旁。○**設決，麗于掔，自飯持之。設握，乃連掔。**掔，烏亂反。○麗，施也。掔，手後節中也。飯，大擘指本也。❶決以韋爲之籍，有彄，彄内端爲

❶「擘」，原作「掔」，今據《儀禮注疏》改。

紐，外端有横帶，設之以紐，擐大擘本也。因沓其彄，以横帶貫紐，結於掔之表也。設握者，以綦繫鉤中指，由手表與決帶之餘連結之，此謂右手也。○擘，補革反。彄，苦侯反。擐音患。○《疏》曰：「大擘指本鄉掌爲内端，屬紐；子鄉手表爲外端，屬横帶。先以紐擐大擘本，因沓其彄於指，乃以横帶繞手一帀，貫紐，反向手表結之。」○**設冒，櫜之，幠用衾。**櫜，韜盛物者，取事名焉。衾者，始死時斂衾。○**巾、柶、鬊、蚤埋于坎。**鬊音舜。蚤音爪。○坎至此築之也。將襲辟奠，既則反之。○**重木，刊鑿之。甸人置重于中庭，參分庭一，在南。**木也縣物焉曰重。刊，斲治。鑿之，爲縣簪孔也。士重木，長三尺。**夏祝鬻餘飯，用二鬲于西牆下。**夏祝，祝習夏禮者也。夏人教以忠，其於養宜。鬻餘飯，以飯尸餘米爲鬻也。重，主道也。士二鬲，則大夫四，諸侯六，天子八，與簋同差。**幂用疏布，久之，繫用靲，縣于重。幂用葦席，北面，左衽。帶用靲，賀之，結于後。**靲，竹琴反。○久，讀爲灸，謂以蓋塞鬲口也。靲，竹篾也。以席覆重，辟屈而反，兩端交於後。左衽，西端在上。賀，加也。○篾音蔑。辟音壁。○《疏》曰：「篾謂竹之青可以爲繫者。」○**祝取銘，置于重。**祝，習周禮者也。○《疏》曰：「重木待殯訖，乃置於殯，今且置於重。❶必且置于重者，以重與主皆是録神之物故也。」○**記：設握，裹親膚，繫鉤中指，結于掔。**掔，掌

❶「且」，原作「曰」，今據《儀禮注疏》改。

後節中也。手無決者，❶以握繫一端，繞掔還從上自貫，❷反與其一端結之。〇《疏》曰：「經已云『設握』，『麗于掔』，與決連結，據右手有決者，不言左手無決者，故記之。案上文握手用玄纁裹，長尺二寸，今裹親膚，據從手內置之，長尺三寸，中掩之，手是相對也。兩端各有繫，先以一端繞掔一帀，還從上自貫，又以一端嚮上，鉤中指，反與繞掔者結於掌後節也。」〇**甸人築坅坎**，築，實土其中，堅之。穿坎之名，❸一曰坅。〇《疏》曰：「甸人掘坎，還使甸人築之也。」**隸人涅厠**。隸人，罪人也，今之徒，役作者也。涅，塞也，爲人復往褻之，又亦鬼神不用。〇《疏》曰：「若然，古者非直不共偪浴，❹亦不共厠，故得云『死者不用』也。」〇**既襲，宵爲燎于中庭**。宵，夜。

右襲。

---

❶「決」，原闕，今據《儀禮注疏》補。

❷「還」，原闕，今據《儀禮注疏》補。

❸「名」，原作「各」，今據《儀禮注疏》改。

❹「偪」，原作「湢」，今據元刻本及《儀禮注疏》改。

飯含襲圖

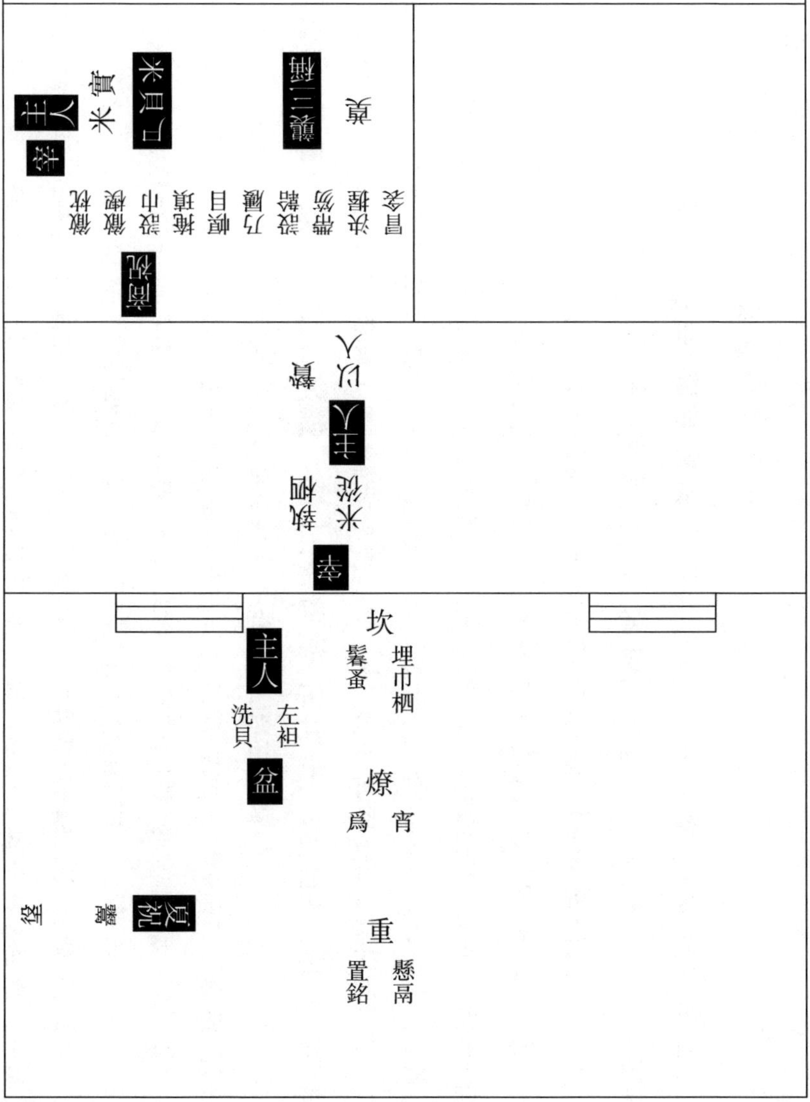

今案，既沐浴，設明衣裳，乃遷于牀，徹楔，徹枕，而後設含，此含之所以一牀也。又布襲衣于牀，待含訖，設掩，設瑱，設幎目，乃屨，於是遷尸於襲上而衣之。既襲，乃設韎韐、緇帶、搢笏，設決、設握手、設冒，櫜之，幠用衾，此襲之所以一牀也。其將襲也，則辟奠，既襲則反其初奠而奠于尸東焉。《大記》曰：「君設大槃，造冰焉。大夫設夷槃，造冰焉。士併瓦盤，無冰，設牀襢第，有枕。含一牀，襲一牀，遷尸于堂又一牀，皆有枕席，君大夫一也。」注云：「襢第，袒簀也。謂去席如浴時，禮自中春之後，尸既襲，既小斂，先内冰盤中，如設床於其上，不施席而遷尸焉，秋涼而止。士有賜冰，亦用夷盤。」

厥明，陳衣于房，南領，西上，綪。絞橫三縮一，廣終幅，析其末。綪，屈也。絞，所以收束衣服，爲堅急者也，以布爲之。縮，從也。橫者三幅，縮者一幅。析其末者，令可結也。《喪大記》曰：「絞一幅爲三。」○《疏》曰：「云『厥明』者，對昨日始死之日爲『厥明』。《喪大記》云：『凡陳衣者實之篋，取衣者亦以篋。』」**緇衾，赬裏，無紞。**紞，丁敢反。○紞，被識也。斂衣或倒，被無別於前後可也。凡衾制同，皆五幅也。**祭服次，**爵弁服、皮弁服。**散衣次，**散，息但反。○褖衣以下袍繭之屬。**凡十有九稱。**祭服與散衣。○《疏》曰：「《喪大記》注十九，『法天地之終數』，則天子以下皆同也。」**陳衣繼之，**庶襚。**不必盡用。**盡，津忍反。○取稱而已，不務多。**○記：厥明，滅燎，陳衣。**記節。○《疏》曰：「記：小斂陳衣，當襲之明旦滅燎之時。」**○凡絞、紟用布，倫如朝服。**凡，凡小斂、大斂也。倫，比也。○《疏》曰：「言類『如朝服』者，《雜記》云『朝服十五升』是也。」

右陳小斂衣。

饌于東堂下，脯、醢、醴、酒。冪奠用功布，實于簞，在饌東。饌，劉狀轉反。○功布，鍛濯灰治之布也。凡在東西堂下者，南齊坫。**設盆盥于饌東，有巾。**爲奠設盥也。喪事略，故無洗也。○《疏》曰：「喪事略，故無洗，直以盆爲盥器也。」○記：**設棜于東堂下，南順，齊于坫，饌于其上。兩甒：醴、酒，酒在南。篚在東，南順。實角觶四、木柶二、素勺二。豆在甒北，二以並，籩亦如之。**棜，今之轝也。角觶四、木柶二，爲夕進醴、酒，兼饌之也。勺二，醴、酒各一也。豆、籩二以併，則是大斂饌也。記於此者，明其他與小斂同陳。○《疏》曰：「鄭意以籩、豆之外，皆與小斂同。不謂大斂饌陳之，亦在小斂節内也。」**凡籩、豆實具設，皆巾之。**籩、豆偶而爲具，其則於饌巾之，巾之，加飾也。明小斂一豆一籩，不巾。○《疏》曰：「『實具設』，謂東堂實之，於奠設之，二處皆巾。」**觶俟時而酌，柶覆加之，面枋，及錯建之。**時，朝夕也。《檀弓》曰：「朝奠日出，夕奠逮日。」

右陳小斂奠。

苴絰，大鬲，下本在左，要絰小焉，散帶垂，長三尺。牡麻絰，右本在上，亦散帶垂。皆饌于東方。苴，七如反。鬲音革。絰，大結反。○苴絰，斬衰之絰也。苴，麻者其貌苴，以爲絰。服重者尚麤惡。絰之言實也。鬲，搤也，中人之手搤圍九寸，絰帶之差，自此出焉。牡麻者，❶齊衰以下之絰也。牡麻

---

❶「麻」下，《儀禮注疏》有「絰」字，下句「牡麻者」同。

者，其貌易，服輕者，宜差好也。饌于東方，東坫之南，苴絰爲上。○搤音戹。○《疏》曰：「此小斂訖，當服未成服之麻也。」**婦人之帶，牡麻結本，在房。**婦人亦有苴絰，但言帶者，記其異。此齊衰婦人，斬衰婦人亦苴絰也。○《疏》曰：「『記其異』，謂男子帶有散麻，婦人則結本，是其異者。」

右陳小斂服。

牀笫、夷衾，饌于西坫南。笫，簀也。夷衾，覆尸之衾。《喪大記》曰：「自小斂以往用夷衾，夷衾質殺之裁，猶冒也。」○《疏》曰：「言『小斂以往』，則此夷衾覆尸、覆柩，不入棺矣。『猶冒』者，上質下殺，形制同，唯不連則異。」**○西方盥，如東方。**爲舉者設盥也。「如東方」者，亦用盆布巾，饌於西堂下。

右饌床笫夷衾設盥。

陳一鼎于寢門外，當東塾少南，西面。其實特豚，四鬄，去蹄，兩胉，脊，肺。設扃鼏，鼏西末。素俎在鼎西，西順。覆匕，東柄。鬄，託歷反。胉音愽。○鬄，解也。四解之殊，肩髀而已，喪事略。去蹄，去其甲，爲不潔清也。胉，脅也。素俎，喪尚質，既饌將小斂，則辟襲奠。○《疏》曰：「鼎用茅爲編，言『西末』，則茅本在東。云『喪事略』，謂豚解不體解也。四鬄并兩胉、脅與脊，總爲七體。」

右陳鼎俎。

士盥，二人以並，東面立于西階下。立，俟舉尸也。**○布席于户内，下莞上簟。**有司布斂席也。**商祝布絞、衾、散衣、祭服。祭服不倒，美者在中。**斂者趨方，或傎倒衣裳；祭服尊，不倒之也。美，善也，善衣後布，於斂則在中也。既後布祭服，而又言「善者在中」，明每服非一稱也。

右布席布衣。

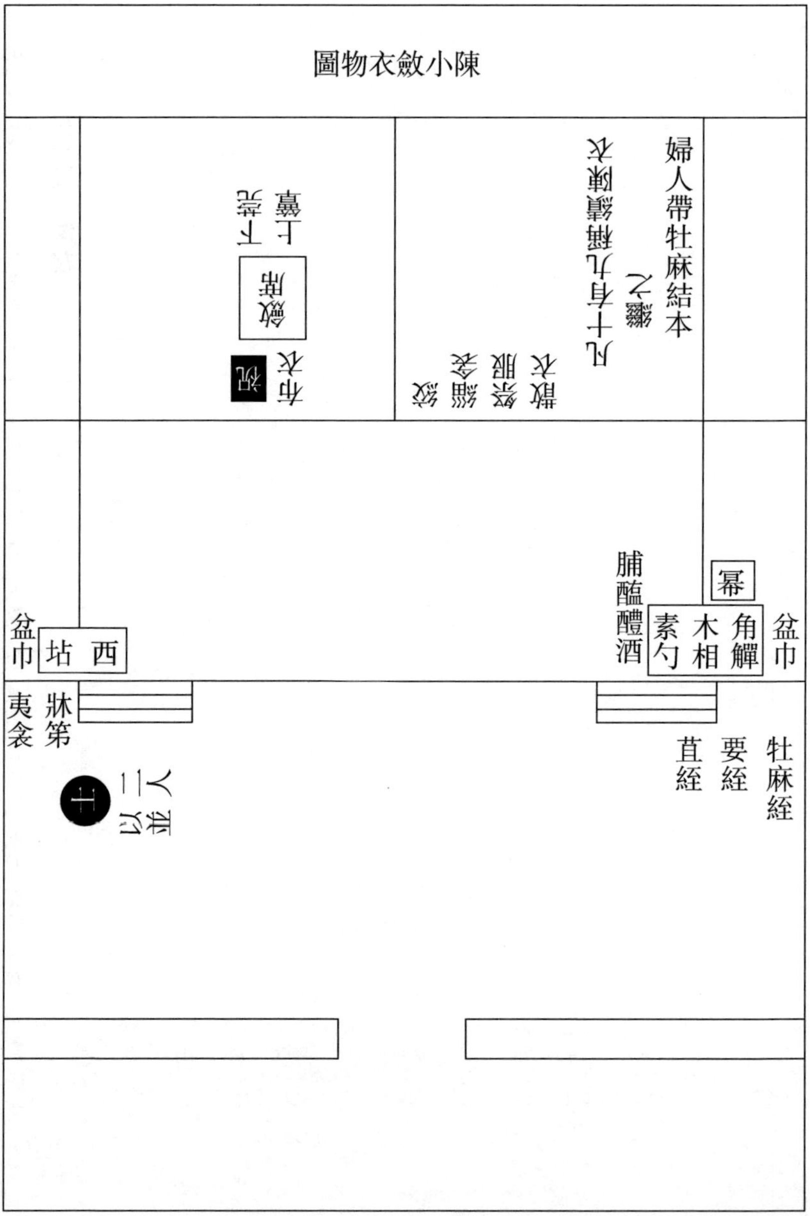
婦人帶牡麻結本
凡十有九稱陳衣
繼之
散衣
祭服
緇衾
絞
斂席
上簟
下莞
布衣
祝
冪
角觶
木柶
素勺
脯醢醴酒
盆巾
西坫
盆巾
牀笫
夷衾
牡麻絰
要絰
苴絰
士

陳小斂衣物圖

士舉遷尸，反位。遷尸於服上。○**設牀第于兩楹之間，衽如初，有枕。**衽，寢臥之席也，亦下莞上簟。○**卒斂，徹帷。**尸已飾。○**主人西面馮尸，踊無算。主婦東面馮，亦如之。**馮，服膺之。**主人髺髮，袒，衆主人免于房。**髺音括。○始死，將斬衰者雞斯，將齊衰者素冠，今至小斂變，又將初變服也。髺髮者，去笄纚而紒。衆主人免者，齊衰將袒，以免代冠。冠，服之尤尊，不以袒也。免之制未聞，舊説以爲如冠狀，廣一寸。《喪服小記》曰「斬衰髺髮以麻，免而以布」，此用麻布爲之，狀如今之著幓頭矣，自項中而前，交於額上，郤繞紒也。于房、于室，釋髺髮宜於隱者。○《疏》曰：「問『喪雞斯』，鄭云：『當爲笄纚。』」**婦人髽于室。**髽，側瓜反。○始死，婦人將斬衰者去笄而纚，將齊衰者骨笄而纚。❶今言「髽」者，亦去笄纚而紒也。齊衰以上至笄猶髽。髽之異於髺髮者，既去纚而以髮爲大紒，如今婦人露紒其象也。《檀弓》曰：「南宮縚之妻之姑之喪，夫子誨之髽，曰：『爾毋縱縱爾，爾毋扈扈爾。』」其用麻布，亦如著幓頭然。○紒音計。幓，七消反。○**士舉，男女奉尸，侇于堂，幠用夷衾。男女如室位，踊無算。**侇音夷。○侇之言尸也。夷衾，覆尸柩之衾也。堂謂楹間牀第上也。**主人出于足，降自西階。衆主人東即位。婦人阼階上西面。主人拜賓，大夫特拜，士旅之。即位，踊，襲絰于序東，復位。**拜賓，鄉賓位拜之也。即位，踊，東方位。襲絰于序東，東夾前。○《疏》曰：「主人降階就拜賓之時，衆主人遂

❶「齊」，原作「斬」，今據四庫本及《儀禮注疏》改。

東，即位，襲絰于序東，謂鄉堂東，東西當序牆之東，又當東夾之前，非謂就堂上東夾前也。」○**記：無踊節。**其哀未可節也。**既馮尸，主人袒，髻髮，絞帶，衆主人布帶。**衆主人，齊衰以下。

右小斂。

小斂圖

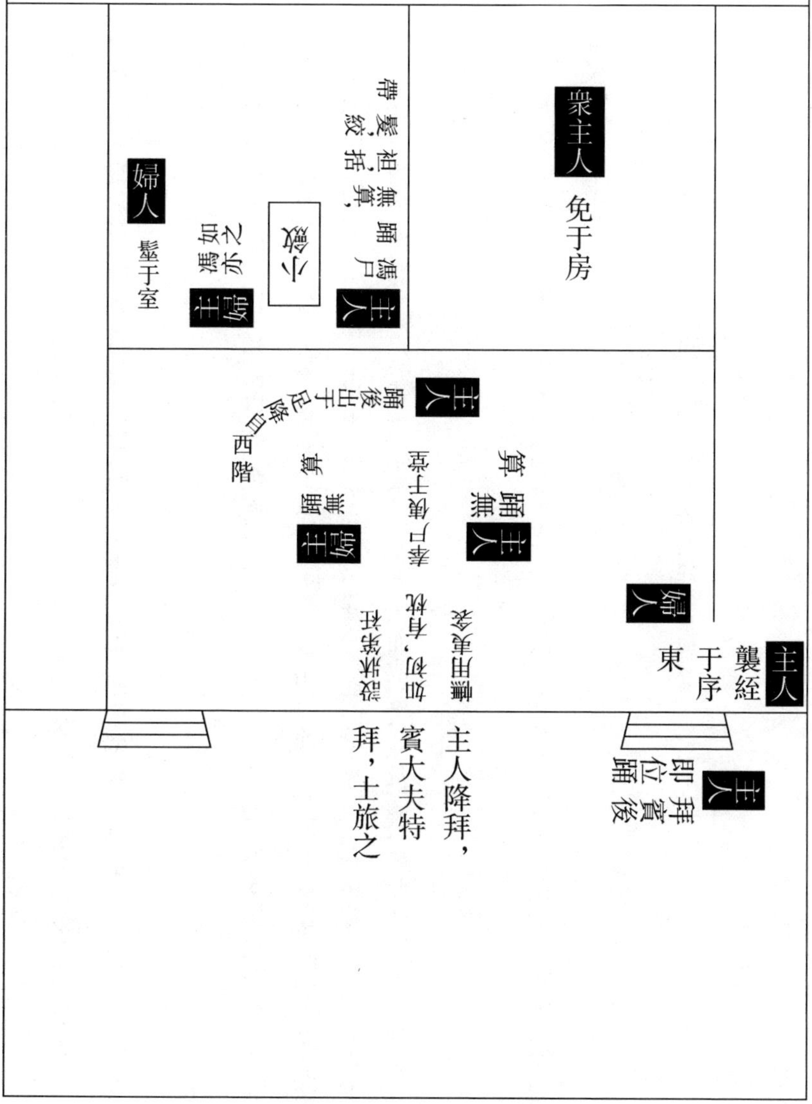
眾主人
免于房
婦人
髽于室
主婦
馮亦如之
主人
馮尸，踊無算，袒，括髮，絞帶
主人
踊後出于足降自西階
主人
踊無算
奉尸侇于堂
主婦
踊無算
婦人
幠用夷衾
如初，有枕
設牀笫衽
主人
襲絰于序東
主人降拜，賓大夫特拜，士旅之
主人
拜賓後即位踊

小斂變服有二節

小斂于户内，主人、主婦馮尸而後，主人髻髮，袒，絞帶，婦人髽于室。　衆主人免于房，布帶。奉尸，侇于牀，主人踊無算，降拜賓，還即阼階下主人位，踊，而後襲絰于序東。云襲者，髻髮則袒，至此方襲而絰。

爲父母有小異

《小記》曰：「斬衰括髮以麻，爲母括髮以麻，免而以布。」《大記》曰：「奉尸侇于堂，降拜賓，主人即位，襲帶絰踊。母之喪即位而免。」《疏》云：「爲父小斂訖，括髮，自項以前交於額上，卻繞紒如著幓頭焉。爲母小斂後，括髮與父禮同。自小斂後至尸出堂，子拜賓之時，猶與父不異。至拜賓後，子往即堂下位時，則異也。若爲父此時猶括髮而踊，襲絰帶于序東，以至大斂而成服。若母喪，於此時則不復括髮，乃著布免踊而襲絰帶以至成服。」

《喪大記》拜賓之節

君拜寄公、國賓、大夫、士，拜卿、大夫於位，於士旁三拜。夫人亦拜寄公夫人於堂上，大夫内子、士妻特拜命婦，汜拜衆賓於堂上。

哭尸于堂上，由外來奔喪之位

主人在東方，由外來者在西方，諸婦南鄉。無奔喪者，婦人東向。

乃奠。祝與執事爲之。舉者盥，右執匕，卻之，左執俎，横攝之。❶入，阼階前西面錯，錯俎北面。舉者盥，出門舉鼎者，右人以右手執匕，左人以左手執俎，因其便也。攝，持也。西面錯，錯鼎於此，❷宜西面，錯俎北面，俎宜西順之。〇《疏》曰：「各以内手舉鼎，外手執匕、俎，故云『便也』。」右人左執匕，抽扃予左手，兼執之，取鼏委于鼎北，加扃，不坐。抽扃、取鼏、加扃於鼏上，皆右手。乃朼載。載兩髀于兩端，兩肩亞，兩胉亞，脊肺在於中，皆覆。進柢，執而俟。柢，于計反。〇乃朼，以朼次出牲體，右人也。載，受而載於俎，左人也。亞，次也。凡七體皆覆，爲塵。柢，本也。進本者，未異於生也。骨有本末。夏祝及執事盥，執醴先，酒、脯醢、俎從，升自阼階。丈夫踊。甸人徹鼎巾，待于阼階下。執事者，諸執奠事者。巾，功布也。❸執者不升，已不設。祝既錯醴，將受之。〇《疏》曰：「執者不升，唯據執巾者，祝將受之以覆酒、醴。」奠于尸東，執醴、酒，北面，西上。執醴、酒者先升，尊也。立而俟，後錯，要成也。豆錯，俎錯于豆東，立于俎北，西上。醴酒錯于豆南。祝受巾，巾之，由足降自西階。婦人踊。奠者由重南東，丈夫踊。巾之，❹爲塵也。東，反其位。〇《疏》曰：「主人位在阼

❶「横」，原作「撗」，今據元刻本及《儀禮注疏》改。
❷「此」，原作「北」，今據盧本及《儀禮注疏》改。
❸「布」，原作「帶」，今據盧本及《儀禮注疏》改。
❹「巾」，原作「由」，今據上經文及《儀禮注疏》改。

階下，婦人位在上，故奠者升，丈夫踊，奠者降，婦人踊，各以所見先後爲踊之節也。云『奠者由重東南，丈夫踊』者，奠訖，主人見之，更與主人爲踊之節也。」**賓出，主人拜送于門外。**廟門外也。○《疏》曰：「以鬼神所在即曰廟，故名適寢爲廟也。」**乃代哭，不以官。**代，更也。孝子始有親喪，悲哀憔悴，禮防其以死傷生，使之更哭，不絶聲而已。人君以官尊卑，士賤，以親疏爲之。三日之後哭無時。《周禮·挈壺氏》：「凡喪，縣壺以代哭。」○**記：小斂辟奠，不出室。**未忍神遠之也。辟襲奠以辟斂，既斂則不出於室，設於序西南，畢事而去之。

右小斂奠。

小斂奠圖

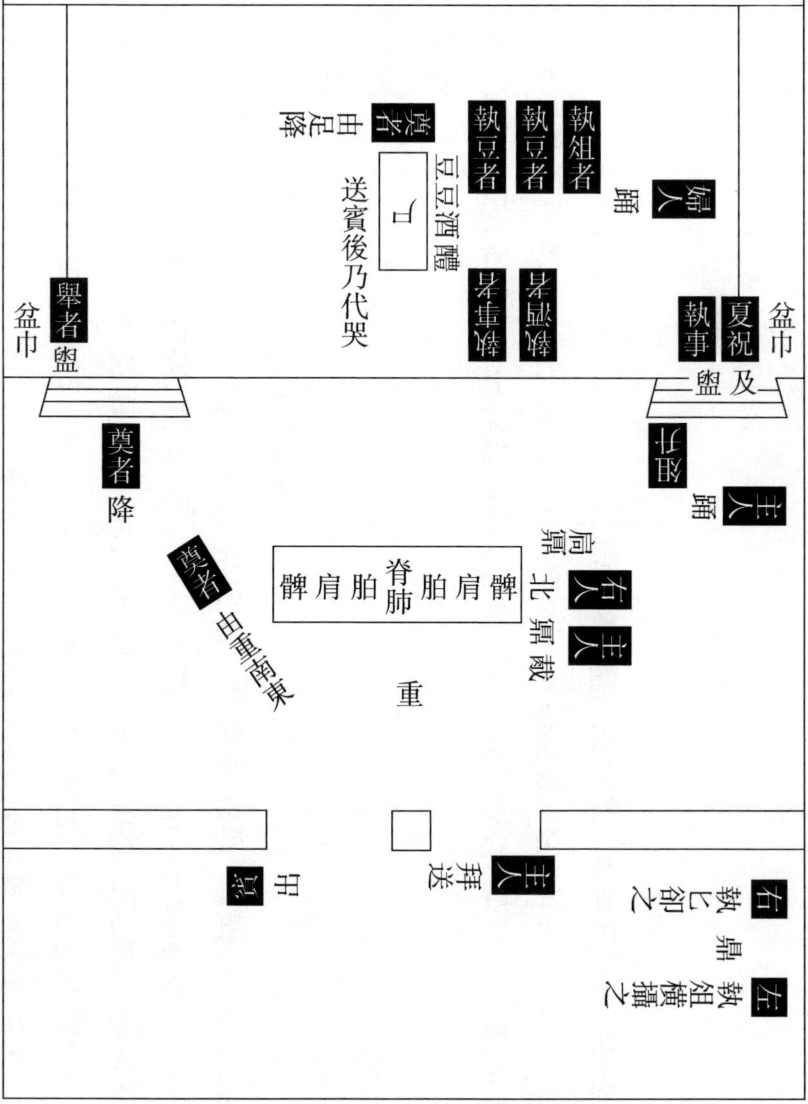
執俎者
執豆者
執豆者
婦人踊
奠者由足降
豆豆酒醴
送賓後乃代哭
執醴者
執事者
舉者盥
盆巾
夏祝及執事盥
盆巾
奠者降
主人踊
奠者由重南東
髀 肩 胉 脊 肺 胉 肩 髀
右人
扃鼏
主人
北
鼏
載
重
主人拜送
右執匕卻之
鼎
左執俎橫攝之

有襚者則將命。擯者出請，入告。主人待于位。喪禮略于威儀，既小斂，擯者乃用辭。出請之辭曰：「孤某，使某請事。」擯者出告須，以賓入。須，亦待也。出告之辭曰：「孤某須矣。」賓入中庭，北面致命。主人拜稽顙。賓升自西階，出于足，西面委衣，如於室禮，降，出。主人出，拜送。朋友親襚，如初儀，西階東北面哭，踊三，降。主人不踊。朋友既委衣，又還哭於西階上，不背主人。襚者以褶，則必有裳，執衣如初。徹衣者亦如之。升降自西階，以東。帛爲褶，無絮，雖複與禪同，有裳乃成稱，不用表也。以東，藏以待事也。

右有襚者。大斂襚。

宵爲燎于中庭。宵，夜也。❶燎，火燋。

右設燎。

厥明，滅燎。陳衣于房，南領，西上，綪。絞、紟、衾二。君襚、祭服、散衣、庶襚，凡三十稱。紟不在算，不必盡用。紟，單被也。衾二者，始死斂衾，今又復制也。小斂衣數，自天子達，大斂則異矣。❷《喪大記》曰：「大斂布絞，縮者三，横者三。」◯東方之饌：兩瓦甒，其實醴、酒；角觶、木柶；

❶「夜」，原作「衣」，今據《儀禮注疏》改。

❷「大」，原作「夫」，今據元刻本、盧本改。

毼豆兩，其實葵菹芋、蠃醢；兩籩無縢，布巾，其實栗，不擇；❶**脯四脡。**甒，亡甫反。毼，苦瞎反。蠃，力禾反。縢，大登反。脡，大頂反。○此饌但言東方，則亦在東堂下也。毼，白也。齊人或名全菹爲芋。縢，緣也。《詩》云：「竹秘緄縢。」布巾，籩巾也，籩豆具而有巾，盛之也。《特牲饋食禮》有「籩巾」。○《疏》曰：「菹法：短四寸者全之，若長於四寸則切之。喪中之菹葵雖長而不切，故取齊人全菹爲芋之解。不言豆巾者，菹醢濕物，不嫌無巾，其實有巾矣。」**奠席在饌北，斂席在其東。**大斂奠而有席，彌神之。○《疏》曰：「有巾又有席，是彌神之。」○**掘肂見衽。**掘，其勿反。肂，以二反，又音四。見，賢遍反。○肂，埋棺之坎者也，❷掘之於西階上。衽，小要也。《喪大記》曰：「君殯用輴，欑至于上，❸畢塗屋；大夫殯以幬，欑置于西序，塗不塈于棺；士殯見衽，塗上，帷之。」又曰：「君蓋用漆，三衽三束。大夫蓋用漆，二衽二束。士蓋不用漆，二衽二束。」○要，一遥反。輴，勑倫反。欑，在官反。○《疏》曰：「肂訓爲陳，謂陳尸於坎。《檀弓》『周人殯於西階之上』，引《喪大記》曰：『畢，盡也，四面及上盡塗之，如屋然。』大夫不得四面，但逼西序，以木幬覆棺。不塈棺者，『欑中狹小，裁取容棺』，但欑木不及棺而已。士見其小要，於上塗之。云『帷之』者，君、大夫、士皆同。『用漆』者，塗合牝牡之中也。君棺蓋每縫爲三道小要，每道爲一條皮束之，大

---

❶「擇」，原作「檡」，今據《儀禮注疏》改。
❷「者」，原闕，今據元刻本、盧本補。
❸「欑」，原作「攢」，今據《儀禮注疏》改。

夫、士降于君也。」〇今案：古者棺不釘鑿，棺蓋之際以衽連之，其形兩端大而中小，所謂小要也。見衽者，衽出見於平地，殣深淺之節也。**棺入，主人不哭。升棺用軸，蓋在下。**軸，輁軸也，輁狀如牀，軸其輪，輓而行。〇《疏》曰：「詳見《既夕》『遷于祖用』並注。」❶**熬黍、稷各二筐，有魚腊，饌于西坫南。**熬，五刀反。〇熬，所以惑蚍蜉，令不至棺旁也。爲舉者設盆盥于西。〇《疏》曰：「《喪大記》注：『熬者，煎穀也。將塗設於棺旁。』此士二筐，首足各一筐，餘設於左右。」**陳三鼎于門外，北上。豚合升，魚鱄、鮒九，腊左胖，髀不升，其他皆如初。**鱄，市轉反。〇合升，合左右體升於鼎。其他皆如初，謂豚體及匕俎之陳如小斂時，合升四鬄，亦相互耳。**燭俟于饌東。**燭，燋也。饌，東方之饌。有燭者，堂雖明，室猶闇。火在地曰燎，執之曰燭。〇燋，哉約反。

右陳大斂衣、奠及殯具。

---

❶「遷」，原作「還」，今據《儀禮注疏》改。

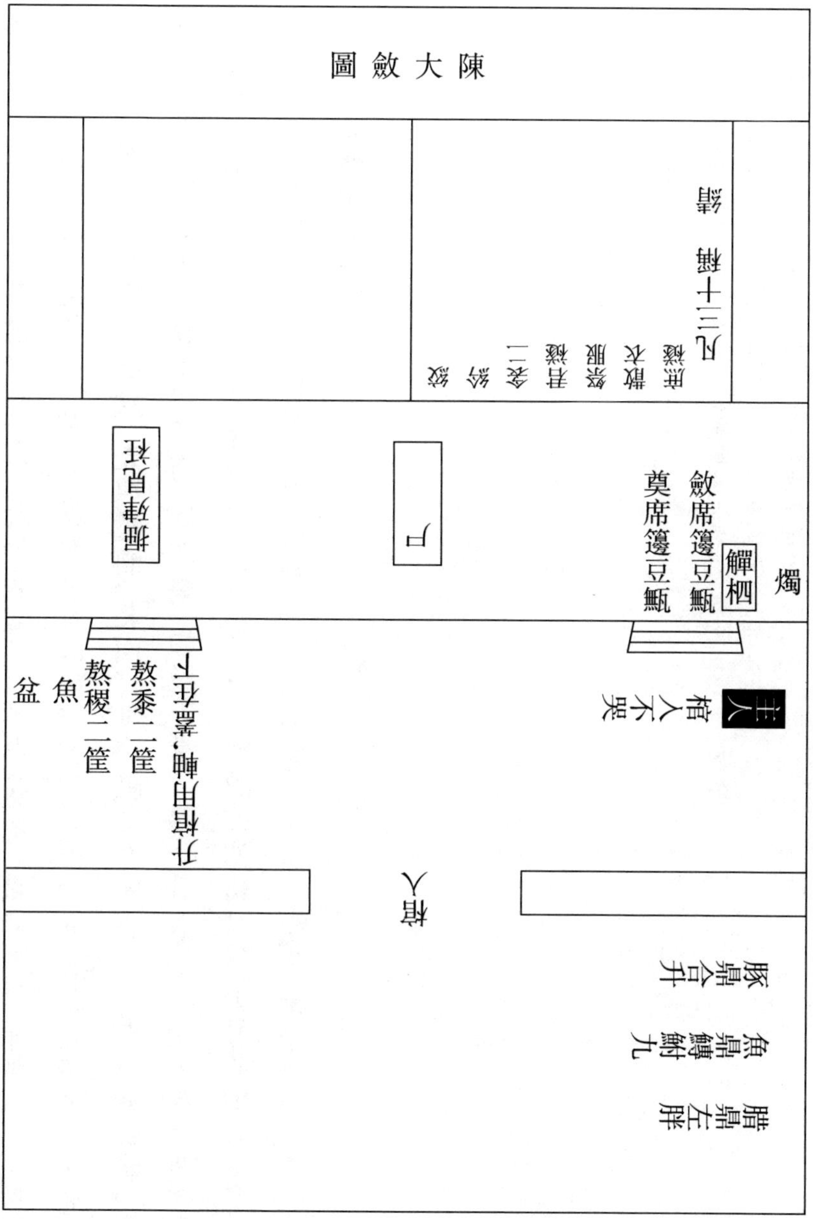
陳大斂圖
凡三十稱
綪
絞
紟
衾二
君襚
祭服
散衣
庶襚
燭
觶柶
斂席籩豆簞
奠席籩豆簞
戶
掘肂見衽
主人
棺入不哭
升棺用軸，蓋在下
熬黍二筐
熬稷二筐
魚
盆
棺入
豚鼎合升
魚鼎鱄鮒九
腊鼎左胖

祝徹盥于門外，入，升自阼階，丈夫踊。祝、徹，祝與有司當徹小斂之奠者。小斂設盥于饌東，有巾。大斂設盥于門外，彌有威儀。**祝徹巾，授執事者以待。**授執巾者於尸東，使先待於阼階下，爲大斂奠，又將巾之。❶祝還徹醴也。**徹饌，先取醴酒，北面。**北面立，相待，俱降。**其餘取先設者，出于足，降自西階。婦人踊。設于序西南，當西榮，如設于堂。**爲求神於庭，孝子不忍使其親須臾無所馮依也。❷堂，謂尸東也。凡奠設于序西南者，畢事而去之。**醴酒位如初。執事豆北南面，東上。**如初者，如其醴酒北面西上也。執醴尊，不爲便事變位。❸**乃適饌。**東方之新饌。**帷堂。**徹事畢。

右徹小斂奠帷堂。

---

❶「又」，原作「及」，今據盧本及《儀禮注疏》改。
❷「使」，原作「死」，今據盧本及《儀禮注疏》改。
❸「位」，原作「立」，今據盧本及《儀禮注疏》改。

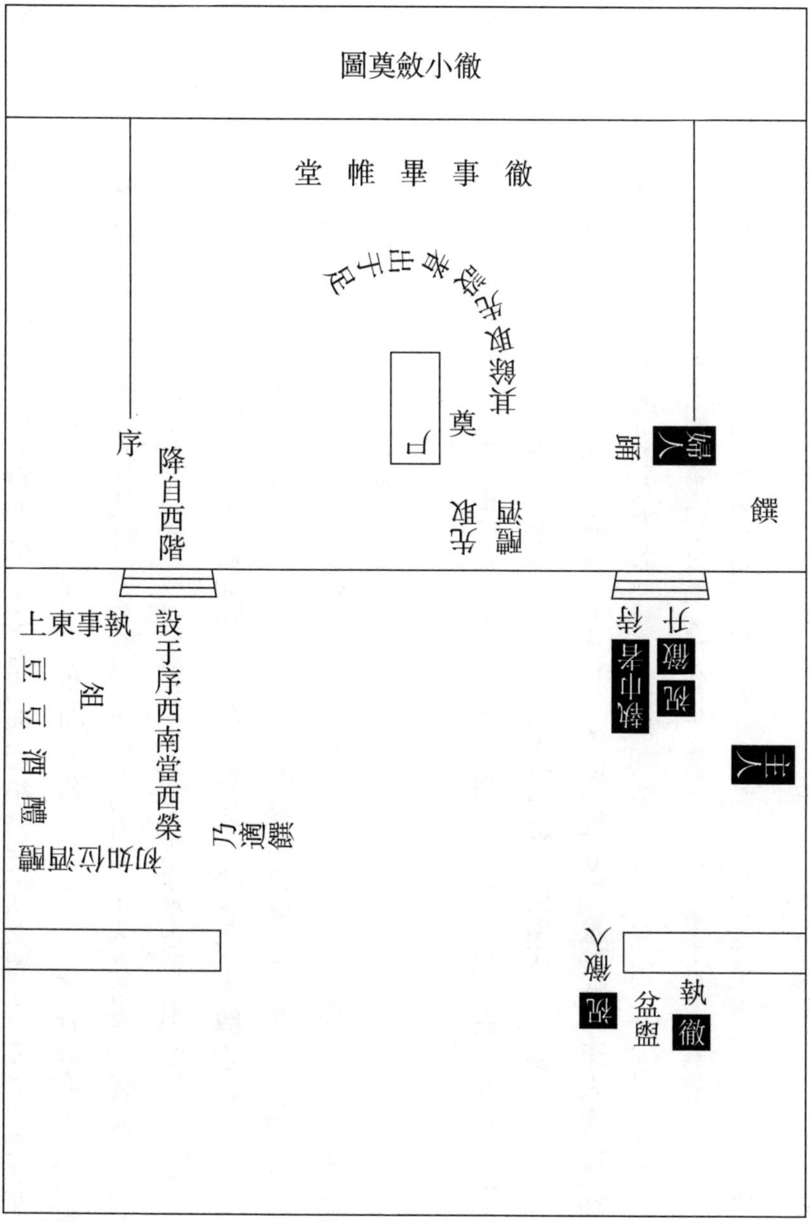
徹小斂奠圖
徹事畢堂
其餘取先設者出于足
奠
醴酒
先取
婦人
踊
饌
序
降自西階
設于序西南當西榮
執事東上
俎
豆豆酒醴
如初位酒醴
乃適饌
升
徹
祝
執事待
主人
徹入
祝
執
盥
徹

婦人尸西，東面。主人及親者升自西階，出于足，西面袒。袒，大斂變也。不言髽免髻髮，小斂以來自若矣。士盥，位如初。亦既盥，並立西階下。布席如初。亦下莞上簟，鋪於阼階上，於楹間爲少南。商祝布絞、紟、衾、衣，美者在外，君襚不倒。至此乃用君襚，主人先自盡。有大夫，則告。後來之則告以方斂，非斂時則當降拜之。○《疏》曰：「《檀弓》：『大夫弔，當事而至，則辭焉。』」士舉遷尸，復位。主人踊無算。卒斂，徹帷。主人馮如初，主婦亦如之。○記：大斂于阼。未忍便離主人位也。主人奉尸斂于棺，則西階上賓之。大夫升自西階，階東北面東上。視斂。既馮尸，大夫逆降，復位。中庭西面位。○《疏》曰：「『朝夕哭』云『主人入堂下，直東序，西面。卿大夫在其南』，卿大夫與主人同西面向殯，故知大夫位在『中庭西面』也。」

右大斂。

主人奉尸斂于棺，踊如初，乃蓋。棺在肂中斂尸焉，所謂殯也。《檀弓》曰：「殯於客位。」主人降，拜大夫之後至者，北面視肂。北面於西階東。衆主人復位，婦人東復位。阼階上下之位。設熬，旁一筐，乃塗，踊無算。以木覆棺上而塗之，爲火備。卒塗，祝取銘置于肂，主人復位，踊襲。爲銘設柎，樹之肂東。○記：既殯，主人說髦。說，士活反。髦音毛。○兒生三月，剪髮爲鬌，男角女羈，否則男左女右，長大猶爲飾存之，謂之髦，所以順父母幼小之心。至此尸柩不見，喪無飾，可以去之。髦之形象未聞。○《疏》曰：「《内則》注：『夾囟曰角，午達曰羈。』《毛詩箋》曰：『髦者，髮至眉，子事父母之飾。』」

右殯。

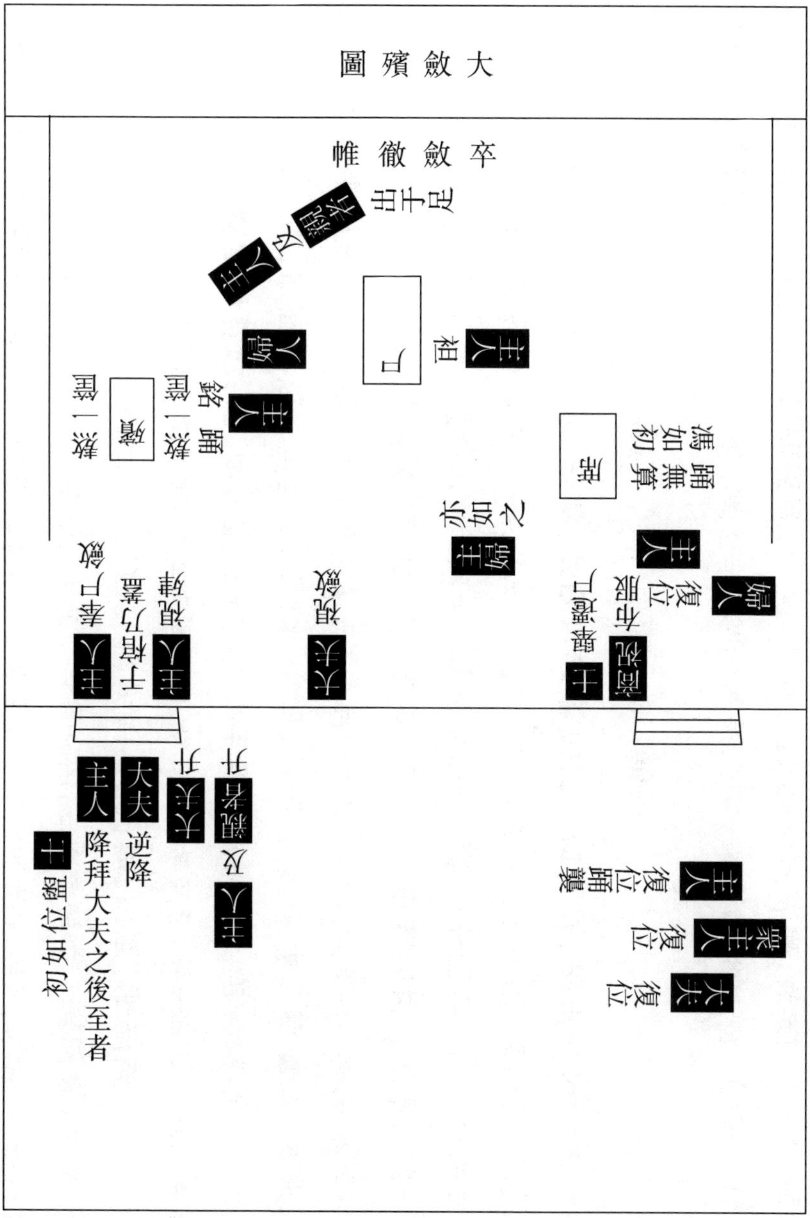
大斂殯圖
卒斂徹帷
主人
袒
主人
踊
踊無算
馮如初
主婦
亦如之
主人
婦人
復位
大夫
逆降
主人
降拜大夫之後至者
主人
復位踊襲
衆主人
復位
大夫
復位

乃奠。燭升自阼階。祝執巾，席從，設于奥，東面。執燭者先升堂，照室，自是不復奠于尸。祝執巾與執席者從入，爲安神位。室中西南隅謂之奥。執燭南面，巾委於席右。**祝反降，及執事執饌。**東方之饌。**士盥，舉鼎入，西面北上，如初。載魚左首，進鬐，三列，腊進柢。**如初，如小斂舉鼎，執匕、俎、扃、鼏、朼載之儀。魚左首，設而在南。鬐，脊也。左首進鬐，亦未異於生也。凡未異於生者，不致死也。**祝執醴如初，酒、豆、籩、俎從，升自阼階。丈夫踊。甸人徹鼎。**如初，祝先升。**奠由楹内入于室，醴酒北面。**亦如初。**設豆，右菹，菹南栗，栗東脯。豚當豆，魚次，腊特于俎北，醴酒在籩南。巾如初。**右菹，菹在醢南也。此左右異於魚者，載者統於執，設者統於席，醴當栗南，酒當脯南。**既錯者出，立于户西，西上。祝後，闔户，先由楹西降自西階，婦人踊。奠者由重南東，丈夫踊。**爲神馮依之也。**賓出，婦人踊，主人拜送于門外。入，及兄弟北面哭殯。兄弟出，主人拜送于門外。**小功以下，至此可以歸，異門大功亦存焉。**衆主人出門，哭止，皆西面于東方。闔門。○記：巾奠，執燭者滅燭，出，降自阼階，由主人之北東。**巾奠而室事已。

右大斂奠。

主人揖，就次。次，謂斬衰倚廬、齊衰堊室也，大功有帷帳，小功、緦麻有牀第可也。**○記：居倚廬，**倚木爲廬，在中門外東方，北户。**寢苫枕塊，**苫，編藁。塊，堛也。**不説絰帶，**哀戚不在於安。**哭晝夜無**

時，哀至則哭，非必朝夕。非喪事不言。不忘所以爲親。歠粥，朝一溢米，夕一溢米，不食菜果。不在於飽與滋味。粥，糜也。

右居次。

大斂奠圖

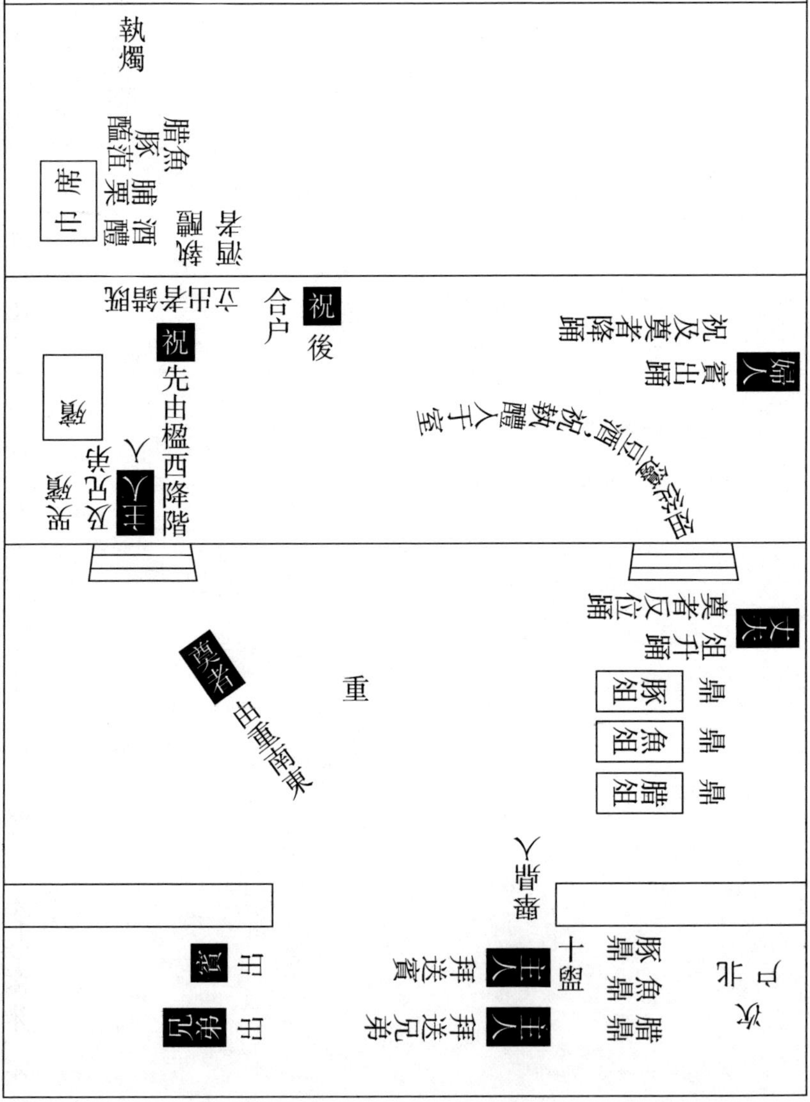
執燭
祝後
合户
祝先由楹西降階
祝及奠者降踊
婦人賓出踊
丈夫俎升踊
奠者反位踊
鼎 鼎 鼎
豚俎
魚俎
腊俎
重
主人拜送賓
主人拜送兄弟
豚鼎 魚鼎 腊鼎

君若有賜焉，則視斂。既布衣，君至。賜，恩惠也。斂，大斂。君視大斂，皮弁服，襲裘。主人成服之後往，則錫衰。**主人出迎于外門外，見馬首，不哭，還，入門右，北面，及衆主人袒。**不哭，厭於君，不敢伸其私恩。**巫止于廟門外，祝代之。小臣二人執戈先，二人後。**巫掌招弭，以除疾病。《周禮》「小臣掌正君之法儀」者。《周禮·男巫》：「王弔，則與祝前。」《檀弓》曰：「君臨臣喪，以巫祝桃茢執戈以惡之，所以異於生也。」皆天子之禮。諸侯臨臣之喪，則使祝代巫執茢居前，下天子也。小臣君行則在前後，君升則俠阼階，❶北面。凡宫有鬼神曰廟。**君釋采，入門，主人辟。**釋采者，祝爲君禮門神也。必禮門神者，明君無故不來也。《禮運》曰：「諸侯非問疾弔喪而入諸臣之家，是謂君臣爲謔。」**君升自阼階，西鄉。祝負墉，南面。主人中庭。**祝南面，房中東，鄉君。牆謂之墉。主人中庭，進益北。**君哭，主人哭，拜稽顙，成踊，出。**出，不敢必君之卒斂事。**君命反行事。主人復位。**大斂事。**君升主人，主人西楹東，北面。**命主人使之升。**升公卿大夫，繼主人，東上。乃斂。**公，大國之孤四命也。《春秋傳》曰：「吾公在壑谷。」**卒，公卿大夫逆降，復位。主人降，出。**逆降者，後升者先降。位，如朝夕哭弔之位。**君反主人，主人中庭。君坐撫當心。主人拜稽顙，成踊，出。**撫，手案之。凡馮尸，興必踊。○《疏》曰：「君與主人拾踊也。」《喪大記》：『君於臣撫之，父母於子執之，子於父母馮之，婦於舅姑

❶「俠」，原作「挾」，今據盧本及《儀禮注疏》改。

奉之，舅姑於婦撫之。』又云：『凡馮尸，興必踊。』是馮爲總名，君撫之亦踊也。」**君反之，復初位。衆主人辟于東壁，南面。**以君將降也。南面，則當坫之東。**君降，西鄉，命主人馮尸。主人升自西階，由足，西面馮尸，不當君所，踊。主婦東面馮，亦如之。**君必降者，欲孝子盡其情。**奉尸斂于棺，乃蓋。主人降，出。君反之，入門左，視塗。**殯在西階上，入門左，由便。趨疾不敢久留君。**君升即位。衆主人復位。卒塗，主人出。君命之反奠，入門右。**亦復中庭位。**乃奠，升自西階。**以君在阼。**君要節而踊，主人從踊。**節，謂執奠始升階及既奠，猶重南東時也。❶**卒奠，主人出，哭者止。**以君將出，不敢讙譁聒尊者也。**君出門，廟中哭。主人不哭，辟。君式之。**辟，逡遁辟位也。古者立乘。式，謂小俛以禮主人也。《曲禮》曰：「立視五巂，式視馬尾。」○《疏》曰：「《曲禮》『君出就車，左右攘辟』，又『五巂』注『巂，猶規也』，車輪轉之一帀爲一規。以《冬官》輪崇計之，凡視前十六步半。」**貳車畢乘，主人哭，拜送。**貳車，副車也，其數各視其命之等。君出，使異姓之士乘之在後。君弔，蓋乘象路。《曲禮》曰：「乘君之乘車，不敢曠左，左必式。」○《疏》曰：「《大行人》上公貳車九乘，侯、伯七，子、男五，故知視命數。《坊記》：『君不與同姓同車，與異姓同車。』彼謂同車爲御右者，此貳車可知。引《曲禮》者，乘車即貳車也，以人君皆左載，惡空其位，則乘之亦居左，常爲式耳。」**襲，入即位。衆主人襲，拜大夫之後至**

---

❶「猶」，《儀禮注疏》作「由」。

者，成踊。後至，布衣而後來者。○《疏》曰：「若未布衣時來，即入前卿大夫從君之内。」賓出，主人拜送。自「賓出」以下，如君不在之儀。○記：君視斂，若不待奠，加蓋而出；不視斂，則加蓋而至，卒事。爲有他故及辟忌也。○今案，哭尸、斂尸、撫尸、楹殯、視塗、視奠，凡六節，每一節主人降，出，主人不敢必君之卒事也。君命反，主人行事，所以盡哀敬之情、始終之義也。

右君視大斂。

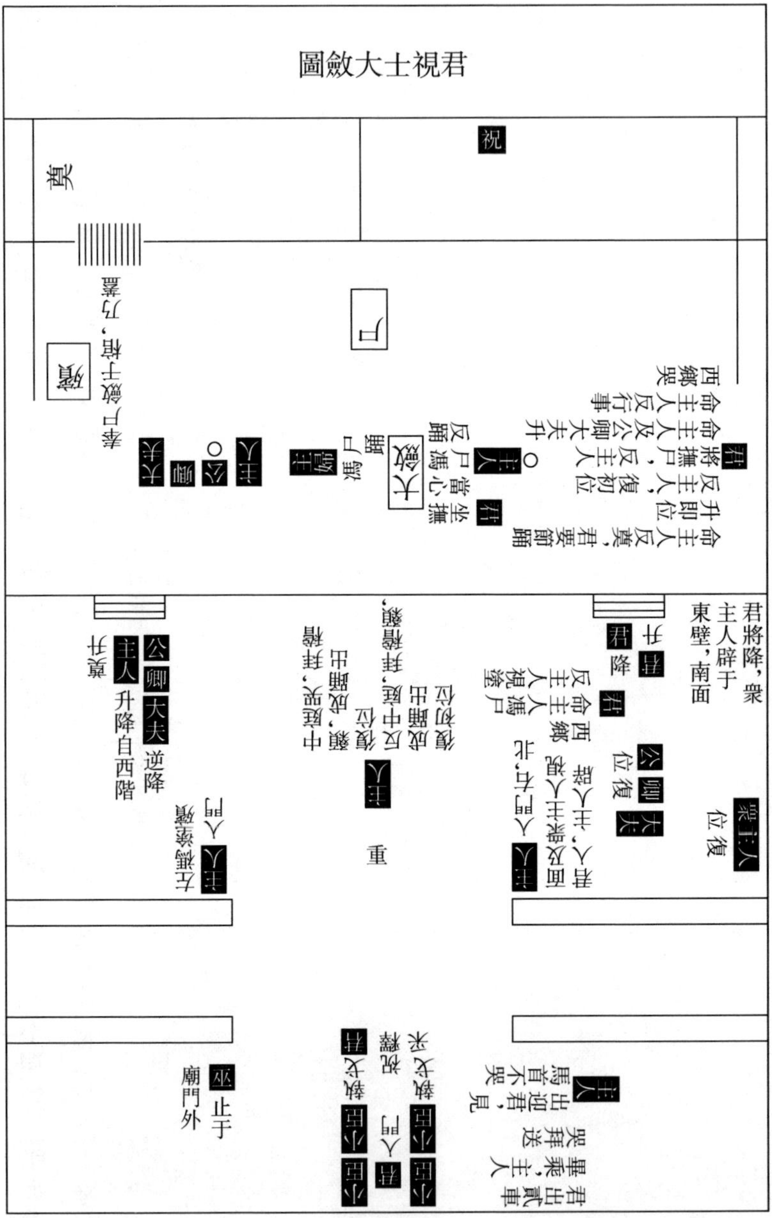
君視大斂圖
祝
君將降，衆主人辟于東壁，南面
復位
公
卿
大夫
主人
升降自西階
逆降
重
巫
止于廟門外
君出貳車
畢乘，主人哭拜送

三日，**成服，杖，拜君命及衆賓，不拜棺中之賜。**既殯之明日，全三日，始歠粥矣。禮，尊者加惠，明日必往拜謝之。棺中之賜，不施己也。《曲禮》曰：「生與來日。」○《疏》曰：「是四日矣，言『三日』，除死日數之也。《曲禮》注：『與，數也。生數來日，謂成服、杖以死明日數也。死數往日，謂殯斂以死日數也。大夫以上皆以來日數。』」○**記：三日，絞垂。**成服日，絞要絰之散垂者。**冠六升，外縪，纓條屬，厭。**縪，音必。屬，音燭。厭，一涉反。○縪，謂縫著於武也。外之者，外其餘也。纓條屬者，通屈一條繩爲武，垂下爲纓，屬之冠。厭，伏也。○《疏》曰：「冠在武下，故云厭。」**衰三升。**衣與裳也。**屨外納。**納，收餘也。○《疏》曰：「收餘末向外，爲之取醜惡，不事飾也。」**杖下本，竹、桐一也。**順其性也。**○主人乘惡車，**拜君命、拜衆賓及有故行所乘也。《雜記》曰：「端衰、喪車皆無等。」然則此惡車，王喪之木車也。齊衰以下其乘素車、繅車、駹車、❶漆車與？○《疏》曰：「此即《周禮·巾車》『王之喪車五乘』。」**白狗幦，**未成豪狗。幦，覆笭也，以狗皮爲之，取其臑也。白於喪飾宜。**蒲蔽，**蔽，藩。○《疏》曰：「藩，謂車兩邊禦風塵爲藩蔽。」**御以蒲菆，**菆，側留反。○不在於驅馳。蒲菆，牡蒲莖。○《疏》曰：「御車者，用蒲菆以策馬。」宣十二年注『蒲，楊柳，可以爲箭』。」**犬服，**笭閒兵服，以犬皮爲之，取堅也，亦白。○《疏》曰：「凡兵器，建於笭閒，自衞，以白犬皮爲服。」**木錧，**錧音管。○取少聲。今文「錧」爲「錧」。○《疏》曰：「常用金，喪用木，鑣亦

---

❶「駹」，原作「駹」，今據《儀禮注疏》改。

然。」**約綏，約轡，**約，繩。綏，所以引升車。○《疏》曰：「吉時綏轡用素。」**木鑣，**鑣，彼苗反。○亦取少聲。**馬不齊髦。**齊，剪也。**主婦之車亦如之，疏布裧。**裧，尺占反。○裧者，車裳幃於蓋弓垂之。○《疏》曰：「《巾車》云『皆有容蓋』，容、蓋相將，其蓋有弓。」**貳車白狗攝服，**貳，副也。攝，猶緣也。狗皮緣服，差飾。○《疏》曰：「大夫以上有貳車，士卑無貳，以在喪可有之，非常法，則有兵服。云『差飾』，對主人服無緣。」**其他皆如乘車。**如所乘惡車。

右成服。

朝夕哭，不辟子卯。既殯之後，朝夕及哀至則哭，不代哭也。子卯，桀、紂亡日，凶事不辟，吉事闕焉。**婦人即位于堂，南上，哭。丈夫即位于門外，西面，北上。外兄弟在其南，南上。賓繼之，北上。門東，北面，西上；門西，北面，東上；西方，東面，北上。主人即位，辟門。**辟，婢亦反。❶○外兄弟，異姓有服者也。辟，開也。❷凡廟門有事則開，無事則閉。**婦人拊心，不哭。**拊，芳甫反。○方有事，止讙囂。**主人拜賓，旁三，右還，入門，哭，婦人踊。**先西面拜，乃南面拜，東面拜也。**主人堂下直東序，西面。兄弟皆即位，如外位。卿大夫在主人之南。諸公門東，少進。他國之**

❶「辟婢」，原倒，今據元刻本乙正。

❷「開」，原作「門」，今據盧本及《儀禮注疏》改。

異爵者門西，少進。敵則先拜他國之賓，凡異爵者拜諸其位。賓皆即此位，乃哭，盡哀止。主人乃右還拜之，如外位矣。兄弟齊衰、大功者，主人哭則哭，小功、緦麻亦即位乃哭。上言賓，此言卿大夫，明其亦賓爾。少進，前於列。異爵，卿大夫也。他國卿大夫亦前於列，尊之。拜諸其位，就其位特拜。

右朝夕哭。

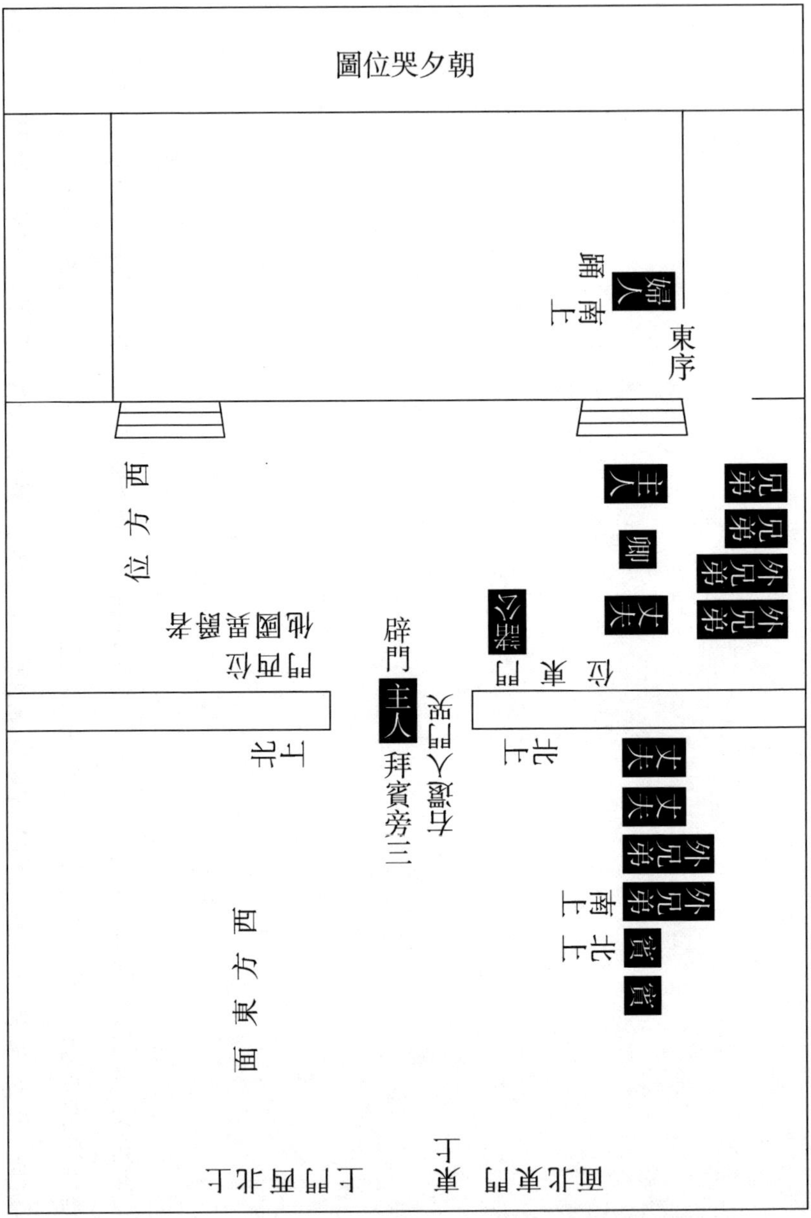
朝夕哭位圖
東序
婦人
南上
踊
主人
兄弟
兄弟
外兄弟
外兄弟
卿
大夫
諸公
東門位
西方位
門西位
他國異爵者
辟門
主人
拜賓旁三
右還入門
北上
大夫
大夫
外兄弟
外兄弟
南上
賓
賓
北上
東方西面

徹者盥于門外。燭先入，升自阼階，丈夫踊。徹者，徹大斂之宿奠。祝取醴，北面。取酒，立于其東。取豆、籩、俎，南面，西上。祝先出，酒、豆、籩、俎序從，降自西階。婦人踊。序，次也。設于序西南，直西榮。醴、酒北面，西上，豆西面錯，立于豆北，南面。籩、俎既錯，立于執豆之西，東上。酒錯，復位。醴錯于西，遂先，由主人之北適饌。遂先者，明祝不復位也。適饌，適新饌將復奠。

右徹大斂奠。

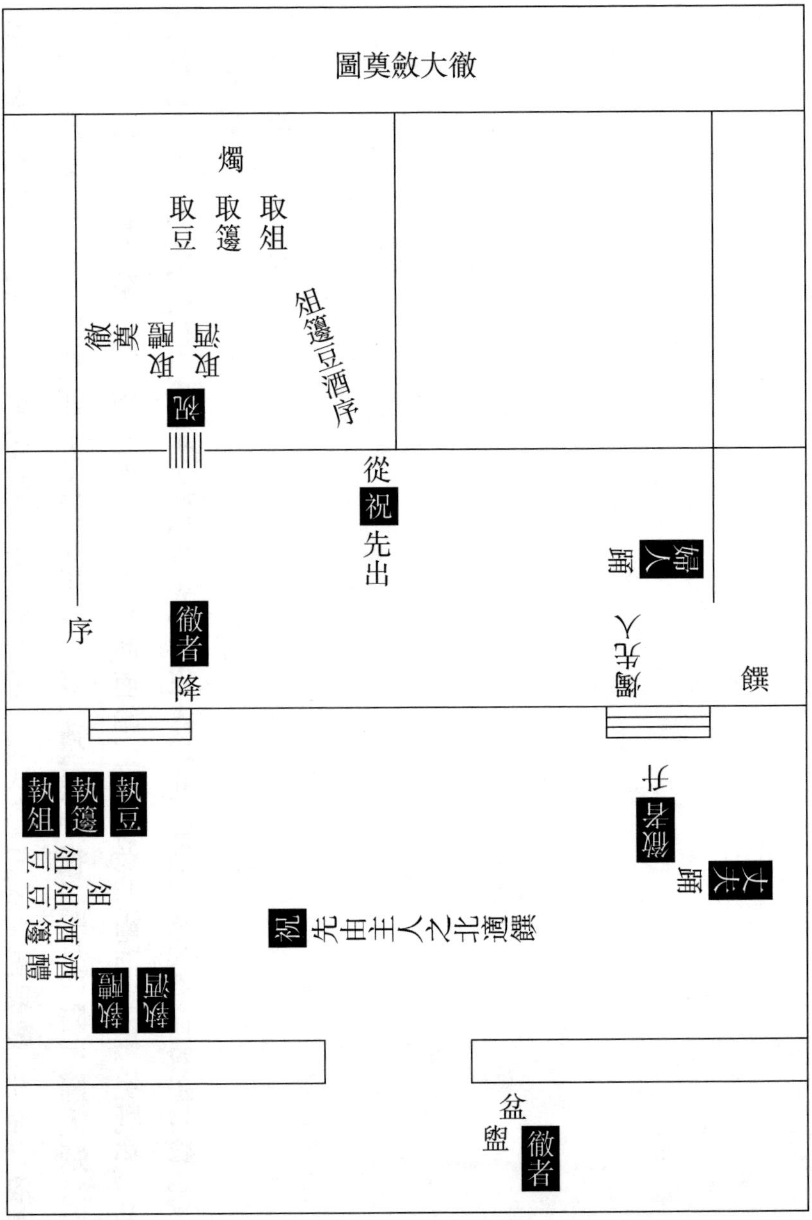
徹大斂奠圖
燭
取俎
取籩
取豆
序酒豆籩俎
取酒
取醴
徹奠
祝
從
祝
先出
婦人
踊
序
徹者
降
入先籩
饌
升
徹者
丈夫
踊
執豆
執籩
執俎
俎
俎俎酒
俎豆酒醴
豆豆籩醴
執酒
執醴
祝
先由主人之北適饌
盆
盥
徹者

乃奠。醴、酒、脯、醢升，丈夫踊。入，如初設，不巾。入，入於室也。如初設者，豆先，次籩，次酒，次醴也。不巾，無菹、無栗也。菹、栗具則有俎，有俎乃巾之。錯者出，立于户西，西上。滅燭，出。祝闔户，先降自西階，婦人踊。奠者由重南東，丈夫踊。賓出，婦人踊，主人拜送。哭止乃奠，奠則禮畢矣。衆主人出，婦人踊。出門，哭止，皆復位。闔門。主人卒拜送賓，揖衆主人，乃就次。

右朝夕奠。

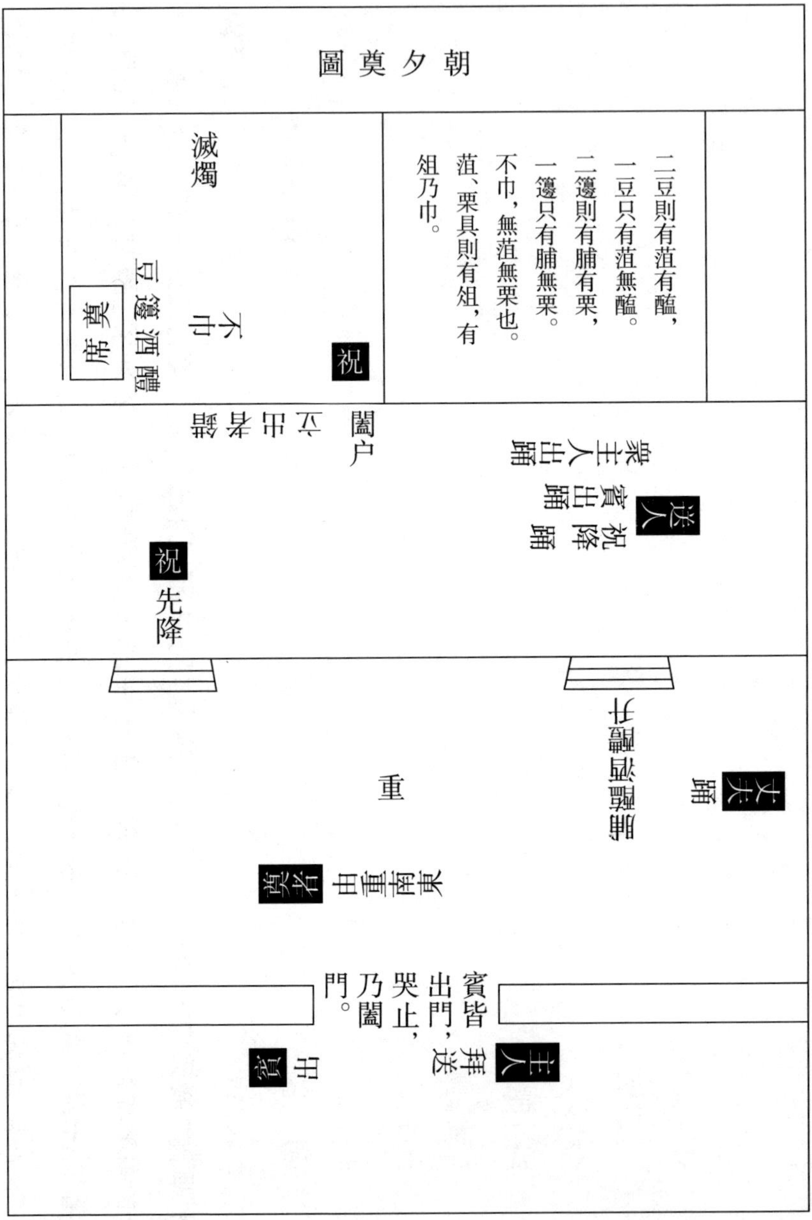
朝夕奠圖
二豆則有菹有醢，一豆只有菹無醢。二籩則有脯有栗，一籩只有脯無栗。不巾，無菹無栗也。菹、栗具則有俎，有俎乃巾。
滅燭
祝
不巾
醴
酒
籩
豆
闔户
眾主人出踊
賓出踊
祝降
踊
祝
先降
重
丈夫
踊
賓皆出門，哭止，乃闔門。
主人
拜送

朔月奠，用特豚、魚、腊，陳三鼎如初，東方之饌亦如之。朔月，月朔日也。自大夫以上，月半又奠。如初者，謂大斂時。無籩，有黍稷，用瓦敦，有蓋，當籩位。黍稷，併於甒北也。於是始有黍稷。死者之於朔月、月半，猶平常之朝夕，大祥之後，則四時祭焉。○《疏》曰：「『平常之朝夕』，謂猶生時朝夕之常食也。」主人拜賓，如朝夕哭，卒徹。徹宿奠也。舉鼎入，升，皆如初奠之儀。卒朼，釋匕于鼎。俎行，朼者逆出，甸人徹鼎。其序：醴酒、菹醢、黍稷、俎。俎行者，俎後執，執俎者行，鼎可以出。其序，升入之次。其設于室，豆錯，俎錯，腊特，黍稷當籩位，敦啓會，郤諸其南。醴酒位如初。會，古外反。○當籩位，俎南黍，黍東稷。會，蓋也。祝與執豆者巾，乃出。共爲之也。主人要節而踊，皆如朝夕哭之儀。○月半不殷奠。殷，盛也。士月半不復如朔盛奠，下尊者。○有薦新，如朔奠。薦五穀，若時果物新出者。○徹朔奠，先取醴酒，其餘取先設者。敦啓會，面足。序出如入，啓會，徹時不復蓋也。面足，執之令足間鄉前也。敦有足，則敦之形如今酒敦。其設于外，如於室。外，序西南。○記：朔月，童子執帚，郤之，左手奉之，童子，隸子弟，若内豎、寺人之屬。執用左手。郤之，示未用。從徹者而入。童子不專禮事。比奠，舉席埽室，聚諸窔，布席如初。卒奠，埽者執帚，垂末内鬣，從執燭者而東。窔，一弔反。鬣，音獵。○比，猶先也。室東南隅謂之窔。燕養、饋羞、湯沐之饌如他日。燕養，平常所用供養也。饋，朝夕食也。羞，四時之珍異。湯沐，所以洗去汙垢。《内則》曰：「三日具沐，五日具浴。」孝子不忍一日廢其事親之禮，於下室日設之，如生存也。進徹之時，如其頃。○《疏》曰：「下室，燕寢之室也。如其頃，象生時一食之頃。」**朔月，若薦新，則不饋于下室。**以其殷奠有黍稷也。下室，如今之内堂。正寢聽朝事。

右朔月奠。

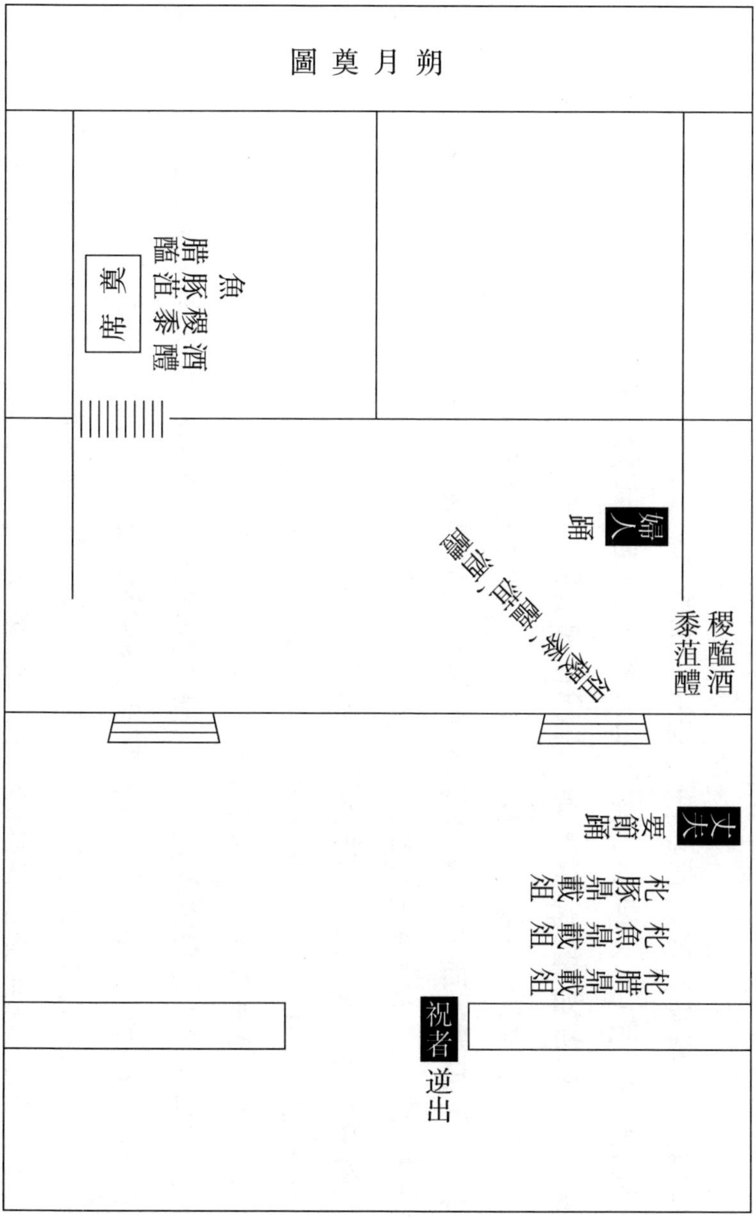
朔月奠圖
婦人
踊
丈夫
要節踊
朼豚鼎載俎
朼魚鼎載俎
朼腊鼎載俎
祝者
逆出

筮宅，冢人營之。宅，葬居也。冢人，有司掌墓地兆域者。營，猶受也，《詩》云：「經之營之。」**掘四隅，外其壤；掘中，南其壤。**爲葬將北首故也。**既朝哭，主人皆往，兆南北面，免絰。**免，如字。○兆，域也，所營之處。免絰者，求吉，不敢純凶。**命筮者在主人之右。**命尊者，宜由右出也。《少儀》曰：「贊幣自左，詔辭自右。」**筮者東面，抽上韇，兼執之，南面受命。**韇音獨。○韇，藏筴之器也。兼與筴執之。**命曰：「哀子某，爲其父某甫筮宅，度兹幽宅，兆基，無有後艱？」**某甫，其字也，若言山甫、孔甫矣。宅，居也。度，謀也。兹，此也。基，始也。言爲其父筮葬居，今謀此以爲幽冥，居兆域之始，得無後將有艱難乎？艱難，謂有非常，若崩壞也。《孝經》曰：「卜其宅兆而安厝之。」○《疏》曰：「上大夫以上卜而不筮，下大夫若士則筮宅。」**筮人許諾，不述命，右還，北面，指中封而筮。卦者在左。**還，户患反。○述，循也。既受命而申言之曰述。不述者，士禮略。凡筮，因會命筮爲述命。中封，中央壤也。卦者，識爻卦畫地者。**卒筮，執卦以示命筮者。命筮者受視，反之。東面，旅占，卒，進告于命筮者與主人：「占之曰從。」**卒筮，卦者寫卦示主人，乃受而執之。旅，衆也。反與其屬共占之，謂掌《連山》、《歸藏》、《周易》者。從，猶吉也。**主人絰，哭，不踊。若不從，筮擇如初儀。**更擇地而筮之。○《小記》：「祔葬者不筮宅。」**歸，殯前北面哭，不踊。**易位而哭，明非常。**○記：筮宅，冢人物土。**物，猶相也，相其地可葬者，乃營之。**卜曰吉，告從于主婦。主婦哭。婦人皆哭。主婦升堂，哭者皆止。**事畢。

右筮宅。

既井椁，主人西面拜工，左還椁，反位，哭，不踊。婦人哭于堂。既，已也。匠人爲椁，刊治其材，以井構於殯門外也。反位，拜位也。既哭之，則往施之竁中矣。主人還椁，亦以既朝哭矣。○竁，昌絹反。○《疏》曰：「《檀弓》『既殯，旬而布材與明器』，注『木工宜乾腊』，則此布之已久，故云『既，已也』。此時將用，主人親看視，故云『往施竁中』也。」○**獻材于殯門外，西面，北上，綪。主人徧視之，如哭椁。獻素，獻成亦如之。**材，明器之材。視之，亦「拜工，左還」。形法定爲素，飾治畢爲成。

右哭椁、哭器。

卜日，既朝哭，皆復外位。卜人先奠龜于西塾上，南首，有席。楚焞置于燋，在龜東。焞，存悶反。○楚，荆也。荆焞，所以鑽灼龜者。燋，炬也，所以燃火者也。《周禮·菙氏》：「掌共燋契，以待卜事。凡卜，以明火爇燋，遂灼其焌契，以授卜師，遂以役之。」○焌音俊。○《疏》曰：「《周禮注》：『明火，陽燧取火於日者。』焌讀如戈鐏之鐏，謂以契柱燋火而吹之也。❶契既然，以授卜師，作龜役之使助之。是楚焞與契爲一，皆謂鑽龜之荆鐏，取其鋭也。」**族長涖卜，及宗人吉服，立于門西，東面，南上。占者三人在其南，北上。卜人及執燋、席者在塾西。**族長，有司掌族人親疏者也。涖，臨也。吉服，服玄端也。

❶ 「柱」，原作「往」，今據《儀禮注疏》改。

占者三人，掌玉兆、瓦兆、原兆者也。在塾西者，南面，東上。○《疏》曰：「《周禮·太卜》注：『兆者，灼龜發於火，其形可占者。其象似玉、瓦、原之亹罅，是用名之。原，原由也。』」闑東扉，主婦立于其內。扉，門扇也。席于闑西閾外。爲卜者也。宗人告事具。主人北面，免絰，左擁之。涖卜即位于門東，西面。涖卜，族長也。更西面，當代主人命卜。卜人抱龜燋，先奠龜，西首，燋在北。既奠燋，又執龜以待之。宗人受卜人龜，示高。以龜腹甲高起所當灼處，示涖卜也。涖卜受視，反之。宗人還，少退，受命。受涖卜命，授龜宜近，受命宜卻也。命曰：「哀子某，來日某，卜葬某父某甫，考降無有近悔？」考，登也。降，下也，言卜此日葬，魂神上下得無近於咎悔者乎。許諾，不述命，還即席，西面坐，命龜。興，授卜人龜，負東扉。宗人不述命，亦士禮略。凡卜述命、命龜異，龜重，威儀多也。負東扉，俟龜之兆也。○《疏》曰：「大夫以上皆有述命，述命與命龜異。云『龜重』，對筮時述命、命筮同，筮輕也。」卜人坐作龜，興。作，猶灼也。《周禮·卜人》凡卜事，示高，揚火以作龜，致其墨。興，起也。宗人受龜，示涖卜。涖卜受視，反之。宗人退，東面，乃旅占。卒，不釋龜，告于涖卜與主人：「占曰：某日從。」不釋龜，復執之也。授卜人龜，告于主婦，主婦哭。不執龜者，下主人也。告于異爵者，使人告于衆賓。衆賓，僚友不來者也。卜人徹龜。宗人告事畢。主人絰，入哭，如筮宅。賓出，拜送。若不從，卜擇如初儀。

右卜日。

卜日圖

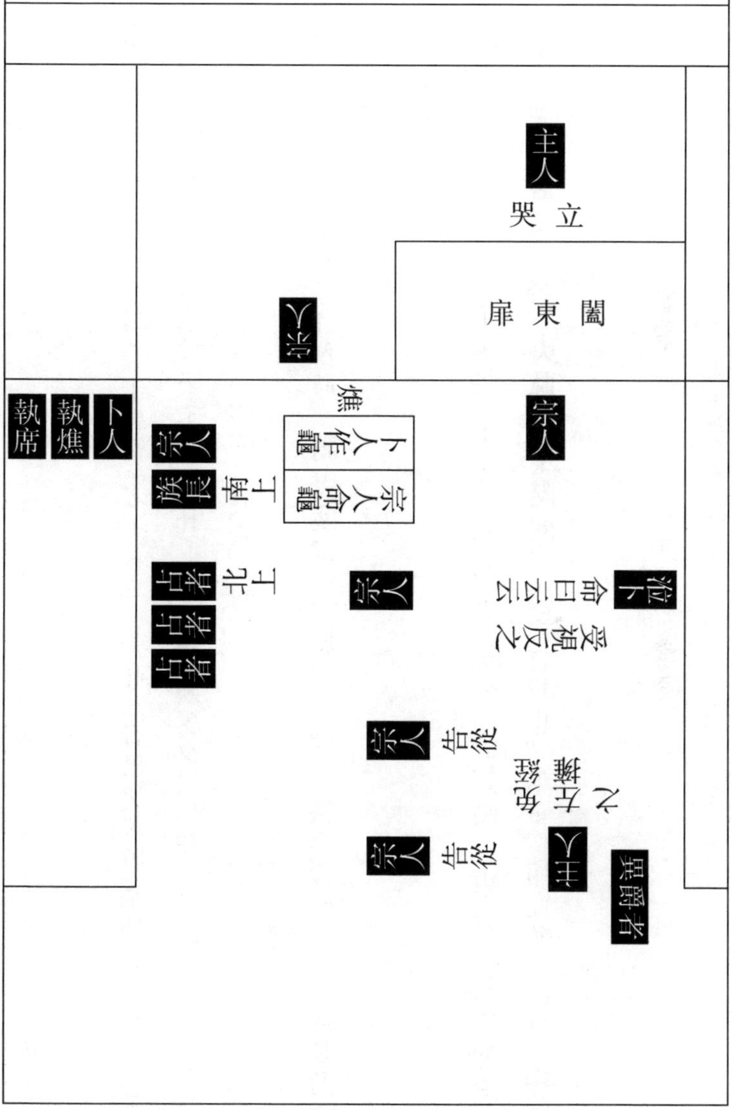

儀禮圖卷第十三

既夕禮第十三

鄭《目録》云：「《士喪禮》之下篇也。先葬三日已夕哭時，❶與葬閒一日。凡朝廟日，請啓期，必容焉。此諸侯之下士一廟，其上士二廟，則既夕哭先葬三日。」○疏曰：「若然，大夫三廟者，葬前四日，諸侯六日，天子八日，差次可知。」

既夕哭，既，已也，謂出門哭止復外位時。**請啓期，告于賓。**將葬，當遷柩于祖。有司於是乃請啓肂之期於主人，❷以告賓，賓宜知其時也。

右請啓期。

夙興，設盥于祖廟門外。祖，王父也。下士祖、禰共廟。**陳鼎，皆如殯。東方之饌亦如之。**皆，皆三鼎也。如殯，如大斂既殯之奠。**夷牀饌于階閒。**夷之言尸也。朝正柩用此牀。○饌，雛院反。○

❶ 「三」，《儀禮注疏》作「二」。

❷ 「是」，原作「此」，今據元刻本、盧本及《儀禮注疏》改。

記：**夷牀、輁軸，饌于西階東。**明階間者，位近西也。夷牀饌於祖廟，輁軸饌於殯宫。其二廟者，於禰亦饌輁軸焉。○《疏》曰：「二廟，則先朝禰，明旦乃移柩于輁軸以朝祖，故亦饌焉。」**其二廟，則饌于禰廟，如小斂奠，乃啓。**祖尊禰卑也。士事祖、禰，上士異廟，下士共廟。○《疏》曰：「朝祖時如大斂奠，此如小斂奠，故云『祖尊禰卑』也。《祭法》曰：『適士二廟，官師一廟。』注：『官師，中、下之士。』」

右陳朝祖奠。

二燭俟于殯門外。早闇，以爲明也。燭用蒸。○《疏》曰：「大曰薪，小曰蒸。」**丈夫髽，散帶垂，即位如初。**髽，側瓜反。散，息但反。❶ ○爲將啓變也，此互文以相見耳。髽，婦人之變。《喪服小記》曰：「男子免而婦人髽，男子冠而婦人笄。」如初，朝夕哭門外位。○免音問。○《疏》曰：「未成服以前免、髽，既成服以後冠、笄。斬衰男子括髮，不言者，啓殯之後，雖斬衰亦免而無括髮。」**婦人不哭。主人拜賓，入，即位，袒。**此不蒙「如初」者，以男子入門不哭也。不哭者，將有事，止讙囂。**商祝免，袒，執功布入，升自西階，盡階不升堂。**聲三，啓三，命哭。三，息暫反。○功布，灰治之布也，執之以接神，爲有所彷彿也。聲三，三有聲，存神也。啓三，三言啓，告神也。舊説以爲聲噫興也。**燭入，**照徹與啓殯者。❷ ○《疏》

❶ 「但」，盧本作「袒」。

❷ 「照」，元刻本、盧本及《儀禮注疏》作「炤」。

曰：「一燭於室，一燭於堂。」**祝降，與夏祝交于階下，取銘置于重。**祝降者，祝徹宿奠降也。與夏祝交，事相接也。夏祝取銘置于重，爲啓殯遷之。吉事交相左，凶事交相右。○《疏》曰：「祝不言商、夏，則周祝也。此所徹宿奠，即下云『重先，奠從』者是也。」**踊無算。**主人也。**商祝拂柩用功布，憮用夷衾。**憮，火苦反。○拂，去塵也。憮，覆之，爲其形露。○《疏》曰：「此夷衾於後朝及入壙，無徹文，當隨柩入壙矣。」**○記：啓之昕，外内不哭。**將有事，爲其讙囂。既啓，命哭。

右啓。

遷于祖，用軸。遷，徙也。徙於祖，朝祖廟也。《檀弓》曰：「殷朝而殯於祖，周朝而遂葬。」蓋象平生將出，必辭尊者。軸，輁軸也。軸狀如轉轔，刻兩頭爲軹。輁狀如長牀，穿程前後，著金而關軸焉。❶大夫諸侯以上有四周謂之輴，天子畫之以龍。○輁，九勇反。轔，音鄰。○《疏》曰：「轔，輪也，以軸頭爲軹，刻軸使兩頭細，穿入軹之兩髀，前後二者皆然。輁既如牀，則有先後兩畔之木，狀如牀髀，厚大爲之，兩畔爲孔，著金釧於中，前後兩畔皆然，然後關軸於其中。言『程』者，以其厚大可以容軸也。」**重先，奠從，燭從，柩從，燭從，主人從。**行之序也。主人從者，丈夫由右，婦人由左，以服之親疏爲先後，各從其昭穆，男賓在前，女賓在後。**升自西階。**柩也，猶用子道，不由阼也。**奠俟于下，東面北上。**俟正柩也。**主人從升，**

❶「軸」，《儀禮注疏》作「軹」。

婦人升，東面。衆人東即位。東方之位。○《疏》曰：「舉主婦東面，主人西面可知。衆主人鄉東階下，即西面位。」**正柩于兩楹閒，用夷牀。**兩楹閒，象鄉户牖也。是時柩北首。○《疏》曰：「云『鄉户牖』，則楹閒近西矣。」**主人柩東，西面。置重如初。**如殯宮時也。**席升，設于柩西。奠設如初，巾之。升降自西階。**席設于柩之西，直柩之西，當西階也。從奠設如初，東面也。不統於柩，神不西面也。不設柩東，東非神位也。巾之者，爲御當風塵。○《疏》曰：「『奠設如初』，謂如朝夕奠于室中，據神位東面設之於席前。❶『不統於柩』，不設柩東，神位在奥也。『不設於室』者，室中神所在，非奠死者之處，奠有牲肉則巾之，此脯醢巾之者，爲在堂風塵也。」**主人踊無算，降，拜賓，即位，踊，襲。主婦及親者由足，西面。**設奠時婦人皆室户西，南面，奠畢，乃得東面。親者西面，堂上迫，疏者可以居房中。○《疏》曰：「奠畢乃得東面，不即鄉柩東西面者，以主人在柩東。待主人降，拜賓，婦人乃得東也。」**薦車，直東榮，北輈。**薦，進也。進車者，象生時將行陳駕也，今時謂之魂車。輈，轅也。車當車榮，東陳，西上於中庭。○《疏》曰：「『薦車』者，以明旦將行，故豫陳車。云『西上』者，先陳乘車，次道車，次稾車也。既當東榮而云『中庭』者，據南北之中庭，不據東面爲中庭也。」**質明，滅燭。**質，正也。**徹者升自阼階，降自西階，**徹者，辟新奠。不設序西南，已再設爲褻。**乃奠如初，升降自西階。**爲遷祖奠也。奠升不由阼階，柩北首，辟其

❶「位」，《儀禮注疏》無此字。

足。○《疏》曰：「『辟足』者，以其來往不可由首，又飲食之事不可褻之由足。」**主人要節而踊。**節，升降。**薦馬，纓三就，入門，北面，交轡，圉人夾牽之。**駕車之馬，每車二疋。纓，今馬鞅也。就，成也。諸侯之臣飾纓以三色而三成，此三色者，蓋絛絲也，其著之如罽然。天子之臣如其命數。王之革路絛纓。圉人，養馬者。在左右曰夾。既奠乃薦馬者，爲其踐污廟中也。凡入門，參分庭一，在南。○《疏》曰：「三色，朱、白、蒼也。《巾車》注云『玉路之樊及纓皆以五采罽飾之』，此則三采絲爲絛飾之，但著之則同，故云『如罽然』也。王革路不用罽而用絛爲纓，與此同，故引之。既奠乃薦馬，對薦車在奠上。言凡在庭三分，一分在北，則繼堂而言；一分在南，則繼門而言。」**御者執策，立于馬後，哭，成踊。右還出。**主人於是乃哭踊者，薦車之禮成於薦馬。○《疏》曰：「馬右還而出，取便也。」**賓出，主人送于門外。○記：朝于禰廟，重止于門外之西，東面。柩入，升自西階，正柩于兩楹閒。奠止于西階之下，東面，北上。主人升，柩東，西面。衆主人東即位。婦人從升，東面。奠升，設于柩西。升降自西階。主人要節而踊。**重不入者，主於朝祖而行，若過之矣。門西東面待之，便也。○《疏》曰：「此是上士二廟，先朝禰之事。祖廟在東，明旦出門東鄉，故東面待之，便也。」**燭先入者升堂，東楹之南，西面。後入者西階東，北面，在下。**照正柩者。先，先柩者。後，後柩者。適祖時燭亦然，互記於此。**主人降，即位，徹，乃奠，升降自西階，主人踊如初。**如其降拜賓至於要節而踊。不薦車，不從此行。**祝及執事舉奠，巾、席從而降，柩從，序從如初，適祖。**此謂朝禰明日舉奠適祖之序也。此祝執醴先，酒、脯、醢、俎從之，巾、席爲後。既正柩，席升設，設奠如初，祝受巾巾之。凡喪自卒至殯，自啓至葬，主人之禮其變同，即此日數亦同然。❶序從，主人以下。○《疏》曰：「云『其變同』者，啓殯日朝禰，明日朝祖，又明日乃葬，與始死日襲，明日小斂，又明日大斂而殯，其日數亦同，主人、主婦變服亦同。」○**既正柩，賓出，遂、匠納車于階閒。**遂、匠，遂人、匠人也。遂人主引徒役，匠人主載柩窆，職相左右也。車，載柩車，《周禮》謂之「蜃車」。其車之轝狀如牀，中央有轅，前後出，設前後輅，轝上有四周，下則前後有軸，以輇爲輪。許叔重説「有輻曰輪，無輻曰輇」。○蜃，市軫反。輇，市專反。○《疏》曰：「正經不云納柩車時節，故記人明之。《遂師》注云『蜃車，柩路，四輪迫地而行，有似於蜃』，此注轝狀與輴車同，但輴車無輪有轉轔，此有輇輪爲異耳。」

右朝祖。

今案：喪奠之禮有三變：始死奠于尸東，小斂奠亦如之；既殯奠于奥，神席東面，大斂奠、朝夕奠、朔月奠亦如之；啓殯之後，席升，設于柩西，奠設如初。「如初」云者，如前日室中神席東面也。自是朝祖奠、降奠、還柩奠、遣奠皆如之。

❶「然」，《儀禮注疏》作「矣」。

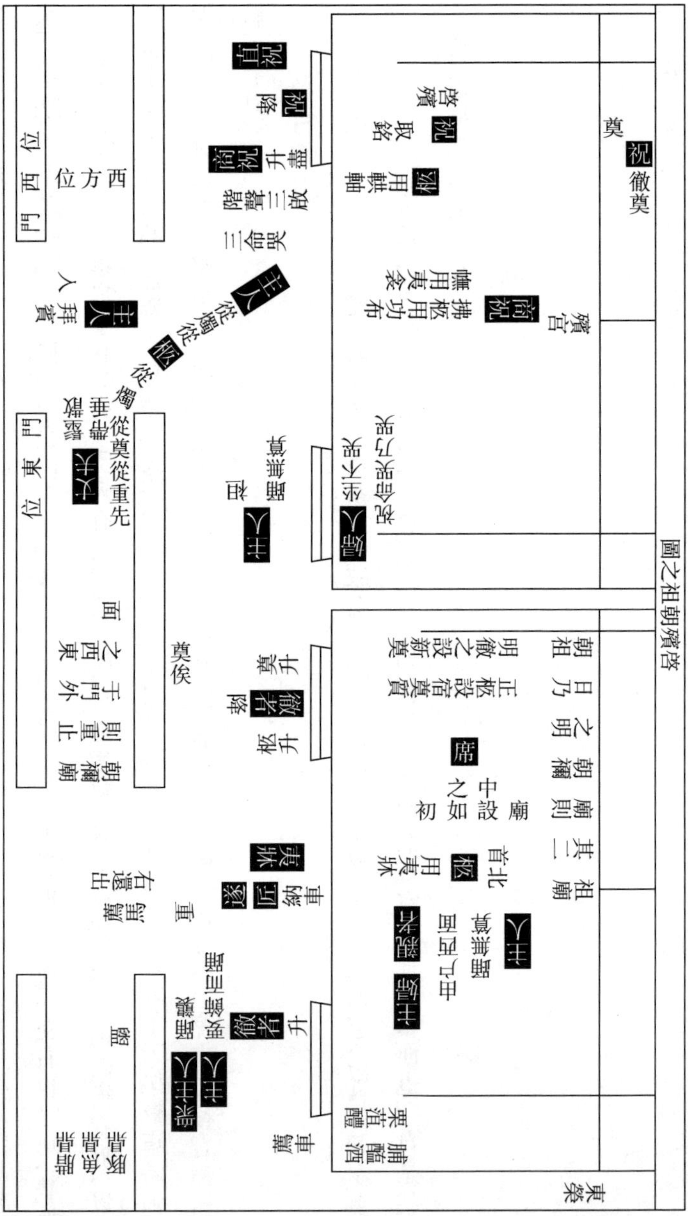
啓殯朝祖之圖

有司請祖期。亦因在外位請之，當以告賓。每事畢輒出，將行而飲酒曰祖，祖，始也。**曰：「日側。」**側，昳也，謂將過中之時。**主人入，袒。乃載，踊無算。卒束，襲。**袒，爲載變也。乃舉柩，卻下而載之。束，束棺以柩車。「賓出，遂、匠納車于階閒」，謂此車。○《疏》曰：「卻下以足鄉前，下當載也。」**降奠當前束。**下遷祖之奠也。當前束，猶當尸腢也，亦在柩車西，束有前後也。**商祝飾柩，一池，紐前經後緇，齊三采，無貝。**經，丑真反。齊，如字，或才計反。○飾柩，爲設牆柳也，「巾奠乃牆」，謂此也。牆有布帷，柳有布荒。池者，象宮室之承霤，以竹爲之，狀如小車笭，衣以青布。一池懸於柳前，士不揄絞。紐，所以聯帷、荒，前赤後黑，因爲飾。左右面各有前後，齊居柳之中央，若今小車蓋上蕤矣。以三采繒爲之，上朱，中白，下蒼，著以絮，元士以上有貝。○笭，力丁反。揄音遇。絞，户交反。蕤，汝誰反。○《疏》曰：「此並飾車之事。兩畔豎軨子，以帷繞之，上以荒，一池縣於前面荒之瓜端，荒上於中央加齊也。在旁曰帷，在上曰荒。荒，蒙也，對言則帷爲牆，象宮室有牆壁。柳之言聚，諸飾之所聚。總而言之，巾奠乃牆。及《檀弓》「周人牆置翣」，是牆中兼柳，《縫人》「衣翣柳之材」，是柳中兼牆。士一池，用竹而覆之，無水可承也。揄，鷂也。絞，蒼黃色。人君於蒼黃色繒上畫鷂雉之形，縣于池下，一名振容，大夫、士無之。左右面，謂帷也。齊，若人之臍，亦居身之中央，縫合采繒爲之，以絮著之，使高形如瓜分然，綴貝落其上及旁。諸侯之士，無貝也。**設披，**披，彼義反。○披，輅柳棺上，貫結於戴，人居旁牽之，以備傾虧。《喪大記》曰：「士戴前纁後緇，二披用纁。」今文「披」皆爲「藩」。○《疏》曰：「戴兩頭皆結于柳材，又以披在棺上輅過，然後貫穿戴之連繫棺束者，乃結于戴，餘披出之於外，使人持之，一畔有二，爲前後披。」**屬引。**屬，猶著也。引，所以引柩車，在軸輴曰紼。古者人引柩，《春秋傳》曰：「坐引而哭之三。」○《疏》曰：「在車曰紼，行道曰引。」**陳明器於乘車之西。**明器，藏器也。《檀弓》曰：「其曰明器，神明之也。」言神明者，異於生器，「竹不成用，瓦不成味，木不成斲，琴瑟張而不平，竽笙備而不和，有鍾磬而無筍簴」。陳器於乘車之西，則重之北也。○《疏》曰：「自『筲』以下皆是《檀弓》注，成，猶善也。味，當作『沫』，❶靧也。」**折，橫覆之。**折，猶庪也，方鑿連木爲之，蓋如牀而縮者三，橫者五，無簀。窆事畢，加之壙上，以承抗席。橫陳之者，爲苞筲以下綪於其北，便也。覆之，見善面也。○庪，九委反。○《疏》曰：「三加於壙時，擬向上看之爲面，故善者向下；今陳之取向下看之，故反。覆，善面向上也。窆畢，加於壙上，若庪藏物然。云縮三、橫五，亦約茵與抗木，但於以口宜大於茵與抗席也，橫縮以當簀，故無簀。」**抗木，橫三縮二。**抗，禦也，所以禦止土者。其橫與縮，各足掩壙。○《疏》曰：「明器由羨道入，壙口唯以下棺，大小容柩而已，今抗木亦足掩壙口也。」**加抗席三。**席，所以禦塵。○《疏》曰：「席加於木，茵加於席。後陳者，先用也。抗木在上，故云『禦土』；抗席在下，隔抗木，故云『禦塵』。」**加茵，用疏布，緇翦，有幅，亦縮二橫三。**茵，所以藉棺者。翦，淺也。幅，緣之。亦者，亦抗木也。及其用之，木三在上，茵二在下，象天三合地二，人藏其中焉。○《疏》曰：「染淺緇之色，用一幅爲之，縫合兩邊幅爲袋，不去邊幅，故云『有幅』。更以物緣之使牢，因爲飾。抗木舉蓋，橫縮先後，據陳列之時。鄭據入壙而言其用，云木三茵二，亦互舉耳。」**器西南上，綪。**綪即綪，側耕反。○器，目言之也，陳明

---

❶「沫」，原作「未」，今據《儀禮注疏》改。《儀禮注疏》「沫」字重。

器以西行，南端爲上。綪，屈也，❶不容則屈而反之。**茵。**茵在抗木上，陳器次而北也。**苞二。**所以裹奠羊、豕之肉。**筲三，黍、稷、麥。**筲，畚種類也，其容蓋與簋同一觳也。○《疏》曰：「畚器所以盛種，筲與畚同類。四升爲豆，豆實三而成觳。」**甕三，醯、醢、屑，冪用疏布。**甕，瓦器，其容亦蓋一觳。屑，薑桂之屑也。《内則》曰：「屑桂與薑。」冪，覆也。**甒二，醴、酒，冪用功布。**甒，亦瓦器也。**皆木桁久之。**桁，所以庪苞、筲、甕、甒也。久當爲灸，灸謂以蓋案塞其口。每器異桁。○《疏》曰：「云『皆』，則自苞、筲以下皆塞之，甕而用物非直塞口，又加冪覆之。」**用器，弓、矢、耒耜、兩敦、兩杅、槃、匜。匜實杅槃中，南流。**敦音對。杅音于。槃匜音移。○此皆常用之器也。杅盛湯漿。槃、匜，盥器也。流，匜口也。**無祭器，**士禮略也，大夫以上兼用鬼器、人器也。○《疏》曰：「明器，鬼器也；祭器，人器也。兩有則實祭器，不實明器。士唯有明器而實之。」**有燕樂器可也。**與賓客燕飲用樂之器也。○《疏》曰：「許其得用，故云『可也』。琴、瑟、特縣、縣磬之類。」**役器，甲、冑、干、笮。**此皆師役之器。甲，鎧。冑，兜鍪。干，楯。笮，矢服。○《疏》曰：「上下役用之器，皆麤沽爲之。」**燕器，杖、笠、翣。**燕居安體之器也。❷笠，竹篣蓋也。翣，扇。○《疏》曰：「篣，竹青皮。」**徹奠，巾、席俟于西方，主人要節而踊。**巾、席俟于西方，祖奠將用

❶「屈」，原作「瓦」，今據盧本及《儀禮注疏》改。
❷「也」，原作「杖」，今據盧本及《儀禮注疏》改。

焉。要節者，來象升，丈夫踊，去象降，婦人踊。徹者由明器北西面，既徹由重南東。不設於序西南者，非宿奠也。宿奠必設者，爲神馮依之久也。○**記：薦乘車，鹿淺幦，干、❶笮、革靾，載旜，載皮弁服。纓、轡、貝勒縣于衡。**笮，側白反。❷靾，息例反。旜，之然反。縣，音玄。○士乘棧車。鹿淺，鹿夏毛也。幦，覆笭。《玉藻》曰：「士齊車，鹿幦豹犆。」干，盾也。笮，矢箙也。靾，韁也。旜，旌旗之屬，通帛爲旜，孤卿之所建，亦攝焉。皮弁服者，視朔之服。貝勒，貝飾勒。有干無兵，有箙無弓矢，明不用。○犆音植。○《疏》曰：「此弁下車三乘，謂葬之魂車。『鹿淺幦』，爲車前式竪者笭子以鹿夏皮淺毛者爲幦以覆式。引《玉藻》者，彼注云『犆，緣也』，證此鹿幦亦以豹皮爲緣。」**道車，載朝服。**道車，朝夕及燕出入之車。朝服者，視朝之服也，玄衣素裳。○《疏》曰：「士乘棧車，更無別車，云『乘』、云『道』、云『稾』，所用各異也。《司常》云『道車載旞』，注云『王以朝夕燕出入』，亦以象路名『道』也。」**稾車，載蓑笠。**稾，猶散也，散車，以田以鄙之車。蓑笠，備雨服。凡道車、稾車之纓、轡及勒，亦縣于衡也。○《疏》曰：「《司常》云『斿車載旌』，注云『斿車，木路也，王以田以鄙』，謂王行小小田獵，巡行縣鄙。此散車與彼斿車同，是游散所乘，士從王以田以鄙者也。云『纓轡及勒，亦縣于衡』者，以車三乘，皆當有馬，有馬則有此三者。」**將載，祝及執事舉奠，**

❶「干」，原作「于」，今據元刻本及《儀禮注疏》改。

❷「白」，原作「曰」，今據《釋文》改。

户西，南面，東上。卒東前而降奠，❶席于柩西。將于柩西當前東設之。巾奠，乃牆。牆，柩飾也。○執披者旁四人。前後左右各二人。○抗木，刊。剥削之。○《疏》曰：「有皮者剥乃削之。」茵著用茶，實綏澤焉。茶，茅秀也。綏，廉薑也。澤，澤蘭也。皆取其香且御濕。葦苞長三尺，一編。用便易也。菅筲三，其實皆瀹。米、麥皆湛之湯。未知神之所享，不用食道，所以爲敬。弓矢之新，沽功。設之宜新，沽示不用。有弭飾焉，弓無緣者爲之弭，弭以骨角爲飾。○《疏》曰：「《爾雅》：『有緣謂之弓，無緣謂之弭。』孫氏曰：『緣，繫約而漆之；無緣，不以繫約骨飾兩頭。』《詩》云：『象弭魚服。』」亦張可也。亦使可張。有柲，柲，弓檠，弛則縛之於弓裏，備傷損，以竹爲之。《詩》云：「竹柲緄縢。」○檠音景。設依、撻焉。依，纏絃也。撻，弣側矢道也。皆以韋爲之。○《疏》曰：「撻，所以撻矢令出者，生時以骨爲之。」有韣。韣音獨。○韣，弓衣也，以緇布爲之。翭矢一乘，骨鏃，短衛。翭，猶候也，候物而射之矢也。四矢曰乘。骨鏃，短衛，亦示不用也，生時翭矢金鏃，凡爲矢，五分笴長而羽其一。○《疏》曰：「名羽爲衛，所以防衛其矢，不使不調。」志矢一乘，軒輖中，亦短衛。輖音周。○志，猶擬也，❷習射之矢。《書》云：「若射之有志。」輖，蟄也。無鏃短衛，亦示不用。生時志矢骨鏃。凡爲矢，前重後輕也。○蟄音至。

❶「東」，原作「東」，今據盧本及《儀禮注疏》改。下注同。

❷「猶」，原作「由」，今據盧本及《儀禮注疏》改。

○《疏》曰：「《周禮·司弓矢》注云『恒矢之屬，軒輖中，所謂志』，則志矢，恒矢也。八矢猴矢居前最重，恒矢居後最輕，既不盡用，取其首尾也。軒摯中，前後輕重等也。經不云『鏃』，故知無鏃也。」

右載柩陳器。

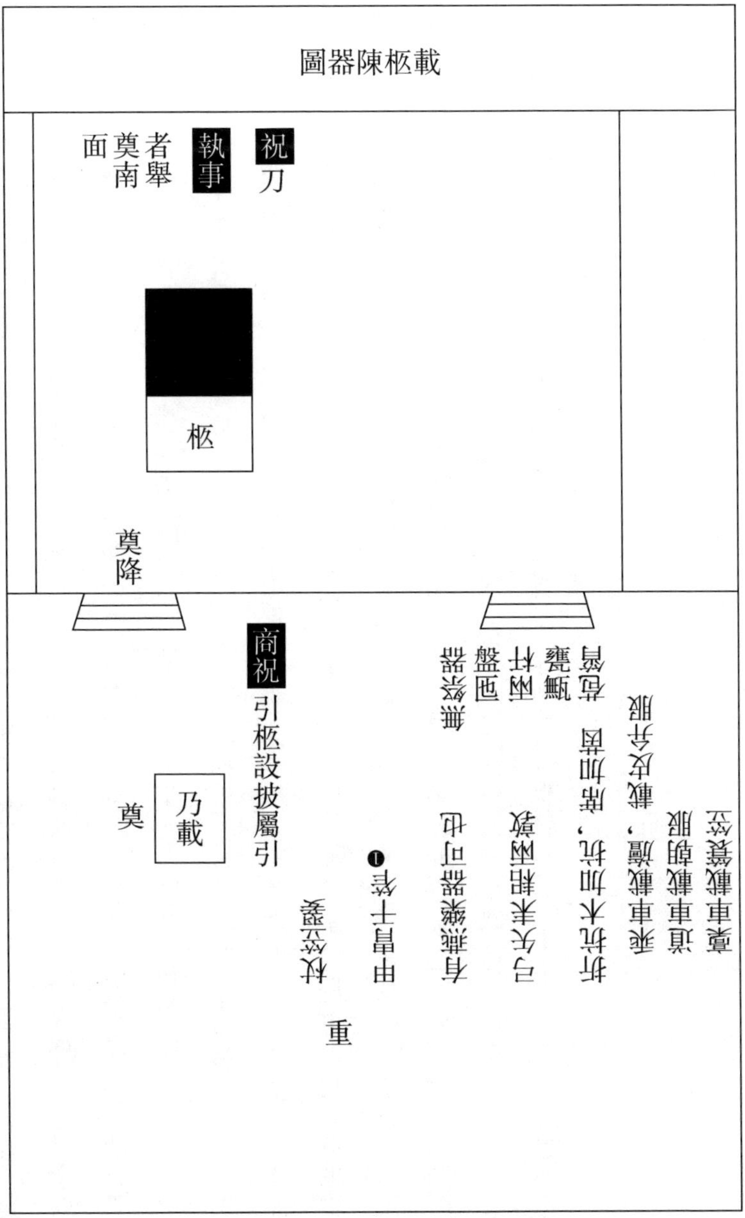
載柩陳器圖
祝
執事者舉奠南面
柩
奠降
商祝引柩設披屬引
乃載
奠
薦車載蓑笠
道車載朝服
乘車載旜，載皮弁服
折抗木加抗席，加茵
苞筲甕甒
用器弓矢耒耜兩敦兩杅盤匜
無祭器
有燕樂器可也
甲冑干笮❶
杖笠翣
重

❶「甲」，原作「干」，今據前文改。

祖。爲將祖變。**商祝御柩，**亦執功布居前，爲還柩車爲節。○《疏》曰：「居柩車之前却行，詔傾虧，使執披人知其節度。」**乃祖。**還柩鄉外，爲行始。○《疏》曰：「祖者，始也，爲行始去載處而已。」**踊，襲，少南，當前束。**主人也。柩還則當前束南。○《疏》曰：「未還時，當前束近北也。」**婦人降，即位于階間。**爲柩將去有時也。位東上。○《疏》曰：「不向車西者，以有祖奠，辟之在車後。」**祖，還車，不還器。**祖有行漸，車亦宜鄉外也。器之陳自己南上。❶**祝取銘置于茵。**重不藏，故於此移銘，加於茵上。○《疏》曰：「初死，爲銘置于重。啓殯至祖廟皆然。今將行，重擬埋于廟門左。茵是入壙之物，銘亦入壙之物，故置于茵也。」**二人還重，左還。**重與車馬還相反，由便也。○《疏》曰：「車馬右還，鄉門爲便。重面北，人在其南，左還爲便，是『相反，由便』。」**布席，乃奠如初。主人要節而踊。**車已祖，可以爲之奠也，是之謂祖奠。○今案：要節而踊者，來由重北而西降，由重南而東，來象升，丈夫踊，出象降，婦人踊，所謂要節也。**薦馬如初。**柩動車還，宜新之也。❷**賓出，主人送。有司請葬期。**亦因在外位時。**入復位。**主人也。自死至於殯，自啓至於葬，主人及兄弟恒在内位。○《疏》曰：「未小斂，位在尸東，小斂後至啓及祖壙在阼階下。」**○記：祖，還車不易位。**爲鄉外耳，未行。**○祝饌祖奠于主人之南，當前輅，北上，**

❶「陳」，原作「東」，今據盧本及《儀禮注疏》改。
❷「宜」，原作「直」，今據盧本及《儀禮注疏》改。

巾之。言饌於主人之南，當前輅，則既祖，祝乃饌。

右還柩、祖奠、請葬期。

還柩祖奠圖

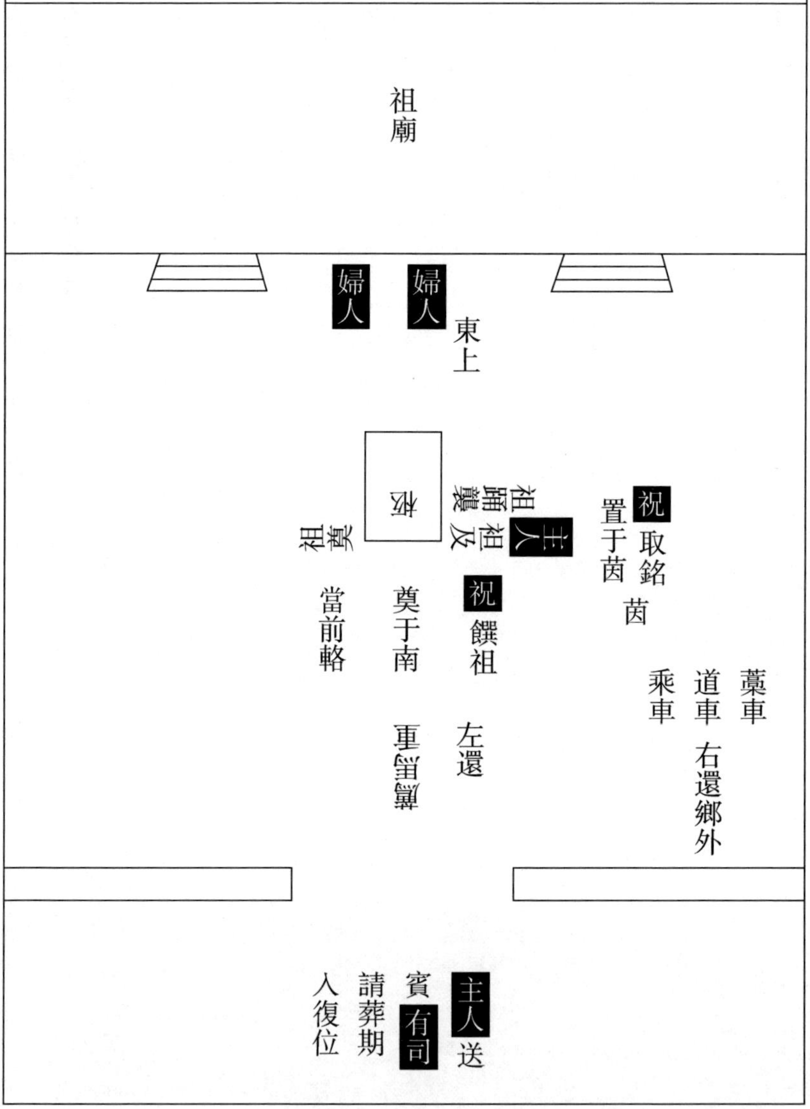
祖廟
婦人
婦人
東上
柩
主人
祝
取銘
置于茵
茵
祝
饌祖
奠于南
當前輅
藁車
道車
乘車
右還鄉外
左還
主人送
賓
有司
請葬期
入復位

公賵，玄纁束，馬兩。賵，芳鳳反。○公，國君也。賵，所以助主人送葬也。兩馬，士制也。《春秋傳》曰：「宋曹景卒，魯季康子使冉求賵之以馬，曰：『其可以稱旌繁乎？』」○《疏》曰：「『兩馬，士制』者，士在家常乘之法，若出使及征伐，則乘駟馬。景曹事見哀二十三年。」**擯者出請，入告。主人釋杖，迎于廟門外，不哭，先入門右，北面，及衆主人袒。**尊君命也。衆主人自若，西面。**馬入設。**設於庭，在重南。**賓奉幣，由馬西當前輅，北面致命。**賓，使者。幣，玄纁也。輅，轅縛，所以屬引。由馬西，則亦當前輅之西，於是北面致命，得鄉柩與奠。柩車在階間少前，參分庭之北，輅有前後。○《疏》曰：「以木縛於柩車轅上，以屬引於上而挽之，故名轅縛。」**主人哭，拜稽顙，成踊。賓奠幣于棧左服，出。**棧，謂柩車也。凡士車制無漆飾。左服，象授人授其右也。服，車箱。○《疏》曰：「無漆飾，故言棧也。車南鄉，以東爲左，尸在車上，以東爲右。」**宰由主人之北舉幣以東。**柩東，主人位，以東藏之。**士受馬以出。**此士，謂胥徒之長也。有勇力者受馬。《聘禮》曰：「皮馬相間可也。」**主人送于外門外，拜，襲，入復位，杖。**

右公賵。

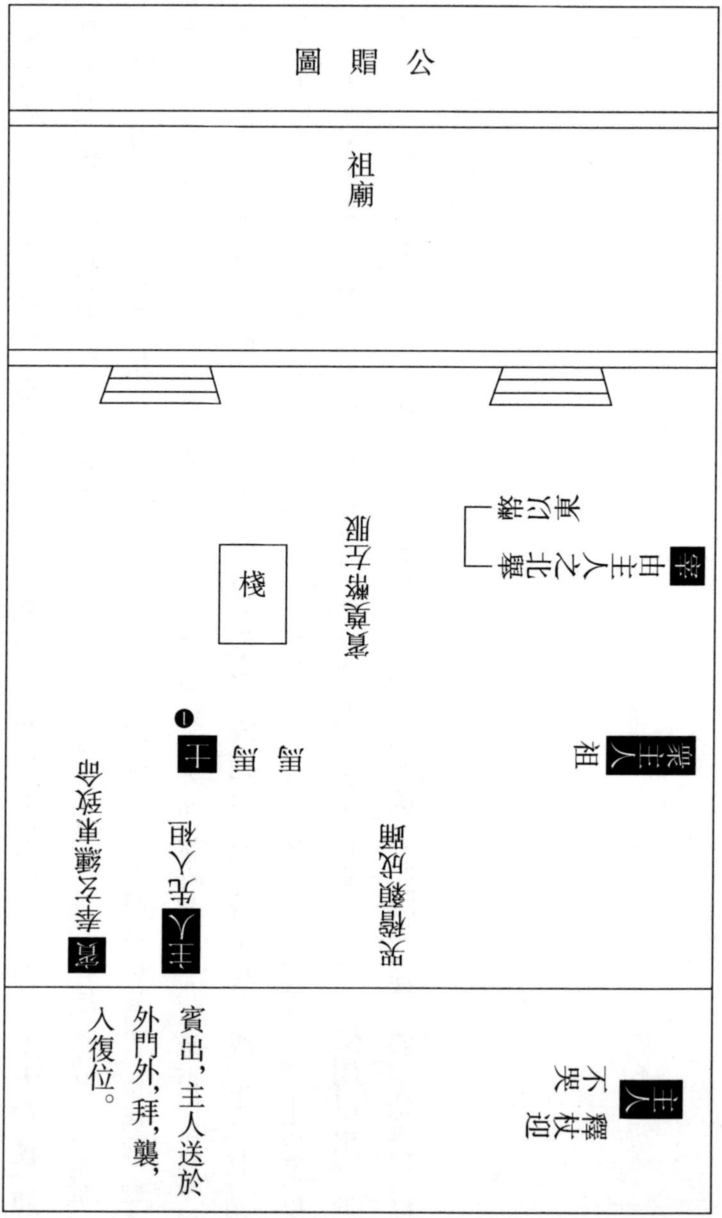

❶「士」，原作「上」，今據盧本及前文改。

賓賵者將命。賓，卿、大夫、士也。○《疏》曰：「『將命』者，身不來，遣使者也，將命告主人。」擯者出請，入告，出告須。不迎。告曰：「孤某須。」馬入設。賓奉幣。擯者先入，賓從，致命如初。初，公使者。主人拜于位，不踊。柩車東位也。既啓之後，與在室同。賓奠幣如初，舉幣、受馬如初。擯者出請。賓出在外請之，爲其復有事。若奠，賓致可以奠也。○《疏》曰：「所致物，可堪爲奠也。」入告，出，以賓入。將命如初。士受羊，如受馬。又請。士，亦謂胥徒之長。又，復也。若賻，賻之言補也，助也。貨財曰賻。入告。主人出門左，西面。賓東面將命。主人出者，賻主施於主人。主人拜。賓坐委之。宰由主人之北，東面舉之，反位。坐委之，明主人哀戚，志不在受人物。反位，反主人之後位。○《疏》曰：「宰位也。」若無器，則捂受之。謂對相受，不委地。又請，賓告事畢，拜送，入。贈者將命。贈，送。擯者出請，納賓如初。如其「入告，出告須」。賓奠幣如初。亦於棧左服。若就器，則坐奠于陳。就，猶善也。贈無常，唯玩好所有。陳，明器之陳。凡將禮，必請而后拜送。雖知事畢，猶請，君子不必人意。兄弟賵、奠可也。兄弟，有服親者。可，且賵且奠，許其厚也。賵奠，於死生兩施。所知，則賵而不奠。所知，通問相知也，降於兄弟。奠施於死者爲多，故不奠。○《疏》曰：「奠雖兩施，然爲死者而行，故知於死者爲多。」知死者贈，知生者賻。各主於所知。書賵於方，若九、若七、若五。方，板也。書賵奠賻贈之人名與其物於板，每板若九行，若七行，若五行。書遣於策。策，簡也。遣，猶送也，謂所當藏物，茵以下。○《疏》曰：「少故書於方，多故書於策。」乃代哭如初。棺柩有時將去，不忍絶聲也。初，謂既小斂時。○宵，爲燎于門内之右。爲哭者爲明。○記：凡贈幣無常。賓之贈也。玩好曰贈，在所有。

右賓賵、奠、賻、贈。

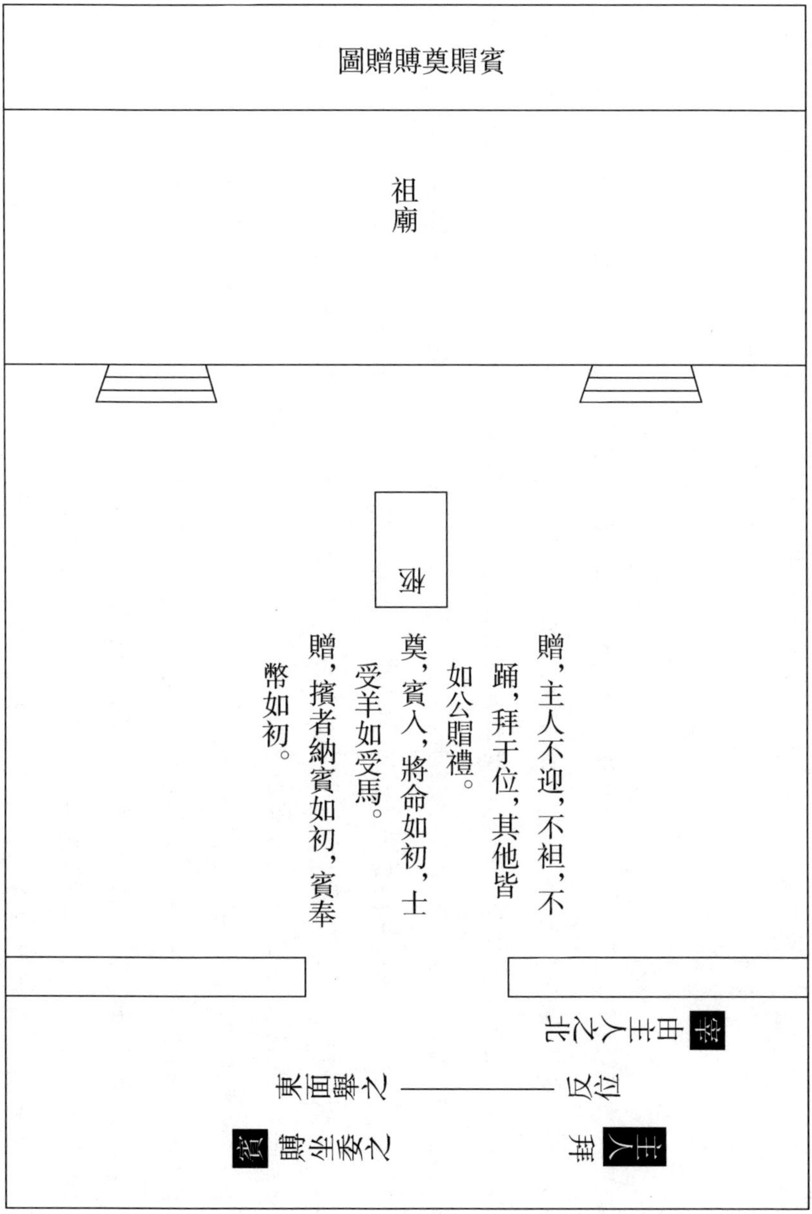
賓賵奠賻贈圖
祖廟
柩
贈，主人不迎，不袒，不踊，拜于位，其他皆如公賵禮。
奠，賓入，將命如初，士受羊如受馬。
贈，擯者納賓如初，賓奉幣如初。
宰由主人之北
反位
東面舉之
主人拜
賓賻坐委之

厥明，陳鼎五于門外，如初。鼎五，羊、豕、魚、腊、鮮獸各一鼎也。士禮特牲三鼎，盛葬奠加一等，用少牢也。如初，如大斂奠時。○《疏》曰：「凡牢鼎數或多或少不同，若用特豚者，或一鼎，或三鼎，若《冠禮》醮子，《昏禮》盥饋，《士喪》小斂、朝禰，皆一鼎也。《昏禮》同牢，《士喪》大斂、朔月、遷祖及祖奠，❶皆三鼎也。若用少牢者，或三鼎，或五鼎，《有司徹》繹器三鼎也，《聘禮》致飧衆介，《少牢饋食禮》及此葬奠皆五鼎也。其用大牢者，或七、或九、或十、或十二，《公食禮》下大夫鼎七，上大夫鼎九也；《聘禮》致飧飪鼎九、羞鼎三，是十二也；上介飪鼎七、羞鼎三，是十也。《郊特牲》曰：『鼎俎奇而籩豆偶，以象陰陽，而有十與十二者，羞鼎別數也。』」**其實，羊左胖，**反吉祭也。言左胖者，體不殊骨也。○《疏》曰：「下云『髀不升』，則肫、胳與上肩、脅、脊別升爲三段矣。」**髀不升，**周貴肩賤髀。**腸五，胃五，**亦盛之也。○《疏》曰：「少牢用腸三，胃三。」**離肺。**離，⿰扌奎。❷○《疏》曰：「刲離之，不絕中央少許，使易絕以祭，亦名舉肺。」**豕亦如之，豚解，無腸胃。**如之，如「羊左胖，髀不升，離肺」也。豚解，解之如解豚，亦前肩、後肫、脊、脅而已。「無腸胃」者，君子不食溷腴。○《疏》曰：「《少儀》注：『謂犬豕之屬食米穀者也。腴，有似於人穢。』」**魚、腊、鮮獸皆如初。**鮮，新殺者。士腊用兔，❸加鮮獸而無膚者，豕既豚解，略之。○《疏》曰：「乾腊、鮮獸皆用兔。」**東方**

---

❶「月」，盧本作「奠」。

❷「⿰扌奎」，原作「兔」，今據《儀禮注疏》改。

❸「兔」，原作「⿰扌奎」，今據盧本及《儀禮注疏》改。

之饌：四豆，脾析、蜱醢、葵菹、蠃醢；蜱，皮佳反。蠃，力禾反。○脾，讀爲雞脾肫之脾。脾析，百葉也。蜱，蜯也。○蜯，步講反。○《疏》曰：「《醢人》注：『細切爲虀，全物爲菹。』肉菜通。脾析，即虀也，羊百葉也。蜱蜯，即蛤也。」**四籩，棗、糗、栗、脯；**糗以豆。糗，粉餌。○《疏》曰：「《籩人》『糗餌』注云：『粉稻米、黍米所爲也，合蒸曰餌。糗者，擣粉熬大豆爲之，粘著以粉之耳。』」**醴，酒。**此東方之饌，與祖奠同在主人之南，當前輅，❶北上，巾之。**陳器。**明器也，夜斂藏之。**滅燎。執燭，俠輅，北面。**照徹與葬奠也。❷○《疏》曰：「輅西者照徹，輅東者照饌。」**賓入者，拜之。**明自啓至此，主人無出禮。**徹者入，丈夫踊。設于西北，婦人踊。**猶阼階升時也，亦既盥乃入，入由重東，而主人踊，猶其升也。自重北西面而徹，設於柩車西北，亦猶序西南。**徹者東。**由柩車北，東適葬奠之饌。**鼎入。**舉入陳之也。陳之，蓋於重東北，西面，北上，如初。**乃奠，豆南上，綪。籩，蠃醢南，北上，綪。**籩蠃醢南，辟醴、酒也。**俎二以成，南上，不綪，特鮮獸。**成，猶併也。不綪者，魚在羊東，腊在豕東。**醴酒在籩西，北上。**統於豆也。**奠者出，主人要節而踊。**亦以往來爲節，奠由重北西，既奠由重南東。**○記：凡糗不煎。**以膏煎之則褻，非敬。

---

❶「當」，原作「堂」，今據盧本及《儀禮注疏》改。

❷「照」，盧本及《儀禮注疏》作「炤」。下注同。

右遣奠。

甸人抗重，出自道，道左倚之。還重不言甸人，「抗重」言之者，重既虞將埋之，言其官使守視之。抗，舉也。「出自道」，出從門中央也。不由闑東西者，重不反，變於恒出入。道左，主人位。今時有死者，鑿木置食其中，樹於道側，由此。○《疏》曰：「『道左倚之』者，當倚於門東北壁。『既虞埋之』者，《雜記》文，彼注云『就所倚處埋之』。未虞於前，以重主其神。虞所以安神，初虞，神安於寢，即埋之也。」**薦馬，馬出自道，車各從其馬，駕于門外，西面而俟，南上。**南上，便其行也。行者乘車在前，道、稾序從。**徹者入，踊如初。徹巾，苞牲，取下體。**苞者，象既饗而歸賓俎者也。取下體者，脛骨象行，又俎實之，終始也。士苞三个，前脛折取臂、臑，後脛折取骼，亦得俎釋三个。《雜記》曰：「父母而賓客之，所以爲哀。」○《疏》曰：「肩、臂、臑在俎上端，膊、胳在俎下端，是爲終始。《檀弓》曰：『國君七个，遣車七乘。』大夫五，自上差之，則士苞三个。个，謂所包遣奠牲體之數也。遣車多少各如所包之數。大夫以上有遣車，士無遣車，所包者不載于車，直持之而已。云『亦得俎釋三个』者，羊俎仍有肩、肫兩段在俎，豕左胖豚解，今析取外，仍有四段在俎，相通則二俎，俎有三段在，故爲俎釋三个也。」**不以魚、腊。**非正牲也。**行器，**自葬行明器，在道之次。**茵、苞、器，序從，**如其陳之先後。**車從。**次器。**徹者出，踊如初。**於是廟中當行者，唯柩車。

右薦馬苞牲。

主人之史請讀賵，執算從，柩東，當前束，西面。❶不命毋哭，哭者相止也，唯主人、主婦哭。燭在右，南面。史北面請，既而與執算西面，於主人之前讀書釋算。燭在右，南面，照書便也。讀書，釋算則坐。必釋算者，榮其多。卒，命哭，滅燭。書與算執之以逆出。卒，已。公史自西方，東面，命毋哭，主人、主婦皆不哭。讀遣。卒，命哭。滅燭，出。公史，君之典禮書者。遣者，入壙之物，君使史來讀之，成其得禮之正以終也。燭俠輅。

右讀賵遣。

❶「面」，原作「至」，今據元刻本、盧本改。

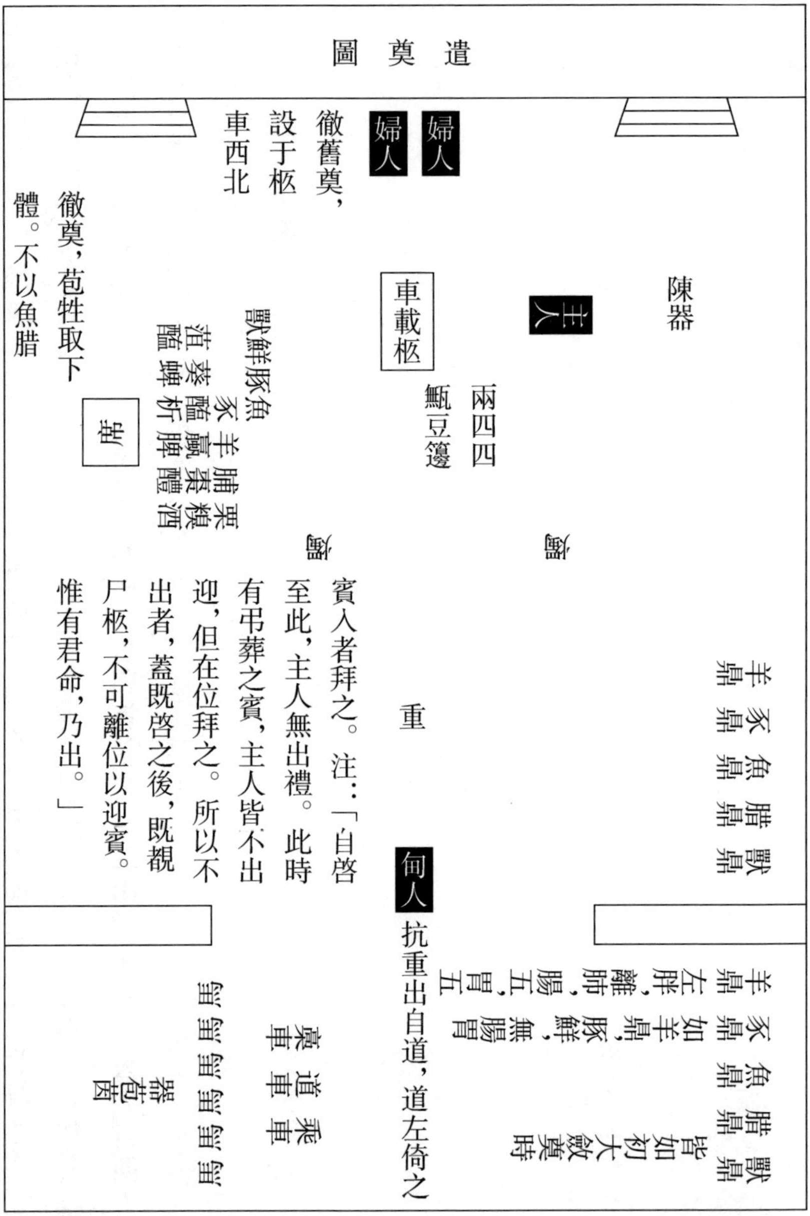
遺奠圖
陳器
婦人
婦人
徹舊奠，設于柩車西北
主人
車載柩
兩甀
四豆
四籩
獸鮮豚魚
豕羊脯栗
菹葵醢嬴棗糗
醢蜱析脾醴酒
徹奠，苞牲取下體。不以魚腊
羊鼎
豕鼎
魚鼎
腊鼎
獸鼎
重
賓入者拜之。注：「自啓至此，主人無出禮。此時有弔葬之賓，主人皆不出迎，但在位拜之。所以不出者，蓋既啓之後，既覩尸柩，不可離位以迎賓。惟有君命，乃出。」
甸人
抗重出自道，道左倚之
羊鼎左胖，離肺，腸五，胃五
豕鼎如羊鼎，豚鮮，無腸胃
魚鼎
腊鼎
獸鼎
皆如初大斂奠時
乘車
道車
槀車
筲
筲
筲
筲
筲
筲
器苞茵

商祝執功布以御柩，執披。居柩車之前，若道有低仰傾虧，則以布爲抑揚左右之節，使引者、執披者知之。士執披八人。主人袒，乃行，踊無筭。袒，爲行變也。乃行，謂柩車行也。凡從柩者，先後左右如遷于祖之序。出宫，踊，襲。哀次。○《疏》曰：「大門外有賓客次舍之處，父母生時接擯之所，故主人至此感而哀此次。《檀弓》云：『哀次亦如之。』」

右柩行。

至于邦門，公使宰夫贈玄纁束。邦門，城門也。贈，送也。主人去杖，不哭，由左聽命。賓由右聽命。柩車前輅之左右也，當時止柩車。○《疏》曰：「此出國北門，柩車向北，左則在前輅之西也。」主人哭，拜稽顙。賓升，實幣于蓋，降。主人拜送，復位，杖，乃行。升柩車之前，實其幣於棺蓋之柳中，若親受之然。復位，反柩車後。○記：唯君命止柩于堩，其餘則否。堩，古鄧反。○不敢留神也。堩，道也。《曾子問》曰：「葬既引，至於堩。」

右公贈。

至於壙，陳器于道東西，北上。統於壙。茵先入。當藉柩也。元士則葬用輁軸，加茵焉。○《疏》曰：「元士，謂天子之士。」屬引。於是説載，除飾，更屬引於緘耳。○《疏》曰：「《喪大記》云：『君窆以衡，大夫、士以緘。』注：『棺束爲緘，士二衽二束，束末皆爲緘耳，以紼貫結之而下棺。人君又以横木貫綫耳於横木之上，以屬紼也。』」❶**主人袒，衆主人西面，北上，婦人東面，皆不哭。**俠羨道爲位。○《疏》曰：「不哭，下棺宜静。羨道，謂入壙之道。」○**記：車至道左，北面立，東上。**道左，墓道東，先至者在東。○《疏》曰：「以不入壙，故『東上』，不統於壙也。當是陳器之南。先至謂乘車。」**柩至于壙，斂服載之。**斂乘車、道車、稾車之服載之，不空之以歸。送形而往，迎精而反，亦禮之宜。

右至壙。

乃窆，主人哭，踊無算。窆，下棺也。**襲，贈用制幣，玄纁束，拜稽顙，踊如初。**丈八尺曰制，二制合之束，十制五合。○《疏》曰：「以其君物所重，故用之送終也。」**卒，袒，拜賓。主婦亦拜賓。即位，拾踊三，襲。**主婦拜賓，拜女賓也。即位，反位。拾，更也。○《疏》曰：「男賓在衆主人之南，女賓在衆婦之南。」**賓出，則拜送。**相問之賓也。凡弔賓有五，去皆拜之，此舉中焉。○《疏》曰：「《雜記》云：『相趨也，出宮而退；相揖也，哀次而退；相問也，既窆而退；相見也，反哭而退；朋友虞祔而退。』注云：『此弔者恩厚薄、去遲速之節也。相趨，謂相聞姓名，來會喪事也；相揖，嘗會於他也；相問，嘗相惠遺也；相見，嘗執摯相見也。』」**藏器於旁，加見。**器，用器、役器也。凡棺飾也，❷更謂之見者，加此則棺柩不復見矣。先

❶「紼」，盧本作「引」。

❷「凡」，《儀禮注疏》作「見」。

言「藏器」乃云「加見」者，器在見內也。內之者，明君子之於事，終不自逸也。**藏苞、筲於旁。**於旁者，在見外也。不言甕、甒，饌相次可知，四者兩兩而居。《喪大記》曰：「棺槨之間，君容柷，大夫容壺，士容甒。」○《疏》曰：「後陳者先用甕、甒，後用苞、筲，苞、筲藏，明甕、甒先藏可知。云『兩兩而居』者，苞、筲居一旁，甕、甒居一旁。」**加折，卻之。加抗席，覆之。加抗木。**宜次也。**實土三，主人拜鄉人。**謝其勤勞。○《疏》曰：「《雜記》云：『鄉人五十者從反哭，四十者待盈坎。』」**即位，踊，襲，如初。**哀親之在斯。○

記：卒窆而歸，不驅。孝子往如慕，反如疑，爲親之在彼。○《疏》曰：「慕者，如嬰兒隨母而啼慕。疑者，孝子不見其親，不知精魂歸否？在彼者，疑精魂在彼不歸。」

右窆。

乃反哭，入，升自西階，東面。衆主人堂下，東面，北上。西階，東面，反諸其所作也。反哭者，於其祖廟，不於阼階。西面，西方神位。○《疏》曰：「《檀弓》所作注云『親所行禮之處』，其二廟者，反哭先於祖，後於禰，遂適殯宮。」**婦人入，丈夫踊，升自阼階。**辟主人也。**主婦入于室，踊，出即位，及丈夫拾踊三。**入于室，反諸其所養也。出即位，堂上西面也。○疏曰：「《檀弓》『所養』注：『親所饋食之處。』」**賓弔者升自西階，曰：「如之何！」主人拜稽顙。**賓弔者，衆賓之長也。反而亡焉失之矣，於是爲甚，故弔之。弔者北面，主人拜於位。不北面拜賓東者，以其亦主人位也。○《疏》曰：「《鄉飲酒》、《鄉射》主人酬賓，皆於賓東主人位，《特牲》、《少牢》助祭之賓，主人皆拜送于西階東面，故於東面不移，以其亦主人位故也。」**賓降，出，主人送于門外，拜稽顙。**

右反哭。

遂適殯宮，皆如啓位，拾踊三。啓位，婦人入升堂，丈夫即中庭之位。○《疏》曰：「中庭之位，即『直東序、西面』位。」**兄弟出，主人拜送。**兄弟，小功以下也。異門大功亦可以歸。○《疏》曰：「至虞、卒哭，祭還來預。」**衆主人出門，哭止，闔門。主人揖衆主人，乃就次。**次，倚廬也。○《問喪》曰：「成壙而歸，不敢入處室，居於倚廬，哀親之在外也。寢苫枕塊，❶哀親之在土也。」**猶朝夕哭，不奠。**是日也，以虞易奠。

右適殯宮。

三虞。虞，喪祭名，虞，安也。骨肉歸於土，精氣無所不之，孝子爲其彷徨，三祭以安之。朝葬，日中而虞，不忍一日離。○**卒哭。**卒哭，三虞之後祭名。始朝夕之閒哀至則哭，至此祭止也，朝夕哭而已。○**明日，以其班祔。**班，次也。祔，卒哭之明日祭名，祔猶屬也，祭昭穆之次而屬之。○《疏》曰：「以孫祔於祖，孫與祖昭穆同，故以孫連屬於祖，而就祖而祭之。」

右虞卒哭祔。

---

❶「苫」，原作「苦」，今據元刻本改。

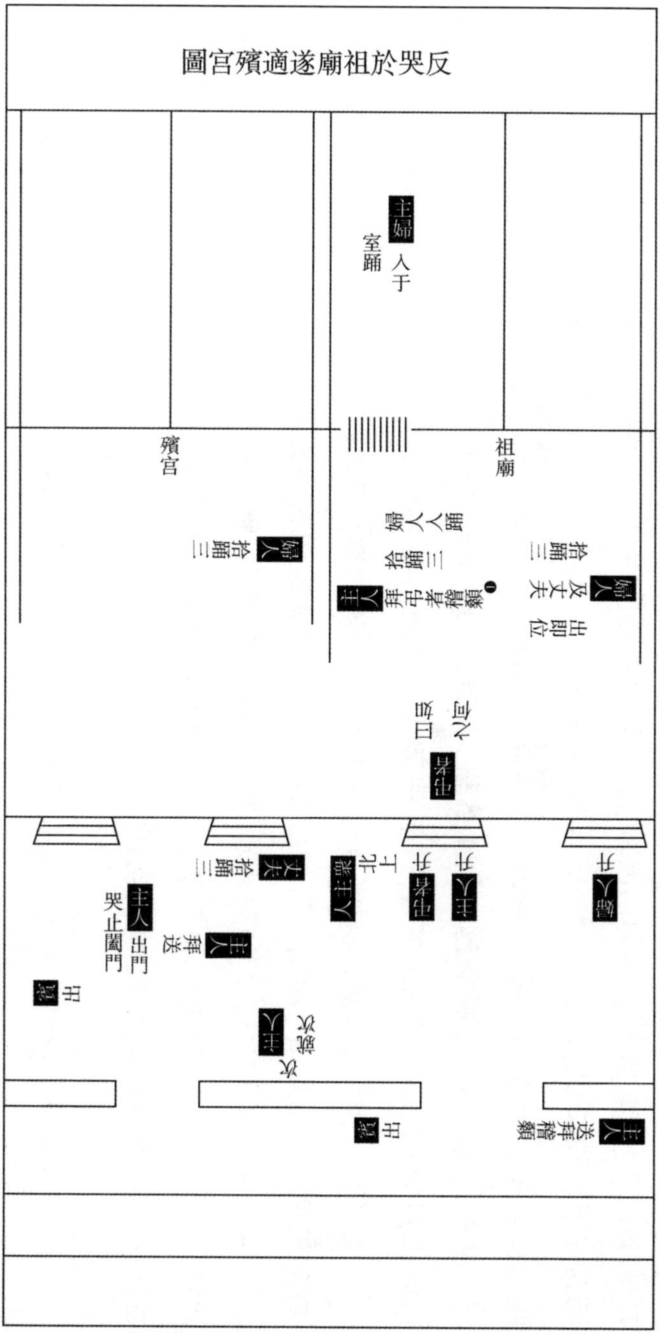

❶「拾踊三拜弔者」，盧本作「拜」。

儀禮圖卷第十四

士虞禮第十四

鄭《目録》云：「虞，猶安也。士既葬其父母，迎精而反，日中祭之於殯宮以安之。」

士虞禮〇特豕饋食，饋，猶歸也。〇《疏》曰：「左氏云『卜日曰牲』，此葬日虞，無卜牲之禮，故指豕體而言。」**側亨于廟門外之右，東面。**側亨，亨一胖也，亨於爨用鑊。不於門東，未可以吉也。是日也以虞易奠，祔而以吉祭易喪祭。鬼神所在則曰廟，尊言之。〇胖，音判。〇《疏》曰：「吉禮皆全，左右胖，不云『側』，虞不致爵，無主人、主婦及賓以下之俎，故惟亨一胖也。」**魚腊爨亞之，北上。**爨，竈。**饎爨在東壁，西面。**饎，尺志反。〇炊黍稷曰饎。饎，北上，上齊於屋宇。於虞有亨、饎之爨，彌吉。〇《疏》曰：「《特牲》云『視饎爨于西堂下』，今亦反吉也。宇，屋梠。」**設洗于西階西南，水在洗西，篚在東。**反吉也。亦當西榮，南北以堂深。**〇尊于室中北墉下，當户，兩甒醴酒，酒在東，無禁，冪用絺布，加勺，南枋。**冪，亡狄反。〇酒在東，上醴也。絺布，葛屬。**素几、葦席在西序下。**有几，始鬼神也。**苴刌茅，長五寸，束之，實于篚，饌于西坫上。**刌，七本反。〇苴，猶藉也。**〇饌兩豆菹、醢于西楹之東，醢在西，一鉶亞之。**醢在西，南面取之，得左取菹，右取醢，便其設之。〇《疏》曰：「亞之者，菹以東也。」**從獻豆兩亞之，四籩亞之，北上。**豆從主人獻祝，❶籩從主婦獻尸、祝。北上，菹與棗。不東陳，列於正。❷○《疏》曰：「云『北上』，是不從鉶東爲次，宜於鉶東北，以北爲上，向南陳之。東北菹爲首，次南醢，醢東栗，栗北棗，棗東棗，棗南栗，故云『北上，菹與棗』也。」**○饌黍稷二敦于階間，西上，藉用葦席。**藉，猶薦也。○今案：《虞》敦藉用葦席，❸《特牲》敦藉用萑，注：「藉，猶爲席。」❹**匜水錯于槃中，南流，在西階之南，簞巾在其東。**匜音移。○流匜，吐水口也。**陳三鼎于門外之右，北面，北上，設扃鼏。**門外之右，門西也。**匕俎在西塾之西。**不饌於塾上，統於鼎也。塾有西者，是室南鄉。**羞燔俎在內西塾上，南順。**南順，於南面取縮，執之便也。肝俎在燔東。**○記：虞，沐浴，不櫛。**沐浴者，將祭，自絜清。不櫛，未在於飾也。唯三年之喪不櫛，期以下櫛可也。**陳牲于廟門外，北首，西上，寢右。**言牲，腊在其中。西上，變吉。寢右者，當升左胖也。腊用棜。《檀弓》曰：「既反哭，主人與有司視虞牲。」○《疏》曰：「唯有一豕，而云『西上』，明兼兔腊也。《少牢禮》『二牲東上』，《特牲》禮牲尚右，今皆反吉。」**日中而行事。**朝葬，日中而虞。君子舉事，必用辰正也。再虞、三虞皆質明。**殺于廟門西，主人不視豚**

---

❶「祝」，原作「板」，今據盧本、四庫本及《儀禮注疏》改。
❷「列」，《儀禮注疏》作「別」。
❸「敦藉用葦」，原爲墨丁，今據盧本補。
❹「藉猶爲席」，原爲墨丁，今據盧本補。

解。主人視牲不視殺，凡爲喪事略也。豚解，解前後脛、脊、脅而已。孰乃體解，升於鼎也。**○羹飪，升左肩、臂、臑肫、骼，脊、脅，離肺。膚祭三，取諸左膉上。肺祭一，實于上鼎。**臑，乃報反。肫音純。骼音格。膉音益。○肉謂之羹。飪，孰也。脊、脅，正脊、正脅也。喪祭略，七體耳。離肺，舉肺也。《少牢饋食禮》曰：「舉肺一，長終肺。祭肺三，皆刌。」膉，脰肉也。○疏曰：「《特牲》：『尸俎十一體。』」**升魚鱄、鮒九，實于中鼎。**鱄，市專反。鮒音附。○差減之。○《疏》曰：「《特牲》『魚十有五』。」**升腊左胖。髀不升，實于下鼎。**髀，步禮反。○腊亦七體，牲之類。○《疏》曰：「《特牲·記》云：『腊如牲骨。』」**皆設扃鼏，陳之。**嫌既陳乃設扃鼏也。**○祝俎，髀、脰、脊、脅、離肺，陳于階間，敦東。**不升於鼎，賤也。統於敦，明神惠也。祭以離肺，下尸。**○鉶芼，用苦若薇，有滑，夏用葵，冬用荁，有柶。**荁音丸。○苦，苦荼也。荁，堇類也，乾則滑。夏、秋用生葵，冬、春用乾荁。○荼音徒。堇音謹。○《疏》曰：「《公食·記》『牛藿、羊苦、豕薇』，各用其一。一牲者，容兼用其二。」**○豆實，葵菹，菹以西羸醢。籩，棗烝，栗擇。**棗烝、栗擇，則菹刌也。棗烝、栗擇，則豆不揭、籩有藤也。○羸，力禾反。不揭，苦瞎反，本或作髺。○《疏》曰：「大斂用『髺豆兩，其實葵菹、芋，兩籩無籐，栗不擇』，至此乃云『棗烝、栗擇』，則菹亦切矣。豆籩有飾可知。」

右陳牲及器。

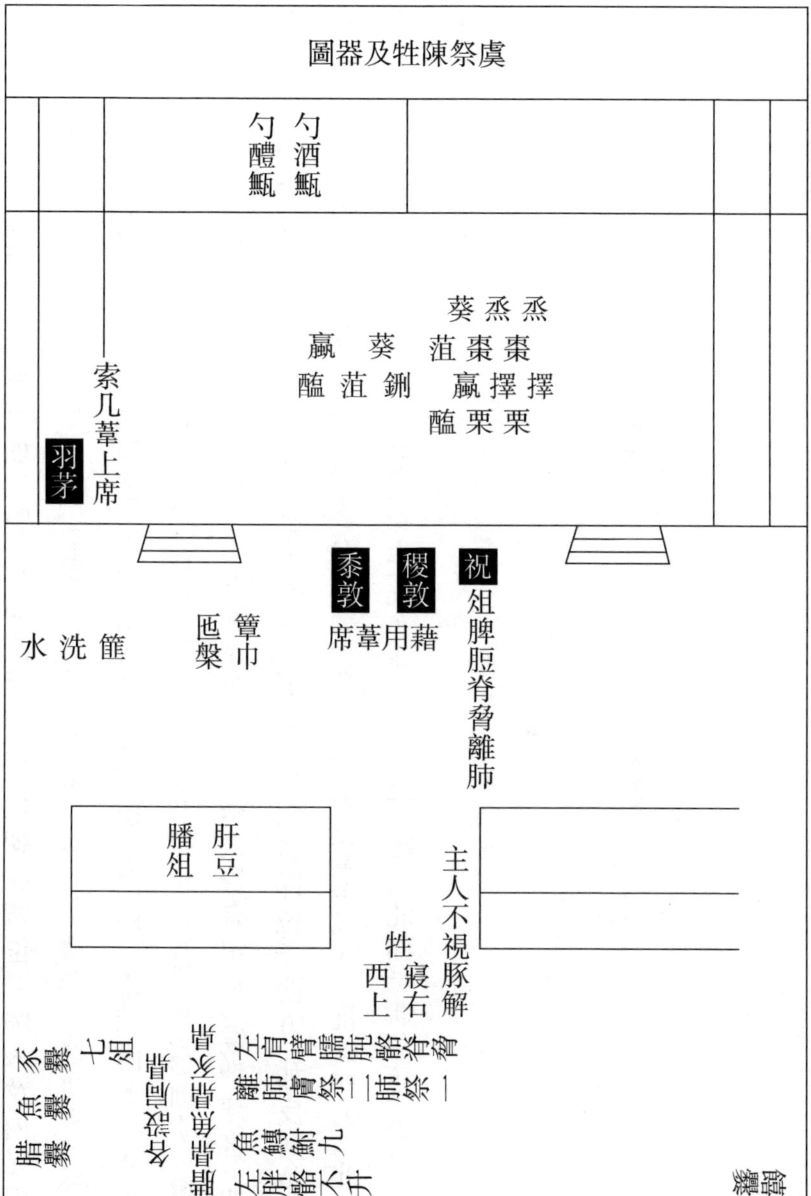
虞祭陳牲及器圖
勺醴甒
勺酒甒
索几葦上席
羽茅
黍敦
稷敦
祝
俎脾脰脊脅離肺
藉用葦席
水洗篚
匜槃
簞巾
肝豆
膰俎
主人不視豚解
牲西上
寢右

主人及兄弟如葬服，賓執事者如弔服，皆即位于門外，如朝夕臨位。婦人及内兄弟服即位于堂，亦如之。臨，力蔭反。○葬服者，《既夕》曰「丈夫髽，散帶垂」也。賓執事者，賓客來執事也。祝免，澡葛經帶，布席于室中，東面，右几，降出，及宗人即位于門西，東面，南上。祝免音問。○祝亦執事。免者，祭祀之禮，祝所親也。澡，治也，治葛以爲首絰及帶，接神宜變也。然則士之屬官爲其長弔服加麻矣，至於既卒哭，主人變服則除。右几，於席近南也。宗人告有司具，遂請拜賓，如臨。入門哭，婦人哭。臨，朝夕哭。主人即位于堂，衆主人及兄弟、賓即位于西方，如反哭位。《既夕》曰：「乃反哭，入門，升自西階，東面。衆主人堂下，東面，北上。」此則異於朝夕。祝入門左，北面。不與執事同位，接神尊也。○《疏》曰：「執事，即上『兄弟、賓』。」宗人西階前北面。當詔主人及賓之事。

右即位筵几。

門外門內堂上位圖

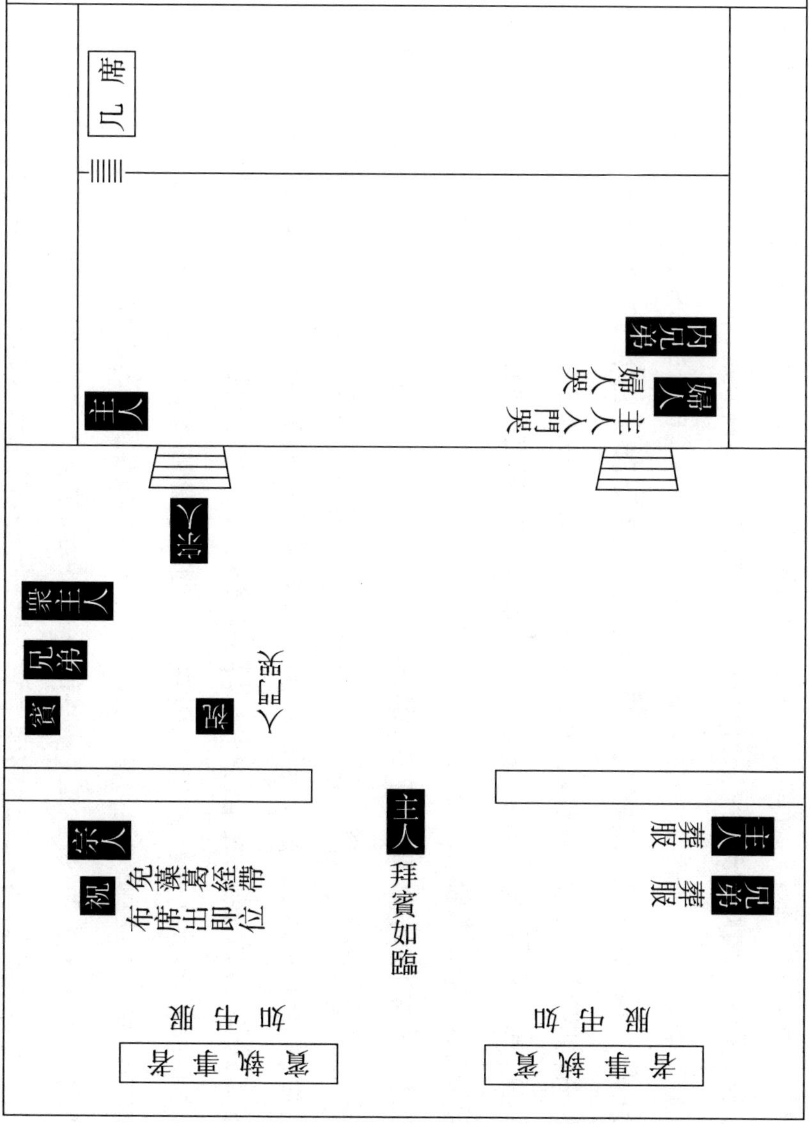
几席
內兄弟
婦人
婦人哭
主人入門哭
主人
主人葬服
兄弟葬服
主人拜賓如臨
宗人
祝
免澡葛絰帶布席出即位
賓執事者如弔服
賓執事者如弔服

祝盥，升，取苴降，洗之，升，入設于几東席上，東縮。降，洗觶，升，止哭。縮，從也。**主人倚杖入。祝從，在左，西面。**主人北旋，倚杖西序，乃入。《喪服小記》曰：「虞，杖不入於室；祔，杖不升於堂。」然則練杖不入於門明矣。**贊薦菹醢，醢在北。**主婦不薦，齊斬之服不執事也。《曾子問》曰：「士祭不足，則取於兄弟大功以下者。」**佐食及執事盥，出舉，長在左。**舉，舉鼎也。長在左，西方位也。凡事宗人詔之。**鼎入，設于西階前，東面，北上，匕俎從設。左人抽扃、鼏，匕。佐食及右人載。**載，載於俎。佐食載，則亦在右矣。**卒，朼者逆退復位。**復賓位也。**俎入，設于豆東，魚亞之，腊特。**亞，次也。**贊設二敦于俎南，黍，其東稷。**簋實尊黍也。**設一鉶于豆南。**鉶，菜羹也。**佐食出，立于户西。**饌已也。**贊者徹鼎。**反于門外。○**祝酌醴，命佐食啓會。佐食許諾，啓會，卻于敦南，復位。**會，古外反。○會，合也，謂敦蓋也。復位，出立于户西。**祝奠觶于鉶南，復位。主人再拜稽首。**復位，復主人之左。**祝饗，命佐食祭。**饗，告神饗。此祭，祭于苴也。饗神辭，《記》所謂「哀子某，哀顯相，夙興夜處不寧」下至「適爾皇祖某甫，尚饗」是也。○案，饗謂陰厭也。**佐食許諾，鉤袒，取黍稷，祭于苴三。取膚祭，祭如初。祝取奠觶祭，亦如之，不盡，益，反奠之。主人再拜稽首。**鉤袒，如今擐衣也。苴，所以藉祭也。孝子始將納尸，以事其親，爲神疑於其位，設苴以定之耳。或曰：苴，主道也。則《特牲》、《少牢》當有主象而無，何乎？○《疏》曰：「擐衣以露臂。」**祝祝，卒，主人拜如初，哭，出，復位。**祝祝者，釋孝子祭辭。○祝祝，下之又反。○**記：載猶進柢，魚進鬐。**猶，猶

《士喪》、《既夕》，言未可以吉也。❶ 柢，本也。髻，脊也。○**始虞用柔日，**葬之日，日中虞。欲安之，柔日陰，陰取其靜。**曰：「哀子某，哀顯相，夙興夜處不寧。**曰，辭也，祝祝之辭也。喪祭稱哀。顯相，助祭者也。顯，明也。相，助也。《詩》云：「肅雍顯相。」不寧，悲思不安。**敢用絜牲剛鬣、**敢，昧冒之辭。豕曰剛鬣。**香合、**黍也，大夫、士於黍稷之號，合言普淖而已。此言「香合」，蓋記者誤耳。辭次，黍又不得在薦上。**嘉薦、普淖、**嘉薦，菹醢也。普淖，黍稷也。普，大也。淖，和也。德能大和，乃有黍稷，故以爲號云。**明齊溲酒，**明齊，新水也，言以新水溲釀此酒也。《郊特牲》曰：「明水涚齊，貴新也。」**哀薦祫事，**始虞謂之祫事者，主欲其祫先祖也，以與先祖合爲安。**適爾皇祖某甫。**爾，女也，女，死者。告之以適皇祖，所以安之也。皇，君也。某甫，皇祖字也，若言「尼甫」。**饗！」**勸彊之也。**再虞，皆如初，曰：「哀薦虞事。」**丁日葬則已日再虞。其祝辭異者，一言耳。**三虞、卒哭、他，用剛日，亦如初，曰：「哀薦成事。」**當祔於祖廟，爲神安於此。後虞改用剛日。剛日，陽也，陽取其動也。士則庚日三虞，壬日卒哭。其祝辭異者，亦一言耳。他，謂不及時而葬者。《喪服小記》曰：「報葬者報虞，三月而後卒哭。」然則虞、卒哭之閒有祭事者，亦用剛日。其祭無名，謂之「他」者，假設言之。文不在「卒哭」上者，以其非常也，令正者自相亞也。《檀弓》曰：「葬日中而虞，弗忍一日離也。」是日也，以虞易奠。卒哭曰成事，是日也，以吉祭易喪

---

❶「吉」，原作「言」，今據《儀禮注疏》改。

祭。明日祔於祖父。」如是，虞爲喪祭，卒哭爲吉祭。○《疏》曰：「《小記》注云：『報，讀如「赴疾」之「赴」，謂不及期而葬者。』」○**主人在室，則宗人升，户外，北面。**當詔主人室事。**佐食無事則出户，負依南面。**室中尊不空立。户牖之間謂之依。❶

右設饌饗神。

❶ 「户」，原作「尸」，今據元刻本、盧本改。

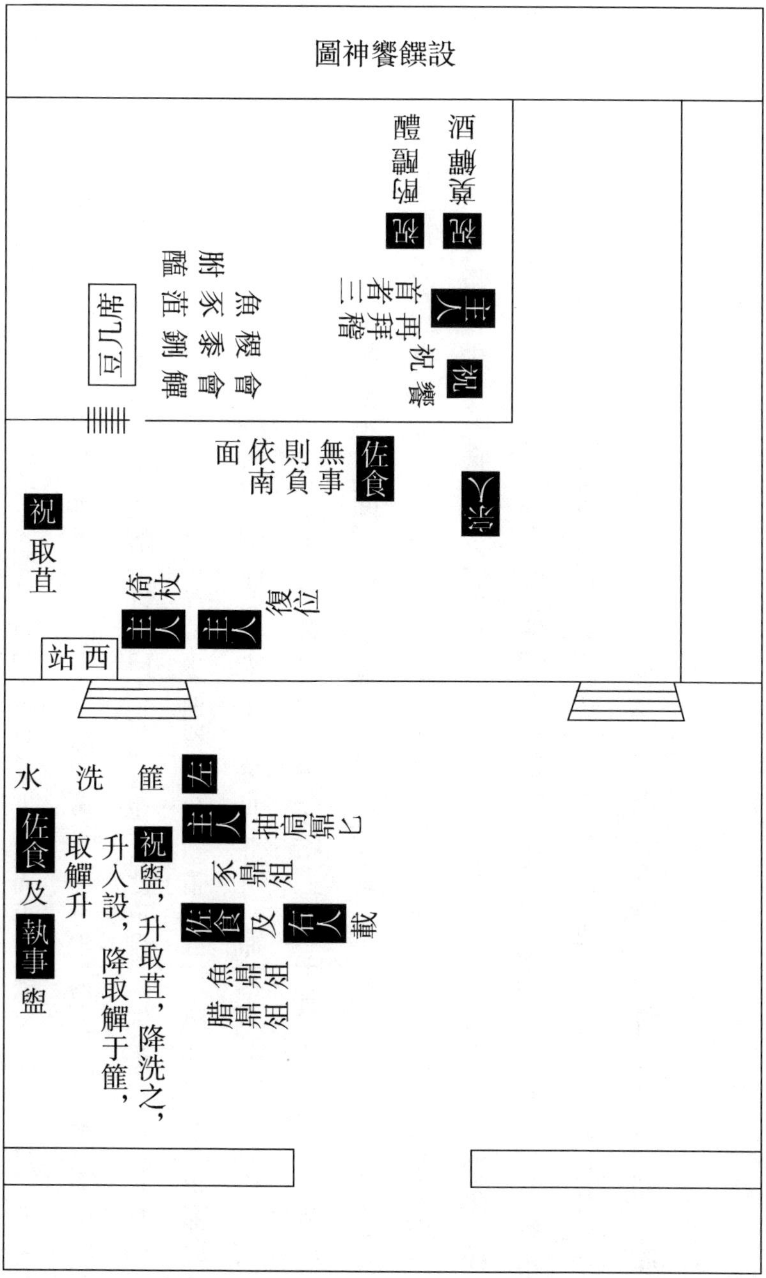
設饌饗神圖
酒甒
醴甒
主人 再拜稽首者三
祝 饗
魚 稷 會
胕 豕 黍 會
醢 菹 鉶 觶
苴几席
佐食 無事則負依南面
祝入
祝 取苴
主人 倚杖
主人 復位
西坫
篚
洗
水
祝盥，升取苴，降洗之，升入設，降取觶于篚，
取觶升
佐食及執事盥
豕鼎俎
魚鼎俎
腊鼎俎

祝迎尸，一人衰絰奉篚，哭從尸。奉，芳勇反。從，才用反。○尸，主也。孝子之祭，不見親之形象，心無所繫，立尸而主意焉。一人，主人兄弟。《檀弓》曰：「既封，主人贈，而祝宿虞尸。」○封音窆。**尸入門，丈夫踊，婦人踊。**踊不同文者，有先後也。尸入主人不降者，喪事主哀不主敬。**淳尸盥，宗人授巾。**淳，沃也。沃尸盥者，賓執事者也。**尸及階，祝延尸。**延，進也，告之以升。○《疏》曰：「《特牲》注云：『在後詔侑曰延。』然《記》云：❶『尸謖，祝前，鄉尸。』故《禮器》云：『詔侑無方。』」**尸升，宗人詔踊如初。**言詔踊如初，則凡踊宗人詔之。**尸入户，踊如初，哭止。**哭止，尊尸。**婦人入于房。**辟執事者。**主人及祝拜妥尸，尸拜，遂坐。**妥，安坐也。**從者錯篚于尸左席上，立于其北。**北，席北也。**尸取奠，左執之，取菹，擩于醢，祭于豆間。祝命佐食墮祭。**擩，人悅反。墮，許恚反。○下祭曰墮，墮之猶言墮下也。《周禮》曰「既祭則藏其墮」，謂此也。齊魯之間謂祭爲「墮」。○猶言墮，陸《釋文》作「言猶墯」。○《疏》曰：「凡祭，皆手舉之，向下祭之，故云『下祭曰墮』。《周禮》文見《守祧》。」**佐食取黍、稷、肺祭，授尸。尸祭之，祭奠。祝祝。主人拜如初。尸嘗醴，奠之。**如初，亦祝祝卒，乃再拜稽首。**佐食舉肺脊授尸。尸受，振祭，嚌之，左手執之。**右手將有事也。尸食之時，亦奠肺脊于豆。○《疏》曰：「《特牲》：『舉肺脊』在『爾敦』後，吉凶相變也。」**祝命佐食邇敦。佐食舉黍，錯于席上。**

❶「然」，原作「雜」，今據元刻本、盧本改。

邇，近也。尸祭鉶，嘗鉶。右手也。《少牢》曰：「以柶祭羊鉶，遂以祭豕鉶，嘗羊鉶。」**泰羹湇自門入，設于鉶南。胾四豆設于左。**湇，去及反。胾，側吏反。○博異味也。湇，肉汁也。胾，切肉也。○《疏》曰：「左者，正豆之左。」**尸飯，播餘于篚。**不反餘也。古者飯用手，吉時播餘于會。**三飯，佐食舉幹，尸受。振祭，嚌之，實于篚。**飯間啗肉，安食氣。**又三飯，舉胳祭如初。佐食舉魚、腊，實于篚。**尸不受魚、腊，以喪不備味。**又三飯，舉肩，祭如初。**後舉肩者，貴要成也。○《疏》曰：「《祭統》曰『周人貴肩』，故云貴者要成也。」**舉魚、腊俎，俎釋三个。**个，古賀反。○釋，猶遺也。遺之者，君子不盡人之歡，不竭人之忠。个，猶枚也，此腊亦七體，如其牲也。○《疏》曰：「上舉脊、幹、胳、肩，唯有肩、臑、肫三者，故此經直舉魚、腊而已。」○案：「俎釋三个」爲祭畢陽厭，設于西北隅。**尸卒食，佐食受肺脊，實于篚，反黍如初設。**九飯而已，士禮也。篚猶吉祭之有肵俎。○肵，音祈。○《疏》曰：「《少牢》十一飯，諸侯十三，天子十五。肵俎見《特牲》、《少牢》。」○**記：尸服卒者之上服。**上服者，如特牲士玄端也。不以爵弁服爲上者，祭於君之服，非所以自配鬼神。士之妻則宵衣耳。**男，男尸。女，女尸。必使異姓，不使賤者。**異姓，婦也。賤者，謂庶孫之妾也。尸配尊者，必使適也。○《疏》曰：「尸須得孫列者，女尸先使適孫妻，無則適孫妾，又無乃使庶孫妻，即不得使庶之妾，是賤之極者。喪祭自禫以前，男女別尸，皆異几。祭於廟同几，精氣合。《少牢》吉祭云『某妃配』，是男女共尸。」○**淳尸盥，執槃西面，執匜東面，執巾在其北，東面，宗人授巾，南面。**槃，以盛棄水，爲淺污人也。執巾不授巾，卑也。○**尸入，祝從尸。**祝在主人前也。嫌如初時「主人倚杖，入，祝從之」。初時主人之心尚若親存，宜自親之，今既接神，祝當詔侑尸也。○《疏》曰：「尸，神象，故云『接神』。」**尸坐不説屨。**侍神不敢燕惰。

右迎尸入九飯。

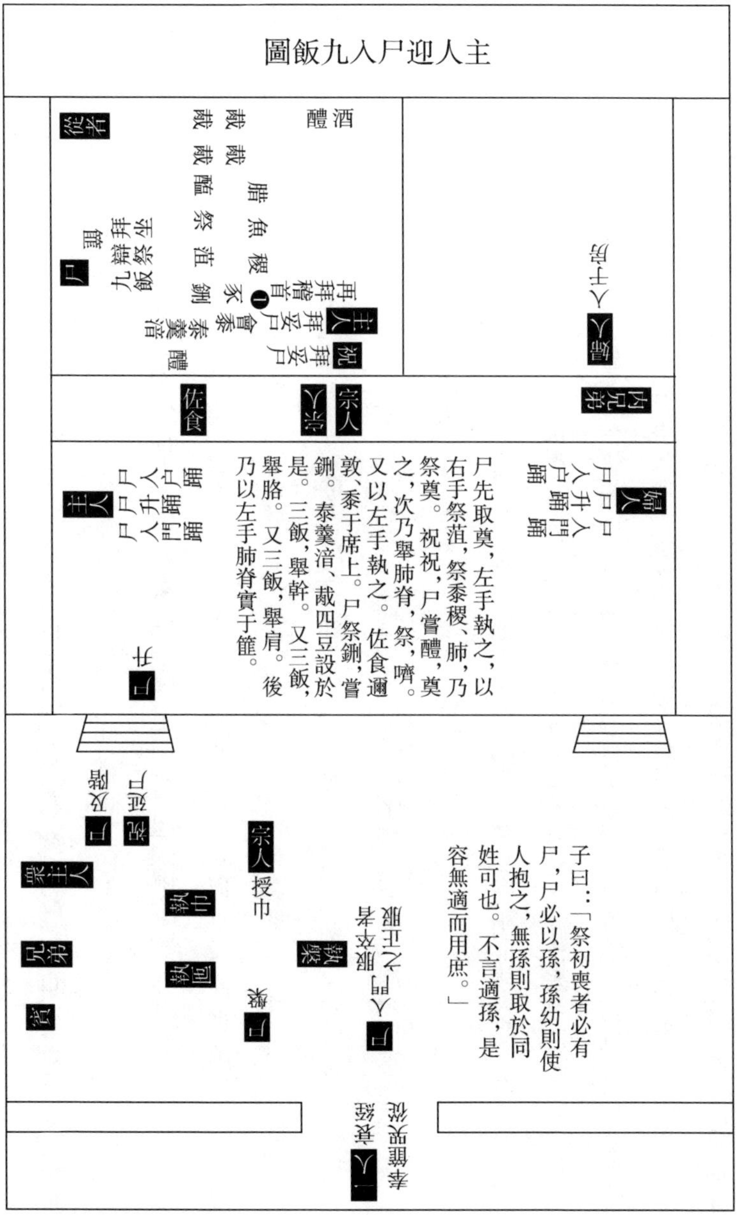

❶「再拜稽首」四字，原無，今據盧本補。

主人洗廢爵，酌酒酳尸，尸拜受爵，主人北面答拜。尸祭酒，嘗之。酳，以刃反。○爵無足曰廢爵。酳，安食也。主人北面以酳酢，變吉也，凡異者皆變吉。○《疏》曰：「《特牲》、《少牢》『尸拜受，主人西面拜送』，與此北面相反，變吉也。」**賓長以肝從，實于俎，縮，右鹽。**縮，從也，從實肝炙於俎也，喪祭進柢。右鹽，於俎近北，便尸取之也。縮執俎言右鹽，則肝、鹽併也。○炙，支夜反。柢，丁計反。**尸左執爵，右取肝，擩鹽，振祭，嚌之，加于俎。賓降，反俎于西塾，復位。**取肝，右手也。加于俎，從其牲體也，以喪不志於味。○《疏》曰：「《特牲》、《少牢》尸嚌肝訖，加菹豆以近身，此遠加于俎，以同牲體。」**尸卒爵，祝受，不相爵。主人拜，尸答拜。**不相爵，喪祭於禮略。相爵者，《特牲》曰：「送爵，皇尸卒爵。」**祝酌授尸，尸以醋主人，主人拜受爵，尸答拜。**醋，才各反，本亦作酢。○醋，報。○授尸、醋主人，亦北面拜受，坐祭，卒爵。及主人獻祝之時，乃反西面位。**主人坐祭，卒爵，拜，尸答拜。**

右主人酳尸，尸醋主人。

今案：奠之所尚者在於醴。前饗神之時，祝酌醴，奠觶于鉶南。及尸既坐取所奠觶，左手執之，以右手祭菹，祭黍、稷、肺，乃祭奠。於是祝祝，主人再拜稽首，而後尸嘗醴而奠之，此是第一節。牲之所重者在肺脊。《特牲》、《少牢》舉肺脊在前，蓋肺者氣之主也，脊者體之正也，故尸又先舉肺脊，祭而嚌之，又以左手執之，乃以右手祭鉶而嘗之。祝命邇黍敦錯于席上，爲尸之將飯也。黍羹湇、胾四豆至是新設之于俎豆之閒，以博異味也。於是三飯舉幹，祭而嚌之，實于篚；又三飯舉胳，祭而嚌之，實于篚；又三飯舉肩，祭而嚌之，實于篚。魚腊與豕爲三鼎，今所舉皆豕，而魚、腊則不食焉。惟佐食舉之以實于篚，以喪不備味也。尸卒食，佐食乃受尸左手所執胏脊，實于篚。後乃酌廢爵酒以酳尸，賓長以肝從而獻，禮成矣。於是祝酌受尸，尸以醋主人，而主人獻尸之禮畢矣。

筵祝，南面。祝接神，尊也。筵用萑席。○《疏》曰：「祝先得獻尊也。」主人獻祝，祝拜，坐受爵，主人答拜。獻祝，因反西面位。薦菹醢，設俎。祝左執爵，祭薦，奠爵，興，取胏，坐祭，嚌之，興，加于俎，祭酒，嘗之。肝從，祝取肝，擩鹽，振祭，嚌之，加于俎，卒爵，拜，主人答拜。祝坐授主人。○主人酌獻佐食。佐食北面拜，坐受爵，主人答拜。佐食祭酒，卒爵，拜。主人答拜，受爵，出，實于篚，升堂，復位。篚在庭。不復入，事已也，亦因取杖，乃東面立。

右獻祝、佐食。

主人獻祝佐食圖

主人獻祝爵，有薦、菹、醢，有俎，有肝從。

主人獻佐食，有爵而已。

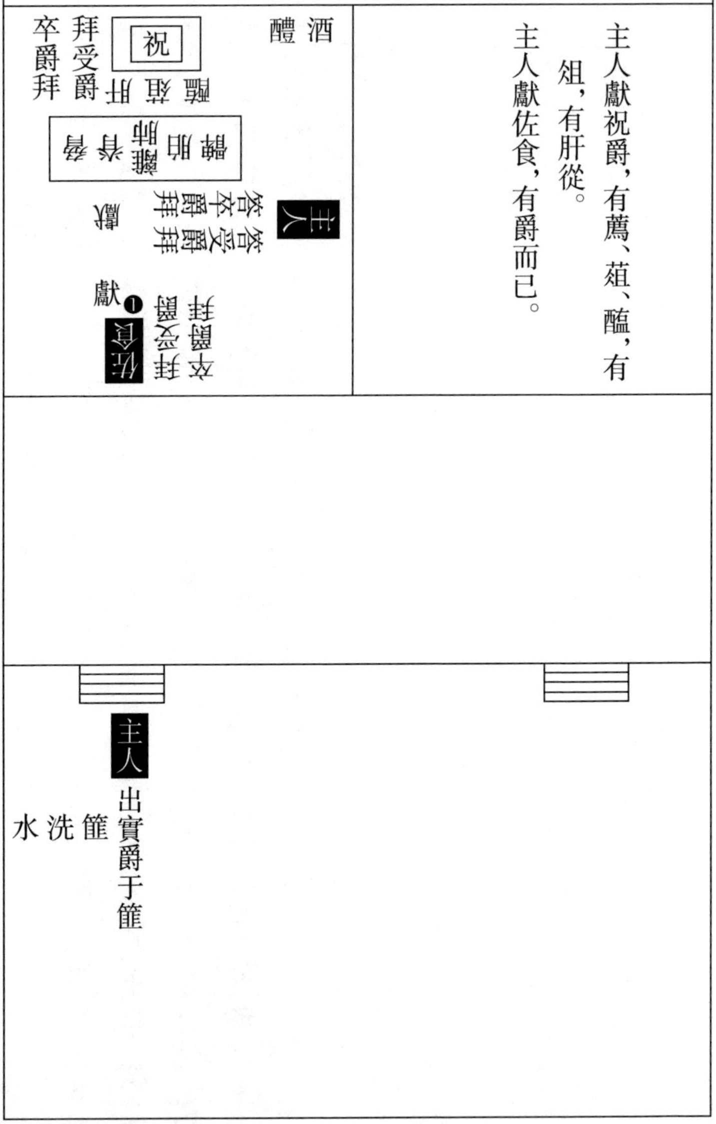

❶「獻」，盧本作「厭」。

主婦洗足爵于房中，酌，亞獻尸，如主人儀。爵有足，輕者飾也。《昏禮》曰：「内洗在北堂，直室東隅。」自反兩籩棗、栗，設于會南，棗在西。尚棗，❶棗美。○《疏》曰：「《特牲》『宗婦執兩籩，主婦受，設』，此主婦自反者，以喪尚縱，縱反吉。齊斬不執事，此亞獻己所有事，故自薦。」尸祭籩，祭酒如初。賓以燔從如初。尸祭燔，卒爵如初。酌，獻祝，籩燔從，獻佐食，皆如初。以虚爵入于房。初，主人儀。

右主婦亞獻尸及祝佐食。

❶「尚」，原作「南」，今據盧本及《儀禮注疏》改。

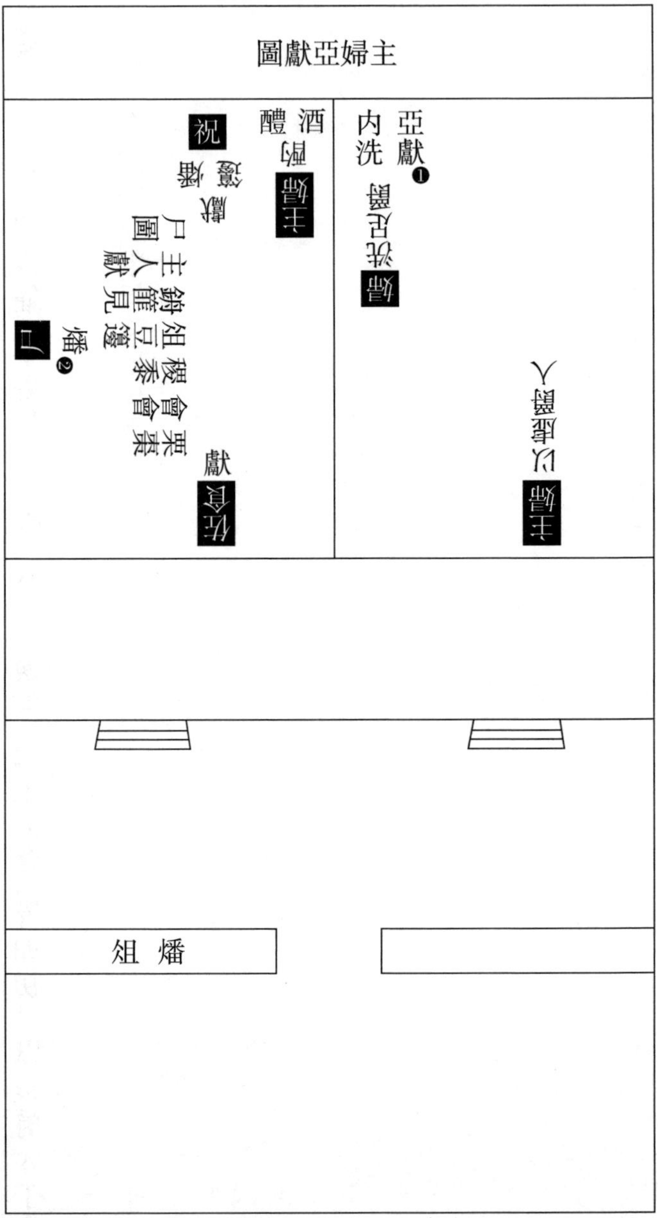

❶「亞獻」，原作「篚」，今據盧本及上文改。

❷「燔」，原作「獻」，今據盧本及上文改。

賓長洗繶爵，繶，於力反。○繶爵，口足之間有篆，又彌飾。○篆，丈轉反。**三獻，燔從，如初儀。婦人復位。**復堂上西面位。事已，尸將出，當哭踴。**祝出户，西面告利成。主人哭，**西面告，告主人也。利，猶養也。成，畢也。言養禮畢也。不言養禮畢，於尸間嫌。○《疏》曰：「即於尸中間有嫌，諷去之。」**皆哭。**丈夫、婦人於主人哭，斯哭矣。**祝入，尸謖。**謖，所六反。○謖，起也，祝入而無事，尸則知起矣。不告尸者，無遣尊者之道。**從者奉篚哭如初。**初，哭從尸。**祝前尸，出户，踊如初；降堂，踊如初；出門，亦如之。**前，道也。如初者，出如入，降如升，三者之節悲哀同。○**記：尸謖，祝前，鄉尸。**祝道尸，必先鄉之，爲之節。**還，出户，又鄉尸。還，過主人，又鄉尸。還，降階，又鄉尸。**過主人則西階上，不言及階，明主人見尸有踧踖之敬。○《疏》曰：「出户、降階、及門皆指物而言，主人在西階上，❶不言西階而言『主人』，欲見敬。」**降階，還，及門，如出户。**及，至也。言還至門，明其間無節也。降階如升時，將出門如出户時，皆還鄉尸。每將還，必有辟退之容。凡前尸之禮儀在此。**尸出。**

右祝告利成，尸謖。

❶「西」，原作「兩」，今據盧本改。

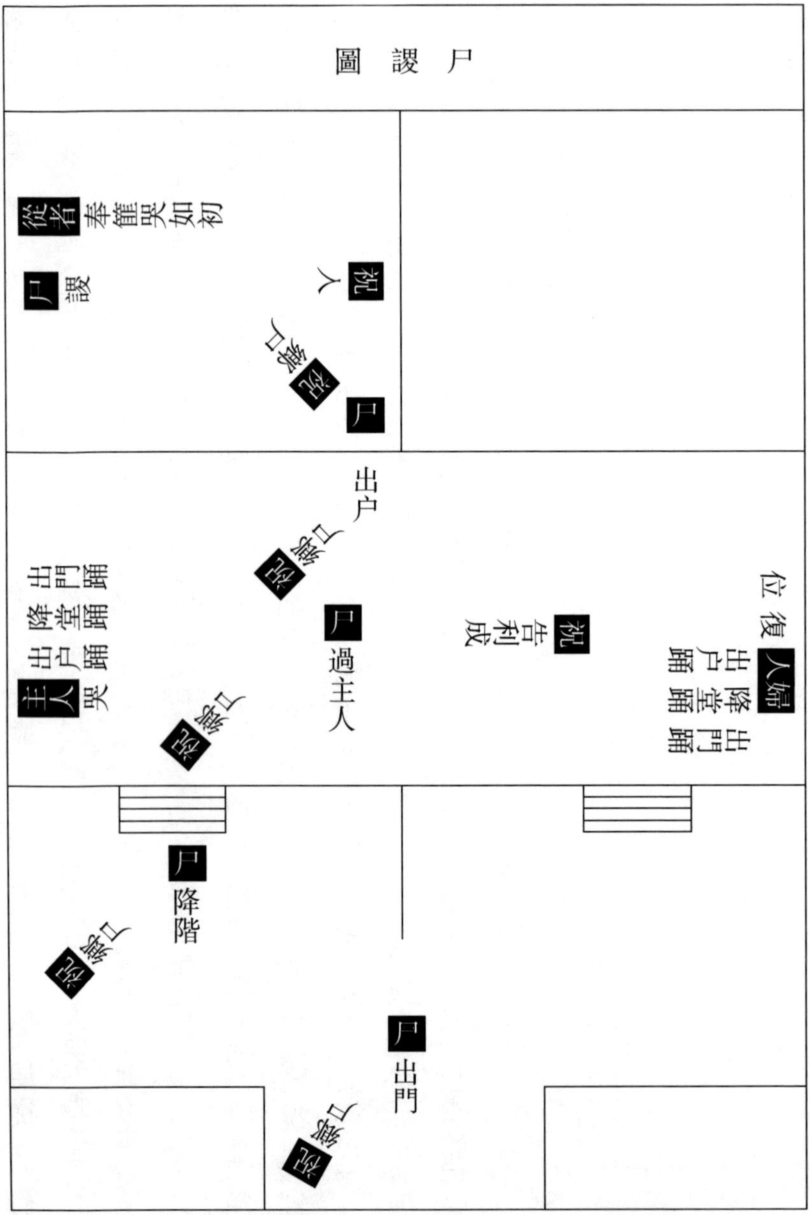
尸謖圖
從者奉篚哭如初
尸謖
祝入
祝前
尸
出户
祝前
尸過主人
祝告利成
婦人復位
出户踊
降堂踊
出門踊
主人哭
出户踊
降堂踊
出門踊
祝前
尸降階
祝前
尸出門
祝前

祝反，入徹，設于西北隅，如其設也，几在南，厞用席。改設饌者，不知鬼神之節，改設之，庶幾歆饗，所以爲厭飫也。几在南，變右文，❶明東面，不南面，漸也。厞，隱也，于厞隱之處，從其幽闇。○《疏》曰：「上文陰厭時『右几』，今云『几在南』，明其同。必變右文者，《少牢》大夫禮，陽厭時南面，亦『几在右』，此言『右几』，則嫌與大夫同，故云『明東面』也。《特牲》改饌，几在南，與此同。今示向吉有漸，故與吉祭同。厞用席，以席爲障，使之隱也。」**祝薦席徹入于房，祝自執其俎出。**徹薦席者，執事者。祝薦席，則初自房來。**贊闔牖户。**鬼神尚居幽闇，或者遠人乎？贊，佐食者。**主人降，賓出。**宗人詔主人降，賓則出廟門。**主人出門，哭止，皆復位。**門外，未入位。**宗人告事畢。賓出，主人送，拜稽顙。**送拜者，明于大門外也。賓執事者皆去，即徹室中之饌者，兄弟也。○《疏》曰：「上文云『復位』，是未出大門，此云『送拜』，是大門外可知。」○**記：祝反，入門左，北面復位，然後宗人詔降。**

右陽厭。

---

❶ 「右」，原作「古」，今據下文及《儀禮注疏》阮校改。

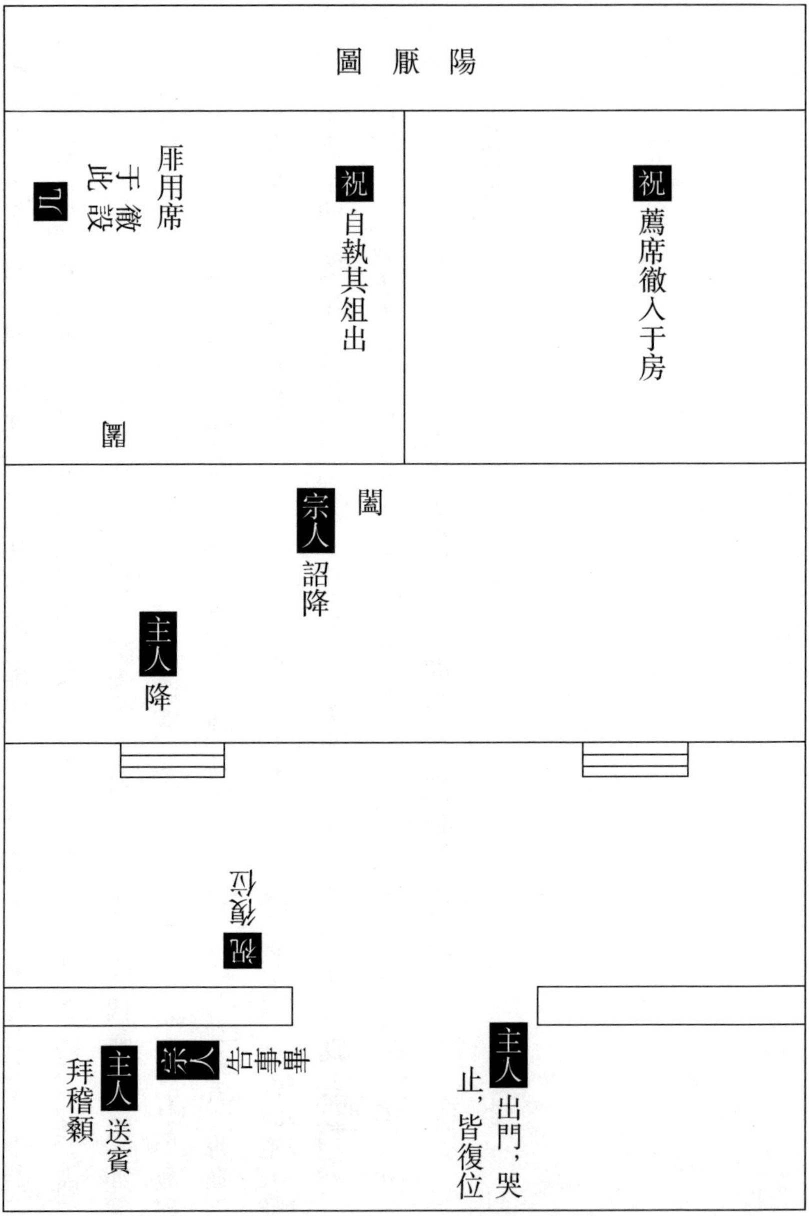
陽厭圖
祝 薦席徹入于房
祝 自執其俎出
扉用席徹設于此
几
闔
闔
宗人 詔降
主人 降
祝 復位
宗人 告事畢
主人 送賓 拜稽顙
主人 出門，哭止，皆復位

記：無尸，則禮及薦饌皆如初。無尸，謂無孫列可使者也。殤亦是也。禮，謂衣服、即位、升降。○《疏》曰：「《曾子問》曰『祭成喪者必有尸』，明殤死無尸可知。」**既饗，祭于苴，祝祝卒，**記異者之節。**不綏祭，無泰羹湆、胾、從獻。**不綏言獻，記終始也。事尸之禮，始於綏祭，終於從獻。綏當爲墮。○《疏》曰：「從獻，肝、燔也。無尸，闕此四事，《守祧》墮字爲正，取減爲義。」**主人哭，出復位。**於祝祝卒。**祝闔牖户，降，復位于門西。**門西北面位也。**男女拾踊三。**拾，其業反。○拾，更也，三更踊。○《疏》曰：「凡言『更踊』者，主人踊，主婦踊，賓乃踊。三者，三爲拾也。」**如食閒。**隱之，如尸一食九飯之頃也。**祝升，止哭，聲三，啓户。**聲者，噫歆也，將啓户，驚覺神也。**主人入，**親之。**祝從，啓牖鄉如初。**牖先闔後啓，扇在内也。鄉、牖一名也。如初者，主人入，祝從，在左。○《疏》曰：「《詩》『塞鄉墐户』，注『北出牖也』。語異義同，亦是牖。」**主人哭，出復位。**堂上位也。**卒徹，祝、佐食降，復位。**祝復門西北面位，佐食復西方位。不復設西北隅者，專閉牖户，褻也。○《疏》曰：「佐食即賓，復西方位可知。」**宗人詔降如初。**初贊闔牖户，宗人詔主人降。

右無尸饗祭之禮。

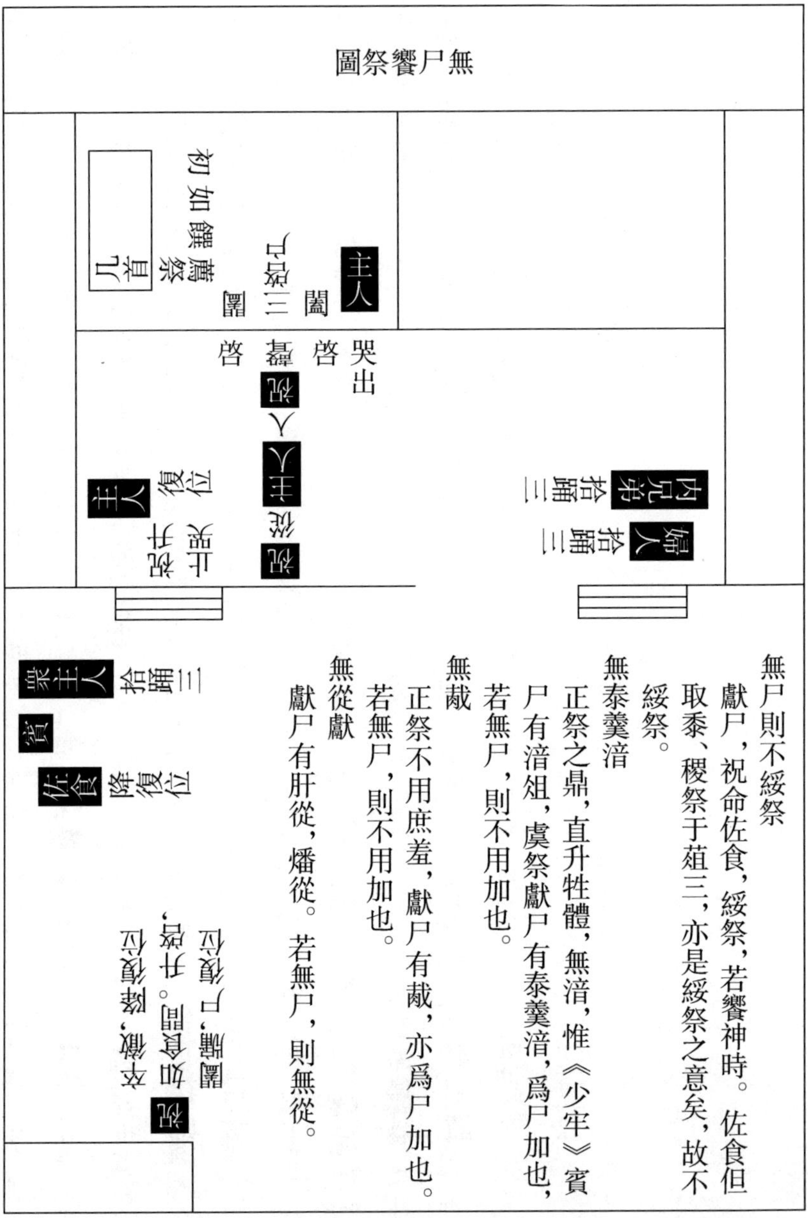

無尸則不綏祭

獻尸，祝命佐食，綏祭，若饗神時。佐食但取黍、稷祭于菹三，亦是綏祭之意矣，故不綏祭。

無泰羹湆

正祭之鼎，直升牲體，無湆，惟《少牢》賓尸有湆俎，虞祭獻尸有泰羹湆，爲尸加也，若無尸，則不用加也。

無胾

正祭不用庶羞，獻尸有胾，亦爲尸加也。若無尸，則不用加也。

無從獻

獻尸有肝從，燔從。若無尸，則無從。

記：死三日而殯，三月而葬，遂卒哭。謂士也。《雜記》曰：「大夫三月而葬，五月而卒哭；諸侯五月而葬，七月而卒哭。」此記更從死起，異人之閒，其義或殊。**將旦而祔，則薦。**薦，謂卒哭之祭。**卒辭曰：「哀子某，來日某，隮祔爾于爾皇祖某甫，尚饗！」**卒辭，卒哭之祝辭。隮，升也。尚，庶幾也。不稱饌，明主爲告祔也。❶**女子，曰：「皇祖妣某氏。」**女孫祔於祖母。**婦，曰：「孫婦于皇祖姑某氏。」**不言「爾」，曰「孫婦」，差疏也。**其他，辭一也。**「來日其隮祔，❷尚饗。」**饗辭曰：「哀子某，圭爲而哀薦之，饗！」**饗辭，勸彊尸之辭也。圭，潔也。《詩》曰：「吉圭爲饎。」凡吉祭饗尸，曰「孝子」。

右卒哭。

記：獻畢未徹，乃餞。卒哭之祭，既三獻也。餞，送行者之酒。《詩》云：「出宿于泲，飲餞于禰。」尸旦將始祔於皇祖，是以餞送之。○《疏》曰：「虞、卒哭同在寢，明旦祔則在廟，故餞之。」**尊兩甒于廟門外之右，少南。水尊在酒西，勺北枋。**少南，將有事於北。有玄酒，即吉也。❸此在西，尚凶也。言「水」者，喪質，無鼏，不久陳。**洗在尊東南，水在洗東，篚在西。**在門之左，又少南。**饌籩豆，脯四脡，**脡，徒

---

❶「祔」，原作「附」，今據盧本及《儀禮注疏》改。

❷「其」，《儀禮注疏》作「某」。

❸「吉」，原作「告」，今據元刻本及《儀禮注疏》改。

頂反。○酒宜脯也。有乾肉折俎二尹，縮祭半尹，在西塾。乾肉，牲體之脯也，如今涼州烏翅矣。折以爲俎實，優尸也。尹，正也，雖其折之，必使正。縮，從也。○翅，申豉反。尸出，執几從，席從。祝入，亦告利成，入。前尸，尸乃出。几席，素几、葦席也。以几席從，執事也。尸出門右，南面。俟設席也。席設于尊西北，東面，几在南。賓出，復位。將入臨之位。《士喪禮》賓繼兄弟北上，門東，北面，西上；門西，北面，東上；西方，東面，北上。主人出，即位于門東少南。婦人出，即位于主人之北。皆西面哭，不止。婦人出者，重餞尸。○《疏》曰：「婦人有事，自堂及房而已，今出寢門外。」尸即席坐。唯主人不哭，洗廢爵，酌獻尸。尸拜受。主人拜送，哭，復位。薦脯醢，設俎于薦東，朐在南。朐，其俱反。○朐，脯及乾肉之屈也。屈者在南，變於吉。○《疏》曰：「《曲禮》曰『以脯脩置者，左朐右末』，注『屈中曰朐』，今在南，右也。」尸左執爵，取脯，擩醢，祭之。佐食授嚌。授乾肉之祭。尸受，振祭，嚌，反之，祭酒，卒爵，奠于南方。反之，反之佐食，佐食反之於俎。尸奠爵，禮有終。○《疏》曰：「三獻，皆不酢而奠之。」主人及兄弟踊。婦人亦如之。主婦洗足爵，亞獻，如主人儀，無從，踊如初。賓長洗繶爵，三獻，如亞獻，踊如初。佐食取俎實于篚。尸謖，從者奉篚哭從之，祝前，哭者皆從。及大門内踊如初。男女從尸，男由左，女由右。及，至也。從尸不出大門者，由廟門外無事尸之禮也。○《疏》曰：「正祭在廟，廟門外無事尸之禮；今餞尸在寢門外，則大門外無事尸之禮。鄭舉正祭況之。」尸出門，哭者止。以餞於外。大門，猶廟門。賓出，主人送，拜稽顙。送賓，拜於大門外。**主婦亦拜賓。**女賓也。不言出，不言送，拜之於闈門之内，闈門如今東西掖門。○闈音韋。**○丈夫説經帶于廟門外。**既卒哭，當變麻受之以葛也。夕日則服葛者，爲祔期。○《疏》曰：「《喪服》注云『大夫以上虞而受服，士卒哭而受服』，士亦約此文而言也。明旦爲祔，夕期之時變之，因爲祔期使賓知變節也。」**入徹，主人不與。**入徹者，兄弟大功以下。言主人不與，則知丈夫、婦人在其中。**婦人説首經，不説帶。**不説帶，齊、斬婦人帶不變也。婦人少變而重帶。帶，下體之上也。大功、小功者葛帶，時亦不説者，未可以輕文變於主婦之質。至祔，葛帶以即位。《檀弓》曰：「婦人不葛帶。」○《疏》曰：「《小記》云『齊衰帶、惡笄以終喪』，舉齊衰則斬衰帶不變可知。男子陽多變，婦人既葬直變首經，不變帶，故云『少變』。男子陽，重首，首在上體。婦人陰，重腰，腰是下體，故帶不變。葛帶見大功小功章。云『時亦不説』者，變是文，不變是質。夕時同在廟門外，主婦不變，大功以下亦不變。夕後入室，可以變，至祔旦，以葛帶即位也。引《檀弓》者，謂齊衰婦人。」**○無尸則不餞，猶出，几席設如初，拾踊三，**以餞尸者，本爲送神也。丈夫、婦人亦從几席而出。古文「席」爲「筵」。**哭止，告事畢，賓出。**

右餞尸。

餞尸于門外圖

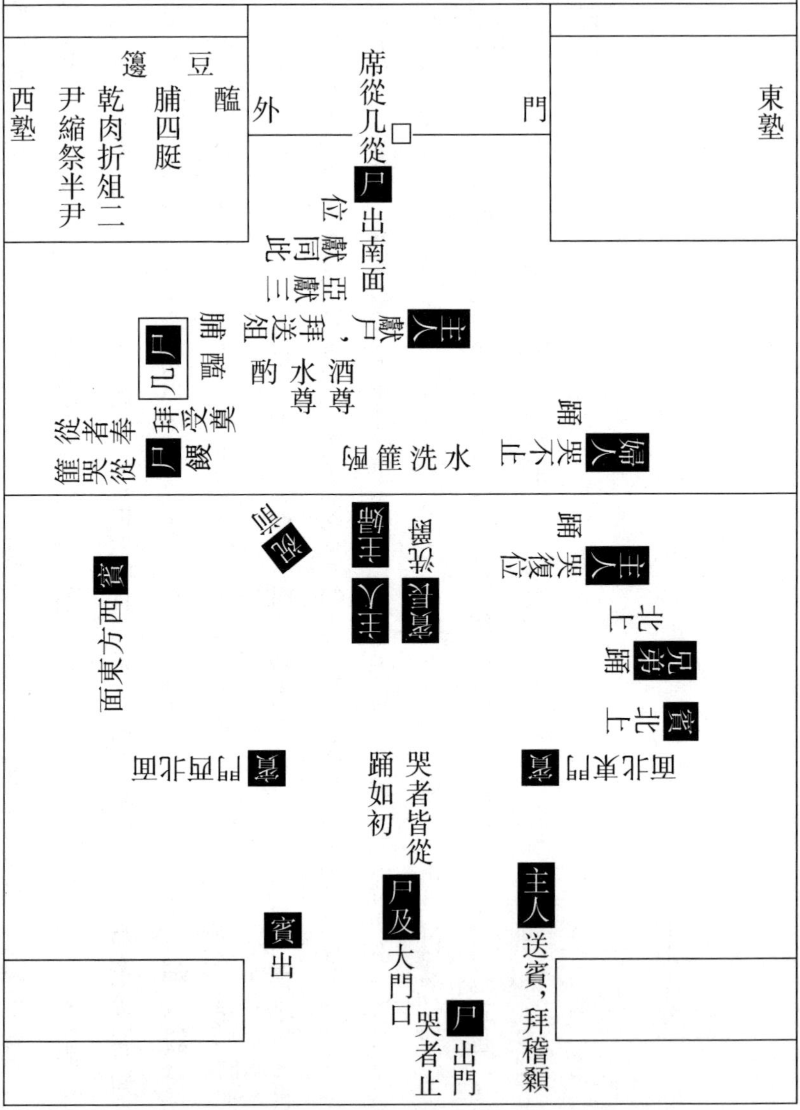
東塾
門
外
席從几從
尸
出南面
豆
籩
醢
脯四脡
乾肉折俎二
尹縮祭半尹
西塾
主人
獻尸，拜送
酒尊
水尊
脯醢
尸
几
婦人
哭不止
踊
水
洗
篚
主人
哭復位
踊
兄弟
北上
踊
賓
北上
哭者皆從
踊如初
主人
送賓，拜稽顙
尸及
大門口
尸
出門
哭者止
賓
出

記：明日，以其班祔。卒哭之明日也。班，次也。《喪服小記》曰「祔必以其昭穆」，「亡則中一以上」。凡祔，已復于寢，如既祫，主反其廟，練而後遷廟。○《疏》曰：「《小記》解『中，猶間也』。『一以上』，祖又祖，孫祔祖爲正。若無祖，則祔于高祖。祔已復于寢，如祫祭訖，主反廟相似。《穀梁》『作僖公主』傳云『於練焉壞廟，❶易檐可也，改塗可也』，是練而遷廟也。《左氏》云『卒哭而祔，祔而作主，特祀於主，烝嘗禘於廟』，服注：『特祀在寢，三年喪畢，遭烝嘗乃於廟。』此不與鄭義同。鄭意謂唯祔與練祭在廟，祭訖主反於寢，其大祥與禫祭，其主自然在寢祭之。禫月逢四時吉祭，即得在廟，但未配而已。又鄭注《玄鳥》詩『君喪三年畢，更有特禘』。」**沐浴，櫛，搔翦。**搔，依注音爪。翦，子淺反。○彌自飾也。搔當爲爪。**用專膚爲折俎，取諸脰膉。**膉音益。○專，猶厚也。折俎，謂主婦以下俎也，體盡人多，折骨以爲之。今以脰膉，貶於純吉。古文「脰膉」爲「頭嗌」。○《疏》曰：「《特牲·記》云『主婦俎，觳折；佐食俎，觳折』，《少牢》云『主婦俎，臑折』。」**其他如饋食。**如特牲饋食之事。或云以左胖虞，右胖祔，今此「如饋食」，則尸俎、肵俎皆有肩，豈復用虞臂乎？其不然明矣。○《疏》曰：「《特牲饋食禮》尸俎用右胖解之，主人俎左臂，豈得復取虞時左臂用之乎？」**用嗣尸。**虞、祔尚質，未暇筮尸。○《疏》曰：「從虞至祔，唯用一尸而已。」**曰：「孝子某，孝顯相，夙興夜處，小心畏忌，不惰其身，不寧。**稱孝者，吉祭。○《疏》曰：「案：《檀弓》虞爲喪祭，卒哭以後爲吉祭。」**用尹祭、**尹祭，脯也，大夫、士祭無云脯者。今不言牲號而云「尹祭」，亦記者誤矣。○《疏》

❶「壞」，原作「壤」，今據《儀禮注疏》及《春秋穀梁傳注疏》改。

曰：「《曲禮》『脯曰尹祭』，是天子、諸侯禮。」**嘉薦、普淖、普薦、溲酒，**普薦，鉶羹。不稱牲，記其異者。**適爾皇祖某甫，以隮祔爾孫某甫，尚饗！**」欲其祔合，兩告之。《曾子問》曰：「天子崩，國君薨，則祝取群廟之主而藏諸祖廟，禮也。卒哭成事，而後主各反其廟。」然則士之皇祖於卒哭亦反其廟。無主，則反廟之禮未聞，以其幣告之乎？

右祔。

記：朞而小祥，小祥，祭名。祥，吉也。《檀弓》曰：「歸祥肉。」**曰：「薦此常事。」**祝辭之異者。言「常」者，朞而祭，禮也。○《疏》曰：「虞、祔之祭非常，此一期天氣變易，孝子思之而祭，是其常事。」

右小祥。

記：又朞而大祥，曰：「薦此祥事。」又，復也。

右大祥。

記：中月而禫。中，猶閒也。禫，祭名也，與大祥閒一月。自喪至此，凡二十七月。禫之言澹，澹然平安意也。**是月也吉祭，**❶**猶未配。**是月，是禫月也，當四時之祭月則祭，猶未以某妃配某氏，哀未忘也。《少牢饋食禮》祝祝曰：「孝孫某，敢用柔毛、剛鬣、嘉薦、普淖，用薦歲事于皇祖伯某，以某妃配某氏，尚饗！」

右禫。

---

❶「吉」，原作「言」，今據元刻本、盧本及《儀禮注疏》改。

儀禮圖卷第十五

特牲饋食禮第十五

鄭《目録》云：「諸侯之士祭祖、禰，非天子之士。」○《疏》曰：「《曲禮》曰：『大夫以索牛，士以羊、豕』，彼天子大夫、❶士；此《儀禮·特牲》、《少牢》，諸侯大夫、士也。」

特牲饋食之禮○不諏日。 諏，子須反。○祭祀自孰始曰饋食。饋食者，食道也。諏，謀也。士賤職褻，❷時至事暇，可以祭，則筮其日矣，不如《少牢》大夫先與有司於廟門，諏丁己之日。○《疏》曰：「云『自孰始』者，天子、諸侯饋孰已前，仍有灌鬯、朝踐、饋獻之事也。饋孰見牲體而言。」**及筮日，主人冠端玄，即位于門外，西面。** 冠端玄，玄冠、玄端。下言玄者，玄冠有不玄端者。門謂廟門。○《疏》曰：「不玄端，則朝服，一冠冠兩服也。」**子姓、兄弟如主人之服，立于主人之南，西面，北上。** 所祭者之子孫。言子姓者，子之所生。小宗祭而兄弟皆來與焉，宗子祭則族人皆侍。○《疏》曰：「姓之言生也。小宗謂繼禰者，

---

❶ 「彼」，原作「被」，今據盧本及《儀禮注疏》改。

❷ 「褻」，原作「蓺」，今據盧本及《儀禮注疏》改。

五世則遷。宗子謂繼别爲大宗者。若據小宗，有服者。若據大宗，兼有絶服者也。」**有司、群執事如兄弟服，東面，北上。**士之屬吏也。**席于門中，闑西閾外。**爲筮人設之也。**筮人取筮于西塾，執之，東面受命于主人。**筮人，官名也。筮，問也。取其所用問神明者，謂蓍也。**宰自主人之左贊命，命曰：「孝孫某，筮來日某，諏此某事，適其皇祖某子，尚饗！」**宰，群吏之長。自，由也。贊，佐也，達也。贊命由左者，爲神求變也。士祭曰「歲事」，此言「某事」，又不言妃者，容大祥之後，禫月之吉祭。皇，君也。言君祖者，尊之也。某子者，祖字也，伯子、仲子也。尚，庶幾也。**筮者許諾，還，即席，西面坐。卦者在左，卒筮，寫卦，筮者執以示主人。**士之筮者坐，蓍短，由便。卦者主畫地識爻，爻備，以方寫之。○《疏》曰：「《少牢禮》『立筮』，《三正記》云天子蓍長九尺，諸侯七，大夫五，士三。」**主人受視，反之。**反，還。**筮者還，東面。長占，卒，告于主人：「占曰吉。」**長占，以其年之長幼旅占之。**若不吉，則筮遠日如初儀。**遠日，旬之外日。○《疏》曰：「《曲禮》云『旬之内曰近某日，旬之外曰遠某日』，吉禮先近日，假令孟月，先於孟月上旬内筮；不吉，乃用中旬之内更筮；不吉，更於下旬内筮；不吉即止。大夫以上，先於前月下旬筮來月之上旬；不吉，又於上旬筮中旬；不吉，又於中旬筮下旬；又不吉即止。今云『旬之外日』者，謂上旬不吉，更於上旬外筮中旬，非如大夫以上旬前爲旬外也。」○張子曰：「祭之筮日，若再不吉則止。諏日而祭，更不筮。據《儀禮》唯有『筮遠日』之文，不云『三筮』，筮日之禮只是三筮。先筮近日，後筮遠日，不從則直諏用下旬遠日。蓋亦足以致聽於鬼神之意矣。」**宗人告事畢。**

右筮日。

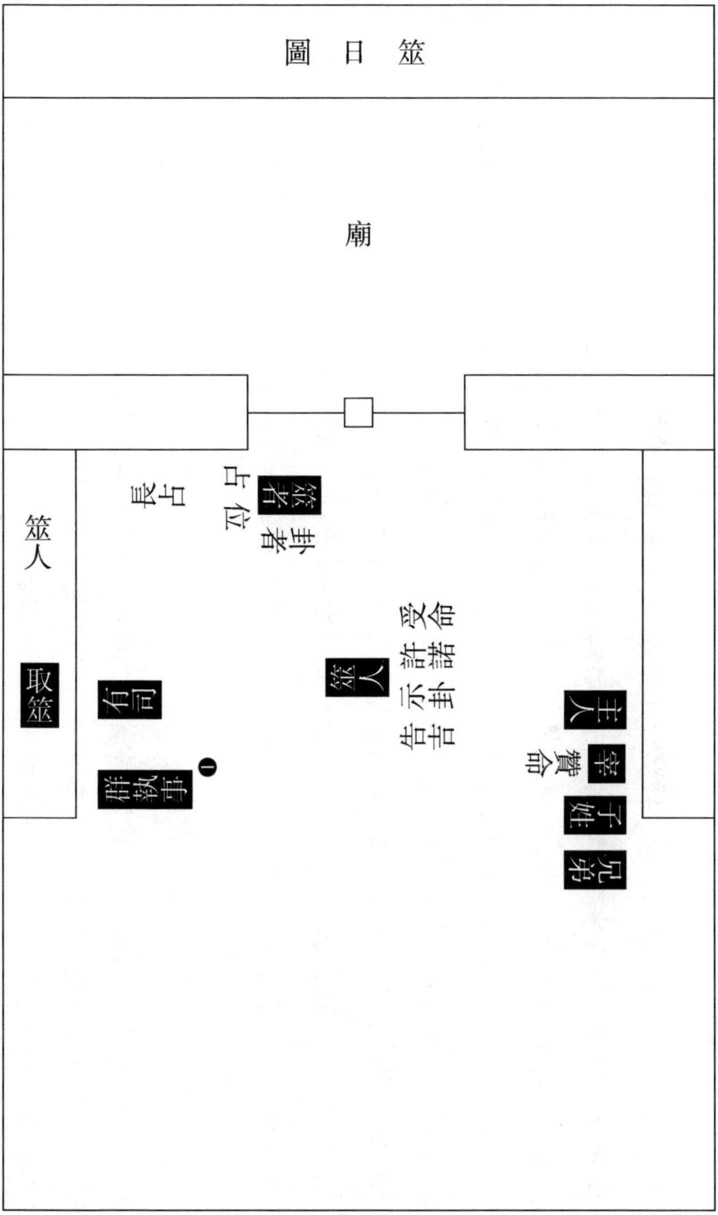

❶「群執事」，原作「兄弟」，今據盧本及經文改。

前期三日之朝，筮尸，如求日之儀。命筮曰：「孝孫某，諏此某事，適其皇祖某子，筮某之某爲尸。尚饗！」三日者，容宿賓視濯也。某之某者，字尸父而名尸，連言其親，庶幾其馮依之也。大夫、士以孫之倫爲尸。○《疏》曰：「云『字尸父』者，《曲禮》『爲人子者祭祀不爲尸』，注『尸卜筮無父者』，然則卒不稱名，故知是字。對父故爲名，大夫、士以孫之倫爲尸，皆取無爵者，無問成人與幼皆得爲之。《曾子問》曰『祭成喪者必有尸，尸必以孫，孫幼則使人抱之』是也。若天子、諸侯，雖用孫之倫，取卿、大夫有爵者爲之，故《鳧鷖》詩祭尸之等皆言『公尸』。」

右筮尸。

乃宿尸。宿讀爲肅，肅，進也。進之者，使知祭日當來。○《疏》曰：「乃，緩辭，則與筮尸別日矣。」**主人立于尸外門外，子姓、兄弟立于主人之後，北面，東上。**不東面者，來不爲賓客。子姓立于主人之後，上當其後。○《疏》曰：「尸者，父象也，主人有子道，故北面。」子姓、兄弟重行。**尸如主人服，出門左，西面。**不敢南面當尊。**主人辟，皆東面，北上。**順尸。**主人再拜，尸答拜。**主人先拜，尊尸。**宗人擯辭如初，卒曰：「筮子爲某尸，占曰吉，敢宿。」**宗人擯者釋主人之辭。如初者，如宰贊命筮尸之辭。卒曰者，著其辭所易也。**祝許諾，致命。**受宗人辭許之，傳命於尸。始宗人、祝北面，至於傳命，皆西面受命，東面釋之。**尸許諾。主人再拜稽首。**其許，亦宗人受於祝而告主人。**尸入，主人退。**相揖而去，尸不拜送，尸尊。○《疏》曰：「知有相揖者，約《少牢》云『尸送，揖，不拜』也。但彼有『送』文，大夫尊也。」

右宿尸。

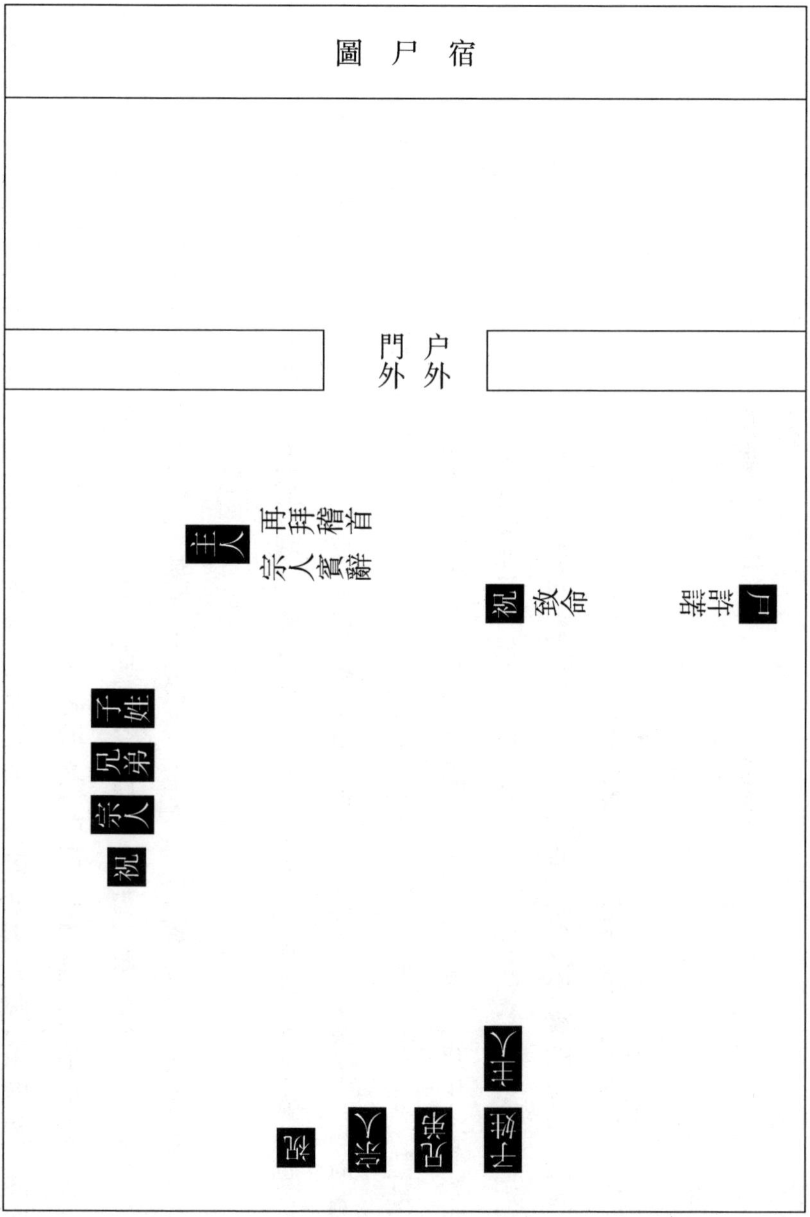
宿尸圖
戶外
門外
主人
再拜稽首
宗人賓辭
祝
致命
尸
許諾
子姓
兄弟
宗人
祝
主人
子姓
兄弟
宗人
祝

宿賓。《疏》曰：「宿尸與宿賓，中無『厥明』之文，則二者同日明矣。」**賓如主人服，出門左，西面再拜。主人東面答再拜。宗人擯曰：「某薦歲事，吾子將涖之，敢宿。」**薦，進也。涖，臨也。言吾子將臨之，知賓在有司中，今特肅之，尊賓耳。○《疏》曰：「此宿屬吏内一人爲備三獻賓之事也。前筮尸在其中，上無『戒』文，今宿之，將使爲賓也。」**賓曰：「某敢不敬從。」主人再拜，賓答拜。主人退，賓拜送。**

右宿賓。

厥明夕，陳鼎于門外，北面，北上，有鼏。厥，其也，宿賓之明日夕。門外，北面，當門也。**樧在其南，南順，實獸于其上，東首。**樧，於庶反。○順，猶從也。樧之制如今大木轝矣，上有四周，❶下無足。獸，腊也。**牲在其西，北首，東足。**其西，樧西也。東足者，尚右也。牲不用樧，以其生。**設洗于阼階東南，壺、禁在東序，豆、籩、鉶在東房，南上。几、席、兩敦在西堂。**東房，房中之東，當夾北。西堂，西夾之前近南耳。○《疏》曰：「云『當夾北』者，夾室半以南爲之，以壁外相望，則當夾北也。夾室在房近東南也。」❷○**主人及子姓、兄弟即位于門東如初，**初，筮位也。**賓及衆賓即位于門西，東面，北上，**不蒙如初者，以宰在而宗人、祝不在。○《疏》曰：「宰前筮時在門東贊主人辭，今在門西同行。」宗

---

❶「有」，原作「自」，今據盧本及《儀禮注疏》改。

❷「東南」，《儀禮注疏》作「南東」。

人、祝立于賓西北，東面，南上。事彌至，位彌異。宗人、祝於祭宜近廟。主人再拜，賓答再拜。三拜衆賓，衆賓答再拜。衆賓再拜者，士賤，旅之，得備禮也。○《疏》曰：「《有司徹》主人三拜，衆賓皆答一拜，卿、大夫尊，賓賤。純臣不再拜者，避國公。此士賤，得備禮。」主人揖，入，兄弟從，賓及衆賓從，即位于堂下，如外位。爲視濯也。宗人升自西階，視壺濯及豆、籩，反降，東北面告濯具。濯，溉也。不言敦、鉶者，省文也。東北面告，緣賓意欲聞也。言「濯具」，不言絜，以有几席。○《疏》曰：「几席不洗者，告具而已。」○賓出，主人出，皆復外位。爲視牲也。宗人視牲，告充。雍正作豕。充，猶肥也。雍正，官名也。北面以策動作豕，視聲氣。○《疏》曰：「聲氣不和，即是疾病，不堪祭祀。」宗人舉獸尾，告備；舉鼎鼏，告絜。備具。○請期，曰：「羹飪。」肉謂之羹。飪，熟也。謂明日質明時，而曰肉熟，重豫勞賓。宗人既得期，西北面告賓、有司。告事畢。賓出，主人拜送。○記：設洗，南北以堂深，東西當東榮。榮，屋翼也。水在洗東。祖天地之左海。篚在洗西，南順，實二爵、二觚、四觶、一角、一散。順，從也，言南從，統於堂也。二爵者，爲賓獻爵止，主婦當致也。二觚，長兄弟酬衆賓長爲加爵，二人班同，宜接並也。四觶，一酌奠，其三長兄弟酬賓，卒受者與賓弟子、兄弟弟子舉觶於其長，禮殺，事相接。《禮器》曰：「貴者獻以爵，賤者獻以散。尊者舉觶，卑者舉角。」舊説云：爵一升，觚二升，觶三升，角四升，散五升。壺、棜禁饌于東序，南順，覆兩壺焉，蓋在南。明日卒奠，冪用綌。即位而徹之，加勺。覆壺者，盝瀝水，且爲其不宜塵。冪用綌，以其堅絜。禁言棜者，祭尚厭飫，得與大夫同器，不爲神戒也。○《疏》曰：「大夫用棜，士用禁。大夫尊，以厭飫爲名；士卑，以禁戒爲稱。❶又無足曰棜，有足曰禁。《鄉飲酒》、《鄉射》非祭禮，雖大夫去足，猶存禁名，至祭則去足，名爲棜禁，不爲神戒也。」○今案：卒奠，酌奠于鉶南時。即位，尸即席坐時。

右視濯、視牲。

❶「戒」，盧本作「約」。

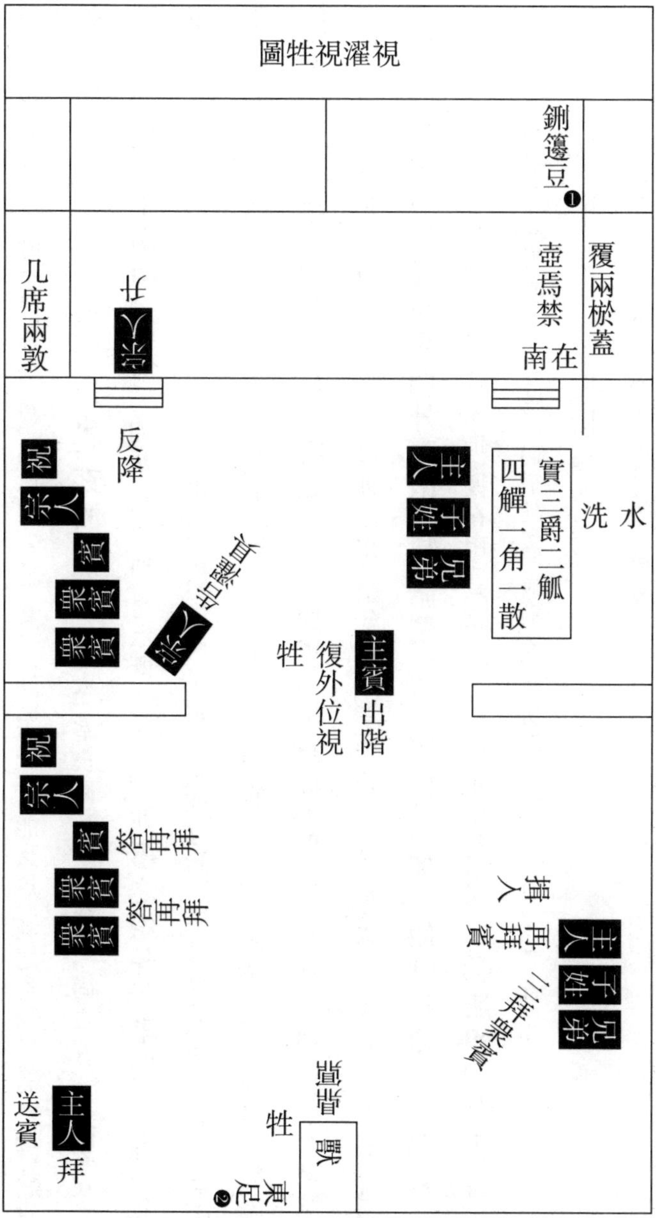

❶「鉶籩豆」，盧本作「豆籩鉶」。
❷「東足」，盧本作「舉鼎」。

夙興，主人服如初，立于門外東方，南面，視側殺。夙，早也。興，起也。主人服如初，則其餘有不玄端者。側殺，殺一牲也。○《疏》曰：「有同服者，有著朝服者。側猶特也。」**主婦視饎爨于西堂下。**饎，尺志反。○炊黍稷曰饎，宗婦爲之。爨，竈也。西堂下者，堂之西下也，近西壁，南齊坫。**亨于門外東方，西面，北上。**亨，煮也。煮豕、魚、腊以鑊，各一爨。《詩》云：「誰能亨魚，溉之釜鬵。」**羹飪實鼎，陳于門外如初。**初，視濯也。**尊于户東，玄酒在西。**户東，室户東。玄酒在西，尚之，凡尊酌者在左。❶**實豆、籩、鉶，陳于房中，如初。**如初者，取而實之，既而反之。**執事之俎陳于階間，二列，北上。**執事，謂有司及兄弟。二列者，因其位在東西，祝、主人、主婦之俎亦存焉。不升鼎者，異於神。**盛兩敦，陳于西堂，藉用萑。几席陳于西堂，如初。**敦音對。萑，胡官切。○盛黍稷者，宗婦也。萑，細葦。**尸盥匜水，實于槃中，簞巾，在門内之右。**設盥水及巾，尸尊不就洗，又不揮。門内之右，象洗右東，統于門東，西上。凡鄉内以入爲左右，鄉外以出爲左右。○《疏》曰：「揮，振去水使手乾。門右，據鄉内以入爲右者。」○**記：牲爨在廟門外東南，魚、腊爨在其南，皆西面。饎爨在西壁。**饎，炊也。西壁者，堂之西牆下。舊説云南北直屋梠，稷在南。○梠，力語反，承檐行材也。○**肵俎，心、舌皆去本末，午割之，實于牲鼎，**肵，渠衣反。○午割，從横割之，亦勿没。○《疏》曰：「亦者，亦《少牢》文，謂四面皆鄉

❶「凡」，原作「九」，今據盧本及《儀禮注疏》改。

中央割之，不絶中央少許，謂之『勿没』。」**籩巾以綌也，纁裏，棗烝，栗擇。**籩有巾者，果實之物多皮核，優尊者，可烝裹之也，烝、擇互文。舊説云：纁裏者，皆玄被。**○鉶芼用苦若薇，皆有滑，夏葵，冬荁。**苦，苦荼也。荁，堇屬，乾之，冬滑於葵。《詩》云：「周原膴膴，堇荼如飴。」○荁，音桓。○《疏》曰：「云『冬滑於葵』，明冬不用葵而用荁。」

右亨饌。

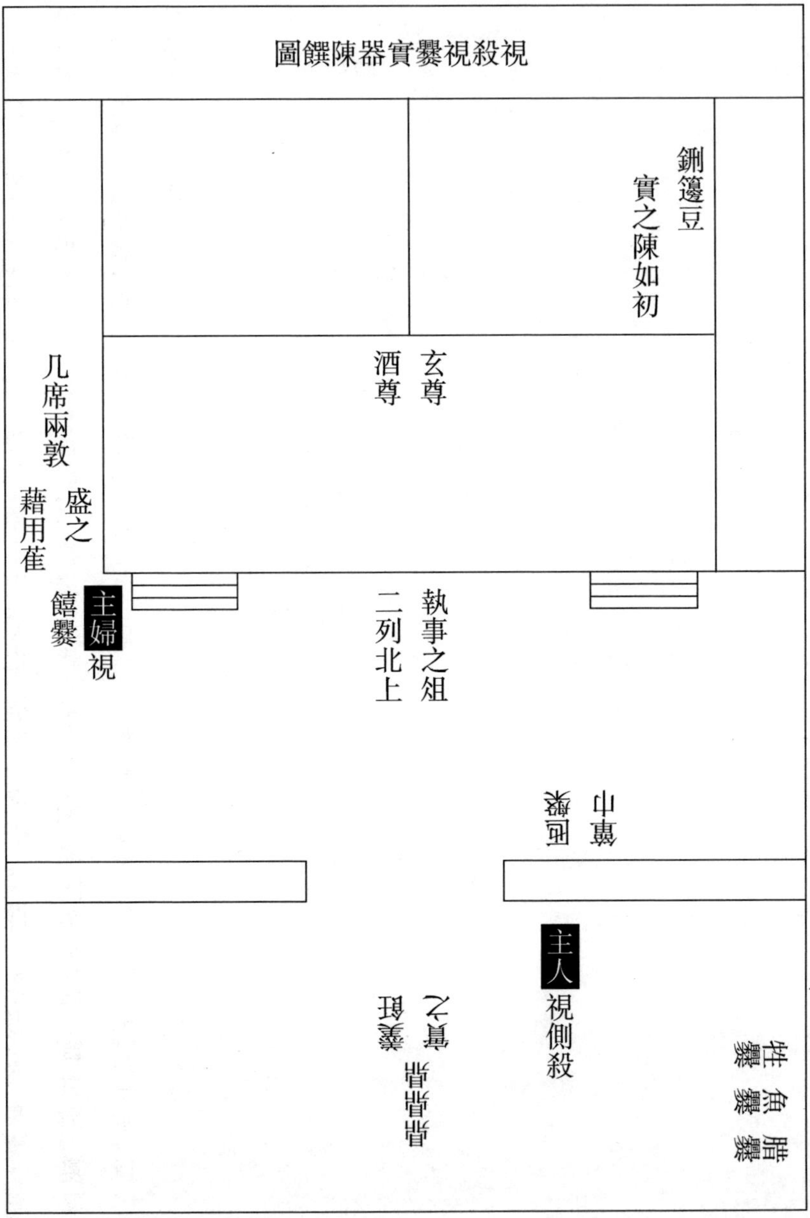
鉶籩豆
實之陳如初
玄尊
酒尊
几席兩敦
盛之
藉用萑
主婦
視饎爨
執事之俎
二列北上
簞巾
槃匜
主人
視側殺
羹飪
實之
鼎鼎鼎
牲爨
魚爨
腊爨

視殺視饗實器陳饌圖

祝筵、几于室中，東面。爲神敷席也。至此使祝接神。○《疏》曰：「前來有使祝之文。」○**主婦纚、笄、宵衣立于房中，南面。**纚，山綺反。○主婦，主人之妻，雖姑存，猶使之主祭祀。纚、笄，首服。宵，綺屬也，此衣染之以黑，其繒本名曰宵。《詩》有「素衣朱宵」，《記》有「玄宵衣」，凡婦人助祭者同服也。《内則》曰：「舅没則姑老，冢婦所祭祀賓客，每事必請於姑。」○《疏》曰：「引《詩》者證『宵』，❶引《玉藻》者證『玄』。」**主人及賓、兄弟、群執事即位于門外如初。宗人告有司具。**具，猶辦也。**主人拜賓如初，揖入，即位如初。**初，視濯也。**佐食北面立于中庭。**佐食，賓佐尸食者，立于宗人之西。○《疏》曰：「宗人在阼階南也。」○**記：特牲饋食，其服皆朝服，玄冠，緇帶，緇鞸。**於祭服此也。皆者，謂賓及兄弟筮日、筮尸、視濯亦玄端，至祭而朝服。朝服者，諸侯之臣與其君日視朝之服，大夫以祭。今賓兄弟，緣孝子欲得嘉賓尊客，以事其祖禰，❷故服之。緇鞸者，下大夫之臣。夙興，主人服如初，則固玄端。**唯尸、祝、佐食玄端，玄裳、黄裳、雜裳可也，皆爵鞸。**與主人同服玄裳，上士也；黄裳，中士；雜裳，下士。

右筵几即位。

主人及祝升，祝先入，主人從，西面于户内。祝先入，接神宜在前也。《少牢饋食禮》曰：「祝盥于洗，

❶「宵」，原作「字」，今據上下文改。

❷「事」，原作「祀」，今據盧本及《儀禮注疏》改。

升自西階。主人盥，升自阼階。祝先入，南面。」**主婦盥于房中，薦兩豆，葵菹、蝸醢，醢在北。**主婦盥，盥於内洗。《昏禮》：「婦洗在北堂，直室東隅。」**宗人遣佐食及執事盥，出。**命之盥，出當助主人及賓舉鼎。**主人降，及賓盥，出。主人在右，及佐食舉牲鼎；賓長在右，及執事舉魚、腊鼎。除鼏。**及，與也。主人在右，統於東。主人與佐食者，賓尊不載。《少牢饋食禮》魚用鮒，腊用麋，士腊用兔。○《疏》曰：「東爲右人，西爲左人，入時左人在鼎後。又盡載牲體於俎，又設俎于神坐前。賓主當相對爲左右，以賓尊，不載牲體，故使佐食對主人，執事對賓也。」**宗人執畢先入，當阼階，南面。**畢，狀如叉，蓋爲其似畢星取名焉。主人親舉，宗人則執畢道之。既錯，又以畢臨匕載，備失脱也。《雜記》曰：「枇用桑，長三尺。畢用桑，三尺，刊其本與末。」枇、畢同材明矣。今此枇用棘心，則畢亦用棘心。舊説云「畢似御他神物，神物惡桑叉」，則少牢饋食及虞無叉，何哉？此無叉者，乃主人不親舉耳。少牢，大夫祭不親舉。虞，喪祭也，主人未執事。祔、練、祥執事用桑叉。自此純吉，用棘心叉。○枇音匕。**鼎西面錯，右人抽扃，委于鼎北。**右人，謂主人及二賓。既錯，皆西面俟也。**贊者錯俎，加匕。**贊者，執俎及匕從鼎入者。其錯俎，東縮，加匕，東柄。既則退，而左人北面也。**乃枇。**右人也。尊者於事，指使可矣。左人載之。**佐食升肵俎，鼏之，設于阼階西。**肵，謂心、舌之俎也。《郊特牲》曰「肵之爲言敬也」，言主人之所以敬尸之俎。**卒載，加匕于鼎。**卒，已也。已載，畢亦加焉。**主人升，入，復位。俎入，設于豆東，魚次，腊特于俎北。**入設俎，載者。腊特，饌要方也。凡饌必方者，明食味，人之性所以正。**主婦設兩敦黍稷于俎南，西上，及兩鉶芼設**

于豆南，南陳。宗婦不贊敦、鉶者，以其少，可親之。芼，菜也。**祝洗，酌奠，奠于鉶南。遂命佐食啓會。佐食啓會，卻于敦南，出，立于户西，南面。**酌奠，奠其爵觶也。《少牢饋食禮》啓會，乃奠之。**主人再拜稽首。祝在左。**稽首，服之甚者。祝在左，當爲主人釋辭於神也。祝祝曰：「孝孫某，敢用剛鬣、嘉薦、普淖，用薦某事於皇祖某子。尚饗！」**卒祝，主人再拜稽首。**○**記：尸俎右肩、臂、臑、肫、胳，正脊二骨，横脊，長脅二骨，短脅，**尸俎，神俎也。士之正祭禮九體，貶於大夫，有併骨二，亦得十一之名，合《少牢》之體數，此所謂「放而不致」者。凡俎實之數奇。脊無中，脅無前，貶於尊者。不貶正脊，不奪正也。正脊二骨、長脅二骨者，將舉於尸，尸食未飽，不欲空神俎。○《疏》曰：「放而不致，《禮器》注：❶『致，至也。』」**膚三，**爲養用二，厭飫一也。**離肺一，**離，猶掔也，小而長，午割之，亦不提心，謂之舉肺。**刌肺三，**爲尸、主人、主婦祭。**魚十有五，**魚，水物，以頭枚數。陰中之物，取數於月十有五日而盈。《少牢饋食禮》亦云「十有五而俎」，尊卑同，此所謂「經而等」也。**腊如牲骨。**不但言體，以有一骨、二骨者。**○肵俎，載，心立，舌縮俎。**立、縮，順其性。心舌知食味者，欲尸之饗此祭。**○棘心匕，刻。**刻，若今龍頭。**○凡祝呼，佐食許諾。**呼，猶命也。**佐食當事則户外南面，無事則中庭北面。**當事，將有事而未至。

右陰厭。

---

❶「禮器注」，案《禮器》無此注文。疏文作「致，極也」。

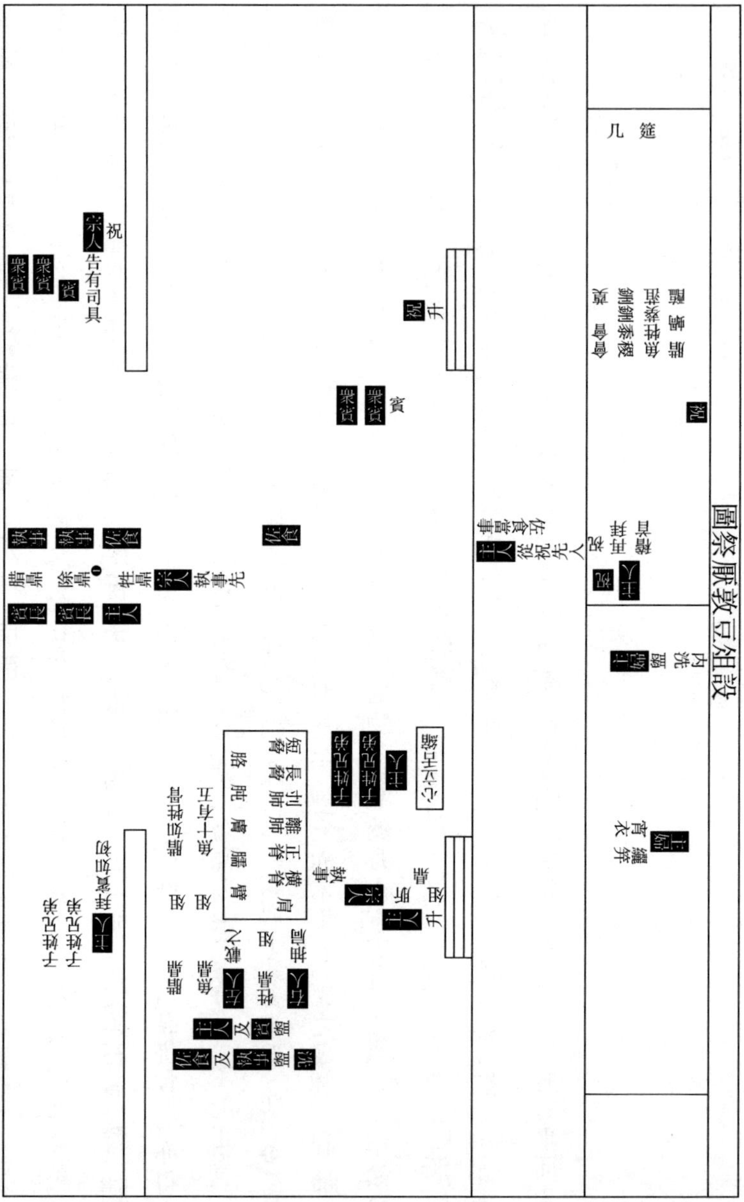

❶「除」，原無，今據盧本補。

祝迎尸于門外。尸自外來，代主人接之，就其次而請，不拜，不敢與尊者爲禮。《周禮・掌次》：「凡祭祀，張尸次。」**主人降，立于阼階東。**主人不迎尸，成尸尊。尸，所祭者之孫也。祖之尸，則主人乃宗子。禰之尸，則主人乃父道。事神之禮，廟中而已，出迎則爲厭。○《疏》曰：「《祭統》云：『君迎牲而不迎尸，別嫌也。尸在廟門外，則疑於臣；在廟中，則全於君。君在廟門外，疑於君；入廟門，則全於臣，全於子。』」**尸入門，左，北面盥。宗人授巾。**侍盥者執其器就之，執簞者不授巾，賤也。宗人授巾，庭長尊。《少牢饋食禮》曰：「祝先入門，右。尸入門，左。」**尸至于階，祝延尸，尸升，入。祝先，主人從。**延，進。在後詔侑曰延，《禮器》所謂「詔侑武方」者也。《少牢饋食禮》曰：「尸升自西階，入，祝從。主人升自阼階，祝先入，主人從。」○武音無。**尸即席坐，主人拜妥尸。**妥，安坐也。**尸答拜，執奠。祝饗。主人拜如初。**饗，勸彊之也。其辭取于《士虞・記》，則宜云：「孝孫某，圭爲孝薦之，饗。」舊説云「明薦之」。**祝命挼祭。尸左執觶，右取菹，擩于醢，祭于豆間。**挼，奴和、奴回二切。○命，詔尸也。挼祭，祭神食也。《士虞禮》古文曰「祝命佐食墮祭」，《周禮》曰「既祭則藏其墮」，墮與挼讀同耳。今文改「挼」皆爲「綏」，古文此皆爲「挼祭」也。擩醢者，染於醢。○《疏》曰：「祭神食者，向者陰厭，厭飫神。今尸祭訖，當食神餘也。」**佐食取黍稷、肺祭，授尸。尸祭之，祭酒，啐酒，告旨。主人拜，尸奠觶，答拜。**肺祭，刌肺也。旨，美也。祭酒，穀味之芬芳者。齊敬共之，唯恐不美，告之以美，達其心，明神享之。**祭鉶，嘗之，告旨。主人拜，尸答拜。**鉶，肉味之有菜和者。《曲禮》曰：「客絮羹，主人辭不能亨。」**祝命爾敦，佐食爾黍稷于席**

上。爾，近也，近之便尸之食也。**設大羹湆于醢北。**大羹湆，煮肉汁也。不和，貴其質。設之，所以敬尸也。不祭，不嚌，大羹不爲神，非盛者也。《士虞禮》曰：「大羹湆自門入。」○《疏》曰：「云『不爲神』者，陰飫時未設，尸來始設，爲尸，故《士虞・記》云『無尸，則不綏祭，無大羹湆、胾、從獻』。」**舉肺脊以授尸。尸受，振祭，嚌之，左執之，**肺，氣之主也。脊，正體之貴者。先食啗之，所以道食通氣。**乃食，食舉。**舉言食者，明凡解體皆連肉。○疏曰：『乃食』，謂食肺。云『食舉』，謂骨體正脊。」**主人羞肵俎于腊北。**肵俎主於尸，主人親羞，敬也。神俎不親設者，貴得賓客，以神事其先。○肵俎，尸入乃設之，故知主於尸。**尸三飯，告飽。祝侑，主人拜。**三飯告飽，禮一成也。侑，勸也。或曰：又勸之，使又食。《少牢饋食禮》侑辭曰「皇尸未實，侑也」。**佐食舉幹，尸受，振祭，嚌之。佐食受，加于肵俎。舉獸幹、魚一，亦如之。**幹，長脅也。獸腊，其體數與牲同。**尸實舉于菹豆。**爲將食庶羞。舉謂肺脊。**佐食羞庶羞四豆，設于左，南上，有醢。**庶，衆也。衆羞以豕肉，所以爲異味。四豆者，膮、炙、胾、醢。「南上」者，以膮炙爲上，以有醢不得綪也。○《疏》曰：「《公食大夫禮》：牛炙南醢，牛胾西醢，綪之次也。此惟醢不得綪也。」**○尸又三飯告飽，祝侑之如初。**禮再成也。**舉骼及獸、魚如初。尸又三飯告飽，祝侑之如初。**禮三成，獸、魚如初者，獸骼、魚一也。**舉肩及獸、魚，如初。**不復飯食三。三者，士之禮大成也。舉先正脊，後肩，自上而卻下，綪而前，終始之次也。○疏曰：「先舉正脊，自上也。次舉脅，即卻也。後舉骼，即下綪也。終舉肩，即前也。前者，牲體之始；後者，牲體之終。」**佐食盛肵俎，俎釋三**

个。佐食取牲、魚、腊之餘，盛於肵俎，將以歸尸。俎釋三个，爲改饌於西北隅遺之。所釋者牲腊，則正脊一骨、長脅一骨及臑也，魚則三頭而已。个，猶枚也。❶ ○今按：❷前已舉四體外，今宜盛臂、肫、横脊、短脅，故知所釋者惟此耳。**舉肺脊加于肵俎，反黍稷于其所。**尸授佐食，佐食受而加之，反之也。肺脊初在菹豆。

右迎尸正祭。

主人洗角，升，酌，酳尸。酳，猶衍也。是獻尸也，謂之酳者，尸既卒食，又欲頤衍養樂之。不用爵者，下大夫也。因父子之道質而用角，角加人事略也。❸ ○《疏》曰：「不用爵，次當用觚而用角者，因無臣助祭，父子相養之道，是質。云『人事略』，得用功少也。」**尸拜受，主人拜送。尸祭酒，啐酒。賓長以肝從。**肝，肝炙也。○《疏》曰：「亦當如《少牢》『用俎，鹽在右』。」❹**尸左執角，右取肝，擩于鹽，振祭，嚌之，加于菹豆，卒角。祝受尸角，曰：「送爵，皇尸卒爵。」主人拜，尸答拜。**曰「送爵」者，節主人拜。**○記：尸入，主人及賓皆辟位，出亦如之。**辟位，逡遁。**○沃尸盥者一人，奉槃者東面，執匜**

---

❶「枚」，原作「故」，今據元刻本、盧本及《儀禮注疏》改。

❷「按」，原作「被」，今據盧本改。

❸「略」，原作「路」，今據盧本及《儀禮注疏》改。

❹「鹽」，盧本作「醢」。

者西面。淳沃，執巾者在匜北。匜北，執匜之北，亦西面。每事各一人，淳沃稍注之。宗人東面取巾，振之三，南面授尸。卒，執巾者受。宗人代授巾，庭長尊。

右酳尸。

迎尸正祭及酳尸圖

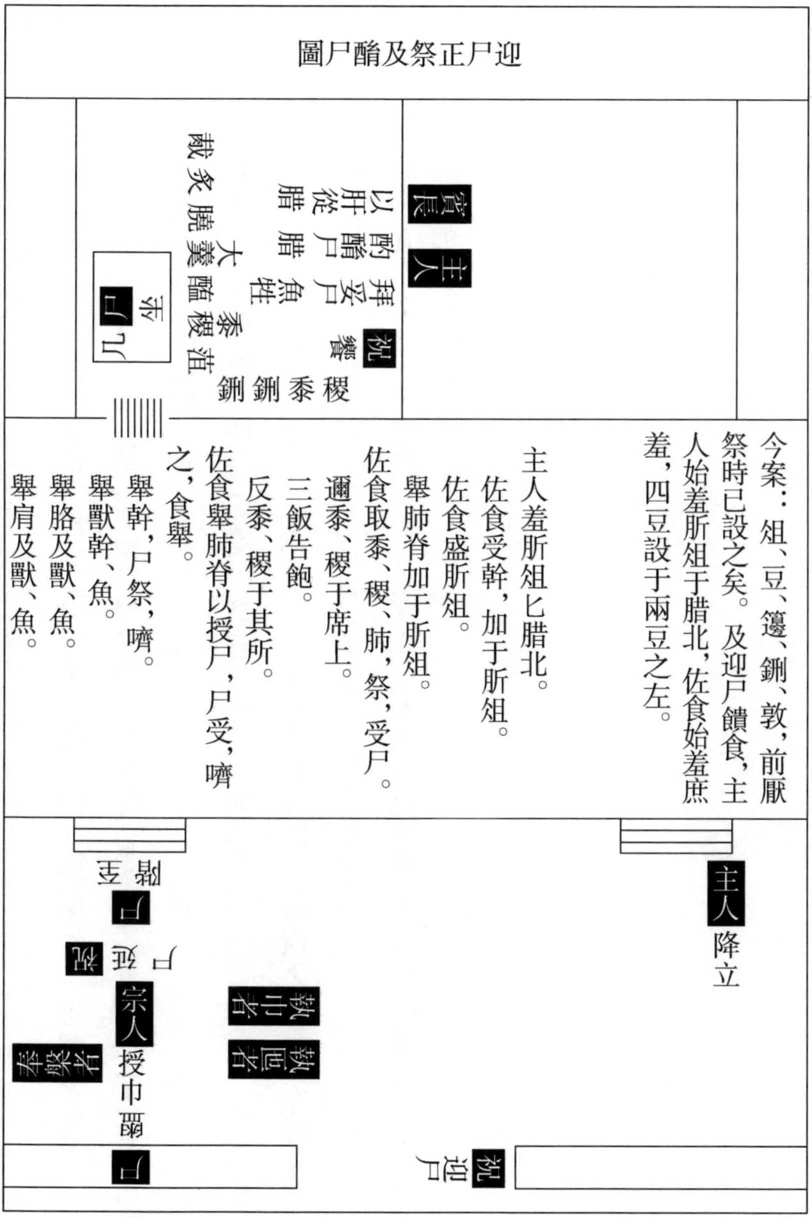
今案：俎、豆、籩、鉶、敦，前厭祭時已設之矣。及迎尸饋食，主人始羞肵俎于腊北，佐食始羞庶羞，四豆設于兩豆之左。
主人羞肵俎匕腊北。
佐食受幹，加于肵俎。
佐食盛肵俎。
舉肺脊加于肵俎。
佐食取黍、稷、肺，祭，受尸。
邇黍、稷于席上。
三飯告飽。
反黍、稷于其所。
佐食舉肺脊以授尸，尸受，嚌之，食舉。
舉幹，尸祭，嚌。
舉獸幹、魚。
舉骼及獸、魚。
舉肩及獸、魚。
賓長以肝從
主人酌酳尸
拜妥尸
祝饗
主人降立
祝迎尸
執巾者
執匜者
宗人授巾

祝酌，授尸，尸以醋主人。醋，才各反。○醋，報也。祝酌，不洗。尸不親酌，尸尊也。尸親醋，相報之義。古文「醋」作「酢」。**主人拜，受角，尸拜送。主人退。佐食授挼祭。**退者，進受爵，反位。受亦當爲授。尸將嘏主人，佐食授之。挼祭，亦使祭尸食也。其授祭亦取黍、稷、肺祭。**主人坐，左執角，受祭祭之。祭酒，啐酒，進聽嘏。**嘏，古雅反。○聽，猶待也。受福曰嘏，嘏，長也，大也。待尸授之以長大之福。**佐食摶黍授祝，祝授尸。尸受以菹豆，執以親嘏主人。**摶，大官反。○獨用黍者，食之主。其辭則《少牢饋食禮》有焉。**主人左執角，再拜稽首受，復位，詩懷之，實于左袂，挂于季指，卒角，拜，尸答拜。**挂，俱賣反。○詩，猶承也，謂奉納之懷中。季，小也。實于左袂，挂袪以小指者，❶便卒角也。《少牢饋食禮》曰：「興，受黍，坐，振祭，嚌之。」**主人出，寫嗇于房，祝以籩受。**變黍言嗇，因事託戒，欲其重稼嗇。嗇者，農力之成功。

右尸醋主人。

❶「袪」，原作「佉」，今據《儀禮注疏》改。

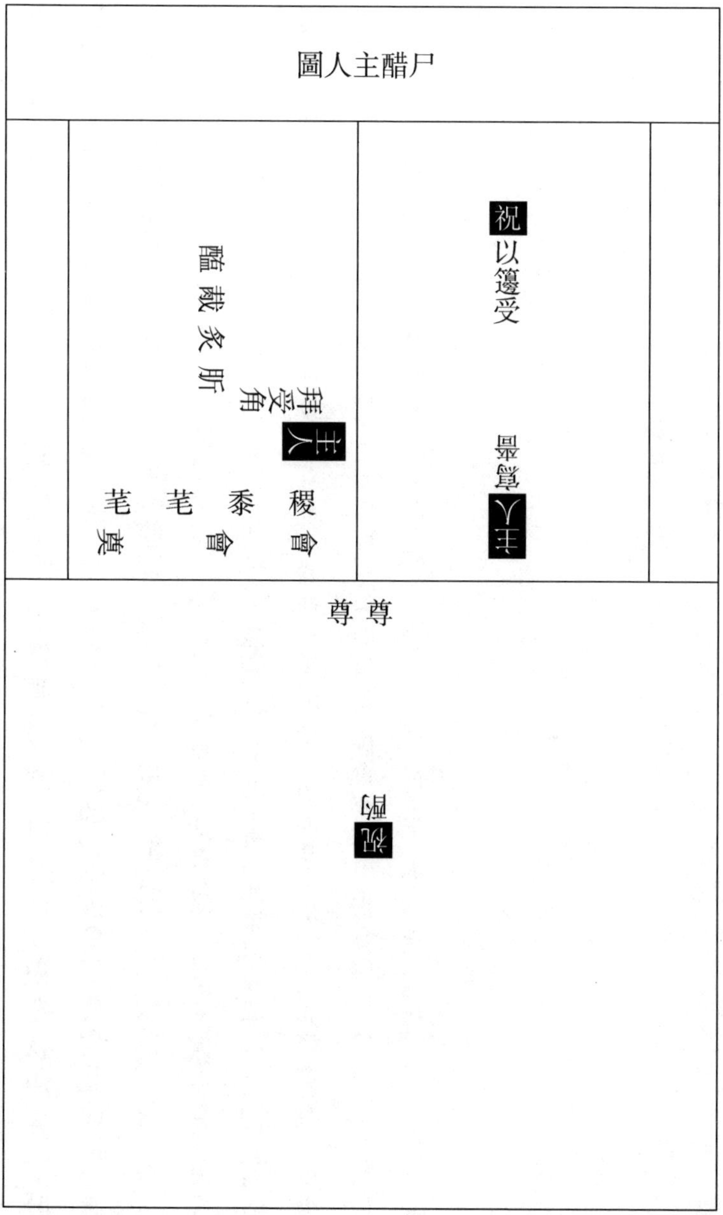
圖人主醋尸
祝
以籩受
主人
拜受角
醢
載
炙
肵
主人
稷
會
黍
會
芼
芼
羹
尊
尊
祝

筵祝，南面。主人自房還時。主人酌，獻祝。祝拜，受角。主人拜送。設菹、醢、俎。行神惠也。先獻祝以接神，尊之。菹、醢皆主婦設之。佐食設俎。○《疏》曰：「佐食接尸，祝接神，故先獻。」祝左執角，祭豆，興取肺，坐祭，嚌之，興加于俎，坐祭酒，啐酒，以肝從。祝左執角，右取肝，抨于鹽，振祭，嚌之，加于俎，卒角，拜。主人答拜，受角。○酌，獻佐食。佐食北面拜，受角。主人拜送。佐食坐祭，卒角，拜。主人答拜，受角。降，反于篚，升，入，復位。《疏》曰：「獻佐食，不言俎者，上經云『執事之俎，陳于階間，二列，北上』，鄭注『執事，謂有司』。以佐食亦在有司内者，下記有『佐食俎』也。又下經『賓長獻』節注云：『凡獻佐食皆無從，其薦俎獻，兄弟以齒設之。』」○記：祝俎髀，脡脊二骨，脅二骨，凡接於神及尸者，俎不過牲三體，以特牲約加其可併者一，亦得奇名。《少牢饋食禮》羊豕各三體。○《疏》曰：「脅，代脅也。接神，謂祝與佐食，佐食亦設俎，卻會也。接尸，謂賓長、長兄弟、宗人之等也。加其可併者，尊祝也。已下卑無加，故下注云『從正少牢二牲』，❶故祝俎無加。」膚一，離肺一。

右獻祝及佐食。

---

❶「二」，原作「一」，今據元刻本、盧本改。

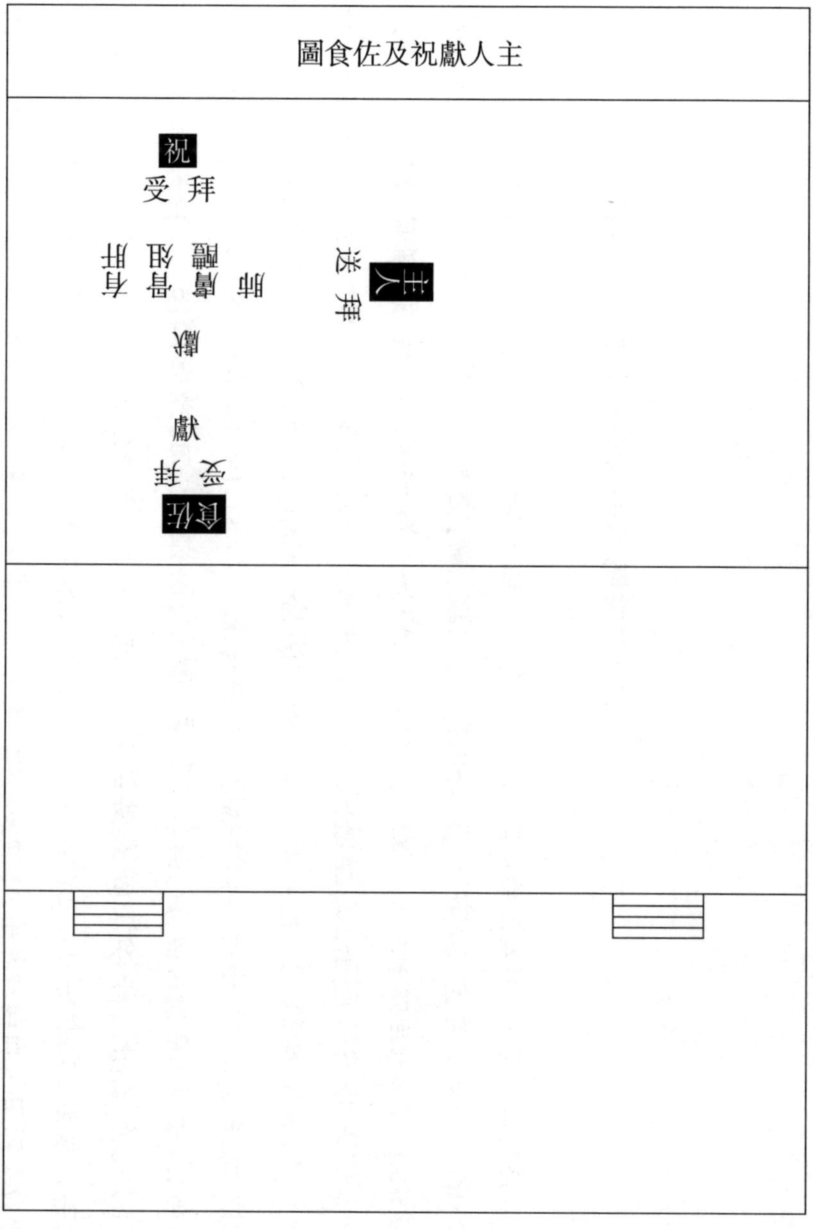
主人獻祝及佐食圖
祝
拜
受
主人
拜
送
肺
膚
醴
骨
俎
有
肝
獻
獻
拜
受
佐食

主婦洗爵于房，酌，亞獻尸。亞，次也，次猶二。主婦二獻不夾拜者，士妻儀簡耳。**尸拜受，主婦北面拜送。**北面拜者，辟內子也。大夫之妻拜於主人北，西面。○《疏》曰：「《少牢》『西面拜』，注：『不北面，辟人君夫人。』然則士妻賤，不嫌得與人君夫人同也。」**宗婦執兩籩户外坐。主婦受，設于敦南。**兩籩，棗、栗，棗在西。**祝贊籩祭，尸受，祭之，祭酒，啐酒。**籩祭，棗、栗之祭也。其祭之，亦於豆祭。**兄弟長以燔從。尸受，振祭，嚌之，反之。**燔，炙肉也。**羞燔者受，加于肵，出。**出者，俟後事也。○《疏》曰：「後事謂獻祝。」**尸卒爵。祝受爵，命送如初。**送者，送卒爵。**○酢如主人儀。**尸酢主婦如主人儀者，自祝酌至尸拜送，如酢主人也。不易爵，辟內子。**主婦適房，南面。佐食挼祭。主婦左執爵，右撫祭，祭酒，啐酒，入，卒爵如主人儀。**撫挼祭，示親祭。佐食不授而祭於地，亦儀簡也。入室卒爵，於尊者前成禮，明受惠。**○獻祝，籩、燔從，如初儀。○及佐食，如初。卒，以爵入于房。**及佐食，如初，如其獻佐食，則拜主人之北，西面也。○《疏》曰：「佐食北面拜受，主婦不宜同面拜送，故與內子同。」

右主婦亞獻尸、尸酢主婦、主婦獻祝佐食。

主婦亞獻尸尸酢主婦圖

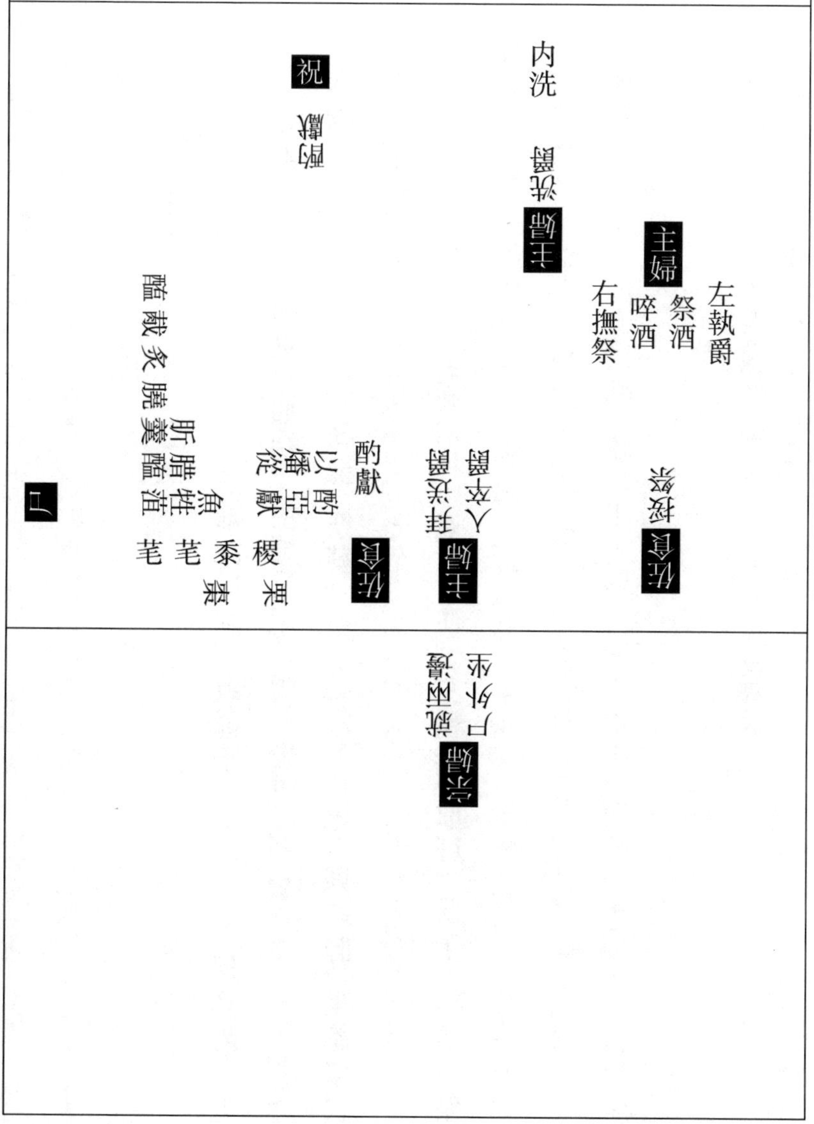

賓三獻如初，燔從如初，爵止。初，亞獻也。尸止爵者，三獻禮成，❶欲神惠之均於室中，是以奠而待之。○《疏》曰：「待均者，謂尸得三獻，祝與佐食亦得三獻，主人、主婦各得一酢而已。待主人、主婦致爵乃均也。」

右賓三獻尸爵止。

席于户内。爲主人鋪之，西面，席自房來。主婦洗爵，酌，致爵于主人。主人拜受爵。主婦拜送爵。主婦拜，拜於北面也。宗婦贊豆如初。主婦受，設兩豆兩籩。初，贊亞獻也。主婦薦兩豆、籩，東面也。俎入設。佐食設之。主人左執爵，祭薦。宗人贊祭，奠爵，興取肺，坐絶祭，嚌之，興加于俎，坐挩手，祭酒，啐酒。絶肺祭之者，以離肺長也。《少儀》曰：「牛羊之肺離而不提心。」豕亦然。挩，拭也。挩手者，爲絶肺染污也。刌肺不挩手。❷肝從。左執爵，取肝，揳于鹽，坐振祭，嚌之。宗人受，加于俎。燔亦如之。興，席末坐，卒爵，拜。於席末坐卒爵，敬也。一酌而備，再從而次之，示均。主婦答拜。受爵，酌醋，左執爵，拜。主人答拜，坐祭，立飲，卒爵，拜，主人答拜。主婦出，反于房。○主人降，洗，酌，致爵于主婦。席于房中，南面。主婦拜受爵，主人西面

---

❶「三」，原作「二」，今據盧本及《儀禮注疏》改。下「尸得三獻」同。

❷「刌」，原作「忖」，今據《儀禮注疏》改。

答拜。宗婦薦豆、俎、從獻皆如主人。主人更爵，酌醋，卒爵，降，實爵于篚，入復位。主人更爵自酢，男子不承婦人爵也。《祭統》曰：「夫婦相授受，不相襲處，酢必易爵，明夫婦之别。」○《疏》曰：「篚實二爵，一尸奠之未舉，一致于主婦。此更者，房内之爵也。」○記：阼俎，臂，正脊二骨，横脊，長脅二骨，短脅，主人尊，欲其體得祝之加數五體，又加其可併者二，亦得奇名。臂，左體臂。膚一，離肺一。○主婦俎觳折，觳，後足。折，分後右足以爲佐食俎，不分左臑折，辟大夫妻。○《疏》曰：「不用後左足者，左足太卑。」其餘如阼俎。餘，謂脊、脅、膚、肺。

右主人主婦致爵醋。

主人主婦致爵醋圖

儀禮圖

主婦受爵拜

答拜酢爵受爵拜

主婦致爵

主人

脊正脊橫脊長脅短脅膚離肺

邊豆邊豆肝燔

內洗

主人受爵

主人酌爵酢答拜

主人更爵酌受爵拜

尊尊

水洗
篚

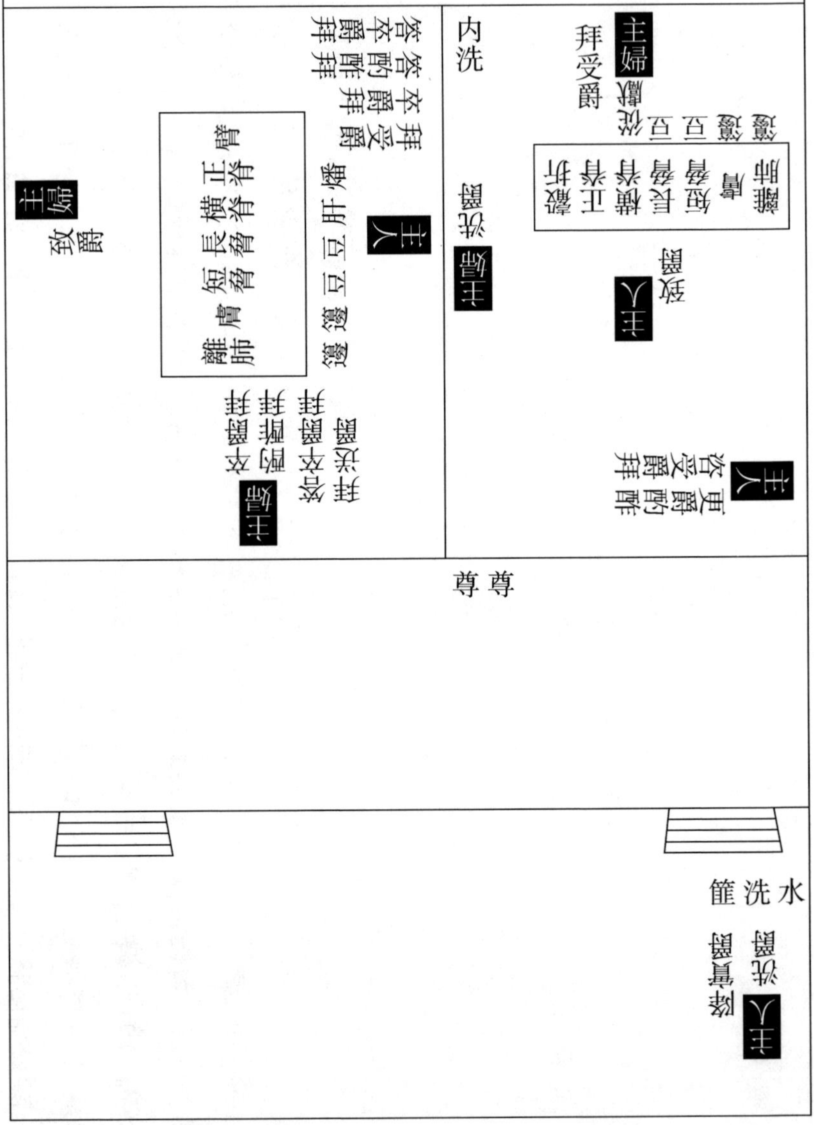

三獻作止爵。賓也。謂三獻者，以事命之。作，起也。舊説云：賓入戶，北面，曰：「皇尸請舉爵。」**尸卒爵，酢。酌獻祝及佐食。**今案：上文賓三獻，❶尸止爵不舉，故未得獻。祝與佐食待主人、主婦致爵與醋，神惠已均，賓乃作止爵，尸卒爵酢賓，賓遂獻祝及佐食，事之序也。**洗爵，酌，致于主人、主婦。燔從皆如初。更爵，酢于主人，卒，復位。**洗乃致爵，爲異事新之。「燔從皆如初」者，如亞獻及主人、主婦致爵也。凡獻佐食，皆無從。其薦俎獻，兄弟以齒設之。賓更爵自酢，亦不承婦人爵。○《疏》曰：「『燔從如初』，則無肝從。『皆』者，謂主人、主婦，嫌獻佐食亦然，故云『凡獻佐食皆無從』。下記云『佐食於旅也齒於兄弟』，故薦俎亦與兄弟同時設之。」○今案：上文主人、主婦獻皆至祝、佐食而止，今賓獻祝、佐食畢，又致爵于主人、主婦，故洗爵，酌，致，爲異事新之也。

右尸卒爵、酢賓，賓獻祝、佐食，致爵主人、主婦，酢于主人。

❶「三」，原作「二」，今據盧本及《儀禮注疏》改。

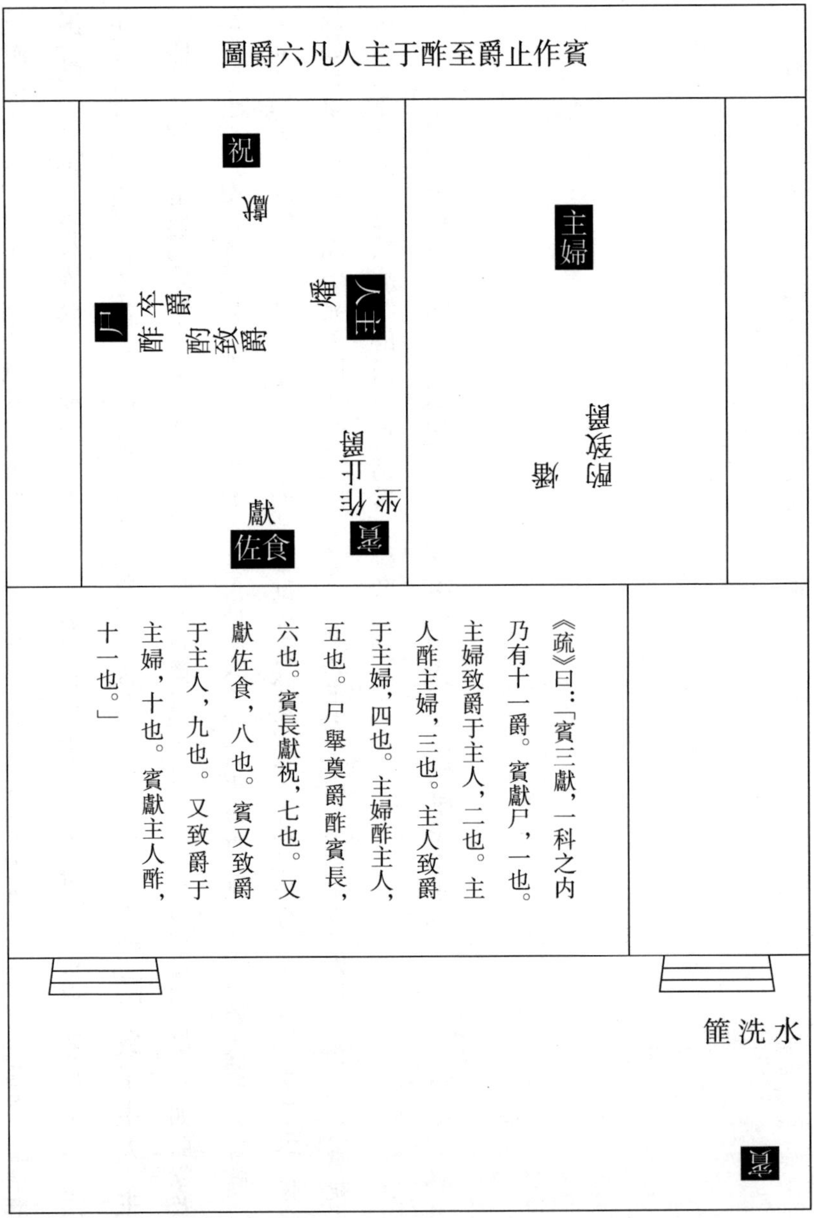
賓作止爵至酢于主人凡六爵圖
祝
獻
主人
燔
尸
卒爵
酢
酌致爵
主婦
酌致爵
燔
賓
作止爵
獻
佐食
《疏》曰：「賓三獻，一科之内乃有十一爵。賓獻尸，一也。主婦致爵于主人，二也。主人酢主婦，三也。主人致爵于主婦，四也。主婦酢主人，五也。尸舉奠爵酢賓長，六也。賓長獻祝，七也。又獻佐食，八也。賓又致爵于主人，九也。又致爵于主婦，十也。賓獻主人酢，十一也。」
水
洗
篚
賓

主人降阼階，西面拜賓如初，洗。拜賓而洗爵，爲將獻之。如初，如視濯時，主人再拜，賓答拜，三拜衆賓，衆賓答再拜者。**賓辭洗。卒洗，揖讓升，酌，西階上獻賓。賓北面拜，受爵。主人在右，答拜。**就賓拜者，此禮不主於尊也，賓卑則不專階。主人在右，統於其位。○《疏》曰：「所尊者，謂尸也。又賓是士家有司。」**薦脯醢，設折俎。**凡節解者皆曰折俎。不言其體，略云折俎，非貴體也。上賓骼，衆賓儀，公有司設之。○《疏》曰：「《有司徹》注：『儀者，尊體盡儀度餘骨可用而用之。』」**賓左執爵，祭豆，奠爵，興取肺，坐絶祭，嚌之，興加于俎，坐挩手，祭酒，卒爵，拜。主人答拜，受爵，酌酢，奠爵，拜。賓答拜。**主人酌自酢者，賓不敢敵主人，主人達其意。**主人坐祭，卒爵，拜。賓答拜，揖，執祭以降，西面奠于其位，位如初。薦俎從設。**位如初，復其位東面。《少牢饋食禮》「宰夫執薦以從，設于祭東。司士執俎以從，設于薦東」，是則皆公有司爲之與？○**衆賓升，拜受爵，坐祭，立飲。薦俎設于其位，辯。主人備答拜焉，降，實爵于篚。**衆賓立飲，賤不備禮。備，盡，盡人之答拜。○**記：賓骼，宗人折，其餘如佐食俎。**骼，左骼也，賓俎全體。尊賓不用尊體，爲其已甚卑而全之，其宜可也。**衆賓及公有司皆殽脅，**又略。此所折骨，直破折餘體可殽者，升之俎，一而已。不備三者，賤，祭禮接神者貴。凡骨有肉曰殽。公有司亦士之屬，命於君者也。○《疏》曰：「接神，謂長兄弟及宗人以上俎皆三，皆有嚌肺。衆賓以下不接神尸，賤無獻也。宗人雖不接神，執巾以授尸，亦接尸也。」**膚一，離肺一。**○**宗人獻與旅齒於衆賓。**尊庭長。齒，從其長幼之序。○**公有司門西，北面，東上，獻次衆賓。升**

受，降飲。獻在後者，賤也。祭祀有上事者貴之，亦皆與旅。○《疏》曰：「擇取公有司可執事者，門外在有司群執事中，入門列在東面爲衆賓，餘者在門西位。不執事者賤於執事者，故曰『有上事者貴之』。宗人獻與旅齒於衆賓，則公有司爲之。佐食於旅齒於兄弟，則私臣之中擇爲之。但賓俎公有司設之，兄弟胥私人爲之，然則公有司、私臣薦俎皆使徒隸爲之與？」

右主人獻賓及衆賓、宗人、公有司。

獻賓及衆賓宗人公有司圖

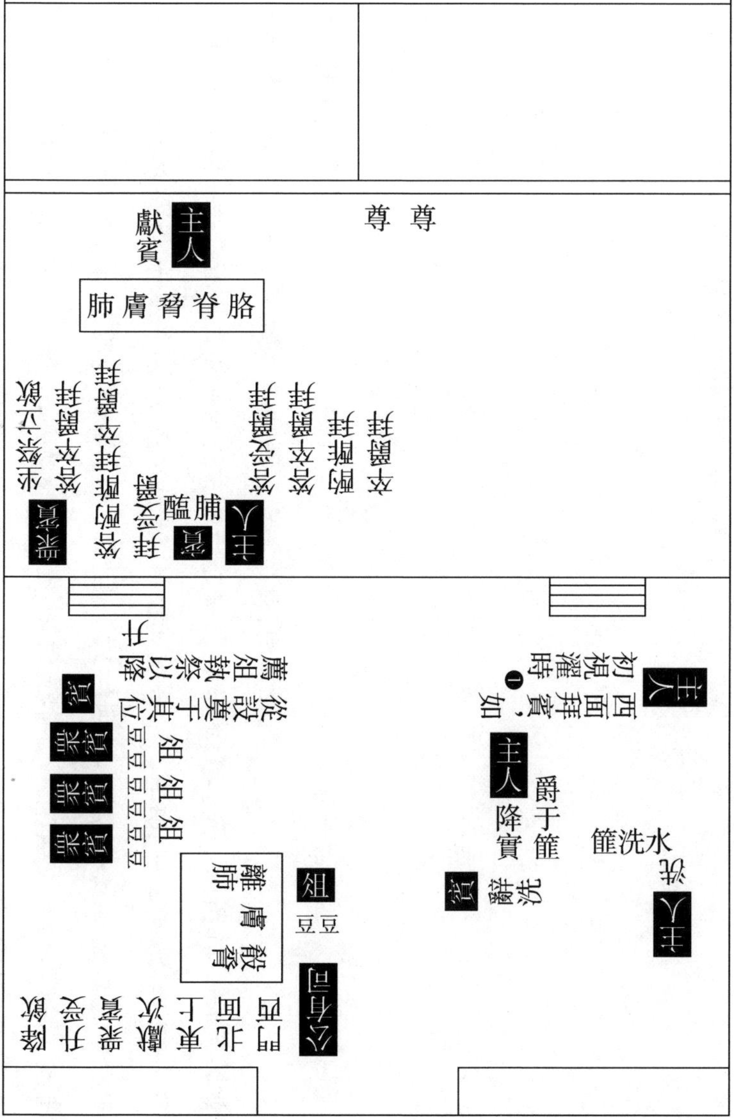

❶「視濯時」，盧本作「洗賓答拜」。

尊兩壺于阼階東，加勺，南枋，西方亦如之。爲酬賓及兄弟。行神惠，不酌上尊，卑異之，就其位尊之。兩壺皆酒，優之。先尊東方，示惠猶近。《禮運》曰：「澄酒在下。」**主人洗觶，酌于西方之尊，西階前北面酬賓。賓在左。**先酌西方者，尊賓之義。**主人奠觶拜，賓答拜。主人坐祭，卒觶，拜，賓答拜。主人洗觶，賓辭，主人對。卒洗，酌，西面。賓北面拜。**西面者，鄉賓位，立於西階之前，賓所答拜之東北。**主人奠觶于薦北。**奠觶於薦左，非爲其不舉。行神惠，不可同於《飲酒》。〇《疏》曰：「神惠右不舉，生人左不舉，❶下文『奠于薦南』，便其復舉。」**賓坐取觶，還，東面拜，主人答拜。賓奠觶于薦南，揖，復位。**還東面，就其位薦西。奠觶薦南，明將舉。

右主人酬賓。

---

❶「生」，原作「主」，今據元刻本及《儀禮注疏》改。

主人酬賓圖

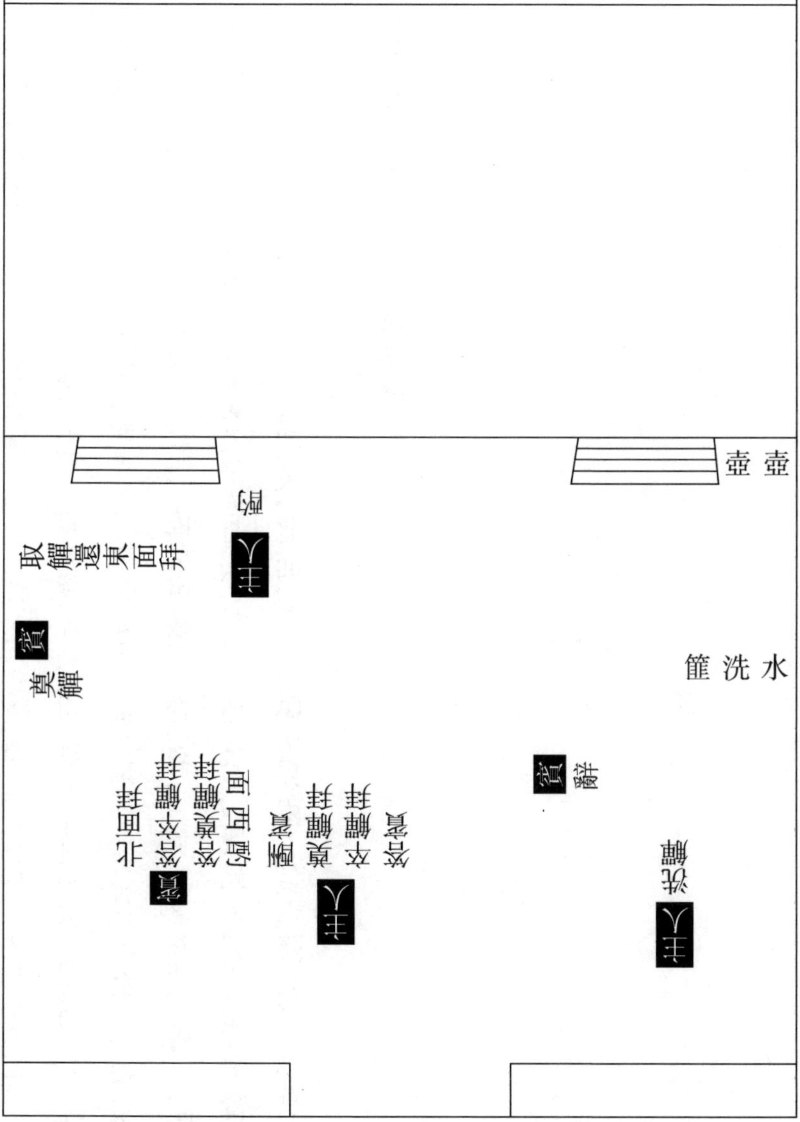
壺
壺
阼
主人
取觶還東面拜
賓
奠觶
水
洗
篚
賓
辭
主人
洗觶
主人
荅賓
卒觶拜
奠觶拜
酬賓
酌西面
荅奠觶拜
賓
荅卒觶拜
北面拜

主人洗爵，獻長兄弟于阼階上，如賓儀。酬賓乃獻長兄弟者，獻之禮成於酬，先成賓禮，此主人之義。亦有薦脀，設于位，私人爲之與？○案：如西階獻賓儀，亦執祭以降，奠于其位，薦俎從設。**○洗，獻衆兄弟，如衆賓儀。**獻卑而必爲之洗者，顯神惠。此言「如衆賓儀」，則如獻衆賓洗明矣。○按：❶如西階獻衆賓儀，坐祭立飲，薦俎設于其位辯。**○記：佐食俎觳折，脊，脅，**三體，卑者從正。**膚一，離肺一。○長兄弟折，其餘如佐食俎。**長兄弟及宗人折，不言所分，略之。**○衆兄弟、私臣皆殺脅，膚一，離肺一。**私臣，自己所辟除者。**○私臣門東，北面，西上，獻次兄弟，升受，降飲。**注、疏見上獻公有司。

右獻長兄弟、衆兄弟及私臣。

---

❶「按」，原作「殺」，今據盧本改。

主人獻長兄弟衆兄弟及私臣之圖

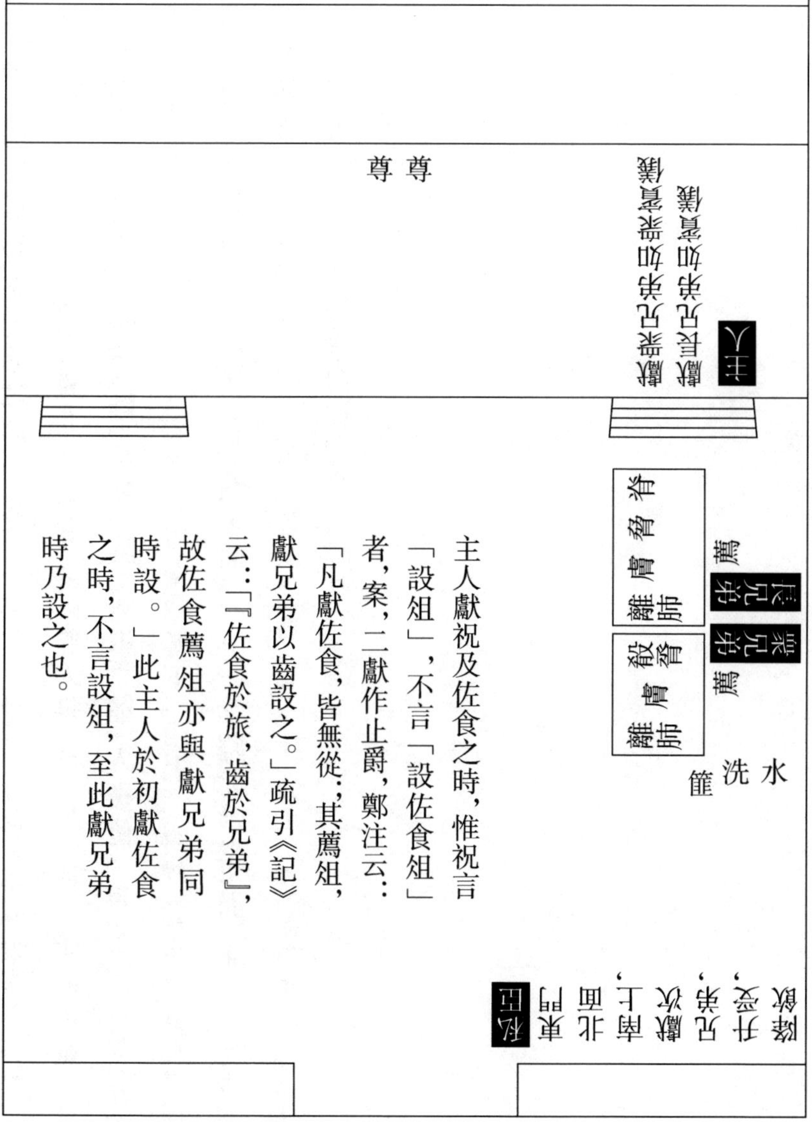

主人獻祝及佐食之時，惟祝言「設俎」，不言「設佐食俎」者，案，二獻作止爵，鄭注云：「凡獻佐食，皆無從，其薦俎，獻兄弟以齒設之。」疏引《記》云：「『佐食於旅，齒於兄弟』，故佐食薦俎亦與獻兄弟同時設。」此主人於初獻佐食之時，不言設俎，至此獻兄弟時乃設之也。

洗獻内兄弟于房中，如獻衆兄弟之儀。内兄弟，内賓、宗婦也。如衆兄弟，如其拜受、坐祭、立飲。設薦俎於其位，而立内賓，其位在房中之尊北。不殊其長，略婦人也。《有司徹》曰：「主人洗，獻内賓於房中，南面拜受爵。」**主人西面答拜，更爵酢，卒爵，降，實爵于篚，入復位。**爵辨乃自酢，以初不殊其長也。内賓之長亦南面答拜。〇記：**尊兩壺于房中西墉下，南上。**爲婦人旅也。其尊之爵亞西方。〇《疏》曰：「設尊，亞次西方。」**内賓立于其北，東面，南上。宗婦北堂，東面，北上。**二者，所謂内兄弟，内賓，姑姊妹也。宗婦，族人之婦，其夫屬于所祭爲子孫。或南上，或北上，宗婦宜統於主婦，主婦南面。北堂，中房而北。❶〇**内賓、宗婦皆殽脀，膚一，離肺一。**

右主人獻内兄弟。

❶「而」，原作「面」，今據元刻本及《儀禮注疏》改。下圖同。

主人獻內兄弟圖

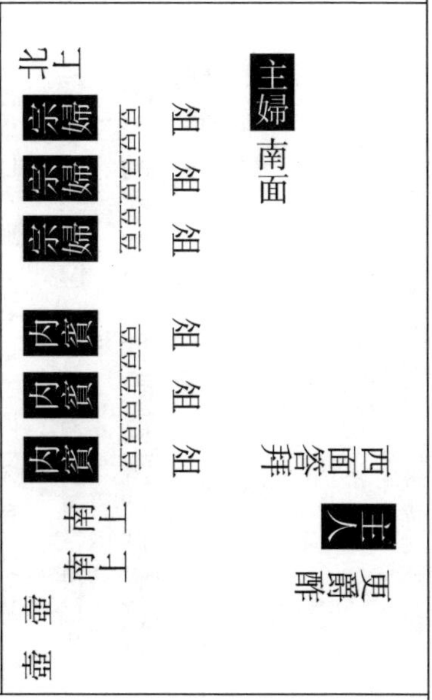

內賓立其北，東面，南上。

內賓南上者，《曲禮》云：「席東向西向，❶以南方爲上。」

主婦南面。

北堂，中房而北。

宗婦北堂東面，北上。

宗婦統於主婦，故北上。

❶「東向西向」四字，原無，今據盧本及《禮記注疏》補。

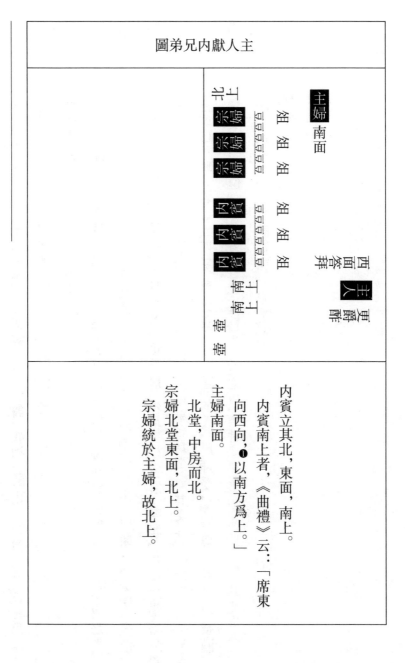

長兄弟洗觚爲加爵，如初儀，不及佐食。洗，致如初，無從。大夫、士三獻而禮成，多之爲加也。不及佐食，無從，殺也。致，致於主人、主婦。**○衆賓長爲加爵，如初，爵止。**尸爵止者，欲神惠之均於在庭。○《疏》曰：「已得三獻，又别受加爵，故停之，使庭行旅酬。」

右長兄弟、衆賓長爲加爵，爵止。

嗣舉奠，盥，入，北面再拜稽首。嗣，主人將爲後者。舉，猶飲也。❶使嗣子飲奠者，將傳重累之者。大夫之嗣子不舉奠，辟諸侯。○《疏》曰：「奠者，即上文『祝酌奠，奠於鉶南』是也。」**尸執奠，進受，復位，祭酒，啐酒。尸舉肝。舉奠左執觶，再拜稽首，進受肝，復位，坐食肝，卒觶，拜。尸備答拜焉。**食肝，受尊者賜，不敢餘也。備，猶盡也，每拜答之。以尊者與卑者爲禮，略其文耳。○《疏》曰：「食若不盡，直云『嚌之』而已。此云『食肝』，明『不敢餘』也。」**舉奠洗酌入，尸拜受，❷舉奠答拜。尸祭酒，啐酒，奠之。舉奠出，復位。**啐之者，答其欲酢己也。奠之者，復神之奠觶。嗣齒於子姓，凡非主人，升降自西階。**○記：嗣舉奠，佐食設豆鹽。**肝宜鹽也。

右嗣舉奠。

---

❶ 「猶飲」，盧本作「飲酒」。

❷ 「尸」，原作「户」，今據元刻本及《儀禮注疏》改。

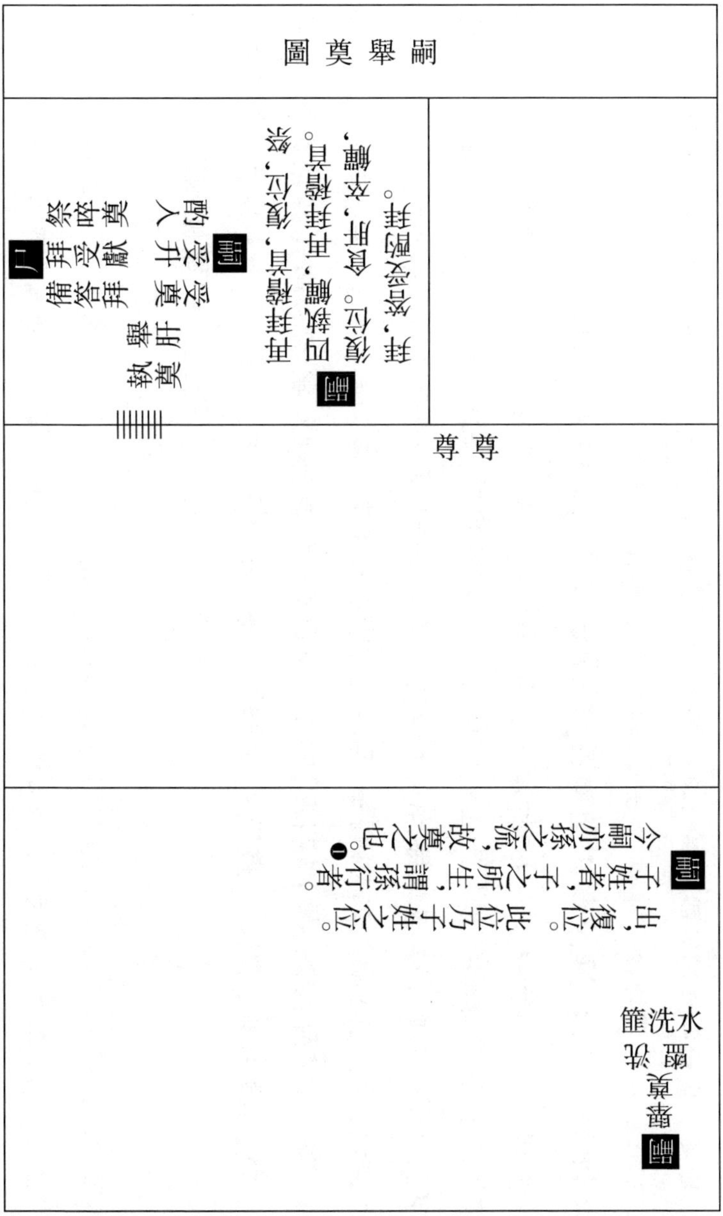

❶「奠」，原作「齒」，今據盧本及上文改。

兄弟弟子洗酌于東方之尊，阼階前北面舉觶于長兄弟，如主人酬賓儀。弟子，後生也。宗人告祭脀，脀，俎也。所告者，衆賓、衆兄弟、内賓也。獻時設薦俎于其位，至此禮又殺，告之祭使成禮也。其祭皆離肺。不言祭豆，可知。乃羞。羞，庶羞也，下尸，胾、醢豆而已。此所羞者，自祝、主人至於内賓，無内羞。○《疏》曰：「尸四豆，膮、炙、胾、醢。此祝以下降于尸，故云『胾、醢豆而已』。尸尊，尚無内羞；祝卑，故無内羞。」

右弟子舉觶于長兄弟。

賓坐取觶，薦南奠觶。○案：此即主人酬賓之觶。阼階前北面酬長兄弟，長兄弟在右。賓奠觶拜，長兄弟答拜。賓立卒觶，酌于其尊，東面立。長兄弟拜受觶，賓北面答拜，揖，復位。其尊，長兄弟尊也。北受酬者拜亦北面。長兄弟西階前北面，衆賓長自左受旅，如初。旅，行也，受行酬也。初，賓酬長兄弟。長兄弟卒觶，酌于其尊，西面立。受旅者拜受。長兄弟北面答拜，揖，復位。衆賓及衆兄弟交錯以辨，皆如初儀。交錯，猶言東西。○爲加爵者作止爵，如長兄弟之儀。於旅酬之間言「作止爵」，明禮殺，並作。○《疏》曰：「此決上文『三獻，爵止』，待室中致爵訖，乃作止爵。此旅酬未訖，作止爵，故云『並作』。」○長兄弟酬賓，如賓酬兄弟之儀，以辯。卒受者實觶于篚。長兄弟酬賓，亦坐取其奠觶。此不言「交錯以辨」，賓之酬不言「卒受」者，實觶于篚，明其相報禮終於此，其文省。○《疏》曰：「奠觶，即上弟子『舉觶於其長』是也。賓舉奠觶於長兄弟行旅酬盡皆徧，長兄弟舉觶於賓行旅酬亦皆徧，交錯省文。」○**賓弟子及兄弟弟子洗，**《疏》曰：自此論二酬並行，❶無算爵之事。**各酌于其尊，中庭北面，西上，舉觶於其長，奠觶拜，長皆答拜。舉觶者祭，卒觶，拜，長皆答拜。舉觶者洗，各酌于其尊，復初位，長皆拜。舉觶者皆奠觶于薦右，**奠觶，進奠之于薦右，非神惠也。○《疏》曰：「同於生人飲酒，舉者奠于薦右也。」《中庸》：「旅酬下爲上，所以逮賤。」**長皆執以興，舉觶者皆復位，答拜。長皆奠觶于其所，皆揖其弟子，弟子皆復其位。**復其位者，東西面位。弟子舉觶於其長，所以序長幼、教孝弟也。堂下拜亦皆北面。**爵皆無算。**算，數也。賓取觶酬兄弟之黨，長兄弟取觶酬賓之黨，唯己所飲，亦交錯以辨，無次第之數。因今接會，❷使之交恩定好，優勸之。○**記：宗人獻與旅齒於衆賓。佐食於旅齒於兄弟。**○**主婦及內賓、宗婦亦旅，西面。**西面者，異於獻也。男子獻於堂上，旅於堂下。婦人獻於南面，旅於西面。內賓象衆賓，宗婦象兄弟，其節與其儀依男子也。主婦酬內賓之長，酌奠于薦左，內賓之長坐取奠于右。宗婦之娣婦舉觶於其姒婦，亦如之。內賓之長坐取奠觶酬宗婦之姒，交錯以辨。宗婦之姒亦取奠觶酬內賓之長，交錯以辨。內賓之少者、宗婦之娣婦各舉奠於其長，並行交錯，無算。其拜及飲者，皆西面，主婦之東南。

右旅酬及無算爵。

---

❶「酬」，《儀禮注疏》作「觶」。

❷「接會」，原作「案書」，今據《儀禮注疏》改。盧本作「按會」。

旅酬及弟子舉觶于其長圖

賓酬長兄弟，在阼階前位。

兄弟、弟子舉觶於其長，皆在階前中庭。

賓弟子舉觶於其長，皆在階前中庭位。

長兄弟酬衆賓長及旅酬交錯以辯，皆在西階前位。

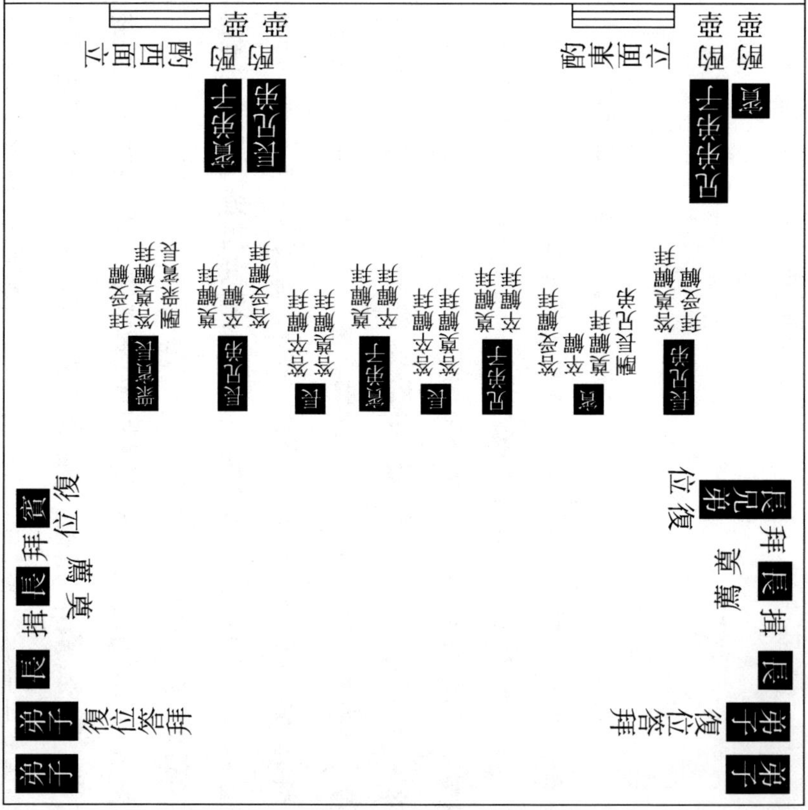

利洗散，獻于尸。酢，及祝，如初儀。降，實散于篚。利，佐食也，言利以今進酒也。更言獻者，以利侍尸禮將終，宜一進酒，嫌於加酒亦當三也。不致爵，禮又殺也。**主人出，立于户外，西南。**事尸禮畢。**祝東面告利成。**利，猶養也，供養之禮成。不言禮畢，於尸之閒嫌。**尸謖，祝前，主人降。**謖，起也。前，猶導也。《少牢饋食禮》曰：「祝入，尸謖。主人降，立于阼階東，西面。祝先，尸從，遂出于廟門。」前尸之儀，《士虞禮》備矣。**祝反，及主人入，復位，命佐食徹尸俎，俎出于廟門。**俎，所以載肵俎。《少牢禮》曰：「有司受歸之。」**徹庶羞，設于西序下。**爲將餕去之，庶羞主爲尸，非神饌也。《尚書傳》曰：「宗室有事，族人皆侍終日，大宗已侍於賓奠，然後燕私。燕私者何也？已而與族人飲也。」此徹庶羞置西序下者，爲將以燕飲與？然則自尸祝至於兄弟之庶羞，宗子以與族人燕飲於堂；内賓宗婦之庶羞，主婦以燕飲于房。○《疏》曰：「《楚茨》『鼓鍾送尸』，下云『備言燕私』，鄭注：『祭祀畢，歸賓客之俎。同姓則留與之燕，所以尊賓客、親骨肉也。』」○**記：賓從尸，俎出廟門，乃反位。**賓從尸，送尸也。士之助祭，終其事也。俎，尸俎也。賓既送尸，復入反位者，宜與主人爲禮乃去之。○**尸卒食而祭饎爨、雍爨。**雍，熟肉，以尸享祭竈有功也。舊説云：宗婦祭饎爨，享者祭雍爨，用黍、肉而已，無籩豆俎。《禮器》曰：「燔燎於爨，❶夫爨者，老婦之祭，盛於盆，尊於瓶。」○《疏》曰：「老婦，先炊者也。盆、瓶，炊器也。」

❶「爨」，《禮器》作「奥」。下「夫爨」同。

右利獻尸、尸出。

筵對席，佐食分簋、鉶。爲將餕分之也。分簋者，分敦黍於會，爲有對也。敦，有虞氏之器也，周制士用之。變敦言簋，容同姓之士得從周制耳。《祭統》曰：「餕者，祭之末也，不可不知也。是故古之人有言曰『善終者如始』，餕其是已。是故古之君子曰：尸亦餕鬼神之餘也，惠術也，可以觀政矣。」**宗人遣舉奠及長兄弟盥，立于西階下，東面北上。祝命嘗食，養者舉奠許諾，升，入，東面。長兄弟對之，皆坐。佐食授舉，各一膚。**養，子峻反，與餕同。○命，告也。士使嗣子及兄弟養，其惠不過族親也。古文「養」皆作「餕」。○《疏》曰：「此決《少牢》餕及異姓。」**主人西面再拜。祝曰：「養有以也。」兩養奠舉于俎，許諾，皆答拜。**「以」讀如「何其久也，必有以也」之「以」。祝告養，釋辭以戒之，言女養于此，當有所以也。以先祖有德而享於此祭，其坐養其餘，亦當以之也。《少牢饋食》不戒者，非親昵也。舊説曰：主人拜下養席南。○《疏》曰：「《少牢》有二賓長，是非親昵。」**若是者三。**丁寧戒之。**皆取舉，祭食。祭舉，乃食，祭鉶，食舉。**食乃祭鉶，禮殺。○《疏》曰：「正祭時，尸祭鉶，乃爾黍。」**卒食，主人降，洗爵。宰贊一爵。主人升，酌，酳上養。上養拜受爵，主人答拜，酳下養亦如之。**《少牢饋食禮》曰：「贊者洗三爵，酌。主人受于户内，以授次養。」舊説云：主人北面授下養爵。**主人拜。祝曰：「酳有與也。」如初儀。**主人復拜，爲戒也。「與」讀如「諸侯以禮相與」之「與」，言女酳此當有所與也。與者，與兄弟也。既知似先祖之德，亦當與女兄弟，謂教化之。**兩養執爵拜。**答主人也。**祭酒，卒**

爵拜，主人答拜。兩養皆降，實爵于篚。上養洗爵，升，酌，酢主人，主人拜受爵。下養復兄弟位，不復升也。上養即位坐，答拜。既受爵户内，乃就坐。主人坐祭，卒爵，拜。上養答拜，受爵，降，實于篚。主人出，立于户外，西面。事餕者禮畢。

右養。

二人養圖

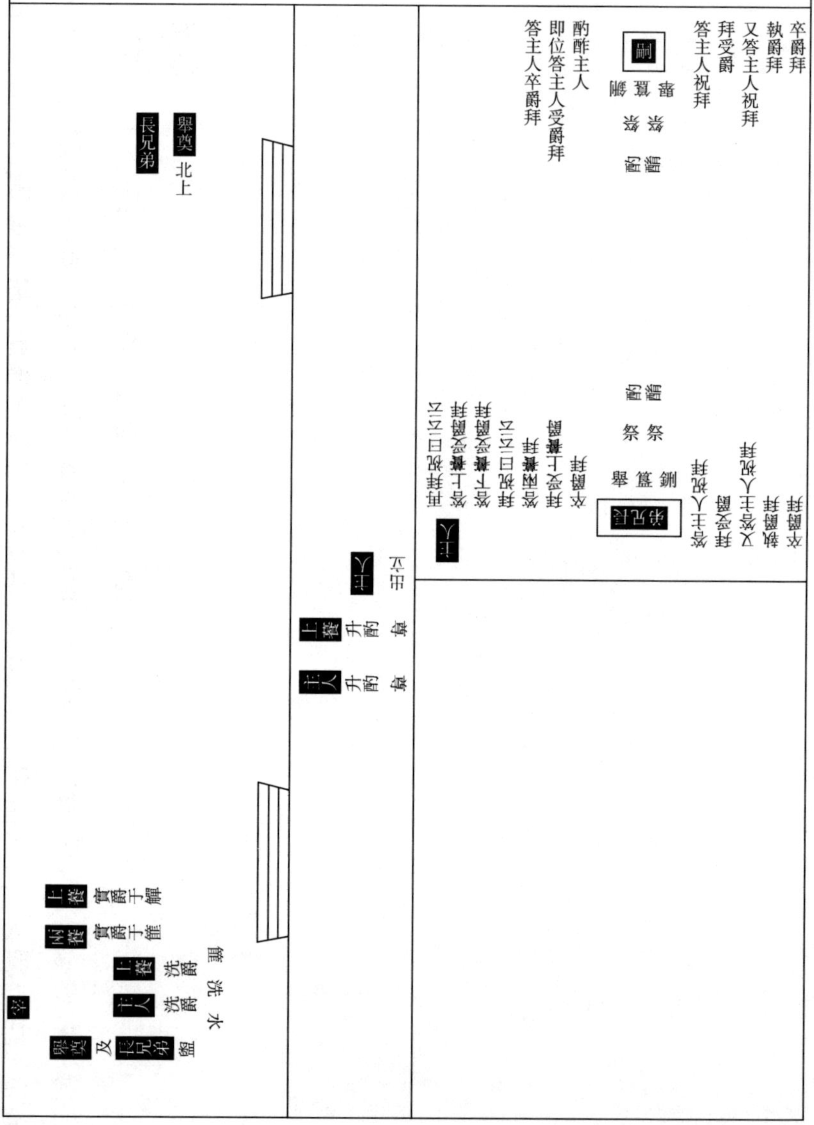

祝命徹阼俎、豆、籩，設于東序下。命，命佐食。阼俎，主人之俎。宗婦不徹豆、籩，徹禮略，各有爲而已。設于東序下，亦將燕也。○**祝執其俎以出，東面于户西。**俟告利成。《少牢》下篇曰：「祝告利成，乃執俎以出。」○**宗婦徹祝豆、籩，入于房。**○**徹主婦薦、俎。**宗婦既並徹，徹其卑者。《士虞禮》曰：「祝薦席徹入于房。」○《疏》曰：「宗婦不徹主人豆、籩，而徹祝豆、籩入房者，爲主婦將用之爲燕。祝接神尸之類，宜行神惠，故主人以薦羞并祝庶羞燕宗人於堂，主婦以祝籩、豆燕内賓於房。」

右徹俎。

佐食徹尸薦、俎、敦，設于西北隅，几在南，厞用筵，納一尊。佐食闔牖户，降。厞，扶未反。○厞，隱也。不知神之所在，或諸遠人乎？尸謖而改饌，爲幽闇，庶其饗之，所以爲厭飫。《少牢饋食禮》曰「南面如饋之設」也，所謂「當室之白，❶陽厭也」，則尸未入之前爲陰厭矣。《曾子問》曰：「殤不備祭，何謂陰厭，陽厭也？」○厭，一豔反。○《疏》曰：「『當室之白』，謂西北隅得户之明者也。奥中不得户明，故曰『陰厭』。」○案：《釋宮》云：「西南隅謂之奥，西北隅謂之屋漏。」注：「奥者，隱奥。屋漏者，當室之白，日光所漏入也。」**祝告利成，降，出。主人降，即位。宗人告事畢。賓出，主人送于門外，再拜。**拜，送賓也。凡去者不答拜。**佐食徹阼俎，堂下俎畢出。**記俎出節。兄弟及衆賓自徹而出，唯賓俎有司徹歸之，尊賓也。○《疏》曰：「賓出，主人送，明賓不自徹。若助君祭，必自徹其俎。」

❶「謂」，原作「以」，今據元刻本、盧本改。

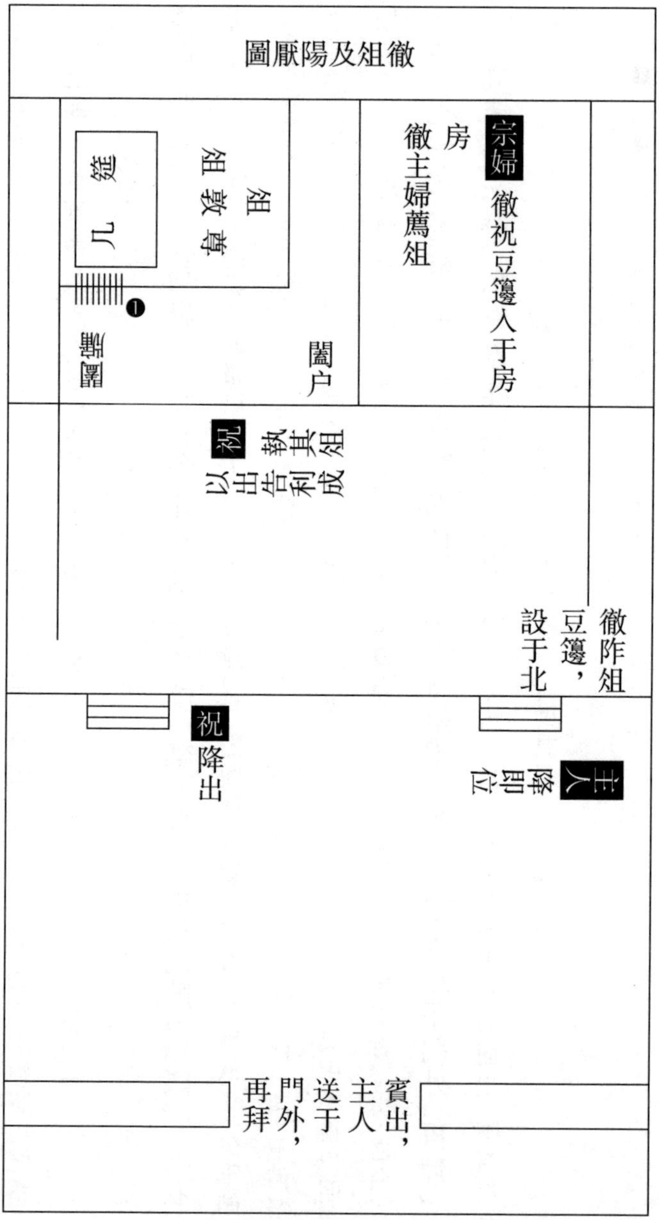

❶ 元刻本僅爲一横綫，無八縱綫。

儀禮圖卷第十六

少牢饋食禮第十六

鄭《目録》云：「諸侯之卿大夫祭其祖禰於廟之禮。」

少牢饋食之禮少，詩召反。○禮，將祭祀，必先擇牲，繫于牢而芻之。羊、豕曰少牢，諸侯之卿大夫祭宗廟之牲。○芻，初俱反。○《疏》曰：「特牲不言牢，但非一牲，即得牢稱，三牲具爲太牢。」○**日用丁、己。**○内事用柔日。必丁、己者，取其令名，自丁寧，自變改，皆爲謹敬。必先諏此日，明日乃筮。○諏，子須反。**筮旬有一日。**旬，十日也。以先月下旬之己，筮來月上旬之己。**筮於廟門之外。主人朝服，西面于門東。史朝服，左執筮，右抽上韇，兼與筮執之，東面受命于主人。**朝，立遥反。韇，❶徒木反。○史，家臣主筮事者。**主人曰：「孝孫某，來日丁亥，用薦歲事于皇祖伯某，以某妃配某氏，尚饗！」**丁未必亥也，直舉一日以言之耳。《禘于太廟禮》曰「日用丁亥」，不得丁亥則己亥、辛亥亦用之，無則苟有亥焉可也。薦，進也，進歲時之祭事也。皇，君也。伯某，祖字也，大夫或因字爲謚。

❶「韇」，原作「讀」，今據元刻本改。

《春秋傳》曰「魯無駭卒，請謚與族。公命之以字爲展氏」是也。某，仲、叔、季，亦曰仲某、叔某、季某。某妃，某妻也。合食曰配。某氏若言姜氏、子氏也。尚，庶幾。饗，歆也。○劉敞曰：「丁己、丁亥皆取於丁，所以取丁者，以先庚三日、後甲三日也。郊卜辛，社卜甲，宗廟卜丁，無取於亥。」○案，上文「日用丁己」，注云「取其令名，自丁寧，自變改」，謂十干丁日、己日也，如丁亥、己亥之類是也。下文「來日丁亥」，亦舉一端以明之耳。注家乃云「不得丁亥則己亥、辛亥，無則苟有亥焉可也」，此則不論十干之丁己，而專取十二支之亥以爲解，其失經文之意遠矣。**史曰：「諾。」西面于門西，抽下韇，左執筮，右兼執韇以擊筮。**將問吉凶焉，故擊之以動其神。《易》曰：「蓍之德，圓而神。」**遂述命曰：「假爾大筮有常，孝孫某，來日丁亥，用薦歲事于皇祖伯某，以某妃配某氏，尚饗！」**述，循也，重以主人辭告筮也。假，借也，言因蓍之靈以問之。常，吉凶之占繇。**乃釋韇，立筮。**卿大夫之蓍長五尺，立筮由便。**卦者在左坐，卦以木。卒筮，乃書卦于木，示主人。乃退占，**卦者，史之屬也。卦以木者，每一爻畫地以識之，六爻備，書於板，史受以示主人。退占，東面旅占之。**吉則史韇筮。史兼執筮與卦，以告于主人：「占曰從。」**從者，求吉得吉之言。**○乃官戒，宗人命滌，宰命爲酒，乃退。**滌，大歷反。○官戒，戒諸官也，當共祭祀事者，使之具其物且齊也。滌，溉濯祭器，掃除宗廟。○共，音恭。○疏曰：「筮日即齊，故云『乃』，不云『厥明』也。」**若不吉，則及遠日。又筮日如初。**及，至也。遠日，後丁若後己。

右筮日。

宿。宿，讀爲肅，肅，進也。大夫尊，儀亦多，筮日既戒諸官以齊戒矣，至前祭一日，又戒以進之，使知祭日當來。**前宿一日，宿戒尸。**皆肅諸官之日。又先肅尸者，重所用爲尸者，又爲將筮。**明日朝筮尸，如筮日之儀。**❶**命曰：「孝孫某，來日丁亥，用薦歲事于皇祖伯某，以某妃配某氏，以某之某爲尸，尚饗！」筮、卦、占如初。**某之某者，字尸父而名尸也。字尸父，尊鬼神也。不前期三日筮尸者，大夫下人君，祭之朝乃視濯，與士異。○《疏》曰：「天子、諸侯前期十日卜得吉日，則戒諸官致齊，❷至前祭三日，卜尸得吉，又戒宿諸官，使之致齊，士卑不嫌，故得與人君同三日筮尸，但下人君，不得散齊七日耳。大夫尊不敢與人君同，直散齊九日，前祭一日筮尸，并宿諸官致齊。」**吉則乃遂宿尸，祝擯。**筮吉又遂肅尸，重尸也。既肅尸，乃肅諸官及執事者，祝爲擯者。尸，神象。**主人再拜稽首。祝告曰：「孝孫某，來日丁亥，用薦歲事于皇祖伯某，以某妃配某氏，敢宿。」**告尸以主人爲此事來肅。**尸拜，許諾，主人又再拜稽首。主人退，尸送，揖，不拜。**尸不拜者，尸尊。**若不吉，則遂改筮尸。**即改筮之，不及遠日。

右筮尸、宿尸。

---

❶「日」，原作「尸」，今據《儀禮注疏》改。「儀」，《儀禮注疏》作「禮」。

❷「致」，原作「赦」，今據盧本及《儀禮注疏》改。

既宿尸，反，爲期于廟門之外。爲期，肅諸官而皆至，定祭早晏之期，爲期亦夕時也。言「既肅尸，反，爲期」，明大夫尊，肅尸而已。其爲賓及執事者，使人肅之。**主人門東，南面。宗人朝服，北面，曰：「請祭期。」主人曰：「比于子。」**比次早晏，在於子也。主人不西面者，大夫尊，於諸官有君道也。爲期，亦唯尸不來也。**宗人曰：「旦明行事。」主人曰：「諾。」乃退。**旦明，旦日質明。

右爲期。

《少牢禮》與《特牲禮》輕重詳略不同。

《少牢禮》「日用丁己」者，注云：取其令名，丁，自丁寧，己，自變改，皆爲敬謹之意。《特牲》不諏日者，士卑，時至事暇，可以祭則筮其日矣，不必諏丁己之日如大夫禮。

玄冠一冠冠兩服，其一玄端，其一朝服，朝服重於玄端。《特牲》士禮，故筮則玄端，至祭而後朝服。《少牢》大夫禮，筮與祭皆朝服也。

《特牲》筮人筮，筮人者，官名，《周禮·春官》有「筮人」是也。《少牢禮》史筮，史者，家臣主筮事者，所謂「府史」是也。《特牲》坐筮，《少牢》立筮，不同者，注云：「士蓍短，故坐筮，卿大夫蓍長五尺，故立筮，各由其便也。」

《特牲》、《少牢》皆筮尸，但《特牲》無宿戒尸之文，《少牢》宿戒尸而後筮者，重所用爲尸者，亦大夫尊，儀益多也。

《特牲》有宿賓之禮，《少牢》不宿賓者，大夫尊，肅尸而已。其爲賓執事者，使人肅之。

《特牲》無爲期之禮，《少牢》爲期者，重其事也。爲期之日，主人門東，南面。不西面，大夫尊於諸官，有君道也。

明日，主人朝服，即位于廟門之外，東方南面。宰、宗人西面，北上。牲北首，東上。司馬刲羊，司士擊豕。宗人告備，乃退。刲、擊皆謂殺之，此實既省告備乃殺之，文互者，省也。《尚書傳》曰：「羊屬火，豕屬水。」雍人概鼎、匕、俎于雍爨，雍爨在門東南，北上。概，古愛反。❶ ○雍人，掌割亨之事者。爨，竈也，在門東南。統於主人，北上。羊、豕、魚、腊皆有竈，竈西有鑊。凡概者，皆陳之而後告絜。○亨，普庚反。廩人概甑、甗、匕與敦于廩爨，廩爨在雍爨之北。甑，子孕反。甗，魚展反。敦音對。○廩人，掌米入之藏者。甗如甑，一孔。匕，所以匕黍稷也。司宫概豆、籩、勺、爵、觚、觶、几、洗、篚于東堂下，勺、爵、觚、觶實于篚。卒概，饌豆、籩與篚于房中，放于西方；設洗于阼階東南，當東榮。放，方往反。○放，猶依也。大夫攝官，司宫兼掌祭器也。

右視殺、視濯。

羹定，雍人陳鼎五。三鼎在羊鑊之西，二鼎在豕鑊之西。魚、腊從羊，膚從豕，統於牲。司馬升羊右胖，髀不升，肩、臂、臑、膊、骼，正脊一、脡脊一、橫脊一、短脅一、正脅一、代脅一，皆二

❶ 「愛」，原作「受」，今據《釋文》改。

骨以並，腸三、胃三、舉肺一、祭肺三，實于一鼎。胖，音判。髀，步禮反。臑，奴到反。膞，音純。骼，音格。脡，他頂反。○升，猶上也。上右胖，周所貴也。髀不升，近竅賤也。肩、臂、臑，肱骨也。膞、骼，股骨。脊，從前爲正。脅，旁中爲正。脊先前，脅先後，屈而反，猶器之綪也。並，併也，脊脅骨多，六體各取二骨併之，以多爲貴。舉肺一，尸食所先舉也。祭肺三，爲尸、主人、主婦。○綪，側耕反。併，步頂反。**司士升豕右胖，髀不升，肩、臂、臑、膞、骼，正脊一、脡脊一、横脊一、短脅一、正脅一、代脅一，皆二骨以並，舉肺一、祭肺二，**❶**實于一鼎。**豕無腸胃，君子不食溷腴。○溷，音患。腴，羊朱反。**雍人倫膚九，實于一鼎。**倫，擇也。膚，脅革肉。擇之取美者。**司士又升魚、腊。魚十有五而鼎，腊一純而鼎，腊用麋。**司士又升，副倅者。合升左右胖曰純，純猶全也。○《疏》曰：「司士三人，此明是副倅，非升豕者。」**卒脀，皆設扃鼏。**脀，之承反。**乃舉，陳鼎于廟門之外東方，北面，北上。**北面，北上，鄉内相隨。**司宫尊兩甒于房户之間，同棜，皆有冪，甒有玄酒。**甒，士甫反。棜，於遽反。○房户之間，房西室户東也。棜，無足禁者，酒戒也。大夫去足改名，優尊者，若不爲之戒然。**司宫設罍水于洗東，有枓；設篚于洗西，南肆。**枓，音主。○枓，㪺水器也。凡設水用罍，沃盥用枓，禮在此也。○㪺，九于反。**改饌豆、籩于房中，南面，如饋之設，實豆、籩之實。**改，更也。爲實之更之，威儀多

---

❶「二」，《儀禮注疏》作「三」。

也。如饋之設，如其陳之左右也，饋設東面。**小祝設槃匜與簞巾于西階東。**匜，以支反。簞，音丹。○爲尸將盥。

右實鼎饌器。

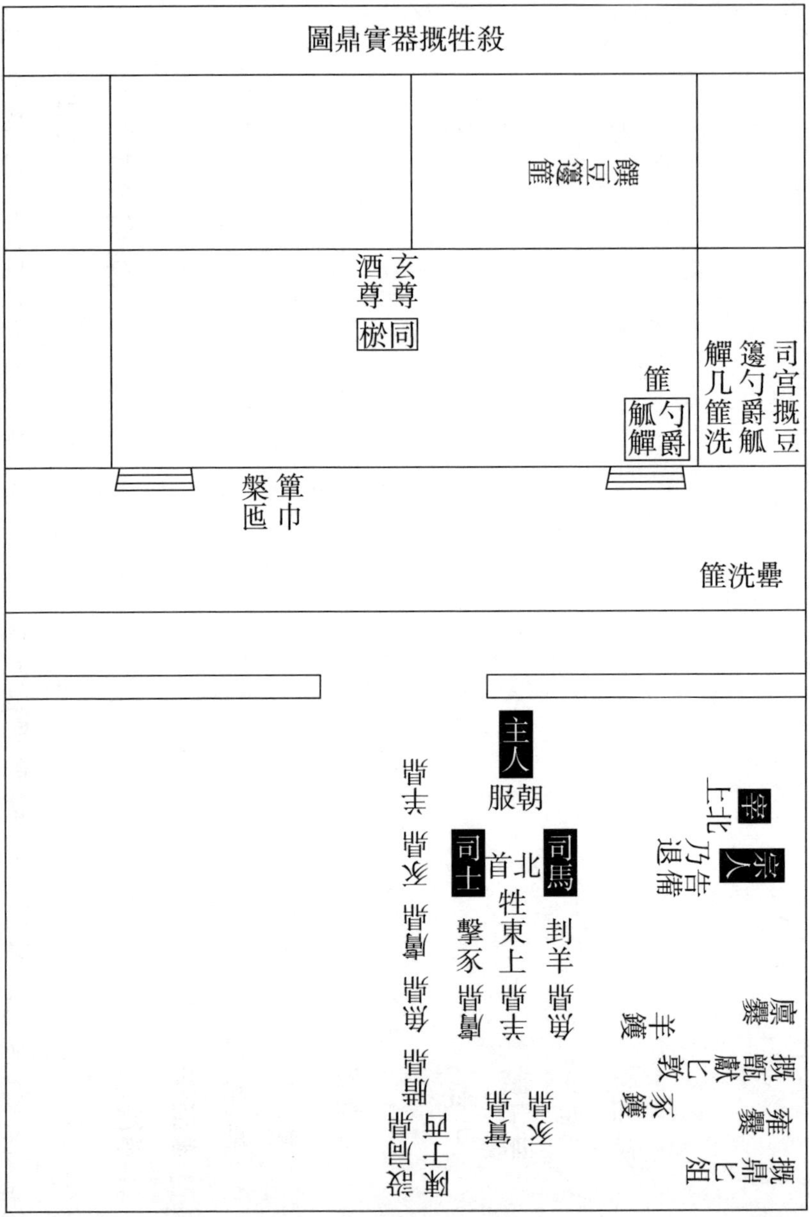
殺牲槪器實鼎圖
饌豆籩篚
玄尊
酒尊
同
棜
司宮槪豆
籩勺爵觚
觶几篚洗
勺爵
觚觶
篚
簞巾
槃匜
罍洗篚
主人
朝服
宰
北上
宗人
告備
乃退
司馬
刲羊
司士
擊豕
北首
牲東上

主人朝服，即位于阼階東，西面。爲將祭也。司宮筵于奧。祝設几于筵上，右之。奧，烏報反。○布陳神坐也。室中西南隅謂之奧。席東面，❶近南爲右。○主人出迎鼎，除鼏。士盥，舉鼎，主人先入。道之也。主人不盥，不舉。司宮取二勺于篚，洗之，兼執以升。乃啓二尊之蓋冪，奠于棜上。加二勺于二尊，覆之，南柄。二尊，兩甒也。鼎序入，雍正執一匕以從，雍府執四匕以從，司士合執二俎以從，司士贊者二人皆合執二俎以相，從入。相，息亮反。○相，助。○陳鼎于東方，當序，南于洗西，皆西面，北上，膚爲下。匕皆加于鼎，東枋。枋，徒命反。❷○膚爲下，以其加也。南于洗西，陳於洗西南。俎皆設于鼎西，西肆。肵俎在羊俎之北，亦西肆。肵，音祈。○肵俎在北，將先載也。異其設文，不當鼎。宗人遣賓就主人，皆盥于洗，長枇。長，丁丈反。○長枇者，長賓先，次賓後也。主人不枇。言「就主人」，明親臨之。佐食上利升牢心、舌，載于肵俎。心皆安下切上，午割勿没，其載于肵俎，末在上。舌皆切本末，亦午割勿没，其載于肵，横之。皆如初爲之于爨也。牢，羊、豕也。安，平也，平割其下，於載便也。凡割本末，食必正也。午割，使可絶也。勿没，爲其分散也。肵之爲言敬也，所以敬尸也。周禮祭尚肺，事尸尚心、舌，心、舌知滋味。佐食遷

❶「面」，原作「西」，今據元刻本、盧本及《儀禮注疏》改。

❷「徒」，《釋文》作「兵」。

肵俎于阼階西，西縮，乃反。佐食二人。上利升羊，載右胖，髀不升，肩、臂、臑、膞、骼，正脊一、脡脊一、横脊一、短脅一、正脅一、代脅一，皆二骨以並。腸三、胃三，長皆及俎拒。舉肺一，長終肺。祭肺三，皆切。肩、臂、臑、膞、骼在兩端，脊、脅、肺、肩在上。升之以尊卑，載之以體次，各有宜也。拒，讀爲介距之距。俎距，脛中當横節也。凡牲體之數及載備於此。○距，音巨。○《疏》曰：「在雞足曰距，在俎則俎足中央横者也。」下利升豕，其載如羊，無腸、胃。體其載于俎，皆進下。進下，變於食生也，所以交於神明，不敢以食道，敬之至也。《鄉飲酒禮》「進腠」。羊次其體，豕言「進下」，互相見。○腠，七豆反。○《疏》曰：「腠是本，此進末，謂骨之終。」司士三人升魚、腊、膚。魚用鮒，十有五而俎，縮載，右首，進腴。鮒，音附。○右首，進腴，亦變於食生也。《有司》載魚横之。《少儀》曰：「羞濡魚者進尾。」○《疏》曰：「生人、死人皆右首。鬼神進腴者，是氣之所聚。生人進鰭者，鰭是脊，生人尚味也。乾魚進首，是上大夫繹祭儐尸之禮。濡魚進尾，是天子、諸侯繹祭可知。」腊一純而俎，亦進下，肩在上。如羊、豕。凡腊之體載禮在此。膚九而俎，亦横載，革順。列載於俎，令其皮相順。亦者，亦其骨體。

右即位，筵几，舉鼎，匕載。

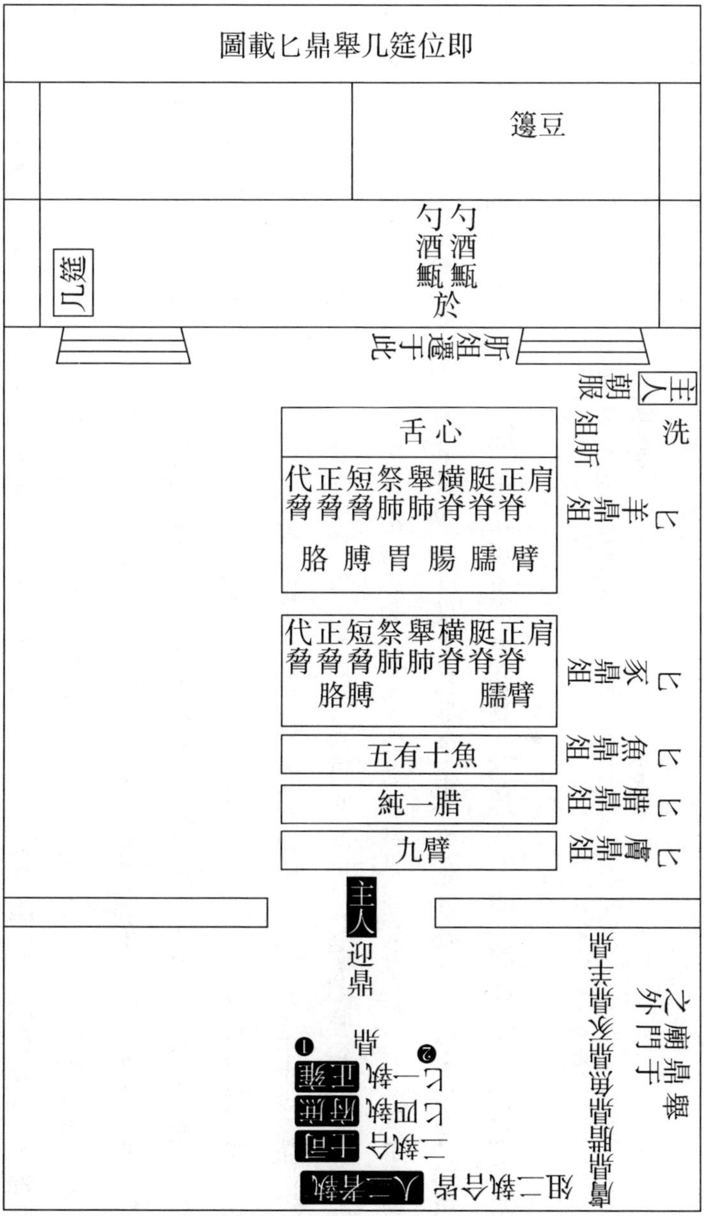

❶「雍」，原作「樂」，盧本爲墨丁，今據前文改。

❷本頁七「匕」字，原作「巳」，今據前文改。

卒脀，祝盥于洗，升自西階。主人盥，升自阼階。祝先入，南面。主人從，户内西面。將納祭也。主婦被錫，衣移袂，薦自東房，韭菹、醓醢，坐奠于筵前。主婦贊者一人亦被錫，衣移袂，執葵菹、蠃醢以授主婦。主婦不興，遂受，陪設于東，韭菹在南，葵菹在北。主婦興，入于房。被錫，依註讀爲髲鬄。❶上皮義反，下大計反。移，音侈，本又作侈。醓，他感反。蠃，力禾反。○被錫，讀爲髲鬄。古者或剔賤者、刑者之髮，以被婦人之紒爲飾，因名髲鬄焉，此《周禮》所謂次也。不纚笄者，大夫妻尊，亦衣綃衣，而侈其袂耳。侈者，蓋半士妻之袂以益之，衣三尺三寸，袪尺八寸。韭菹、醓醢，朝事之豆也，而饋食用之，豐大夫禮。葵菹在綪。○《疏》曰：「《追師》注：『次，次第髮長短爲之。』云『贊一人亦被錫』，則其餘當與士妻同。纚笄綃衣，士妻與婦人助祭皆綃衣，服窮則同也。云『半士妻之袂以益之』者，士妻之袂二尺二寸，袪尺二寸，三分益一，故袂三尺三寸，袪尺八寸也。《醢人》職『朝事之豆』，彼天子八豆，❷今取二豆饋食，豐大夫也。若葵菹、蠃醢亦天子饋食之豆，以當其節，故不須言之。韭菹在南，醓醢在北，次東，葵菹在北，❸蠃醢在南，是其綪也。」佐食上利執羊俎，下利執豕俎，司士三人執魚、腊、膚俎，序升自西階，相從入。設俎，羊在豆東，豕亞其北，魚在羊東，腊在豕東，特膚當俎北端。

---

❶「髲」，原作「髮」，今據盧本及《儀禮注疏》改。下同，不再出校。

❷「豆」，原作「尺」，今據《儀禮注疏》改。

❸「北」，原作「此」，今據《儀禮注疏》改。

相，助也。主婦自東房執一金敦黍，有蓋，坐設于羊俎之南。婦贊者執敦稷以授主婦，主婦興受，坐設于魚俎南。又興受贊者敦黍，坐設于稷南。又興受贊者敦稷，坐設于黍南。敦皆南首。主婦興，入于房。敦有首者，尊者器飾也，飾蓋象龜，❶周之禮，飾器各以其類，龜有上下甲。祝酌，奠，❷遂命佐食啓會。佐食啓會，蓋二以重，設于敦南。酌奠，酌酒爲神奠之。後酌者，酒尊要成也。《特牲饋食禮》曰：「祝洗，酌奠，奠于鉶南。」重，累之。主人西面，祝在左。主人再拜稽首。祝祝曰：「孝孫某，敢用柔毛、剛鬣、嘉薦、普淖，用薦歲事于皇祖伯某，以某妃配某氏，尚饗！」主人又再拜稽首。淖，女孝反。○羊曰柔毛，豕曰剛鬣。嘉薦，菹醢也。普淖，黍稷也。普，大也。淖，和也。德能大和，乃有黍稷。《春秋傳》曰：「奉粢以告曰『潔粢豐盛』，❸謂其三時不害，而民和年豐也。」

右陰厭。

---

❶「蓋」，原作「器」，今據盧本及《儀禮注疏》改。

❷「奠」，原作「尊」，今據元刻本、盧本及《儀禮注疏》改。

❸「粢」，《左傳正義》作「盛」。

陰厭圖

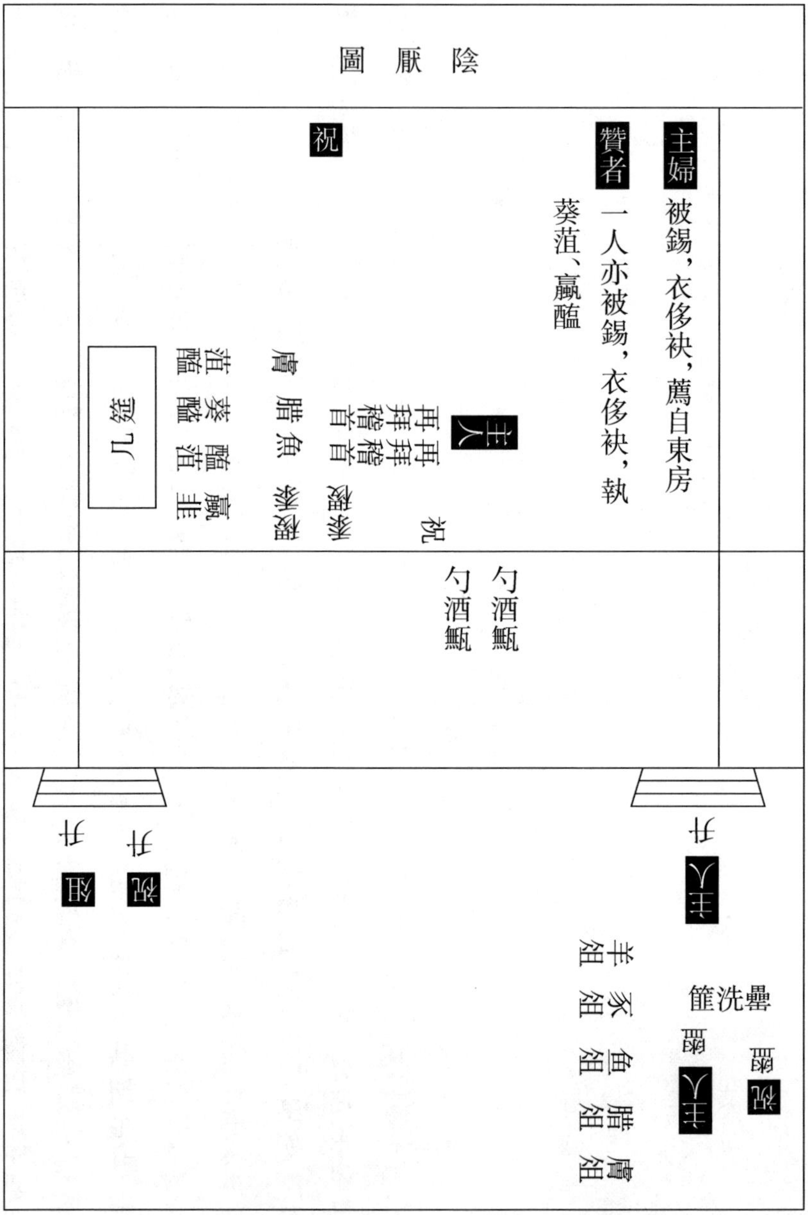
主婦
被錫，衣侈袂，薦自東房
贊者
一人亦被錫，衣侈袂，執葵菹、蠃醢
祝
主人
再拜稽首
再拜稽首
祝
勺酒甒
勺酒甒
膚
腊
魚
黍稷
黍稷
羊俎
豕俎
魚俎
腊俎
膚俎
罍
洗
篚

祝出，迎尸于廟門之外。主人降，立于阼階東，西面。祝先，入門右，尸入門左。主人不出迎尸，伸尊也。《特牲饋食禮》曰：「尸入，主人及賓皆辟位，出亦如之。」祝入門右者，辟尸盥也。既則後尸。宗人奉槃，東面于庭南。一宗人奉匜水，西面于槃東。一宗人奉簞巾，南面于槃北。乃沃尸，盥于槃上。卒盥，坐奠簞，取巾興，振之三，以授尸。坐取簞，興以受尸巾。奉，芳勇反。○庭南没霤。○《疏》曰：「庭南者，於庭近南，是没盡門屋霤，近門而盥也。」祝延尸，尸升自西階，入，祝從。由後詔相之曰延，延，進也。《周禮》曰：大祝相尸禮。祝從，從尸升自西階。主人升自阼階。祝先入，主人從。祝接神，先入宜也。尸升筵，祝、主人西面立于户内，祝在左。主人由祝後而居右，尊也。祝從尸，尸即席乃卻，居主人左。祝、主人皆拜妥尸。尸不言，尸答拜，遂坐。拜妥尸，拜之使安坐也。尸自此答拜，遂坐而卒食。其間有不啐奠，不嘗鉶，不告旨，大夫之禮，尸彌尊也。不告旨者，爲初亦不饗，所謂「曲而殺」。○《疏》曰：「『不嘗鉶』，謂不嘗豕鉶。饗者，『圭爲而孝薦之饗』。大夫尊，嫌與人君同；士賤，不嫌也。」祝反南面。未有事也。墮祭爾敦，官各肅其職，不命。尸取韭菹，辨擩于三豆，祭于豆間。上佐食取黍稷于四敦，下佐食取牢一切肺于俎，以授上佐食。上佐食兼與黍以授尸。尸受，同祭于豆祭。牢，羊、豕也。同，合也。合祭於俎豆之祭也。黍稷之祭爲墮祭，將食神餘，尊之而祭之。○今案：切肺，祭肺也，三取其一也。「俎豆」當作「菹豆」。上佐食舉尸牢肺、正脊以授尸，上佐食爾上敦黍于筵上，右之。爾，近也，或曰移也。右之，便尸食也。重言「上佐食」，明更起不相因。〇今案：賈疏「授尸」下有「尸受，祭肺」四字。主人羞肵俎，升自阼階，置於膚北。羞，進也。肵，敬也。親進之，主人敬尸之加。上佐食羞兩鉶，取一羊鉶于房中，坐設于韭菹之南。下佐食又取一豕鉶于房中以從，上佐食受，坐設于羊鉶之南，皆芼，皆有柶。尸扱以柶，祭羊鉶。遂以祭豕鉶，嘗羊鉶，芼，菜也。羊用苦，豕用薇，皆有滑。食舉，舉，牢肺、正脊也。先食啗之，以爲道也。三飯。食以黍。上佐食舉尸牢幹。尸受，振祭，嚌之。佐食受，加于肵。幹，正脅也。上佐食羞胾兩瓦豆，有醢，亦用瓦豆，設于薦豆之北。設于薦豆之北，以其加也。四豆亦綪，羊胾在南，豕胾在北。無臐膮者，❶尚牲不尚味。尸又食，食胾。上佐食舉尸一魚，尸受，振祭，嚌之。佐食受，加于肵，横之。又，復也。或言食，或言飯，食，大名，小數曰飯。魚横之者，異於肉。又食，上佐食舉尸腊肩。尸受，振祭，嚌之。上佐食受，加于肵。腊、魚皆一舉者，少牢二牲，略之。腊必舉肩，以肩爲終也。別舉魚、腊，崇威儀。〇《疏》曰：「《特牲》獸、魚常一時同舉。」又食，上佐食舉尸牢骼，如初。如舉幹也。又食，不舉者，卿大夫之禮不過五舉，須侑尸。尸告飽。祝西面于主人之南獨侑，不拜。侑曰：「皇尸未實，侑。」侑，勸也。祝獨勸者，更則尸飽。實，猶飽也。祝既侑，復反南面。尸又食。上佐食舉尸牢肩。尸受，振祭，嚌之。佐食受，加于肵。四舉牢體，始於正脊，終於肩，

---

❶「臐」，原作「腫」，今據盧本及《儀禮注疏》改。

尊於終始。尸不飯，告飽。祝西面于主人之南。祝當贊主人辭。主人不言，拜侑。祝言而不拜，主人不言而拜，親疏之宜。尸又三飯。爲祝一飯，爲主人三飯，尊卑之差。凡十一飯，下人君也。上佐食受尸牢肺、正脊，加于肵。言受者，尸授之也。尸受牢幹而實舉于菹豆，食畢，操以授佐食焉。

右尸入正祭。

主人降，洗爵，升，北面酌酒，乃酳尸。尸拜受，主人拜送。酳，猶羨也。既食之而又飲之，所以樂之。尸祭酒，啐酒。賓長羞牢肝用俎，縮執俎，肝亦縮，進末，鹽在右。羞，進也。縮，從也。鹽在肝右，便尸擩之。○《疏》曰：「賓長在尸之左。」尸左執爵，右兼取肝，擩于俎鹽，振祭，嚌之，加于菹豆，卒爵。主人拜，祝受尸爵，尸答拜。兼，兼羊、豕。

右主人酳尸。

迎尸正祭及酳尸圖

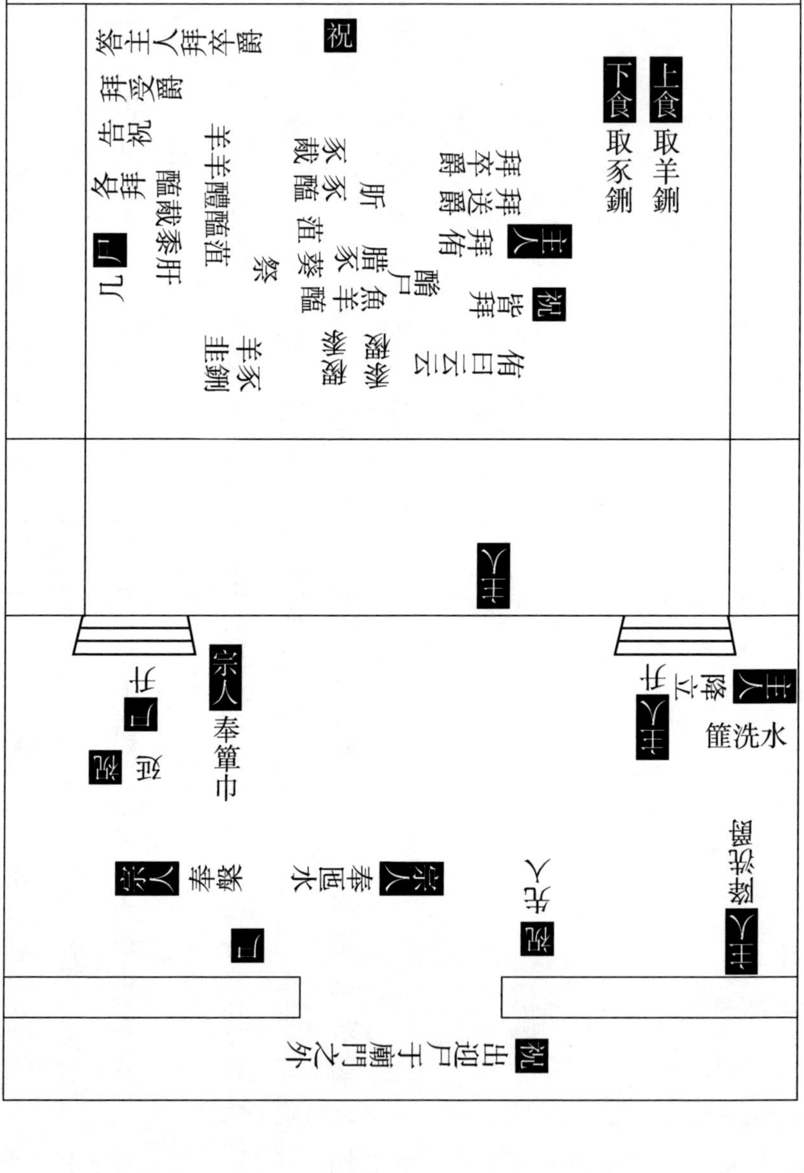

祝酌授尸，尸醋主人，主人拜受爵，尸答拜，主人西面奠爵，又拜。主人受酢酒，俠爵拜，彌尊尸。上佐食取四敦黍稷，下佐食取牢一切肺，以授上佐食，上佐食以綏祭。綏，或作「挼」，挼讀爲墮。將受嘏，亦尊尸餘而祭之。主人左執爵，右受佐食，坐祭之，又祭酒，不興，遂啐酒。右受佐食，右手受墮於佐食也。至此言坐祭之者，明尸與主人爲禮也。尸恒坐，有事則起。主人恒立，有事則坐。○《疏》曰：「《禮器》『周坐尸』，❶《曲禮》『坐如尸，立如齊』，注：『齊謂祭祀時。』」祝與二佐食皆出，盥于洗，入。二佐食各取黍于一敦，上佐食兼受，摶之以授尸。尸執以命祝。命祝以嘏辭。卒命祝，祝受以東北面于户西，以嘏于主人，曰：「皇尸命工祝承致多福無疆于女孝孫，來女孝孫，使女受禄于天，宜稼于田，眉壽萬年，勿替引之。」嘏，大也。予主人以大福。工，官也。承，猶傳也。來讀曰釐，釐，賜也。耕種曰稼。勿，猶無也。替，廢也。引，長也，言無廢止時，長如是也。主人坐奠爵，興，再拜稽首，興，受黍，坐振祭，嚌之，詩懷之，實于左袂，挂于季指，執爵以興，坐卒爵，執爵以興，坐奠爵，拜。尸答拜，執爵以興，出。宰夫以籩受嗇黍。主人嘗之，納諸内。詩，猶承也。實於左袂，便右手也。季，猶小也。出，出户也。宰夫，掌飲食之事者。收斂曰嗇。明豐年乃有黍稷也。復嘗之者，重之至也。納，猶入也。

❶「周」，原作「因」，今據元刻本及《儀禮注疏》改。

儀禮圖

右尸醋主人。

尸醋主人圖

卒奠受
爾爾爾
奠爾再
爾拜來
拜稽拜
首

主人
主奠奠加
人薦鑒
曰俎主受
祝五人酳
曰俎薦授
酳四加俎
四敦豆四
敦黍一敦
黍稷素黍
稷

主人

篚

洗盥

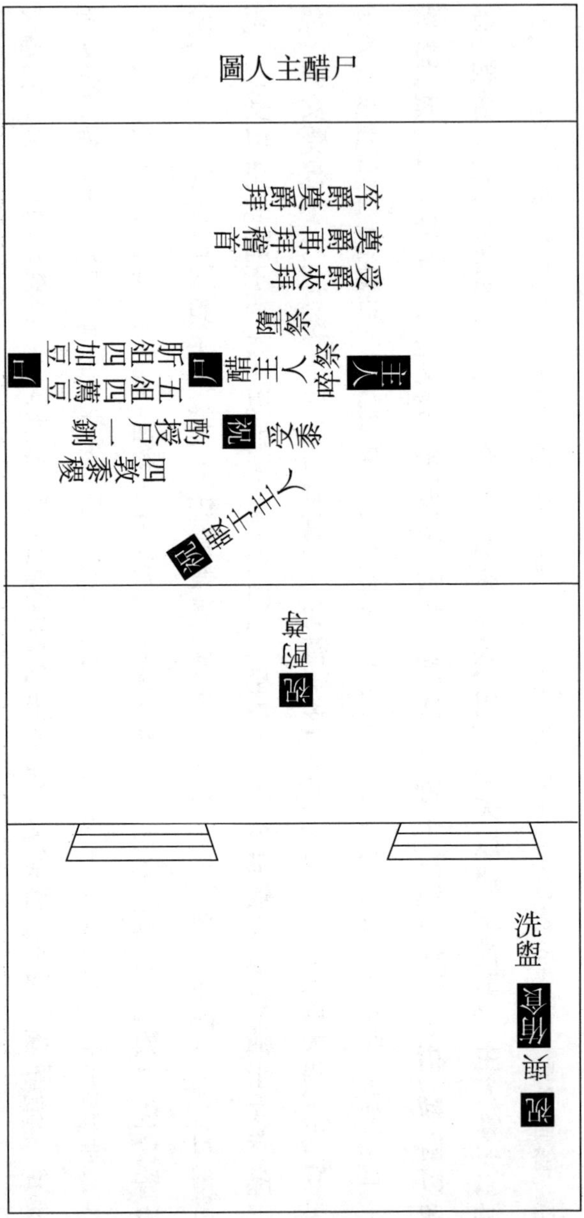

主人獻祝。設席南面。祝拜于席上，坐受。室中迫狹。主人西面答拜。不言拜送，下尸。薦兩豆菹、醢。葵菹、蠃醢。佐食設俎，牢髀、橫脊一、短脅一、腸一、胃一、膚三、魚一橫之，腊兩髀屬于尻。屬，音燭。尻，苦刀反。○皆升下體，祝賤也。魚橫者，四物共俎，殊之也。腊兩髀屬于尻，尤賤不殊。○《疏》曰：「髀短、脅橫，脊皆羊、豕之下體。四物者，羊、豕、魚、腊也。腊用左右胖，故有兩髀，尻在中。」祝取菹擩于醢，祭于豆閒。祝祭俎，大夫祝俎無肺，祭用膚，遠下尸。不嚌之，膚不盛。○《疏》曰：「《特牲》祝俎有離肺，無祭肺，今俱無，是『遠下尸』。無肺，故不嚌。」祭酒，啐酒，肝牢從。祝取肝擩于鹽，振祭，嚌之，不興，加于俎，卒爵，興。亦如佐食，授爵乃興。不拜既爵，大夫祝賤也。○《疏》曰：「《特牲》士卑，故祝不賤。」○主人酌獻上佐食。上佐食戶內牖東北面拜，坐受爵，主人西面答拜。佐食祭酒，卒爵，拜，坐授爵，興。不啐而卒爵者，大夫之佐食賤，禮略。俎設于兩階之閒，其俎折，一膚。佐食不得成禮於室中。折者，擇取牢正體，餘骨折分用之。有脀而無薦，亦遠下尸。○主人又獻下佐食，亦如之。其脀亦設于階閒，西上，亦折，一膚。上佐食既獻，則出就其俎。《特牲·記》曰「佐食無事，則中庭北面」，謂此時。

右獻祝、二佐食。

主人獻祝及二佐食圖

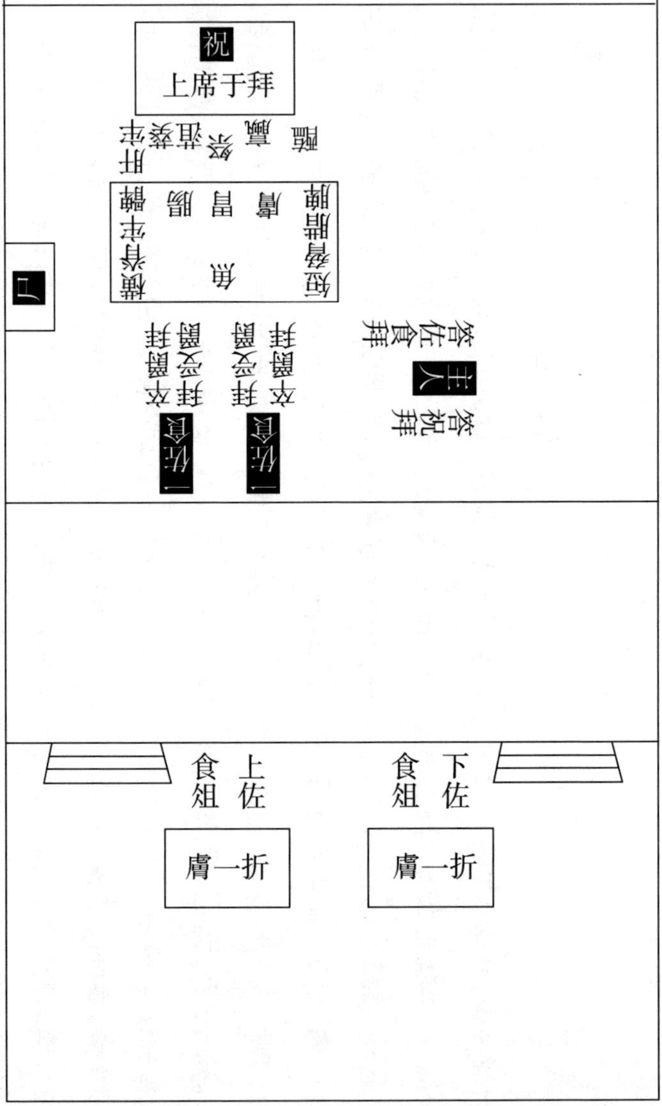

有司贊者取爵于篚以升，授主婦贊者于房户。男女不相因。《特牲饋食禮》曰：「佐食卒角，主人受角，降，反于篚。」○《疏》曰：「《内則》：『非祭非喪，不相授器。其相授，則女受以篚。其無篚，則皆坐奠之，而後取之。』」婦贊者受，以授主婦。主婦洗于房中，出酌，入户，西面拜，獻尸。入户，西面拜，由便也。不北面者，辟人君夫人也。拜而後獻者，當俠拜也。《昏禮》曰：「婦洗在北堂，直室東隅。」尸拜受。主婦主人之北，西面拜送爵。拜於主人之北，西面，婦人位在内。此拜於北，❶則上拜於南矣，由便也。尸祭酒，卒爵。主婦拜。祝受尸爵，尸答拜。○易爵，洗，酌，授尸。祝出易爵，男女不同爵。主婦拜受爵，尸答拜。上佐食綏祭。主婦西面于主人之北受祭，祭之，其綏祭如主人之禮，不嘏。卒爵，拜，尸答拜。不嘏，夫婦一體。「綏」亦當作「挼」。主婦以爵出，贊者受。贊者，有司贊者也。○易爵于篚，以授主婦于房中。易爵，亦以授婦贊者。婦贊者受房户外，入授主婦。主婦洗，酌獻祝。祝拜，坐受爵。主婦答拜于主人之北。卒爵，不興，坐授主婦。不俠拜，下尸也。○主婦受，酌獻上佐食于户内。佐食北面拜，坐受爵，主婦西面答拜。祭酒，卒爵，坐授主婦。○主婦獻下佐食亦如之。主婦受爵，以入于房。不言拜於主人之北，可知也。爵奠於内篚。

右主婦亞獻尸及祝、二佐食。

❶「此」，原作「也」，今據元刻本、盧本及《儀禮注疏》改。

主婦獻尸及祝二佐食圖

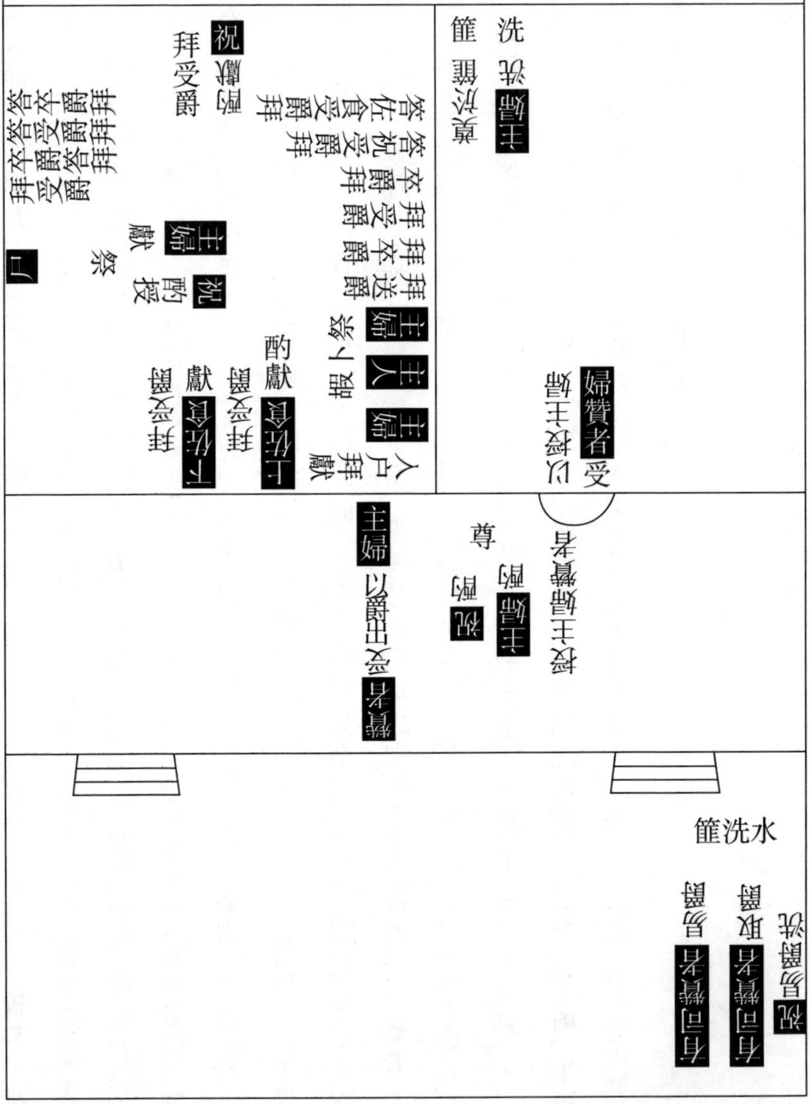

賓長洗爵獻于尸。尸拜受爵，賓户西，北面拜送爵。尸祭酒，卒爵。賓拜。祝受尸爵，尸答拜。○祝酌授尸。賓拜受爵，尸拜送爵。賓坐奠爵，遂拜，執爵以興，坐祭，遂飲，卒爵，執爵以興，坐奠爵，拜，尸答拜。○賓酌獻祝。祝拜，坐受爵，賓北面答拜。祝祭酒，啐酒，奠爵于其筵前。啐酒而不啐爵，祭事畢，示醉也。不獻佐食，將儐尸禮殺。○今案：「啐爵」當作「卒爵」。

右賓長獻尸及祝。

賓長獻尸及祝圖

祝
薦脀設
拜受爵

賓answer拜
卒爵答拜奠爵
卒爵送爵答拜受爵
尸　獻授祝
祭酌

祭餕

（祝）
祭薦
拜興拜奠爵興拜
拜　拜受祭
　　　祭

（俎）
（俎）

洗
（俎）

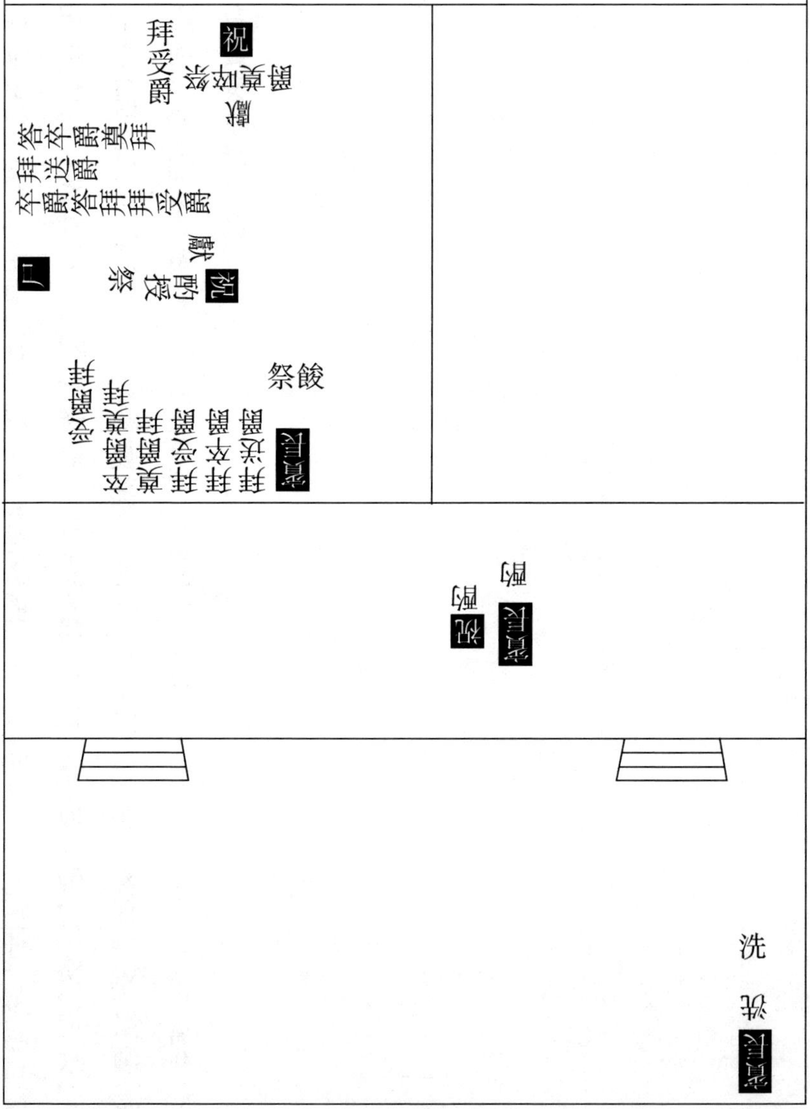

主人出，立于阼階上，西面。祝出，立于西階上，東面。祝告曰：「利成。」利，猶養也。成，畢也。孝子之養禮畢。祝入，尸謖。主人降，立于阼階東，西面。謖，所六反。○謖，起也。「謖」或作「休」。祝先，尸從，遂出于廟門。事尸之禮訖於門外。祝反，復位于室中。主人亦入于室，復位。祝命佐食徹肵俎，降設于堂下阼階南。徹肵俎不出門，將儐尸也。肵俎而以儐尸者，其本爲不反魚肉耳。不云尸俎，未歸尸。○《疏》曰：「《曲禮》謂食時魚肉不反俎，故尸食亦加肵俎。今儐尸將更食魚肉，儐尸訖，併後加者歸之。」

右祭畢尸出。

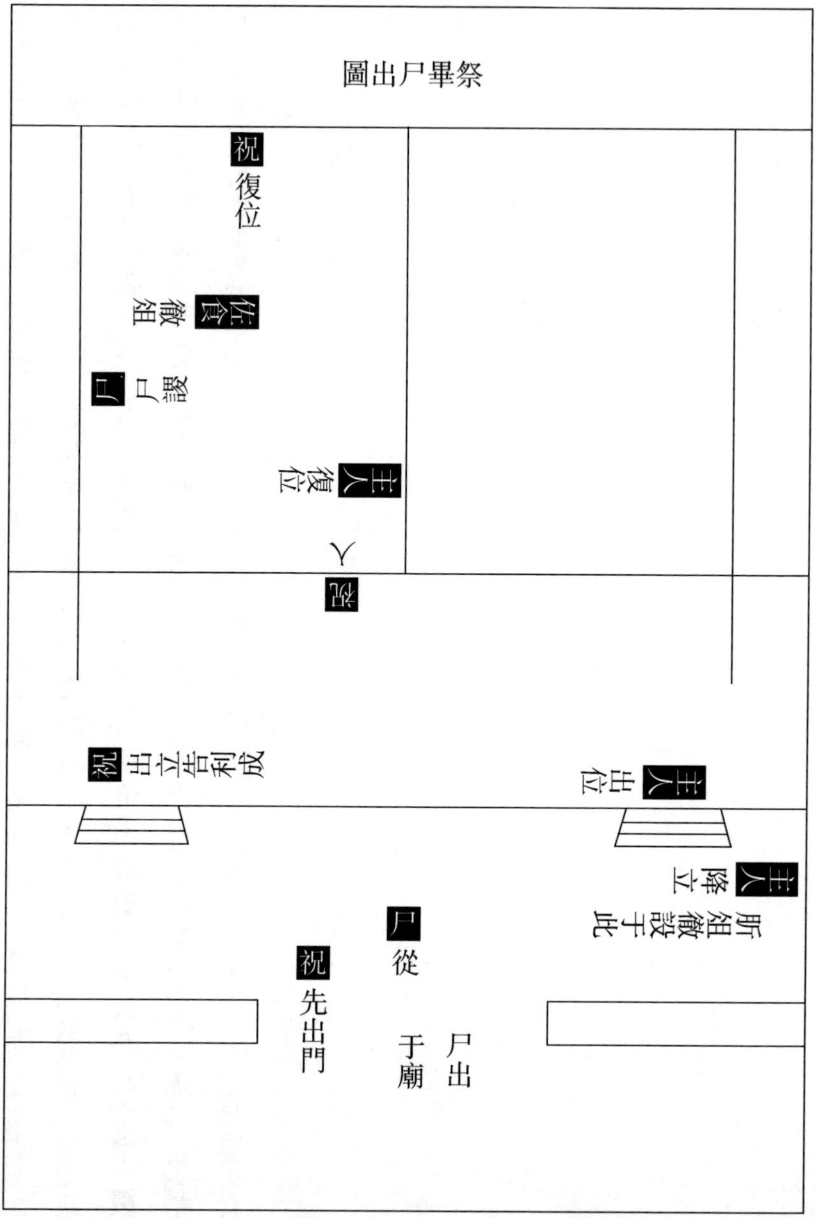

祭畢尸出圖

司宮設對席，乃四人籑。籑音餕。○大夫禮，四人籑，明惠大也。上佐食盥升，下佐食對之，賓長二人備。備四人餕也。三餕亦盥升。❶○《疏》曰：「對者不謂東西相當，直取東面、西面爲對。下佐食西面，近北也。賓長二人亦不相當，故云『備』，不言『對』也。」司士進一敦黍于上佐食，又進一敦黍于下佐食，皆右之于席上。右之者，東面在南，西面在北。資黍于羊俎兩端，兩下是餕。資，猶減也，減置于羊俎兩端，則一賓長在上佐食之北，一賓長在下佐食之南。○《疏》曰：「『兩下』者，據二賓長。地道尊右，故二佐食皆在右。上佐食居尸坐處，故知位次如此。」司士乃辨舉，籑者皆祭黍，祭舉。舉，舉膚。○《疏》曰：「以尸舉肺，下尸，當舉膚。」主人西面三拜籑者。籑者奠舉于俎，皆答拜，皆反，取舉。三拜，旅之示徧也。言反者，拜時或去其席，在東面席者東面拜，在西面席者皆南面拜。司士進一鉶于上籑，又進一鉶于次籑，又進二豆湇于兩下。乃皆食，食舉。湇，肉汁也。○《疏》曰：「神坐止有羊、豕二鉶，故更羞二豆湇，從門外鑊中來。」卒食，主人洗一爵，升，酌以授上籑。贊者洗三爵，❷酌。主人受于戶內，以授次籑。若是以辨，皆不拜，受爵。主人西面，三拜籑者。籑者奠爵，皆答拜，皆祭酒，卒爵，奠爵，皆拜，主人答壹拜。不拜受爵者，大夫餕者賤也。答一拜，略也。

---

❶「三」，原作「二」，今據元刻本及《儀禮注疏》改。

❷「三」，原作「二」，今據元刻本、盧本及《儀禮注疏》改。

養者三人興，出。出，降，實爵于篚，反賓位。上養止，主人受上養爵，酌以醋于户内，西面坐奠爵，拜。上養答拜。坐祭酒，啐酒。主人自酢者，上養獨止，當尸位，尊不酌也。〇《疏》曰：「不酌者，將嘏主人，在尸位，不可親酌。」上養親嘏曰：「主人受祭之福，胡壽保建家室。」親嘏，不使祝授之，❶亦以黍。主人興，坐奠爵，拜，執爵以興，坐卒爵，拜。上養答拜。上養興，出。主人送，乃退。送佐食不拜，賤。

右四人養。

---

❶「祝」下，原有「受」字，今據元刻本、盧本及《儀禮注疏》删。

四人餕圖

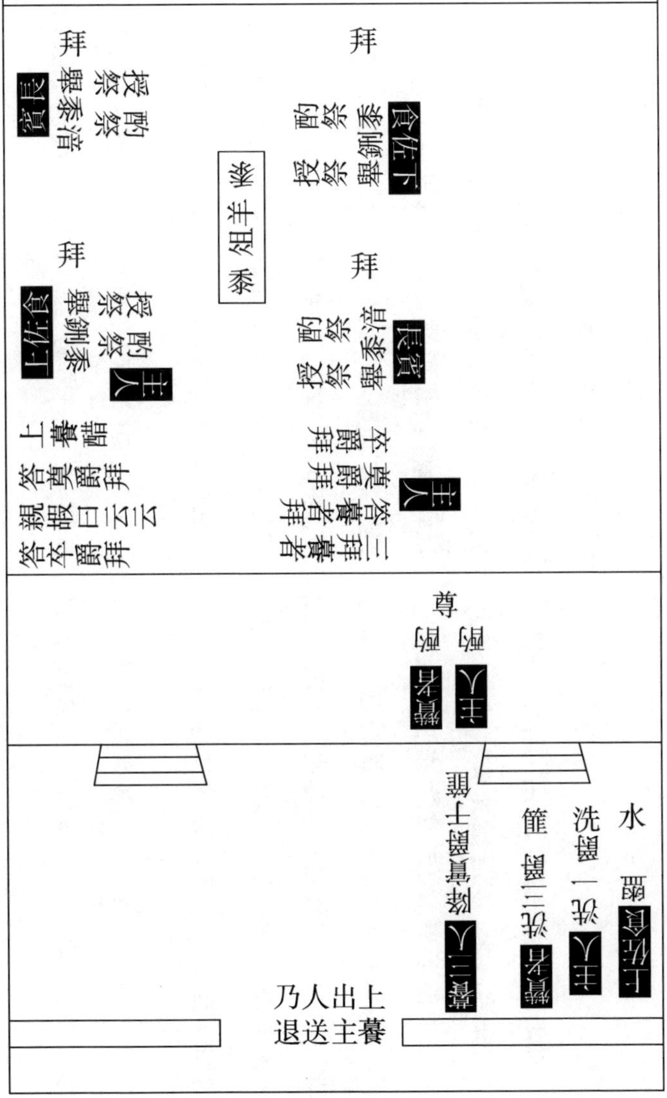

儀禮圖卷第十七

有司徹第十七

鄭《目録》云：「《少牢》之下篇也。大夫既祭，儐尸於堂之禮。祭畢，禮尸於室中。天子、諸侯之祭，明日而繹。」○《疏》曰：「上大夫於堂，下大夫於室。」

有司徹，徹，直列反。○徹室中之饋及祝、佐食之俎。卿大夫既祭而賓尸，禮崇也。賓尸則不設饌西北隅，以此薦俎之陳有祭象，而亦足以厭飫神。天子、諸侯明日祭於祊而繹，《春秋傳》曰「辛巳，有事於太廟」、「仲遂卒于垂，壬午猶繹」是也。《爾雅》曰：「繹，又祭也。」○祊，百庚反。**埽堂。**爲賓尸新之。《少儀》曰：「汎埽曰埽，埽席前曰拚。」○汎，芳劍反。拚，方問反。埽，索到反。**司宫攝酒，**更洗，益整頓之。○《疏》曰：「『洗』當作『撓』，見《士冠禮》。」**乃燅尸俎。**燅，音尋。○燅，温也，温尸俎於爨，肵亦温焉。獨言「温尸俎」，則祝與佐食不與賓尸之禮。古文「燅」皆作「尋」，《記》或作「燖」。《春秋傳》曰：「若可燖也，亦可寒也。」**卒燅，乃升羊、豕、魚三鼎，無腊與膚。**腊爲庶羞，膚從豕，去其鼎者，賓尸之禮殺於初。**乃設扃鼏，陳鼎于門外如初。**如初者，如廟門之外東方，北面北上。

右燅尸俎。

乃議侑于賓，以異姓。議，猶擇也，擇賓之賢者，可以侑尸。必用異姓，廣敬也。是時主人及賓有司已復内位。**宗人戒侑。**戒，猶告也。南面告於其位。戒曰：「請子爲侑。」○《疏》曰：「賓位在門東，北面。」**侑出，俟于廟門之外。**俟，待也，待於次，當與尸更入。主人興禮事尸，極敬心也。

右戒侑。

司宫筵于户西，南面。爲尸席也。**又筵于西序，東面。**爲侑席也。**尸與侑北面于廟門之外，西上。**言「與」，殊尊卑。北面者，賓尸而尸益卑。西上，統於賓客。○《疏》曰：「北面，執臣道。」**主人出迎尸，宗人擯。**賓客尸而迎之，主人益尊。擯，贊。○《疏》曰：「『宿尸，❶祝擯』，此『宗人擯』，正祭主人不迎尸，以申尸之尊，此迎之。」**主人拜，尸答拜。主人又拜侑，侑答拜。主人揖，先入門右。**道尸。**尸入門左。侑從，亦左。揖，乃讓。**没霤相揖，至階又讓。○霤，力又反。**主人先升自阼階。尸、侑升自西階，西楹西，北面東上。**東上，統於其席。**主人東楹東北面拜至，尸答拜。主人又拜侑，侑答拜。**拜至，喜之。

右迎尸侑。

❶「宿」，原作「侑」，今據盧本及《儀禮注疏》改。

迎尸侑圖

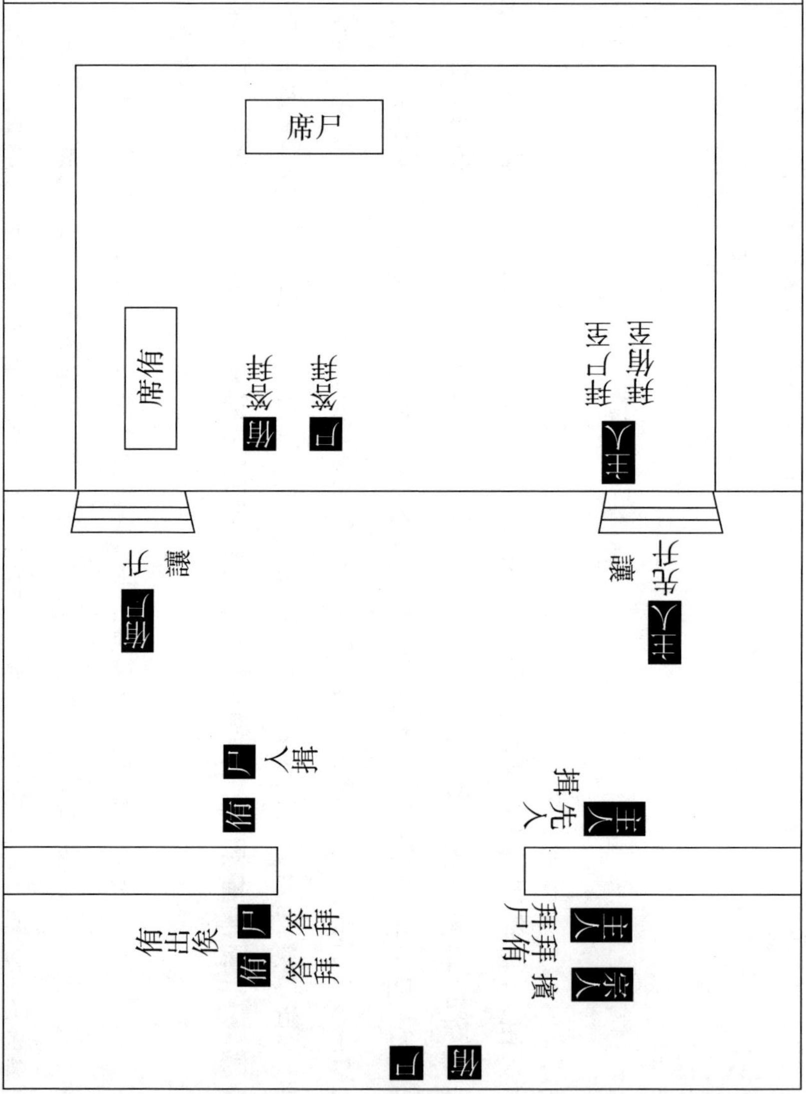
尸席
侑席
尸答拜
侑答拜
主人拜尸至
拜侑至
主人先升
讓
尸升
讓
尸揖入
侑
主人揖先入
尸答拜
侑答拜
侑出俟
主人拜尸拜侑
宗人擯
尸
侑

乃舉。舉，舉鼎也。舉者不盥，殺也。司馬舉羊鼎，司士舉豕鼎、舉魚鼎以入，陳鼎如初。如初，如阼階下，西面北上。雍正執一匕以從，雍府執二匕以從，司士合執二俎以從，司士贊者亦合執二俎以從。匕皆加于鼎，東枋；二俎設于羊鼎西，西縮；二俎皆設于二鼎西，亦西縮。雍正，群吏掌辨體名肉物者，府，其屬。凡三匕，鼎一匕。四俎，爲尸、侑、主人、主婦。其二俎設于豕鼎、魚鼎之西，陳之宜具也。雍人合執二俎，陳于羊俎西，並，皆西縮。覆二疏匕于其上，皆縮俎，西枋。並，併也。其南俎，司馬以羞羊匕湆、羊肉湆。其北俎，司士以羞豕匕湆、豕肉湆、豕脀、湆魚。疏匕，匕柄有刻飾者。○《疏》曰：「匕湆謂無肉直汁，以其在匕湆也。肉湆者直是肉從湆中來，實無汁，此二俎爲益送之俎。」

右舉鼎設俎。

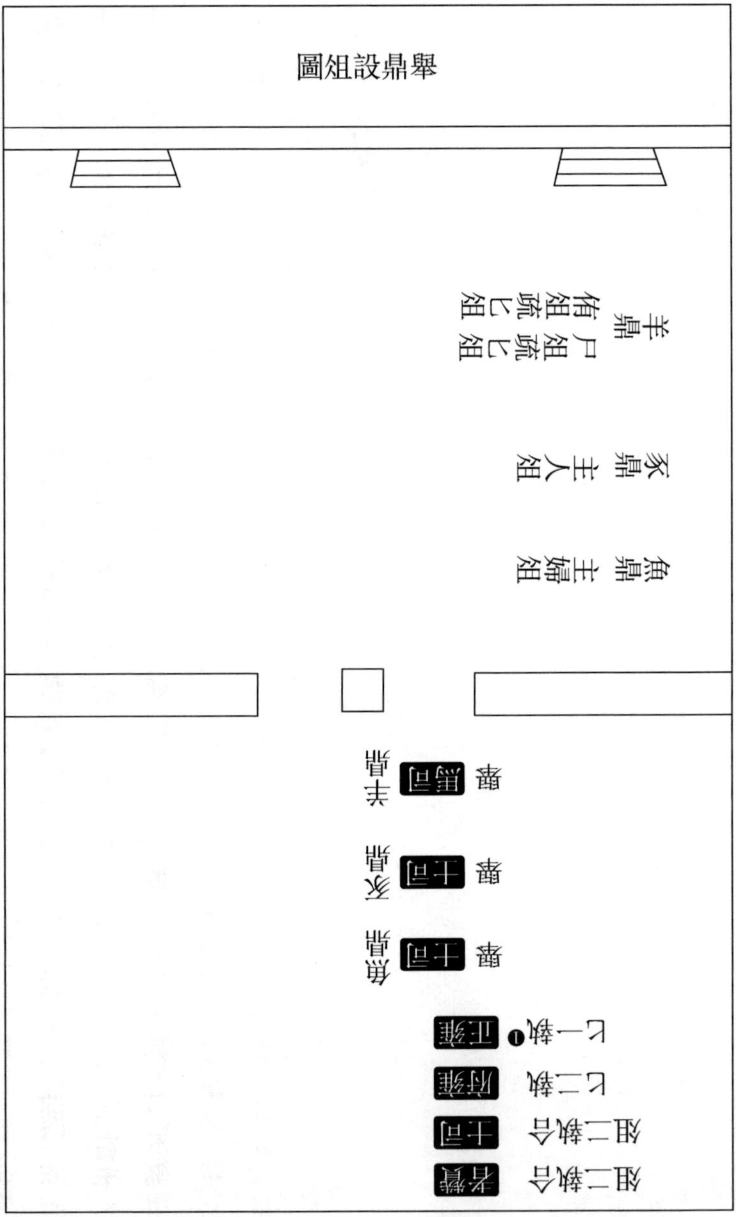

❶「一」，原作「二」，今據元刻本及前文改。

主人降，受宰几，尸、侑降，主人辭，尸對。几，所以坐安體。《周禮》「太宰掌贊玉几、玉爵」。宰授几，主人受，二手横執几，揖尸。獨揖尸几，禮主於尸。主人升，尸、侑升，復位。位，阼階、賓階上位。主人西面，左手執几，縮之，以右袂推拂几三，二手横執几，進授尸于筵前。衣袖謂之袂。推拂，去塵示新。尸進，二手受于手間。受從手間，謙也。主人退。尸還几，縮之，右手執外廉，北面奠于筵上，左之，南縮，不坐。左之者，異於鬼神。生人陽，長左。鬼神陰，長右。不坐奠之者，几輕。○《疏》曰：「尸横受之，將欲縱設於席，故還之使縮。」主人東楹東，北面拜。拜送几也。尸復位。尸與侑皆北面答拜。侑拜者，從於尸。

右授尸几。

授尸几圖

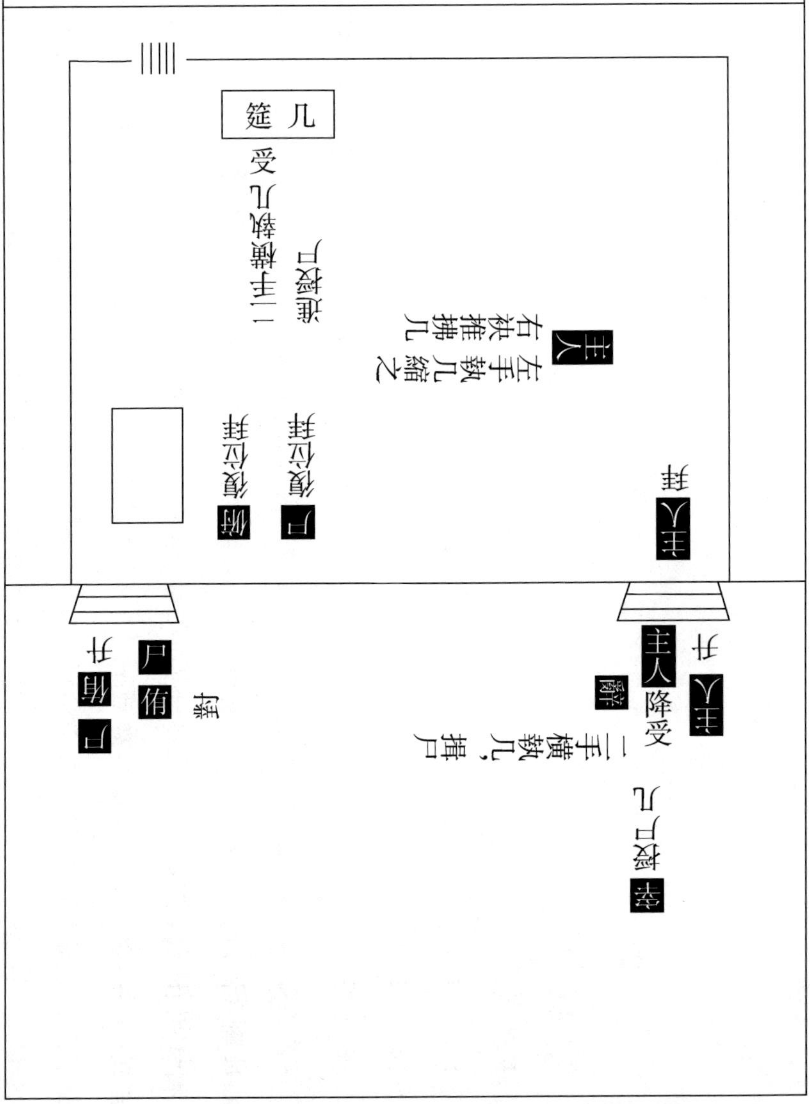
几筵
主人
左手執几縮之
右袂推拂几
尸二手橫執几受
尸進受几
尸復位拜
侑復位拜
主人拜
主人升
主人辭
主人降受
二手橫執几揖尸
尸升
侑升
尸侑
揖

主人降洗，尸、侑降。尸辭洗，主人對。卒洗，揖，主人升，尸、侑升。尸西楹西北面拜洗，主人東楹東北面奠爵，答拜。降盥。尸、侑降。主人辭，尸對。卒盥，主人揖，升，尸、侑升。主人坐取爵，酌獻尸。尸北面拜受爵，主人東楹東北面拜送爵。降盥者，爲士污手，不可酌。主婦自東房薦韭菹、醢，坐奠于筵前，菹在西方。婦贊者執昌菹、醢以授主婦，主婦不興，受，陪設于南，昌在東方。興，取籩于房，麷、蕡坐設于豆西，當外列，麷在東方。婦贊者執白、黑以授主婦。主婦不興，受，設于初籩之南，白在西方。興，退。麷，方東反。蕡，扶云反。○昌，昌本也。❶韭菹、醓醢、昌本、麋臡。麷，熬麥也。蕡，熬枲實也。白，熬稻。❷黑，熬黍。此皆朝事之豆籩。大夫無朝事而用之賓尸，❸亦豐大夫之禮。主婦取籩興者，以饌異親之。當外列，❹辟鉶也。退，退入房也。○醓，他感反。臡，乃兮反。○《疏》曰：「先獻後薦，與繹祭同。籩人朝事之籩，麷蕡白黑。醢人朝事之豆，韭菹、醓醢、昌本、麋臡。有骨爲臡，無骨爲醢。」○乃升。升牲體於俎也。司馬朼羊，亦司馬載，載右體肩、臂、肫、骼、臑，正脊一、脡脊一、橫脊一、短脅一、正脅一、代脅一、腸一、胃一、祭肺一，

❶「昌昌本也」，原爲墨丁，今據元刻本、盧本及《儀禮注疏》補。
❷「白熬稻」，原爲墨丁，今據元刻本、盧本及《儀禮注疏》補。
❸「用之賓尸」，原爲墨丁，今據元刻本、盧本及《儀禮注疏》補。
❹「外列」，原爲墨丁，今據元刻本、盧本及《儀禮注疏》補。

載于一俎。言「載尸俎」，復序體者，明所舉肩、骼存焉，亦着脊、脅皆一骨也。臑在下者，折分之以爲肉湆，貶也。❶ 一俎，謂司士所設羊鼎西第一俎。○《疏》曰：「脊、脅載一骨在正俎，一骨在湆俎，第一俎者在侑俎之南，故下文注『侑俎』云『北俎』也，故羊肉湆俎在豕俎之南。」羊肉湆，臑折、正脊一、正脅一、腸一、胃一、嚌肺一，載于南俎。肉湆，肉在汁中者，以增俎實爲尸加也。必爲臑折，上所折分者。嚌肺，離肺也。南俎，雍人所設在南者。此以下十一俎，❷俟時而載，於此歷説之爾。○《疏》曰：「凡牲體皆出汁，此特得『湆』名者，正祭升牲體，皆無匕湆，此匕湆亦升焉，故下注云『嚌湆』是也。湆言『胥』，互文也。言湆魚，明魚在湆耳。通十二俎，其四俎，尸、侑、主人、主婦載羊體俎，皆爲正俎；其餘八俎，雍人所執二俎，益送往還有八，其實止二俎也。」司士枇豕，亦司士載，亦右體肩、臂、肫、骼、臑、正脊一、脡脊一、橫脊一、短脅一、正脅一、代脅一、膚五、嚌肺一，載于一俎。臑在下者，順羊也。俎謂雍人所設在北者。○《疏》曰：「豕胥不折臑，臑亦在下，順上文豕無正俎。」侑俎，羊左肩、左肫、正脊一、脅一、腸一、胃一、切肺一，載于一俎。侑俎，豕左肩折，正脊一、脅一、膚一、切肺一，載于一俎。侑俎用左體，侑賤。其羊俎過三體，有肫，尊之加也。豕左肩折，折分爲長兄弟俎也。切肺亦祭肺，互言之爾。無羊湆，下尸也。豕又祭肺，不嚌肺，不備禮。俎，司士所設羊鼎西之北俎也。豕俎與尸同。○《疏》曰：

❶「貶」，原作「俎」，今據盧本及《儀禮注疏》改。
❷「一」，原作「二」，今據下文案語及《儀禮注疏》改。

「鼎俎數奇，今有四，故云加。」**胙俎，羊肺一、祭肺一，載于一俎。羊肉湆，臂一、脊一、脅一、腸一、胃一、嚌肺一，載于一俎。豕脅，臂一、脊一、脅一、膚三、嚌肺一，載于一俎。**胙俎，主人俎，無體，遠下尸也。以肺代之，肺尊也。加羊肉湆而有體，崇尸惠，亦尊主人。臂，左臂也。侑用肩，主人用臂，下之也。不言左臂者，大夫尊，❶空其文也。降於侑羊體一而增豕膚三，有所屈有所伸，亦所謂「順而摭」也。胙俎，司士所設豕鼎西俎也。其湆俎與尸俎同，豕俎又與尸豕俎同。○摭，之石反，猶拾也，拾取主禮用之。**主婦俎，羊左臑、脊一、脅一、腸一、胃一、膚一、嚌羊肺一，載于一俎。**無豕體而有膚，以主人無羊體，不敢備也。無祭肺，有嚌肺，亦下侑也，祭肺尊。言嚌羊肺者，文承「膚」下，嫌也。膚在羊肺上，則羊、豕之體名同，相亞也。其俎，司士所設在魚鼎西者。❷**司士杝魚，亦司士載。尸俎五魚，橫載之。侑、主人皆一魚，亦橫載之。皆加膴祭于其上。**橫載之者，異於牲體，彌變於神。膴讀如殷冔之冔。刳魚時割其腹以爲大臠也，可用祭也。其俎又與尸豕俎同。○《疏》曰：「牲體皆橫載，鬼進下，生人進腠。今進腠，從生人禮。魚皆縮載右首，於俎爲縮，於尸爲橫。祭進腴，生人進鰭。今橫載，於人爲縮，不與正祭同，又與生人異。」○今案：橫載則進尾也。祭膴濡魚，❸此所謂魚湆。**○卒升，**卒，已也，已載尸

❶「尊」，原無，今據盧本及《儀禮注疏》補。
❷「設」，原作「執」，今據盧本及《儀禮注疏》改。
❸「濡」，原爲空格，今據盧本補。

羊俎。賓長設羊俎于豆南。賓降。尸升筵自西方，坐，左執爵，右取韭菹，擩于三豆，祭于豆間。尸取麷、蕡。宰夫贊者取白、黑以授尸。尸受，兼祭于豆祭。賓長，上賓。雍人授次賓疏匕與俎，受于鼎西，左手執俎左廉，縮之，卻右手執匕枋，縮于俎上，以東面受于羊鼎之西。司馬在羊鼎之東，二手執桃匕枋以挹湆，注于疏匕，若是者三。桃謂之歃，讀如「或舂或抌」之「抌」。❶字或作「桃」者，秦人語也。此二匕者皆有淺升，狀如飯橾。桃長枋，可以杼物於器中者。注，猶寫也。○橾，七肖反。杼，食汝反。○《疏》曰：「淺升，對常勺升深也。」❷尸興，左執爵，右取肺，坐祭之，祭酒，興，左執爵。肺，羊祭肺。次賓縮執匕俎以升，若是以授尸。尸卻手受匕枋，坐祭，嚌之，興，覆手以授賓。賓亦覆手以受，縮匕于俎上，以降。嚌湆者，明湆肉加耳。嘗之以其汁，尚味。○《疏》曰：「此匕湆也，在鼎有汁，在俎無汁，故以匕進也。」尸席末坐，啐酒，興，坐奠爵，拜，告旨，執爵以興。旨，美也。拜告酒美，答主人意。主人北面于東楹東答拜。司馬羞羊肉湆，縮執俎。尸坐奠爵，興取肺，坐，絶祭，嚌之，興，反加于俎。司馬縮奠俎于羊湆俎南，乃載于羊俎，卒載俎，縮執俎以降。絶祭，絶肺末以祭。《周禮》曰「絶祭」。湆使次賓，肉使司馬，大夫禮多，崇敬

---

❶ 二「抌」字，原作「揄」，今據元刻本、盧本及《儀禮注疏》改。

❷ 「常」上，《儀禮注疏》有「尋」字。

也。○今案：正俎皆横執、横奠，加俎皆縮執、縮奠。「羊湇俎」，「湇」字衍。**尸坐執爵以興。次賓羞羊燔，縮執俎，縮一燔于俎上，鹽在右。尸左執爵，受燔，抨于鹽，**❶**坐振祭，嚌之，興，加于羊俎。賓縮執俎以降。**燔，炙。**尸降筵，北面于西楹西，坐卒爵，執爵以興，坐奠爵，拜，執爵以興。主人北面于東楹東荅拜。主人受爵。尸升筵，立于筵末。**《疏》曰：「獻尸有五節：主人獻酒并主婦設籩豆，一也；賓長設俎，二也；次賓羞羊匕湇，三也；司馬羞羊肉湇，四也；次賓羞羊燔，五也。」

右主人獻尸。

今案：主人獻尸羞羊俎，及主婦獻尸始羞豕脀，及賓作三獻之爵始羞湇魚俎，今並述於主人獻尸之時者，以載俎事同一類，故以類相從，庶使易見也。不惟此也，主人獻侑羞羊俎，主婦獻侑奠豕脀；又尸酢主人羞阼羊俎，❷主婦致爵于主人始羞豕脀；又主婦羊俎亦尸酢主婦始用之。今並述於主人獻尸之下者，亦欲以類相從也。鄭注云：「此以下十一俎俟時而載，於此歷説之爾。」蓋謂此也。

---

❶「于」，原作「一」，今據元刻本、盧本及《儀禮注疏》改。
❷「阼」，《儀禮正義》引作「胙」。

主人獻尸圖

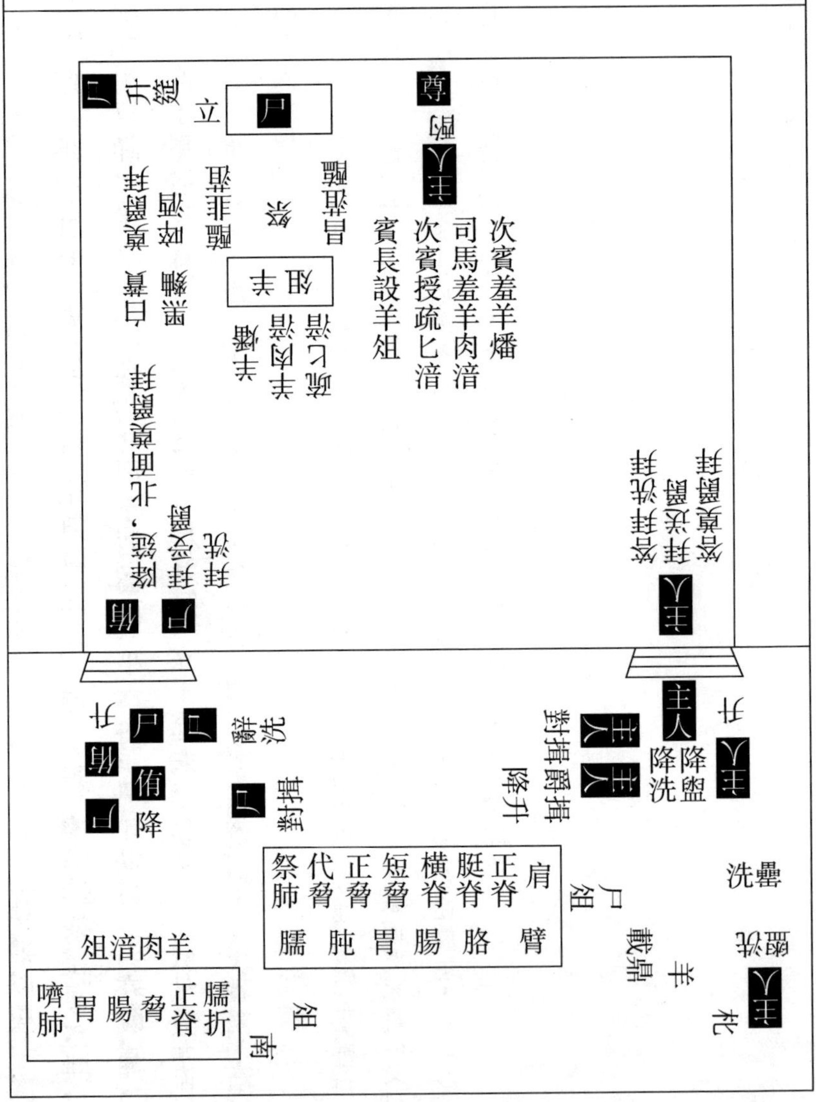
尊
尸
立
主人
次賓羞羊燔
司馬羞羊肉湆
次賓授疏匕湆
賓長設羊俎
羊俎
尸俎
肩
正脊
脡脊
橫脊
短脅
正脅
代脅
祭肺
臂
胳
腸
胃
肫
臑
羊肉湆俎
臑折
正脊
脅
腸
胃
嚌肺
羊鼎載
洗罍
對揖爵揖
降升
降盥
降洗
宿
降

主人酌，獻侑。侑西楹西北面拜受爵。主人在其右，北面答拜。不洗者，俱獻，間無事也。❶主人就右者，賤不專階。〇《疏》曰：「爵從卑者來向尊，雖無事亦洗。」主婦薦韭菹、醢，坐奠于筵前，醢在南方。婦贊者執二籩麷、蕡以授主婦。主婦不興，受之，奠麷于醢南，蕡在麷東。主婦入于房。醢在南方者，立侑爲尸，使正饌統焉。侑升筵自北方。司馬横執羊俎以升，設于豆東。侑坐，左執爵，右取菹，擩于醢，祭于豆間。又取麷、蕡，伺祭于豆祭。❷興，左執爵，右取肺，坐祭之，祭酒，興，左執爵。次賓羞羊燔，如尸禮。侑降筵自北方，北面于西楹西，坐卒爵，執爵以興，坐奠爵，拜，主人答拜。答拜，拜於侑之右。〇《疏》曰：「此雖有三事：主婦薦籩豆，一也；司馬羞羊俎，二也；次賓羞羊燔，三也。侑降於尸二等，無羊匕湆，又無肉湆。」

右主人獻侑。

❶「間」，原作「聞」，今據元刻本、盧本及《儀禮注疏》改。
❷「伺」，《儀禮注疏》作「同」。

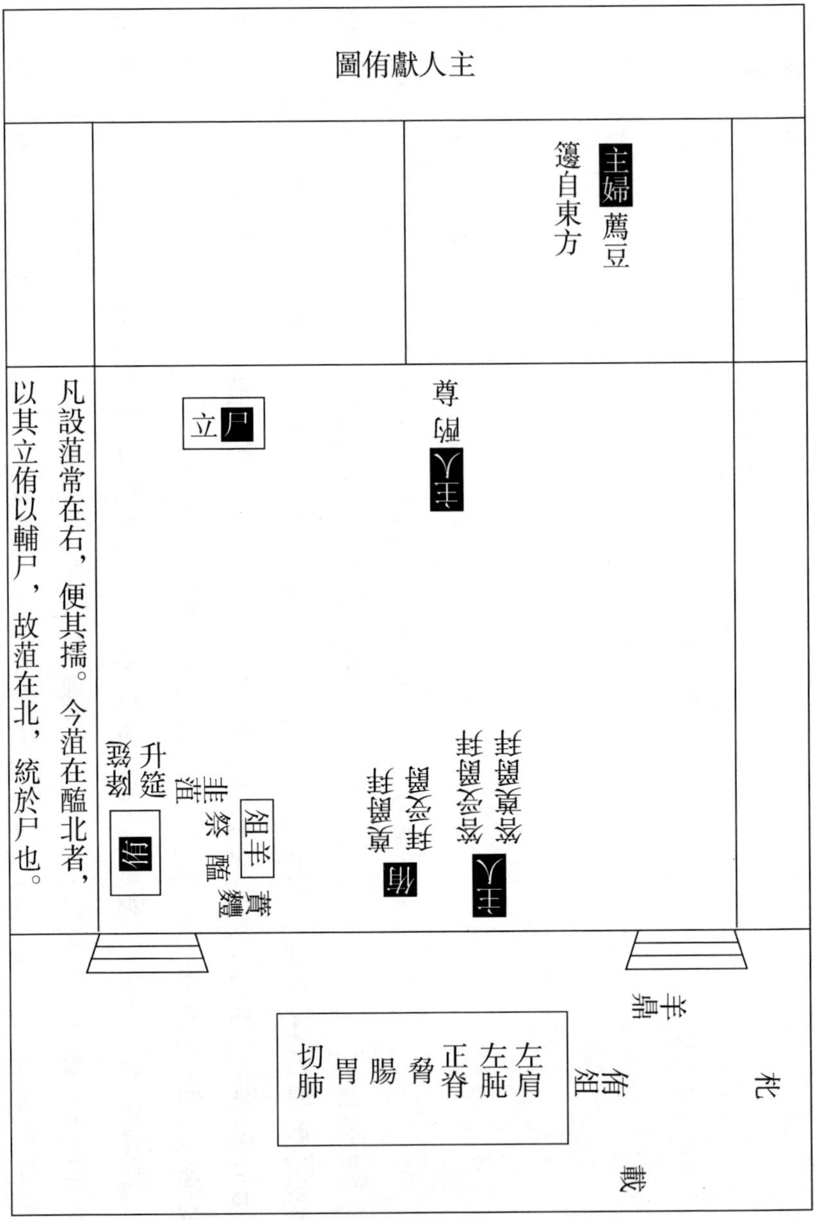
主人獻侑圖
主婦薦豆
籩自東方
尸立
主人
酌尊
主人
答奠爵拜
答受爵拜
侑
拜受爵
奠爵拜
羊俎
祭
醢
韭菹
升筵
降筵
侑
羊鼎
侑俎
左肩
左肫
正脊
脅
腸
胃
切肺
載
凡設菹常在右，便其擩。今菹在醢北者，以其立侑以輔尸，故菹在北，統於尸也。

尸受侑爵，降，洗。侑降立于西階西，東面。主人降自阼階，辭洗。尸坐奠爵于篚，興對。卒洗，主人升。尸升自西階。主人拜洗。尸北面于西楹西，坐奠爵，答拜，降盥，主人降。尸辭，主人對。卒盥，主人升。尸升，坐取爵，酌。酌者，將酢主人。○《疏》曰：「《特牲》、《少牢》主人獻尸，尸即酢主人。此特獻侑乃酢，尸卑，達主人之意也。」司宮設席于東序，西面。《疏》曰：「《特牲》、《少牢》皆致爵乃設席，此儐尸受酢即設者，❶主人益尊。」主人東楹東北面拜受爵，尸西楹西北面答拜。主婦薦韭菹、醓，坐奠于筵前，菹在北方。婦贊者執二籩麷、蕡，主婦不興，受，設麷于菹西北，蕡在麷西。主人升筵自北方，主婦入于房。設籩于菹西北，亦辟鉶。長賓設羊俎于豆西。主人坐，左執爵，祭豆、籩如侑之祭，興，左執爵，右取肺，坐祭之，祭酒，興。次賓羞匕湇如尸禮，席末坐啐酒，執爵以興。司馬羞羊肉湇，縮執俎。主人坐奠爵于左，興受肺，坐絕祭，嚌之，興，反加于湇俎。司馬縮奠湇俎于羊俎西，乃載之，卒載，縮執虛俎以降。奠爵于左者，神惠變於常也。言受肺者，明有授。言虛俎者，羊湇俎訖於此，虛不復用。○《疏》曰：「此雍人所陳羊俎西在南者，不復用此俎，見下次賓羞羊燔於主人則用此之豕俎，而得羞羊燔，禮殺也。」主人坐，取爵以興。次賓羞燔，《疏》曰：「燔即羊燔，主人與尸、侑皆用羊體，主婦獻尸以後悉用豕體，賓長獻尸

❶「儐」，原作「賓」，今據盧本及《儀禮注疏》改。

後悉用魚從，是以知之。」主人受如尸禮。主人降筵自北方，北面于阼階上，坐卒爵，執爵以興，坐奠爵，拜，執爵以興。尸西楹西答拜。主人坐奠爵于東序南。不降奠爵於篚，❶急崇酒。侑升，尸、侑皆北面于西楹西。見主人不反位，知將與己爲禮。主人北面于東楹東，再拜崇酒。崇，充也，拜謝尸、侑以酒薄充滿。尸、侑皆答再拜。主人及尸、侑皆升就筵。《疏》曰：「此亦有五節，尊主人，故與尸同。」

右尸酢主人。

❶「不」，原作「下」，今據盧本及《儀禮注疏》改。

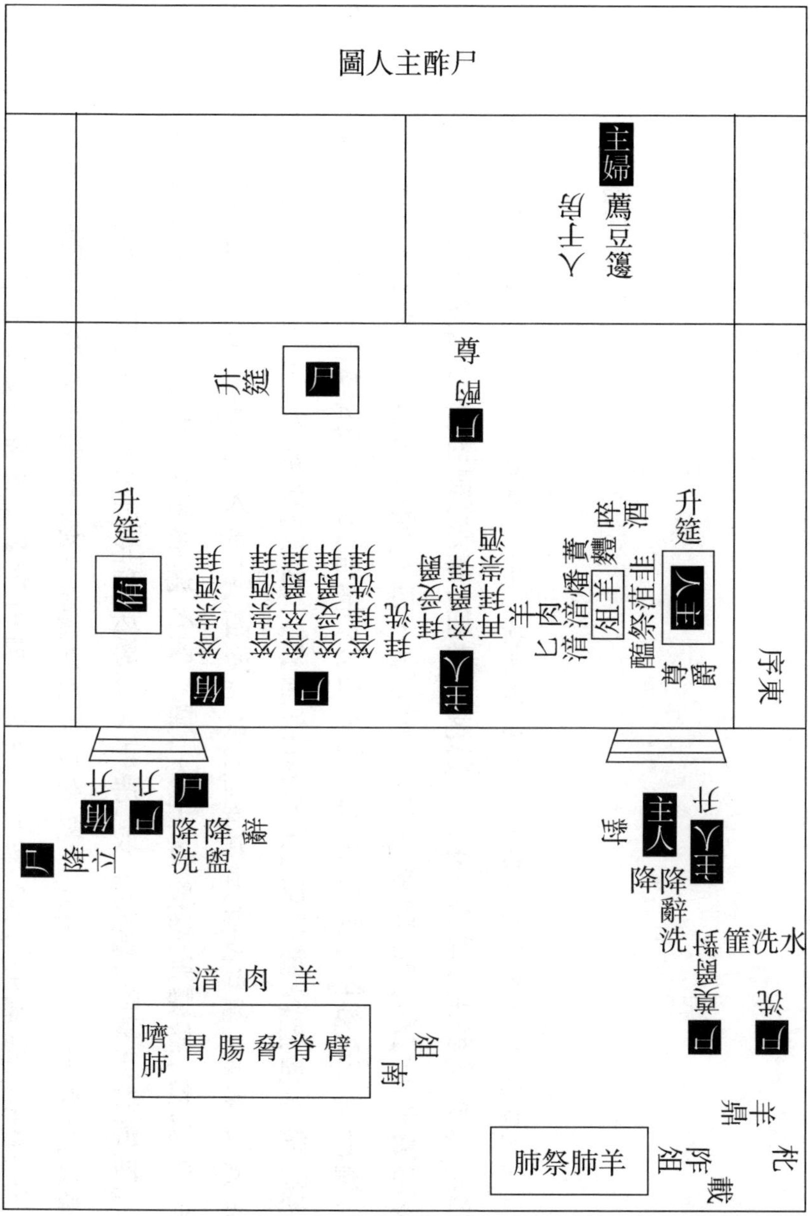
尸酢主人圖

司宫取爵于篚，以授婦贊者于房東，以授主婦。房東，房户外之東。主婦洗爵于房中，❶出實爵，尊南西面拜獻尸。尸拜于筵上，受。尊東西面拜，由便也。○《疏》曰：「筵上受者，以婦人所獻，不得各就其階。」主婦西面，于主人之席北拜送爵。入于房，取一羊鉶，坐奠于韭菹西。主婦贊者執豕鉶以從。主婦不興，受，設于羊鉶之西。興，入于房，取糗與腵脩，執以出，坐設之，糗在蕡西，脩在白西。興，立于主人席北，西面。飲酒而有鉶者，祭之餘鉶。無黍稷，殺也。糗，糗餌也。腵脩，擣肉之脯。尸坐，左執爵，祭糗、脩，同祭于豆祭，以羊鉶之柶挹羊鉶，遂以挹豕鉶，祭于豆祭，祭酒。次賓羞豕匕湆，如羊匕湆之禮。尸坐啐酒，左執爵，嘗上鉶，執爵以興，坐奠爵，拜。主婦答拜，執爵以興。司士羞豕脀。尸坐奠爵，興，受，如羊肉湆之禮，坐取爵，興。次賓羞豕燔。尸左執爵，受燔，如羊燔之禮。坐卒爵，拜，主婦答拜。受爵。《疏》曰：「亞獻凡五節：設兩鉶，一也；設糗脩，二也；次賓羞豕匕湆，三也；司士羞豕脀，四也；次賓羞豕燔，五也。」

右主婦亞獻尸。

❶「爵」，《儀禮注疏》無此字。

主婦亞獻尸圖

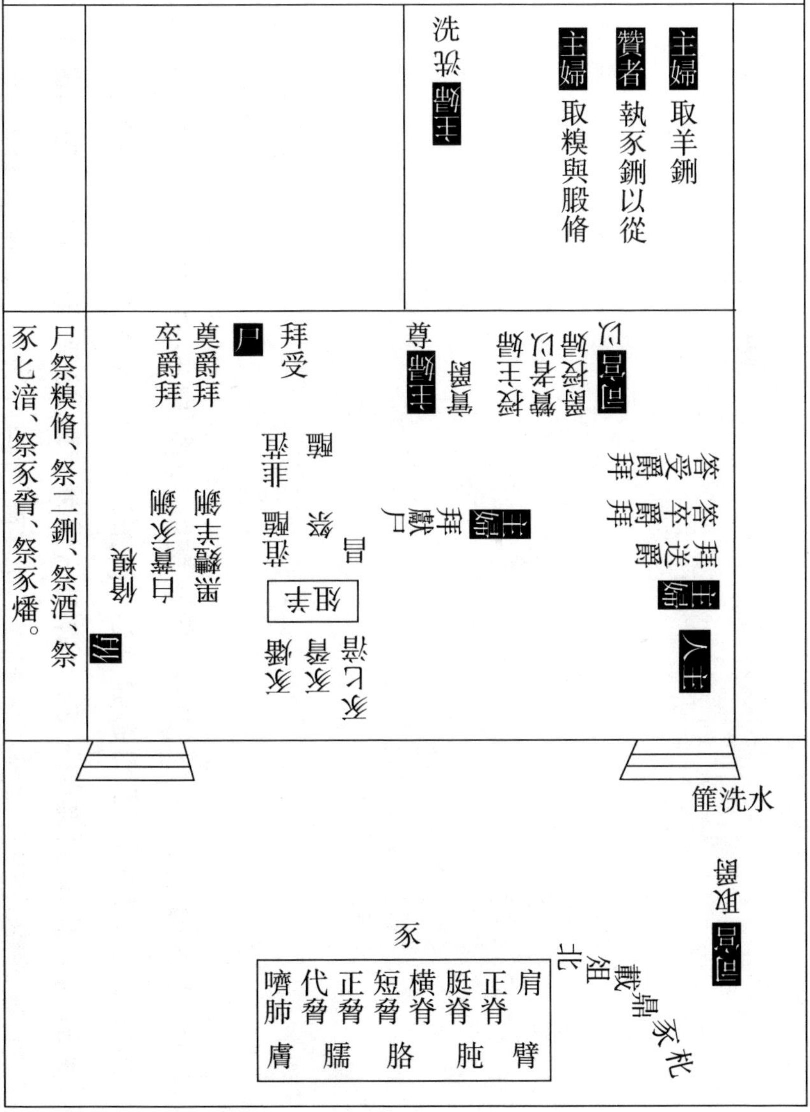
主婦取羊鉶
贊者執豕鉶以從
主婦取糗與腶脩
主婦洗
主婦拜送爵
答卒爵拜
答受爵拜
主婦拜獻尸
主人
尸拜受
尸奠爵拜
卒爵拜
羊俎
尸
尸祭糗脩、祭二鉶、祭酒、祭豕匕湆、祭豕脀、祭豕燔。
水洗篚
豕
肩 正脊 脡脊 橫脊 短脅 正脅 代脅 嚌肺
臂 肫 胳 臑 膚

酌獻侑。侑拜，受爵。主婦，主人之北西面答拜。酌獻者，主婦。主婦羞糗、脩，坐奠糗于豒南，脩在蕡南。侑坐，左執爵，取糗、脩，兼祭于豆祭。司士縮執豕脀以升。侑興，取肺，坐祭之。司士縮奠豕脀于羊俎之東，載于羊俎，卒，乃縮執俎以降。侑興。豕脀無湆，於侑禮殺。次賓羞豕燔。侑受如尸禮，坐卒爵，拜。主婦答拜，受爵。《疏》曰：「降於尸二等，無鉶羹與豕匕湆。」

右主婦獻侑。

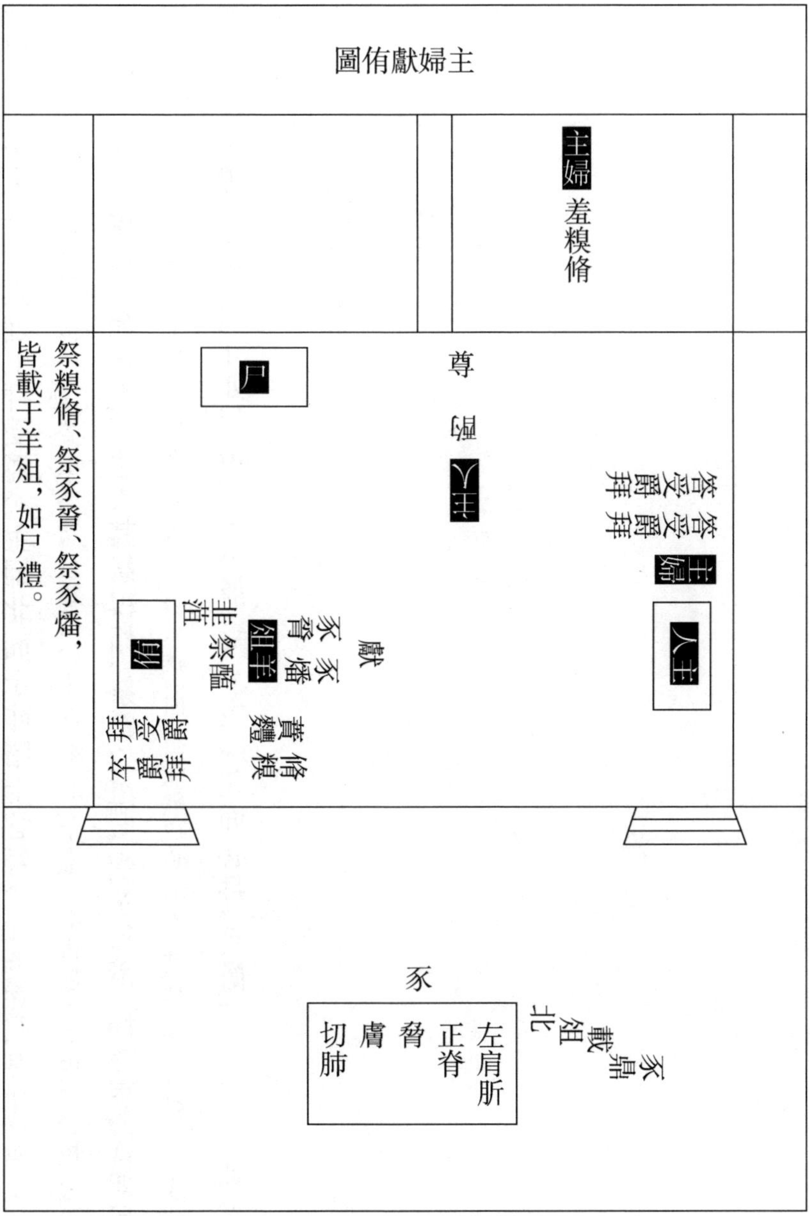
主婦獻侑圖
主婦
羞糗脩
尸
尊
答受爵拜
答受爵拜
主婦
主人
獻
豕脀
豕膰
羊俎
韭菹
祭醢
侑
脩糗
蕡麷
祭糗脩、祭豕脀、祭豕膰，皆載于羊俎，如尸禮。
豕
豕鼎
載俎
北
左肩折
正脊
脅
膚
切肺

酌以致于主人。主人筵上拜受爵。主婦北面于阼階上答拜。主婦易位，拜于阼階上，辟併敬。○《疏》曰：「前主婦獻尸、侑，拜送於主人北，今致爵於主人，拜於階上者，辟併敬主人與尸、侑，故易位也。」主婦設二鉶與糗、脩，如尸禮。主人其祭糗脩、祭鉶、祭酒、受豕匕湇、拜啐酒，皆如尸禮，嘗鉶不拜。主人如尸禮，尊也。其異者，不告旨。○《疏》曰：「前獻尸啐酒不拜，拜在『嘗鉶』下，或此『拜』字衍。」其受豕脀，受豕膰，亦如尸禮。坐卒爵，拜。主婦北面答拜，受爵。《疏》曰：「此亦有五節，行事與尸同。」

右主婦致爵于主人。

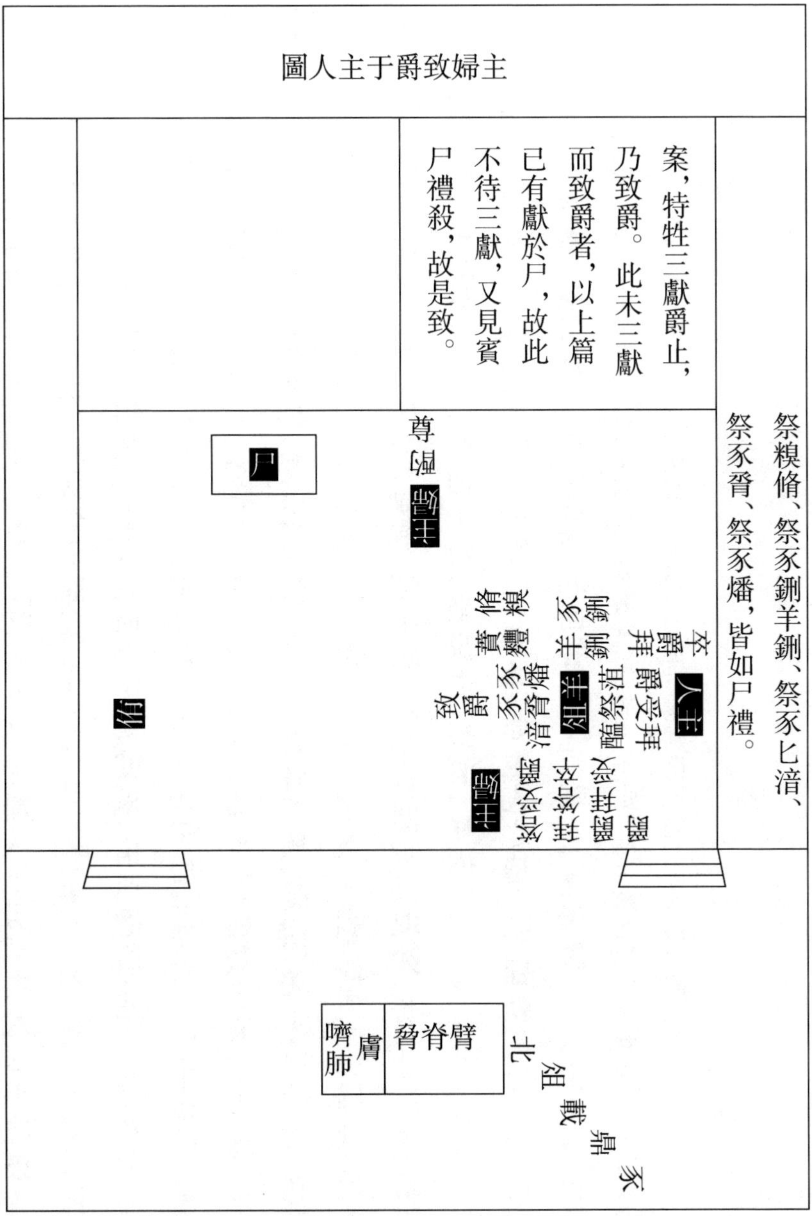
主婦致爵于主人圖
案，特牲三獻爵止，乃致爵。此末三獻而致爵者，以上篇已有獻於尸，故此不待三獻，又見賓尸禮殺，故是致。
祭糗脩、祭豕鉶羊鉶、祭豕匕湆、祭豕脀、祭豕燔，皆如尸禮。
尸
尊
主婦
主人
膚
嚌肺
脅脊臂
豕鼎載俎北

尸降筵，受主婦爵以降。將酢主婦。主人降，侑降。主婦入于房。主人立于洗東北，西面。侑東面于西階西南。俟尸洗。尸易爵于篚，盥，洗爵。易爵者，男女不相襲爵。主人揖尸、侑，將升。主人升。尸升自西階，侑從。主人北面立于東楹東，侑西楹西北面立。俟尸酌。尸酌。主婦出于房，西面拜受爵。尸北面于侑東答拜。主婦入于房。司宮設席于房中，南面。主婦立于席西。設席者，主婦尊。○《疏》曰：「賓長以下皆無設席之文。」婦贊者薦韭菹、醢，坐奠于筵前，菹在西方。婦人贊者執麷、蕡以授婦贊者。婦贊者不興，受，設麷于菹西，蕡在麷南。婦人贊者，宗婦之少者。○《疏》曰：「大夫贊非一人，贊主婦及長婦，故云宗婦少者。」主婦升筵。司馬設羊俎于豆南。主婦坐，左執爵，右取菹，㨎于醢，祭于豆間。又取麷、蕡，兼祭于豆祭。主婦奠爵，興取肺，坐絕祭，嚌之，興加于俎，坐挩手，祭酒，啐酒。挩手者于帨。帨，佩巾。《內則》曰：婦人亦左佩紛帨。次賓羞羊燔。主婦興，受燔，如主人之禮。主婦執爵以出于房，西面于主人席北，立卒爵，執爵拜。尸西楹西北面答拜。主婦入，立于房。尸、主人及侑皆就筵。出房立卒爵，宜鄉尊。不坐者，變於主人也。執爵拜，變於男子也。○《疏》曰：「此料內從酢有三：婦贊者設豆、籩，一也；司馬設羊俎，二也；次賓羞羊燔，三也。主婦與侑同，主人與尸同。」

右尸酢主婦。

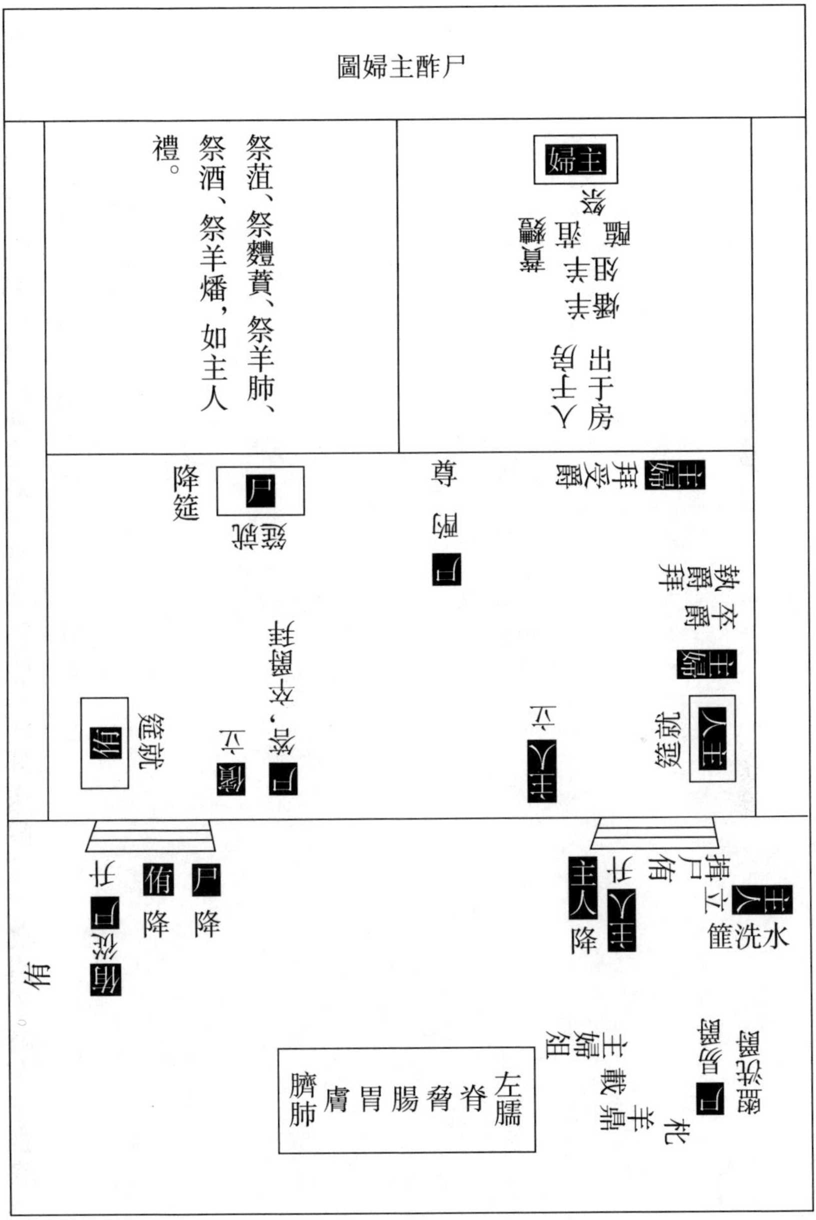
尸酢主婦圖
祭菹、祭籩蕡、祭羊肺、祭酒、祭羊燔，如主人禮。
主婦
出于房
主婦
拜受爵
尊
執爵拜
卒爵
主婦
降筵
尸
尸
降
侑
降
主人
立
揖尸侑
主人
降
水
洗
篚
杌
羊鼎
主婦
俎
左臑
脊
脅
腸
胃
膚
膟肺

上賓洗爵以升，酌獻尸。尸拜受爵。賓西楹西北面拜送爵。尸奠爵于薦左。賓降。上賓，賓長也，謂之上賓，以將獻異之，或謂之長賓。奠爵，爵止也。

右上賓三獻尸。

上賓三獻尸圖

案：《特牲》及下大夫，尸在室内，始行三獻，未行致爵，尸奠爵，欲神惠均於室。此賓尸之禮三獻訖，夫婦又已行致爵訖，致爵止，欲得神惠均於庭。

尸奠爵於薦左，未舉者，以三獻在禮終，欲使神惠均於庭，徧得獻乃舉之，故下文主人獻及衆賓以下訖，乃作止爵。

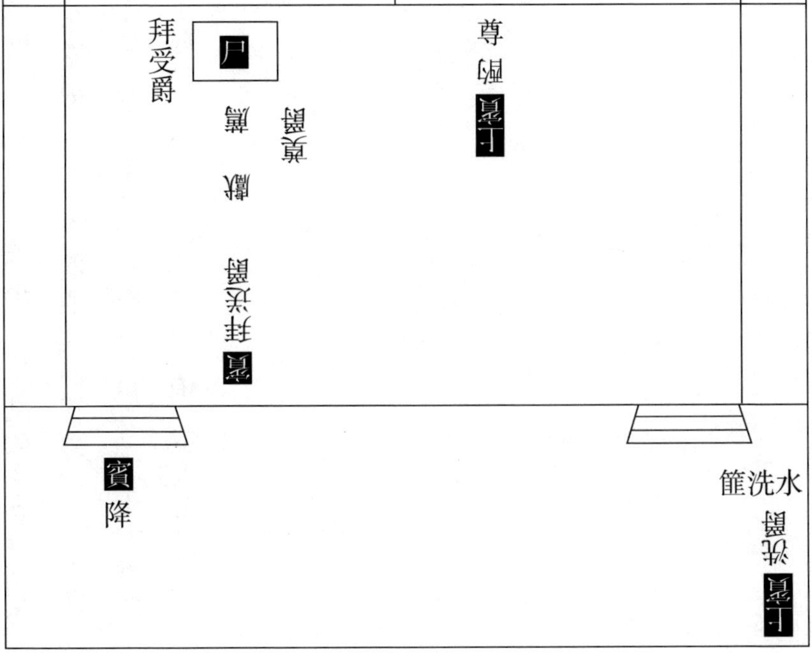

主人降，洗爵，尸、侑降。主人奠爵于篚，辭，尸對。卒洗，揖。尸升，侑不升。侑不升，尸禮益殺，不從。○主人實爵酬尸，東楹東北面坐奠爵，拜，尸西楹西北面答拜。坐祭，遂飲，卒爵，拜，尸答拜。降洗，尸降，辭，主人奠爵于篚，對。卒洗，主人升。尸升。主人實爵。尸拜受爵。主人反位，答拜。尸北面坐，奠爵于薦左。降洗者，主人。尸、侑、主人皆升筵。

右主人酬尸。

主人酬尸圖

下經「二人舉觶于尸、侑，侑奠觶于右」，注云：「奠于右者，神惠右，不舉，變於飲酒。」此賓尸如與賓客飲酒然，故有酬，異於神惠，是以奠於左。

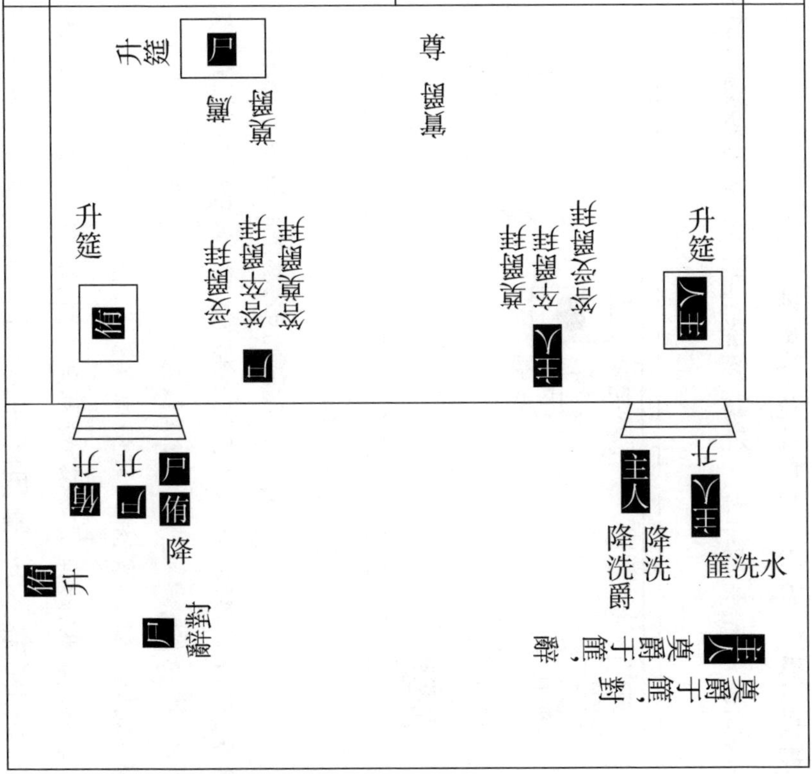

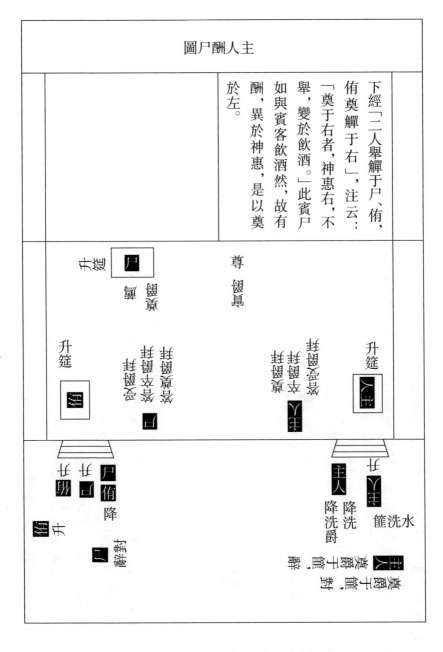

乃羞。宰夫羞房中之羞于尸、侑、主人、主婦，皆右之。司士羞庶羞于尸、侑、主人、主婦，皆左之。二羞，所以盡歡心。房中之羞，其籩則糗餌、粉餈，其豆則酏食、糝食。庶羞，羊臐、豕膮，皆有胾、醢。房中之羞，内羞也。内羞在右，陰也；庶羞在左，陽也。○糝，素感反。臐，許云反。膮，呼彫反。胾，側吏反。○《疏》曰：「房中之羞，其籩是《周禮·籩人》職云『羞籩之實』，其豆則《醢人》職云『羞豆之實』。《公食大夫》牲皆臛及炙胾，此直云『臐胾』，不言『炙』者，彼是食禮，故庶羞並陳，此飲酒之禮，燔炙前已從獻，故止有臐胾而已。内羞是穀物，故云『陰』；庶羞是牲物，故云『陽』。」

右羞于尸侑主人主婦。

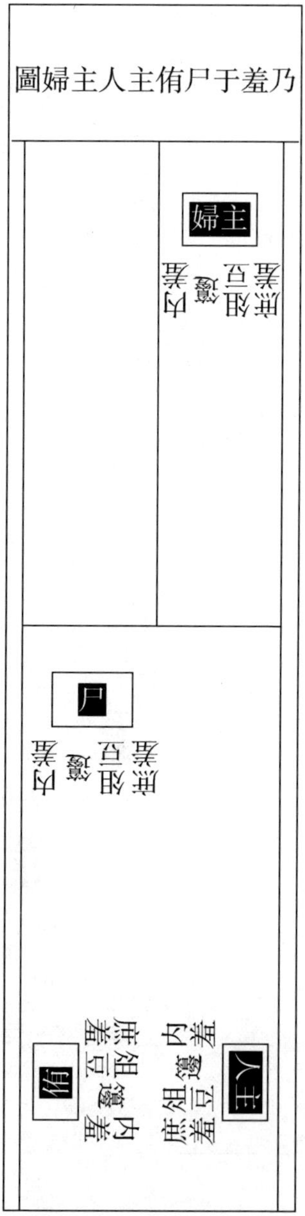

主人降，南面拜衆賓于門東，三拜。衆賓門東，北面，皆答壹拜。拜于門東，明少南就之也。言三拜者，衆賓賤，旅之也。衆賓一拜，賤也。卿大夫尊，賓賤，純臣也，位在門東。主人洗爵，長賓辭。主人奠爵于篚，興對，卒洗，升酌，獻賓于西階上。長賓升，拜受爵。主人在其右，北面答拜。宰夫自東房薦脯醢，醢在西。司士設俎于豆北，羊骼一、腸一、胃一、切肺一、膚一。羊骼，羊左骼。上賓一體，賤也。薦與設俎者既，則俟于西序端。賓坐，左執爵，右取脯，擩于醢，祭之，執爵興，取肺，坐祭之。祭酒，遂飲，卒爵，執以興，坐奠爵，拜，執爵以興。主人答拜，受爵。賓坐，取祭以降，西面坐委于西階西南。成祭於上，尊賓也。取祭以降，反下位也。反下位而在西階西南，已獻尊之。祭脯肺。○《疏》曰：「與主人相對，尊之也。」宰夫執薦以從，設于祭東。司士執俎以從，設于薦東。○衆賓長升，拜受爵，主人答拜。坐祭，立飲，卒爵，不拜既爵。既，盡也。長賓升者，以次第升受獻。言衆賓長拜，則其餘不拜。宰夫贊主人酌，若是以辨。主人每獻一人，奠空爵于棜。宰夫酌，授於尊南。辨受爵，其薦脯醢與脀，設于其位。其位繼上賓而南，皆東面。其脀體，儀也。偏獻乃薦，略之，亦宰夫薦，司士脀。用儀者，尊體盡，儀度餘骨可用而用之，尊者用尊體，卑者用卑體而已。亦有切肺、膚。乃升長賓。主人酌，酢于長賓，西階上北面，賓在左。主人酌，自酢，序賓意。賓卑，不敢酢。○《疏》曰：「《特牲》獻長賓訖，即酢。此主人益尊，先自達其意。」主人坐奠爵，拜，執爵以興，賓答拜。坐祭，遂飲，卒爵，執爵以興，坐奠爵，拜，賓答拜。賓降。降反位。

右主人獻賓。

主人獻賓圖

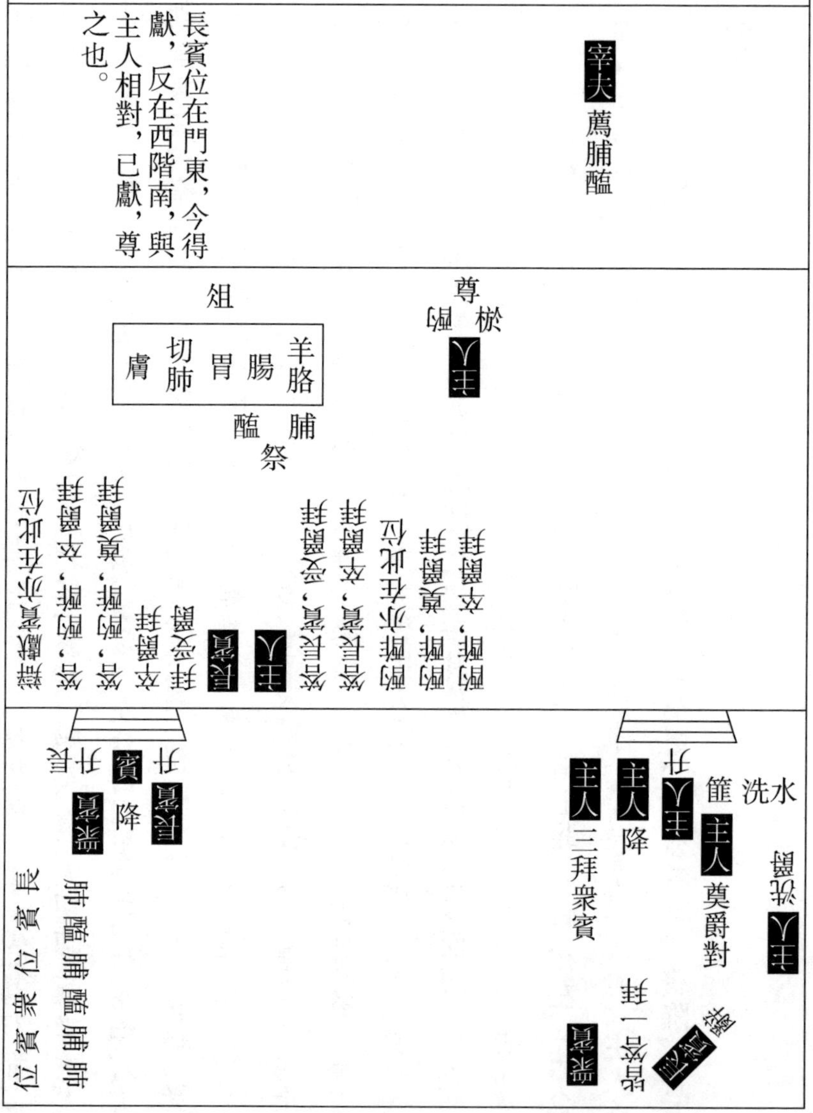
宰夫
薦脯醢
長賓位在門東，今得獻，反在西階南，與主人相對，已獻，尊之也。
尊
主人
俎
羊胳
腸
胃
切肺
膚
脯
醢
祭
水
洗
篚
主人
洗爵
主人
奠爵對
主人
降
升
主人
三拜衆賓
拜
長賓
升
賓
降
衆賓
長賓位
衆賓位
肺
醢
脯
醢
脯
肺

宰夫洗觶以升，主人受，酌，降，酬長賓于西階南，北面，賓在左。主人坐奠爵，拜，賓答拜。坐祭，遂飲，卒爵，拜，賓答拜。宰夫授主人觶，則受其虛爵，奠于篚。主人洗，賓辭。主人坐奠爵于篚，對，卒洗，升，酌，降復位。賓拜受爵，主人拜送爵。賓西面坐，奠爵于薦左。

右主人酬賓。

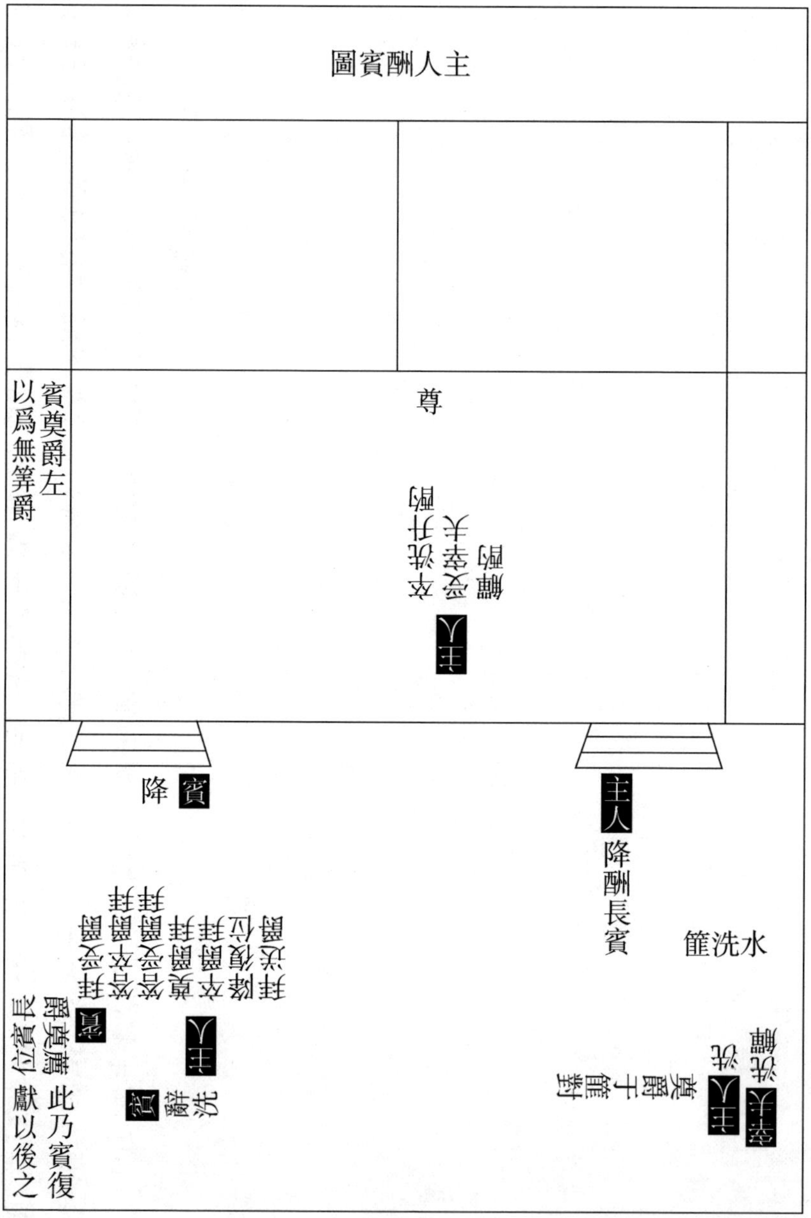
主人酬賓圖
尊
賓奠爵左
以爲無筭爵
賓 降
主人 降酬長賓
水洗篚
此乃賓復
獻以後之

主人洗，升，酌，獻兄弟于阼階上。兄弟之長升，拜受爵。主人在其右答拜。坐祭，立飲，不拜既爵，皆若是以辯。兄弟長幼立飲，賤不别。大夫之賓尊於兄弟，宰夫不贊酌者，兄弟以親昵來，不以官待之。辨受爵，其位在洗東，西面北上。升受爵，其薦脀設于其位。亦辨獻乃薦。既云「辨」矣，復言「升受爵」者，爲衆兄弟言也，衆兄弟升，不拜受爵，先著其位於上，乃後云「薦脀設於其位」，明位初在是也。位不繼於主人，而云「洗東」，卑不統於尊。此薦脀皆使私人。○《疏》曰：「上賓拜受爵，又拜既爵；衆賓及長兄弟拜受爵，不拜既爵；衆兄弟又不拜受爵：是其差也。」其先生之脀，折脅一、膚一。先生，長兄弟。折，豕左肩之折。其衆，儀也。

右主人獻兄弟。

主人獻兄弟圖

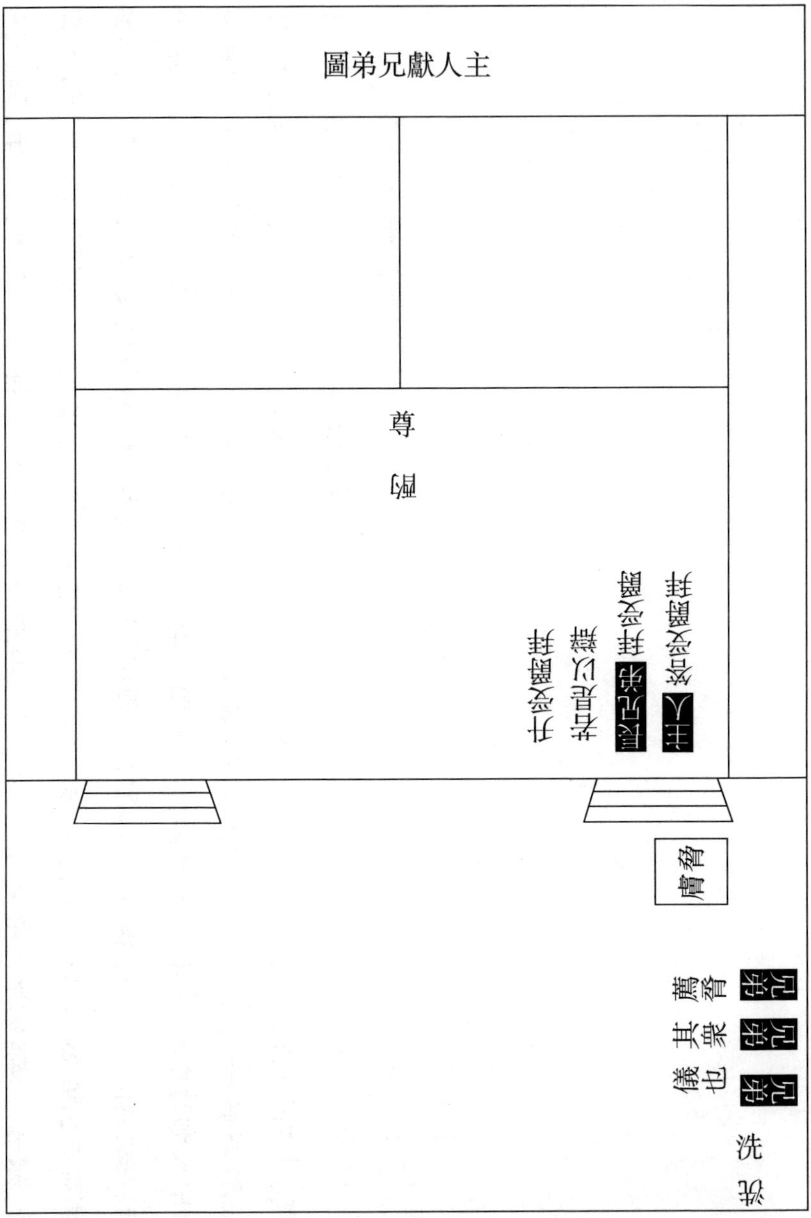

主人洗，獻内賓于房中。南面拜受爵，主人南面于其右答拜。内賓，姑姊妹及宗婦。❶獻于主婦之席東，主人不西面，尊，不與爲賓主禮也。南面於其右，主人之位恒左之。❷**坐祭，立飲，不拜既爵，若是以辯，亦有薦脀。**脀，之承反。○亦設薦脀於其位。《特牲饋食禮·記》曰：内賓立于房中西牖下，東面，南上。宗婦北堂，東面，北上。○**主人降洗，升，獻私人于阼階上。拜於下，升受。主人答其長拜。乃降，坐祭，立飲，不拜既爵，若是以辯。宰夫贊主人酌。主人於其群私人不答拜。其位繼兄弟之南，亦北上，亦有薦脀。**私人，家臣，己所自謁除也。大夫言私人，明不純臣也。士言私臣，明有君之道。北上，不敢專其位。亦有薦脀，初亦北面，在衆賓之后爾。言繼者，以爵既獻爲文。凡獻位定。○《疏》曰：「『謁除』者，謁請於君，除其課役，以補任爲之。大夫尊，近於君，故屈名私人。士卑不嫌也。云『凡獻位定』，是獻以前非定位也。未獻時，在衆賓后，《特牲·記》云『門東，北面』是也。」**主人就筵。**

右主人獻内賓及私人。

❶「姊」，原作「娣」，今據盧本及《儀禮注疏》改。

❷下「之」字，《儀禮注疏》作「人」。

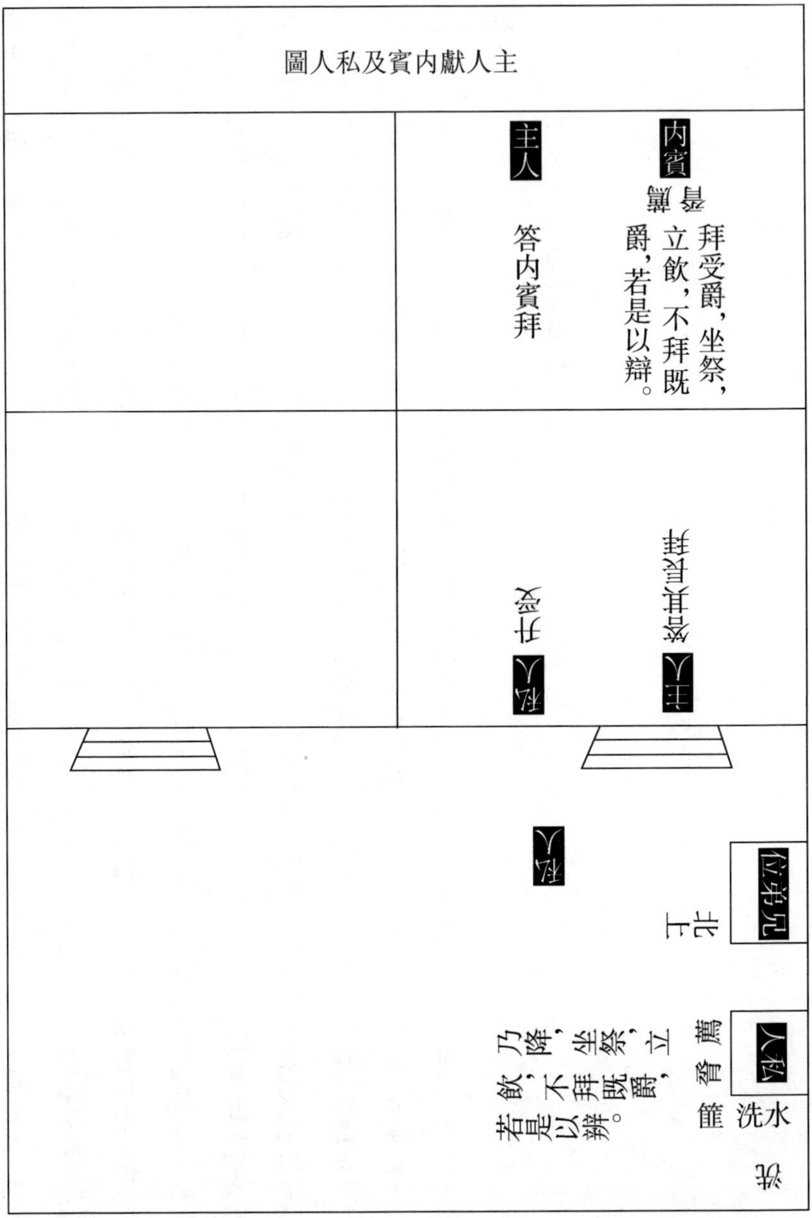
主人獻內賓及私人圖
內賓
薦脀
拜受爵，坐祭，立飲，不拜既爵，若是以辯。
主人
答內賓拜
主人
答其長拜
私人
升受
私人
兄弟位
北上
私人
薦脀
水
洗
篚
乃降，坐祭，立飲，不拜既爵，若是以辯。
洗

尸作三獻之爵。士賓所獻爵，不言三獻作之者，賓尸而尸益卑，可以自舉。司士羞湆魚，縮執俎以升。尸取膴祭祭之，祭酒，卒爵。不羞魚匕湆，略小味也。羊有正俎，羞匕湆、肉湆，豕無正俎，魚無匕湆，隆污之殺。司士縮奠俎于羊俎南，横載于羊俎，卒，乃縮執俎以降。尸奠爵，拜。三獻北面答拜，受爵，○酌獻侑。侑拜受，三獻北面答拜。司馬羞湆魚一，如尸禮。卒爵，拜。三獻答拜，受爵，司馬羞湆魚，變於尸。○酌致主人。主人拜受爵。三獻東楹東北面答拜。賓拜於東楹東，以主人拜受於席，就之。司士羞一湆魚，如尸禮。卒爵拜。三獻答拜，❶受爵。○尸降筵，受三獻爵，酌以酢之。既致主人，尸乃酢之，遂賓意。三獻西楹西北面拜，受爵，尸在其右以授之。尸升筵，南面答拜。❷坐祭，遂飲，卒爵，拜，尸答拜。執爵以降，實于篚。

右尸作三獻、奠爵及三獻獻侑，致主人，尸酌酢。

---

❶「答」，原作「客」，今據元刻本、盧本及《儀禮注疏》改。

❷「面」，原作「而」，今據元刻本、盧本及《儀禮注疏》改。

圖酢酌尸人主致侑獻賓及爵賓作尸

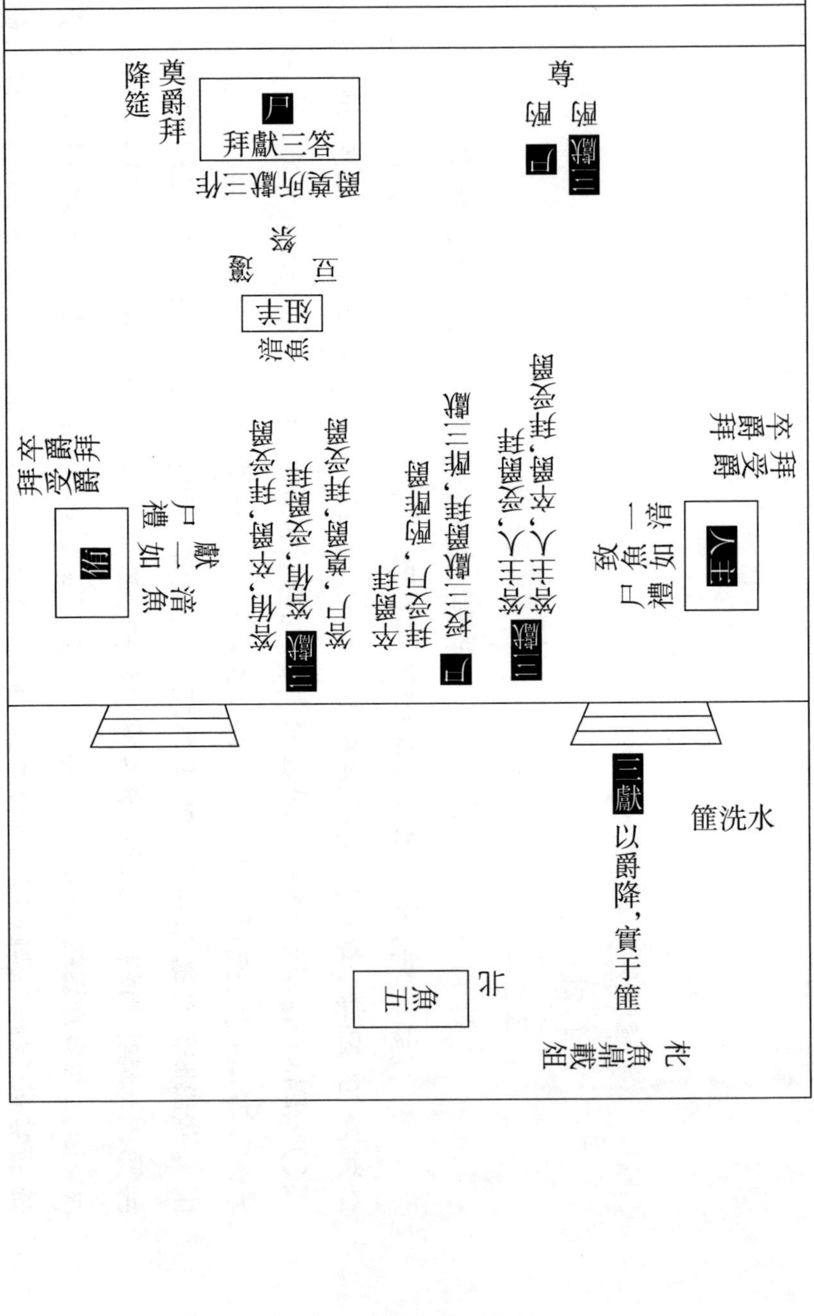

二人洗觶，升實爵，西楹西，北面東上，坐奠爵，拜，執爵以興，尸、侑答拜。坐祭，遂飲，卒爵，執爵以興，坐奠爵，拜，尸、侑答拜。皆降，三獻而禮小成。使二人舉爵，序殷勤於尸、侑。洗，升酌，反位。尸、侑皆拜受爵，舉觶者皆拜送。侑奠觶于右。奠于右者，不舉也。神惠右不舉，變於飲酒。尸遂執觶以興，北面于阼階上酬主人，主人在右。尸拜於阼階上，酬禮殺。坐奠爵，拜，主人答拜。不祭，立飲。卒爵，不拜既爵，酌，就于阼階上酬主人。言就者，主人立待之。主人拜受爵，尸拜送。尸就筵。○主人以酬侑于西楹西，侑在左。坐奠爵，拜，執爵興，侑答拜。不祭，立飲，卒爵，不拜既爵，酌，復位。侑拜受，主人拜送。言「酌，復位」，明授於西階上。主人復筵，○乃升長賓，侑酬之如主人之禮。遂，旅也。言升長賓，則有贊呼之。至于衆賓，遂及兄弟，亦如之，皆飲于上。上，西階上。遂及私人，拜受者升受，下飲。私人之長拜於下，升受兄弟之爵，下飲之。卒爵，升酌，以之其位，相酬辯。其位，兄弟南位，亦拜受、拜送。升酌由西階。卒飲者實爵于篚。未受酬者，雖無所旅，猶飲。○乃羞庶羞于賓、兄弟、内賓及私人。無房中之羞，賤也。此羞同時羞，則酌，房中亦旅。其始主婦舉觶於内賓，遂及宗婦。○《疏》曰：「内賓羞在私人之上，私人得旅酬，則房中内賓亦旅可知。」

右主人舉觶旅酬。

主人舉觶旅酬圖

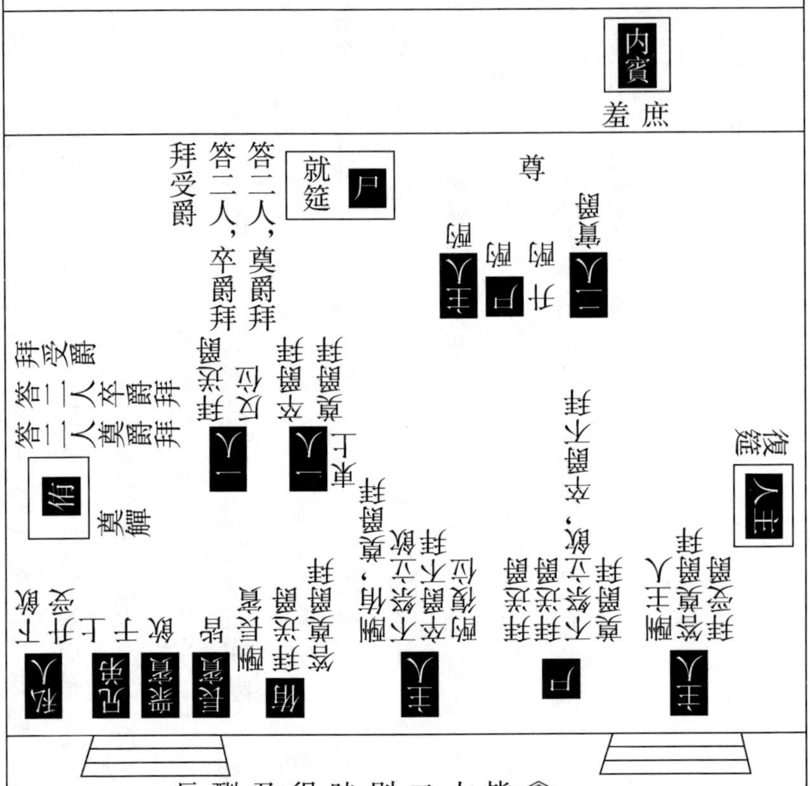

兄弟 庶羞

私人 酬侑

洗

《鄉飲》、《鄉射》、《特牲》皆一人舉觶爲旅酬始，二人舉觶爲無算爵始。今以二人爲旅酬始者，此賓、尸別一禮，與彼不同。其初時主人酬尸，尸奠之，侑未得酬，故使二人舉觶，侑乃奠而不舉，尸則執觶以酬主人，主人酬侑，侑酬長賓，如是以辯。

兄弟之後生者舉觶于其長。後生者，年少也。洗，升酌，❶降，北面立于阼階南，長在左。坐奠爵，拜。執爵以興，長答拜。長在左，辟主人。坐祭，遂飲，卒爵，執爵以興，坐奠爵，拜，執爵以興，長答拜。洗，升酌，降，長拜受于其位。舉爵者東面答拜，爵止。拜受、答拜不北面者，儐尸禮殺。長賓言奠，兄弟言止，互相發明，相待也。○《疏》曰：「上文主人酬賓，賓『奠爵于薦左』，與此『爵止』相待俱時舉行。下文『交錯其酬，爵無筭』是也。依次第不交錯爲旅酬。」

右兄弟之後生舉觶于其長。

---

❶ 「酌」，原作「爵」，今據元刻本、盧本及《儀禮注疏》改。

兄弟之後生舉觶于其長圖

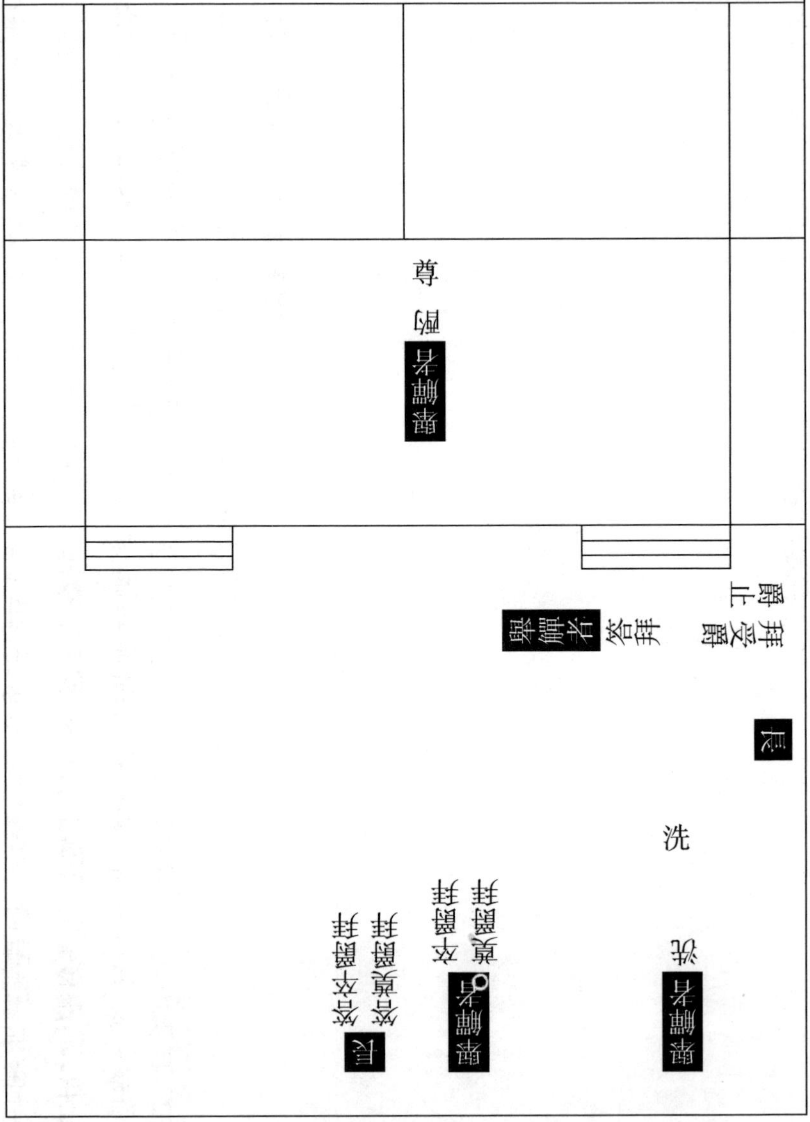

賓長獻于尸如初，無湆，爵不止。如初，如其獻侑，酌致主人，受尸酢也。「無湆，爵不止」，别不如初者。不使兄弟，不稱加爵，大夫尊也。不用觚，大夫尊者也。○《疏》曰：「賓長者，賓之長，次上賓者，非即上賓也。前上賓獻有湆魚從，今無；前上賓獻尸亦止爵，待堂下獻衆賓畢，乃作止爵，今尸不止爵即飲。《特牲》長兄弟洗觚爲加爵，又衆賓長爲加爵，此尊大夫。言『獻』者，若三獻之外，更容有獻也。用爵，爵尊於觚。」

右賓長獻尸。

賓一人舉爵于尸如初，亦遂之于下。一人，次賓長者。如初，如二人洗觶之爲也。遂之於下者，遂及賓、兄弟，下至於私人，是言「亦遂之于下」。上言「無湆，爵不止」，互相發明。○《疏》曰：「此更爲旅酬，如上旅酬之事。」

右一人舉爵于尸，遂于下。

賓及兄弟交錯其酬，皆遂及私人，爵無算。算，數也。長賓取觶酬兄弟之黨，長兄弟取觶酬賓之黨，唯己所欲，無有次第之數也。○《疏》曰：「『長賓取觶』者，是主人酬賓觶。『長兄弟取觶』者，是後生舉于其長之觶。」

右賓及兄弟交酬爵無算。

尸出，侑從。主人送于廟門之外，拜，尸不顧。拜送之。**拜侑與長賓亦如之，衆賓從。**從者，不拜送也。**司士歸尸、侑之俎。**尸、侑尊，送其家。**主人退。**反於寢也。**有司徹。**徹堂上下之薦俎也。

外儐尸，❶雖堂上，❷婦人不徹。○《疏》曰：「云有司，明無婦人也。」

右尸出徹。

若不賓尸，不賓尸，謂下大夫也。其牲物則同，不得備其禮耳。舊説云：謂大夫有疾病，攝昆弟祭。《曾子問》曰：「攝主不厭祭，不旅，不假，不綏祭，不配。布奠于賓，賓奠而不舉。」而此備有，似失之矣。○《疏》曰：「不備禮，謂儐尸之禮厭祭，陽厭也。『假』讀爲『嘏』。」**則祝侑亦如之。**謂尸七飯時。○《疏》曰：「上篇尸食七飯，『告飽。祝獨侑不拜，曰：皇尸未實，侑』是也。此以前皆與上大夫同，以後以此續之。」**尸食，八飯。乃盛俎，臑、臂、肫、脡脊、横脊、短脅、代脅，皆牢。**盛，音成。○盛者，盛於肵俎也。此七體，羊、豕其脊、脅皆取一體也，與所舉正脊、幹、骼凡十矣。肩未舉，既舉而俎猶有六體焉。○《疏》曰：「《特牲》尸食訖乃盛，今八飯即盛，大夫禮與士相變。先言『臑』，從下起。不言肩，肩未舉。不言正脊、長脅，骼已舉在俎。有司徹不盛俎者，更無所用，全以歸尸故也。三脊、三脅，皆取一骨盛於肵，各有一骨在俎，以備陽厭，故猶有六體。」**魚七，**盛半也，魚十有五而俎，其一已舉。必盛半者，魚無足翼，於牲象脊、脅而已。○《疏》曰：「牲脊、脅亦盛半。」**腊辯，無髀。**亦盛半也。所盛者，右體也，脊屬焉。言無髀者，云一純而俎，嫌有之。○《疏》曰：「下經乃摭于魚、腊俎，俎釋三个，明不盡盛。腊在魚下，明盛半，與魚同。牲用右，知

---

❶「儐」，原作「賓」，今據盧本及《儀禮注疏》改。

❷「雖」，原作「俎」，今據盧本及《儀禮注疏》改。

此亦盛右體。腊脊不折，左右三脅并脊爲七通，肩、臂等十爲十七體，肩既舉，俎惟有十六在。言『盛半』，明脊屬焉。兩髀在，祝俎明無髀。」○今案：辯者，蓋辯盛右體也。盛半脊屬，則左脛五體并三脅八舉耳。**卒盛，乃舉牢肩。尸受，振祭，嚌之。佐食受，加于肵。**舉匕。**佐食取一俎于堂下以入，奠于羊俎東。**不言魚俎東，主于尊。○《疏》曰：「《少牢》『魚在羊東』，今摭魚、腊，宜在魚俎東。」**乃摭于魚、腊俎，俎釋三个，其餘皆取之，實于一俎以出。**个，猶枚也。魚摭四枚，腊摭五枚。其所釋者，腊則短脅、正脅、代脅，魚三枚而已。**祝、主人之魚、腊取于是。**祝、主人、主婦俎之魚腊取於此者，大夫之禮文，待神餘也。三者各取一魚。其腊，主人臂，主婦臑，祝則胳也與？此皆於鼎側更載焉。不言主婦，未聞。○與音余。○《疏》曰：「《特牲》祝、主人、主婦皆無腊，上大夫儐尸，腊爲庶羞，不載於俎，明此待神餘。下經祝無文，故云『與』以疑之。云『更載』者，摭時共在一俎，設時各異俎，故知更載。云『鼎側』，不復升鼎也。不言主婦，轉寫脱耳。」**尸不飯，告飽。主人拜侑，不言。尸又三飯。**凡十一飯。士九飯，大夫十一飯，其餘有十三飯，十五飯。○《疏》曰：「士大夫既不分命數，則諸侯同十三飯，天子十五飯可知。」**佐食受牢舉，如儐。**舉，肺、脊。

右不賓尸。

盛尸俎圖

羊豕右胖 脊脅各二骨

肩 未舉　臂 盛　臑 盛　肫 盛　骼 舉　正脊一骨 舉

脡脊一骨 盛　橫脊一骨 盛　短脅一骨 盛

正脅一骨 舉　代脅一骨 盛　餘脊脅各一骨 六體釋

腊一純 脊脅各一骨

右肩 舉　臂 盛　臑 盛　肫 盛　骼 盛　脊不折 盛

短脅 盛　正脅 盛　代脅 盛

左肩 摭　臂 摭　臑 摭　肫 摭　骼 摭　短脅 釋　正脊 釋　代脅 釋

魚十有五

一舉　七盛　四摭　三釋

以上舉者先已舉在俎，盛者方盛于俎，未舉者卒盛乃舉，摭者取爲祝、主人、主婦之俎，釋者備陽厭于西北隅。

主人洗，酌，酳尸，賓羞肝，皆如儐禮。卒爵，主人拜，祝受尸爵，尸答拜。○祝酌授尸，尸以醋主人，亦如儐。其綏祭，其嘏，亦如儐。肝，牢肝也。「綏」皆當作「挼」，「挼」讀爲「藏其墮」之「墮」。○其獻祝與二佐食，其位、其薦、脀皆如儐。《疏》曰：「此有五節：主人獻，一也；酢主人，二也；獻祝，三也；獻上佐食，四也；獻下佐食，五也。」

右主人獻。

主婦其洗獻于尸，亦如儐。自尸、侑不飯告飽至此，與儐同者在上篇。主婦反取籩于房中，執棗、糗，坐設之，棗在稷南，糗在棗南。《疏》曰：「此設籩，繼在《少牢》陰厭神饌也。」婦贊者執栗、脯。主婦不興，受設之，栗在糗東，脯在棗東。主婦興，反位。棗，饋食之籩。糗，羞籩之實，雜用之，下賓尸也。栗、脯，加籩之實也。反位，反主人之北拜送爵位。○《疏》曰：「《籩人》：饋食之籩，棗、栗、桃、乾簝、榛實；羞籩之實，糗餌、粉餈；加籩之實，蔆、芡、栗、脯。上儐尸朝事之籩、羞籩之實不雜也。又賓尸主婦直有脯、脩二籩，此有四籩者，彼主人獻尸，主婦設麷蕡白黑，故至主婦直設二籩，通六籩。此主人初獻無籩，則主婦四籩，猶少兩籩。」尸左執爵，取棗、糗，祝取栗、脯以授尸。尸兼祭于豆祭，祭酒，啐酒。次賓羞牢燔，用俎，鹽在右。尸兼取燔，擩于鹽，振祭，嚌之。祝受，加于肵。卒爵，主婦拜。祝受尸爵，尸答拜。自「主婦反籩」至「祝受，加于肵」，此異于賓。○《疏》曰：「上篇無籩燔從之事。」○祝易爵，洗，酌，授尸。尸以醋主婦。主婦主人之北拜受爵，尸答拜，主婦反位，又拜。

上佐食綏祭，如儐。卒爵拜，尸答拜。主婦夾爵拜，爲不賓尸降崇敬。○《疏》曰：「《特牲》主婦不夾爵拜，上篇主婦夾爵拜，此下大夫宜與士妻同，『爲不賓尸降崇敬』，故夾爵拜。」○主婦獻祝，其酌如儐。拜，坐受爵。主婦主人之北答拜。自尸卒爵至此，亦與賓同者，亦在上篇。宰夫薦棗、糗，坐設棗于菹西，糗在棗南。祝左執爵，取棗、糗祭于豆祭，祭酒，啐酒。次賓羞燔，如尸禮。卒爵。内子不薦籩，祝賤，使官可也。自宰夫薦至賓羞燔，亦異于賓。○《疏》曰：「《特牲》主婦設籩，《少牢》無籩燔從。」○主婦受爵，酌，獻二佐食，亦如儐。主婦受爵以入于房。《疏》曰：「獻數與主人同，惟不受嘏爲異。」

右主婦亞獻。

賓長洗爵，獻于尸，尸拜受，賓户西北面答拜，爵止。《疏》曰：「《少牢》賓獻與此篇首賓長獻皆云『拜送』，此言『答拜』者，下大夫也。拜送重，答拜輕。」○主婦洗于房中，酌，致于主人。主人拜受，主婦户西北面拜送爵。司宫設席。拜受乃設席，變于士也。○《疏》曰：「上大夫受致不酢，下大夫受致又酢不致，士受致自致。是上大夫尊，辟君；下大夫與士卑，不嫌與君同。」主婦薦韭菹、醢，坐設于席前，菹在北方。婦贊者執棗、糗以從。主婦不興，受，設棗于菹北，糗在棗西。佐食設俎，臂、脊、脅、肺皆牢，膚三，魚一，腊臂。臂，左臂也。《特牲》五體，此三者，以其牢與腊臂而七。牢、腊俱臂，亦所謂「腊如牲體」。主人左執爵，右取菹，擩于醢，祭于豆閒，遂祭籩，奠爵，興取牢肺，坐絶祭，嚌之，興加于俎，坐挩手，祭酒，執爵以興，坐卒爵，拜。無從者，變於士也，亦所謂「順而摭」也。主婦答拜，受爵，○酌以醋，户内北面拜，自酢不更爵，殺。主人答拜。卒爵，拜，主人答拜。主婦以爵入于房。今案：自主人醋尸以後，其節率與《特牲禮》同，但主人不致爵于主婦爲異。○尸作止爵，祭酒，卒爵。賓拜，祝受爵，尸答拜。作止爵乃祭酒，亦變於士。自「爵止」至「作止爵」，亦異於賓。○《疏》曰：「賓、尸止爵在致爵後，其作之在獻私人後。」○祝酌授尸。賓拜受爵，尸拜送。坐祭，遂飲，卒爵，拜，尸答拜。○獻祝及二佐食。○洗，致爵于主人。洗致爵者，以承佐食賤，新之。主人席上拜受爵，賓北面答拜。坐祭，遂飲，卒爵，拜，賓答拜，受爵，○酌，致爵于主婦。主婦北堂。司宫設席，東面。北堂，中房以北。東面者，變於士妻。賓尸不變者，賓尸禮異矣。内子東面，則宗婦南面，西上。内賓自若東面，南上。○《疏》曰：「《特牲》主婦南面，宗婦東面，北上。」主婦席北東面拜受爵，賓西面答拜。席北東面者，北爲下。○《疏》曰：「《曲禮》東鄉、西鄉，以南方爲上。」婦贊者薦韭菹、醓，菹在南方。婦人贊者執棗、糗授婦贊者。婦贊者不興，受，設棗于菹南，糗在棗東。婦人贊者，宗婦之弟婦也。○弟音娣。佐食設俎于豆東，羊臑，豕折，羊脊、脅，祭肺一、膚一、魚一，腊臑。豕折，豕折骨也，不言所折，略之。《特牲》「主婦觳折」，豕無脊、脅，下主人。羊、豕四體，與腊臑而五。○《疏》曰：「主人七體。」主婦升筵坐，左執爵，右取菹，擩于醓，祭之，祭籩，奠爵。興取肺，坐絶祭，嚌之，興加于俎，坐挩手，祭酒，執爵興，筵北東面立卒爵，拜。立飲拜既爵者，變於大夫。**賓答拜。賓受爵，○易爵于篚，洗，酌，酢于主人，户西北面拜，主人答拜。卒爵，拜，主人答拜。賓以爵降，奠于篚。**自賓及二佐食至此，亦異於賓。○《疏》曰：「《少牢》及祝而止。」○**乃羞，宰夫羞房中之羞，司士羞庶羞于尸、祝、主人、主婦，内羞在右，庶羞在左。**《疏》曰：「此節凡有十爵：獻尸，一也；主婦致爵于主人，二也；主人酢主婦，三也；尸作止爵訖，酢賓長，四也；賓獻祝，五也；獻上佐食，六也；獻下佐食，七也；致爵主人，八也；致爵主婦，九也；受主人酢，十也。」

右賓三獻。

主人降，拜衆賓，洗，獻衆賓，其薦脀、其位、其酬醋皆如儐禮。❶○主人洗獻兄弟與内賓與私人，皆如儐禮，其位、其薦脀皆如儐禮。○卒，乃羞于賓、兄弟、内賓及私人，辯。自「乃羞」至私人之薦脀，此亦與儐同者，在此篇不儐尸，則祝猶侑耳。卒，已也。乃羞者，羞庶羞。

右主人獻外内賓、兄弟及私人辯。

賓長獻于尸，尸醋。獻祝，致，醋，賓以爵降，實于篚。致，謂致爵于主人、主婦。不言如初者，爵不止，又不及佐食。○《疏》曰：「上賓長已獻訖，此是次賓長爲加爵也。」

---

❶「醋」，原作「酢」，今據元刻本、盧本及《儀禮注疏》改。

右賓長獻尸，尸酢；獻祝，致，酢。

賓、兄弟交錯其酬，無算爵。此亦與儐同者在此篇。○《疏》曰：「《特牲》堂下別尊，旅酬、無算爵並行。下大夫不敢與人君禮同，故闕旅酬，直行無算爵而已。士賤不嫌也。」

右賓、兄弟交酬，無算爵。

利洗爵，獻于尸，尸酢。獻祝，祝受，祭酒，啐酒，奠之。利獻不及主人，殺也。此亦異於儐。❶○《疏》曰：「此佐食爲加爵。云『殺』者，賓長加爵及主人；云『異』者，《少牢》無利獻，儐乃佐食，又不與也。」

右酬獻尸、尸酢、獻祝。❷

主人出，立于阼階上，❸西面。祝出，立于西階上，東面。祝告于主人曰：「利成。」祝入。主人降，立于阼階東，西面。尸謖。祝前，尸從，遂出于廟門。

右祝告利成，獻俎。

祝反，復位于室中。祝命佐食徹尸俎，佐食乃出尸俎于廟門外，有司受，歸之。○徹阼薦、

---

❶「異於儐」，原作「獻於賓」，今據盧本及《儀禮注疏》改。

❷下「尸」字，元刻本、盧本作「於」。

❸「上」，原作「下」，今據元刻本、盧本及《儀禮注疏》改。

俎。自「主人出」至此，與賓雜者也。先養徹主人薦、俎者，變于士。《特牲饋食禮》曰：「徹阼俎豆、籩，設于東序下。」〇《疏》曰：「『雜』謂有同，有不同，見《少牢》。」

右歸俎，徹阼俎。

乃養，如儐。謂上篇自「司宮設對席」至此「餕興，出」也。

右養。

卒養，有司官徹饋，饌于室中西北隅，南面，如饋之設。右几，厞用席。官徹饋者，司馬、司士舉俎，宰夫取敦及豆。此於尸謖改饌當室之白，孝子不知神之所在，庶其饗之於此，所以爲厭飫。不令婦人改徹饌敦、豆，變於始也，尚使官也。佐食不舉羊、豕俎，親饌，尊也。厞，隱也。〇《疏》曰：「宰夫多主主婦之事，敦、豆本主婦設之，今官徹，明宰夫爲之，故云『變於始』。」**納一尊于室中。**陽厭殺，無玄酒。**司宮埽祭。**埽，豆閒之祭。舊説云：埋之西階東。〇《疏》曰：「神位在西，故近西階。《曾子問》：幣帛皮圭爲主命，埋之階間。」

右陽厭。

主人出，立于阼階上，西面。祝執其俎以出，立于西階上，東面。司宮闔牖户。閉牖與户，爲鬼神或者欲幽闇。**祝告利成，乃執俎以出于廟門外，有司受，歸之。衆賓出，主人拜送于廟門外，乃反。**拜送賓者，亦拜送其長。不言長賓者，下大夫無尊賓也。〇《疏》曰：「賓尸特拜送侑與長賓，即此云『拜送』者，拜送其長可知。」**婦人乃徹**，徹祝之薦及房中薦俎。❶不使有司者，下上大夫之禮。**徹室中之饌。**有司饌之，婦人徹之，外内相兼，禮殺。

右俎出送賓徹饌。

❶「薦」，原作「徹」，今據盧本及《儀禮注疏》改。

儀禮旁通圖

宮廟門

寢廟辨名圖

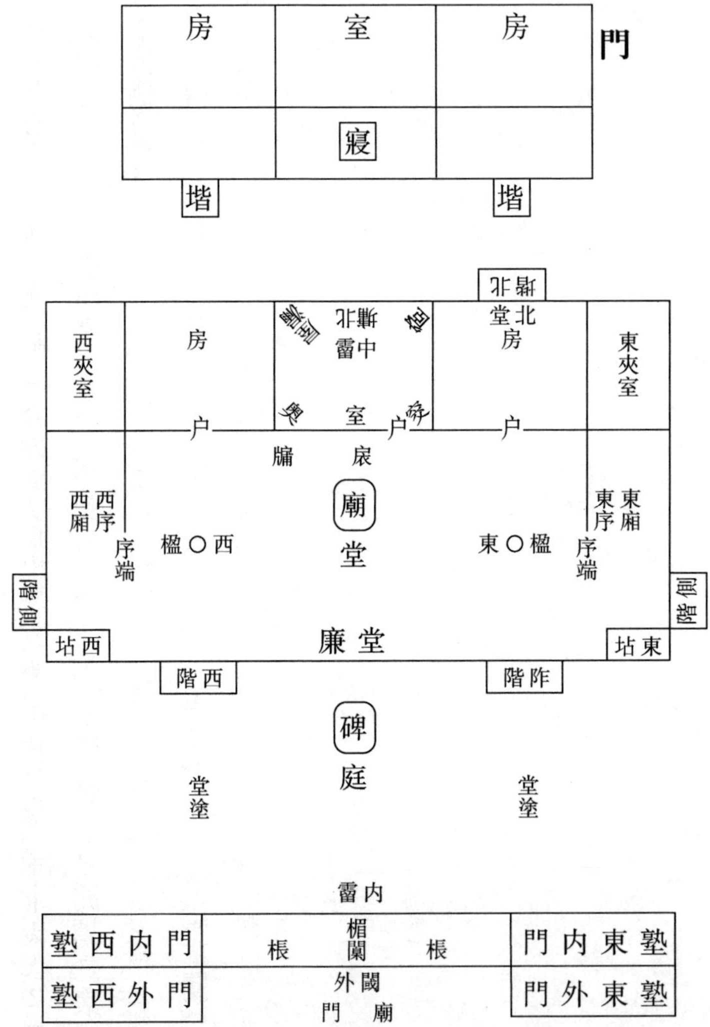

《爾雅》曰：「室有東西厢曰廟，無東西厢有室曰寢，西南隅謂之奥，西北隅謂之屋漏，東北隅謂之宧，盈之反。東南隅謂之窔，一弔反。東西牆謂之序，牖户之閒謂之扆，宫中之門謂之闈，門側之堂謂之塾，廟中路謂之唐，堂途謂之陳。」唐與陳皆堂下至門之徑，特廟堂異其名爾。又曰：「柣千結反。謂之閾，棖謂之楔，革鍩反，❶又先結反。橛謂之闑。魚列反。蓋界于門者，柣也，亦謂之閾；旁于門者，棖也，亦謂之楔；中于門者，橛巨月反。❷也，亦謂之闑。」《士喪》疏云：「房户之外由半以南謂之堂。」《士昏》疏云：「其内由半以北亦謂之堂。」堂中北牆謂之墉，《士昏》「尊于室中北墉下」是也。堂下之牆曰壁，《士虞》「饎爨在東壁」是也。坫有東坫、西坫，《士喪》疏云「堂隅有坫，以土爲之」是也。塾有内、外，《士冠》注云「西塾，門外西堂」是也。《月令》曰「其祀中霤」，古者複穴以居，是以名室爲中霤。又有東霤，《燕禮》「設篚當東霤」，此言諸侯四注屋之東霤。又有門内霤，《燕禮》「賓執腩以賜鍾人于門内霤」是也。

《聘禮》賈疏曰：「門有東西兩闑。」又《玉藻》「公事自闑西，私事自闑東」，《疏》云「闑謂門之中央

❶「革鍩反」，盧本作「楔音契」。

❷「反」，原作「也」，今據盧本改。

所竪短木」，則門只有一闑，未知孰是。今案：《爾雅》云「橛謂之闑」，注云「門中之橛名闑」；又曰「在地者謂之闑」，注云「在地及門者，名闑」，當以《玉藻》疏及《爾雅》爲正。

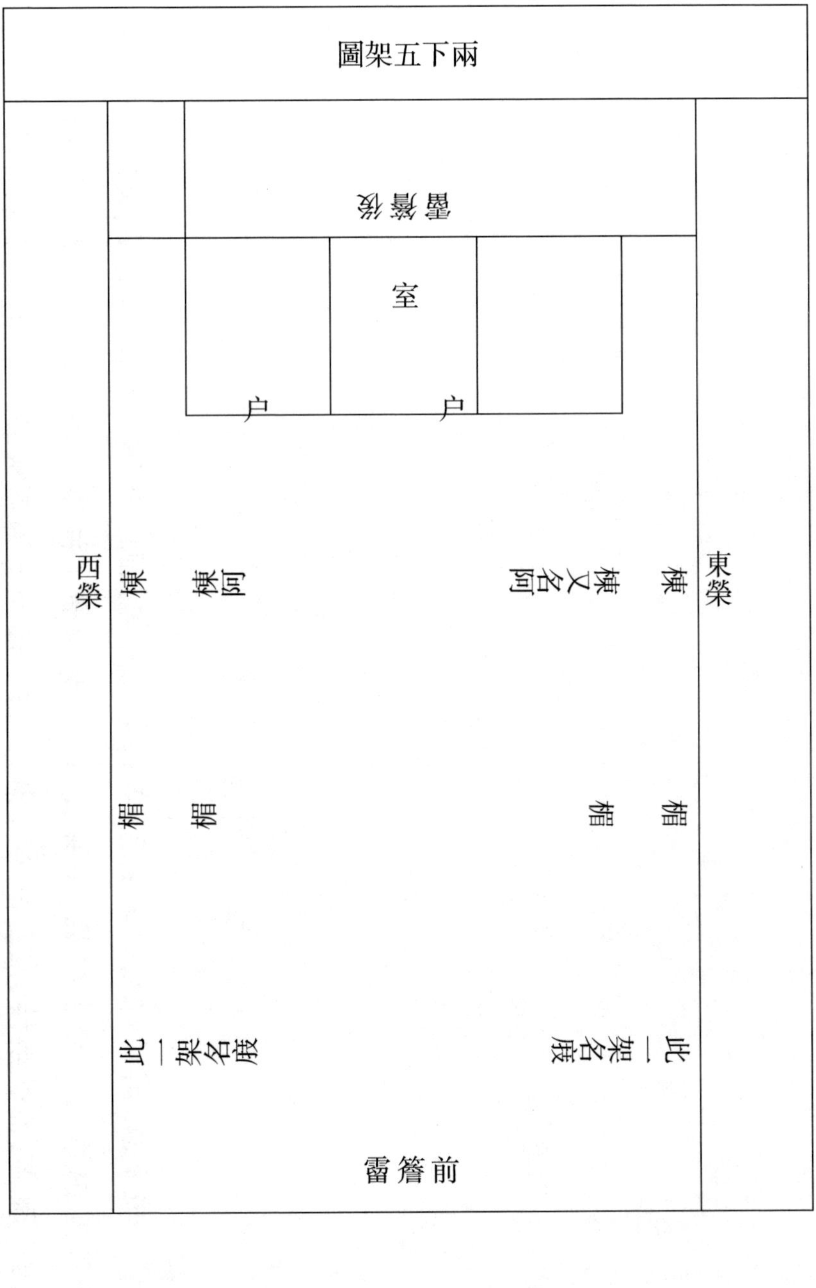

兩下五架圖

《少牢》疏云：「大夫、士廟室皆兩下五架，正中曰棟。棟南兩架，北亦兩架，棟南一架名曰楣，前承簷以前名曰庪。棟北一架爲室，南壁而開户，即是一架之開廣爲室。」《昏禮》「賓當阿，東面致命」，鄭云：「阿，棟也。」入堂深，明不入室，是棟北乃爲室也。

鄭注大夫士東房西室之圖

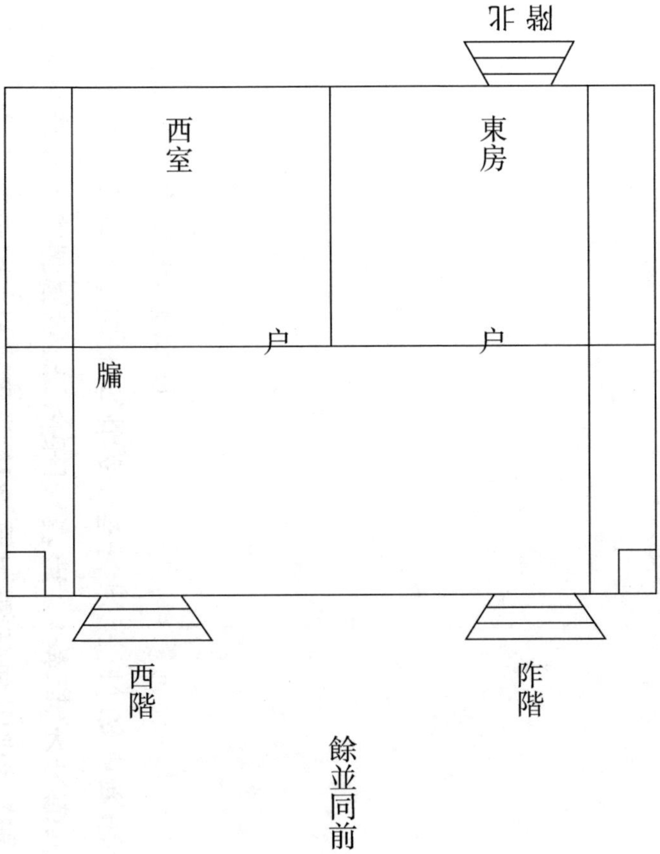

寢廟辯名已見前圖，鄭注謂「天子、諸侯有左右房，大夫、士惟有東房、西室」，故别圖以見之。案，陳祥道云：「《鄉飲酒》『薦脯五脡出自左房』，《鄉射·記》『籩豆出自東房』，《大射》『宰胥薦脯醢，由左房』，《鄉飲》、《鄉射》大夫禮，《大射》諸侯禮，其言皆相類，蓋言左以有右，言東以有西，則大夫、士之房室與天子、諸侯同可知。鄭氏謂大夫、士無西房，恐未然也。」

諸侯五廟圖

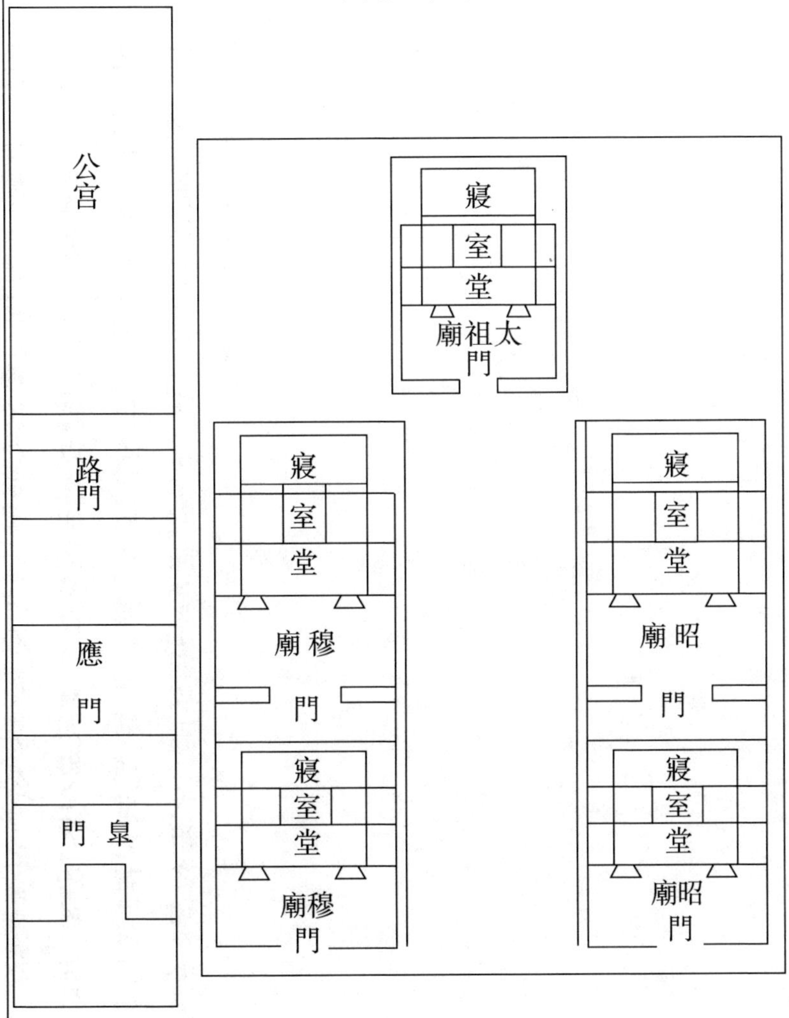

朱先生曰：「《周禮》建國之神位左宗廟，則五廟皆當在公宮之東南矣。其制則孫毓以爲外爲都宮，太祖在北，二昭、二穆以次而南是也。蓋太祖之廟，始封之君居之；昭之北廟，二世之君居之；穆之北廟，三世之君居之；昭之南廟，四世之君居之；穆之南廟，五世之君居之。廟皆南向，各有門、堂、室、寢，而牆宇四周焉。太祖之廟百世不遷，自餘四廟則六世之後，每一易世而一遷。」

賈疏諸侯五廟之圖

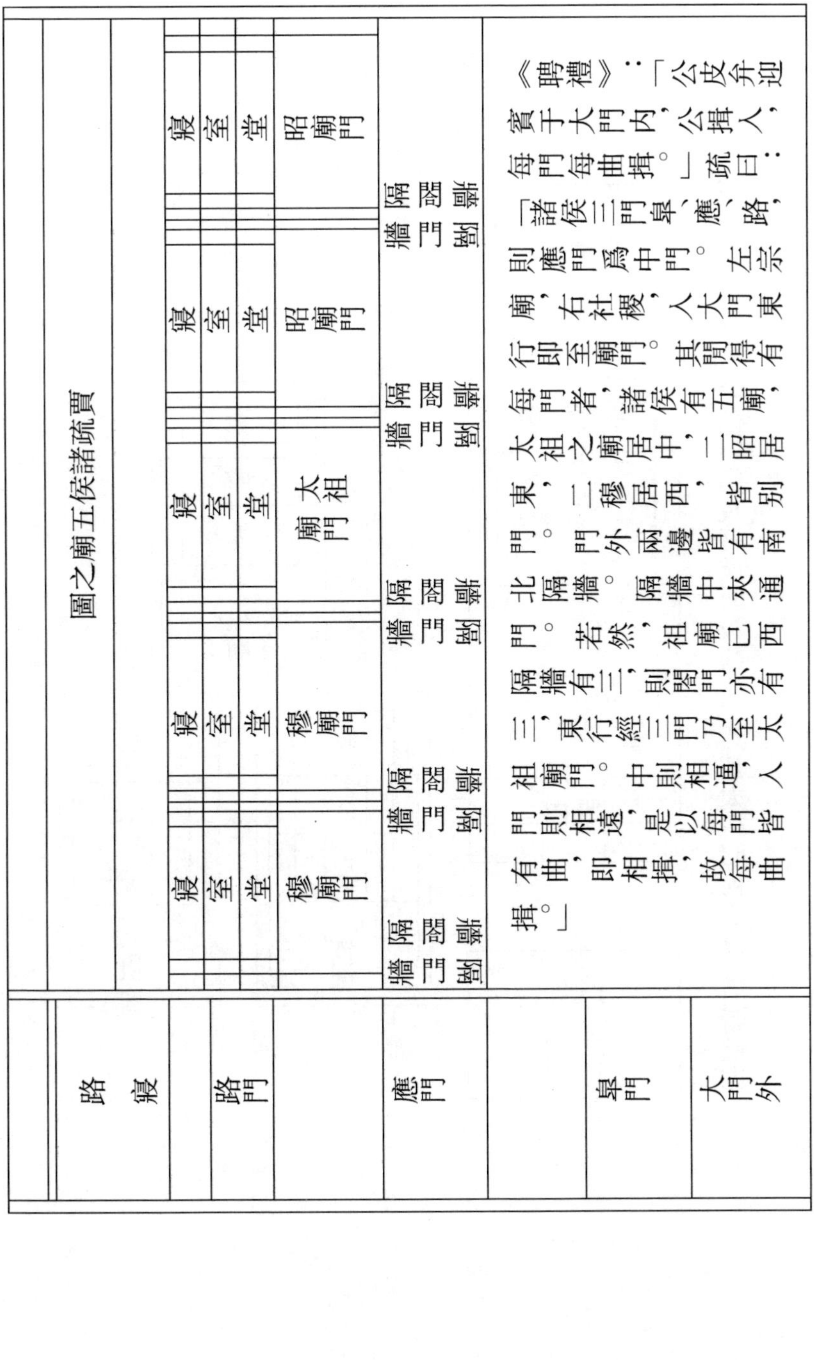

《聘禮》：「公皮弁迎賓于大門內，公揖入，每門每曲揖。」疏曰：「諸侯三門，皐、應、路，則應門爲中門。左宗廟，右社稷，入大門東行即至廟門。其間得有每門者，諸侯有五廟，太祖之廟居中，二昭居東，二穆居西，皆别門。門外兩邊皆有南北隔牆。隔牆中夾通門。若然，祖廟已西隔牆有三，則閤門亦有三，東行經三門乃至太祖廟門。中則相逼，入門則相遠，是以每門皆有曲，即相揖，故每曲揖。」

大夫三廟圖

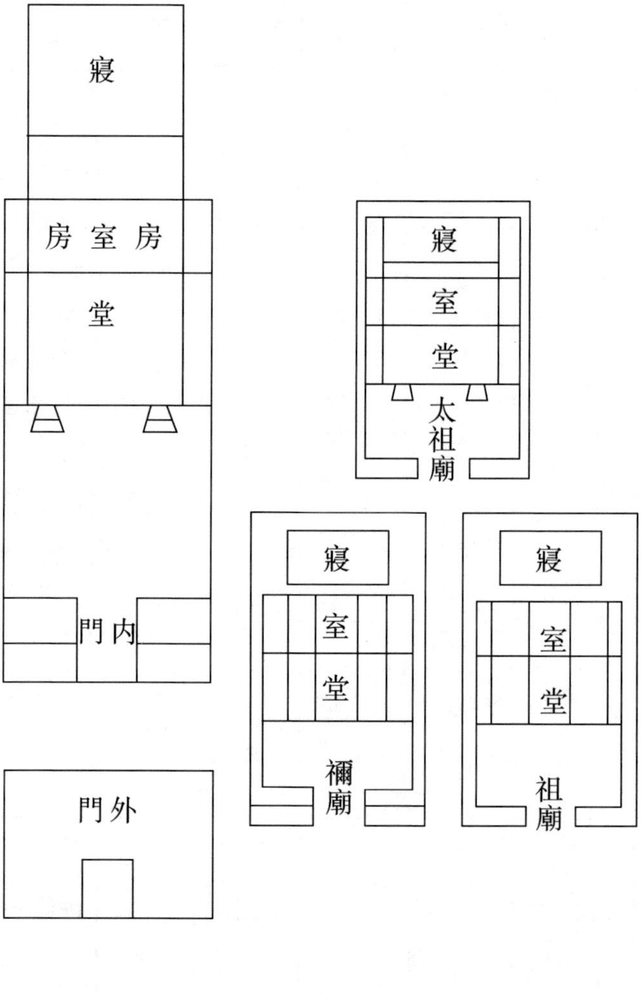

朱先生曰：「大夫三廟，則視諸侯而殺其二，然其太祖昭穆之位，猶諸侯也。」

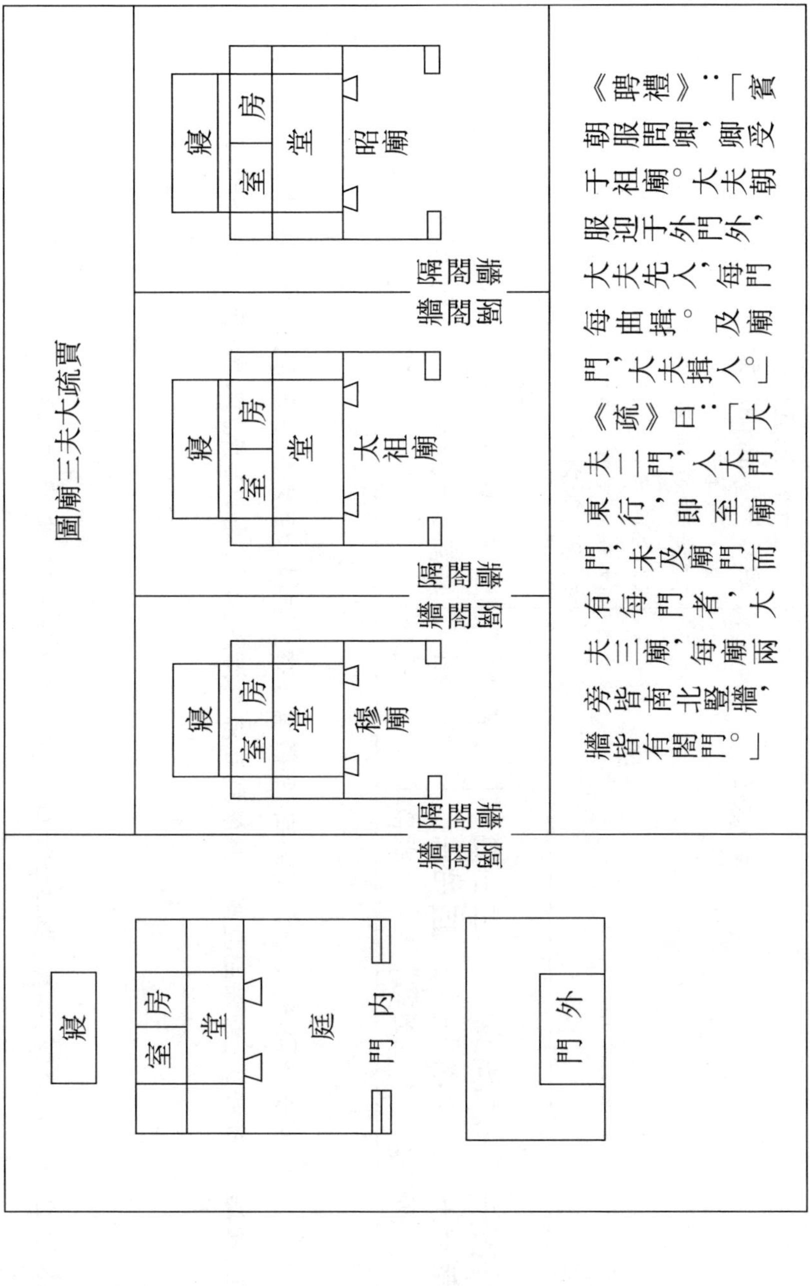
賈疏大夫三廟圖
寢
室
房
堂
庭
門內
門外
穆廟
太祖廟
昭廟
《聘禮》：「賓朝服問卿，卿受于祖廟。大夫朝服迎于外門外，大夫先入，每門每曲揖。及廟門，大夫揖入。」《疏》曰：「大夫三門，入大門東行，即至廟門，未及廟門而有每門者，大夫三廟，每廟兩旁皆南北豎牆，牆皆有閤門。」

冕弁門

冕弁制度等降，見於《儀禮》、《周禮》、《禮記》者互有詳略，鄭注、賈疏又各有得失，今悉圖以見之。

冕圖

凡冕上玄下纁，前後有旒，低前一寸二分，故取其俛而謂之冕。冕同而服異，曰衮冕，曰鷩冕，曰毳冕，曰絺冕，曰玄冕，皆因服之異而名之耳。冕之制雖明，而旒玉有多少，等降亦不同也。

〇王冕

大裘而冕　王祀昊天上帝，祀五帝亦如之。	
衮冕　王享先王，覲禮天子，衮冕負斧依。	注：「衮衣者，裨之上也。繢之，繡之爲九章。衣衮衣而冕，南鄉以俟諸侯見。」〇《周禮·司服》注云：「王受朝覲於廟，則衮冕。」
鷩冕　王享先公，饗、射。	
毳冕　王祀四望山川。	
絺冕　王祭社稷、五祀。	
玄冕　王祭群小祀。	

司服掌王之五冕，今衮冕而上又有大裘而冕，則六冕矣。陳祥道曰：「《司服》：『王祀昊天上帝則服大裘而冕，祀五帝亦如之。』『饗先王則衮冕』，《禮記》曰：郊之祭，王被衮以象天。戴冕藻十有二旒，則天數也。鄭司農曰：『大裘，黑羊裘，服以祀天，示質也。』合《周官》、《禮記》以考之，王之祀天，内服大裘，外被龍衮。龍衮，所以襲大裘也。蓋先王祀天以冬至之日爲主，❶而裘又服之本也，故云大裘以文之。❷以抶言之，即是冕。《周禮》□□□□『四時之祭祀以宜服之』，❸則凡事上帝之祀不必服大裘，貴得時之宜耳。《月令》：『孟冬，天子始裘。』先儒謂服大裘以祭地祇，非也。」

❶「主」，元刻《禮書》卷一作「正」。

❷「文」，元刻《禮書》卷一作「名」。

❸「□□□□」，疑爲「屨人曰凡」四字。本爲五□，今據元刻本删一□。

旒						
	鄭云：大裘之冕，蓋十二旒，以爲即衮服之冕，説見前。					
冕十二旒	旒十二玉	繅玉五采	《聘》疏曰：「五采，每玉相去一寸。就，成也。❶以一玉爲一成，結之使不相并也。」❷○《弁師》：「掌王五冕，皆玄冕，朱裏，足紐，五采，繅有十二就，皆五采。玉十有二，玉笄，朱紘。」鄭氏謂繅不言皆，有不皆者。衮冕十二旒，鷩冕九旒，毳冕七旒，絺冕五旒，玄冕三旒也。延冕之覆在上組，小鼻在武，笄所貫也。繅，雜文之名也，合五采絲爲之繩，垂於延之前後。朱紘，以朱組爲紘也。紘一條屬兩端於武，蓋上玄爲延，下朱爲裏，約之以武，設之以紐，貫之以笄，固之以紘。			
九旒旒十	二玉繅玉	五采		玉笄	朱紘	玉瑱注：塞耳者。
七旒旒十	二玉繅玉	五采				
五旒旒十	二玉繅玉	五采				
三旒旒十	二玉繅玉	五采				

❶「成」，原作「令」，今據《儀禮注疏》改。

❷「結」，原無，今據《儀禮注疏》補。「使」，原作「便」，今據盧本及《儀禮注疏》改。

服	
玄衣纁裳九章	龍 山 華蟲 火 宗彝 畫衣爲繢 藻 粉米 黼 黻 刺裳爲繡 案《覲禮》注：九章，天子有升龍，對降龍，❶上公衮無升龍。
同上七章	華蟲 火 宗彝 衣 藻 粉米 黼 黻 裳
同上五章	宗彝 藻 粉米 衣 黼 黻 裳
同上三章	粉米 刺衣無畫 黼 黻 裳 陳云：衣亦畫也。
同上	衣無文，裳刺黻而已，是以謂玄焉。

❶「對」，《覲禮注》作「有」。

古天子冕服十二章，周以星辰、日、月畫於旌旗，所謂「三辰旂旗，昭其明也」。而冕服九章，登龍於山，登火於宗彝，尊其神明也。華蟲，雉也，亦曰鷩。毳，獸細毛也。宗彝有虎蜼之飾，而毳衣有宗彝之章，故《書》謂之「宗彝」，《周禮》謂之「鷩冕」。虎取其義，蜼取其智。○鄭注。○今案：周天子九章，乃鄭氏一家之説云爾。《司服》「上公自衮冕而下，侯伯自鷩冕而下」。夫衮冕九章，鷩冕七章，上公既自衮冕而下，則上而天子當有十二章，備日、月、星辰之象，不言可知。鄭説恐未可以爲據也。

執鎮圭，搢大圭。朝諸侯則執瑁圭。

素帶，朱裏，終辟。

朱韍。韍同裳色。

佩白，玉而玄組綬。

赤舄。配冕服，黑絇繶純。

右王之五冕，祭服、朝覲、會同、大會皆用之。此外於事之重者亦用之，如王養老則冕而總干，耕藉則冕而秉耒是也。若天子以日視朝，則弁而不冕。

○公侯伯子男冕服

上公衮冕	繅九就，前後九旒，旒九玉，繅三采，朱、白、蒼。賈疏云：公繅玉同文者，惟有一冕以冠五服。	
侯伯鷩冕	繅七就，前後七旒，旒七玉，繅三采。	上公自衮冕而下，其服五；侯伯自鷩冕而下，其服四；子男自毳冕而下，其服三。若助祭則隨事用之，如王祭群小祀玄冕，則助祭者亦玄冕是也。若朝王，則各服其服，如上公衮冕，侯伯鷩冕是也。○又《覲禮》「侯氏裨冕釋幣于禰」，注：「裨冕者，衣裨衣而冕也。裨之爲言埤也，天子六服，大裘爲上，其餘爲裨。」○案，注云「天子大裘爲上，其餘爲裨」，以此例推之，上公衮冕爲上，其餘爲裨；侯伯鷩冕爲上，其餘爲裨。所謂侯氏裨冕釋幣于禰者，謂用裨冕釋幣也。○又諸侯非二王後，其餘皆玄冕而祭於己。《玉藻》云「諸侯玄端以祭」，注：「『端』當爲『冕』，字之誤也，言用玄冕，非用玄端也。」○事之重者亦用之，如諸侯冕而親迎是也。若諸侯以日視朝，則弁而不冕。
子男毳冕	繅五就，前後各五旒，旒五玉，繅三采。	

雜　附

公執桓圭　侯執信圭　伯執躬圭

子執穀璧　男執蒲璧

諸侯素帶終辟不朱裏。

朱韍鄭氏釋《斯干》詩曰：「芾，天子純朱，諸侯黄朱。」又《詩》曰「赤芾在股，赤芾金舃」是也。芾，與韍同。

佩山玄玉而朱組綬

赤舃《詩》曰：「赤舃几几，玄衮赤舃。」赤芾，金舃，周公及諸侯冕服之舃也。赤舃謂之金舃，鄭氏謂金舃，黄朱色也。諸侯之芾亦黄朱，則舃用黄朱宜也。

○王公卿大夫及諸侯孤卿大夫冕服 此下經無正文，皆先儒推説。

王之三公鷩冕
繅八就，前後各八旒，旒八玉。
王之三公
蓋執信圭

王之孤卿毳冕
繅六就，前後各六旒，旒六玉。
孤執皮帛
卿執羔

王之大夫絺冕
繅四就，前後各四旒，旒四玉。
大夫執鴈

公之孤
繅玉如王之大夫。

大國之卿玄冕
繅三就，前後各三旒，旒三玉。
再命之大夫
繅再就。
一命之大夫
繅一就。

帶素帶辟垂。

韍再命赤韍，三命赤韍。
公、侯、伯之卿三命，大夫再命，而諸侯助祭、聘王以絺冕、玄冕、纁裳，故赤韍。

佩水蒼玉而純組綬。
公之孤執皮帛。
大國之卿執羔，
一命再命之大夫執鴈。

《典命》：「王之三公八命，其卿六命，其大夫四命，及其出封皆加一等。」蓋八命加一等則是三公一命衮而衣服以九爲節也。其未出封，則八命與侯伯同七章之服矣。公與侯伯同七章之服，則卿六命與子男同五章之服矣。觀《司服》「孤之服自絺冕而下如子男之服，卿大夫自玄冕而下如孤之服」，公之孤四命而服三章之絺冕，大國之卿三命、大夫再命而服一章之玄冕，則王之公卿大夫衣服各降命數一等可知。○自公之衮冕至大夫之玄冕，皆其朝聘天子及助祭之服，諸侯非二王後，其餘皆玄冕而祭於己。《雜記》曰：「大夫冕而祭於公，弁而祭於己；士弁而祭於公，冠而祭於己。」大夫爵弁自祭家廟，惟孤爾，其餘皆玄冕，與士同。

弁圖

《周禮·弁師》「掌王之五冕、三弁」，則冕、弁同官也。五冕已見前圖，三弁別圖以見之。但冕、弁之制，上得以兼下，下不得以兼上，故三弁之服雖上下之通用，而其用有不同，今具其制于後。

爵弁賈疏曰：「凡冕，上玄下纁，前後有旒，低前一寸二分，故取其俛而謂之冕。其爵弁制大同，惟爲爵色而無旒，又前後平，故不得爲冕。用布升數，

韋弁
兵事，韋弁服。注：「韋弁以韎韋爲弁。」○《周禮·司服》。

皮弁
眂朝，皮弁服。注：「皮弁，以白鹿皮爲冠。」○《司服》。《弁師》：「王之皮弁，會五采，玉璂，象邸，玉笄。」○注：「會，縫中

冠弁
甸冠，弁服。注：「甸，田獵也。冠弁，委貌也，亦曰玄冠。」○《司服》。

取冠倍之義，朝服十五升，故其冕　爲　三　十升也。」

陳祥道曰：「《周禮》有韋弁，❶無爵弁，《書》『二人雀弁』，《儀禮》、《禮記》有爵弁，無韋弁，士之服止於爵弁。而荀卿曰：『士韋弁。』孔安國曰：『雀，韋弁也。』則爵弁即韋弁耳。」又曰：「古文弁象形，❷則其制上鋭如合手然，非如冕也。韋其質也，爵其色也。」《士冠禮》再加皮弁，三加爵弁，而以爵弁爲尊。《聘禮》王卿贊禮服皮弁，及歸饔餼服韋弁，而以韋弁爲敬，韎色赤，爵色亦赤，即一物耳。○案，《司服》「兵事，韋弁服」，陳祥道云「韋弁即爵弁」，豈軍國並用之歟？

也，縫中每貫結五采玉十二以爲飾，謂之璂。《詩》云：『會弁如星。』」

❶「弁」，元刻本作「皮」。

❷「古文弁象」，原作「弁象古文」，今據元刻《禮書》改。

服
爵弁，冕之次，餘衣皆用布，惟冕與爵弁服用絲，纁衣，纁裳。
《司服》注：❶「韋弁，以韎韋爲弁，又以爲衣裳。」《春秋傳》曰：『晉郤至衣韎韋之附注』是也。」《司服》注以韎爲韋衣裳。《聘禮》釋謂韎布以爲衣而素裳。既曰「韎韋爲衣」，又曰「韎布爲衣」，既曰「韎韋爲裳」，又曰「素裳」，或者軍國之容不同故也。
用布亦十五升，其色白，與冠同素積。○注：「素積者，以素爲裳，辟績其要中。」
《特牲》「冠端玄」，疏云：「下言『玄』者，玄冠有不玄端者，不玄端則朝服，玄冠一冠冠兩服也。」朝服十五升，緇布衣而素裏，但六入爲玄，七入爲緇，大判言之，緇衣亦名玄，故云「周人玄衣而養老」，玄衣指朝服言之。鄭康成釋《儀禮》謂「玄端即朝服之衣易其裳爾」，此說不然。《儀禮》大夫筮日以朝服，士筮日以玄端。《冠禮》主人朝服，既冠，冠者服玄端。《雜記》襚禮自西階受朝服，自堂受玄端，則朝服與玄端異矣。

❶ 「注」，原無，今據下文及《周禮注疏》補。

		朝服 素裳，已見上文。	玄端 玄端，玄裳、黃裳、雜裳可也。鄭注云「上士玄裳，中士黃裳，下士雜裳」。○玄端服，君、大夫、士皆服之，而裳則不同。
爵弁緇帶	皮弁緇帶	朝服緇帶	玄端緇帶
《玉藻》「士練帶，率下辟」，《士冠》主人「朝服，緇帶」，冠者「爵弁，皮弁」。緇布冠皆緇帶，則士帶皆練而皆飾以緇。			
爵弁韎韐	皮弁素韠	朝服素韠	玄端朱韠
韠同裳色。○《士冠禮》。	皮弁素積，故素韠。	朝服，緇布衣而素裳，故亦素韠。	素韠，爵韠。

注：「韎韐，緼韍也，爵弁纁裳，故緼韍。緼，赤黃之閒色。」	士佩瓀玟	玉而緼組綬。		爵弁纁屨
	同上			
	同上		白舄配皮弁服，青絇繶純。	素積白屨
	同上		黑舄配冠弁服，赤絇繶純。	朝服白屨
《玉藻》云：「君朱，大夫素，士爵韋。」蓋天子、諸侯玄端朱裳，故朱韠；大夫玄端、素裳，故素韠；士玄裳、黃裳、雜裳可也，故爵韠。	同上			玄端白屨

爵弁	士弁而祭於公，冠而祭於己。士以爵弁爲上，故用以助祭。大夫爵弁而祭於己，惟孤爾。《士冠》：「三加爵弁服。」《士昏》：「主人爵弁，纁裳，緇袘。」《士喪》：「復者一人以爵弁服。」
韋弁	《聘禮》：「君使卿，韋弁，歸饔餼。」夕，夫人使下大夫韋弁歸禮。王及諸侯、卿大夫之兵服。韋弁服，軍容，君臣同服。
皮弁	天子以視朝，《司服》：「視朝，則皮弁服。」○《士冠禮》鄭注云：「天子與其臣玄冕以視朔，皮弁以日視朝，皆君臣同服。」以宴，《詩》曰：「側弁之俄。」以聽郊報，《郊特牲》：「祭之日，王皮弁以聽祭報，示民
朝服	天子以田，《司服》：「凡甸，冠弁服。」以燕群臣，以養老。《王制》云：「周人玄衣而養老。」注云：「天子燕服，爲諸侯朝服。」又云：「凡養老之服，皆其時與群臣燕之服。」天子之卿服以從燕諸侯。
玄端	天子卒食，玄端以居。《玉藻》注云：「天子服玄端燕居。」諸侯孤卿大夫士之齊服。《司服》：「其齊服有玄端、素端。」○玄冠，丹組纓，諸侯之齊冠也。玄冠綦組纓，士之齊冠也。士祭以筮日、筮尸。《特牲》：「筮日，主人冠

又《士喪》陳衣有爵弁服。

天子哭諸侯。《檀弓》曰：「天子之哭諸侯也，爵弁，絰，紂衣。」❶

嚴上也。」

以食，《玉藻》：「皮弁以日視朝，遂以食。」

以啓金縢之書，《書》：「王與大夫盡弁。」

以舞大夏，《明堂位》：「魯祀周公以天子之禮樂，皮弁、素積，裼而舞《大夏》。」

以勞。

諸侯以聽朔，《玉藻》：「諸侯皮弁以聽朔於

諸侯以日視朝，《王制》注云：「天子燕服爲諸侯朝服。」《玉藻》云：「朝服以日視朝於內朝。」

朝服以食。注：「朝服以食，所以敬養身也。」

諸侯不限畿內畿外，視朝行道皆服之。

諸侯之孤卿、大夫服以朝君。

端玄，有司、群執事如主人服，筮尸如求日之儀。」

大夫、士以爲私朝之服。《玉藻》：「朝玄端。」

以事親，《內則》曰：「子事父母，端韠紳，搢笏。」

以擯相。「端章甫，願爲小相焉。」○《士冠》：「贊者玄端。」

士冠。既冠，易服，服玄冠、玄端以見鄉大夫、

❶「紂」，原作「紡」，今據《禮記注疏》改。

大廟。」〇《士冠禮》注云：「諸侯與其臣皮弁以視朔，朝服以日視朝。」

以卜夫人世婦，使入于蠶室。

以迎王之郊勞。《覲禮》：「王使人皮弁用璧勞侯氏，侯氏亦皮弁迎于帷門之外。」

卿大夫以聘於鄰國，《聘禮》：「賓皮弁聘。」

諸侯之臣與其君日視朝之服。

大夫士以爲祭服。《少牢禮》：「筮日，主人朝服。」〇主人朝服迎鼎，厭祭迎尸以祭。〇《特牲饋食》：「主人朝服。」

士冠以筮日。《士冠》：「筮日，主人朝服，尊著龜之道也。」

鄉先生。

玄端，齊服也，天子以爲燕服，士以爲祭服，大夫、士以爲私朝之服。或以事親，或以擯相，或既冠則服之以見鄉大夫、鄉先生。凡書傳所謂委貌者，即此玄端委貌也。

以待聘賓還玉，《聘禮》：「君使卿皮弁還玉于館。」以卜宅，大夫卜宅與葬日，占者皮弁。大學以釋菜。《學記》：「大學始教，皮弁祭菜，示敬道也。」士冠，再加，皮弁。葬，薦乘車載皮弁服。弔，《喪服·小記》：「諸侯弔必皮弁、錫衰。」

如「晉侯端委以入武宮」，劉定公曰「吾端委以治民，臨諸侯」，「晏平仲端委以立于虎門之外」是也。則玄端之所用爲尤多矣。此外又有二條：玄端而冕，天子之齊服玄端而冕。武王齊三日，端冕以奉丹書。荀子曰：「端衣玄裳，冕而乘輅者，志不在於茹葷。」以齊茹葷，故不之時也，自諸侯以下其齊則玄冠玄端，❶而以組纓殊色爲尊卑之別。所謂「玄冠丹組纓，玄冠綦組纓」是也。天子、諸侯、大夫齊祭異冠，士齊祭同冠。

玄端而緇布冠。

大蜡。《郊特牲》：「大蜡，皮弁、素服、葛帶、榛杖以送終。」

❶「齊」，原闕，今據元刻本補。

士冠始加，緇布冠服玄端。○《玉藻》云：「玄冠朱組纓，天子之冠也。緇布冠繢緌，諸侯之冠也。」鄭氏曰：「皆始冠之冠。」禮，始冠，緇布冠，自諸侯下達，則諸侯所以異於大夫、士者，繢緌耳。天子始冠不以緇布而以玄冠。」○詳見《士冠禮》。

爵弁重於皮弁。

《士冠禮》再加皮弁，三加爵弁，而以爵弁爲尊。

韋弁重於皮弁。

《聘禮》主卿贊禮服皮弁及歸饔餼服韋弁，而以韋弁爲敬。

皮弁重於朝服。

天子皮弁以日視朝，諸侯朝服以日視朝。

朝服重於玄端。

《特牲士祭禮》：「筮日服玄端，及祭而朝服。」《少牢大夫祭禮》：「筮日及祭皆朝服。」

朱先生曰：「『不學雜服，不能安禮』，鄭注謂服是皮弁冕服之類。古人服各有等降，若理會得雜服，則於禮亦思過半矣。且如冕服是天子祭服，皮弁是天子朝服；諸侯助祭於天子則服冕服，自祭於其廟則服玄冕；大夫助祭於諸侯則服玄冕，自祭於其廟則服皮弁。又如天子常朝則服皮弁，朔旦則服玄冕；諸侯常朝則用玄端，朔旦則服皮弁；大夫常朝亦用玄端，夕深衣；士則玄端以祭，上士玄裳，中士黄裳，下士雜裳。前玄後黄也。庶人深衣。」今案：所引禮服惟諸侯常朝則服玄端一節可疑。《玉藻》云「諸侯朝服以日視朝」，非用玄端也。玄端，天子燕服，諸侯以爲齊服，大夫、士以爲私朝之服，非諸侯視朝之服，恐《語録》傳寫之誤也。

内司服圖

王吉服九，后吉服六。王之服九而祭服六，后之服六而祭服參，以婦人不預天地、山川、社稷之祭故也。王之服衣裳之色異，后之服連衣裳而其色同，以婦人之德，本末純一故也。王之服襌而無裹，后之服裹而不襌，以陽成於奇，陰成於偶故也。

褘衣	從王祭先王則服褘衣。	褘，音暉，即翬也。《爾雅》曰：「伊雒而南，素質五色皆備成章，曰翬。」
揄狄	從王祭先公則服揄狄。	揄，音遥，即摇也。江淮而南，青質五色皆備成章曰摇。狄，當爲翟。《詩》云：「玼兮玼兮，其之翟也。」翟，雉名。
闕狄	從王祭群小祀則服闕翟。	闕狄。《禮記》謂之屈狄，闕與屈聲相近。陳祥道云：「其制屈於褘、揄而已。」
		《内司服》鄭注：「褘、揄二翟，刻繒爲之形而采畫之，綴於衣以爲文章。褘衣畫翬者，揄翟畫採者，闕翟刻而不畫。」陳祥道云：「三翟蓋皆畫之於衣，如王冕服。」
鞠狄	蠶則服鞠衣。	鞠，居六反。鞠衣，黄桑服也。色如鞠塵，象桑華始生。《月令》：「三月薦鞠衣于上帝，告桑事。」
展衣	以禮見王及賓客服展衣。	展，張彦反。當爲「襢」，襢之爲言亶，誠也。襢聲與展相近。《詩》云：「瑳兮瑳兮，其之展也。」
緣衣	燕居及御于王服緣衣。	《爾雅》曰：「赤緣謂之褖。」《内司服》言「緣衣」，《玉藻》言「褖」，《喪服》襲言「褖衣」，復言「稅衣」，則「緣」、「褖」、「稅」同實而異名也。子羔之襲稅衣纁袡，曾子譏之曰：「不襲婦服。」蓋丈夫褖衣緣以黑，婦人褖衣緣以纁。

		首服		
玄色	裏，素沙。注：「今之白縛也。六服皆袍制，以白縛爲裏，使之張顯。今世有紗縠者，名出於此。」 裳，連衣裳。注：「婦人尚專一，德無所兼，連衣裳不異其色。」	副	以副配褘，《禮》「夫人副褘立於東房」是也。	三翟首服副，副之言覆，所以覆首爲之飾。
青色		副	以副配翟，《詩》「副笄六珈，其之翟也」是也。	
赤色		副		
黃色		編	鞠衣、展衣，首服編，編，編列髮爲之，其遺像若今之假紒。	
白色		編		
黑色		次	褖衣首服次，次，次第髮長短爲之，所謂髲髢也。	

衡	《周禮·追師》：「追衡笄。」注：「追，猶治也。《詩》云：『追琢其章。』王后之衡笄皆以玉爲之，唯祭服有衡，垂于副之兩旁，當耳，其下以紞縣瑱。紞，所以懸瑱當耳者也。《詩》云：『玉之瑱也。』」 唯王后祭服有衡，若編次則無衡。	笄以玉爲之。笄，今之簪。王后燕居亦纚笄總而已。

舃		内命婦	
玄舃黄絇繶純	複下曰舃，禪下曰屨。褘衣玄，故玄舃配褘衣，青舃以下以此推之。〇玄黄、青白、赤黑，對方爲繢次。青赤、赤白、白黑、黑青，比方爲繡次。而《冠禮》黑屨、青絇繶純，白屨、緇絇繶純，皆比方之色。特爵弁、纁屨、黑絇繶純，蓋尊祭服之屨，故飾從對方之色。則凡舃之飾如繢次，屨之飾如繡次可也。拘謂之絇，著舃屨之頭以爲行戒。繶，縫中紃。純，緣也。后之吉服六而舃屨各三。古者，衣象裘色，韠象裳色。《士冠》三屨皆象其裳之色，則王及后之舃屨各象其裳之色可知也。		
青舃白絇繶純		三夫人	《玉藻》：「夫人揄狄。」鄭注：「夫人，三夫人。」又《内司服》：「辨外内命婦之服。」鄭注云：「三夫人及公之妻。其闕狄以下乎？」二説不同。
赤舃黑絇繶純			
黄屨白絇繶純		九嬪	自鞠衣而下。
白屨黑絇繶純		世婦	自展衣而下。
黑屨青絇繶純		女御	

外命婦

			二王后夫人用褘衣。《禮記》：「夫人副褘立於東房。」《明堂位》言「魯侯得用衮冕」，則夫人副褘可知也。
舄青。❶	公之妻 鄭注：「公之妻其闕狄以下乎？」陳祥道云：「《王制》言『三公一命卷』，則三公在朝鷩冕，其妻揄狄可知。」	舄青。	侯伯之夫人揄狄。
			子男之夫人闕狄。
命屨黄。	其夫孤也，則服鞠衣。	命屨黄。	諸侯之臣之妻其服經無明文，《玉藻》云：「君命屈狄，再命褘衣，一命襢衣，士褖衣。」注云：「此子、男之夫人及其卿大夫、士之妻命服也。褘當爲『鞠』，字之誤也。君，女君也。謂子、男之夫人屈狄也。子、男之卿再命而妻鞠衣，一命之妻襢衣，士之妻緣衣。」又曰：「諸侯之臣皆分爲三等，其妻以次受此服也。公之臣孤爲上，卿大夫次之，士次之；侯、伯、子、男之臣卿爲上，大夫次之，士次之。」
功屨白。	其夫卿大夫也，則服展衣。	功屨白。	
功屨黑。	其夫士也，則服緣衣。	功屨黑。	

❶「青」，原無，今據盧本補。

爲玄	
爲青	
爲赤	
展衣	被錫衣侈袂。《少牢禮》：「主婦被錫衣侈袂，主婦贊者一人亦被錫衣侈袂。」鄭注：「『被錫』讀爲『髲鬄』，此《周禮》所謂『次』也。」《特牲禮》「主婦纚笄宵衣」，此不纚笄者，大夫妻尊故也，亦衣綃衣而侈其袂耳。士妻之袂
緣衣	主婦纚笄宵衣立于房中。《特牲禮注》：❶「宵，綺屬。此衣染以黑，其繒本名曰宵。」鄭注《内司服》云「男子之褖衣黑」，則宵衣亦黑也。○今案，注以「宵衣」爲「褖衣」，未知然否。女次純衣纁袡。《士昬

❶「特牲」二字，原無，今據元刻本、盧本補。

二尺二寸，袪尺二寸三分。侈者，蓋半士妻之袂以益之。三分益一，故三尺三寸，袪尺八寸也。〇今案：大夫妻服展衣，首服編。《少牢》乃大夫禮，主婦不服編。展衣乃被錫衣侈袂者，鄭氏謂外命婦惟王祭祀，賓客以禮佐后得服此上服，自於其家則降焉。

禮》：「女次，純衣、纁袡，立于房中，南面。」注：「純衣，絲衣也。」曾子譏子羔襲稅衣纁袡者，則緣衣也。

姆纚笄宵衣，在其右。

《士昬禮》：「女次純衣，姆纚笄宵衣。」《特牲禮》：「主婦纚笄宵衣。」則副編次之下，纚笄其飾也。纚，韜髮者。笄，今未知然否。今去古益遠，副編次之制不復得見其詳，鄭注以《少牢》「被錫」當《周禮》「首服次」，未敢以爲必然也。

時簪也。士姆纚笄，亦攝盛也。姆亦玄衣，以綃爲領也。《詩》云：「素衣朱繡。」又云：「素衣朱襮。」《爾雅·釋器》云：「黼領謂之襮。」襮既爲領，明朱繡亦領可知。○今案：《特牲禮》云：「主婦纚笄、宵衣。」鄭注以宵爲衣，此纚笄宵衣，鄭注以宵爲領，二説牴牾。

女從者畢袗玄。

女從者，謂姪娣也。《論語》、《曲禮》皆曰：「袗絺綌。」《孟子》曰：「被袗衣。」則袗設飾也。袗玄者，設飾以玄也。○今案：上文「女純衣」注云「禒衣」，下文「姆纚笄宵衣」注云「姆亦玄衣」，此女從者畢袗玄，如疏家所説禒也、宵也、玄也，皆爲異色。

牲鼎禮器門❶

牲體圖

賈氏《有司徹》「不賓尸，乃盛俎」疏云：「凡骨體之數，左右合爲二十一體。」案，《少牢》注云：「肩、臂、臑，肱骨也。膊、胳，股骨。」《鄉飲酒》注：「前脛骨三，肩、臂、臑也。後脛骨二，膊、胳也。又後有髀、觳折。」《特牲·記》云「主婦俎，觳折」，注云：「觳，後足也。」《昏禮》不數者，凡體前貴於後，觳賤於臑，故數臑不數觳，是以不升於鼎。又以髀在肫上，以竅賤，正俎不用。又脊有三分，一分以爲正脊，次中爲脡脊，後分爲横脊。脅亦爲三分，前分爲代脅，次中爲長脅，後分爲短脅。是其二十一體。○《士虞》：「用專膚爲折俎，取諸脰膉。」注云：「專猶厚也。折俎謂主婦以下俎也。體盡人多，折骨以爲之，蓋正脊之前有膉，亦謂之脰，但不升於吉祭之俎。」○今案：髀雖尸俎不升，亦有用髀者，如《士虞》祝俎有髀，《特牲》祝俎有髀，《少

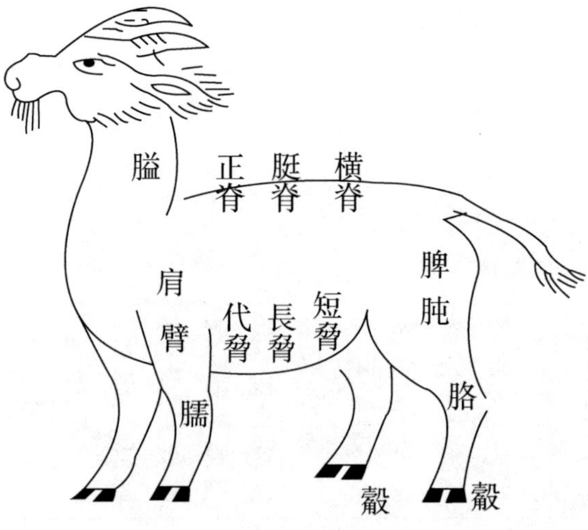

❶「牲鼎禮器門」五字，原無，今據目録補。

牢》祝俎牢髀。又腊有兩髀，屬于尻是也。尸俎不用二觳，尸以下有用觳者，《特牲》「主婦俎觳、折佐食，俎觳、折」是也。

○二十一體十九體，合兩髀爲二十一體。○羊、豕同。

《士冠禮》三醮有乾肉折俎，疏曰：「或爲豚解而七體。以乾之謂之乾肉。將升于俎，則節折爲二十一體。」

陳祥道曰：「《國語》曰：『禘郊之事，則有全脀；王公立飫，有房脀；親成燕飲，有殽脀。』則全脀，豚解也；房脀，體解也；殽脀，骨折也。《士喪禮》：『特豚，四鬄，去蹄，兩胉、脊。』《既夕》鼎實，羊左胖亦如之。然則四鬄者，殊左右肩髀而爲四，又兩胉一脊而爲七。此所謂豚解也。若夫正祭，則天子、諸侯有豚解、體解。《禮運》曰：『腥其俎，孰其殽體。』其犬、豕、牛、羊，腥其俎，謂豚解而腥之爲七體。孰其殽，謂解之、爓之，爲二十一體是也。大夫士有體解，無豚解，以其無朝踐獻腥之禮故也。」○朱先生曰：「豚解之義，陳説得之。體解則析脊爲三，兩胉、兩肱、兩股各三，通爲二十一體。凡牲與腊，方解割時皆是如此。但牲則兩髀以賤而不升於正俎耳。故《少牢禮》具列自髀以下凡二十一體，但髀不升耳。而鄭注云『凡牲體之數備於此』，初不及他體也。況此言腊則又不殊，賤也。而《周禮·内饔》及此經《昏禮》兩疏皆言二十一體，乃不數兩髀，而不計其數之不足，蓋其疎略。至《少牢》疏及陳祥道乃去髀而以兩觳足之，蓋見此經後篇猶有脰及兩觳可以充數。然欲盡取之則又衍其一，故獨取兩觳而謂脰非正體。若果如此，則觳亦非正體，又何爲而取之耶？此其爲説雖巧而近於穿鑿，不可承用。」

○十九體去兩髀不升，合左右兩相爲十九體。○羊、豕同。

肩、臂、臑三，合左右兩相爲六。膞、胳二。合左右兩相爲四。

正脊、脡脊、横脊三。脊在上，無左右兩相之數。

短脅、長脅、代脅。合左右兩相爲六。

左右體兩相合爲十九，神俎不用左體，故《少牢禮》只用右體十一，其左體則侑以下用之。如「侑俎羊左肩、左肫，豕左肩、折」是也。主人俎臂一，亦左臂也。賓羊骼一，亦左骼也。若右骼，神俎用之矣。

○十一體不合左右兩相故十一體。○羊、豕同。

前脛骨三，肩、臂、臑也。亦曰肱骨。

後脛骨二，膞、胳也。膞亦作肫，胳亦作骼，亦曰股骨。

脊有三分：前分爲正脊，次中爲脡脊，後分爲横脊。脅亦作三分：前分爲代脅，次中爲長脅，後分爲短脅。長脅亦曰正脅。案：《士虞》、《特牲》、《少牢》皆云「舉幹」，幹即長脅也。

○《少牢》十一體羊、豕同左胖，髀不升。

肩、臂、臑、膊、胳，正脊一，脡脊一，横脊一，短脅一，正脅一，代脅一，皆二骨以並。並，併也。脊、脅體骨多，六體各取二骨併之，以多爲貴。

○《少牢》賓尸十一體羊、豕同。

肩、臂、肫、胳、臑，正脊一，脡脊一，横脊一，短脅一，正脅一，代脅一。前《少牢禮》脊、脅皆二骨以並，今賓尸禮脊、脅一骨在正俎，一骨在涪俎，此復序之，亦欲見脊、脅皆一骨，與前二骨以並不同也。

○《特牲》九體十一體之中不用脡脊、代脅，故九體。○豕右胖。

肩、臂、臑、膊、胳，正脊二骨，無脡脊。横脊、長脅二骨，無代脅。短脅。凡牲體四肢爲貴，故先序肩、臂、臑、膊、胳爲上，然後序脊、脅於下。注：「脊無中，脅無前，貶於尊者。」注家之意，謂士祭禮九體，脊無中謂無脡骨也，脅無前謂無代脅在前也。貶於尊者，謂《少牢大夫禮》十一體，今士禮九體，貶於大夫，大夫尊也。不貶正脊者，不奪正也。

○豚解七體

《士喪禮》：小斂「陳一鼎于門外，其實特豚，四鬄、兩胉、脊」。然則四鬄者，殊左右肩髀而爲四，又兩胉一脊而爲七，此所謂豚解也。《士喪禮》豚解而已。大斂、朔月奠、遣奠，禮雖寖盛，豚解合升如初。至虞，然後豚解、體解兼有焉。小斂總有七體，《士虞》升左胖七體，則解左胖而爲七，比之《特牲》、《少牢》吉祭爲略，比之小斂以後爲詳矣。

○士虞左胖七體豕左胖。

左肩、臂、臑、肫、骼、脊、脅。

吉禮牲尚右，今虞禮反吉，故升左胖，喪祭略七體耳。脊、脅，正脊、正脅也。喪祭禮數雖略，亦不奪正也。

○接神及尸者三體

凡接於神及尸者，俎不過牲三體。所謂接神及尸者，祝、佐食、賓長、長兄弟、宗人之等是也。俎不過牲三體，如佐食俎觳折、脊、脅是也。其餘如佐食俎，皆不過三體也。惟《特牲》，主人俎左臂、正脊二骨，橫脊、長脅二骨，短脅，凡五體者，注云「主人尊也」。

鼎數圖

○一鼎特豚無配。

特豚。

士冠醮子。特豚載合升。煮於鑊曰亨，在鼎曰升，在俎曰載。載合升者，明亨與載皆合左右胖。

士昏婦盥饋舅姑。特豚合升，側載。右胖載之舅俎，左胖載之姑俎。

小斂之奠。特豚四鬄，去蹄，兩胉、脊、肺。

朝禰之奠。《既夕》朝廟有二廟，則饌于禰廟，有小斂奠，乃啓。

○三鼎特豚而以魚、腊配之。

豚、魚、腊。

特牲。有上、中、下三鼎，牲上鼎，魚中鼎，腊中鼎。

昏禮共牢。陳三鼎于寢門外。

大斂之奠。豚合升，魚鱄、鮒九，腊左胖。

朔月奠。朔月用特豚、魚、腊，陳三鼎如初。

遷祖奠。陳鼎如殯。

○五鼎羊、豕曰少牢。凡五鼎皆用羊、豕而以魚、腊配之。

羊、豕、魚、腊、膚。

少牢。雍人陳鼎五，魚鼎從羊，三鼎在羊鑊之西，膚從豕，二鼎在豕鑊之西。倫膚九，魚用鮒十有五，腊一純。

《聘禮》：致飱，衆介皆少牢五鼎。

《玉藻》：諸侯朔月少牢。

少牢五鼎，大夫之常事。又有殺禮而用三鼎者，如《有司徹》乃升羊、豕、魚三鼎，腊爲庶羞，膚從豕，去腊、膚二鼎，陳于門外如初。以其繹祭殺於正祭，故用少牢而鼎三也。又士禮，特牲「三鼎，有以盛葬奠加一等用少牢」者，如《既夕》「遣奠，陳鼎五于門外」是也。

○七鼎

牛、羊、豕、魚、腊、腸胃、膚。

公食大夫。甸人陳鼎七，此下大夫之禮。

○九鼎

牛、羊、豕、魚、腊、腸胃、膚、鮮魚、鮮腊。

《公食大夫》「上大夫九俎」，九俎即九鼎也。魚、腊皆二俎，明加鮮魚、鮮腊。牛、羊、豕曰大牢。凡七鼎、九鼎皆大牢，而以魚、腊、腸胃、膚配之者爲七，又加鮮魚、鮮腊者爲九。

○十鼎

正鼎七。牛、羊、豕、魚、腊、腸胃、膚。

陪鼎三。膷、臐、膮。〇陪鼎又曰羞鼎，所謂陪鼎、羞鼎，皆鉶鼎也，鉶鼎所以實羹者也。《亨人》「祭祀、賓客共鉶鼎」，鉶羹所以具五味也。其芼則藿牛、苦羊、薇豕。❶其具則膷牛、臐羊、膮豕。自羹言之曰鉶羹，自鼎言之曰鉶鼎，以其陪正鼎曰陪鼎，以其爲庶羞曰羞鼎，其實一也。

《聘禮》：「設飧，上介飪一牢，鼎七，羞鼎三」，羞鼎則陪鼎也。

〇十二鼎

正鼎九。牛、羊、豕、魚、腊、腸胃、膚、鮮魚、鮮腊。

陪鼎三。膷、臐、膮。

《聘禮》：「宰夫朝服設飧，飪一牢在西，鼎九，羞鼎三。」

饔飪一牢鼎九，設于西階前，陪鼎當内廉。

《周禮·膳夫》：「王日一舉鼎，十有二物，皆有俎。」后與王同庖。

凡十鼎、十二鼎皆合正鼎、陪鼎，或十、或十二也。《郊特牲》云：「鼎、俎奇而籩豆偶，以象陰陽。」鼎有十、有十二者，以其正鼎與陪鼎别數，則爲奇數也。

---

❶「薇」，原無，元本、盧本皆闕，今據《儀禮·公食大夫禮》補。

禮器圖

今案：《儀禮》器用，有即一篇而可見者，如《鄉射》、《大射》所用弓、矢、決、遂、中、籌、豐、楅之類，不待他篇參考，今更不贅述。惟爵、觚、觶、角、散、籩、豆、敦、簠、簋之類，器有同異，禮有隆殺，必待諸篇互考參照而後可知者，今述于後。

○籩、豆

《士冠》「脯、醢」。脯用籩，醢用豆。《士昏》醴賓脯醢。《鄉飲》脯醢。衆賓辯有脯醢。《鄉射》：「薦用籩，脯五，膱醢以豆。」《聘禮》：醴賓脯醢。又筵几于室，薦脯醢。《燕禮》、《大射禮》獻賓、獻公、獻卿薦脯醢。《士喪禮》：始死，奠脯醢。小斂，脯醢。朝夕奠，脯醢。《特牲》：主人獻賓，薦脯醢。以上皆一豆、一籩。

《士冠》再醮，兩豆：葵菹，蠃醢；兩籩：栗、脯。大斂甗豆，兩籩無縢。《士虞》兩豆、兩籩，獻祝兩豆、兩籩。《特牲》兩籩、兩豆。主婦致爵于主人兩豆、兩籩。以上皆兩豆、兩籩。

《既夕》遣奠四豆、四籩。《少牢》賓尸四豆、四籩。以上皆四豆、四籩。

今案：《儀禮》吉凶所用或一豆一籩，或二豆二籩，或四豆四籩，此士大夫之禮然也。《周禮・醢人》：「掌四豆之實：朝事之豆八，饋食之豆八，加豆之實八，羞豆之實二。」《籩人》：「掌四籩之實：朝事之籩，饋食之籩，加籩之實，羞籩之實。」此天子之祭禮也。《禮器》云「天子之豆二十有六，諸侯十有六」，此天子諸侯所用之數也。又案：《聘禮》：「歸饔餼二十豆。」《公食大夫》「下大夫六豆，上大夫八豆」，此皆諸侯待聘賓之禮也。《周官・掌客》「上公豆四十，侯伯豆三十有二，子男豆二十有四」，此天子待諸侯之禮也。《掌客》之豆較之於《禮器》之豆，《掌客》之數又多焉，何耶？或曰：《禮器》之數，用數也；《掌客》之數，陳數也。

○有豆無籩

《士昏禮》夫婦席醓醬二豆，菹醢四豆，無籩。　婦饋舅姑有菹醢，無籩。婦見舅姑有笲棗、栗。　《聘禮》歸饔餼八豆，西夾六豆，東夾亦如之，無籩。　《公食大夫》下大夫六豆，無籩。上大夫八豆，無籩。　《士喪禮》朔月奠，無籩，有黍、稷，當籩位。　又《禮器》天子之豆二十六，以下言豆不言籩。《周官・掌客》上公豆四十以下，不言籩。　及夫人致禮，方有豆有籩，蓋豆重而籩輕。　觀《特牲禮》厭祭時薦兩豆葵菹、蝸醢，及迎尸饋食之時，尸取菹擩于醢，祭于豆閒，又佐食羞庶羞四豆，皆未用籩也。　及主婦亞獻，尸始設籩，贊籩祭。　《少牢》厭祭設韭菹、醓醢、葵菹、蠃醢，及迎尸饋食之時，尸取韭菹，擩于三豆，祭于豆閒；及主婦獻尸，亦未用籩也。逮明日賓尸，於是主婦薦韭菹、醢、昌菹、醢，取籩于房，設爵，實白、黑四籩。觀其所薦先後之序，❶則豆重籩輕，於此可見矣。

○敦、簠、簋

《明堂位》：「有虞氏之兩敦，夏后氏之四璉，殷之六瑚，周之八簋。」注云：「皆黍、稷器也。」有虞氏之敦，周用之於士大夫，故《儀禮》大夫士之祭有敦，無簠簋。《特牲》「佐食分簋鉶」，先儒以爲同姓之士得從周制是也。《士昏禮》：「黍、稷四敦，皆蓋，婦至，贊啓會，卻于敦南，對敦于北。」《少牢禮》：「主婦自東房執四金敦，黍、稷皆南首。」敦，有首者。尊者，器飾也。❷飾蓋篹鍾，❸周之禮飾器各以其類。龜有上下甲。❹《士喪禮》「廢敦、重鬲，皆濯」。廢敦，敦無足者，❺所以盛米。朔月奠，無籩，有黍、稷，用瓦敦，有蓋，當籩位。徹朔奠，敦啓會，面足。面足執之，令足閒向前。敦有足，則敦之形如今之酒敦。《既夕》用器兩杅，《士虞》

❶「觀」，原作「後」，今據四庫本改。

❷「尊」，原作「遵」，今據《儀禮注疏》改。「器」，原無，今據《儀禮注疏》補。

❸「篹鍾」，據《儀禮注疏》疑當爲「象龜」之誤。

❹「龜」、「上」二字，原闕，今據《儀禮注疏》補。

❺「敦敦」，原作「緋□」，今據《儀禮注疏》改補。

贊設兩敦于俎南，《特牲》主婦設兩敦黍、稷于俎南，此皆士大夫之禮也。《聘禮》陳饔餼及《公食大夫》皆主國君待聘賓之禮，則用簠、簋。有司入，陳堂上八簋、兩簠，西夾六簋、兩簠，東方之饌亦如之。《公食大夫》上大夫八簋，下大夫六簋，此則待聘賓之禮也。以《周官》攷之，《掌客》：「凡諸侯之禮，簠十，鼎、簋十有二，侯伯簠八，鼎、簋十有二，子、男簠六，鼎、簋十有二。」然《詩》言天子之禮，侯饋八簋。《玉藻》言諸侯朔日四簋。天子、諸侯所食之簋反儉於聘賓之簋二十，《掌客》之簋十二，何邪？或曰：《聘禮》上大夫之簋二十，《掌客》之簋十二，聘賓之簋也。天子八簋，諸侯朔食四簋，所食之簋也。

○爵、觚、觶、角、散

陳祥道曰：下二條同。「《儀禮·士虞》『主人獻尸以廢爵，主婦以足爵，賓長以繶爵』，鄭氏謂『繶爵者，口足之間有篆』，則爵之繶猶屨之繶也。主人廢爵而未有足，主婦足爵而未有篆，賓長則篆口足而已，以虞未純吉故也。然則吉祭之爵，蓋益文而加篆歟？《梓人》曰：『爵一升，觚三升，獻以爵而酬以觚。』《韓詩説》：『一升曰爵，二升曰觚，三升曰觶，四升曰角，五升曰散。』爵量與《梓人》同，觚量與《梓人》異者，《儀禮·少牢》、《有司徹》皆獻以爵，酬以觶；《鄉飲》、《鄉射》亦獻以爵，酬以觶。鄭氏釋《梓人》謂『觚當爲觶，古書觶從角、從氏，角氏與觚相涉，故亂之爾』，其説是也。凡獻皆以爵，而《燕禮》、《大射》主人獻賓、獻公以觚，《特牲》主人獻以角者，《禮器》曰：『宗廟之器有以小爲貴者，貴者獻以爵，賤者獻以散。尊者舉觶，卑者舉角。』《特牲》主婦獻以爵，賤者獻以散，《祭統》：『尸飲五，君洗玉爵獻卿，尸飲九，以散爵獻士。』《大射》主人以觚獻賓及公，而司馬以散獻服不，是貴者以小，賤者以大。或獻尸，或受獻一也。士祭初獻以角，下大夫也。《燕禮》、《大射》『主人獻以觚』，下饗禮也。饗禮唯不入牲奠，他皆如祭祀，則用爵以獻可知也。《明堂位》加以璧散、璧角。加，加爵也，散、角皆以璧飾其口也。則天子自觶而上用玉可知也。《燕禮》、《大射》以象觶獻公，則諸侯之爵用象可知也。《燕禮》司正飲角觶，而《士喪禮》大斂亦有角觶，蓋觶以象爲貴，角次之。凡單言觶者，以木爲之也。《鄉飲酒》、《鄉射》記曰『其他皆用觶』，觀《士冠禮》父醮子，《士昏》主人醴賓，婦見舅姑醴，皆以觶，《聘禮》禮賓，《士虞》及吉祭與大夫吉祭，陰厭之奠，皆以觶，《公食大夫》無尊，亦以觶，則觶之爲用，非適於一也。」

○簠、簋、敦、豆、鐙，皆有蓋，敦蓋有首

《公食大夫禮》曰：「蓋執豆。」左執豆，右執蓋。又曰：「右執鐙以蓋，降。」右執鐙，左執蓋，以蓋降。又曰：「啓簋會。」又曰：「簠有蓋冪。」云會蓋以冪。《少牢饋食禮》曰「執敦黍有蓋」，又曰「設四敦，皆南首」，則簠、簋、敦、豆、鐙皆有蓋，而敦之蓋有首。先儒以爲簠、簋之蓋皆象龜形，義或然也。管仲鏤簋，禮以爲僭，則大夫士之簋刻龜於蓋而已，非若人君全鏤之也。

○簠、簋、籩、豆、鐙、鉶之制

簠内圓外方，其實稻、粱。簋外圓内方，其實黍、稷。《周官·掌客》五等諸侯簠數有差，而簋皆十二，用簠則簋從，用簋則簠或不預，簠尊而簋卑也。《爾雅》云：「竹豆謂之籩，其實乾實。木豆謂之豆，其實菹醢。瓦豆謂之鐙，其實大羹之湆。」鐙實大羹之湆，鉶菜和羹之器，二者之用不同。又曰：「《旊人》簋、豆皆崇尺。」則簠、敦、籩之崇可知。簋實一觳。《旊人》云：「簋實一觳，豆實三而成觳。」豆四升。三豆，斗二升。則敦、簠之量可知。《士喪禮》敦有足，則簠、簋有足可知。《士虞》、《特牲》敦有藉，則簠、簋、籩、豆有藉可知。《士喪》兩籩布巾，《特牲》籩巾以綌，纁裏，《公食大夫》簠有蓋冪，則簋、敦、豆之有巾可知。魯用雕篹，篹，籩也。《士喪禮》籩無縢，則士大夫吉祭之籩有縢無雕可知。

《儒藏》精華編選刊即出書目（二〇二三）

白虎通德論
誠齋集
春秋本義
春秋集傳大全
春秋左氏傳賈服注輯述
春秋左氏傳舊注疏證
春秋左傳讀
道南源委
桴亭先生文集
復初齋文集
廣雅疏證
龜山先生語録
郭店楚墓竹簡十二種校釋
國語正義
涇野先生文集
康齋先生文集
孔子家語　曾子注釋
禮書通故
論語全解
毛詩後箋
毛詩稽古編
孟子正義
孟子注疏
閩中理學淵源考
木鐘集
群經平議

三魚堂文集　外集
上海博物館藏楚竹書十九種校釋
尚書集注音疏
詩本義
詩經世本古義
詩毛氏傳疏
詩三家義集疏
書疑　東坡書傳　尚書表注
書傳大全
四書集編
四書蒙引
四書纂疏
宋名臣言行録
孫明復先生小集　春秋尊王發微
文定集

五峰集　胡子知言
小學集註
孝經注解　温公易説　司馬氏書儀　家範
孯經室集
伊川擊壤集
儀禮圖
儀禮章句
易漢學
游定夫先生集
御選明臣奏議
周易口義　洪範口義
周易姚氏學